川派中医药名家系列丛书

王成荣

主编 ◎ 陈淑涛

西南交通大学出版社
·成 都·

图书在版编目（CIP）数据

川派中医药名家系列丛书. 王成荣 / 陈淑涛主编. -- 成都：西南交通大学出版社，2024.10
ISBN 978-7-5643-9786-9

Ⅰ.①川… Ⅱ.①陈… Ⅲ.①王成荣 – 生平事迹②中医临床 – 经验 – 中国 – 现代 Ⅳ.①K826.2②R249.7

中国国家版本馆 CIP 数据核字（2024）第 070995 号

Chuanpai Zhongyiyao Mingjia Xilie Congshu Wang Chengrong
川派中医药名家系列丛书　王成荣

主编 / 陈淑涛	策划编辑 / 黄淑文　李芳芳　张少华
	责任编辑 / 周媛媛
	封面设计 / 原谋书装

西南交通大学出版社出版发行
（四川省成都市金牛区二环路北一段 111 号西南交通大学创新大厦 21 楼　610031）
营销部电话：028-87600564　028-87600533
网址：http://www.xnjdcbs.com
印刷：四川煤田地质制图印务有限责任公司

成品尺寸　170 mm × 240 mm
印张　33.5　　　插页　2
字数　512 千
版次　2024 年 10 月第 1 版　　印次　2024 年 10 月第 1 次

书号　ISBN 978-7-5643-9786-9
定价　90.00 元

图书如有印装质量问题　本社负责退换
版权所有　盗版必究　举报电话：028-87600562

90岁高龄的王成荣
参加书稿编撰会议

2015年参加中医文化节

2017年中管局"衷中参西"妇科特色疗法
培训班与教学人员合影

本书定稿会留念

华西医大读书留念

平时读书

王成荣标准照片

日常门诊工作

王老指导本书作者学习

平时与弟子们的交流互动

相濡以沫的夫妻

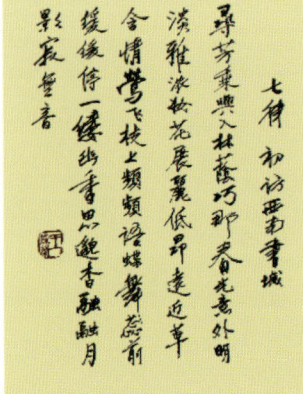
王老的书法作品

编 委 会

《川派中医药名家系列丛书》编委会

总 主 编：田兴军　　杨殿兴

副总主编：李道丕　　张　毅　　和中浚

总 编 委：尹　莉　　陈　莹

编写秘书：彭　鑫　　贺　飞　　邓　兰

《王成荣》编委会

主　　编：陈淑涛

编　　委：王辉夐　　严春玲　　曹亚芳　　李　苹
　　　　　魏智慧　　赵晓贞　　杨君君　　董　岷
　　　　　刘普勇　　谭卓林　　章　刚　　向生霞

编辑顾问：王成荣

总序——加强文化建设，唱响川派中医

四川，雄踞我国西南，古称巴蜀，成都平原自古就有天府之国的美誉，天府之土，沃野千里，物华天宝，人杰地灵。

四川号称"中医之乡、中药之库"，巴蜀自古出名医、产中药，据历史文献记载，从汉代至明清，见诸文献记载的四川医家有1000余人，川派中医药影响医坛2000多年，历久弥新；川产道地药材享誉国内外，业内素有"无川（药）不成方"的赞誉。

医派纷呈，源远流长

经过特殊的自然、社会、文化的长期浸润和积淀，四川历朝历代名医辈出，学术繁荣，医派纷呈，源远流长。

汉代以涪翁、程高、郭玉为代表的四川医家，奠定了古蜀针灸学派，郭玉为涪翁弟子，曾任汉代太医丞。涪翁为四川绵阳人，曾撰著《针经》，开巴蜀针灸先河，影响深远。1993年，在四川绵阳双包山汉墓出土了最早的汉代针灸经脉漆人；2013年，在成都老官山再次出土了汉代针灸漆人和920支医简，带有"心""肺"等线刻小字的人体经穴髹漆人像是我国考古史上首次发现，应是迄今我国发现的最早、最完整的经穴人体医学模型，其精美程度令人咋舌！又一次证明了针灸学派在巴蜀的渊源和影响。

四川山清水秀，名山大川遍布。道教的发祥地青城山、鹤鸣山就坐落在成都市。青城山、鹤鸣山是中国的道教名山，是中国道教的发源地之一，自东汉以来历经2000多年，不仅传授道家的思想，道医的学术思想也因此启蒙产生。道家注重炼丹和养生，历代蜀医多受其影响，一些道家也兼行医术，如晋代蜀医李常在、李八百，宋代皇甫坦，以及明代著名医家韩懋（号飞霞道人）等，可见丹道医学在四川影响深远。

川人好美食，以麻、辣、鲜、香为特色的川菜享誉国内外。川人性喜自在休闲，养生学派也因此产生。长寿之神——彭祖，号称活了800岁，相传他经历了尧舜夏商诸朝，据《华阳国志》载，"彭祖本生蜀""彭祖家其彭蒙"，由此推断，彭祖不但家在彭山，而且他晚年也落叶归根于此，死后葬于彭祖山。彭祖山坐落在眉山市彭山区，彭祖的长寿经验在于注意养生锻炼，他是我国气功的最早创始人，他的健身法被后人写成《彭祖引导法》；他善烹饪之术，创制的"雉羹之道"被誉为"天下第一羹"，屈原在《楚辞·天问》中写道："彭铿斟雉，帝何飨？受寿永多，夫何久长？"反映了彭祖在推动我国饮食养生方面所作出的贡献。五代、北宋初年，著名的道教学者陈希夷，是四川安岳人，著有《指玄篇》《胎息诀》《观空篇》《阴真君还丹歌注》等。他注重养生，强调内丹修炼法，将黄老的清静无为思想、道教修炼方术和儒家修养、佛教禅观汇归一流，被后世尊称为"睡仙""陈抟老祖"。现安岳县有保存完整的明代陈抟墓，有陈抟的《自赞铭》，这是全国独有的实物。

四川医家自古就重视中医脉学，成都老官山2012年冬出土的汉代医简中就有《逆顺五色脉臧验精神》一书，其余几部医简经整理定名为《脉书·上经》《脉书·下经》《刺数》《犮理》《治六十病和齐汤法》《疗马书》。学者经初步考证推断极有可能为扁鹊学派已经亡佚的经典书籍。扁鹊是脉学的倡导者，而此次出土的医书中脉学内容占有重要地位，一起出土的还有用于经脉教学的人体模型。唐代杜光庭著有脉学专著《玉函经》三卷，以后王鸿骥的《脉诀采真》、廖平的《脉学辑要评》、许宗正的《脉学启蒙》、张骥的《三世脉法》等，均为脉诊的发展作出了贡献。

昝殷，唐代四川成都人。昝氏精通医理，通晓药物学，擅长妇产科。唐大中年间，他将前人有关经、带、胎、产及产后诸证的经验效方及自己临证验方共378首，编成《经效产宝》三卷，是我国最早的妇产学科专著。加之北宋时期的著名妇产科专家杨子建（四川青神县人）编著的《十产论》等一批妇产科专论，奠定了巴蜀妇产学派的基石。

宋代，以四川成都人唐慎微为代表撰著的《经史证类备急本草》，集宋代本草之大成，促进了本草学派的发展。宋代是巴蜀本草学派的繁荣发展时期，陈承的《补注神农本草并图经》，孟昶、韩保昇的《蜀本草》等，丰富、发展了本草学说，明代李时珍的《本草纲目》正是在此基础上产生的。

宋代也是巴蜀医家学术发展最活跃的时期。四川成都人、著名医家史崧献出了家藏的《灵枢》，并进行校正、音释，后由朝廷刊印颁行，为中医学发展作出了不可估量的贡献，可以说，没有史崧的奉献就没有完整的《黄帝内经》。虞庶撰著的《难经注》、杨康侯的《难经续演》，为医经学派的发展奠定了基础。

史堪，四川眉山人，为宋代政和年间进士，官至郡守，是宋代士人而医的代表人物之一，与当时的名医许叔微齐名，其著作《史载之方》为宋代重要的名家方书之一。同为四川眉山人的宋代大文豪苏东坡，也有《苏沈内翰良方》（又名《苏沈良方》）传世，是宋人根据苏轼所撰《苏学士方》和沈括所撰《良方》合编而成的中医方书。加之明代韩懋的《韩氏医通》等方书，一起成为巴蜀医方学派的代表。

四川盛产中药，川产道地药材久负盛名，以回阳救逆、破阴除寒的附子为代表的川产道地药材，既为中医治病提供了优良的药材，也孕育了以附子温阳为大法的扶阳学派。清末四川邛崃人郑钦安提出了中医扶阳理论，他的《医理真传》《医法圆通》《伤寒恒论》为奠基之作，开创了以运用附、姜、桂为重点药物的温阳学派。

清代西学东渐，受西学影响，中西汇通学说开始萌芽，四川成都人唐宗海以敏锐的目光捕捉西学之长，融汇中西，撰著了《血证论》《医经精义》《本草问答》《金匮要略浅注补正》《伤寒论浅注补正》，后人汇为《中西汇通医书五种》，成为"中西汇通"的第一种著作，也是后来人们将主张中西医兼容思想的医家称为"中西医汇通派"的由来。

名医辈出，学术繁荣

新中国成立后，历经沧桑的中医药受到党和国家的高度重视，在教育、医疗、科研等方面齐头并进，一大批中医药大家焕发青春，在各自的领域里大显神通，中医药事业欣欣向荣。

四川中医教育的奠基人——李斯炽先生，在1936年创办的"中央国医馆四川分馆医学院"（简称"四川国医学院"）中，先后担任过副院长、院长，担当大任，艰难办学，为近现代中医药人才的培养立下了汗马功劳。该院为国家批准的办学机构，虽属民办但带有官方性质。四川国医学院也是成都中医学院（现成都中医药大学）的前身，当时汇集了一大批中医药的仁人志士，如内科专家李斯炽、伤寒专家邓绍先、中药专家凌一揆等，还有何伯勋、杨白鹿、易上达、王景虞、周禹锡、肖达因等一批蜀中名医，可谓群贤毕集，盛极一时。共招生13期，培养高等中医药人才1000余人，这些人后来大多数都成为新中国成立后的中医药领军人物，成了四川中医药发展的功臣。

1955年国家在北京成立了中医研究院，1956年在全国西、北、东、南各建立了一所中医学院，即成都、北京、上海、广州中医学院。成都中医学院第一任院长由周恩来总理亲自任命。李斯炽先生继担任四川国医学院院长之后又成为成都中医学院的第一任院长。成都中医学院成立后，在原国医学院的基础上，又汇集了一大批有造诣的专家学者，如内科专家彭履祥、冉品珍、彭宪章、傅灿冰、陆干甫，伤寒专家戴佛延，医经专家吴棹仙、李克光、郭仲夫，中药专家雷载权、徐楚江，妇科专家卓雨农、曾敬光、唐伯渊、王祚久、王渭川，温病专家宋鹭冰，外科专家文琢之，骨、外科专家罗禹田，眼科专家陈达夫、刘松元，方剂专家陈潮祖，医古文专家郑孝昌，儿科专家胡伯安、曾应台、肖正安、吴康衡，针灸专家余仲权、薛鉴明、李仲愚、蒲湘澄、关吉多、杨介宾，医史专家孔健民、李介民，中医发展战略专家侯占元等。真可谓人才济济，群星灿烂。

北京成立中医高等院校、科研院所后，为了充实首都中医药人才的力量，四川一大批中医名家进驻北京，为国家中医药的发展作出了巨大贡献，也展现了四川中医的风采！如蒲辅周、任应秋、王文鼎、王朴诚、王伯岳、冉雪峰、杜自明、李重人、叶心清、龚志贤、方药中、沈仲圭等，各有专精，影响广泛，功勋卓著。

北京四大名医之首的萧龙友先生，为四川三台人，是中医界最早的学部委员（院士，1955年）、中央文史馆馆员（1951年），集医道、文史、书法、收藏等于一身，是中医界难得的全才！其厚重的人文功底、精湛的医术、精美的书法、高尚的品德，可谓"厚德载物"的典范。2010年9月9日，故宫博物院在北京为萧龙友先生诞辰140周年、逝世50周年，隆重举办了"萧龙友先生捐赠文物精品展"，以缅怀和表彰先生的收藏鉴赏水平和拳拳爱国情怀。萧龙友先生是一代举子、一代儒医，精通文史，书法绝伦，是中国近代史上中医界的泰斗、国学家、教育家、临床大家，是四川的骄傲，也是我辈的楷模！

▍追源溯流，振兴川派

时间飞转，掐指一算，我自1974年赤脚医生的"红医班"始，到1977年大学学习、留校任教、临床实践、跟师学习、中医管理，入中医医道已40年，真可谓弹指一挥间。俗曰：四十而不惑，在中医医道的学习、实践、历练、管理、推进中，我常常心怀感激，心存敬仰，常有激情冲动，其中最想做的一件事就是将这些中医药实践的伟大先驱者，用笔记录下来，为他们树碑立传、歌功颂德！缅怀中医先辈的丰功伟绩，分享他们的学术成果，继承不泥古，发扬不离宗，认祖归宗，又学有源头，师古不泥，薪火相传，使中医药源远流长，代代相传，永续发展。

今天，时机已经成熟，四川省中医药管理局组织专家学者，编著了大型中医专著《川派中医药源流与发展》，横跨2000年的历史，梳理中医药历史人物、著作，以四川籍（或主要在四川业医）有影响的历史医家和著作为线索，理清历史源流和传承脉络，突出地方中医药学术特点，认祖归宗，发扬传统，正本清源，继承创新，唱响川派中医药。其中，"医道溯源"是以"民国"前的川籍或在川行医的中医药历史人物为线索，介绍医家的医学成就和学术精华，作为各学科发展的学术源头。"医派医家"是以近现代著名医家为代表，重在学术流派的传承与发展，厘清流派源流，一脉相承，代代相传，源远流长。《川派中医药源流与发展》一书，填补了川派中医药发展整理的空白，集四川中医药文化历史和发展现状之大成，理清了川派学术源流，为后世川派的研究和发展奠定了坚实的基础。

我们在此基础上，还编著了"川派中医药名家系列丛书"，汇集了一大批近现代四川中医药名家，遴选他们的后人、学生等整理其临床经验、学术思想编辑成册。预计编著一百人，这是一批四川中医药的代表人物，也是难得的宝贵文化遗产，今天，经过大家的齐心努力终于得以付梓。在此，对为本系列书籍付出心血的各位作者、出版社编辑人员一并致谢！

由于历史久远，加之编撰者学识水平有限，书中罅、漏、舛、谬在所难免，敬望各位同仁、学者，提出宝贵意见，以便再版时修订提高。

中华中医药学会　　　副会长
四川省中医药学会　　会长
四川省中医药管理局　原局长
成都中医药大学教授　博士导师

2015年春初稿
2022年春修定于蓉城雅兴轩

刘敏如序

我与王成荣教授认识数十年，又曾长期和他在成都中医药大学（当时的成都中医学院）中医妇科合作共事，自然相互熟悉和了解。他自幼受到严格的书香门第教育、全程普及教育和高校（华西大学）医学专业教育，1956年又被选派到成都中医学院举办的首届"西医离职学习中医班"学习三年。他品学兼优、学风严谨，造就了他全面发展为中西医汇通人才，是我效法的榜样和敬重的学长。

"师承弟子"明师之道、承师之术甚为不易，精准承传则更难。王成荣教授之弟子陈淑涛等撰写的"川派中医药名家系列丛书"之《王成荣》分册，从王教授的学术思想、论著精华、临床经验，以及大量的临床医案，特别是教训医案、误诊医案、会诊纠纷医案等，进行如实的收集、整理、阐述，这在同类著述中应属少见，反映了王教授真实的明道、明医境界，可以说这是本书的特色所在。我深感本书作者用功、用心、尽力地整理老师的医学之道、医学之品，难能可贵。

在此我特别忆起一段往事：1956年我还是成都中医药大学的学生，王教授在《中医杂志》发表了他西学中班的毕业论文《试论八纲》，当时公认是一篇有深度的西医学习中医的杰作，几十年后，我将它收集在我和李兴培、马有度主编的《医道传承录》的首篇中，颇具影响。足见其年轻时代已显医文才华，至今他的中医药著述也不减其严谨学风。王教授坚守衷中参西几十年，临床作风一丝不苟，中西医诊疗技能熟练，疗效显著，这些经历正是他学术承传与发扬的见证。

我并非借序俗套"奉承"，实望"师承弟子能取之于蓝而青于蓝"。

真诚地推荐本书与后学共勉。

刘敏如

2019年7月26日于北京

王超序

编辑出版"川派中医药名家系列丛书"是四川中医界的一件大事,四川作为中国的"中医之乡、中药之库",从古至今,诞生了一大批杰出的中医药名家,古有涪翁、李珣、昝殷、唐慎微、杨天惠、虞庶、郭玉、韩保升等著名医家,今有郭子光、廖品正和刘敏如等国医大师,也有作为"十一五"国家科技支撑计划专项研究的名老专家王成荣等一批川派名医。

王成荣老先生,是四川"首届十大名中医"之一,国务院政府津贴获得者,是我们四川中西医结合医疗界的一面旗帜和领军型人物,是我们川派中医的代表性人物,是中西医结合妇科治疗的先驱,其创立的川蜀"衷中参西"妇科流派,运用中西医结合诊疗思想,对中西医结合妇科的发展,具有指导性意义。其提出的"平、调、通、适"诊疗模式、"简、便、廉、效"的治疗原则,以"内生火热"为基调的辨证手段、"冲任经脉、气血虚瘀"为途径的辨治方法等治疗思想,是对中西医结合妇科领域的一大贡献。多年来,王成荣先生一直主张多从冲任经脉的气血虚瘀辨治妇科月经病症与孕育病症,主张以"冲任虚瘀""冲任瘀滞"

"冲任不足""冲任失调"等辨证结论，取代现行之中医妇科学与中医内科学以五脏为中心的"辨证分型"，这是王教授在妇科诊治领域的一个新突破，也是对祖国传统医学的一个新发展。

陈淑涛主任医师，是我院妇科主任、四川省名医，是王成荣先生的正式拜师弟子，先后作为王成荣先生的助手和师承弟子，跟王教授坐诊七年，不仅全过程见证了王教授的临床诊治，更见证了王教授在医学上创造的一个一个奇迹。陈淑涛作为助手，不仅负责协助王教授写处方、做妇检、写病案，还负责对王教授的学术与临床思想进行研究，发表了大量王成荣临床学术思想研究学术文章。本书是陈淑涛主任医师多年来对王成荣学术思想的研究成果的总结，也是对王教授妇科临床学术医技的一次全面介绍，更是对全国不可多见的高龄名老中医临床经验和医学遗产的抢救性发掘与传承，是中西医结合妇科领域一部难得的学术专著，是川派中医领域又一个重要成果，对丰富川派中医理论体系具有重要作用。

四川省中医药科学院院长
四川省中西医结合医院党委书记

王超

2022 年 7 月 18 日

王成荣序

"师承弟子",实为"青,取之于蓝而青于蓝"之同志友人,中医妇科硕士陈淑涛主任医师不辞辛劳,已将我业医之道及临症经验,编撰成册;嘱为之序。惶惑之余,谨勉为之。

所谓经验,人恒有之。诊疗经验而堪为文传承者,却须符合两个条件:一是能为《循证医学》荟萃认可者。次为符合传统中医药学或/和现代医学理论,且具一定新意而屡试不爽者。以之考量该书,敢不惶惑?

"盛名之下,其实难副"于我并非谦辞。盖"名医"与"明医"迥异。况患者"口碑"亦难免有"病急乱投医"或"人云亦云"之"从众"心态影响。能敢不惶惑乎?

该书付梓在即,尚祈读者不吝指教,以为序。

2019年6月9日

目 录

001　**生平简介**

005　**学术思想**
007　　一、以"衷中参西"为特色的医疗价值观
008　　二、以"冲任经脉气血虚瘀"为途径的妇科疾病辨治方法
009　　三、以"内生火热"为基调的妇科疾病辨证手段
010　　四、以"中西结合、择善而用"为法则的中医妇科疾病
　　　　　治疗规范
011　　五、以"冲任通盛"为突破的中医妇科疾病治疗特色
011　　六、以"简、便、廉、效"为基础的妇科疾病治疗原则

013　**论著提要**
015　　一、王成荣谈中医妇科学发展史
020　　二、王成荣对继承发扬中医学遗产问题的见解

023	三、王成荣关于中医妇科病诊断标准问题的研究
030	四、王成荣对中医临床科研方法中存在的问题探索
035	五、王成荣论"八纲"辨证
046	六、王成荣从《医宗金鉴》论治妇科疾病
050	七、王成荣关于不孕症的中医治疗问题研究
053	八、王成荣关于妊娠期服用中药问题的探索
056	九、王成荣关于围产期中医中药的合理应用问题的探索
060	十、王成荣关于艾滋病（获得性免疫缺陷综合征，AIDS）的中医药防治问题的探索

065	**临床经验**
067	一、医案
282	二、医话

359	**习用方剂及药物**
361	一、以经方为主体
370	二、以己方为辅用
383	三、用药特色

397	**学术传承**
399	一、王成荣先生的学术源流考
405	二、成才之道
413	三、学术传承人
432	四、传承与发展

507	**学术年谱**
513	**参考文献**
514	**附录**
517	**后记**

生平简介

川派中医药名家系列丛书

王成荣

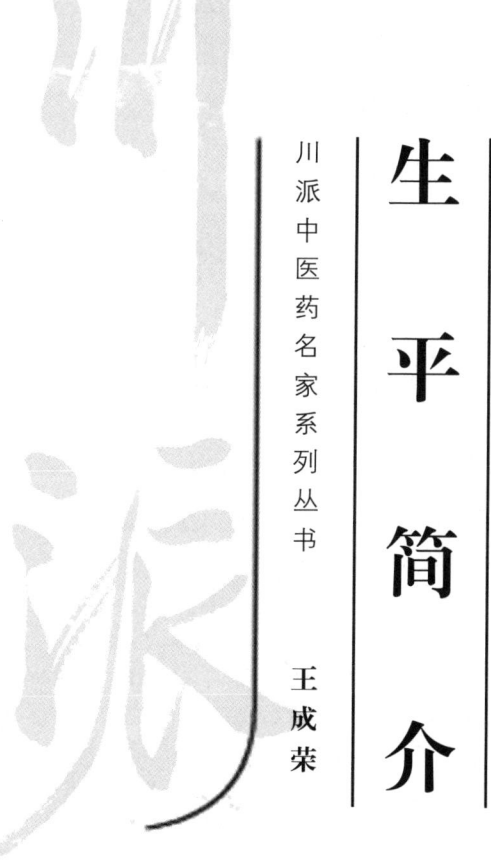

王成荣（1928—），祖籍成都市都江堰。1954年毕业于四川医学院（现四川大学华西临床医学院）。1956 年 8 月受派参加原卫生部委托原成都中医学院举办的首届西医离职学习中医班学习，并获原卫生部金质奖章结业。1954年9月—2015年，先后在四川医学院附属医院（现四川大学华西临床医学院）妇产科教研组、中医教研组任助教、住院医师、主治医师；成都中医学院附属医院（现成都中医药大学附属医院）妇科任主治医师、讲师、妇科主任；现四川省中医药科学院中医研究所·省第二中医医院妇科任主治医师、副主任医师、科主任，1987 年 7 月起任中西医结合妇科研究员、主任医师。1993 年 10月获国务院"政府特殊津贴"。1998 年被评为四川省首届名中医。2006 年被四川省人民政府授予"四川省首届十大名中医"称号。

王成荣先生自1981年10月起，先后多届被《中国医学文摘·计划生育、妇产科学分册》《四川医学》《四川中医》《实用妇产科杂志》聘为常务编委或编委至 2007年。先后数度分别被选为四川省中西医结合学会常务理事和学术委员会副主任委员；中华医学会四川省分会妇产科专委会委员，成都市分会妇产科专委会委员；成都中西医结合学会副理事长；成都中医药学会理事。1984 年1月被四川省卫生厅聘为医学科学技术评审委员。1986—1999 年，多次被省科学技术委员会聘为年度省科学技术进步奖医疗卫生专业评审组委员，中医、中西医结合专业组评审委员。1988—1993 年被四川省中医管理局聘为"省中医局科评委"。1987—1995 年被省职称改革工作领导小组聘为中医药科技高级职务评审委员会中西医结合专业组成员。那之后至 2005 年之历届省中医管理局中、高级职称评审，均被聘为专业评审组成员。1989 年被原成都中医学院聘为妇科博士生指导组教师，参与硕、博士研究生的学位论文指导并连任论文答辩委员会主席至 2004 年。2006—2015 年按国家中医药管理局和四川省中医药管理局相关文件规定，已完成"师带徒"传承教学 3 人，即将结束的传承教学 2 人。1981—2001 年，先后作为主编、副主编或编委和专题撰写者，先后有《中医妇科学》《实用中西医结合妇产科学（一版）》《中医疾病诊疗纂要》《实用中医妇科学》《老年养生保健》《实用中西医结合妇产科学（二版）》《中医妇产科学》等医学著作出版。国家中医药管理局以"十一五"国家科技支撑计划"老中医临床经验、学术思想传承研究"项目，由中国中医药出版社于 2014 年出版了该流派传人合作撰写，王辉鼒主编，王成荣审订之《王成荣妇科经验集》专著。

上述事迹可以说明王成荣先生的中、西医妇科学的专业学修养与敬业精神，早已为学界同仁所认同。

早在 1988 年，原成都中医学院附属医院的首届评选中，王成荣先生就被评为"先进工作者"。自 1989 年兴起的各级评选活动中，1989—2015 年，曾分别被中共四川省直机关工作委员会评为 1989 年"优秀共产党员"、1998 年"全省卫生系统'讲文明、树新风'先进个人"、2000 年"职业道德建设先进个人"、2002—2003 年度"优秀共产党员"。被中共四川省卫生厅直属机关委员会评为 1998、2008、2012、2014 年厅直属机关"优秀共产党员"。被四川省中医管理局直属机关党委评为 1999、2006 年度"优秀共产党员"。被中共原四川省中医药研究院党委评为 1998—1999 年度"优秀共产党员"，同时被评为"院优质服务明星"。被所在工作单位原省中医药研究院·中医研究所（原中医医院，现省第二中医医院），分别评为 1990 年度"优秀共产党员"、1992 年度"先进工作者"、1997 年度"先进个人"、1999 年度"优秀共产党员"、2002 年"优质服务明星"、2013 年度"最佳敬业奖"、2014 年度"最佳贡献奖"，2015 年 2 月被授予"优秀道德模范"荣誉证书。

王成荣先生在日常工作生活中，一直践行"博学、审问、慎思、明辨、笃行"的传统治学理念，并将我国优秀文化传统之一的"己所不欲，勿施于人"的待人接物的人文理念，具体化为医生的行医准则，在医疗实践中奉行"简、便、廉、效"与实事求是，科学规范诊治病人，其高尚的医德是值得称颂和弘扬的。

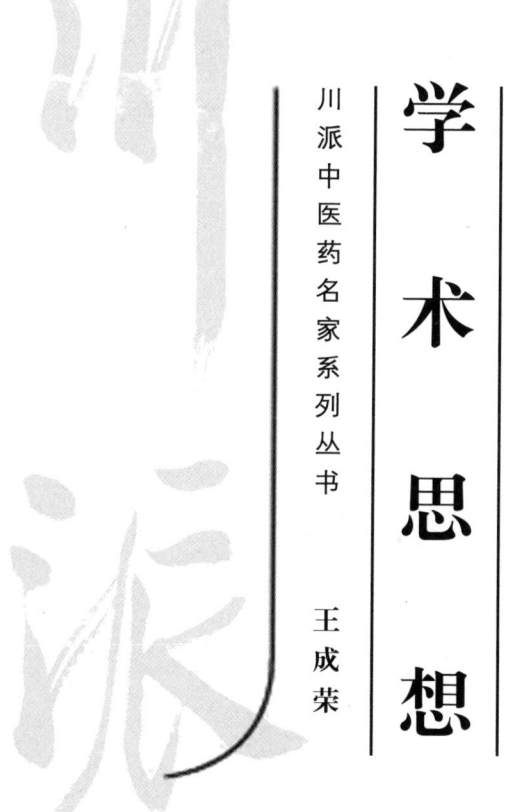

川派中医药名家系列丛书

学术思想

王成荣

王成荣先生从医 70 余年，系统学习过西医和中医，有坚实的西医和中医理论基础。于长期医疗生涯中，汲取他人从事"中西医结合"研究的经验及不足之处，并在自己的实践中加以思索探讨，逐渐形成了具有特色的"衷中参西"学术思想，其学术思想有明确的指导理念，有"冲任经脉气血虚瘀"的辨治途径，重视"内生火热"的病机，以"中西结合、择善而用"为原则，以"任通冲盛"为治则，遣方用药遵循"简、便、廉、效"，在川蜀妇科渐成"衷中参西"流派。

一、以"衷中参西"为特色的医疗价值观

任何一个学术流派，都有其代表人物和代表思想，也有其医疗价值观。作为"衷中参西"川蜀妇科流派的代表人物，王成荣先生的学术思想可以概括成"推己及人"的立足点、"经世致用"的科学观和"执简驭繁"的方法论。

王成荣先生认为，医生诊治疾病的出发点，是换位思考，推己及人，做到"己所不欲，勿施于人"。人不是机器，因此治病不是修机器，必须是双向互动的，尤其是要从患者的角度考虑问题，体会患者的痛苦，了解患者的感受，理清患者诉求，只有做到了这一点，才能真正了解患者的病情，才能真正做到辨证施治，这是行医的立足点，也是"医者仁心"的表现。

经世致用，本意是指学问必须有益于国事，它由明清之际思想家王夫之、黄宗羲、顾炎武等提出。他们认为学习、征引古人的文章和行事，应以治事、救世为急务，反对当时的理学家们不切实际的空虚之学。中医，既是一门高深的思辨哲学，也是一门治病救人的实用科学，因此，中医在治病救人过程中，必须坚持经世致用的基本理念。王成荣先生认为，悬壶济世者，必须具备经世致用的科学观，中医针灸，都必须在广泛借鉴学习、征引典籍的基础上，坚持以解决问题为导向，以活学活用为灵魂，不可囿于成法，要有述而有作的创新精神，才能把中医发扬光大。因此，先生提出，应当把经世致用作为中医妇科流派的科学观。

执简驭繁，亦作"执简御繁"，是指以简单规则而驾驭繁杂的事物或医理。《校注医醇剩义·自序》："救正之法，惟有执简驭繁，明白指示，庶几后学一归醇正，不惑殊趋。"病症、病机、病因、病理等，十分复杂，如果不能洞见

其规律，就会陷入繁复的迷思之中，必须找到问题症结所在。先生70余年的行医过程中，始终把执简驭繁作为中医妇科的方法论，通过寻找基本规则，去驾驭繁杂的医理，走出了一条具有川蜀特色的中医之路。

鉴于迄今尚无为医学界普遍认同的"中西医结合"属科学、权威界定之概念，王成荣先生以是否能重复验证、能否经受时间考验和能否足以致用作为理性的判断标准。在"博学、审问、慎思、明辨"的基础上，主张在临床实践中探究更合理可行的"中西医结合"方法与模式。这也可能是提高中医药疗效和传承发展中医药较为有效的一种途径。再据中医药学理论体系，强调或凸显的是执简驭繁；在认识疾病、病人与四诊，辨证论治与方药等诊疗过程中，主要采信的是宏观的共性；而西医药学理论体系，则更重视这些相关内容的表征与微观的个性。形成人们认识不同事物本质概念的基础，是各种事物特有的个性而非共性。因此明确提出他"衷中参西"的诊疗模式指导思想，是临症有如"公安破案"，治疗则似"按律执法"。因此必须实事求是，必须"己所不欲，勿施于人"，学会换位思考。由于"望、闻、问、切"四诊，只能满足辨证论治所需的信息，而这些外在的宏观信息，多难以反映病症的内在规律。所以必须首先采集与病史有关且针对性强、必需的宏观与微观信息，进行西医病种诊断和鉴别诊断，排查隐蔽在"四诊"辨证相同中的不同西医病种后，才能达到"破案"的目的。其次在明确西医病种诊断基础上，选择对中医药疗法为适应证的病种，按辨证论治"执法"。对非中医药疗法适应证之西医诊断病种，则建议患者接受相关的西医疗法。

二、以"冲任经脉气血虚瘀"为途径的妇科疾病辨治方法

多年来，王成荣先生一直主张多从冲任经脉的气血虚瘀辨治妇科月经病症与孕育病症。根据《内经·素问·上古天真论》，以年龄之"七分法"描述女性的生长发育和生殖机能，男性则采用"八分法"的经典论断，后者只言"肾气"之始、盛、衰和"天癸"之至、竭，却不提冲任。然而冲任二脉的通盛，对妇科病症的辨证论治尤为重要。女性年龄"七分法"指二七"任脉通，太冲脉盛"，五七"阳明脉衰"，六七"三阳脉衰于上"，王成荣先生认为，这并非寻常概念的衰，而是指有瘀阻的表现。其论点的依据是五七之年只见"面

始焦,发始堕"而未言及与阳明经脉有关的胃气不足,气血弱少,或月经量减等"阳明脉虚衰"表现。因此可用荣于头面之阳明经脉的浮络自然瘀阻以合理诠释。而领悟六七"三阳脉衰于上"的经文本义,就是一个涵盖"五七阳明脉衰"仅见"面始焦,发始堕"的后注。据此推断,男女之有别,唯女性的冲任通盛,特具重要生理和病因病机意义。所以王成荣先生提出了切实有用的以"冲任"为枢机,以"气血阴阳消长"变化为基本病机的辨证思想,重视这一个性,主张以"冲任虚瘀""冲任瘀滞""冲任不足""冲任失调"等辨证结论,取代现行之中医妇科学与中医内科杂病相同,以五脏为中心的"辨证分型",从而更能凸显中医妇科有别于中医内科的特殊性。

三、以"内生火热"为基调的妇科疾病辨证手段

病机是疾病发生发展和辨证论治的关键环节,可以把它解释为引起疾病发生、症状出现与变化以及病情发展的原因与机理,与现代医学的"病理生理"相似。古人强调治疗疾病不能采用见症治症的简单方法,而应重视对于病因病机的了解分析,做到"谨守病机,各司其属",才能达到"疏其血气,令其条达,而致和平"的治疗目的。

病机十九条载于《内经·素问》二十二卷七十四篇的"至真要大论"。病机十九条历来被无数中医学者所推崇。王成荣先生总结他学习《素问·至真要大论》病机十九条的认知,属六淫的风、寒、湿仅各一条,而热有四条,火却有五条。况无论"六淫""七情"或"不内外因"致病,久之皆可遏郁生热化火。因火热论在病机十九条中占九条,可见先贤对火、热致病的重视。被称为"寒凉派"的金元四大家之一的刘完素,更将火热论发挥到了一个新高度,他强调六气之中,火热是致病的主要因素,而风、湿、燥、寒皆可化热生火,故提出"六气皆从火化"及"五志过极皆为热甚"的观点。当代学者何子淮等也曾对病机十九条逐条分析,从乳痈发病、妊娠恶阻、经前头痛、妇科炎症等论述了火热论在妇科疾病中的指导意义。

故王成荣先生按《金匮要略》"治未病"原理,主张多从"内生火热"探讨某些中医妇科病症。中医妇科病症的病因病机,宜从内生火热的角度去探讨辨

证。王成荣先生认为在多种中医妇科病症的辨证求因中，内因、外因或不内外因，皆在一定条件下有可能酿成妇科病症。虽然女性一生经历经、孕、产、乳，血常不足而气常有余，但"气有余便是火"。若联系五志过极、嗜欲偏颇以及不内外因等不良生活方式，更易出现火热表现。王成荣先生在传承传统中医药理论的同时，结合他自己的经验，在火热论指导下，组创了清化汤、泻火达衡汤、滋清汤、白莲散结汤、清解阳明汤等系列汤剂，取得一定程度的疗效。

四、以"中西结合、择善而用"为法则的中医妇科疾病治疗规范

王成荣先生认为任何疗法，无论是药物、手术或理、化、生物医学高科技疗法，还是心理疏导和不同的综合疗法，都各有其一定数量的适应证、禁忌证和不同程度受制约的相关条件。中医的各种疗法，包括应用最广的"辨证论治"，按处方煎汤的中药口服疗法，已获准市售的各种OTC中成药口服疗法，不常用的特制膏、丹、丸、散口服或多用于中医骨科与皮肤科的患处外敷、涂擦、包裹、药捻之类的外治疗法，针灸、按摩、手法正骨等专科疗法，以及获准用于临床的单味或复发中药针剂，等等，可以说无一例外地，皆应有其数量不同的适应证和禁忌证，以及并发症、合并症等被限制使用条件。因此主张：一是中、西医药疗法的应用，须以各自的适应证为首要条件合理选择。同时联系病家的需求等因素，对中药口服疗法系适应证的西医确诊病种，应单用中药治疗。对中、西医药疗法均属适应证者，首选中药治疗；经适度疗程而效不佳者，可转西医药疗法。只有中、西医疗法分别皆难取效的某些病种或特殊患者，才中、西医药同时或分阶段同时并用。凡非手术或放、化疗不能见效的病种，应坚决说服病人接受这类西医疗法。二是凡属可选中医两种或更多疗法，均为适应证的西医确诊患者，仍以先择一种更能见效的疗法为准。王成荣先生对那些不重视"简、便、廉、效"，任意中药加西药，或中药、针灸、灌肠、理疗等混用的"综合疗法"，从来就持否定态度。因他认为这是缺乏科学态度，医风不够严谨，也是有悖"希波克拉底誓言"和"大医精诚"本义的。

五、以"冲任通盛"为突破的中医妇科疾病治疗特色

王成荣先生认为,尽可能遵守中医药学"理、法、方、药"统一的辨证论治理念这一优良传统,是传承中医学术的必要条件。应遵循《内经·素问·至真要大论》"谨守病机,各司其属。有者求之,无者求之,盛者责之,虚者责之。必先五脏,疏其血气,令其调达而致和平"的经义,在治法中,对荣养生殖系统的冲任脉络宜重视其通畅。根据辨证论治,主要或不同程度地分别选择或辅用以通为养、寓养于通、以养为通、寓通于养、通养兼顾等治法。总以能"疏其血气,令其调达而致和平"为功。

在上述治法中,对初潮至绝经前的不同年龄的妇科病症患者,除警惕可能妊娠外,还主张宜重视诊病当时,患者所处冲任经脉血流盈虚之经气阴阳消长而往复变化的不同时段,适当促进其通畅。

六、以"简、便、廉、效"为基础的妇科疾病治疗原则

王成荣先生认为,在"看病难,看病贵"的社会现实中,"简、便、廉、效"的中医优良传统早已渐行渐远。而遵循"衷中参西"这一主张,在诊治病人时,必须在合于"情、理、法"的前提下,恪守更接近虽已远去的这一核心医德医风传统。因此他在辨证论治,据理(辨证结论)立法后,尽可能按方剂学之"君、臣、佐、使"遣方选药。凡可借鉴的古方,除剂量有所增减外,多采用原方,如血府逐瘀汤、当归芍药散、当归六黄汤、龙胆泻肝汤、市售成药定坤丹、乌鸡白凤丸等。处方药味一般10味左右,常规剂量,以廉代昂。王成荣先生认为《伤寒论》之"观其脉证,知犯何逆,随证治之"早已被异化为"随症加减",甚至以难明究里的原因异化为"随意加减"竟成为常态。但他对内服中药疗法有适应证的病人,只要再诊时无可认定之中药不良副作用者,仍坚持效不更方。他针对病种辨证论治开发的自制方,如滋活汤、滋和汤、滋清汤、三川汤、温活汤、清化汤、白莲散结汤、泻火达衡汤、清解阳明汤、益肾固冲汤,皆以"效不更方"并近似"协定处方"被省第二中医院习用于妇科。

综上所述,王成荣先生的"衷中参西"中的有关对中医学的认知、认同和践行,是源于经典,悟于经典,实事求是,传承传统,有所发展的。

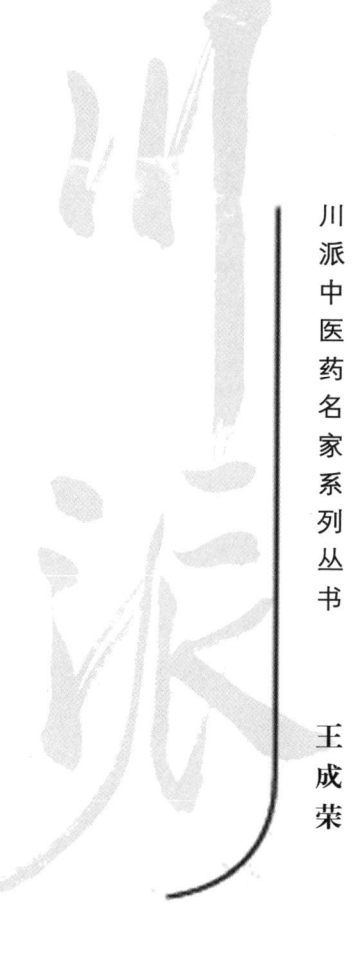

论著提要

川派中医药名家系列丛书

王成荣

王成荣先生在 70 余年的临床工作中，兢兢业业，虽全身心投入到一线临床中，但他常常利用业余时间，潜心研究《黄帝内经》《伤寒论》《金匮要略》《景岳全书》《医宗金鉴》等经典著作，还不断汲取现代先进技术，充实和完善对传统中医药理论的认识和理论，并运用于临床中。王成荣先生流传下来的论著、论文虽不多，但都字字珠玑，言之凿凿。在此仅举最能反映其学术思想及诊疗特色的论文介绍。

先生早年就有中医妇科学发展史、中医药科研等论述，并在妇科疾病尤其不孕症的论治上颇有先见，虽然后期在此基础上王成荣先生本人和传承人有了更全面和更系统的改进，但由此可管见先生的学术思想的源头，故择其部分转载于此。

一、王成荣谈中医妇科学发展史

1979 年，王成荣先生在《成都中医学院学报》第四期上发表了《中医妇科学发展史简论》，对中医妇科的发展脉络进行了全面的介绍，是学术界比较早对妇科发展史进行探讨的学术论文。

王成荣先生在论文中说：中医妇科学是中医学的一个组成部分。它和西医妇产科学有两个显著的区别：一是西医妇产科学根据解决问题的侧重不同，分为产科学和妇科学，两门互有联系又相对独立。中医妇科学则不然，由于有关分娩这个最主要的产科问题的理论和实践都十分薄弱，以致未能形成相对独立的产科学；二是就认识问题和解决问题的方法来说，西医妇产科学基本上属外科性学科，而中医妇科学则和中医内科学一样，仍然是根据望闻问切，理法方药，辨证论治，属内科性学科。可以说，这些也是中医妇科学的特点。了解产生这些特点的历史渊源，对继承发扬祖国医学遗产之一的中医妇科学来说，想必会有一定的促进作用。

（一）王成荣先生首先从《周易》开始，分析中医妇科学的起源问题

先生写道：早在《周易》中，便有"妇孕不育"和"妇三岁不孕"的记载。可以认为，这种妇女虽受孕而最终不能生育和结婚三年不怀孕的病态，引起了《周易》作者的注意。成书于两千年前的《内经》在一些篇章中，散在地对月经、

妊娠生理和某些病态，如闭经、不孕、带下、崩漏，以及妊娠的诊断、孕妇患病服药宜忌问题等，作了朴素的讨论。可以认为《内经》中有关的一些认识，为以后中医妇科学的形成奠定了部分理论基础。

（二）王成荣先生对汉代妇科辨证施治历史的分析

东汉张机《金匮要略方论》开始把妇女特有的一些疾病与内、外科疾病分开，归纳为"妇人妊娠病脉证并治""妇人产后病脉证并治"和"妇人杂病脉证并治"三篇；记载了妊娠的诊断、妊娠呕吐、流产、妊娠水肿、产后抽风、产后昏晕、产后腹痛、产后发热、产后恶露不尽、带下、闭经等的脉证和主治方药。不仅从辨证论治方面丰富了对妇女特有疾病的认识，而且促使对妇女特有疾病的认识朝着系统化的方向发展了一步。

（三）王成荣先生对隋唐妇科发展历史的探索

先生写道：公元 610 年，隋朝巢元方《诸病源候论》虽然是一部包罗临床各科疾病的中医病因病理学专著，但所论妇产科疾病的种类较《金匮要略方论》又有增加，如阴挺出、阴中生息肉、阴痒、数堕胎、妊娠痉、妊娠过年久不产、妊娠堕胎后血出不止、妊娠堕胎衣不出、胞衣不出、产难、横产、逆产、产后无乳汁、产后乳汁溢等。其中有些证候的描绘颇为生动，如"妊娠痉候"："……发则口噤背强，名之为痉。妊娠而发者，闷冒不识人，须臾醒，醒复发……亦名子痫，亦名子冒。"酷似西医妇产科晚期妊娠中毒症之子痫。又如"妊娠欲去胎候"说："妊娠之人羸瘦，或挟疾病，既不能养胎，兼害妊妇，故去之。"这里虽只谈到"去胎"的指征问题，却可以推想，当时或已有了为治疗目的而促使堕胎的方法。公元 652 年，唐代孙思邈的《千金要方》，不但在治法方药上补充了《诸病源候论》，而且对妇产科疾病的认识较唐以前更为进步。其明确指出，"妇人之别有方者，以其胎妊、生产、崩伤之异故也。"《千金要方》关于临产的护理，在"产难第五"章中指出，产妇"然将痛之时，及未产已产，并不得令死丧污秽家人来视……""凡欲产时，特忌多人瞻视，唯得二三人在旁……若人众看视，无不难产"。又说"凡产妇第一不得匆匆忙怕，旁人极须稳审，皆不得预缓预急及忧悒，忧悒则难产"。这种强调产房必须安静和清洁卫生的观点，虽然其动机或理论不一定正确，可是依然适用于今天的待产室和产房的工作实际,该书在"产后虚损"一章中,告诫产妇"勿以产时无他,乃纵心恣意,无所不犯",指出"妇人产讫,五脏虚羸""所以妇人产后百日以来,极须殷勤,忧畏勿纵心犯触,及即便行房。若有所犯,必身反强直,犹如角弓反张,名曰褥风""凡产后满百日,乃可会合。不尔,至死虚羸,百病滋长,慎之"。尽管作者限于历史条件,不可能认识产褥感染的微生物病原学问题,但这种从实际观察到的颇似产道感染破伤风病例的严重病状,使作者得出应注意产褥期卫生的见解,却是十分可贵的。

公元853年,唐代昝殷《产宝》问世,这是我国现存最早的一部胎产专书。然其内容尚嫌简略,基本上没有讨论临产分娩的问题。至公元1098年,宋代杨子建著《十产论》,开始对分娩的一些问题作了初步总结,指出"妇人欲产,浆破血下,脐腹作阵疼痛,其痛极甚,腰重、谷道挺进,头至产门已见,是正产之候""若未有正产之候而用力太早,并妄服药饵,或有伤动,令儿下生,譬如揠苗而助长,无益而有害"。可见作者对第一产程过渡到第二产程的临床表现观察得相当细致准确;对产妇何时用力下挣的认识,也颇切合助产原理。在"冻产""热产"的论述中,对产房气温不宜过冷过热的考虑也是恰当的。此外,《十产论》还着重讨论了横产、倒产、偏产、碍产等的助产手法。例如"横产,儿先露手或先露臂……当令产母安然仰卧,后令看生之人,先推其手令入,直上渐渐逼身,以中指摩其肩,推上而正之,或以指攀其耳而正之,须是产母仰卧,然后推儿直上、徐徐正之""倒产……先露其足,当令产母仰卧,令看生之人,推其足入去,不可令产母用分毫力,亦不得惊恐,使儿自顺"。诚然,这样的助产手术,在今天看来,多半不易收到顺利解决胎位异常难产的效果,因而也不能认为是成功的助产术。这于1565年明代楼英在《医学纲目》中论杨子建"横产、倒产、偏产、碍产四法"时就有不同的认识。他说,"若看生之人非精良妙手,不可依用此法,恐恣意愚,以伤人命也。按倒产者,今世往往随其倒而生下,并无后患,子母双全,不必依推上之法亦可。又碍产者,往往肚带有缠在儿肩上,而儿头顶亦能自出在产门外,看生之人以手揩其肚带,从儿头顶过而下之者。又有胎带缠在项上一经,而儿与胞衣自然同下者,皆无患;不必依此法亦可也。"不过远在900余年前的宋代,就已认识到处理胎位异常难产时应取手术助产,且具体叙述了操作方法,在一定程度上反映了我国当时的医生们在寻求解除妇女异常分娩的痛苦,发展我国的产科学方面,曾经是作了不少努力的。

虽然不难理解,在没有解剖学、生理学、药理学等近代基础医学和外科手术学、麻醉学等有关知识与技术的相应发展的条件下,助产手术也不可能孤立地发展到安全有效的成熟阶段。这些近代医学科学也和其他科学技术一样,是在近代工业的基础上发展起来的。而我国却几千年来都处在以农业、手工业为基础的封建主义社会,生产力的发展受到了严重的阻碍,这就必然影响了包括医学在内的科学技术的发展。尤其是代表封建社会意识的唯心主义神权思想、宿命论观点和伦理道德观念等封建礼教,严重地束缚着人们的精神思维和一举一动。而妇产科学研究的又主要是以女性生殖器官有关问题为对象的医学科目,自然会受到封建社会制度和社会意识的深刻影响。因此尽管有如《十产论》作者那样的医生,但从《十产论》所说的"令看生之人"的含义来看,在"男女授受不亲"的旧道德观念支配下,医生不得不以观察指导者的身份,命令"看生之人"去接触产妇,进行操作。医生自己或者不敢,或者也不愿意去亲自动手施行助产手术。这里所谓的"看生之人",和以后中医书籍称作"稳婆""洗母""收生婆""接生婆"等名称的人,实际上多是无权获得医学知识,甚至无权获得文化的中年以上的劳动妇女。《医学纲目》作者楼英说的"恐恣其愚"便是证明。助产工作既直接诿诸"看生之人",那么医生只好从非手术方面入手,从内科性诊疗方法来探讨妇产科领域的问题了。所以《十产论》以后的有关中医书籍,基本上都是辨证论治、理法方药方面的经验记录。这个特点即使是专论胎产的中医著作也不例外。凡涉及难产问题,不是转抄或仿效《十产论》描写的手法,便是倾向楼英的观点,"不令稳婆轻易使用手法",或在强调不能用力过早的同时,处以方药内服。无非顾虑弄巧成拙,不如保守等待,听其自然。

(四)王成荣先生对宋代妇科发展历史的分析

王成荣先生写道:1237年,宋代陈自明著《妇人良方》24卷,分调经、众疾、求嗣、胎教、胎候、妊娠疾病、坐月、产难、产后、疮疡,共10门,总计250余论,引用医书30多种,分别讨论了有关病因和症状,论后并附有方药和治验。虽然该书也存在一些唯心主义的封建迷信理论和方法，如"坐月门"中的"逐月安藏衣忌向方位""推妇人行年法""体玄子借地法""禁草法""禁水法""催生灵符"之类，但瑕不掩瑜，依然可以称得上是我国第一部比较全面的妇科学专著。本书关于难产部分也是引用《十产论》原文，但在"将护孕妇论"中，提出"凡妊娠至临月，当安神定虑""欲产时……勿令饥渴，恐其乏力"的论点，更补充了《千金要方》有关待产部分之不足，且同样是适合于今天的待产原则的。此外，本书还引用了宋代郭稽中《产难方论》中"设或逆生横产，当用前法针刺之"的论述。足见当时的医生们在谋求手术助产的其他处理方法方面之用心。

（五）王成荣先生对元明清妇科发展历史的研究

王成荣先生总结道：《妇人良方》以后，包括金、元、明、清，700多年的历史过程中，中医妇科著作数量颇多，现存者有百余种。其中比较著名的有：1549年，明代万全《万氏女科》；1602年，明代王肯堂《女科准绳》；1620年，明代武之望《济阴纲目》；1624年，明代张介宾《景岳全书·妇人规》；1684年，清代肖慎斋《女科经纶》；1746年，清代叶桂《叶氏女科证治》；1764年，清代沈尧封《女科辑要》；1773年，清代沈金鳌《妇科玉尺》；1786年，清代竹林寺僧《竹林女科》；1820年，清代陈修园《女科要旨》；1827年，清代傅山《傅青主女科》。至于专以胎产命名立论的著作，现存者也有约90种。而比较著名的有：1715年，清代亟斋居士《达生篇》；1728年，清代倪枝维《产宝》；1730年，清代阎纯玺《胎产心法》；1762年，清代唐千顷《大生要旨》；1780年，清代汪喆《产科心法》；1795年，清代陈笏庵《胎产秘书》；1830年，清代张曜孙《产孕集》等。

上述这些医籍，除有的仍转抄《十产论》原文外，无非增录了一些包括"单方""验方"在内的方药。而对分娩问题的讨论都很简单，可以说未有超出《十产论》者。至于对月经、带下、孕期、产后等病症的认识，归结起来，仍不离理法方药，辨证论治。除在方药上有所增添外，可以说没有显著的突破性发展。

此外，还值得一提的是，1549年，明代万全《幼科发挥》中有有关断脐的论述，提出"以火燎而断之""以火烙之"的断脐法，以及"三朝洗儿，当护其脐，勿使水渍入也"，认为"如此调护，则无脐风之病。所谓上工治未病，十得十全也"。虽然限于历史条件，作者不可能认识到烧灼可以灭菌的理论问题，但这一方法的临床意义却是显而易见的。遗憾的是，这个写在儿科医书上的有效经验，对无权获得文化知识的"看生之人"来说，是难于汲取的。所以直到新中国成立前夕，因断脐消毒不严，引起新生儿破伤风的病死率还高达50%～60%。

虽然1840年（清道光二十年）鸦片战争后，西洋医学随之传入我国，影响所及，致民国时期出版的中医胎产专著中，也有个别的渗入了一点西医妇产科学的内容，但毕竟由于中西医学理论体系迥异，西洋医学的传入和发展并未能促进中医学的发展。那些多少带点西医妇产科色彩的中医胎产书籍，也同样未能促进中医产科学的形成。

基于以上讨论，王成荣先生得出了三点重要结论：

（1）中医妇科学是按理法方药、望闻问切、辨证论治、以内服药为主要治疗手段的一门内科性学科。它具有对中医妇科的生理认识和病症治疗之系统理论。因而又是一门相对独立的中医临床学科。

（2）中医妇科学关于胎产的认识，虽有着在今天看来仍值得称赞的一些合理论点，但毕竟缺乏能顺利解决产科问题的系统理论和有效方法。尽管历代也有一定数量的有关胎产问题的专著，但对临产问题的讨论却都十分粗浅。因而不能认为是名副其实的相对独立的中医产科学。

（3）在我国加快实现科技现代化的今天，人们固然也可以因为历代有一定数量的胎产问题专著而去试图发掘可能被忽略了的中医学有关胎产方面的"精华"，但是更应该着重从实践中探讨中医妇科学中行之有效的治疗经验和辨证论治理论问题，为发扬中医学遗产，促进中西医结合而努力。

二、王成荣对继承发扬中医学遗产问题的见解

1980年，王成荣先生在四川省中医研究所《资料汇编》中，发表了他对继承发扬中医学遗产问题的几个见解。在刚刚改革开放的初期，王成荣先生就提出了如此前瞻性的认识，可窥见王成荣先生中西融通学术思想的根。

（一）关于继承与发扬的基础问题

王成荣先生认为，没有继承便说不上真正的发扬，这是众所周知的常识，关于继承，现有的方法主要有：

① 按不同学科综合归纳，系统整理历代医学专著，这是自20世纪50年代后期《中医学概论》问世以后，历次编写出版的大专院校中医各科教材所采用的行之有效的方法。这对培养受过系统的正规训练的继承中医队伍的中医师起着重要的作用。

② 整理和总结当代老中医的经验心得和学术流派。这也是十多年来一直在做的工作，但从现已出版的有关著作来看，可以认为还有进一步加强的必要。

③ 直接学习继承老中医临证的辨证论治、理法方药经验，即为老中医配助手或徒弟。这项工作有的单位比较重视，有的则重视不够，但总的来说，还应该加强计划，而且在具体方法上也有不少值得改进的地方。

④ 继续发掘、收集、整理仍然流散在民间的单验效方。但必须加强有计划的验证研究工作。

（二）关于发扬与继承的必然趋势问题

作为科学技术的一个方面，中医学也必须加速实现现代化。已有的西医学（现代医学）来说，毕竟目标清楚，有经验可循，相对容易得多；而对中医学（祖国医学）来说，既需要最大限度地发展所长为"四化"服务，又须在这一过程中正确利用现代科技，使中医学的特长从实践到理论，都得到进一步的提高和发扬，实现真正的中西医结合，当然问题就复杂多了。在这些需要解决的问题中，至少涉及以下四个方面：

① 加速中药的剂型改革。内服药物治疗疾病从来便是中医给药的主要途径，就内、妇、儿科来说，甚至几乎是唯一的给药途径。虽然也有外洗、熏蒸、外敷等其他给药方法，但无论从文献记载或当代老中医的经验来看，都是不占重要地位的。口服药物虽有其投药方便的一面，但不如胃肠外给药显效快速、吸收完全和便于急重病人（或不能口服的病人）采用。即使以口服给药来说，传统的药源、炮制加工、称重和煎熬做丸等工序，无论药性成分等稳定与

否，至少在剂量的掌握上也不能认为是精确的，这对疗效的影响，也是临床医生所熟知的。因此，改革中药剂型的工作，理所当然是一项急需加强的科研工作。尽管这是药学工作者的主要任务，但没有临床医护人员积极而有计划的应用、观察和认真总结相配合，是不易成功的。

② 加强用西医诊断的同一病种的大宗病例来进行中医药疗效观察总结。多年来文献指导证明，这项工作已有一定成绩。但总的来说，与现代化的要求相距甚远。近十年来对个案的收集整理比较重视，已经出版了一些著名中医老大夫的医案（如《蒲辅周医案》《黄文东医案》《李斯炽医案》等），是应该肯定的。这些医案既起到了临床辨证论治的示范作用，在一定程度上也收到了继承老中医经验的效果，而更重要的是对一些疑难病种提供了值得进一步研究的依据。不过医案的积极作用大致也仅限于此，若想对世界医学有所贡献的话，还必须从单个的医案总结提升到有一定数量且与西医诊断相同的疗效稳定病例百分率。为此，再结合继承老中医的经验，有计划地对经西医确诊的一定数量的同一病种的病例进行疗效总结，这仍将是中西医发扬和继承的一项繁重的任务。

③ 加强临床科研设计。取得同一病种大宗病例相对稳定的疗效百分率，还只是第一步。只有在相对稳定的疗效能由多数人或医疗机构采用相同的方法重复得出时，才会为世界医学所接受。这是因为就中医学来说，辨证论治本身是有规律性的理论，但未经系统学习过中医学的西医，尤其是国际医学界，很难理解和掌握它，因此也很难为国际医学界所接受，只有在加强临床科研计划，尽可能排除了有干扰的一些偶然因素后，才可能发现辨证论治以外的、其他有规律性的中医药或中西医结合的医疗方法和理论，这也才有可能把中医学遗产中的精华发扬光大，为世界医学作出贡献。

④ 中医学理论和临床疗效机制的研究当然是十分重要的问题。但这只能在搞好上面三个必不可少的工作基础上，才有可能解决好这个问题。但这一步已经不是临床工作的中西医务人员的主要工作，而是药学工作者和基础医学工作者的主要任务。

王成荣先生关于医学遗产的继承与发扬思想，虽然是在 40 年前提出来的，但目前仍有非常重要的现实意义，值得我们今天学习与借鉴。

三、王成荣关于中医妇科病诊断标准问题的研究

1989年，王成荣先生在四川省中医药研究院临床医学研究所《资料汇编》第十期中，提出了中医妇科病诊断标准问题，全面提出了富有独到见解的妇科诊断标准。在30余年前，西医行业中对于诊疗标准及指南等的讨论较少，而王成荣先生就大胆提出了中医疾病诊疗标准，可见先生学术之严谨，为后辈研究先生学术思想并形成诊疗模式奠定了科学基础。

（一）对病的诊断是中医学固有特色之一

尽管历代医籍多从中医学辨证论治的特色出发，提出"观其脉证，知犯何逆，随证治之"的辨证论治原则，而对病的诊断标准很少论述，但并非毫无涉及。公认的辨证论治经典著作《伤寒论》和《金匮要略》中，便不乏类似病的诊断标准的例子。《伤寒论》关于六经病的每一经病之始，均有一条类似病的诊断标准的概念性描述。[①]

《金匮要略》以病的诊断为前提的辨证论治就更明确。较典型的如：

狐惑病："狐惑之为病，状如伤寒，默默欲眠，目不得闭，卧起不安，蚀于喉为惑，蚀于阴为狐；不欲饮食，恶闻食臭，其面目乍赤、乍黑、乍白。蚀于上部则声嗄，蚀于下部则咽干……"

奔豚病："奔豚病，从少腹起，上冲咽喉，发作欲死，复还止；皆从惊恐得之。"

瘀血病："病人胸满，唇痿舌青，口燥，但欲漱水，不欲咽，无寒热，脉微大来迟，腹不满，其人言我满，为有瘀血。"

肠痈："肠痈之为病，其身甲错，腹皮急，按之濡如肿状，腹无积液，身无热，脉数，此为肠有痈脓……肠痈者，少腹肿痞，按之即痛如淋，小便自调，时时发热，自汗出，复恶寒；其脉沉紧者脓未成……脉洪数者脓已成……"

水气病："风水其脉自浮，外证骨节疼痛，恶风。皮水其脉亦浮，外证胕肿，按之没指，不恶风，其腹如鼓，不渴……正水其脉沉迟，外证自喘。石水其脉自沉，外证腹满不喘。黄汗其脉沉迟，身发热，胸满，四肢头面肿，久不

[①] 成无己. 注解伤寒论[M]. 1版. 上海：商务印书馆，1955.

愈必致痈脓。"[①]

从先生的上述例证中，不仅能看到类似今天所称之病的诊断标准的特征，而且还可以体会到从症状鉴别诊断疾病的雏形。因此可以说关于病的诊断标准的提出，既非无本之木，更非忽视中医特色的标新立异，而是发扬固有特色的尝试。不过，或许是受历史发展的限制，历代中医药学的著述，更多还是着重于辨证论治的实践经验总结和发展。至于病的诊断问题，就中医妇科来说，并未得到应有的重视和研讨。虽然可以不考虑病的诊断，而仅据四诊八纲、脏腑经络、气血阴阳和六淫七情等辨证，就能进行立法、选方和用药的论治，使不少中医大夫传统的临证方法也有一定的、相当好的，甚或很好的疗效；但就更有效地总结经验，进一步提高疗效以利推广而论，用日益受到国际和国内医学界重视的临床科研设计、衡量和评价（DME）的观点看，则很难满足中医药学现代化发展的要求。即使只从继承的角度论，不重视病的诊断，也不利于中医人才的培养和发展。若从临床科研考虑，缺乏病证乃至病种诊断标准的临床研究，自然不符合 DME 的要求，是很难获得高质量科研成果的。或许正是基于这样的认识，国家中医药管理局才提出"逐步实现中医临床诊断和疗效评定的规范化、标准化"，并于近年颁发了《中医内外妇儿科病证诊断疗效标准·第一辑（试行）》（后简称为《标准》）。尽管这个《标准》尚属"试行"，但对指导中医医疗、教学和科研工作，促进中医药事业的发展，无疑是有重要意义和深远影响的。

（二）《标准》确有值得进一步完善和修订的必要

为了说明《标准》需要完善和修订的问题，通过列举王成荣先生在《标准》试行过程中的病例，联系《标准》有关部分，做一次讨论。

例 1：陈某某，35 岁经产妇。

初诊（1988 年 9 月 26 日）：主诉安环后痛经 7 年，加重 3 年。7 年前安环后，即出现经前和经期小腹坠胀痛，喜按，伴肛门坠胀；近 3 年加重而常须服去痛片。既往月经正常。末次月经提前半月来潮，量多，疼痛如前，他院妇科诊断为妇科炎症；给西药治疗，阴道出血 13 天方净，用卫生巾 7+包。但因

[①] 湖北中医学院. 金匮要略释义（全国中医学院二版教材）[M]. 上海：上海科学技术出版社，1963.

腹痛未减，4天前再去该院，疑为宫外孕，取宫内膜送检并取环。病理报告示：增生期子宫内膜，未见妊娠反应。昨又有阴道少量出血，至今小腹仍胀痛。苔腻，脉弦。

盆检：宫颈中度糜烂，子宫后位常大，活动欠佳，后穹窿触压痛，余（-）。

验血：血红蛋白（Hb）81g/L，红细胞（RBC）2.73×1012/L，白细胞（WBC）7.8×109/L，中性粒细胞百分比（NEU）69%，红细胞沉降率（ESR）11mm/hr。

诊断：痛经。

辨证：冲任瘀滞。

治法：理气化瘀止痛。

处方：橘核 10 g　　　茺蔚子 10 g　　　五灵脂 15 g　　　桃仁 10 g
　　　茜草 5 g　　　　乌贼骨 20 g　　　海藻 15 g　　　　仙茅 15 g
　　　补骨脂 20

连服 3 剂后，白带转净，腹痛消失。

二诊：仍宗前法，原方进退。

处方：青皮 10 g　　　橘核 10 g　　　山楂 15 g　　　桃仁 19 g
　　　丹参 20 g　　　海藻 15 g　　　白芍 20 g　　　甘草 10 g
　　　仙茅 15 g　　　淫羊藿 15 g

服 4 剂后，经潮仅小腹微痛；给初诊方随证加减 3 剂，月经正常。净后予复诊方连服 10 剂。此后月经正常，至 1989 年 2 月 19 日行经时仍无痛。

但自 1989 年 3 月 15 日经潮起，又见经期腹痛，虽程度较初诊时轻，然继后 4 次月经总有可忍之腹痛。遂于 8 月 3 日就诊时，改予炔诺酮 5 mg/日，于预计经前 10 天起连服 10 天，而 9 月、10 月两次月经仍有可忍之腹痛。9 月经净后盆检仍与初诊同。尚在观察治疗中。

例 2：李某某，40 岁经产妇。

初诊（1988 年 11 月 15 日）：主诉左下腹痛，经前更甚 4~5 年。

近 5 年常感左少腹胀痛，拒按，经前更甚并逐年加重。1 年前在他院诊断子宫腺肌瘤而手术，术中发现子宫正常，左卵巢有小囊肿，且有粘连；行分离术并扎管。术后腹痛如故，诊断为慢性盆腔炎、宫内膜异位症，给服安宫黄体酮久治无效。遂转介来诊。既往月经正常，13 岁初潮，4/30（周期 30 天，经期4天），量中。近几年月经 8~10/23±，量如常。LMP 7/11/1988，尚未净。常苔，脉偏弦细。

诊断：痛经。

辨证：少腹瘀滞。

治法：行滞化瘀。

处方：枳壳 12 g　　橘核 10 g　　川芎 3 g　　五灵脂 12 g
　　　川红花 10 g　　茯苓 20 g　　小蓟 20 g

6剂。煎服 300 mL，一日三次，每次 100 mL。

二诊（1988年12月17日）：诉月经提前于12月5日至，但腹痛明显好转，5天净，量如常。现唯左少腹拒按。舌、脉、证、治同前，初诊方去小蓟、川芎，加丹参 20 g、桃仁 10 g，6~10剂。

三诊（1989年1月17日）：诉月经于12月21日又提前而潮，但腹痛轻微。近1周左腹胀略痛，喜暖拒按。盆检：宫颈光，肥大；子宫一级后位，质中，常大，活动尚可，无压痛；附件左（-），右对合稍欠佳，可疑压痛。予二诊方续服6剂。

四诊（1989年4月25日）：于经后10天，因左少腹又见胀痛来诊，谓近几次经前仅轻微左少腹隐痛，经期已不痛。常苔，脉弦。仍宗瘀滞。

处方：香附 10 g　　青皮 10 g　　橘核 10 g　　五灵脂 12 g
　　　牡丹皮 15 g　　赤芍 20 g　　丹参 20 g　　桃仁 10 g
　　　海藻 15 g

6剂。此后2次行经亦仅有左少腹轻微隐痛。煎服 300 mL，一日三次，每次 100 mL。

五诊（1989于7月1日）：谓数日前去他院盆检有"左附件一片粘连"；遂再予盆检：除宫颈轻糜外未发现异常。因总觉不时有左少腹不适或胀痛，故于预计经前10日每天给服甲孕酮 20 mg，经期仍服行滞化瘀方 3~6剂。

六诊（1989年12月15日）：谓左少腹不适仍在，经期偶有刺痛，但服前方即愈；11月29日末次月经前未服甲孕酮，痛亦未加重。舌、脉、证同前。治法加重消散。

处方：三棱 12 g　　青藤香 10 g　　橘核 10 g　　五灵脂 12 g

10剂。尚在观察中。煎服 300 mL，一日三次，每次 100 mL。

例 3：杨某，31 岁经产妇。

初诊（1987 年 10 月 8 日）：主诉月经过多 5 年，伴经期腹痛半年。既往月经正常，16 岁初潮，7/30±3，量偏多，用纸 5 包。近 5 年经量渐增，较平时多 2 倍，需卫生巾 4 包。经色紫质稠，块多。近半年每次行经则小腹胀痛巨甚，喜按，喜热敷，经净方消。常苔，脉略弦滑。盆检：未发现异常。

诊断：①痛经；②月经过多。

辨证：血热宫寒，小腹瘀滞。

治法：先益气养血，温下行滞。

处方：黄芪 20 g　　刺五加 20 g　　当归 5 g　　丹参 20 g
　　　菟丝子 15 g　　淡苁蓉 15 g　　茯苓 20 g　　桂枝 10 g
　　　艾叶 10 g　　青皮 10 g

6 剂。服后无不适，予原方去桂枝加吴茱萸 10 g；续服 6 剂。服后仍无不适。

二诊（1987 年 10 月 31 日）：恰值经期，已觉腰痛。常苔，脉弦滑。辨证同前。

治法：温宫行滞，化瘀凉血。

处方：焦艾 10 g　　吴茱萸 10 g　　香附 10 g　　枳壳 12 g
　　　延胡索 12 g　　五灵脂 12 g　　川牛膝 30 g　　黄芩 12 g
　　　小蓟 20 g　　地榆 20 g　　墨旱莲 20 g　　乌梅 10 g

6 剂。服药 5 剂经净；经量减少仅用纸 3 包，痛亦明显减轻；改为暖宫养血调经。

处方：香附 10 g　　艾叶 10 g　　桂枝 10 g　　川芎 10 g
　　　当归 10 g　　熟地 12 g　　白芍 20 g　　桃仁 10 g
　　　丹参 20 g　　黄芪 20 g

服 6 剂后，原方去香附、川芎、桂枝、白芍，加台乌 10 g、高良姜 10 g、吴茱萸 10 g、肉桂 5 g；续服 4 剂。

三诊（1987 年 12 月 1 日）：值行经第 3 天，腰和小腹痛均较以往明显减轻，腹痛喜按；经色正、质中、无块，量亦不多。常苔，脉弦。

辨证：宫寒瘀滞。

治法：温宫散寒，化瘀养血。

处方：肉桂 5 g　　高良姜 10 g　　吴茱萸 10 g　　艾叶 10 g
　　　桃仁 10 g　　川牛膝 30 g　　川芎 3 g　　　当归 5 g
　　　熟地 12 g　　白芍 15 g　　　阿胶 10 g　　炙甘草 10 g
　　　黄芪 20 g

6 剂。继给温宫养血理气化瘀方续服 12 剂。12 月 28 日经潮再给胶艾汤加川牛膝合失笑散，4 剂。经后仍服 12 月 1 日方，10 剂而辍药。

四诊（1988 年 3 月 10 日）：谓 2 月 20 日末次月经未再腹痛，量亦正常，用纸 2+包，7 天净；因昨有腰胀再来服药。又连服调气和血方 14 剂而停药。

五诊（1989 年 1 月 28 日）：谓自昨年 4 月停药后，月经一直正常无痛。但近 2 次行经又见小腹冷痛，经量增多达 4 包纸；现值经期第 2 天。仍宗温化兼凉血，服药 6 剂。

六诊（1989 年 3 月 11 日）：谓药后仅于行经第 4 天有轻微腹痛约 2 小时，7 天净，用纸 2+包。

之后，于 1989 年 5 月盆检仍（-）。

至 1989 年 12 月 11 日末次就诊止，间断于经期来服药 6 剂，均为胶艾汤合温经汤化裁，在行经 4 或 5 天时有短暂轻微腹痛，量亦只 2+包，但小腹冷感仍未全消。

（三）对痛经这个症状、病类或疾病实体中，应采用"原发性痛经"和"继发性痛经"作为两个病的单元并分别制定其诊断标准

痛经是妇科门诊的常见病。原发性痛经疗效较好，且有自愈倾向，预后颇佳。继发性痛经则不然，不但可以缠绵多年，而且有的还有进行性加重的趋势，药物治疗又多不易见效，常严重影响患者的身心健康和正常生活。因此分类诊断很有必要。但中医历代方书并无原发性与继发性之分，基本上都是以发生痛经当时的脉证，从冲任二脉或肝肾两脏气血阴阳的寒热虚实，进行辨证论治；而未把它作为疾病单元按疾病的发生、发展、转归和预后，纵向探讨它的诊断问题；更未把它看作多个病种均可引起的一种症状，横向进行鉴别诊断。虽然按辨证论治治疗痛经有一定疗效，甚至可能达到相当好的疗效，但若再结合病的诊断标准，把痛经分为无器质性病变的原发性痛经和有器质性

病变的继发性痛经，并对后者加以具体病种的鉴别诊断，分别观察辨证论治的效果，这样总结出来的辨证论治经验或单方验方疗效，无疑更有利于重复验证和他人掌握，并有利于推广应用。《标准》关于痛经的"诊断依据"为"女子每次行经期间，或经来前后，小腹疼痛，或痛引腰骶，剧痛难忍，有的恶心呕吐，冷汗淋漓，以致昏厥者"[1]。若把这个"诊断依据"理解为就是"诊断标准"，显然失之过宽，对于临床医疗、教学或科研的价值不大。虽然《标准》在痛经的"参考项目"中也提出"本病主要指功能性即原发性痛经。排除子宫内膜异位症、炎症、子宫肿瘤及生殖器异常等器质性病变"而增加了这个"标准"的实用性，但由于未明确"参考项目"与"诊断依据"的相互关系是互为补充，缺一不可，抑或前者为仅供参考，可有可无，就凭"依据"即下诊断，这样在具体掌握时，仍难达到使诊断规范化、标准化的目的。因此有必要按《标准》"前言"的要求，作适当修改，以期更切合实际。

据王成荣先生等在试行中的体验，建议在痛经这个症状、病类或疾病实体中，采用"原发性痛经"和"继发性痛经"作为两个病的单元，分别制定其诊断标准。

据 Parsons 等的资料显示，约有 10%~15%的原发性痛经系继发性痛经之误诊。[2]而 Schifrin 观察到宫内膜异位症，在 20 岁以下的妇女中，确有一定的发病率。因此，通常在初潮后 2 年内就出现痛经而盆检无异常发现者，判断其为原发性痛经较可靠，此外则宜首先考虑继发性痛经。[3]据此，可以将原发性痛经的诊断标准修订为：

① 青年女子月经初潮 2 年内即发生的，经期才有的小腹明显疼痛；
② 周期性反复发作病程在 3 年以上者，须做盆腔检查排除器质性病变。

由于引起继发性痛经的疾病有宫内膜异位症、子宫腺肌病、慢性盆腔结缔组织炎或附件炎所致的充血性痛经，宫腔粘连或宫内膜结核所致的阻塞性痛经等，可以将继发性痛经的诊断标准拟订为：

① 月经初潮后 2 年以上发生的，经期及经期前后数日出现的下腹部明显

---

[1] 国家中医药管理局医政司.中医内外妇儿科病证诊断疗效标准·第一辑（试行）[S].1版.南京：江苏科学技术出版社，1988.
[2] M.雷内尔·妇女慢性盆腔疼痛[M].1版.叶惠方，等，译.北京：人民卫生出版社，1986.
[3] ALVAREZ R R D.Textbook of Gynecology[M].1 ed. London：Henry Kimpton Publishers，1977.

疼痛；

② 盆腔检查有结节、包块、增厚、触压痛、子宫不活动、明显增大或形状不规则等异常发现；

③ 盆腔检查虽无异常发现，但年龄在 20 岁以上或已有孕产史者。

根据上述标准，本文案例均属继发性痛经。例 1 由宫内膜异位症引起痛经的可能性大。例 2 经开腹诊断为宫内膜异位症。例 3 盆腔检查虽未发现异常，也很难排除器质性病变所致的继发性痛经。Beard 等对 68 例慢性盆腔痛病例进行观察，有充血性痛经表现者居多；而腹腔镜证实盆腔有病变者，分别为宫内膜异位症 10 例、慢性盆腔炎 11 例、肌瘤 1 例。对腹腔镜检正常的 43 例，再给盆腔静脉造影，却发现有 35 例存在盆腔静脉充血。[①]例 3 未做过盆腔静脉造影，所以也难排除盆腔瘀血症（Pelvic congestion）。不过本文 3 例继发性痛经按辨证论治服中药汤剂治疗，都收到不同程度的疗效，却是客观存在的事实，也提示有进一步落实病种诊断，继续观察、积累更多病例和探讨辨证论治经验的价值。如果按《标准》的规定，把痛经病名限定为功能性者，则难于对器质性疾病所致的继发性痛经及因行经腹痛就诊的患者，尤其是盆腔检查无异常发现的患者，作出病名诊断。而分别制定原发性和继发性痛经的诊断标准，则可以使这个问题得到较为切合临床实际需要的合理解决。今后，随着现代诊断技术的发展和推广普及，当然也不能排除对继发性痛经的概念作更严密的修饰和限定的可能；也不排除在继发性痛经的现有诊断标准基础上制定有关各具体病种的中医病名诊断标准的尝试。

四、王成荣对中医临床科研方法中存在的问题探索

王成荣先生于 1983 年在《四川中医》第 2 期发表了题为《中医临床科研方法问题探讨》的论文，论文针对中医的科学性研究提出了自己独到的观点，这正是其"经世致用"学术思想的散见，正是先生早期众多的治学理念、辨证思维和诊疗行为的体现，也是先生"推己及人"的立足点、"经世致用"的科学观和"执简驭繁"的方法论的思想体现。中医临床科研是中医药研究工作中

---

① BEARD R W, REGINALD P W, WADSWORTH J. Clinical features of women with chronic lower abdominal pain and pelvic congestion[J]. Br J Obstet Gynaec, 1988, 95（2）: 153-161.

一个十分重要的方面。传统的中医药理论主要从临床实践、观察和推理而来，总是与疾病紧密相连。所以，从临床入手，在肯定疗效的基础上，再探求获得疗效的理论机制并进一步提高疗效和发展理论，应该是合乎逻辑的过程。即使如脏腑、气血等中医理论的研究，也不能脱离疾病和病人，也不可避免地要由临床实践来作出评价。因而探讨一下中医临床科研方法中存在的问题，即资料问题、疗效问题、重复验证问题以及辨证论治的标准化和作为处理因素的中药标准化问题，对提高科研质量，或许是有意义的。为此，不妨把医学期刊发表的有关资料，看作反映中医临床科研方法的一个重要标志，如果不考虑组织机构、人员、设备、经费、时间等客观条件的限制，只就方法而论，还存在诸多问题。先生根据临床实践，总结出以下主要问题：

（一）资料问题

① 资料不真实：实事求是乃医务人员必须具有的品质，临床科研自不例外。可是无论中外，都曾有过为了某种目的而弄虚作假的伪造资料。如不核对原始记录，是难以识别的。至于"回忆性"资料，虽然也是真实的，但不易做到准确如实，很难说可靠。

② 资料不完整：病例资料不完整，不利于分析问题，这是常识。有的作者只选择资料齐全者加以总结，这样做，发现苗头可以，作为科研结论则颇成问题。所谓资料不全者，以门诊观察的病人来说，通常是因各种缘故而中断就诊的病例，其中难免有疗效不佳者。以资料不全为由而不纳入统计，势必造成"假阳性"误差，至于患者盼愈心切，很难免不另增其他医药治疗，若患者不说，也会引起"假阳性"误差。

（二）疗效问题

通常说疗效怎么样，多指西医诊断病种之疗效，而不是针对中医的"证"或中医病名的疗效。例如说治肾结核的疗效，并不等于说治肾虚腰痛、寒湿腰痛或瘀滞腰痛、血淋之类的疗效。中医书籍通常都不以西医病名为讨论对象，故也少有关于西医诊断病种之疗效统计数据。有然也少有关于"证"或中医病名的疗效统计数据。从继承发扬中医学遗产的观点出发，通过临床观察，实事求是地积累起中医药对某些西医病种的疗效百分率，应该说是对中医学的肯定，有助于中医学的发展，有助于增强预见性，减少盲目性。

关于疗效，为了说明问题，不妨姑且分为医疗疗效和科研疗效。医疗疗效通常是以治疗结果为依据，并不一定涉及疗效是怎样得来的问题。在门诊，甚至只要群众反映好，都可以认为是疗效好。科研疗效则不然，至少要回答6个问题：

① 疾病的诊断是否可靠？诊断可靠是十分重要的前提。因为症状类似的不同疾病，其预后和治疗反应也并不相似，有的甚至可能完全相反。因此，在报道疗效时，必须列出所观察病种的诊断依据，即诊断标准。

② 能否排除自然转归？某疗法治某病疗效虽好，但不能排除像"太阳病头痛至七日以上自愈者，以行其经尽故也"那样的疾病自然转归，如果缺少合理的对照比较，那么这种疗效是不可靠的。

③ 能否排除其他处理因素的效应？对那些既给针灸，又给中药，或既服中药，又服西药的病例，如果没有合理的对照组进行比较观察，则很难确定究竟是哪种治疗的疗效或综合的疗效。

④ 能否得出疗效百分率？若不存在以上问题，但治愈者仅属个别医案或例数太少，则这种经验的价值也就相当有限。临床科研的基本目的之一，在于探求某疗法应用于同一病种的大量病人的有效程度或疗效的可靠性。这就要求观察的病例数必须达到可以计算百分率所需要的程度才行，否则就毫无意义。

⑤ 是否比其他疗法更有效？有的作者为了说明其疗法优越，引用了其他疗法的过去资料做对照。可是除一些迄今疗效仍然不佳的难治性病种外，一般来说，用过去的资料做对照价值不大。因为对照观察要求对照组与观察组除处理因素外的其他条件，如病例多少、病情轻重、治疗时机、年龄、性别等，应尽可能一致。否则，可比性便很小，甚至缺乏。而可比性愈小，对照出来的结果误差就愈大。此外，对照组的病例是作者同期观察的病例，如果不是真的随机分组，可比性也是比较差的，也不易抵消或限制难以预料的各种误差。

有的作者为使自己的资料和结论更有说服力，在对照比较时，作了统计处理，于数据之后附上了概率（如 $P < 0.01$），以为这便增加了结论的科学性。殊不知缺少可比性的对照组或仅凭随意进行的分组本身，就存在偏差，因此也不适用以建立在随机原则基础上的医学统计方法来处理。纵然利用有关公

式算出了值,也只是一种更迷惑人的假象,并未真正揭露事物的内部规律。

⑥ 是否经得起重复验证?某疗法治某病尽管得到了比较好的疗效百分率,也还需要进行适当的重复验证。这是因为自然界客观存在着无法消灭的抽样误差。所谓抽样误差,就是人们常说的因为"碰巧""机遇"或"运气"而出现的结果,也即哲学称之为偶然性的事件。这种碰巧出现的结果不能预测,且可使事物的表象发生歪曲,造成人们对事物本质的错觉,故称为误差。这种误差最易发生在抽取少量样本以推断所有同一事物的状况时,因而叫抽样误差。抽样误差在医学科研中必然存在。唯一能缩小其影响的有效方法,是在随机原则基础上适当增加抽取样本的数量。对临床科研来说,便是适当增加观察例数和对观察结果的重复验证。可以说,凡未经严密设计的重复验证所得到的结果,其可靠性都难说是稳定的。然而从期刊发表的资料看,有设计的重复验证资料论文相当少,而用不同疗法治同一病种的疗效的论文却比较多。例如病毒性肝炎的中医药治疗,包括单味中草药、固定复方、辨证论治,以及中西药并用的疗效论文,不计个案资料,1978—1980 年的一些国内期刊就发表 60 篇以上。但从科研角度要求,却很难说究竟哪种疗法最好,推广应用后又能够得到怎样程度的比较稳定的疗效。

(三)重复验证问题

中医临床科研重复验证的资料比较少。原因可能主要是存在着两个颇难克服的困难,即辨证论治的标准化和作为处理因素的中药标准化问题。

1. 辨证论治的标准化问题

标准化在自然科学中十分重要。医学科研涉及标准化的地方不少,诸如研究对象、处理因素、观察指标、试验方法、结果判定等,都必须标准化。否则便缺乏衡量工作的规矩准绳,别人和自己都难于重复验证。临床科研中的诊断标准和疗效标准,就是众所周知的使研究对象和结果判定标准化的习用方法。

中医临床科研,除对一方一药的单验方的临床观察可以不一定涉及辨证论治外,其他都难免涉及辨证论治的问题。然而中医书关于辨证论治的各个具体内容,在特异性和重点方面规定得不够细致明确,即如舌苔和脉象这样的客观体征,也因缺少完善的标准而在诊察辨认时可以出入很大。至于"舍脉从症""舍症从脉""随证加减"等的掌握,也莫不受医生的经验、学识、习惯,乃至医疗作风等的影响而有很大差异。西医诊断的"病"或"综合征",虽然可以有病情的迁延、反复、恶化或出现并发症等的变化,但原疾病的诊断是不会改变的。中医辨证的"证"则不然,在一次患病过程中可以出现几个辨证结论。反映在诊疗实践中,就是辨证论治的高度个体化和灵活多变,却又因缺少比较严密的标准而不易统一。

虽然医学界和非医学界都有同志把辨证论治看作中医学的特点、精华和优势,说这是合乎辨证法的整体观,但就临床科研来说,要想利用迄今仍行之有效的医学科研方法来进行中医临床科研,则因属于研究对象的"证"和"治"不易标准化而大大增加了难度。这也许是中医临床科研取得突破性成效不多的重要原因之一。如果辨证论治缺少比较一致的严格标准,重复验证的问题便不易解决,疗效也不好肯定。因此,怎样实现辨证论治标准化,这个问题本身就是开展中医临床科研首先应当解决的课题。当前,不少单位关于中医理论,如脏腑、气血、治则等的研究,如果搞得好,可能有助于辨证论治标准化问题的解决。上海关于中医学"肾"的研究,坚持了20年,在制造模拟肾阳虚动物模型和建立肾阳虚的客观指标方面所取得的成绩,可能对肾阳虚辨证论治的标准化有着良好的促进作用,值得借鉴参考。可能是鉴于中医临床科研问题较多而突破性成效较少,所以有的同志提出"用当代最先进的科学技术,多学科、多侧面地研究中医药学"以实现中医现代化。当然,若能开创一种适合辨证论治灵活多变特点而又行之有效的中医临床科研方法,对医学科研方法学无疑将是一项惊人的贡献。

2. 作为处理因素的中药标准化问题

除一些适于单用针刺、按摩、理疗等的病症外,治病都离不开药。药在辨证论治中的重要性非常突出。《医学心悟·医中百误歌》说"更有大误药中寻""药中误,药不真""药中误,失炮制""药中误,称不均""煎药误,水频添"等,都是很常见而又易为人们所忽略的问题。中药的未知数和变动因素确实很多,仅从医疗看,问题便不少。若按科研要求,问题会更多。因为处方中每一味药的品种、产地、采收保管、加工炮制、粉碎程度、配方称重、煎熬制剂等，莫不与疗效相关。若把所用方药看作施加于科研受试者的处理因素，就必须要求每味中药的上述各项规格都有一定的标准，在试验过程中严格遵守而不轻易更换。否则便有可能影响衡量处理效应的观察指标，发生误差，得出似是而非的结论。遗憾的是，对中药的这些变动因素，人们或者熟视无睹，未引起足够重视，或者虽有所见，却因涉及面广，无力解决，只好听之任之。反映在期刊上，便是只列药名和剂量，根本不提上述规格问题，有的甚至只有"某某汤加减"，而具体怎样加减则无从稽考，即使按中药方剂学的观点要求这样写也是不恰当的。若按科研要求，不说明具体加减情况，怎么好重复验证其疗效呢？即使从医疗的观点出发，也不利于他人学习借鉴。这或者是中医临床科研取得突破性成效不多的又一重要原因。

中药还涉及给药途径问题。除疮疡、骨伤之类局部用药外，口服法几乎是中医治病唯一的给药途径。而临床急、危、重症的治疗却往往需要其他更有效的给药途径和方法，并且要求剂量准确，药效稳定。这便形成传统中药剂型大大不能满足客观需要的局面。因此，迫切期望药学工作者多研制适合其他给药途径、应用方便的有效新剂型。这样做也有助于作为处理因素的中药实现标准化，对提高中医临床科研的质量无疑是非常有利的。

诚然，中药的问题也涉及产、采、销、购等社会因素，要解决好这些因素的问题，医疗单位几乎无能为力。但只针对某科研课题解决好与之有关的中药问题，使该课题所需中药尽可能标准化，在一些条件较好的医学机构应该是有可能实现的。

五、王成荣论"八纲"辨证

王成荣先生 1958 年在《成都中医学院学报》第 1 期，发表了题为《试论"八纲"》的论文，对"阴、阳、表、里、寒、热、虚、实"八纲进行了分析论述，从中可以看出，早期的王成荣先生已经具有了中医系统化的思维方式，能从整体上把握中医的理论精髓。

先生认为，"阴、阳、表、里、寒、热、虚、实"八纲，属于中医学"辨证论治"理论体系范畴，是整个辨证论治体系的纲领，也是中医诊疗工作所不可缺少的理论武器之一。据此，先生提出了几个核心观点：

（一）"八纲"是辨证论治的普遍规律

"辨证论治"是中医学有关诊断与治疗的理论体系之总称。所谓"辨证"就是对运用"望、闻、问、切"四诊而掌握的病情资料（症状和体征）按一定的规律进行分析、归纳，求得正确的诊断，而根据诊断提出相应的治法、处方、用药等，就叫"论治"。

什么是辨证的规律呢？总的来说，就是以根据中医学的基本理论（阴阳、五行、三因、脏腑、经络、营卫气血等）而创立的症候群分类法为进行辨证所遵循的法则。具体地说，这些法则就是以八纲、六经、脏腑、经络、三焦、卫气营血以及六淫所代表的一些症候群为诊断疾病的依据。一般来说，伤寒以六经为辨证的纲领，温病以卫气营血和三焦为辨证的纲领，杂病以脏腑为辨证的纲领，而八纲又是伤寒、杂病和温病进行辨证论治所必须遵循的共同法则。这是因为不论机体处于什么病理情况，其所表现的各类症状都可以用阴、阳、表、里、寒、热、虚、实来加以分析、归纳，并因此可以得出关于病象表现的部分深浅、病变的性质以及机体防卫机能与有害动因相斗争的发展情况等带有病理生理学意义的总概念，从而给论治以"虚则补之""实则泻之""寒者热之"等原则方向。所以八纲又是整个辨证论治体系的纲领，因此称为"八纲"。

历代医籍对八纲的辨证内容都有论述和发展，但直到现代才被正式命名为"八纲"。关于八纲辨证内容的记载，最早见于《内经》，如《素问》篇中："阴阳者天地之道也，万物之纲纪，变化之父母，生杀之本始，神明之府也，治病必求于本。""阳虚则外寒；阴虚则内热。阳盛则外热，阴盛则内寒。""邪气盛则实，精气夺则虚。""脉盛、皮热、腹胀、前后不通、闷瞀，此谓五实。脉细、皮寒、气少、泄利前后、饮食不入，此谓五虚。"以及"寒者热之，热者寒之""毋虚虚，毋实实"等，都是有关八纲的原则性论点。汉代张仲景著《伤寒论》，从他创立的六经辨证规律中更具体地贯穿了八纲辨证的法则，丰富了八纲辨证的内容，从而创立了汗、吐、下、和、清、温、消、补的治疗八法，《伤寒论》也就成了后世医家学习辨证论治的经典著作。例如：

关于阴阳的辨证：

"病有发热恶寒者，发于阳也；无热恶寒者，发于阴也……"

"伤寒六七日，无大热，其人躁烦者，此为阳去入阴故也。"

"……脉虽沉紧不得为少阴病，所以然者，阴不得有汗，今头汗出，故知非少阴也……"

关于表里的辨证：

"太阳病，脉浮紧，无汗、发热、身疼痛，八九日不解，表证仍在，此当发其汗……"

"脉浮者，病在表，可发汗，宜麻黄汤。"

"伤寒瘀热在里，身必发黄，麻黄连召赤小豆汤主之。"

"少阴病，脉细沉数，病为在里，不可发汗。"

关于寒热的辨证：

"自利不渴者，属太阴，以其脏有寒故也，当温之，宜服四逆辈。"

"下利欲饮水者，以有热故也，白头翁汤主之。"

"伤寒脉迟……脉迟为寒……"

关于虚实的辨证：

"夫实则谵语，虚则郑声；郑声者，重语也。"

"发汗后，恶寒者，虚故也；不恶寒，但恶热者，实也……"

"伤寒下利，日十余行，脉反实者，死。"

关于阴阳表里寒热虚实错综互见的辨证：

"伤寒五六日，头汗出，微恶寒，手脚冷，心下满，口不欲食，大便硬，脉细者，此为阳微结，必有表，复有里也；脉沉亦在里也。汗出为阳微，假令纯阴结，不得复有外证；悉入在里；此为半在里半在外也……"

"下利，腹胀满，身体疼痛者，先温其里，乃攻其表，温里宜四逆汤，攻表宜桂枝汤。"

"下之后，复发汗，必振寒，脉微细；所以然者，以内外俱虚故也。"

"病人身大热，反欲得近衣者，热在皮肤，寒在骨髓也；身大寒，反不欲近衣者，寒在皮肤，热在骨髓也。"

"少阴病下利清谷，里寒外热，手足厥逆，脉微欲绝，身反不恶寒，其人面色赤，或腹痛，或干呕，或咽痛，或利止，脉不出者，通脉四逆汤主之。"

"太阳病，得之八九日……脉微而恶寒者，此阴阳俱虚，不可更发汗、更下、更吐也……"

"伤寒四五日，脉沉而喘满，沉为在里，而反发其汗，津液越出，大便为难，表虚里实，久则谵语。"

以上所举仅是《伤寒论》原文中关于八纲辨证比较突出的指明属于阴、阳、表、里、寒、热、虚、实诸证的一些例子。虽然很不全面，但已能说明八纲是以具体的症状与体征相结合的症候群为基础的。《伤寒论》是一部关于外感病的专著，全书以六经辨证为纲，朴素地论述了外感病在机体中的发展规律。所谓六经辨证，就是以太阳、阳明、少阳、太阴、少阴、厥阴六经所代表的六类症候群为识别外感病的纲领。八纲则交织在六经之中，对辨证论治起着具体的指导作用。从总的方面，三阳经病为阳证、表证、多热证、实证；三阴经病为阴证、里证、多虚证、寒证。而三阴、三阳中又各自再分阴、阳、表、里、寒、热、虚、实。前面所举原书中的一些条文例子，正说明了八纲与六经之间的这种纵横关系。

随着历史的发展，在《内经》和《伤寒论》的基础上，八纲辨证的内容也不断地丰富和趋于完整。再以杂病为例，来看看八纲的实质。如：

中风（多系脑血管意外）。在卒中发作之际，应当着重分辨闭证与脱证两种证型。所谓闭证是指病人体质较壮，卒中之后，神智昏迷、面赤气粗、喉间痰响、牙关紧闭、两手紧握，或二便秘结，脉多浮数有力而弦劲，属八纲辨证之里、热、实为阳证。治法首当清心开闭。所谓脱证则指病人体质素虚，中风之后，不省人事、口张手撒、二便失禁、汗出如珠，或肢体发凉，或两颧发赤，脉多沉迟而弱或浮大而虚，属八纲辨证之里、虚、寒为阴证。治法先应温补救脱。

虚相（泛指一般慢性衰弱疾病）。本病临床并不少见，病因、症候也复杂，但总不外阴虚和阳虚两种证型。属阳虚的，常见怯冷自汗、神疲易倦、嗜卧喜睡、食欲不振、尿清便溏、面色薄白，舌淡多津，脉多沉、迟、缓、弱等"阴盛阳虚"的脉证。属阴虚的，每有潮热盗汗、性急易怒、失眠少睡、虽饮食而消化欠佳以及口干尿黄、烦热颧红、舌赤多津、脉多弦细而数之类"水亏火旺"的脉证。前者属里、虚、寒为阴证；后者属里、虚、热，为阴中之阳证。临床应着重区别这两种证型，确立阳虚者温补强壮、阴虚者滋阴益血、阴阳两虚者则气血双补等治疗原则。

黄疸（大致包括肝、胆及某些肝、胆外的疾病）。一般按八纲辨证可以概括为属热属实的阳黄与属虚属寒的阴黄两大类。凡发病急骤，巩膜、皮肤发黄，鲜明而润，有发热或潮热、烦渴，腹满、胁下痛、小便利或不利，但均色黄为茶，或善饥、便秘以及脉浮弦洪滑或浮数有力等脉证，即为阳黄；凡起病缓慢，肤色黄如烟熏，秽暗无光，且现无热畏寒，神思困倦、懒言少语、小便利或濇，但多清长，或少食，便溏以及脉沉无力等脉证，即为阴黄。大体治法，阳黄主以清利，阴黄重在温补。

这些都是以八纲为辨证之主要内容较典型的例子。这类疾病颇多，不再一一尽举，此外如：

痹症（多系风湿病或类风湿性关节炎）。中医学认为痹是感受了风、寒、湿三气而成病。临床着重分辨风重、寒重或湿重三种证型。风重名行痹，以游走性关节疼痛为特征；病久伤血，则经络阻滞，关节屈伸不便。寒重名痛痹，以关节疼痛较剧，且痛的部位比较固定为特征；病久伤脾，则兼见多汗、肢体重着易倦。湿重名着痹，以肌肉酸痛、四肢乏力常见，还伴有食欲下降、困倦、大便不规则等症状。治疗原则不外祛风、散寒、除湿、活血。但行痹应重点祛风，痛痹应着重散寒，着痹则除湿为主。可是对具体的病人，还应当分辨寒、热、虚、实而立法、处方、用药，才能收到满意的疗效。大抵初病多实热之阳证，久病多虚寒之阴证。阳证多关节红肿热痛，同时并有发热、口渴、小便黄热、脉弦数浮洪而有力等表象；阴证则兼见怕冷喜热、小便清长或大便不实，脉沉迟缓弱等征候。阳证当配合清热，阴证宜量加温补。

消渴（多数为糖尿病）。关于消渴的辨证，一般分上消、中消和下消三种证型。上消以大渴饮水，日夜不绝为主症，多见于病初起时之体质壮实者，每有咽中发烧、舌赤起裂纹、大便如常、小便清利、脉现洪数等证候，为上焦热，病在心肺，应清肺生津。中消以口渴而多食善饥为主症，常见于病程中期，病人逐渐消瘦，肌肤干燥，大便结，小便频数，脉多沉数等现象，乃中焦积热，宜清胃润燥。下消以烦渴饮水，小便不摄为主症，每见于病程晚期，同时病人多有消瘦面黑、耳轮焦枯、小便混浊、脉细无力或浮大而虚等脉证，系热在下焦，胃阴亏损，当滋补肾阴。总之，本病为内热积久化燥，系阴虚热盛，应以滋润清燥为大法。而临床又必须根据具体情况，着重分辨虚实，给以不同的处理。比如病才初起，且身体壮实，乃正盛邪实之证，治法应以清燥为主。但也有发病即见饮水一份、小便反二份的肺肾两虚证型，则又当以滋补肾肺为治了。

在这两个例子中，痹症以外感六淫为辨证的纲，消渴以脏腑为辨证的纲，但都同时贯穿了八纲辨证的法则。像这样的例子不少，这里也不必多举。

至于温病的辨证，虽然通常都以卫气营血和三焦为临床所遵循的法则，似乎不涉及八纲的内容，但实际上仍超不出八纲辨证的范畴。总的来说，温病为阳证、热证；就新感温病而论，病初起时所现之发热恶寒、头痛身痛、或渴或咳、舌红苔白、脉浮数等邪在卫分或上焦的征候，按八纲辨证属表；病中期及后期所见之但热不寒，甚至恶热、烦渴、出汗、脉洪、苔黄等邪在气分成中焦的征候以及神昏谵语、舌质红绛或热深厥深、肢体抽搐以及皮肤出现斑疹等热邪深入营分、血分，或犯及下焦，或逆传心包的征候皆属里证。邪在卫分、气分或上焦、中焦属实；到营分、血分或下焦时，则因热邪伤阴，多渐转为邪实正虚。

以上所举伤寒、杂病和温病的例子虽然不多，但已可领会到八纲大致有些什么具体内容和怎样运用于辨证论治。同时也说明了八纲是一项具有普遍意义的最基本的辨证规律，它不仅适用于任何病理过程，而且具有执简御繁的优点。所以《医学心悟》说："变证百端，不过寒、热、虚、实、表、里、阴、阳八字尽之。"《笔花医镜》也说："凡人之病，不外乎阴阳，而阴阳之分，总不离乎表、里、虚、实、寒、热六字尽之。夫里为阴，表为阳；虚为阴，实为阳；寒为阴，热为阳，良医之救人，不过辨此阴阳而已；庸医之杀人，不过错误此阴阳而已。"可见要掌握辨证论治，必须首先掌握八纲。

（二）抓住八纲证型的主要征候，是掌握八纲辨证的关键

1. 八纲证型的内容和意义

八纲的每一纲，都有一类典型的症候群为代表，这些症候群也叫八纲辨证的证型。但每纲的证型中又有一些主要的征候为辨识该纲的基本标志。而要掌握这些标志，必须首先熟悉与之有关的内容和意义。

（1）表里

表里包括病象表现的部位深浅和病势的轻重两种概念。就人体而言，表

里虽然可作内外讲，但不能因此而把它看作固定的解剖部位。因为表里的意义本身就带有相对性，所以也就很难用解剖学的观点来划分表里。不过，从中医临床一般对表证和里证的理解来看，为了便于掌握，可以考虑这样来划分表里：体腔和脑脊髓膜腔以外的组织为表，以内的组织为里。所以凡是出现内脏器官和中枢神经系统的症状就叫里证，病势多较重；出现皮肤、皮下组织、肌肉及这些组织间之神经、血管等的症状就叫表证，病势多较轻。当然，这样的划分对某些病理情况来说，仍然是不够确切的。

表证一般以恶寒、发热、头痛、鼻塞、身疼、无汗或有汗、二便如常和舌苔薄白、脉浮等为代表。这多是机体对有害动因，通常是感染性因素的一般适应性反应的早期发热过程首先引起的物理性体温调节（外周血管的舒缩、排汗和呼吸）机能障碍所致的反应。里证一般以高热、神昏、谵语、烦躁、口渴、胸满、腹胀、二便闭塞及舌红苔黄、脉沉等为代表。这些常常是发热过程在机体中发展起来而造成整个体温调节（包括物理性和化学性——新陈代谢的调节）机能障碍，影响了各系统、器官（如神经系、心脏血管系、呼吸和消化器官以及肾脏等）的机能发生改变所显的反应。当然，没有发热而仅仅表现内脏器官中枢神经系统的症状，也是里证，不过其病理生理学意义也就不属于发热过程罢了。

（2）寒热

寒热主要指疾病的性质。一般以体温不足、身冷畏寒、四肢发凉、不渴或虽渴而饮水很少、饮食喜热、小便清长、大便稀薄、面色青白、舌质淡苔白滑、脉迟等为寒证的典型症候群，这大多是机体的生理机能衰退或对有害动因的适应性能力低下的表现。热证以发烧、不恶寒反恶热、心烦、口渴而饮水多、饮食喜冷、小便黄热、大便秘结、面赤、舌红苔黄或干黑、脉洪数等为代表，这大多是患者对有害动因的适应性反应能力旺盛的表现。

（3）虚实

虚证指正气（一般生理机能和防卫机能）不足，实指邪气有余（症状表现急剧或显著）。通常以手足不温、下利清谷、小便不禁、嗜卧食少、胆怯健忘、语言低微、体质衰弱、面白气短、舌质胖嫩、脉搏无力等，多系全身机能衰弱的现象，为虚证的代表。而典型的实证则表现高热、烦躁、谵语、腹痛拒按、大便闭结、小便热痛、体质壮实、面赤气粗、语音响亮、舌质坚敛、脉搏有力等，多系机体与有害动因相斗争的剧烈阶段之反应。

当然，上述仅是八纲症候群比较典型的例子，并不包括所有的症状和体征。

（4）阴阳

阴阳本是指概括一切事物本身所存在的对立而统一的两方面，是一种朴素的唯物辩证观。可以说，阴阳是无所定指而又无所不指。《内经》中说的"阴阳者，数之可十，推之可百；数之可千，推之可万；万之大不可胜数，然其要一也"正是这个意思。把阴阳应用于八纲辨证，则表、热、实为阳，里、虚、寒为阴。也就是说，阴阳为表里、寒热、虚实的基础，表里、寒热、虚实为阴阳的具体体现。因此，阴阳实际上就是八纲中的纲领。所谓阳证和阴证大概是阳证多热多实，阴证多虚多寒。典型的阳证为精神兴奋甚或烦躁谵语，语言洪亮、颜面发赤、目光炯炯、动作轻捷、发热口渴、少睡气粗、尿黄便结以及苔厚、脉浮数有力等，都显示出机体的各器官、系统和新陈代谢等机能正处于异常亢进的状态。典型的阴证则精神委顿、语言低微、面色晦暗、目光乏神、动作迟缓、身冷畏寒、气弱嗜卧、尿清便溏以及苔滑、脉沉无力等，都说明了机体各器官、系统和新陈代谢等机能处于抑制、衰减的情况。

总之，八纲的综合意义既说明了病象表现的部位深浅（表里），又说明了病变的性质（寒热），也说明了患病机体的防卫机能与有害动因相斗争的发展情况虚实，最后并可用阴证或阳证来加以总括，从而使医生对病人的病理生理状况有一个轮廓性概念，治疗也就有了方向。实际上八纲辨证本身就是统一的整体，每纲之间都存在着有机的联系，应该综合而论，不可绝对分开。前面所举的每纲的一些典型症候群也都是八纲的总括。比如表证是恶寒、发热、头痛、身疼、鼻塞、体酸、无汗或有汗、脉浮、苔白薄、二便如常等为代表，但更确切地说应该是表寒、表实证（无汗）或表寒、表虚证（有汗），以阴阳来说，就是阳中之阴证。不过这类症候群突出地说明了所有的症状都是由体腔和脑脊髓膜腔以外的组织所产生的，故以"表证"概而言之罢了。又如一般以高热、神昏、谵语、烦躁、口渴、胸满、腹胀、二便闭塞以及脉沉，苔黄等为里证的代表，而这些都是内脏器官和中枢神经系统所反映的症候，且为了便于与表证相对照，故以"里证"概之。更确切地说也应该是里、热、实证（脉必沉数有力），为阴中之阳证。以此类推，所举之寒、热、虚、实各证也同样含有其余几纲的意义。所以为什么说：阳证多热，热证多实；阴证多寒，寒证多虚，其道理也在于此。

2. 八纲证型的主要辨别标志

如何来掌握这些症候群呢？王成荣先生早年时通过临床实习，以其个人的体会认为，八纲每一纲的典型症候群中还有一些证候是主要的辨证标志。

（1）表里

一般所谓表证的发热、恶寒、头痛、鼻塞、肢体疼痛、有汗或无汗、二便如常、舌苔白薄以及脉浮等证候中，又以发热恶寒和舌苔白薄为表证的主要特征。只要掌握了这点，辨表里就没有太大的困难。当然，这也需要灵活地理解。比如患里证发热的病人，只要还有一些恶寒，都应当看作还有表证未尽的表现，在治疗上必须适当注意，在处方中酌量加上二三味解表药。但相反地，患表证的病人，如果舌苔由白薄渐渐增多转为白厚，或在白苔中间夹杂有黄苔的出现，虽然病人在发热的时候还有恶寒的现象，也应认为病势已有向里证发展的变化，在治疗上也应该适当地加入清里的药。

（2）寒热

辨寒热一般不外从发热与畏寒，烦躁与肢冷，口渴与不渴，渴而饮水多与饮水少，饮食喜冷与喜热，小便黄、短、热臭与清、长、不热不臭，大便干结与稀溏，面色发赤与苍白，舌质红与淡，苔黄或黑而干燥与苔白或黑而润滑，以及脉洪、滑、数与沉、涩、迟等来加以判断。不过其中又以发热与畏寒、舌苔、二便、口渴情况和脉象为重点，特别是舌苔、二便与口渴情况更是不能忽略的证候。比如某些大寒证，病人出现颧赤、烦躁、口渴，甚至揭衣去被，脉亦浮数等现象。临症时必须仔细地观察舌苔、二便和口渴的情况。如果舌淡苔黑而滑，二便清利不热，口虽渴而不能饮，或虽饮亦不多，且喜热烫，则应当以寒热之主要证候的多寡而判为"真寒假热"。相反地，某些大热证而表现四肢发凉，甚或通身冰冷、脉微欲绝等现象，还是必须从舌苔、二便和口渴的情况来加以区别。如果舌红、苔黄，或黑而干燥，大便闭结或虽下利而热烫灼肛，小便短赤发烫以及口渴喜冷饮，这时也应该就寒热主要证候的多寡来加以权衡，而判为"真热假寒"。当然，一般都应该"以脉印症，以症印脉"全面观察所有的证候来作为判断寒热的依据。

（3）虚实

根据《内经》"邪气盛则实，精气夺则虚"的原则来判断虚实，一般不是太难。但虚实常常互见，在正虚而邪实的情况下，若不审慎辨别，分清主次，则在治疗上就容易犯"虚虚""实实"的错误。

关于虚实的辨证，总的来说，不外阳证多实，阴证多虚。具体地说，则大概外感多实，内伤多虚；新病多实，久病多虚；年壮多实，年老多虚；健壮多实，瘦弱多虚；热证多实，寒证多虚。不过，这些只是一般的情况，虽然有一定的参考价值，但也不能过分强调。因为像外感的虚证、内伤的实证等，临床上也并不罕见，仍须随时警惕，不可大意。

在具体的证候中，如胸腹胀痛，坚硬而拒按（有压痛）者属实；柔软而不拒按（无压痛），甚至喜按（疼痛减轻的因素）者属虚；无汗为实，有汗为虚；二便闭塞为实，不禁为虚；舌质坚敛为实，胖嫩为虚，以及脉搏有力为实，无力为虚等，都是很重要的证候。而舌质之坚敛、胖嫩与脉搏的有力、无力更是重点中的重点。当然，这也不是绝对的，比如真热假寒证为实热重证，也可以出现沉弱无力甚至细微欲绝的脉象，这种情况就应当"舍脉从证"。不过这到底是很少见的，而绝大多数的情况，脉之有力、无力仍然是辨别虚实的关键。

（4）阴阳

表里、寒热、虚实是阴阳在辨证论治上的具体情况，因此只要能正确地识别表里、寒热、虚实，也就能分辨阴证和阳证。

总的来说，不外阳证多热多实，阴证多虚多寒。但因为任何事物都可以用阴阳来加以概括，所以在生理上，阴又代表阴精（泛指体液、血液、高级神经活动的抑制过程以及对植物神经系统的调节机能等），阳又代表阳气（大概包括新陈代谢,由脏器官和植物神经系统的生理机能以及高级神经活动的兴奋过程等）。由于阴精不足表现属于阳证的证候叫阴虚；由于阳气不足而表现属于阴证的证候叫阳虚，都属虚损范畴，但也是阴阳的辨证内容之一，不可不知。

当然，病变万千，出现阴阳颠倒、虚实并见、寒热错综、表里转变的复杂证型并不少见，这也是"表寒、表热、里寒、里热、表虚、表实、里虚、里实、表寒里热、表热里寒、表虚里实、表实里虚、表里俱寒、表里俱热、表里俱虚、表里俱实"所谓"十六目"的来源。如果再细致分析，把表、里、寒、热、虚、实加以全面组合，还会有更多的情况出现。比如《伤寒论》中的大青龙汤证"太阳中风，脉浮紧，发热恶寒，身疼痛，不汗出而烦躁者"是表寒里热又表里俱实，而"伤寒表不解，心下有水气，干呕发热而咳"的小青龙汤证型，是表里俱寒且表实里虚。不过虽然病变多端，但总超不出八纲的范围。只要临症之际，能熟练地使用望、闻、问、切四诊，"于病因色脉中细加权察"，既要抓住八纲证型的关键性证候，也不轻视其余证候的辨证意义，贯彻具体问题具体分析的精神及"脉症合参"的全面观点，而在必要时又适当地予以"舍症从脉"或"舍脉从症"的权变思考，仍然是能够辨证清楚的。这也是八纲辨证规律原则性与灵活性统一的表现。

（三）只有掌握中医学的整个"理、法、方、药"理论体系，才能有效地发挥八纲辨证的纲领作用

如前所述，八纲是辨证论治的核心，但也不能因此而认为，只要掌握了八纲辨证的规律，就可以应付裕如地处理一切疾病了。固然，掌握了八纲，论治就有了正确的方向；可是把这种方向如何具体地体现在立法、处方和用药中，还必须依赖辨证论治的其他规律，而疗效也才会确切可靠。从前面所举伤寒和杂病的八纲辨证例子中已可体会到这点，但不妨再申述一下。例如某些高血压症患者，除了本病一般常有的头痛、头昏、眩晕、耳鸣、失眠等症状外，还有口干、尿黄热、便结、面赤、苔黄以及脉弦滑乏力等现象，按八纲辨证属阴虚阳旺为里、虚、热证；论治就当滋阴潜阳、补虚清热。又如某些肺结核患者，出现午后潮热、失眠、盗汗、心烦、咳嗽、食欲不振以及颧发赤、脉数而虚等症状，接八纲辨证也属阴虚阳旺，亦为里、虚、热证，也该以滋阴潜阳，补虚清热为治疗原则。但实际上两者的具体治法还有许多的差别，因为再按脏腑辨证，则前者系肾阴虚而"水不涵木"，以致肝阳上亢的现象为阴虚肝旺；治法当滋肾清肝，佐镇静安神。后者之脉证为肾阴虚而"水不制火"，致"虚火刑金"乃阴虚肺燥；治法又当滋肾清肺，健胃实脾，佐镇咳安神。再从方剂和药物来看，滋阴潜阳，补虚清热的方、药种类很多，不同的方、药还有些不同的特殊性能，如果仅能辨清八纲，势必只好本着滋阴和清热的大原则随便处

方用药，其结果也将难于收到满意的疗效。

由此可见，只有了解中医学整个的理、法、方、药理论体系，弄清八纲和其他辨证规律之间有机的纵横关系，并且掌握它们，八纲才能在辨证论治中发挥其纲领的作用而有效地指导诊疗实际。

基于以上分析，王成荣先生认为，中医临症不用任何器械检查或化验、透视等的帮助，而仅凭辨证论治也同样能有效地治疗疾病。自然，中西医学各有短长，但就某些疾病的疗效、诊疗过程不受地区、设备的限制等方面而论，中医学确更具有优越之处。

辨证论治是中医学家在长期与疾病作斗争的实践经验中总结出来的规律。八纲是这些规律中最具有普遍意义的一项。王老在此着重对八纲在辨证论治中的作用、与其他辨证规律之间的关系，以及如何掌握其特点等方面作了初步的探讨，还引用实际症案，如痹症，强调必须全面掌握中医学的"理、法、方、药"理论体系的重要意义。

六、王成荣从《医宗金鉴》论治妇科疾病

先生阅读了大量的医学经典古籍，具有扎实的医学典籍基础，我们从他对《医宗金鉴》中论述妇科疾病的治疗思想中可见一斑。

1983年，先生在四川省中医研究院《资料汇编》第2期发表了《从〈医宗金鉴〉论治妇科疾病》，系统地论述了他的妇科疾病治疗思想，形成了先生关于妇科疾病的辨证论治特色。

先生应用《千金要方》中的话说"妇人之别有方者，以其胎妊、生产、崩伤之异故也"，说明妇科病症的治法与内科或外科病症有所不同。而立论平正，素为医林所推崇的清代教科书《医宗金鉴》在"妇科心法要诀"一节一开始便提出了"男妇两科同一治"的论断，这是为什么？虽然按《医宗金鉴》原义，是指妇女患非妇科性病症的治法与男性同，但若仅限于此，则是不够全面的。妇科病症固然只有妇女才能患，而论治法，从认识问题和解决问题的手段或方法来说，除单方验方外，都必须通过四诊，按理法方药，辨证论治。因此与内科是同一的。不过，作为一门相对独立的临床学科，中医妇科学自然也存在有别于其他临床学科的辨证论治特点。以下是先生对妇科病症的治则和治法

与内科之同异问题的粗浅认识。

（一）王成荣先生关于妇科病症的治则问题

治则的概念应该是，对任何病症的辨证结论大体上都能适用，而且必须遵守的，具有普遍指导意义的治疗原则。因此可以说，妇科病症的治则也就是其他临床学科的治则。只是有关治则的具体内容、认识还不完全一致。[1][2]先生认为至少应包括以下三点：

1. 审因论治，必究病机

审因论治是确定治法的首要原则。《内经·素问·至真要大论》曰，"必伏其所主，而先其所因"[3]，清楚地指出审因论治的重要性。对妇科病症来说，六淫以寒、热、湿为常见；七情以郁怒、忧思更突出；而房事不节、金刃所伤、虫蚀为害等不内外因亦复不少。这些病因之所以能引起妇科病症，其病机通常都是直接或间接引起了冲任不固、冲任损伤或瘀滞的缘故。治法应当首先针对病因，或散寒，或清热，或除湿，或开郁，或行滞，或化瘀，或杀虫，等等；总以"必伏其所主，而先其所因"为要。

值得讨论的问题是，既然存在冲任不固的病机，是否需要"谨守病机"，针对冲任不固论治法，历代医家确也不乏持肯定意见者。例如《临证指南医案》便有"固补冲任""治在冲任""镇固奇经""通奇经"等提法。[4]《医家衷中参西录》更有理冲汤、安冲汤、固冲汤、温冲汤等处方。[5]这些都是专为冲任不固或损伤而设的。《得配本草》甚至明确列出茴香、泽兰、丹参、王不留行、甘草、枸杞、川芎、当归、白芍、巴戟天、鹿衔草等，所谓"入奇经""调八脉""益冲任""通冲任""和冲任"等药物43味。[6]然而正如徐灵胎在《临证指南医案》的评语中所指出的："奇经乃十二经之余气。治十二经则奇经之治，药已在内，并无别有治奇经之药"。又说，"治冲任之法全在养血。"叶天

---

[1] 成都中医学院. 中医学基础[M]. 1版. 成都：四川人民出版社，1973.
[2] 北京中医学院. 中医学基础[M]. 1版. 上海：上海科学技术出版社，1978.
[3] 黄帝内经·素问[M]. 1版. 北京：人民卫生出版社，1963.
[4] 叶桂. 临证指南医案·卷六[M]. 上海：上海锦章书局，1923.
[5] 张锡纯. 医学衷中参西录·上册[M]. 2版. 石家庄：河北人民出版社，1974.
[6] 严西亭，等. 得配本草·附奇经药考[M]. 1版. 上海：上海卫生出版社，1957.

士本人也在同一本书中一再论及"奇经肝肾主司""冲脉隶于阳明"。这是由于肝藏血，为女子之先天；肾藏精，为先天之本；脾胃为气血生化之源的缘故。所以治肝、肾、脾胃的药，自然也应有作用于冲任。故病机虽在冲任，治法却只需针对脏腑，特别是针对肾、肝、脾的虚实寒热，便可达到治冲任的目的。至于《临证指南医案》所谓治冲任的方药，并非入肾、肝、脾者。而《医学衷中参西录》所载理冲，安冲诸方，其组成仍不外入肾、肝、脾的药味。即使《得配本案》所列43味药的绝大多数也是如此。因此很难认为存在确具特色的针对冲任不固或冲任损伤的特殊治法。

2. 调和阴阳，以平为期

《内经·素问·阴阳应象大论》说："阴阳者，天地之道也，万物之纲纪，变化之父母，生杀之本始，神明之府也；治病必求其本。"这是说对疾病的任何治法，都必须服从于调和阴阳这个根"本"治则。以妇科病来说，表现气血失调者相当常见。而"阴阳者血气之男女也"，故气血失调的治法，自然不离"审其阴阳，以别柔刚，阳病治阴，阴病治阳"，总以符合"阴平阳秘，精神乃治"为原则。至于临床常见的月经失调，历代医籍虽在治法方面有笼统称为"调经"的说法，但实际并非确有什么专门的调法，仍不外开郁理气、行滞通瘀、益气补血、滋水养阴、温阳补火，等等，无非调其阴阳之偏盛偏衰，以"定其血气，各守其乡"的意思。

3. 标本缓急，攻补有序

《内经·素问·标本病传论》说："知标本者，万举万当。不知标本者，是谓妄行。"可见分清标本对确定治法的重要性。虽然标本的含义灵活广泛，但也有其相对固定的概念。比如正气之于病邪，病机之于脉证，痼疾之于新病，通常都以前者为本，后者为标，每以标本见证的缓急为准；或先标后本，或先本后标，或标本同治，勿虚虚，勿实实，适事为度。妇科病患慢性者多，一般都可以缓则治其本或标本同治。但也有少数病症如暴崩、急剧腹痛等病状紧迫者，便可按急则治其标，以留人治病。诚然，病势虽缓亦可有标本之辨。正如《女科经纶》所说，"妇人有先病而后经不调者，当先治病；病过则经自调。

若因经不调而后生病,当先调经;经调则病自除"①,不过这终究不出"缓则治其本"的范围,因此也说不上有太多意义。

(二)王成荣先生关于妇科病症的治法问题

妇科病既然以内服方法为主,则其治法也难超出汗、吐、下、和、温、清、消、补,以及后来发展得更具体、更细致的多种治法范围。不过由于妇女才有的生理特点,虽然妇科病症的治则与其他临床学科是同一的,但是在具体治法和用药方面,确也存在有别于其他临床学科或比较特殊的两点:

1. 强调不同年龄阶段的治法侧重

妇女所特有的经、带、孕、产、乳生理,与年龄之间有着相当紧密的联系,虽然《内经·素问·上古天真论》有"男子数八、女子数七"的理论,但是女子特有的生理特点,在不同年龄阶段的变化远比男子明显。因此妇科病症的治法应更具不同年龄阶段的特点而适当有所侧重。这正如同《河间六书》所说:"妇人童幼天癸未行之间,皆属少阴。天癸即行,皆从厥阴论之。天癸既绝,乃属太阴经也。"②因为青春期的妇科病主要以月经病多见,而月经正常又是肾气充盈的表现,故主张青年重肾。生育期年龄的妇女因孕、产而伤血者不少,故常涉及藏血之脏的肝。肝为阴中之阳,若肝血亏虚,其阳必亢;稍有抑郁,又成气滞。因此对生育期的妇科病人,主张重肝;治法应多考虑养血调肝。至于绝经后的患者,肝失血养的病态虽有所减少,而肾气却难再复,自然应以照顾气血生化之源的脾胃为治法的侧重了。所谓侧重,即不必定要有肾、肝或脾兼见证,而应在治法中体现有治肾、治肝或治脾的成分。不过由于肾气对月经和妊娠的重要主从关系,所以在强调上述不同年龄阶段的治法侧重的同时,对生育期至绝经期前的妇科病,也要适当运用补益肾气的治法。

2. 注意孕期用药禁忌

尽管《内经·素问·六元正纪大论》有"妇人重身,毒之何如?""有故无殒,亦无殒也"的论述,但是孕期毕竟有阴血下聚冲任以养胎和子宫长大有碍气

---

① 肖赓六. 女科经纶·卷一[M]. 1 版. 上海:上海卫生出版社,1957.
② 刘完素. 刘河间伤寒六书·妇人胎产论第二十九·卷下[M]. 上海:上海江左书林,1913.

机升降等生理特点；若服药不慎，更易引起气血的失调，致使冲任不固或水湿留滞，变生他症，故峻泻药如巴豆、芫花、大戟、牵牛之类，一般列入禁忌。而桃仁、红花、枳实、牛膝、大黄之类破滞逐瘀药以及附子、乌头之类的大热药，亦须严格掌控，可属慎用药。[①]这些都是与非孕期用药有明显差别的。此外，还因为中药品种繁多，未探明的"未知数"更多，虽然有关中药致畸的报道，在临床期刊中尚难见到，但从优生学的观点出发，孕期用药仍以持慎重态度为好。加强这方面的科研，势必对中医药学的发展起到良好的促进作用。

七、王成荣关于不孕症的中医治疗问题研究

王成荣先生是我国著名的不孕不育专家，在不孕不育方面有独到的见解和独特的技术。有不计其数的不孕不育患者在先生的治疗下，享受到了天伦之乐。

1987年，王成荣先生在《实用妇产科杂志》1987年3期第1卷发表了《不孕症的中医治疗》一文，该论文是先生早年的不孕不育经验总结，首先从中可以看出先生一贯的"衷中参西"的学术思想，基于辨证论治的理论，从病人的实际出发，中西医结合治疗。其次，王成荣先生辨治不孕症仍是基于中医理论和各代名医的临床经验，调经为先，任通冲盛，再把不孕症的中医治疗大体分为两类，即传统的辨证论治与中西医结合治疗。

（一）关于辨证论治的治疗

这就是指依照"辨证求因，审因论治"的中医临证思维方法，按理、法、方、药程序治疗。清代陈士铎《石室秘录》中说"男子不能生子，有六病，女子不能生子，有十病"。男子的六病为"精寒、气衰、痰多、相火盛、精少、气郁"，女子的十病为"胞胎（即子宫）冷、脾胃寒、带脉急、肝气郁、痰气盛、相火旺、肾水衰、任督病、膀胱气化不行、气血虚而不能摄也"。

论文着重讨论了女性不孕症的中医治疗。除所谓"螺、纹、鼓、角、脉"系指明显的外生殖器畸形外，妇女不孕的病机为寒、热、湿、瘀等病因损伤冲

---

① 成都中医学院. 常用中药学[M]. 1版. 上海：上海人民出版社，1971.

任二脉所引起，而肾气不足，肾精衰少，肝血亏虚，肝气郁结或脾失健运，亦可转致冲任不固或瘀阻而不孕。临证结合四诊资料，运用病因、脏腑等证的概念，进行分析、判断和推理，得出肾气不足的结论。再根据肾精衰少、子宫虚寒、湿热或痰湿、瘀血郁结冲任等不孕的辨证结论，分别予以补肾、调肝、实脾、养血、理气、温宫散寒、清热化湿、活血化瘀等治法，同时在分清标本的基础上，或先祛邪，或先补虚，或兼施攻补，或两脏同治，调气理血，总以使气血阴阳归于平衡为准。按中医学观点，这样便自然可以受孕。

先生引用《石室秘录》说："精寒者温其火，气衰者补其气，痰多者清其痰，火盛者补其水，精少者添其精，气郁者舒其气，则男子无子者可以有子，不可徒补其相火也。""胞胎冷者温之，脾胃寒者暖之，带脉急者缓之，肝气郁者开之，痰气盛者消之，肝火旺者平之，肾水衰者补之，任督病者除之，膀胱气化不行者，助其肾气，气血虚不能摄胎者，益其气血，则女子无子者亦可以有子，而不可徒治其胞胎也。"明代王肯堂《女科准绳》的"医之上工，因人无子，语男则主于精，语女则主于血。著论立方，男以补肾为要。女以调经为先，而又参以补气行气之法：察其脉络，究其亏盈，审而治之，夫然后一举可孕，天下之男无不父，女无不母矣！"便是这种观点的典型表述。至于方药，一般都根据医生个人的经验和习惯随证选用，而不大强调固定处方，例如元代朱震亨《丹溪心法》中说"若是肥盛妇人，禀受甚厚，恣于酒食，经水不调，不能成胎，谓之躯脂满溢，闭塞子宫，宜行湿燥痰，用星、夏、苍术、川芎、防风、羌活、滑石或导痰汤之类。若是怯瘦性急之人，经水不调，不能成胎，谓之子宫干涩，无血不能受精气，宜凉血降火，或四物加香附、黄芩、柴胡养血养阴等药"。

明代万全《广嗣纪要》谓："男子弱者，精常不足，当补肾以益其精。女子羸者，血常不足，当补脾以滋其血，补肾六味地黄汤，精寒加五味子、熟附子；补脾参苓白术散，血少加归芎。"对妇女不孕而无其他症状者的治疗，元代张从正《儒门事亲》说："夫妇人年及二三十者，虽无病而无子，经如常，或经血不调，乃阴不升阳不降之故也，可以独圣散，上吐讫冷痰三二升，后用导水丸、禹功散，泻讫三五行及十余行；或用无忧散，泻十余行；次后吃葱醋白粥三五日。胃气既通，肠中得实，可服玉烛散，更助以桂苓白术丸散。二药是降心火,益肾水,既济之道,不数月而必有孕也。"

《丹溪心法》也有载"东垣有六味地黄丸,以补妇人之阴血不足,无子服之者,能使胎孕"。不过根据中医学关于月经和妊娠问题,涉及肾气是否旺盛,肾精是否充沛,冲任营血是否丰足与通畅的基本理论,对无其他症状的不孕妇女,多主张以补肾、疏肝、养血、和血为治法,方药可适当选用左归丸(熟地、山药、枸杞、菟丝子、山茱萸、鹿胶、龟胶、川牛膝)、右归丸(熟地、山药、枸杞、菟丝子、山茱萸、鹿胶、杜仲、当归、附子、肉桂)、逍遥散酌情加减。这种不孕症的辨证论治个案或数十例验案,在近几年的中医药期刊上时有报道,本书不拟赘述。

(二)关于中西医结合的治疗

近几年采用中西医结合诊治不孕症的报道屡有所见。例如上海市第一人民医院报道110例资料完整的不孕症[《上海中医药杂志》1985(18):9]。在明确了卵巢囊肿、多囊卵巢综合征、宫内膜异位症、子宫肌瘤、子宫畸形、输卵管阻塞、排卵功能障碍、黄体功能不全、免疫功能异常等西医诊断的基础上,经净时服孕1方(云苓、二地、淮膝、路路通、灸甲片、公丁香、淫羊藿、石楠叶、制黄精、桂枝)7剂;中期换服孕2方(云苓、二地、石楠叶、紫石英、熟女贞、狗脊、苁蓉、仙茅、胡芦巴、鹿角霜、淫羊藿)8剂,经期随症调治。同时根据中医辨证分为肾虚、肝郁、瘀滞等型。以滋养肾阴,或温补肾阳,或疏肝理气,或行滞化湿,或清热化痰,或活血化瘀等方药配伍入孕1、孕2方加减化裁,经1~24个月经周期的治疗,110例全部治愈。又如福建省立医院和福建省医学科学研究所,报道108例无器质性病变之同居2年以上的女方不孕症[《福建中医药》1986,17(2):16],以基础体温、宫颈黏液量、阴道细胞涂片、诊刮、交媾试验、输卵管通液、通气或造影等检查为依据,按卵巢的周期性变化,结合中医辨证论治的原则,采用"益肾补血—补血活血—益肾固冲任—活血调经"的周期性选方用药法则,以调整"肾—冲任—子宫",在卵泡发育期以益肾补血为主,用促卵泡汤(肾阴虚为二至丸加左归饮;肾阳虚为二仙汤加右归饮;脾气虚为补中益气汤合二仙汤加减;血亏虚为归脾汤或八珍汤合二至丸加减;气滞血瘀为逍遥散,或加二至,或加二仙;痰湿型为启宫汤加减）。排卵前期或排卵期改补血活血，用促排卵汤（当归、川芎、赤白芍、丹参、香附、益母草或茺蔚子，或加二至，或加二仙，各证型通用）。黄体形成期再益肾固冲任，用促黄体汤（肾虚型为二地、枸杞、首乌、巴戟天、川断、茺蔚子加二至或二仙；脾虚血亏型为艾附暖宫丸加减；气滞血瘀型同肾虚型方加失笑散；痰湿型为二陈汤或导痰汤合四物汤）。黄体萎缩期转活血调经，用活血调经汤（各型均用香附、川芎、归尾、赤芍、丹参、泽兰、桃仁、茜草、益母草，或加马鞭草、红花；脾虚血亏型再加牛藤、桂枝、鸡血藤；气滞血瘀型再加牛膝、失笑散；痰湿型再加牛膝、厚朴）。部分大于 30 岁或卵巢功能及子宫发育较差者，酌情加用维生素 E 或胎盘组织液肌注。经 1~6 个月经周期治疗，108 例有 78 例（72.22%）排卵，有 68 例（62.96%）治愈受孕，治疗 6 周期无效的 40 例中，对 18 例加用氯底酚胺和绒激素，又有 9 例治愈受孕。

（三）关于不孕症中医治疗的疗效问题

中医治疗有一定疗效似可肯定，但由于传统中医学更重视个案的经验，而忽略了对同一病种或同一病症大宗病例的观察分析，因此辨证论治疗效的高低，疗效的可信度或可重复性，也同中医药疗效的机理一样，是一个有待进一步观察研究的问题。至于中西医结合的治疗，尽管一再有上百例的疗效报道，但多是回顾性总结的资料。若用临床医学研究设计、衡量和评价的原则要求，这些资料不无可以商榷的余地，其疗效也存在可重复性的问题，不过，有一点却是可以肯定的：对现有医学检查未能发现确切原因的不孕症妇女，采用辨证论治或中西医结合治疗，无疑是可取的一种疗法。

八、王成荣关于妊娠期服用中药问题的探索

对于妊娠期服用中药，是中医领域一个非常敏感的话题，论述也不少，但王成荣先生对此却有自己独特的见解。先生于 1990 年在《实用妇产科杂志》第 6 卷第 4 期发表了《妊娠期服用中药的问题》论文，系统阐述了他关于妊娠期服用中药的理论与临床问题，与《内经·素问·六元正纪大论》所述有异曲同工之妙，也有先生自己的独特见解。

（一）王成荣先生关于中医药学传统认识的孕妇忌服、慎服药问题

孕妇服用中药的禁忌问题，从历代中医药学的文献检索，资料很少。据有关记载和中医妇科的临证经验，属孕期忌服的中药有：藜芦、巴豆、蓖麻子、牵牛子、芦荟、番泻叶、甘遂、芫花、乌桕根皮、续随子、商陆、皂荚、皂角刺、草乌、附子、天雄、天南星、三棱、莪术、马前子、狼毒、水蛭、虻虫、䗪虫、大戟、川乌、干漆、斑蝥、蜈蚣、蟾酥、麝香等。虽不属禁忌，但必须严格掌握适应证和剂量的慎服药有：大黄、芒硝、桃仁、红花、枳壳、枳实、牛膝、肉桂、半夏、冬葵子、乳香、没药、朱砂、雄黄等。作为外用的中药如砒石、水银、轻粉等，也属禁忌。这些药物之所以被禁用或慎用，其根据有四：①临床药效反应激烈，可引起急剧呕吐或腹泻，从而有可能导致流产或早产。②临床毒副作用明显，可引起腹痛、眩晕、惊厥、昏迷、休克或吐血、尿血等严重症状，甚至因之死亡。③药性大辛大热或有破气破血作用，有引起流产或早产可能。④中医药学早已明确认定能致人死命的剧毒药。

然而中药种类繁多，只是纳入《中药大辞典》的植物药就有 4 773 种，动物药 740 种，矿物药 82 种，以及传统作为单味药使用的成品药 172 种，共 5 767 种。除前述禁用和慎用的 48 种外，其余 5 719 种中药是否完全无害，还有待临床观察和实验研究。

（二）王成荣先生关于从现代毒理学探讨孕妇忌服和慎服的中药问题

赵军宁等对近 30 年的期刊和报道的 103 种中药长期毒性实验的光学显微镜组织病理学检查结果进行分析，发现有 44 种中药能导致实验动物包括大鼠、小鼠、豚鼠、兔、狗或猴的消化、泌尿、心血管、内分泌、免疫、造血或神经等重要系统的器官组织出现光镜可以识别的病理损害，合计检出率达 42.7%。[1]在这些可能成为某些中药毒性损伤的靶器官中，肝、肾和肠胃道的受害率最高，分别占 22.2%、22.2% 和 10.3%。其次为心肌，占 7.7%；内分泌系统，包括下丘脑、垂体、肾上腺、胰腺，占 6.8%。再次为骨髓，占 6.0%；

---

[1] 赵军宁，等. 中药长期毒性实验组织病理学研究近况[J]. 中药药理与临床，1989，5（3）：43-47.

肺，占 5.1%；神经系统，占 5.1%（中枢神经占 4.3%、周围神经占 0.8%）。再则为免疫系统，占 2.6%；生殖系统，占 2.6%（雄性 1.75%、雌性 0.85%）；毛细血管和小静脉占 1.7%、皮肤占 1.7%，其他如胆囊、骨骼肌等形态学病变亦被检出，但所占构成比均低于 1%。这 44 种长期毒性实验动物病检光镜有阳性发现的中药有：疏风解表药桑叶，清热解毒药蒲公英、野菊花、天花粉、虎杖、千里光、半边莲、青黛、龙葵、野百合、山慈菇，清热解暑治疟疾药青蒿，清热平肝止痉药钩藤，祛风湿药独活、秦艽、苍耳子、八角枫、松萝、雷公藤，化痰止咳药半夏、马兜铃，平喘止咳药银杏，催吐药甜瓜蒂，催吐截疟药常山，泻下药大黄、蓖麻子，利水渗湿药泽泻、木通，活血化瘀药莪术、延胡索，驱虫药苦楝根皮，健胃利湿安神药啤酒花，补中益气药白术、甘草，补肾壮阳药补骨脂，温肾补虚止血药棉籽，内服治精神分裂症的外用解毒药马桑，内服只入丸、散剂的外用解毒消肿药蟾酥，外用解毒消肿药博落回，以及试用于抗肿瘤的中药长春花、喜树果、三尖杉、斑蝥、猪屎豆等。上述动物试验的结果提示，有相当数量的中药有其易受攻击的靶器官或靶系统，有的甚至可造成非常严重的致死性病变。值得注意的是，上述 44 种中药，属临床常用者占一半以上，更值得探讨的是，白术、甘草、补骨脂这样的补益药，竟然也可能造成光镜下可见的动物脏器病理损害。

（三）王成荣先生对中药的胚胎毒性问题的观点

至于这几千种中药里，是否有在并不损害母体的情况下，却能引起胚胎或胎儿于出生前或临产时死亡，或引起胎儿畸形，导致出生前或出生后生长发育迟缓，或出生后功能异常等胚胎和胎儿发育障碍的中药胚胎毒性问题：由于受历史发展的限制，中医药学古文献几乎没有记载。而采用现代药理学手段研究中药的胚胎毒性问题，也可以说近 10 年才起步，不过在这些极有限的文献报道中，已可看出，按中医药学传统认识，无论属不属于孕妇忌服或慎服的中药里，都确有一些药通过实验能观察到遗传毒理学诱变效应。

据以上分析，先生得出如下基本观点：

① 对于中药，无论毒理或遗传毒理实验，多是以单味药为处理措施进行研究的。作为临床参考，在给孕妇用中药治病时，应考虑避免把这些实验报道中有害的药作为单药服用，尤其在妊娠初 3 个月内不宜单独服用，更不能大

剂量长期服用。

② 如果按中医辨证论治，随证加减用药给孕妇治病，在非单味药的复方中，按传统常用剂量，伍入前述实验报道有关的常用中药作为短期服用并不是禁忌的。因为动物实验所用药物剂量，按相应体重计算，大大超过临床治疗处方常用量的若干倍，例如妊娠呕吐的中医治疗，常用《济生方》橘皮竹茹汤（橘皮、竹茹、半夏、茯苓、枇杷叶、人参、麦冬、甘草、大枣、生姜），方中半夏用量一般不超过 12 g，只相当于前述孕鼠毒性试验用量的 1/125，证之临床确是安全的。再者，刘德祥的研究也发现，有 17 种中药对黄曲霉毒素 B_1 染色体畸变有显著的抗诱变作用，其中甘草、柴胡、半枝莲和蛇床子尤为突出。[1]中医临证处方，一般多由 10 味左右的中药组成，其中是否有拮抗诱变的药效，也是不能排除的。何况传统中药饮片还有一套常规炮制方法以增强疗效和消减毒性，这也不能用动物毒性实验的结果来与之等同。而且动物实验的结果，由于生物种属之间客观存在的生理、代谢等差异，并不都能直接推论用于人类。所以还有待进一步观察研究。

③ 因受科技发展历史的限制，资料的某些结果，是否存在系统误差或抽样误差等偏性问题，很难确定。因此可能需要更多的重复验证。不过这些资料至少可以提醒人们注意：孕妇服用中药须谨慎，尤其在孕早期，除非有适当指征，不要随便服用中草药单方，这是一条可靠的经验法则。

④ 随着注射用中药针剂的出现，也给孕妇用药提出了新问题，例如天花粉按复方配伍服用，对孕妇是安全的，而针剂却有可靠的引产作用，说明原生药与提取制剂在不同给药途径的药代动力学与药理和毒理学效应方面有较大差异。至于不同中药针剂引起过敏性休克的报道，期刊上也屡有所见，但一般又缺乏像天花粉针剂那样的药敏试验方法。因此，孕妇上感发热之类常见病，仍以辨证论治中药复方内服较安全，而不宜任意用中药针剂注射治疗。

九、王成荣关于围产期中医中药的合理应用问题的探索

王成荣先生因"西学中"的从医经历，对于药物安全性尤其重视，为了提高临床疗效，先生多次提出妊娠期合理用药问题。2002 年，先生在《实用妇

---

[1] 刘德祥，等. 102 种中药水溶性提取物抗诱变筛选[J]. 诱变·畸变·突变，1989（1）：27-33.

产科杂志》的第5期发表了一篇题为《围产期中医中药的合理应用》的论文，论文提出围产期合理应用中医中药是一个复杂而需继续研究的问题，并全面地介绍、强调了中医药在围产期的合理运用，对现在的临床仍有重要的指导意义。

王成荣先生认为，将中医中药辨证论治理法方药理论体系与围产医学知识相联系，并用中医中药治疗高危妊娠的某些疾病是可行的。不过，若在保证孕母和胎儿安全，并有确切疗效的前提下，尽可能简便和不增加病家不必要的经济负担，才是"合理应用"要求的尺度。衡量这种尺度，必然要涉及很多问题。

（一）围产期应用中医中药的适应证问题

近20年，我国部分医学期刊报道，用中医中药治疗围产期高危妊娠等方面有一定疗效。具体病种有轻中度妊娠高血压症、先兆子痫、子痫、妊娠期肝内胆汁淤积症（ICP）、羊水过多、母儿ABO血型不合、胎儿宫内生长迟缓等，以及中药或针灸应用于胎位矫正、过期妊娠引产、胎动减少、胎儿臀位、羊水过少、胎儿宫内窘迫和贫血、胎盘老化、巨大儿、双胎、瘢痕子宫、心肌炎等，还有报道经宫颈插怀牛膝引产术的。其中，中医药治疗妊娠高血压症的报道最多，病例数≥100例者不少；有单用中医中药治疗的，也有中西药分组对照观察的，但更多是中西医结合治疗或设有西药组对照观察的。有辨证论治，也有固定处方或只用单味药治疗的。此外，钱祖淇等按中医辨证给200例中期孕妇预防服中成药丸，妊高征发生率明显低于122例对照组。[①]张振钧等用750mg熟大黄胶囊，每日1粒，预防服药，观察140例，其妊高征发生率亦明显低于125例对照组。[②]ICP的疗效也较好，如张文家等用抗胆瘀汤治疗195例，痊愈95例，显效32例，有效41例，无效27例；而服苯巴比妥等西药76例对照组仅5例有效，其余均无效。[③]徐明娟等用川芎注射液治疗妊娠期的内胆

---

① 钱祖淇，等.养血熄风法治疗妊娠血压症及其血液流变性改变[J].上海中医药杂志，198（7）：2-6.
② 张振钧，等.小剂量熟大黄预防妊高征的研究[J].中华妇产科杂志，1994，8（24）：463-465.
③ 张文家，等.抗胆瘀汤治疗妊娠期肝内胆汁淤积症195例[J].安徽中医学院学报，2001，20（5）：31-33.

汁淤积症 64 例，脐动脉血流指标改善，孕周数和新生儿体重均优于 64 例对照组；但胆酸下降不明显。治疗组有 25% 的患者出现 2～3 天自愈的头痛、心悸或面色潮红。中药或针灸矫正胎位病例颇多，治法方药也不少，成功率多在 80% 左右。针刺、电针、针灸或激光照射双至阴穴成功率则多在 90% 左右或更高。[1] 以上表明，这些围产期疾病可以用中医中药治疗取效，而欲将适应证再稍扩大，似也可谨慎从事。

（二）围产期可用中医中药防治某些疾病的合理性问题

前述这些用中医中药治疗围产期病种的疗效属回顾性总结者较多，前瞻性盲法随机对照观察者少。按中药新药要求，有药物、药效、毒理和临床研究的报道尚未见到。而现有疗效的可重复性如何？最佳剂量、最佳疗程怎样？中西药配合应用的主辅关系和程序先后的最佳"结合"方式，以及更好的中药剂型选择等，都是合理用药方面需要继续解决的问题。

（三）中药的毒副反应是合理应用必须避免的问题

围产期用中药伤及孕母或胎婴的事件尚未见有报道。但中药材品种繁多，产地不一，科异同名，材同名异，以及采购、加工、炮制、配方、称重，直至临床可用的剂型，任一环节出错，都会影响疗效，甚至发生毒副反应。虽有国家所颁《药典》，部颁或省颁中药材质量标准和有关中药材生产、药品临床研究、非临床研究、生产和药品等多种《质量管理规范》可以遵循，但临床实际应用与之差距颇多。配方称重和煎汤过程的随意性更非这些标准和规范所能有效控制。在这些不利因素尚未很好排除前，要避免中药可能对孕母或胎婴的有害影响，围产期用中药应注意：

① 不用中药学中早已注明可致人死命或毒副反应较重的药。
② 不用中医药学中规定的孕妇禁忌药。
③ 严格掌握中医药学中有关孕妇的慎用药，非必要时最好不用。
④ 重视药物的常用量，切忌盲目加大剂量。有一些中药学中并未标明有

---

[1] 徐明娟，等. 川芎在妊娠期肝内胆汁淤积症治疗中的应用[J]. 实用妇产科杂志，2002，18（1）：24-25.

毒的常用药，如治风热感冒咳嗽的疏风清热药薄荷、马兜铃、板蓝根，清热解毒利尿治黄疸的金钱草、泽泻，清热解毒消肿排脓下乳的漏芦，凉血止血的侧柏叶，润肠通便的郁李仁，养心安神治虚烦失眠的酸枣仁，现代研究和病例报道表明，服用过量都可能中毒。甚至人参这样的补益药，也有因连续日服 3 g 以上粉剂，出现兴奋、烦躁、失眠、抑郁等副反应的报道。

⑤ 重视处方用药的配伍禁忌，避免其在同一处方中出现。遵循中药学传统认定的"十八反""十九畏"的两种或更多的药味配伍不良禁忌，除非已掌握可以推翻这种搭配禁忌的充足理由。

⑥ 重视中药方剂学有关处方中各味药间君、臣、佐、使的合理搭配；重视全方体现的功能主治与适应证病种之间辨证论治的统一性。处方药味组成是否恰当，是对辨证论治在理论上的一种检验，也是当前处理与中医药有关的医疗纠纷多半要涉及的问题。例如一个 27 岁首孕妇，"因妊娠 7 月出现妊娠瘙痒"去看中医，给中药处方 1 剂。自煎分 4 次服完后数小时，发生先兆早产住县医院。保胎治疗 2 天后破水，又 4 小时 30 分钟顺产 1 个 1 550 g 男婴。救治 7 天后转入他市儿科医院。按早产低体重儿、感染性肺炎、病理性黄疸、霉菌性喉炎、败血症治疗 14 天，好转出院。病家认定中药导致早产而提起诉讼。2001 年 12 月王成荣参加了法院委托医院组织的鉴定会，便是从分析处方各药物效用和配伍的主辅佐使关系，所体现的功能主治、与病情的中医辨证是否统一入手，最终排除了中药导致早产的可能性。

⑦ 加强监护观察，及时防止过敏反应。中草药和中成药引起过敏反应者时有报道。其中引发皮肤过敏症状的各型药疹，据不完全统计已在 60 种以上，常用的如：天麻、五味子、蒲公英、鱼腥草、穿心莲、金钱草、天花粉、瓜蒌壳、桑叶、青蒿、板蓝根、麻黄、柴胡、当归、川芎、续断、地黄、半夏、砂仁、黄芩、黄连、黄柏、大黄、牛黄解毒丸、六神丸、复方丹参片等。引发支气管哮喘的药有：板蓝根、枇杷叶、黄连、茵栀黄、冰片等。发生药物热的有：穿心莲、丹参、何首乌、延胡索等。发生过敏性休克的药物有 20 多种，常用的如：板蓝根、鱼腥草、大青叶、千里光、天花粉、地龙、苦参、槐花、乌贼骨、三七、丹参、当归、灵芝、牛黄解毒丸、牛黄上清丸、复方甘草片、云南白药、双黄连口服液等。以上药物的绝大多数都可能用于围产期而不属禁慎

用药。伴随中药注射剂的出现，发生过敏性休克的报道更加引起关注。王淑梅等统计1995—1999年国内主要医药期刊59篇报道68例中，有60例都是中药针剂所引起。按病例多少，依次为：刺五加、双黄连（粉）、复方丹参、柴胡、穿琥宁、清开宁、参脉、茵栀黄、黄瑞香、正清风痛宁、脉络宁、鱼腥草、参附、大黄藤、苦木、强力宁等注射液。①由于还少有像天花粉针那样的敏试方法，故围产期采用需慎之又慎。

十、王成荣关于艾滋病（获得性免疫缺陷综合征，AIDS）的中医药防治问题的探索

中医药如何防治艾滋病？对此问题，早在20世纪90年代初，王成荣先生就对此有过研究。1991年，先生在《实用妇产科杂志》第3期，发表了《关于艾滋病的中医药防治问题的探索》一文，提出了自己独到的见解。先生认为，90年代AIDS疫情形势严峻：

自1981年美国报道第一例AIDS以来，AIDS便以惊人的速度向世界蔓延。据世界卫生组织（World Health Organization，WHO）公布的资料，到1988年11月为止，全世界已有142个国家报道了AIDS病例，总数达13万人；到1989年6月1日为止，全世界报道的AIDS患者已达到157 191例，估计实际患病人数约50万，AIDS病毒携带者500万人。可是截至1990年10月31日，全球已有157个国家和地区报道AIDS病人298 914例，WHO估计实际患者70万，染上AIDS病毒者800万，而且估计今后10年中，至少有300~400万在20世纪80年代染上AIDS病毒的人将发展成AIDS，并最终死于AIDS。WHO还估计，在这800万AIDS病毒携带者中，妇女受染人数占300万，预计到2000年女性AIDS发病数将与男性持平。

我国的疫情如何？据相关报道，迄至1987年止，我国除台湾地区和港澳地区外，仅发现AIDS 3例，其中2例是外国来华旅游者，1例是曾在美国生活了9年后，才在1986年因病回国医治方获确诊的归侨。可见这3例都是从其他国家传入我国的AIDS，此外，1985—1987年，我国曾对重点人群1万余

---

① 王淑梅，等. 中药制剂致过敏性休克68例浅析[J]. 中国中医药信息杂志，2002，9（1）：67-68.

人进行 AIDS 的血清流行病学检查，结果发现有 11 例已经传染上了人类免疫缺陷病毒（HIV 病毒）。其中 4 例为我国的"Armour"公司生产的浓缩第Ⅷ凝血因子；其余 7 例都是外国人。这进一步说明 AIDS 病毒是从国外传播到我国的，而且的确已经蔓延到了我国。①但到 1989 年 12 月 1 日世界 AIDS 日，官方公布的资料显示，自 1985 年 6 月以来，共发现从国外传入我国的 AIDS 3 例，通过监测共发现受染者 29 例。而我国原卫生部防疫司于 1990 年 2 月 7 日宣布，截至 1989 年底，对云南省滇西边境部分农村地区的部分吸毒者所做 AIDS 血清检测 1000 余人，发现受染者 146 例；全国各地累计监测 19 万余人，共有 194 例（含前述吸毒者 146 例）。而到 1990 年 9 月底的不完全统计显示，全国从 1985 年起对重点人群监测累计人数已 34 万余名，共发现 AIDS 病毒受染者 446 例，其中确诊 AIDS 病人 5 例，在这 446 例受染者中有 68 例为境外人员，其余 378 例都是居住在大陆的公民，云南便占 368 例。5 例 AIDS 中 3 例为传入病例，2 例为大陆居民。

此外，传统观念的性病，尤其是淋病和梅毒，随着旅游事业的兴起也悄然潜入我国，早已是人所熟知的祸害。据国外统计，淋病患者中有 15%病例染有 AIDS 病毒；软性下疳病人中有 21%的患者同时染有 AIDS 病毒；梅毒患者中也发现不少 AIDS 病毒感染者。1989 年北京也首次从性病患者中查出 1 例 AIDS 病毒感染的男性青年。有关专家推测，1982 年至 1987 年间我国性病人数每年以 3.12 倍的速度剧增，性病传播的严重性提示 AIDS 必然存在。由此可见在我国 AIDS 疫情形势严峻。

当年对如何防止 AIDS，先生从中医药角度，提出了看法：

中医药防治 AIDS 有 4 个有利条件：①可适应疾病谱的改变。在一种新的疾病出现而当时尚乏有效疗法时，中医药总是可以发挥其应有的作用。清代温病学的创立便是例证。②针对辨证选方用药，可以异病同治而不受病种的限制。③辨证论治加减用药，灵活变通，对任何一种病都可以找到相应的中医治疗方法。④针对病变特性调节免疫机能，在治疗免疫系疾病和病毒感染方面较现代医学更具优势。因此采用中医药防治 AIDS 有一定的可能性和可行性。

---

① 王树声. 在全球预防艾滋病（AIDS）规划卫生部长高级会以上的发言[J]. 医药情报，1988（9）：2.

实践证明，国内外都有人关于应用中医药防治 AIDS 的临床表现的实验室研究。日本和美国有关专家发现有 21 种中药有抗 AIDS 病毒的作用，这些中药有：人参、党参、黄芪、当归、熟地、红枣、麦冬、天冬、百合、生姜、白术、茯苓、甘草、杜仲、菟丝子、山茱肉、枸杞子、五味子、薏苡仁、含香菇多糖的中药（灵芝）。日本东京医科大学经临床观察，提出人参汤、小柴胡汤能明显增加人体淋巴细胞中有吞噬病毒作用的 NK 细胞，使 T 淋巴细胞也增加了 1.6 倍，应用 1 年疗效稳定，未出现副作用；而且研究证实，人参能抑制 HIV 是因为金属元素锗（Germanium，Ge）。锗可净化血液，提高肝脏解毒功能。中科院上海生命科学院生化与细胞所研究出黄芪、人参、大青叶、知母、香菇等单味药和茵栀黄、板蓝根、丹参、三七注射液对人脐血白细胞干扰素有明显诱生作用，而研究表明，干扰素有抑制 HIV 复制和抑制 HIV 毒杀人体免疫细胞的功能，故可阻止 HIV 携带者发病。[①]美国加州大学和中国香港大学的学者发现，有一种中国产黄瓜属植物根部萃取物——蛋白 GLQ223，是一种很纯的瓜蒌蛋白质，有杀死被 HIV 感染的细胞而不损害健康细胞的功用。[②]美国得克萨斯大学西南医疗研究中心学者还发现蓖麻油中的蓖麻白蛋白是 HIV 和癌细胞的克星，认为其是对付 AIDS 的"生物导弹"。香港中文大学中药研究中心发现，牛蒡子、金银花、紫花地丁、紫草、黄连、夏枯草、千里光、穿心莲、一见喜等有抑制 HIV 生长等作用，但未见临床报道。据中国台湾《新医药周刊》1210 期报道，美国加州汉方医药研究所，用抗病毒（祛邪）和免疫增强剂（扶正）实验筛选表明，菊花、槟榔、厚朴、七叶莲、白头翁、紫花地丁有明显祛邪扶正作用。对 AIDS 的几种并发症也提出了处理方案：疱疹病毒感染，主张用龙胆泻肝汤，服 2~3 周可使减轻和消退。腹泻用白头翁汤加味保留灌肠。贫血，尤其是服齐多夫定（AZT，用作抗病毒药）者，可用活血化瘀、和血生新法，以鹿茸配桃红四物汤获效。结核及非典型结核，用知柏八味丸、清肺汤控制虚热、盗汗、口苦咽干等有益。白色念珠菌感染。用人参汤加黄连、清温饮用有一定疗效。此外，还有报道称小柴胡汤对 HIV 逆转录酶活性有强抑制作用，而在小柴胡汤的七种成分中，只有黄芩提取物对此酶有强抑制作用。

[①] 孟宪益，等. 中药对干扰素诱生作用的初步探讨[J]. 中成药研究，1982（11）：1.
[②] 顾亚夫，等. 艾滋病及中医治疗的探讨和前景[J]. 南京中医学院学报，1989（3）：54.

至于应用中医理论，辨证论治治疗无症状期的 HIV 携带者、有症状期的艾滋病早期相关症候群（ARC）和 AIDS 的探讨、设想、经验或建议等也有一些报道。相类似的认识是，据 AIDS 的临床表现可以划归瘟疫和虚损。主要病机为正虚邪实，是本虚标实的虚证。在不同病期、对不同患者，又可伴见瘰疬、痰核、痰迷心窍、肝风内动、血症、癥积、疫毒伏邪内发五脏气血俱虚等病症。治疗则根据不同辨证分型，随证选方用药。有作者提出中医防治 AIDS 应重视"治未病"，认为无症状的 HIV 携带者是绝大多数，患者此时 T4 细胞功能尚未受到明显影响，如防治有效，就可阻止其向 ARC 发展。提出中药调整免疫功能，可能对 AIDS 的免疫缺陷有帮助。据报道，肉桂、仙茅、黄精、地黄、玄参、天麦冬等能使抗体形成提前和存在的时间延长；党参、黄芪、灵芝等能增强网状内皮系统吞噬功能；枳实、防己、细辛等能抑制免疫过敏介质的释放；泽泻、砂仁、柴胡、牛膝等则能促进这种介质的释放。

除中药外，应用针灸防治 AIDS 也有不少报道。美、法等国和中国香港地区的专家们证实，针灸疗法能促进人体 T 细胞的增加，从而激发机体麻痹的免疫功能以提高抗病毒能力。例如美国的内奥米·拉比诺维茨在《美国针灸杂志》1987 年第 1 期报道用针刺治疗 AIDS 200 例，认为能普遍改善 AIDS 患者和 AIDS 前驱期患者的临床症状并有戒毒瘾的作用；但对 Kaposi's 肉瘤（又称多发性特发性出血性肉瘤）无效。美国森柯医院的史密斯等用针灸治疗 AIDS 150 例，治疗 2 周后，疲劳、出汗、腹泻、体重下降等均获改善，患者已超过了他们的预期生存期。

然而，尽管有上述中医药治疗经验的报道，却正如 1987 年在北京召开的世界针灸学会联合会第一届学术大会有关专家所提出的："当时，在 AIDS 的治疗上，还没有任何一种疗法的肯定性结论是有充分证明文献的，我们对中医疗法也应给予实事求是的评价。从中医治疗观点看，是否存在典型的临床表现和标准治疗穴位和方剂，我们的回答基本上是否定的。"自 1990 年 12 月，我国有关专家仍指出，目前还没有发现有效的疫苗和药物，甚至有的专家更认为，由于在自 1990 年后的 5 年内对 AIDS 病毒感染还不可能找到疫苗或治疗方法，预防和控制主要取决于健康教育和改变不良行为。

纵观先生早期的这些关于艾滋病问题的探索，至今对后学仍有启发意义。

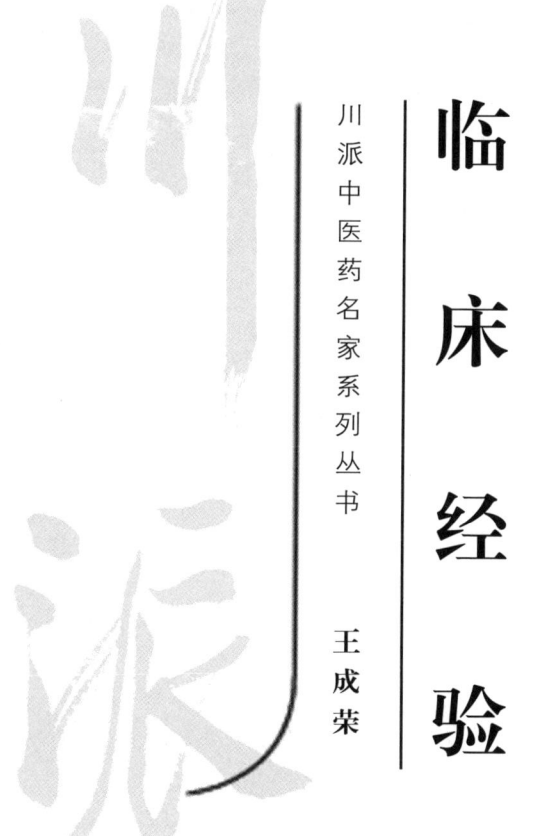

川派中医药名家系列丛书

临床经验

王成荣

一、医 案

（一）月经病

1. 月经期长、经后漏下

病案 1：经后漏下

黎某，女，45 岁。G4P①+3，安环 14 年。诊断：经期延长（经后漏下）。

初诊（2013 年 6 月 18 日）：G4P①+3，安环 14 年，末次月经时间（LMP）31/5，前次月经时间（PMP）6/5。因"经后漏下 10～15 天 2+年"就诊。患者 2+年前无明显诱因出现正常行经后阴道少许出血 10～15 天。经前小腹胀，经潮后渐消。常苔，脉平略弦。月经史：13×25×7，量偏多，色红，无痛。

诊断：经后漏下待诊（卵泡期出血？）。

辨证分析：经后漏下，仅为少许不净而经量如常，又无其他明显寒热虚实脉证，当属阴长不及，而阳热过盛致冲任失固，血海不宁，其病机为冲任瘀久化热，治以滋阴清热，用自拟的滋清汤加减。

处方：女贞子 20 g　　菟丝子 20 g　　补骨脂 20 g　　生地黄 20 g
　　　牡丹皮 15 g　　黄柏 15 g　　　茺蔚子 10 g

18 剂，水煎服，一日一剂，分 3 次服。医嘱：建议测 BBT；d3 查 HPO。

二诊（2013 年 8 月 1 日）：LMP 23/7，PMP 28/6。LMP 前 BBT 升 9 天。LMP 量中偏少，7 天全净。常苔，脉平略弦。1/7（d4）查：E2 21.68 pg/mL，P 0.42 ng/mL，T 0.117 ng/mL，LH 4.38 mIU/mL，FSH 8.96 mIU/mL，PRL 633.0 uIU/mL。2013 年 4 月他院 LCT：查见意义不明确的非典型鳞状细胞；HPV 分型（-）。辨治同前。

处方：女贞子 20 g　　菟丝子 20 g　　补骨脂 20 g　　牡丹皮 15 g
　　　黄柏 15 g　　　茺蔚子 10 g

20 剂，水煎服，一日一剂，分 3 次服。医嘱：PV+LCT。

三诊（2013 年 8 月 29 日）：LMP 19/8。LMP 量中，色红，无血块，6 天净。常苔，脉平。1/8 妇检：外阴、阴道：（-）；宫颈：光滑；子宫：平位，常大，活动，无压痛；附件：左附件骶韧带增粗，无压痛，右附件（-）。1/8 查 LCT（-）。辨治同前。

处方：女贞子 20 g　　菟丝子 20 g　　补骨脂 20 g　　生地黄 20 g
　　　牡丹皮 15 g　　黄柏 15 g　　　茺蔚子 10 g

20 剂，水煎服，一日一剂，分 3 次服。

按语：本案四诊观察要点在经后少许出血 10～15 天，而周期、经期、经量如常，经前小腹胀，而无异常舌脉。病因病机把握要点在年逾"六七"，肝肾之阴自然衰少，阴虚生内热，热扰血海，冲任络脉为热所伤而致经后漏下。论治宜滋肾养阴，清热固冲而止血。本案病机为冲任瘀久化热。治以滋肾养阴，清热固冲，予自拟的滋清汤而经调。本案就诊 3 次，用自拟的滋清汤 58 剂而经调。

病案 2：月经前后漏下

蒲某，女，35 岁。G1P1+0，LMP 1/8。月经前后漏下 6 年。

初诊（2012 年 8 月 30 日）：G1P1+0，LMP 1/8。因"月经前后漏下 6 年"就诊。患者 6 年前服 2 次紧急避孕药后出现经间期出血，有时 2～3 天净，常少许出血至第二次月经潮，潮后常量中，5 天后又见后漏下，5 天才全净。曾服中药治疗未效。自感烦躁，情绪激动时有阴道出血的情况。8 月 20 日始阴道少许出血，至今已 11 天。舌质略偏红，苔常略偏黄厚，脉平。患者既往月经史：14×26×7-8（14 岁初潮，周期 26 天，经期 7～8 天），量中，色暗红，伴腹痛。

诊断：月经前后漏下。

辨证：冲任虚瘀化热。

辨证分析：此乃经前或经潮之时，脉络血海阳热有余，热伏冲任，脉络破损，血溢于外而见月经前后漏下，其病机为冲任经脉气血亏虚，消长失衡，瘀久化热，治宜滋阴清热，用王成荣先生自拟的滋清汤加减。

处方：生地黄 20 g　　女贞子 20 g　　墨旱莲 20 g　　牡丹皮 15 g
　　　黄柏 15 g　　　茺蔚子 10 g

14 剂，水煎服，一日一剂，分 3 次服。医嘱：测 BBT。

二诊（2012 年 9 月 13 日）：LMP 31/8。BBT 未测，8 月 20 日始阴道少许出血至 LMP 潮，共前漏 11 天，LMP 潮后 d2～4 量中，之后量少（后漏）4 天。患者晚上口干喜饮，有时头晕。舌质略偏红，常苔，脉平。妇检：外阴、阴道：(-)；宫颈：光滑；子宫：前位，常大，质中，活动；附件：(-)。今日 TVS：子宫前位，大小 4.3 cm×5.3 cm×5.0 cm，实质回声均匀，内膜厚约 1.0 cm；双侧附件未见明显异常。辨治同初诊。

处方：生地黄 20 g　　女贞子 20 g　　菟丝子 20 g　　补骨脂 20 g
　　　牡丹皮 15 g　　黄柏 15 g　　　茺蔚子 10 g

14 剂，水煎服，一日一剂，分 3 次服。医嘱：必须测 BBT。

三诊（2012 年 9 月 27 日）：LMP 26/9。LMP 前 BBT 不典型升 7 天，经前 10 天（16/9 始）又开始少量出血至经潮，伴经前心烦易怒、眠差、出汗，现经行 2 天，量中，色红，夹血块，无痛。舌质偏红，常苔，脉平偏弦。

辨证：水不涵木。

辨证分析：女性病久易伤冲任，血海空虚不能濡养肾精，水不涵木，加之瘀久化热，经前气偏旺，可见肝郁，烦躁易怒；热扰心神则眠差，故治以滋清清热，辅以安神，用当归六黄汤加减。

处方：生地黄 20 g　　熟地黄 20 g　　当归 5 g　　黄芪 30 g
　　　黄芩 15 g　　　黄连 10 g　　　黄柏 15 g　　酸枣仁 20 g
　　　首乌藤 60 g

6 剂，水煎服，一日一剂，分 3 次服。若心烦等症有所减轻，可续服 6 剂。

四诊（2012 年 10 月 11 日）：LMP 26/9。LMP 前漏 10 天，潮后 8 天净。现为月经周期的 17 天，BBT 未升，白带较多，无出血。服上方 12 剂后心情好转，眠可，但易醒。舌质常略偏深，常苔，脉平略弦。辨证同一诊。但此时值阴阳转化之时，因势利导，治以行气活血，顺时而调。用自拟的三川汤加减。

处方：枳壳 15 g　　　香附 15 g　　　川芎 15 g　　当归 15 g
　　　川红花 12 g　　川牛膝 30 g　　柏子仁 20 g　酸枣仁 20 g

12 剂，水煎服，一日一剂，分 3 次服。

五诊（2012 年 10 月 25 日）：LMP 20/10。LMP 前 BBT 升 8 天，LMP 前漏 3 天，之后量中，现经行 6 天未净，无心烦，出汗无，眠可。舌质常略偏嫩红，常苔，脉平略弦。辨治同初诊。

处方：生地黄 20 g　　女贞子 20 g　　墨旱莲 20 g　　牡丹皮 15 g
　　　黄柏 15 g　　　茺蔚子 10 g　　白花蛇舌草 30 g

14 剂，水煎服，一日一剂，分 3 次服。

2012 年 11 月回访：PMP 8 天净。LMP 前 BBT 升 10 天，LMP（16/11）无明

显前后漏下，d3～5量中，余少，7天净。

按语：对于经期延长之经漏，先生临证时以出血发生时间，结合月经周期生殖内分泌变化规律，将其分为经前漏下和经后漏下。经前漏下表现为经前数日阴道少量断续或持续出血，多系西医妇科的黄体功能不足，孕激素分泌降低，子宫内膜呈分泌不良状态，不能维持其稳定完整之故；基础体温虽为双相，但高温相短于11天或波动较大。经后漏下表现为经后即继以数日不净之阴道少量出血，可能由黄体不健引起，更可能因黄体萎缩不全致子宫内膜不规则脱落使然；基础体温呈双相，但经潮后下降缓慢。

月经前后漏下而周期经量为常，舌质略偏红，苔常略偏黄厚，脉平，乃冲任失固之症，失固之因在脉络血海阳热有余，热伏冲任，脉络破损，血溢于外。月经前后漏下长达6年，病久易致肝气不舒，气郁化热又可伤络，故自感烦躁，情绪激动时有阴道出血的情况。

本案以冲气偏旺辨治为主，有时据月经周期或兼证而有所侧重。王成荣先生自拟的滋清汤主要针对阴虚血热而设，故初诊用之滋阴清热、平冲止血。二诊时患者已无出血，故用补益肝肾的菟丝子、补骨脂和易滋阴止血的墨旱莲。三诊时考虑其心烦易怒、眠差、出汗明显，急则治标，加大泻热止汗力度，并安神，故用当归六黄汤加酸枣仁、首乌藤。四诊正值经间期，宜行气活血，方用三川汤加减以促阴阳转化。五诊时伴见之心烦、出汗、眠差已无，经前漏下缩短为3天，现经行未净6天，故仍用滋清汤，并加入白花蛇舌草加强清热。

尤其注意：初诊时因阴道出血尚未干净，故未妇科检查。但临床中为了排除宫颈息肉等所致局部出血，仍需可消毒后妇科检查。在排除器质性疾病或恶性肿瘤等所致阴道出血的情况下，通常中医药辨证论治3个月经周期未效者，可考虑用西医药治疗。

病案3：经期延长伴月经过多

周某，女，48岁。未婚。月经期长、量多5月。

初诊（2009年7月2日），LMP 19/6。患者5月前始月经量增加2倍，色红，经期延长至10+天方净。LMP前BBT缓升12天，波动偏大，月经量多，伴较多血块，11天方净。舌质偏红，常苔，脉平略弦。6月17日他院超声：子宫增大，5.7 cm×6.6 cm×5.9 cm，内膜1.3 cm，肌层回声均匀，肌壁探及

4.3 cm×3.4 cm 弱回声团块；双附件（-）；提示：子宫肌瘤。

西医诊断：子宫肌瘤。

中医诊断：①月经过多；②经期延长；③癥积。

辨证分析：病机为火热瘀结，现宜清解化散。用自拟白莲散结汤。

处方：半枝莲 30 g　　白花蛇舌草 30 g　　皂角刺 10 g　　猪苓 20 g
　　　莪术 15 g　　　土鳖虫 12 g　　　　仙茅 15 g　　　淫羊藿 15 g

100 mL，一日三次，连服 6 天。

二诊（2009 年 8 月 4 日）：LMP 2/8，PMP 6/7。LMP 前 BBT 上升 10 天。今月经第 3 天，量较多，已用巾 12 张，无血块，经前偶腹胀，眠可但神差。苔薄，脉平。因经前火热瘀结，热伤冲任，现正值经期，宜清热化瘀止血，标本同治。自拟清化汤加减：

处方：黄芩 15 g　　　小蓟 30 g　　　白花蛇舌草 30 g　　马齿苋 30 g
　　　川牛膝 30 g　　 枳壳 12 g　　　桃仁 10 g　　　　　党参 30 g

水煎服，一日一剂，6 剂。

三诊（2009 年 8 月 18 日）：LMP 2/8，经量较服药前减少 1/3，约多于正常 1 倍，6 天净。现周期第 17 天，BBT 上升 5 天。平时易疲乏，近一周入睡困难，偶服舒乐安定。淡红舌，常苔，脉平，左略弦。据标本缓急而治有所侧重：非经期清解化散治其本，经期清化止血治其标。①白莲散结汤 100 mL，一日三次，连服 12 天（非经期服）；②黄芩 15 g、小蓟 30 g、白花蛇舌草 30 g、马齿苋 30 g、川牛膝 30 g、枳壳 12 g、桃仁 10 g、党参 30 g。煎服法同前，6 剂（经潮始服）。

四诊（2009 年 9 月 4 日）：LMP 27/8，月经接近常量，用巾 11 张，浸透 3 张，7 天净。LMP 前 BBT 上升 13 天。常苔，脉平略弦。阴道超声：子宫 4.8 cm×6.5 cm×5.4 cm，宫底肌层偏右 4.0 cm×3.7 cm 弱回声团，界欠清，内膜 0.9 cm。双附件（-）。因经期正常 2 月，经量亦趋正常，宜效不更方：白莲散结汤 100 mL，tid×18。

五诊（2009 年 10 月 16 日）：LMP 15/10，PMP 20/9。现 BBT 双相，经期正常 3 月，经量基本正常 2 月。LMP 前 BBT 上升 12 天，今月经第 2 天量中。舌淡红，常苔，脉弦略滑。证治同三诊。①清化汤加减：黄芩 15 g、小蓟 30 g、白花蛇舌草 30 g、马齿苋 30 g、川牛膝 30 g、枳壳 12 g、桃仁 10 g。煎服法同前，6 剂。②白莲散结汤：100 mL，一日三次，连服 18 天（经净始服）。

随访（12 月 18 日）：经量、经期正常 5 月。

按语：患者因"月经量多，经期延长"就诊。其经色红夹较多血块，舌质偏红，故辨为热瘀实证。血海周期性盈虚消长乃冲任经气推动使然，经气起伏及月经周期重阴转阳之变化常介于经间期，故经前冲气偏旺，本属自然。但若冲气过旺，化热则迫血妄行或灼伤络脉而月经过多、经期延长；热煎经血故夹血块；热瘀纠结不解日久成症。

本案月经异常为主，故采用周期治疗：月经期以清热化瘀止血之自拟清化汤加减治标减少血量；非经期针对热瘀之病机治本以清热解毒化瘀散结予自拟白莲散结汤本院煎剂，体现了急则治其标，缓则治其本的大法。

病案 4：经前出血

蒲某，女，35 岁。G1P1，4 年前顺产，工具避孕。反复经前出血已 6 年。

初诊（2012 年 8 月 30 日）：LMP 1/8，PMP 1/7，d1～3 量中，后浅淡量少共 8 天净。8 月 20 日始少许出血至今已 11 天。6 年前连续 2 月服 2 次紧急避孕药后，便见经前出血，时两次月经之间出血，2～5 天净或持续至经潮。曾当地服中药半年未效。既往月经：14×26-30×7-8 天，量中，色红，轻痛经。舌常略偏红，苔常略偏黄厚，脉平。2011 年 12 月 19 日查 TVS：子宫 3.9 cm×4.7 cm×3.7 cm，内膜 0.8 cm，回声略欠均匀，附件（-）。提示：宫内膜回声欠均。

诊断：经前出血待诊。

辨证分析：病机多为气血阴阳消长失衡，冲气偏胜，迫血妄行，瘀久化热，故治宜滋补肾阴，活血化瘀。予自拟滋清汤合二至丸加减。

处方：生地黄 20 g　　墨旱莲 20 g　　女贞子 20 g　　牡丹皮 15 g
　　黄柏 15 g　　茺蔚子 10 g

6～14 剂，一日一剂，水煎 300 mL，分 3 次服。医嘱：监测 BBT。

二诊（2012 年 9 月 13 日）：服上诊方 14 剂。LMP 前少许出血至经潮。LMP 31/8，量中，7 天净。夜间口干喜饮，时有头晕。PV：外阴（-）；阴道畅；宫颈光滑；子宫前位，常大，活动，无压痛；附件（-）。今 TVS：子宫 4.3 cm×

5.3 cm×5.0 cm，内膜 1.0 cm，附件（-）。BBT 未测。舌常略偏红，苔常，脉平。处经后期，辨治同前。予自拟滋清汤。

  处方：生地黄 20 g 菟丝子 20 g 补骨脂 20 g 女贞子 20 g
     牡丹皮 15 g 黄柏 15 g   茺蔚子 10 g

6～14 剂，一日一剂，水煎 300 mL，分 3 次服。医嘱：必须测 BBT。

三诊（2012 年 9 月 27 日）：LMP 前 10 天（17/9）又少许褐色出血 6 天，伴经前心烦眠差。LMP 26/9，今 d2，量中，色红，夹血块。LMP 前 BBT 升 7 天。13/9 LCT（-）。舌质常略偏红，苔常，脉平偏弦。辨证水不涵木，治法滋清安神，予当归六黄汤加酸枣仁、首乌藤。

  处方：生地黄 20 g 熟地黄 20 g 当归 5 g   黄芪 30 g
     黄芩 15 g   黄连 10 g   黄柏 15 g 酸枣仁 20 g
     首乌藤 60 g

6～12 剂，一日一剂，水煎 300 mL，分 3 次服（若心烦有减可续服 6 剂）。

四诊（2012 年 10 月 11 日）：服上诊方 18 剂后，无心烦，睡眠明显改善。LMP 26/9，量中，8 天净。今 d17，BBT 未升。舌常略偏深，苔常，脉平略弦。处经间期，辨证气滞，治法行气活血。予自拟三川汤去桃仁，加柏子仁、酸枣仁。

  处方：香附 15 g   枳壳 15 g   当归 15 g 川芎 15 g
     红花 10 g   川牛膝 30 g 柏子仁 20 g 酸枣仁 20 g

6～12 剂，一日一剂，水煎 300 mL，分 3 次服。

五诊（2012 年 10 月 25 日）：LMP 前 BBT 升 8 天，并少许出血 3 天。今 d6 未净。纳眠可，二便调。舌常略偏嫩红，苔常，脉平略弦。辨治同前。

  处方：生地黄 20 g 菟丝子 20 g 补骨脂 20 g 女贞子 20 g
     牡丹皮 15 g 黄柏 15 g   茺蔚子 10 g

6～14 剂，一日一剂，水煎 300 mL，分 3 次服。

2012 年 11 月 2 日 5 电话随访：PMP（20/10）8 天净，LMP（16/11）前 BBT 升 10 天，无前漏。

按语：经前期为胞宫、冲任阴阳消长之阳长期。此期出血，多为冲气偏旺，阳旺化热而迫血妄行。究其本因，为肾阴不足，排卵期重阴转阳不及，阴虚不能制亢阳。故滋肾阴清虚热以标本兼治。首诊逢经前出血期，予养阴清热止血，治标为主。二诊予滋清汤以滋肾清热。三诊时心烦眠差明显，病机仍为肾阴不足，致肝失涵养，肝郁而化热而致，更方予当归六黄汤滋肾泻肝合酸枣仁、首乌藤养心安神，服 6~14 剂后无心烦。四诊处经间期行气活血以促重阴转阳，因势利导。五诊经前仅漏 3 天，守方续服 20 剂后随访已无经前漏。此案平素予自拟滋清汤滋肾阴清虚热。经前出血期予自拟滋清汤合二至丸加减，重在养阴清热止血；经间期予自拟三川汤行气活血，因势利导。如此调理阴阳，标本兼治，连续五诊而获效。

本案结合 BBT，高温<10 天，西医诊断为黄体功能不足。测 BBT 既是诊断依据，也是观察疗效的一项指标。服药期间 BBT 高温期渐增，提示黄体功能逐渐恢复。

2. 月经先期

病案 1：更年期经频

曹某，女，40 岁。G5P2+3。更年期经频 2 年。

初诊（2012 年 11 月 26 日）：G5P2+3，LMP 10/11，PMP 20/10。因"月经提前 10 天 2 年"就诊。患者 2 年前无明显诱因出现月经提前 10 天，量中，3~4 天净。平时常感腰酸痛，口干，入睡困难，二便调。常苔，脉平。月经史：12×40×4，量中，色红，夹血块，无痛。妇检：外阴、阴道：（-）；宫颈：光滑；子宫：平位，常大，活动，无压痛；附件：（-）。

诊断：更年期经频。

辨证分析：据"先期多为热"，以及患者近"六七"之年，肝肾之阴日渐衰少，阴阳消长失衡，瘀久化热。治以滋阴清热，用自拟滋清汤加减。

处方：女贞子 20 g　　菟丝子 20 g　　补骨脂 20 g　　生地黄 20 g
　　　牡丹皮 15 g　　紫草 12 g　　　茺蔚子 10 g

14 剂，水煎服，一日一剂，分 3 次服。医嘱：测 BBT；d3 查 HPO。

二诊（2012 年 12 月 17 日）：LMP 11/12。未测 BBT。LMP 31 天潮，量中，4 天净。仍感口干，入睡困难而多梦。常苔，脉平。14/11（d4）查：E_2 34.68 pg/mL，P 0.6 ng/mL，T 0.4 ng/mL，LH 1.35 mIU/mL，FSH 6.02 mIU/mL，PRL 199.1 uIU/mL。辨治同前。

处方：女贞子 20 g　　菟丝子 20 g　　补骨脂 20 g　　生地黄 20 g

牡丹皮 15 g　　　　紫草 12 g　　　　茺蔚子 10 g

20 剂，水煎服，一日一剂，分 3 次服。医嘱：测 BBT。

随访（2013 年 2 月 20 日）：药后上症消，月经如期 3 月。

按语：该案原始历记录显示，既往月经 40 天潮，近 2 年月经 20 天潮，故与既往月经相比应为提前 20 天，但与通常的按月计则为提前 10 天，故将原始病案中"月经先期"改为"更年期经频"。

历代医家多宗"先期属热"，如宋代陈自明提出"阳太过则先期而至"，元代朱丹溪有"经水不及期而来者，血热也"的见解。本案患者 40 岁，G5P2+3，多次妊娠而易耗血伤精，肝肾之阴日渐衰少，阴虚生内热，而"阴静阳躁"，故月经先期而至。肝肾不足，腰失所养则腰酸痛；阴虚阳亢，不能引阳入阴则入睡困难；阴虚内热则口干。本案之病机为阴虚生内热，热扰冲任，冲任失固，阴阳消长失衡，冲气偏旺，瘀久化热。辨治要点按"阳盛则阴病"的经义治以滋肾养阴，清热凉血。患者就诊 2 次，予以滋清汤 34 剂而经潮如期。

病案 2：经频期长量少

吴某，女，39 岁。G4P1+①+2。月经先期伴期长 10 天，伴经量少 60% 3+年。

诊断：①月经先期；②经期延长；③月经过少。

辨证分析：辨证为阴虚血热，冲气偏胜（冲任虚瘀化热），治以滋阴清热凉血。

初诊（2013 年 4 月 25 日）：G4P1+①+2，LMP 10/4，PMP 20/3。因"月经先期伴期长 10 天，伴经量少 60% 3+年"就诊。患者 3 年前服长效避孕药 2 月后便见月经提前 10 天潮，且经期延长至 10 天，月经量减少 3/5。患者曾服中药治疗未效。常苔，脉平略滑。月经史：12×28×5-6，量中，色红，夹血块，无痛。今日 TVS：子宫前位，大小约 4.0 cm×4.3 cm×4.9 cm，实质回声均匀，未见占位，内膜居中，厚约 0.7 cm；双附件未见异常。

诊断：①月经先期；②经期延长；③月经过少。

辨证分析：鉴于先期、期长均多与血热有关；加之患者已过"五七"之年，历经经孕产乳而耗血伤精易致"阴常不足，阳常有余"，故按阴虚血热，冲气偏胜，瘀久化热辨治。治以滋阴清热凉血，用自拟滋清汤加减。

处方：女贞子 20 g　　菟丝子 20 g　　补骨脂 20 g　　生地黄 20 g
　　　牡丹皮 15 g　　黄柏 15 g　　　茺蔚子 10 g

14剂，水煎服，一日一剂，分3次服。医嘱：测BBT。

二诊（2013年7月11日）：LMP 23/6，PMP 22/5。诉因忙而未测BBT。LMP32天潮，量增似常量，但15天全净（表现为前后均漏下）。PMP量略增，共10天净。舌质常略嫩红有瘀暗区，常苔，脉平。辨治同前。

处方：女贞子20 g　　菟丝子20 g　　补骨脂20 g　　生地黄20 g
　　　牡丹皮15 g　　黄柏15 g　　　茺蔚子10 g

14剂，水煎服，一日一剂，分3次服。医嘱：必须测BBT；PV+LCT。

三诊（2013年8月6日）：LMP 25/7。LMP前BBT升9天，LMP32天潮，量增同PMP，8天净。今d13，BBT未升。舌质常，但有乌暗纹区，常苔，脉平。11/7 PV（-）、LCT（-）。辨治同前。

处方：女贞子20 g　　菟丝子20 g　　补骨脂20 g　　生地黄20 g
　　　牡丹皮15 g　　黄柏15 g　　　茺蔚子10 g

18剂，水煎服，一日一剂，分3次服。医嘱：d3查HPO、TSH、FT4。

随访（2013年9月10日）：LMP 22/8潮，量中偏少，7天净。诉d3查HPO、TSH、FT4 "-"。

按语：本案除月经提前、经期延长和月经量少外，并无其他症可支以辨证的异常舌脉症状。唯患者已过"五七"之年，历经经孕产乳而易耗血伤精而致"阴常不足，阳常有余"，并结合"先期多热"的论点，故辨证为阴虚血热，冲气偏胜，治以滋阴清热凉血。本案所用滋清汤系由《傅青主女科》之清经散合《证治准绳》之二至丸为基础化裁而来，具有清热凉血，滋肾养阴，清滋并用，水火互济的作用，使热去而阴不伤，血宁则经调。

本案历时3月余，就诊3次，均予以滋清汤而获效，体现了王成荣先生谨守病机和效不更方的思路。

本案诊治过程，都是以症状为依据，缺乏必要的客观指标作为支撑。就本案论，患者若能及时测BBT；药前TVS示宫内膜0.7 cm，药后若能在黄体中期复查内膜厚度；初诊嘱d3查HPO而了解是否有卵巢储备功能下降等情况，药后再于d3复查HPO对比是否有改善等均对疗效的判断应更客观。

病案3：月经先期伴经期延长

钟某，女，31岁。G1P0+1，7年前药流。月经频发伴经期长已19+年。

初诊（2007年10月12日）：LMP 23/9。12岁初潮至今月经周期20~23，经期8~10天，量中，经前下腹痛，经潮后缓解，白带正常。现疲倦，膝盖怕冷，眠差，易醒，多梦，二便调。舌质常，常苔偏厚，脉小略弦。妇科检查：宫颈轻度糜烂，余无异常。

西医诊断：排卵性月经失调。

中医诊断：月经先期伴经期延长；证属阴虚血热。

辨证分析：此为素体肝阳偏盛，迫血妄行，血热致月经先期而经期延长。治宜滋肾凉血，拟方《傅青主女科》清经散加减。

处方：生地黄20 g　墨旱莲20 g　枸杞子20 g　黄柏15 g
　　　牡丹皮15 g　地骨皮15 g　怀牛膝15 g　附片15 g

10剂，水煎服，一日一剂。

二诊（2007年10月22日）：LMP 22/10，因近日感冒，仅服上诊药4剂。现怕冷，鼻塞，流清涕，多梦，易醒，大便2~3日1次。舌质常，苔常，脉平。BBT上升约8天，今下降而经潮。此周期28天。诊其为感冒，证属风邪犯肺。法当辛平宣肺利咽。拟方银翘散（《温病条辨》）合桂枝汤（《伤寒论》）加减。

处方：银花20 g　　连翘20 g　　荆芥10 g　　桂枝10 g
　　　白芍30 g　　甘草10 g　　辛夷15 g　　附片15 g
　　　红姑娘10 g　川牛膝30 g

3~6剂，嘱其经净后续服首诊所余中药。

三诊（2007年11月12日）：LMP 22/10，月经对月而至，量中，7天净。现周期第22天，BBT升1天。上诊药后感冒已愈。近1周食后胃胀，纳呆，晨起口臭，大便秘结。苔白偏厚，脉平。证属湿滞化热而腑气不畅。拟诊伤食（消化不良），治宜清热利湿，药用自拟方。

处方：鱼腥草30 g　茵陈12 g　　黄柏15 g　　牡丹皮15 g
　　　决明子15 g　茺蔚子10 g

6剂。①

四诊（2007年11月20日）：LMP 20/11应期而潮，量少。末次月经前BBT升9天。上诊服药后胃胀消失，纳可，口臭好转，仍大便秘结，4~5日

---

① 王老处方未特别注明处，都是一日一剂，煎汤300 mL，分三次，每次100 mL温服。

1行。舌根苔白偏厚，脉平。宜趁经行而通之，令不留瘀则血自归经。予自拟三川汤行气活血。

处方：香附15 g　　枳壳12 g　　川牛膝30 g　　当归10 g
　　　川芎10 g　　桃仁10 g　　决明子15 g

6剂。

五诊（2008年1月18日）：近4月周期、经期、经量均正常。纳眠好，大便3~4日1次，小便正常。苔常，脉偏小。仍宗前法滋肾凉血，拟方《傅青主女科》清经散加减。

处方：生地黄20 g　　女贞子20 g　　枸杞子20 g　　黄柏15 g
　　　牡丹皮15 g　　地骨皮15 g　　茺蔚子10 g

一日一剂，水煎服，连服6剂。

2009年2月电话追踪：LMP 28/10/2008，已怀孕15+周。

按语：患者自初潮起便周期偏短、经期偏长，故辨证为先天秉赋之素体"阳旺之躯"，肝阳偏盛，而月经先期且经期延长。经治5次，用滋肾凉血等法服药30余剂，月经周期经期均转为正常。值得一提的是初诊和二诊方中加附片，乃是针对膝关节冷。王成荣先生认为附片虽性味辛热，但方书亦有"附子无姜不热"的说法，且方中尚有大队寒凉药味，故并未影响全方滋肾凉血效果。诚然，若方中不加附片也无不可，因膝冷与本病并无必然联系，这样处方或将更为精简。

病案4：经频量多

袁某，女，40岁。G3P①+2，末孕人流4年前，宫内节育器4年。月经提前伴量多6月。

初诊（2009年4月16日）：LMP 10/4。既往月经规律，量中等，用12~15张卫生巾。近半年无明显诱因出现周期15~20天，量较既往增加1/2，色鲜红，夹少量血块，7天净，未予重视。初潮12岁，周期28天，经期5~7天，量中。近期眠差，手足心热。舌苔常，脉平略弦滑。

西医诊断：功能失调性子宫出血？

中医诊断：①月经先期，②月经过多，证属热瘀。

辨证分析：经色鲜红夹块，先期量多、手足心热为热盛之象。阳热过盛，胞宫络脉伤损而致迫血妄行。近期眠差而无阴虚舌脉见症，乃血热而心神不宁之故。治以清热化瘀。自拟清化汤加减。

处方：黄芩 12 g　　小蓟 30 g　　马齿苋 30 g　　白花蛇舌草 30 g
　　　地榆 20 g　　乌贼骨 10 g　　枳壳 12 g　　川牛膝 30 g
　　　生地黄 20 g　　首乌藤 60 g　　桃仁 10 g

一日一剂，水煎服，4～6剂。嘱其测基础体温。

二诊（2009年5月11日）：LMP 5/5，6天净，总量较PMP减少，约共用12+片卫生巾，色鲜红，夹血块，无痛经。末次月经前BBT未见明显高相。眠差好转，但易早醒，难再入睡。手脚心热程度减轻。舌脉同前。辨证同前。治宜顺应月经周期变化，经后阴长时段，重滋肝肾以固冲任，清热凉血以宁血海，佐以安神。予《傅青主女科》清经散加减。

处方：生地黄 20 g　　女贞子 20 g　　墨旱莲 20 g　　黄柏 15 g
　　　牡丹皮 15 g　　地骨皮 15 g　　酸枣仁 20 g　　首乌藤 60 g

12剂，一日1剂，水煎服。

三诊（2009年6月9日）：LMP 28/5，9天净，经量正常，卫生巾10+张，经色鲜红，偶有小血块，无痛经。经前BBT无明显双相。睡眠好转。近2周仍感手足心热，余无不适。舌脉同前。仍宗热瘀治以滋阴清热，二诊方减墨旱莲、酸枣仁、首乌藤，加枸杞子 20 g、芫蔚子 10 g。一日一剂，水煎服，12剂。

四诊（2009年8月17日）：服药后近3月周期经期正常，经量正常。LMP 31/7前BBT升高11天；PMP 30/6前BBT升高10天。现周期第18天，BBT未升高，感腰酸困，性欲下降。近几日有透明带。舌常，脉平略弦。年近"六七"，肾气渐衰，腰酸困，性欲下降系肾气不足之征。治以补益肾气。《景岳全书》赞育丹加减。

处方：黄芪 30 g　　党参 30 g　　熟地黄 20 g　　肉苁蓉 20 g
　　　仙茅 15 g　　淫羊藿 15 g　　蛇床子 10 g　　当归 6 g
　　　枸杞 20 g

12剂，一日一剂，水煎服。

按语："月经提前伴量多半年"，经色鲜红夹块系热瘀之征，热盛可煎血成块，也可壅滞气机，气机不畅，影响血行而致瘀。热瘀相合而为血热夹瘀证。

根据冲任周期性气血阴阳变化立法用药：经期予清化汤凉血化瘀，经后经气当属阴长时段，以清经散加减滋养肝肾以固冲任。本案初诊虽在经期但却已为第 7 天，经量已很少，因恐其"炉烟虽熄，灰中有火"而处以清化汤。至于《傅青主女科》清经散中之熟地黄，本案以生地黄意在增强凉血养阴；复诊一去白芍，加女贞子、旱莲（二至丸主药）以月经刚净而有防其点滴不净之义；复诊二又去白芍，加枸杞、女贞子是已在经净后 4 天，故加强滋阴补肾之功。原方有青蒿、茯苓，原书未加方解，而就药味功能、主治分析，前贤所治病人或有自觉发热，小便黄少见症；本案无之，故减去。因周期仍偏短，故在方中更加清肝调经之茺蔚子。两月后之四诊表明月经已复正常 2 次而求治他症。

王成荣先生认为本案西医诊断"功能失调性子宫出血？"以其月经尚有规律，后三诊之 BBT 单相亦可佐证。但应警惕肿瘤问题，本案未做相关检查，虽有患者拒检只要中药治疗之类主客观原因，仍属尚有遗憾。收效宜以侥幸视之更妥。

3. 月经后期

病案 1：月经后期

蔡某，女，19 岁，未婚。月经稀发 4 年，反复颜面痤疮 1 年。

初诊（2009 年 2 月 6 日）：LMP 1/2/2009（孕激素撤血），PMP 4/11/2008。初潮 14 岁起周期 40～50 天，经期 5～7 天，偶停经超过 2 月，经量经期仍正常，中量，色红，质中，无痛。体毛唇须较长，额部常见"青春痘"。他院 2007 年 8 月诊为"多囊卵巢综合征、高胰岛素血症"。分别于 2007 年 8 月、2008 年 8 月和 2009 年 1 月三次查葡萄糖耐量-胰岛素释放试验均提示"高胰岛素血症"。曾服二甲双胍治疗，2008 年 9—12 月服罗格列酮 4 mg，qd，连服 3 月。服药期间月经正常，停药则经闭。额部散在数个痤疮，色红，触痛，纳眠可，大便干，小便调。舌偏红，常苔，脉平。体重：50 kg，身高：159 cm。

西医诊断：多囊卵巢综合征；高胰岛素血症。

中医诊断：月经后期；证属阳明郁热。

辨证分析：患者初潮即见月经稀发，虽为先天肾气不足，致血海不能按时满溢，但颜面痤疮、大便结，舌质偏红等则系阳明郁热的见证。阳明多气多血，其经络循荣于面，气有所郁则易化热，日久更化火成毒而为痤疮。故治宜清热解毒，拟方清解阳明汤加减。

处方：知母 12 g　　生石膏 15 g　　浮小麦 30 g　　金银花 20 g
　　　连翘 20 g　　蒲公英 30 g　　冬葵子 15 g　　野菊花 15 g
　　　辛夷 15 g　　黄芩 15 g　　　决明子 15 g

12 剂，一日一剂，水煎服。

二诊（2009 年 3 月 13 日）：LMP 6/3，为自然行经，6 天净，色深红，无块，经前 BBT 上升 12 天，温差 < 0.3 ℃，经潮体温下降缓。乳晕有粗毛，额部痤疮减轻。舌淡红，薄苔，脉平。证治同前，上方去浮小麦、黄芩、决明子，加山药 20 g，连服 12 剂。嘱其复查糖耐量/胰岛素释放试验。

三诊（2009 年 4 月 3 日）：月经周期第 28 天，BBT 似单相，额部痤疮明显减少。暂未复查糖耐量/胰岛素释放试验。守上方 12 剂。

四诊（2009 年 4 月 24 日）：LMP 11/4，4 天净，量少。额部痤疮消失。胃痛，食少，稍多食则胃脘不适。近 2 月自然行经，BBT 上升 11～12 天，高温期波动大于 0.3 ℃。舌脉同前。现月经周期第 14 天，值冲任经气阴阳消长变化时段，故宜先行气活血，待经潮后续清阳明热。自拟三川汤加味。

处方：香附 15 g　　枳壳 12 g　　川牛膝 30 g　　当归 10 g
　　　川芎 10 g　　桃仁 10 g　　川红花 12 g　　半夏 12 g
　　　茯苓 20 g　　麦芽 30 g

12 剂。

五诊（2009 年 5 月 22 日）：LMP 16/5。近 3 月自然行经，经量正常，7 天净，LMP 前 BBT 单相。5 月 4—11 日因口腔溃疡曾停服上诊方药。舌脉同前。仍宗阳明郁热，治以清热解毒。用白虎汤加减。

处方：知母 12 g　　石膏 15 g　　淮山药 20 g　　玉竹 15 g
　　　石斛 15 g　　金银花 20 g　连翘 20 g　　　白花蛇舌草 30 g
　　　马齿苋 30 g　川牛膝 30 g

12 剂。

按语：患者初潮即见月经稀发，虽为先天肾气不足，致血海不能按时满溢，而颜面痤疮、大便结，舌质偏红等则系阳明郁热的见证。虽然《内经·素问·生气通天论》云"汗出见湿，乃生痤痱""劳汗当风，寒薄为皶，郁乃痤"。但本患并无经云病因病史，却系阳明经循于面额，而阳明多气多血，若经气循行不畅，不因"汗出见湿"或"劳汗当风"，气郁也能化火，火盛成毒亦能发为痤疮。初诊即以清解为治，不悖"必伏其所主而先其所因"。前三诊处方五味消毒饮合白虎汤加减，四诊时痤疮已消，但胃部不适，纳少，而恰逢月经周期第14天，故按冲任经气阴阳交替时段，因势利导，以自拟三川汤行气活血，佐以和胃。五诊仍以前三诊清热解毒为法。

痤疮是多囊卵巢综合征的临床表现之一，本案主要以清阳明郁热为主治标，热去痘消而经亦调。王成荣先生认为限于门诊患者受诸多条件、因素影响，未能追访，此近期疗效能否持久，实难预料。

病案 2：月经稀发

杨某，女，29 岁。G3P0+3，工具避孕。月经稀发 6 月。

初诊（2014 年 7 月 2 日）：LMP 29/8（自潮），PMP 17/7（孕酮撤血）。因"月经稀发 6 月"就诊。患者 6 月前始无明显原因出现月经稀发，PMP 因停经 3 月而他院予 P 后撤血，量中，色红，5 天净。LMP 为停经 43 天自潮，量中，今 d5 似净。额头长痘痘 1 周。常苔，脉平略弦。月经史：11×30×5，量中，色红，伴下腹隐痛。体重 47 kg，身高为 155 cm。7 月 14 日他院查：E2 88.2 pg/mL，P 2.69 ng/mL，T 0.1ng/mL，LH 5.88 mIU/mL，FSH 3.69 mIU/mL，PRL 255.57 uIU/mL。7 月 14 日他院 TVS：子宫后位，前后径 4.2 cm，实质回声均匀，内膜居中，厚约 1.0 cm；双侧卵巢每个切面均见大于 10 个小卵泡。9 月 2 日他院 TVS：子宫后位，前后径 3.1 cm，实质回声均匀，内膜居中，厚约 0.5 cm；双侧卵巢均可见数个小卵泡。

诊断：月经稀发待诊。

辨证分析：病机为冲任虚瘀，治以滋养活血，用自拟滋活汤加减。

处方：女贞子 20 g　　菟丝子 20 g　　补骨脂 20 g　　当归 15 g
　　　川芎 15 g　　鸡血藤 30 g　　桃仁 10 g　　香附 15 g

12 剂，一日一剂，分 3 次服。医嘱：①测 BBT；②19/9 TVS 测内膜。

二诊（2014 年 10 月 10 日）：LMP 28/9，PMP 29/8。LMP 前 BBT 升 13 天。LMP 量中，色红，5 天净。经前右侧乳房胀痛明显，不能触碰。今 d13 BBT 未上升。诉夫将归，准备孕育。常苔，脉平略弦。9 月 19 日 TVS：子宫后位，大小约 3.7 cm×4.3 cm×4.0 cm，实质回声均匀，内膜居中，厚约 0.7 cm；双侧附件未见明显异常。辨治同前。

处方：女贞子 20 g　菟丝子 20 g　补骨脂 20 g　当归 15 g
　　　川芎 15 g　　枳壳 15 g　　桃仁 10 g　　川牛膝 30 g

12 剂，一日一剂，分 3 次服。医嘱：①查生殖抗体；PV+CT、UU，若宫颈糜烂则+LCT、HPV；②10 月 18 日 TVS 测内膜。

三诊（2014 年 11 月 24 日）：LMP 1/11。LMP 前 BBT 升 17 天。LMP 量中偏少，色红，4 天净。今 d24，BBT 升 11 天。LMP 前无乳房胀痛。常苔，脉平略弦。诉夫下月归。10 月 10 日查：EmAb、AcAb、AsAb、AoAb、CT、UU 均（－）。18/10 TVS：子宫后位，大小约 3.7 cm×4.4 cm×4.5 cm，实质回声均匀，内膜居中，厚约 0.7 cm；双侧卵巢每个切面均见大于 10 个小卵泡。辨治同前而侧重于虚，故用自拟滋和汤。

处方：女贞子 20 g　菟丝子 20 g　补骨脂 20 g　当归 15 g
　　　川芎 15 g　　白芍 30 g　　黄芪 30 g　　鸡血藤 30 g
　　　桂枝 10 g　　甘草 10 g

12 剂，一日一剂，分 3 次服，经期照服。医嘱：TVS 测内膜。

四诊（2014 年 12 月 26 日）：LMP 30/11。LMP 前 BBT 升 16 天。LMP 量中偏少，色红，5 天净。今 d27，BBT 升 7 天。常苔偏厚，脉平略弦。11 月 24 日 TVS：子宫后位，大小约 3.8 cm×4.2 cm×4.5 cm，实质回声均匀，内膜居中，厚约 0.8 cm；双侧附件未见明显异常。辨治同前。

处方：女贞子 20 g　菟丝子 20 g　补骨脂 20 g　当归 15 g
　　　川芎 15 g　　枳壳 15 g　　桃仁 10 g　　川牛膝 30 g

12 剂，一日一剂，分 3 次服，经期照服。医嘱：夫归后可监测卵泡指导乐育。

按语：本案四诊观察要点：①月经是否能从稀发恢复到正常的周期来潮；②BBT 提示是否排卵功能正常；③子宫内膜改善情况。

患者尚属"四七"身体壮盛之年，未及"二七"而天癸便至且继以经调，曾有妊娠 3 次，说明其先天肾气充足，系"阴平阳秘，精神乃治"的健康女性。虽月经稀发 6 月，就诊时身材匀称，除额头长痘痘 1 周，别无其他不适，仅从月经稀发辨证应属血海不能按时满溢之故，加之曾有3次人流手术史可致冲任损伤，故辨证为冲任虚瘀。

临诊还应注意：月经过少监测内膜的厚薄宜在内膜最厚之黄体中期。初诊见他院停经3月时内膜1.0 cm以及d5内膜0.5 cm，故要求于d21左右TVS测内膜（二诊d22内膜0.7 cm，三诊d21内膜0.7 cm，四诊d24内膜0.8 cm），从检测可知药后内膜得以改善。初诊见他院之HPO为停经3月时所查，据结果判断其多系黄体后期而所得信息有限，而当时内膜已1.0 cm，故应结合病人的月经史和辅检甄别。按"推己及人"的立足点，宜首先要求患者测BBT了解卵巢功能，待经潮之d3再查HPO了解基础的性激素水平，并据之制定治疗方案为妥。此之慎妥。

4. 月经先后不定期

病案1：崩漏案

黄某，女，29岁。G0P0+0，无房事半年。

初诊（2013年11月4日）：LMP 26/9，PMP 1/9。因"月经紊乱16年，PMP起即现阴道不规则出血2+月未净"就诊。患者初潮后曾月经正常1年，之后无明显诱因出现反复月经紊乱16年，表现为阴道不规则出血，量时多时少，常不服药则血不止。曾服用炔诺酮、孕酮、妈富隆等西药治疗，但停药后又反复月经紊乱。6年前曾中药治疗而月经正常1年。现阴道不规则出血2+月，其中26/9和1/9似经潮，量中，7~8天，余量少，其PMP-LMP仅干净2天，LMP至13/10干净2天后又出血至今。月经史：12×30×6，量中，色红，无血块，无痛经。体重47 kg；身高157 cm。11月11日他院查：E2 185 pg/mL，P 0.9 ng/mL，T 0.61 ng/mL，LH 12.81 mIU/mL，FSH 3.58 mIU/mL，PRL 404.11 uIU/mL。10月31日他院TVS示：子宫前后径3.8 cm，实质回声均匀，宫内膜0.9 cm；双侧卵巢内均见大于12个小卵泡，最大卵泡0.8 cm×0.8 cm。提示：双侧卵巢多囊样改变。

诊断：PCOS致DUB。处理：①妈富隆1片 po tid×6，11月8日回话调整药量。②妈富隆1片 po qd×21×3，均d5起服。

二诊（2014年1月27日）：LMP 26/1。已服妈富隆3周期，药后月经正常，23/1药毕。LMP今经行2天，量中，无不适。常苔，脉平略弦。11月8日他院体检肝肾脂糖（-），ECG（-），BP（血压）116/64 mmHg。处理：①经净 PV+LCT，若宫颈糜烂+HPV；②OGTT/Ins；③持报告处方。

三诊（2014年1月28日）：1月28日查：GLU0h 4.42 mmol/L，GLU1/2h 7.85 mmol/L，GLU1h 6.69 mmol/L，GLU2h 5.58 mmol/L，GLU3h 4.84 mmol/L；Ins0h 3.63 uIU/mL，Ins1/2h 52.97 uIU/mL，Ins1h 66.46 uIU/mL，Ins2h 35.26 uIU/mL，Ins3h 11.02 uIU/mL。患者初潮不久便见月经紊乱，多系先天禀赋偏弱，冲任失固使然，故辨证为冲任不足。处理：①定坤丹 3.5g po bid×30；②测 BBT。

四诊（2014年3月6日）：LMP 2/3。LMP 前 BBT 升 12 天。LMP 量中，色红，无痛，今经行 5 天未净。常苔，脉平弦。2月14日 PV：宫颈中度糜烂，LCT（-），HPV（+）。辨治同前。处理：①定坤丹 3.5 g po bid×30；②完善检查，进一步诊治 HPV（+）。

按语：本案从初潮次年便见月经紊乱，表现为阴道不规则出血为主；查 LH 12.81 mIU/mL，FSH 3.58 mIU/mL；TVS 提示：双侧卵巢多囊样改变，故诊断为多囊卵巢综合征致 DUB。初诊时患者已阴道不规则出血 2+月。患者曾用性激素治疗，因具体情况不详，其停药后又反复月经紊乱，可能与其疗程不够、欠规范或系统治疗有关。本案初诊予以 3 周期妈富隆后便继以定坤丹治疗，其疗效的取得多是规范、系统治疗之故。获效继以定坤丹 3 月而卵巢功能恢复，月经正常。

本案所用定坤丹为山西所产，为乾隆年间太医院用以治疗宫女经血不调的药方。本方由补气之人参，壮阳之鹿茸，益肾之枸杞子，养血之熟地黄、当归、阿胶，理气调经之川芎、香附、延胡索等 30 味中药组成，具有温肾补气养血、调经舒郁功效。

病案2：崩漏

曾某，女，25岁。G1P0+1。停经45天后阴道流血未净25天，量多2天。

初诊（2013年1月10日）：G1P0+1，LMP 3/11。因"停经45天后阴道出血未净25天，量多2天"就诊。1年前曾有1次经期延长，之后月经常推后10天。LMP 如期至，量中，7天净。停经45天时，即2012年12月17日始便见阴道少许出血，至昨日起血量突增而极多、鲜红。患者曾于2013年1月1日在他院就诊，诉查 β-HCG "-"，但 TVS 提示子宫内膜"太厚"，具体不详，医生建议行诊刮手术，患者不愿而予以口服黄体酮胶囊：100 mg bid×5，至1月6日药毕，服药期间阴道少许出血一直未全净。常苔，脉平略弦。月经史：14×25×7，量中，色红，无血块，无痛。

诊断：阴道流血待诊（崩漏）。

辨证分析：本案现经血量多、色鲜红，据之可从热辨。热虽为无形之邪，但若炽盛，既可煎血成块，也可壅滞气机致瘀，故辨证为热瘀。治以清热化瘀止血，用自拟的清化汤加减。

处方：黄芩 15 g　　小蓟 30 g　　白花蛇舌草 30 g　　马齿苋 30 g
　　　川牛膝 30 g　　枳壳 15 g　　桃仁 10 g

8剂，水煎服，一日一剂，分3次服。医嘱：测BBT；药毕不净复诊。

二诊（2013年3月4日）：LMP 31/1。上诊中药服4剂血净。BBT从2月1日起连续至今不规则单相。LMP一直少许出血至2月12日稍增少许，仅护垫即可不透，至2月18日方净，继以明带至今不多。妇检：外阴、阴道：（-）；宫颈：光滑；子宫：后位，常大，质中，活动；附件：（-）。处理：TVS后再酌。

三诊（2013年3月7日）：LMP 5/3。LMP前BBT单相，LMP 34天潮，今经行3天，量中、色红、无痛。常苔，脉平略弦。3月4日TVS：子宫后位，大小约 4.0 cm×5.0 cm×4.7 cm，实质回声均匀，宫内膜居中，厚约 1.0 cm；左附件区见一 3.8 cm×3.7 cm 囊性团块，右附件区未见异常。辨治同前。

处方：黄芩 15 g　　小蓟 30 g　　白花蛇舌草 30 g　　马齿苋 30 g
　　　川牛膝 30 g　　枳壳 15 g　　桃仁 10 g

6剂，水煎服，一日一剂，分3次服。医嘱：3月8日查HPO、TSH、FT4。

四诊（2013年3月14日）：LMP 5/3。LMP量中，7天净。今d10，BBT未升，无它。常苔，脉平略弦。8/3（d4）查：E_2 42.96 pg/mL，P 0.63 ng/mL，T 0.08 ng/mL，LH 1.41 mIU/mL，FSH 12.57 mIU/mL，PRL 258.8 uIU/mL。3月8日查：TSH 2.24 uIU/mL，FT4 1.69 ng/dL。药后崩漏止，月经恢复正常，但毕竟之前出血时间较长耗伤阴液，又恐瘀滞尚未全消而再发崩漏，故辨证为冲任虚瘀。治以滋养活血，用自拟滋活汤加减。

处方：女贞子 20 g　　菟丝子 20 g　　补骨脂 20 g　　当归 15 g

川芎 15 g　　　　枳壳 15 g　　　　川红花 12 g　　　　川牛膝 30 g

8剂，水煎服，一日一剂，分3次服。

　　回访：2013年4月23日因他病就诊，LMP 9/4。LMP前BBT升12天，LMP量中，7天净。

　　按语：因无其他异常脉证，故观察要点：停经45天后阴道流血未净25天，经量极多2天，色鲜红。据《医宗金鉴·妇科心法要诀》关于经血的辨证："多、清、浅、淡虚不摄，稠、粘、深、红热有余。"《妇人秘科》："经水来太多者，不问肥瘦皆属热也。"故据之可从热辨。热虽为无形之邪，但若炽盛，既可煎血成块，亦可壅滞气机，影响血行，也能致瘀，正如古籍所言，"热之所过，血为之凝滞，蓄结痈脓""血受热则煎熬成块"。故本案病因病机把握要点在冲任脉络为热所伤，热迫血妄行则量多，热伤脉络则淋漓不净而崩漏。病证结合，病机为热伤冲任，治以清热化瘀止血之清化汤，达"澄源而塞流"之旨，药后血止经调。

　　崩漏治法探讨：明代方约之《丹溪心法附余》提出治崩三法："初用止血以塞其流，中用清热凉血以澄其源，末用补血以还其旧。"对血崩的论治有了系统性的理论思考，是一种进步。明代李梴《医学入门》却认为："经曰，阴虚阳搏谓之崩。言属热者多也。崩乃经血错乱，不循故道，泽溢妄行，遂止便有积瘀凝成窠臼不止。"而清代肖埙《女科经纶》更称"方氏三法分初、中、末，有倒行逆施之弊。予谓中法当为初法，初法当为末法，末法当为中法，庶无差治也"。王成荣先生认为肖埙以清热澄源为先的顺序更符合"必伏其所主而先其所因"的《素问》经旨，且更切实际。故王成荣先生用中药论治崩漏的观点也是首先针对"热瘀"的病因病机以收"伏其所主"之效加。

5. 经　漏

　　邓某，女，28岁。G1P0+1。阴道不规则出血40+天未净。

　　初诊（2013年3月29日）：G11P0+1，LMP 13/2。因"阴道不规则出血40+天未净"就诊。既往月经正常，LMP如期而至，量中6天后便见阴道不规则出血，至今未净。于2月28日他院就诊予以黄体酮胶囊口服5天，3月6日至3月11日血止6天后，于3月12日始又见阴道少许出血，并于3月17日出血量增达常量而似经潮，5天后于3月22日干净。3月26日起又阴道出血量少，至今未净。常苔，脉平略弦。月经史：14×30-32×7，量中，色暗红，无块，无痛。今 TVS：子宫后位，大小约 3.6 cm×4.6 cm×4.5 cm，肌层回声均匀，宫内膜居中，厚约 0.8 cm；双附件未见异常。

诊断：阴道流血待诊（经漏）。

辨证分析：遵"阴虚阳搏谓之崩""凡阳搏必属阴虚，络伤必致血溢"，故辨证为阴虚血热，冲任失固。治以滋阴清热，用自拟滋清汤加减。

处方：女贞子 20 g　　菟丝子 20 g　　补骨脂 20 g　　牡丹皮 15 g
　　　黄柏 15 g　　茺蔚子 10 g

12 剂，水煎服，一日一剂，分 3 次服。医嘱：PV，若有宫颈糜烂查 HPV；测 BBT。

二诊（2013 年 4 月 11 日）：LMP 17/3（?），PMP 13/2。上诊中药次日阴道流血净，之后未再出血。今 d26 天，BBT 升 2 天。2 天前感头晕、肌肉酸痛，恶心不适，昨日体温 38.4 ℃，未服感冒药。常苔，脉平略弦。4 月 1 日妇检发现宫颈重度糜烂，HPV（-）。今血常规：WBC $6.37×10^9$/L，N 79.1%。肾主封藏，若肾气虚则封藏失司，冲任失固，不能约制经血，子宫藏泻失常而发生阴道流血，宜益肾固冲防再次发生出血，故辨证按肾气不足。用自拟益肾固冲汤加减。

处方：杜仲 15 g　　续断 15 g　　菟丝子 20 g　　黄芪 30 g
　　　白芍 30 g　　甘草 10 g

6 剂，一日一剂，分 3 次服。医嘱：下午 4 点测口表体温，若发热达 38℃ 立即看发热门诊。

三诊（2013 年 4 月 25 日）：LMP 24/4。LMP 前 BBT 升 10 天，LMP 今经行 2 天，量中，色质可，无痛经。舌质常略偏淡，常苔，脉平。辨证同前。正值经期，为防经行不净，此时宜用既可补益肾气，又兼收敛固摄之品治之。

处方：女贞子 20 g　　菟丝子 20 g　　补骨脂 20 g　　仙茅 15 g
　　　淫羊藿 15 g　　金樱子 15 g　　覆盆子 15 g

14 剂，水煎服，一日一剂，分 3 次服。

四诊（2013 年 5 月 9 日）：LMP 24/4。LMP 量中，7 天净。今 d15，BBT 未升。常苔，脉平。辨治同二诊。

处方：杜仲 15 g　　续断 15 g　　菟丝子 20 g　　黄芪 30 g
　　　白芍 30 g　　甘草 10 g

14 剂，一日一剂，分 3 次服。

五诊（2013 年 6 月 6 日）：LMP 23/5。LMP 前 BBT 升 11 天。LMP 量中，6 天净。常苔，脉平。辨治同二诊。

处方：杜仲 15 g　　续断 15 g　　菟丝子 20 g　　黄芪 30 g
　　　白芍 30 g　　山药 10 g

10 剂，BBT 上升后始服，一日一剂，分 3 次服。

按语：本案既往月经周期正常，此次无明显诱因出现阴道不规则出血 40+ 天不净而就诊。初诊虽无可据之而辨寒热虚实之确切脉证，然据《济生方》"崩漏之疾，本乎一证。轻者谓之漏下，甚者谓之崩中"，以崩急而漏缓，故方书多详崩而略漏。不过，无论崩漏，必有冲任脉络之伤损。而冲任脉络之损伤以崩为重，以漏为轻。故以冲任失固论治。二诊时血已止 12 天，且 BBT 上升 2 天，此时应防再次发生出血，而遵《素问五常政大论》"小毒治病十去其八，无毒治病十去其九"的论点，宜转为扶正以善其后，故按肾气不足论治，用自拟益肾固冲汤加减。

本案初诊出血之际，"澄源"而辨为阴虚血热，冲任失固，用自拟滋清汤 12 剂。二诊始，因血已止，"复旧"而辨为肾气不足，治以益肾固冲之剂 44 剂，药后排卵恢复、月经正常。

6. 月经过多

病案 1：月经过多

谭某，女，38 岁。G1P0+1。月经量多 1+倍 2 月。

初诊（2012 年 10 月 9 日）：G1P0+1，LMP 23/9，PMP 22/8。因"月经量多 1+倍 2 月"就诊。患者 2 月前运动量较大后便见经行量多 1+倍，用卫生巾 20~30 片，色鲜红，夹血块，5~6 天净。现月经周期的 17 天，纳眠可，二便调，无特殊不适。淡红舌，常苔，脉平略弦。患者既往月经史：13×30×6，量中，色红，夹血块，无腹痛。妇科检查：外阴、阴道：(-)；宫颈：纳氏囊肿；子宫：后位，常大，质中，无压痛；附件：对合好，无压痛。

诊断：月经过多。

辨证分析：正值重阴转阳末期或经前阳气渐盛之初，治宜顺应月经周期变化，故辨证为热伤冲任。治宜滋阴清热，用王成荣先生自拟滋清汤加减。

处方：生地黄 20 g　　女贞子 20 g　　墨旱莲 20 g　　牡丹皮 15 g
　　　黄柏 15 g　　　茺蔚子 10 g

12 剂，水煎服，一日一剂，分 3 次服。医嘱：测 BBT，10 月 13 日 TVS 测子宫内膜厚度。

二诊（2012 年 10 月 25 日）：LMP 25/10。BBT 升 11 天后 LMP 今日潮，量不多，色红，伴小腹坠胀。舌质常略偏深，常苔，脉平偏小。10 月 13 日 TVS：子宫后位，大小 3.6 cm×4.4 cm×3.8 cm，实质回声均匀，内膜厚约 0.7 cm；左卵巢大小约 3.6 cm×1.7 cm×1.8 cm，右卵巢显示不完整，右附件区探及 3.5 cm×2.8 cm 无回声区。提示：右附件囊肿。患者发病于 8 月酷暑之季，加之剧烈运动可耗气伤精，热邪乘虚而入，邪热伏于冲任，迫血妄行，致月经量多；血为热灼，煎血成块，故经色鲜红夹血块，故辨证为热瘀。治以清热化瘀止血，用王成荣先生自拟清化汤加减。

处方：黄芩 15 g　　小蓟 30 g　　白花蛇舌草 30 g　　马齿苋 30 g
　　　川牛膝 30 g　　枳壳 15 g　　桃仁 10 g

6 剂，一日一剂，分 3 次服。

三诊（2012 年 11 月 13 日）：LMP 25/10。服药后 LMP 经量明显减少，接近正常月经量，色红，夹小血块，伴月经第一天腹泻 3 次。诉平素有月经第一天腹泻 5～6 次病史，曾出现水样便。现月经周期的 19 天，BBT 升 4 天，无它。常苔，脉平偏小（右）。辨治同二诊。

处方：黄芩 15 g　　小蓟 30 g　　白花蛇舌草 30 g　　马齿苋 30 g
　　　川牛膝 30 g　　枳壳 15 g　　白芍 30 g　　　　山药 20 g

6 剂，经潮起服，一日一剂，分 3 次服。

四诊（2012 年 12 月 13 日）：LMP 19/11。LMP 前 BBT 升 11 天，经潮服上方后月经量中，色红，无血块，7 天净，无腹泻、腹痛等不适。常苔，脉平略弦。辨治同二诊。

处方：黄芩 15 g　　小蓟 30 g　　白花蛇舌草 30 g　　马齿苋 30 g
　　　川牛膝 30 g　　枳壳 15 g　　桃仁 10 g

6剂，经潮起服，一日一剂，分3次服。

备注： 2013年3月7日因他病就诊，经治疗月经量正常4月。

按语： 本案辨证要点：①诱因为8月酷暑之季，加之剧烈运动；②月经量多；③经血鲜红；④夹血块。此乃8月酷暑之季，加之剧烈运动可耗气伤津，热邪乘虚而入，邪热伏于冲任，血为热灼，即可迫血妄行，又可煎血成瘀，故辨证为热瘀。初诊时为月经周期的17天，正值重阴转阳末期或经前阳气渐盛之初，治宜顺应月经周期变化，故用先生自拟的滋清汤滋补肝肾以固冲任，滋阴凉血以宁血海。本方由《傅青主女科》的清经散演化而成：方中以生地黄易熟地黄意在增强凉血养阴；用二至丸代原方之白芍意在增强滋阴凉血以宁血海；加清肝调经之茺蔚子；而地骨皮长于清虚热故去之。至于原方有青蒿、茯苓，原书未加方解，而就药味功能、主治分析，前贤所治病人或有自觉发热，小便黄少见症；本案无之，故减去。二诊正值经行第一天，针对热瘀之本，治以清热化瘀止血，用自拟的清化汤治疗。方中小蓟、马齿苋清热凉血止血为君；黄芩、白花蛇舌草清热凉血，桃仁、川牛膝祛瘀生新为臣；枳壳行气，敛肝气为佐，全方共收凉血化瘀止血之功。三诊时患者的经量明显减少，效不更方，仍予以清化汤，但考虑其有经行腹泻病史，故去有润肠作用的桃仁，加白芍、山药以酸敛养阴、健脾止泻。用药时机：因患者除经行量多外，平素并无其他不适，相关检查亦未发现异常，故从二诊始仅经潮用药，共用药3个月经周期而经量正常。

《万全妇人秘科》之"经水来太多者，不问肥瘦皆属热也"，以及《医宗金鉴·妇科心法要诀》之"多清、浅、淡虚不摄，稠、粘、深、红热有余"。且六淫、七情皆可因郁而生热化火，故崩漏多与热有关。据本案之经血鲜红可辨为热，而经血夹块则可辨为瘀，故辨证为热瘀冲任。

本案经期服药，每次服用时间短，药味少，加减灵活，疗效显著，是王成荣先生"简、便、廉、效"中医药诊病原则的较好体现。

本案月经过多，继而出现痛经，虽中医药治疗效果满意，但考虑ADM的可能，故行CA125、TVS的目的亦在于明确西医病种后更合理地选择治疗方案。

病案2：月经过多伴期长

周某，女，48岁。未婚，月经期长、量多5月。

初诊（2009 年 7 月 2 日）：LMP 19/6。患者 5 月前始月经量增多 2 倍，色红，经期延长至 10＋天方净。LMP 前 BBT 缓升 12 天，波动偏大，月经量多，伴较多血块，11 天方净。舌质偏红，常苔，脉平略弦。6 月 17 日他院超声：子宫增大，5.7 cm×6.6 cm×5.9 cm，内膜 1.3 cm，肌层回声均匀，肌壁探及 4.3 cm×3.4 cm 弱回声团块；双附件（－）；提示：子宫肌瘤。

西医诊断：子宫肌瘤。

中医诊断：①月经过多；②经期延长；③癥积。

辨证分析：病证结合辨为冲任瘀结，现宜清解化散。用自拟白莲散结汤。

处方：半枝莲 30 g　　白花蛇舌草 30 g　　皂角刺 10 g　　猪苓 20 g
　　　莪术 15 g　　　土鳖虫 12 g　　　仙茅 15 g　　　淫羊藿 15 g

水煎服，一日一剂，连服 6 天。

二诊（2009 年 8 月 4 日）：LMP 2/8，PMP 6/7。LMP 前 BBT 上升 10 天。今月经第 3 天，量较多，已用巾 12 张，无血块，经前偶腹胀，眠可但神差。苔薄，脉平。现正值经期，宜清热化瘀止血，标本同治。自拟"清化汤"加减。

处方：黄芩 15 g　　　小蓟 30 g　　　白花蛇舌草 30 g　　马齿苋 30 g
　　　川牛膝 30 g　　枳壳 12 g　　　桃仁 10 g　　　　党参 30 g

水煎服，一日一剂，6 剂。

三诊（2009 年 8 月 18 日）：LMP 2/8，经量较服药前减少 1/3，约多于正常 1 倍，6 天净。现周期第 17 天，BBT 上升 5 天。平时易疲乏，近一周入睡困难，偶服舒乐安定。淡红舌，常苔，脉平，左略弦。据标本缓急而治有所侧重：非经期清解化散治其本，经期清化止血治其标。①白莲散结汤 100 mL，日 3 次，连服 12 天（非经期服）；②黄芩 15 g、小蓟 30 g、白花蛇舌草 30 g、马齿苋 30 g、川牛膝 30 g、枳壳 12 g、桃仁 10 g、党参 30 g。煎服法同前，6 剂（经潮始服）。

四诊（2009 年 9 月 4 日）：LMP 27/8，月经接近常量，用巾 11 张，浸透 3 张，7 天净。LMP 前 BBT 上升 13 天。常苔，脉平略弦。阴道超声：子宫 4.8 cm×6.5 cm×5.4 cm，宫底肌层偏右 4.0 cm×3.7 cm 弱回声团，界欠清，内膜 0.9 cm。双附件（－）。因经期正常 2 月，经量亦趋正常，宜效不更方：白莲散结汤 100 mL，tid×18。

五诊（2009年10月16日）：LMP 15/10，PMP 20/9。现BBT双相，经期正常3月，经量基本正常2月。①清化汤加减：黄芩15 g、小蓟30 g、白花蛇舌草30 g、马齿苋30 g、川牛膝30 g、枳壳12 g、桃仁10 g。煎服法同前，6剂。②白莲散结汤：100 mL，日3次，连服18天（经净始服）。

12月18日随访：经量、经期正常5月。

按语：患者因"月经量多，经期延长"就诊。其经色红夹较多血块，舌质偏红，故辨为热瘀实证。血海周期性盈虚消长乃冲任经气推动使然，经气起伏及月经周期重阴转阳之变化常介于经间期，故经前冲气偏旺，本属自然。但若冲气过旺，化热则迫血妄行或灼伤络脉而月经过多、经期延长；热煎经血故夹血块；热瘀纠结不解日久成症。

本案月经异常为主，故采用周期治疗：月经期以清热化瘀止血之自拟清化汤加减治标减少血量；非经期针对"热瘀"之病机治本以清热解毒化瘀散结予自拟白莲散结汤本院煎剂。治则体现了"急则治其标，缓则治其本"的大法。

7. 月经过少

病案1：月经过少

何某，女，35岁。G3P2+1，工具避孕。月经量少1/2已5年。

初诊（2013年1月22日）：G3P2+1，LMP 9/1。因"月经量少1/2已5年"就诊。患者5年前人流后便见月经量少1/2，经色暗红，无血块，4天净。曾在他院服暖宫七味丸和补佳乐等治疗未效。经行乳房胀痛几月。平时易胃痛、腹泻。苔灰偏厚略腻，脉右平略弦，左偏小。月经史：12×30×4，量中，色红，夹血块，无痛经。诉曾他院经前B超提示：子宫内膜0.5 cm。

诊断：月经过少。

辨证分析：辨证为冲任虚瘀，治以滋养活血，用王成荣先生自拟滋活汤加减。

处方：女贞子20 g　　菟丝子20 g　　补骨脂20 g　　当归15 g
　　　川芎15 g　　　枳壳15 g　　　川红花10 g　　川牛膝30 g
　　　藿香10 g　　　半夏10 g

14剂，一日一剂，分3次服。医嘱：测BBT。

二诊（2013年2月5日）：LMP 3/2。BBT未测。LMP月经量稍增加，今经行 3 天未净，无经行乳房胀痛。仍感有时胃痛、腹泻不适。舌偏深红，苔淡黄厚腻，脉平略滑弦。辨治同前。

处方：女贞子 20 g　　菟丝子 20 g　　补骨脂 20 g　　当归 15 g
　　　川芎 15 g　　　鸡血藤 30 g　　茯苓 20 g　　　海螵蛸 15 g
　　　半夏 10 g

12 剂，一日一剂，分 3 次服。

三诊（2013 年 3 月 5 日）：LMP 4/3。BBT 未测。LMP 今经行 2 天，月经量略增同 PMP。上诊药后无胃部和腹泻。舌偏深略暗，苔常略偏厚，脉平。辨治同前。

处方：女贞子 20 g　　菟丝子 20 g　　补骨脂 20 g　　当归 15 g
　　　川芎 15 g　　　白芍 30 g　　　芪 30 g　　　　鸡血藤 30 g
　　　桂枝 10 g　　　甘草 10 g

20 剂，一日一剂，分 3 次服。医嘱：测 BBT。

四诊（2013 年 4 月 18 日）：LMP 7/4。BBT 间断测，LMP 前 BBT 有高相。LMP 月经量增加 1/2 而略少于常量，色红，5 天净。今 d12 BBT 未升，无特殊不适。舌常略偏深，苔浅灰黄偏厚，根心略腻，脉平。辨治同前。

处方：女贞子 20 g　　菟丝子 20 g　　补骨脂 20 g　　当归 15 g
　　　川芎 15 g　　　枳壳 15 g　　　鸡血藤 30 g　　川红花 10 g
　　　川牛膝 30 g

10 剂，一日一剂，分 3 次服。

五诊（2013 年 5 月 9 日）：LMP 7/5。LMP 前 BBT 升 13 天。LMP 月经量增加 1/2 同 PMP，色红，今 d3 未净。舌偏红，苔白厚略腻，脉平略弦。辨治同前。

处方：女贞子 20 g　　菟丝子 20 g　　补骨脂 20 g　　当归 15 g
　　　川芎 15 g　　　鸡血藤 30 g　　桃仁 10 g

14 剂，一日一剂，分 3 次服。医嘱：5 月 27 日 TVS 测内膜。

六诊（2013 年 6 月 13 日）：LMP 7/6。LMP 前 BBT 升 11 天。LMP 月经量增达常量，色红，5 天净。舌偏红，苔苍白灰偏厚，脉平。5 月 27 日 TVS：子宫后位，大小约 3.5 cm×4.6 cm×4.5 cm，宫内膜居中，厚约 0.8 cm；双附件未见明显异常。辨治同前。

处方：女贞子 20 g　　　菟丝子 20 g　　　补骨脂 20 g　　　当归 15 g
　　　川芎 15 g　　　　鸡血藤 30 g　　　桃仁 10 g　　　　香附 15 g

14 剂，一日一剂，分 3 次服。

按语：虽经量减少而周期、经期如故，表明血海冲任经气的阴阳消长周期性循环运转并无异常，只是阴血有所减少。而阴血减少可能与子宫局部脉络有所瘀滞而不足有关，应属虚瘀为患。

本案辨证要点有三：①经量减少见于人流术后，应系冲任脉络有所损伤而致络脉瘀阻。②年满"五七"，存在与阳明脉衰致荣面之络脉瘀滞而面焦相类似病机，冲任络脉亦因瘀而不足。③经前子宫内膜偏薄。故从冲任虚瘀论治，治以滋养活血为要，方用自拟滋活汤。

初诊因患者平时容易胃痛、腹泻，故加藿香、半夏化湿和胃。药后仍感有时胃痛、腹泻不适，故二诊改为海螵蛸、半夏，即验方乌夏散之药味，有和胃止痛之功而获效。现代药理研究表明，海螵蛸所含的碳酸钙能中和胃酸，改变胃内容物 pH 值，降低胃蛋白酶活性，促使溃疡面愈合；半夏有显著的抑制胃液分泌作用，其水煎醇沉液对多原因所致的胃溃疡有显著的预防和治疗作用。

因患者已经生育 2 次，BBT 提示卵巢功能正常，若其经少系人流导致宫腔粘连，对患者而言除月经量少外并无其他影响，故未行宫腔镜检查。

病案 2：月经稀少

钱某，女，40 岁。G3P1+2。月经量少 1/2 已 1 年，月经稀发 4 月，现停经 46 天。

初诊（2012 年 10 月 18 日）：G3P1+2，LMP 2/9，PMP 13/6。因"月经量少 1/2 已 1 年，月经稀发 4 月"就诊。患者 1 年前因服减肥药后出现月经量减少 1/2，用 5 片卫生巾，2~3 天净。2+月前因"停经 2-月"在成都市锦江区妇幼保健院就诊，查血：LH 36.29 mIU/mL、FSH 67.83 mIU/mL，诊断为"卵巢早衰"，予以克龄蒙 1 疗程后 LMP 潮，且 LMP 前漏 11 天后才量中，共 15 天全净。9 月 6 日始服第二疗程，现停经 46 天，药毕 22 天月经未潮。常苔，脉平。妇科检查：外阴、阴道：（-）；宫颈：光滑；子宫：前位，常大，质中，无压痛；附件：（-）。测血压 110/75 mmHg。

诊断：更年期月经稀少。

辨证分析：患者年龄已近"六七"之年，生殖机能由盛渐衰，自然肾精渐少、天癸不足而血海失充，又存在脉络气血运行受阻而见月经稀少，故辨证为冲任虚瘀。治以滋养活血，用王成荣先生自拟的滋活汤加减。

处方：女贞子 20 g　　菟丝子 20 g　　补骨脂 20 g　　当归 15 g
　　　川芎 15 g　　鸡血藤 30 g　　川牛膝 30 g

12 剂，水煎服，一日一剂，分 3 次服。医嘱：查 LCT、肝功、肾功、血脂、血糖。

二诊（2012 年 11 月 1 日）：LMP 18/10，量少，3 天净。常苔，脉平。10 月 18 日查 LCT：未见上皮内病变细胞或恶性细胞。10 月 19 日查肝肾脂糖唯 ALT 37 u/L↑（0-31），AST 33 u/L↑（0-31），余均在正常范围之内。据中医理论，肝功异常应视为内生湿热郁于肝胆，故辨证为肝经郁热。治以清肝利湿，用茵陈蒿汤加减。

处方：茵陈 12 g　　栀子 12 g　　黄柏 12 g　　甘草 10 g
　　　五味子 10 g

12 剂，水煎服，一日一剂，分 3 次服。

三诊（2012 年 11 月 16 日）：LMP 18/10。现月经周期的 30 天，无不适。常苔，脉平。此时宜因势利导，促使阴阳转化而经潮，故按气滞论。治以行气活血、通经调经，用王成荣先生自拟的三川汤。

处方：枳壳 15 g　　香附 15 g　　川芎 15 g　　当归 15 g
　　　桃仁 10 g　　川红花 12 g　　川牛膝 30 g

12 剂，水煎服，一日一剂，分 3 次服。医嘱：嘱其若药毕不潮则查 ALT、AST、GGT 后再酌。

四诊（2012 年 12 月 3 日）：LMP 23/11。LMP 36 天潮，量增达常量，色红，无血块，3 天净。常苔，脉平。辨治同初诊。

处方：女贞子 20 g　　菟丝子 20 g　　补骨脂 20 g　　当归 15 g
　　　川芎 15 g　　枳壳 15 g　　桃仁 10 g　　川牛膝 30 g

12 剂，水煎服，一日一剂，分 3 次服。

备注：3 月 15 日复查 ALT 23 u/L、AST 20 u/L。

按语：患者查 LH 36.29 mIU/mL，FSH 67.83 mIU/mL，提示其卵巢储备功

能明显下降，发展为绝经的可能极大。然患者已年满 40 岁，故他院诊断为"卵巢早衰"应不成立。已服用克龄蒙 2 疗程，9 月 6 日药毕，现停药 22 天月经未潮，提示其对西药之 HRT 疗效欠满意，故寻求中药治疗。

早在晋代王叔和《脉经·平妊娠胎动血分水分吐下腹痛证》中便有"经水少"的记载，认为其病机乃"亡其津液"。纵观古医籍前贤论述，月经过少有虚有实。虚者多因精亏血少，冲任亏虚，经血乏源；实者多由瘀血内停或痰湿阻滞，冲任壅塞，血行不畅所致。本案患者之月经量减少有服食减肥药的明显诱因，加之年龄已逾"五七"之年，此乃生殖机能由盛渐衰的转折点，自然肾精渐少、天癸不足而血海失充，又存在脉络气血运行受阻，故初诊从冲任虚瘀辨治而用滋活汤。二诊时因 ALT 37 u/L↑（0-31），AST 33 u/L↑（0-31），据中医理论，应视为内生湿热郁于肝胆，故治以清肝利湿而用茵陈蒿汤加减。三诊时为月经周期的 30 天，此时应促使阴阳转化而经潮，故治以行气活血而用三川汤治疗。四诊时患者月经量虽已恢复正常，但考虑其再发月经稀少的可能性较大，此时为经后期，其本为冲任虚瘀，效不更方，故仍用滋活汤巩固疗效。

病案 3：月经量少

杨某，女，24 岁。G0P0+0。月经提前伴经量减少 3 月。

初诊（2007 年 11 月 1 日）。LMP 28/10。既往月经规律，初潮 14 岁，周期 28~30 天，经期 3~5 天，量中，无痛。近 3 月无明显诱因月经提前 5~10 天，经量减少 1/3~1/2，色黯红。未曾治疗。LMP 前 BBT 升高约 7 天。现周期第 5 天，无特殊不适，纳眠可，二便调。舌淡红，常苔，脉偏小略弦。妇科检查：外阴已婚型，阴道通畅，宫颈光滑，子宫后位，略小，质中，活动，无压痛，附件（-）。

西医诊断：有排卵型月经失调。

中医诊断：①月经过少；②月经先期。

辨证分析：病机为冲任气血不足。月经为气血所化，以血为本，以气为用。冲任气血不足而血海满溢不多，遂致月经量少；气虚统摄无力故月经提前。本案除主诉经量减少、周期提前外并无他症，勉以脉偏小而从气血不足论证。治以补益气血，拟《局方》十全大补汤。

处方：党参 30 g　　黄芪 30 g　　白术 10 g　　茯苓 20 g

　　甘草 10 g　　当归 10 g　　川芎 10 g　　白芍 30 g

　　熟地黄 20 g　　桂枝 10 g

水煎服，一日一剂，连服 12 剂。

二诊（2007 年 11 月 23 日）：LMP 21/11，周期 23 日，现经行 3 日，经量较服药前增多 1/2，经行第 1 日腰腹酸胀。舌脉同前。以《医宗金鉴》当归建中汤加减。

处方：桂枝 10 g　　白芍 30 g　　甘草 10 g　　当归 10 g

　　桃仁 10 g　　鸡血藤 30 g　　香附 15 g　　决明子 15 g

12 剂。

三诊（2007 年 12 月 17 日）：LMP 21/11。现周期第 27 天，BBT 不典型双相。舌脉同前。诉乳房发育不良，查：双乳扪及少许腺体。以《局方》双和饮加减。

处方：黄芪 30 g　　当归 5 g　　川芎 10 g　　白芍 30 g

　　熟地黄 20 g　　桂枝 10 g　　桃仁 10 g　　鸡血藤 30 g

12 剂。

四诊（2008 年 1 月 3 日）：LMP 17/12，周期 26 日，4 日净，经量稍增。LMP 前 BBT 上升 9 天。现月经周期第 18 日，BBT 上升 1 日。经间期有蛋清样白带伴乳房胀感。舌脉同前。以《济阴纲目》苁蓉菟丝丸加减。

处方：黄芩 12 g　　白术 10 g　　杜仲 15 g　　续断 15 g

　　菟丝子 20 g　　肉苁蓉 20 g　　白芍 30 g　　甘草 10 g

12 剂。

五诊（2008 年 1 月 17 日）：LMP 11/1，4 天净，用 7 张卫生巾，经量较治疗前明显增多，经前 BBT 上升 8 天。舌脉同前。证属血热。"先期多热"，经量少而先期，可从阴虚有热论，故治以凉血固冲。拟《扶寿精方》二至丸合《丹溪心法》五子衍宗丸加减。

处方：生地黄 20 g　　女贞子 20 g　　墨旱莲 20 g　　枸杞子 20 g

　　菟丝子 20 g　　金樱子 20 g　　覆盆子 20 g　　牡丹皮 15 g

　　茺蔚子 15 g

12 剂。

随访（2008年9月22日）：已结婚，并称上诊后近8月经量正常，经期3~4天，周期24~25天，计划明年怀孕。

按语：本案月经周期提前伴经量减少，而别无他症，故辨证从中医学基本理论着手。据月经为气血所化，以血为本，以气为用，只有冲任气血不足则血海满溢不多，遂致月经量少。"先期多热"，经量少而先期本可从阴虚有热论治。但鉴于患者无阴虚阳盛表现，而《景岳全书·妇人规》曰："然先期而至虽曰有火，若虚而挟火，则所重在虚，当以养营安血为主。矧亦有无火而先期者，则或补中气，或固命门，皆不宜过用寒凉也。"故对本案之先期，以中气虚统摄不力论治。前三诊治以气血双补而经血渐增，四诊转为调月经周期而收效。

二诊改用《医宗金鉴》当归建中汤加减，一为减少药味降低费用。二为正值经期适于活血通经。或问当归建中汤出自《千金翼方》而源于辨证论治组方用药严谨之仲景小建中汤，为何不取而独采《医宗金鉴》者？王成荣先生认为：仲景、孙师之小建中汤皆以重用饴糖为君，芍药2倍桂枝为组方特点。《金鉴》者虽在歌诀文中提到饴糖，却在附方之具体药味与剂量中，不见饴糖，且芍药量3倍于桂枝，而当归建中汤和黄芪建中汤更以肉桂易桂枝。这可能与汉末生产力低下，而清代生产力已大为提高有关。当今国人糖尿病高发，不用饴糖更为有利。

病案4：月经过少

周某，女，25岁。G1P0+1，月经量少4月。

初诊（2007年2月15日）：LMP 13/2。既往月经规律，经量中等，用10±张卫生巾，近4月经量极少，每次仅用1~2张卫生巾或用护垫即可，周期25~30天，经期7天。PMP 10/1，3天，用2张卫生巾，经前BBT上升7天。LMP只1天净，量极少，BBT单相。现月经周期第3天，无特殊不适。舌常，脉右偏细小，左略细弦。阴道超声：子宫前位，前后径3.1 cm，纵径4.0 cm，横径4.7 cm，宫内膜0.3 cm，肌壁回声均匀，双附件未见异常。

西医诊断：月经失调量少待诊。

中医诊断：月经过少。

辨证分析：病机为冲任气血不足，血海满溢不多，遂致月经量少。治法补益肝肾、养血填精，方用滋和汤加减。

处方：当归15 g　　川芎15 g　　白芍15 g　　熟地黄15 g
　　　鸡血藤30 g　　菟丝子20 g　　河车粉3 g　　黄芪30 g
　　　桂枝10 g

水煎服，一日一剂，12剂。嘱明晨查性激素。

二诊（2007年3月15日）：LMP 13/3，经量略增，现经行3天，用4张卫生巾，浸透2张。经前BBT上升10天。常苔，脉偏细略弦滑。证治同前，拟黄芪建中汤加减。

处方：黄芪30 g　　桂枝10 g　　白芍30 g　　甘草10 g
　　　熟地黄20 g　　菟丝子20 g　　河车粉3 g　　鸡血藤30 g

12剂。

三诊（2007年4月16日）：LMP 1/4，用巾6张，透2张，4天净。经前BBT上升8天，但经潮前4天BBT始降。常苔，脉偏细略弦滑。证治同前，《内外伤辨惑论》当归补血汤加味。

处方：黄芪30 g　　当归5 g　　鸡血藤30 g　　红花12 g
　　　菟丝子20 g　　补骨脂20 g　　河车粉3 g

12剂。

四诊（2007年6月8日）：LMP 10/5，3天净，量少，用巾4张。现为月经周期29天，BBT上升10天，今始降。常苔，脉略弦。阴道超声：宫内膜0.6 cm。证治同前，四物汤加减。

处方：生地黄20 g　　当归15 g　　川芎15 g　　白芍30 g
　　　女贞子20 g　　鸡血藤30 g　　黄芪30 g　　河车粉6 g

经潮第4天始服，连服12剂。

五诊（2007年7月27日）：LMP 10/7，量稍少于既往正常经量。PMP 10/6，3天净，经量稍增。BBT升11～12天。无不适。常苔，脉偏细小。证治同前，自拟方三川汤加减。

处方：枳壳12 g　　桃仁10 g　　川牛膝30 g　　当归10 g
　　　川芎15 g　　鸡血藤30 g　　桂枝10 g

12剂。

六诊（2007年8月30日）：LMP 28/8，现经行第3天，量同既往经量，用巾8张，透4张，经前BBT升13天。常苔，脉偏细小。经已如故，宜稍巩固。证治同前，滋和汤加减。

处方：桂枝 10 g　　白芍 30 g　　甘草 10 g　　当归 5 g
　　　黄芪 30 g　　鸡血藤 30 g　　桃仁 10 g

12剂。

随访（2008年1月10日）：上诊后停药而近4月经量中等，用8~10张卫生巾，透6~7张，BBT双相，高相11~13天。

按语：无相关疾病或手术损伤史的宫内膜发育不良之经量减少确切原因尚不清楚，可能与宫内膜雌激素受体减少有关。但雌激素治疗不一定有效。中医辨证虽可按冲任不足论，但本案除经量忽少外，并无更多四诊见证可以诊断为冲任亏虚证，且致虚之因亦难言之成理，故本案按"冲任虚瘀"论。就本案各诊具体处方而论，加减变化的目的皆在增其经量。值得注意的是四诊河车粉增量后经量亦随之增至正常。五诊改为行气活血治法，是顺应经气阴阳消长交替后的晚期。六诊经已正常，故去价格偏昂的河车粉。总之，对无故之宫内膜发育不良经少，以中医药治疗并进行更客观的疗效观察，是颇有探讨价值的课题。补肾填精滋肝养血治法对本案虽达经量复常，但未能争取到观测其宫内膜的变化，不无遗憾。

8. 痛　经

病案1：继发痛经

曾某，女，20岁。未婚，LMP 30/8。经行腹痛1年，加重2月。

初诊（2012年9月6日）：LMP 30/8。因"经行腹痛1年，加重2月"就诊。患者1年前无明显诱因出现月经的第1~2天下腹胀痛，且痛>胀，时有绞痛，温按疼痛不减，偶夹小血块，无恶心和肛门坠胀，但有经期大便不成形，2天1次。经行腹痛时需服布洛芬1~2片，且又见2月前痛经加重。常苔，脉平略滑偏弦。月经史：13×30×5，量中，色暗红，偶有小血块，无腹痛。

诊断：继发痛经待诊。

辨证分析：此乃瘀血阻滞冲任，致经气运行不畅，故辨证为瘀滞，治以活血化瘀，用少腹逐瘀汤加减。

处方：桂枝 10 g　　高良姜 10 g　　小茴香 10 g　　川牛膝 30 g
　　　当归 15 g　　川芎 15 g　　白芍 30 g　　延胡索 15 g

6 剂，经前 2~3 天起服，水煎服，一日一剂，分 3 次服。医嘱：经净后查 CA125、EmAb、TAS。

二诊（2012 年 10 月 18 日）：LMP 6/10，PMP 30/8。LMP 前 BBT 升 10 天，今月经周期的 12 天，BBT 未升。药后 LMP 痛经减轻一半，感小腹牵扯痛，可忍而未服西药，量中，7 天净。常苔，脉平略弦。9 月 13 日查：CA125：67.68 U/mL↑（0-35）、EmAb（-）。13/9 TAS：子宫后位，大小 3.3 cm×4.3 cm×4.0 cm，实质回声均匀，内膜厚约 0.6 cm；双附件未见明显异常。

诊断：子宫内膜异位症所致继发痛经（？）。

辨证分析：据中医理论和子宫内膜异位症的发病机制而辨证为冲任瘀滞，治以化瘀散结，用王成荣先生自拟的白莲散结汤。

处方：半枝莲 30 g　　白花蛇舌草 30 g　　皂角刺 10 g　　猪苓 20 g
　　　莪术 15 g　　土鳖虫 12 g　　仙茅 15 g　　淫羊藿 15 g

18 剂，一日一剂，分 3 次服。

三诊（2012 年 11 月 22 日）：LMP 10/11。药后 LMP 基本无痛经，量中，7 天净。舌质常略显桃红，常苔，脉滑略弦。辨治同二诊。

处方：半枝莲 30 g　　白花蛇舌草 30 g　　皂角刺 10 g　　猪苓 20 g
　　　莪术 15 g　　土鳖虫 12 g　　仙茅 15 g　　淫羊藿 15 g

20 剂，一日一剂，分 3 次服。

按语：本案因"经行腹痛 1 年，加重 2 月"就诊，其痛经为经期的 1~2 天下腹胀痛，且痛＞胀，时有绞痛，夹血块，据"痛在经前、经期为实证"而辨为瘀滞为患的实证。据温按疼痛不减，可知患者无明显宫寒见症，而初诊时却用温经散寒化瘀的少腹逐瘀汤加减，似与"方随法出，法随证变"矛盾，此乃瘀血久聚，虑其非温药难以消散，故借助温而通之可达瘀滞缓散渐消之目的。

本案虽中医诊断成立，但西医诊断不明确。虽 B 超提示"子宫、附件未见明显异常"，但是否有微小病灶未被发现亦未可知，且患者之 CA125 明显升高，据继发痛经多因盆腔器质性疾病所致，故本案之继发痛经疑子宫内膜异位症所致。中医学古籍并无子宫内膜异位症病名的记载，但据其症状、体征，或分属于中医妇科学的"痛经""不孕""癥积"等病症之中。瘀血阻滞胞宫冲任是本病的基本病机。

瘀血从何而来？必因冲任脉络损伤，经血内溢而成。冲任之所以损伤，多因内生火邪之故，虽亦有寒客冲任，血为寒凝致瘀者，但久之亦可化热。若非冲任周期性损伤，必不会以经期腹痛为见证。故以冲任瘀滞立论，以化瘀散结为法，王成荣先生自拟的白莲散结汤，既可化瘀散结，又可清内生火热，并可防瘀久化热，体现标本同治。药后痛经获效良好，示辨治中的。

病案2：继发痛经

陈某，女，28岁。G1P0+1，现未婚无房事。经行腹痛3年，巧囊剥除术后痛经未减2-年。

初诊（2014年9月9日）：LMP 29/8。因"经行腹痛3年，巧囊剥除术后痛经未减2-年"就诊。患者3年前便见d1~2下腹胀痛，温按及血块排出则痛减，伴肛门坠胀，有时经行腹泻，无恶心和加重趋势。3年前他院检查诊断为"ADM和巧克力囊肿"。2-年前他院腹腔镜下剥除右侧巧克力囊肿，术后又治以达菲林3支，而痛经如故。体重70 kg，身高160 cm。常苔，脉平右略弦。月经史：12×30×4，量中偏少，色暗红，夹血块，无痛。今TVS：子宫前位，大小约3.7 cm×4.3 cm×4.5 cm，实质回声欠均匀，子宫后壁查见大小约1.6 cm×1.7 cm稍弱回声团，边界欠清，宫内膜厚约0.9 cm；双附件未见异常。提示：子宫腺肌症（ADM）。

诊断：ADM痛经。

辨证分析：据痛在经期、坠胀痛和块出痛减为血瘀所致，故辨为冲任瘀滞。治以化瘀散结，用自拟白莲散结汤。

处方：半枝莲30 g　　白花蛇舌草30 g　　皂角刺10 g　　车前子10 g
　　　莪术15 g　　　土鳖虫12 g　　　　仙茅15 g　　　淫羊藿15 g

18剂，一日一剂，分3次服。医嘱：查CA125、EmAb；测BBT。

二诊（2014年10月21日）：LMP 29/9。LMP痛经有好转，量中偏少，4天净。BBT未测。10/9查：CA125：22.71 u/mL（0-35）、EmAb（-）。常苔，脉平略弦滑。辨治同前。

处方：半枝莲30 g　　白花蛇舌草30 g　　皂角刺10 g　　车前子10 g

莪术 15 g　　　　土鳖虫 12 g　　　　仙茅 15 g　　　　淫羊藿 15 g

　　14 剂，一日一剂，分 3 次服。医嘱：①明晨查肝肾脂糖；②d3 查 HPO、TSH、FT4；③运动减肥。

　　三诊（2014 年 11 月 11 日）：LMP 26/10。LMP 无痛经，量中，色鲜红，夹血块，4 天净。常苔，脉平。28/10（d3）查：E2 27.81 pg/mL，P 0.55 ng/mL，T 0.28 ng/mL，LH 5.29 mIU/mL，FSH 6.23 mIU/mL，PRL 184.6 uIU/mL。10 月 28 日查肝肾脂糖和 TSH、FT4 均在正常范围内。辨治同前。

　　处方：半枝莲 30 g　　白花蛇舌草 30 g　　皂角刺 10 g　　车前子 10 g

　　莪术 15 g　　　　土鳖虫 12 g　　　　仙茅 15 g　　　　淫羊藿 15 g

　　20 剂，一日一剂，分 3 次服，经期不停药。医嘱：查 TAS 肝胆胰脾肾。

　　按语：本案患者 3 年前因痛经就诊而断为"ADM 和巧克力囊肿"。2-年前曾腹腔镜下剥除右侧巧克力囊肿，术后并治以达菲林 3 支，但痛经未减，故寻求中医药治疗。

　　本案辨证为冲任瘀滞之实证的要点有四：①经期下腹胀痛，伴肛门坠胀；②经血夹块，块出痛减；③TVS 提示：子宫腺肌症；④右侧巧克力囊肿剥除史。至于温按痛减本为胞宫虚寒失养之虚象，然胞宫之所以失养，实由瘀血阻滞经脉，气血不流畅而失养，温按可使经脉暂通而痛减使然；故不宜据以辨为虚寒。药后痛经消失，亦可反证热瘀乃其本源。

　　考虑白莲散结汤方中仙茅有毒、土鳖虫有小毒，以及患者为 I 度肥胖，故查肝肾脂糖和 TAS 肝胆胰脾肾，同时要求运动减肥。

　　本案之继发痛经因 ADM 所致，且有巧囊剥除史，虽服中药后痛经获效明显，然患者仅"四七"之年，加之尚未生育，故其再发痛经和不易妊娠机会较大。

　　病案 3：原发痛经

　　丁某，女，29 岁。G4P0+4，LMP 9/8 经行腹痛 17 年，2 次不良妊娠史，未避孕 5 月未孕。

　　初诊（2012 年 9 月 6 日）：G4P0+4，LMP 9/8。因"初潮始经行腹痛 17 年，2 次不良妊娠史，未避孕 5 月未孕"就诊。患者从 12 岁初潮始便见月经的第 1~2 天下腹疼痛较显，温按及血块排出后疼痛减轻，伴冷汗出，无后重感，亦无加重趋势。患者 G4P0+4，前 2 次孕均为人流，第 3 次为胎停而清宫

2次，末孕为生化妊娠。现未避孕5月未孕，常苔偏灰，脉平。月经史：12×30×7，量中，色红，夹血块，伴腹痛。7月20日中医附院查：AsAb（-）。

诊断：①原发痛经；②求嗣。

辨证分析：据温按及血块排出后疼痛减轻而辨为宫寒瘀滞证，治以暖宫化瘀止痛，用少腹逐瘀汤加减。

处方：桂枝 10 g　　高良姜 10 g　　小茴香 10 g　　当归 15 g
　　　川芎 15 g　　白芍 30 g　　延胡索 15 g　　川牛膝 30 g
　　　甘草 10 g

6剂，9月7日起服，水煎服，一日一剂，分3次服。医嘱：测BBT、查生殖抗体6项（免AsAb）、CA125。

二诊（2012年9月13日）：LMP 10/9。9月7日始测BBT，经前有高相，药后LMP痛经减轻90%，量中偏少，现经行4天未净。常苔，脉平。9月6日查：CA125：28.86 U/mL，AoAb、AcAb、EmAb、HCGAb、ZpAb均（-）。患者多次手术难免损伤冲任，致经脉瘀滞；2次不良妊娠史多系伤肾耗精致受胎不实，冲任不固，故辨为冲任虚瘀，治以滋养活血，用自拟的滋活汤。

处方：女贞子 20 g　　菟丝子 20 g　　补骨脂 20 g　　当归 15 g
　　　川芎 15 g　　鸡血藤 30 g　　川牛膝 30 g

12剂，水煎服，一日一剂，分3次服。医嘱：嘱其9月20日始TVS监测排卵。

三诊（2012年10月11日）：LMP 8/10。LMP前BBT升12天，LMP无腹痛，血块亦无，量中，现经行4天未净。常苔，脉平。9月末TVS监测排卵。辨治、处方同二诊。

处方：女贞子 20 g　　菟丝子 20 g　　补骨脂 20 g　　当归 15 g
　　　川芎 15 g　　鸡血藤 30 g　　川牛膝 30 g

12剂，水煎服，一日一剂，分3次服。医嘱：嘱其10月18日始TVS监测排卵。

按语：本案因"经行腹痛未加重17年，2次不良妊娠史，未避孕5月未孕"就诊，其痛经为经期的1~2天明显，温按及血块排出后疼痛减轻，据"痛在经前、经期为实证"而辨为宫寒瘀滞为患的实证。患者G4P0+4，前2次孕为人流，之后2次孕为不良妊娠，手术难免损伤冲任，致经脉瘀滞；多次妊娠流产伤肾耗精致受胎不实，冲任不固而辨为冲任虚瘀。故本案为虚实夹杂之证。

初诊时正值经前月经将潮之时，此时宜暖宫化瘀止痛，故用少腹逐瘀汤加减：减去原方之失笑散与没药是因五灵脂为复齿鼯鼠粪便，1995年起《药典》未再收录；蒲黄更长于涩敛止血；没药则水煮不易溶解。芍药素有"赤泻白补"之分，"泻"在凉血活血，"补"在柔肝止痛，而痛经当以止痛为先，故以白芍易原方之赤芍；加川牛膝活血通经、化瘀止痛。初诊后痛经明显缓解，故二诊、三诊时标本同治而从冲任虚瘀辨治，用自拟的滋活汤治疗获效。

本案患者1月余内就诊3次，药后痛经消失，然毕竟就诊时间较短，且患者有2次不良妊娠史，若再次妊娠是否顺利实难预料。

病案4：继发痛经

雷某，女，32岁。G2P1+1，LMP 19/8。经行腹痛半年。

初诊（2012年8月28日）：G2P1+1，LMP 19/8。因"经行腹痛半年"就诊。患者半年前无明显诱因出现月经的第1~3天下腹疼痛，胀痛，夹血块，且块出痛减，未温按过，不伴后重感，亦无加重。常苔，脉略弦。月经史：13×28×7，量中偏多，色红，夹血块，无痛。诉已做妇科检查、TVS、LCT，除宫颈轻度糜烂外，均正常。

诊断：继发痛经。

辨证分析：痛在经期、胀痛，以及经血夹血块，此乃气血不和，瘀血阻滞冲任胞宫，故从冲任瘀滞辨治。治以行气活血，用王成荣先生自拟的三川汤加减。

处方：枳壳15 g　　香附15 g　　川芎15 g　　当归15 g
　　　桃仁10 g　　川红花12 g　　川牛膝30 g　　延胡索15 g

12剂，BBT上升7天起服，水煎服，一日一剂，分3次服。

二诊（2012年9月20日）：LMP 14/9。BBT未带，自诉有高相，LMP腹痛明显减轻，仅下腹稍隐痛，量中，色红，夹小血块，6天净。常苔，脉略弦。辨治同初诊。

处方：枳壳15 g　　香附15 g　　川芎15 g　　当归15 g
　　　桃仁10 g　　川红花12 g　　川牛膝30 g　　延胡索15 g

白芍 30 g

10剂，BBT上升7天后起服，水煎服，一日一剂，分3次服。医嘱：查CA125。

随访（2012年11月20日）电话：患者诉LMP 8/11和PMP 6/10均无明显痛经，查CA125"正常"。

按语：《景岳全书·妇人规》："经行腹痛，证有虚实……然实痛者，多痛于未行之前，经通而痛自减；虚痛者，于即行之后，血去而痛未止，或血去而痛益甚。大都可按可揉者为虚，拒按拒揉者为实。"本案之痛经发生在经期，为胀痛，且血块排出则疼痛减轻，据之可辨为瘀血所致的实证痛经；患者未温按过，可认为无明显的寒热偏盛使然，故本案从冲任瘀滞辨治，用自拟的三川汤治疗。初诊时在原方的基础上加延胡索行气止痛，二诊时痛经已明显减轻，效不更方，仅在初诊处方的基础上加入白芍缓急止痛。

痛经包括原发性痛经和继发性痛经，前者见于青春期，多属功能性。一般于经前2～3天及经期服药数剂。后者多因盆腔器质性疾病所致，多见于育龄期妇女，常伴不孕、盆腔包块、月经不调等兼症，为妇科常见疑难顽症。治疗需遵循"急则治其标""缓则治其本"和"标本同治"的原则，循月经周期灵活辨治，并坚持多个月经周期。本案患者32岁，半年前才见痛经，虽应从继发痛经考虑，但妇科检查、B超等未见异常，故本案在无相关阳性发现时采用原发痛经的用药时机。然患者是否有微小病灶未被发现亦未可知，而继发痛经多见于子宫内膜异位症、子宫腺肌症，其常有CA125增高，故二诊时建议其查CA125，但患者因痛经缓解而未检查，不无遗憾。当然反推患者仅经前、经期用药2次即获效，当从短期的气血不畅考虑，而非盆腔器质性疾病所致。

病案5：继发痛经

刘某，女，23岁。G0P0+0，LMP 28/1。经行腹痛渐加重5年。

初诊（2013年2月26日）：G0P0+0，LMP 28/1。因"经行腹痛渐加重5年"就诊。患者5年前经期吃冰激凌后便见经行腹痛，并逐渐加重。其痛以月经的第1～2天明显，表现为腰腹坠胀痛，胀＞痛，热敷或血块排出则痛减，伴肛门后重感、冷汗出，常需服止痛药或到医院打止痛针才缓解。常苔，脉平略弦滑。月经史：12×30×5-6，量中，色红，夹血块，无痛。

诊断：继发痛经。据痛经发生的诱因、热敷或血块排出则痛减，以及其痛在经期，可知此乃寒滞胞宫，瘀血阻滞冲任胞宫使然，故辨证为宫寒瘀滞。治以温经活血止痛，用温散汤加减。

处方：桂枝 10 g　　高良姜 10 g　　小茴香 10 g　　当归 15 g
　　　川芎 15 g　　白芍 30 g　　延胡索 15 g　　细辛 10 g

8 剂，敞开煮沸 30 分钟，一日一剂，分 3 次服。医嘱：测 BBT、TVS；查 CA125、EmAb。

二诊（2013 年 3 月 7 日）：LMP 27/2。BBT 未带。LMP 痛减 1/2，未服止痛药，量中，色红，夹血块，5 天净。常苔，脉平略弦。27/2 查 CA125：19.15 u/mL、EmAb（－）。27/2 TVS：子宫前位，大小约 3.0 cm×3.9 cm×4.0 cm，实质回声均匀，未见占位，内膜居中，厚约 0.75 cm；双附件未见明显异常。辨证为冲任瘀滞，治以化瘀散结，用自拟的白莲散结汤。

处方：半枝莲 30 g　　白花蛇舌草 30 g　　皂角刺 10 g　　车前子 130 g
　　　莪术 15 g　　土鳖虫 12 g　　仙茅 15 g　　淫羊藿 15 g

20 剂，一日一剂，分 3 次服。

三诊（2013 年 8 月 5 日）：LMP 27/7，PMP 27/6。上诊药后之 3~6 月经潮时仅 d1~2 下腹胀。LMP 无痛，量中，仍有血块，5 天净。常苔略偏厚心灰黑，脉平略弦。辨治同前。

处方：半枝莲 30 g　　白花蛇舌草 30 g　　皂角刺 10 g　　车前子 130 g
　　　莪术 15 g　　土鳖虫 12 g　　仙茅 15 g　　淫羊藿 15 g

20 剂，一日一剂，分 3 次服。

按语：本案之痛经表现为继发性进行性加重的痛经，且其痛经较剧，常需服止痛药或到医院打止痛针才缓解，此种痛经多见于子宫内膜异位症或子宫腺肌症，故初诊时查 CA125、EmAb 和 TVS。

患者 5 年前因经期受寒便见经行腹痛，并逐渐加重。其痛以月经的第 1~2 天明显，表现为腰腹坠胀痛，且胀＞痛，热敷或血块排出则痛减，伴肛门后重感、冷汗出。二诊时查 CA125、EmAb 均（－），TVS 未见明显器质性异常。诊断：继发痛经。初诊时正值月经将潮而予以温散汤标本同治，二、三诊侧重于冲任瘀滞而予以白莲散结汤治其瘀，药后痛消。

因本案痛经发生的初始诱因与寒凉有关，加之热敷后痛减，故可辨为寒证；痛经发生在经期，为坠胀痛，且血块排出则疼痛减轻，据之可辨为瘀血所致的实证，因此初诊辨证为宫寒瘀滞。而此时正值月经将潮之际，宜标本同治，故治以温经活血止痛。初诊后痛经减轻一半，本应效不更方，但考虑本案病程较长，其初始诱因早已不存在，且舌脉无明显的寒热表现，加之又恐瘀久化热生火，故二诊始侧重于冲任瘀滞，治以化瘀散结。患者就诊三次，用温散止痛之剂 8 剂，继之以化瘀散结之剂 40 剂，药后痛经渐减至痛消，亦可说明侧重于冲任瘀滞的辨治是正确的。

初诊所处细辛的用量、用法：细辛因其辛温散寒、通络止痛功效显著而常用于宫寒瘀滞痛经。然细辛有小毒，有"辛不过钱"以免中毒之说。但"辛不过钱"（3 g）乃指散剂内服而非汤剂。据现代药理研究，细辛之主要有效成分甲基丁香酚的沸点高于其所含之有毒成分黄樟醚，只要免盖敞开煮沸 30 分钟左右，后者之毒性便蒸发去掉，而有效之前者仍溶于汤剂之中，故王成荣先生常用细辛 10 g 于煎剂，尚未见有不良反应者。

功能性痛经常获效较好而不易复发；器质性痛经虽可获效但易复发。本案之痛经表现似更趋于器质性疾病所致，虽相关检查未见异常，但不能排除微小病灶而难于发现的情况。若果真如此，则本案再发痛经的可能性较大。

病案 6：痛经

孙某，女，26 岁。G0P0+0。经行腹痛 13 年，加重 4 年。

初诊（2013 年 5 月 13 日）：LMP 25/3。因"经行腹痛 13 年，加重 4 年"就诊。患者初潮始便见月经第一天下腹坠胀痛明显，伴肛门后重感，恶心呕吐，冷汗出，热敷好转。4 年前经行腹痛渐加重，经前 1 周便见小腹隐痛，经行第一天小腹坠胀痛加重，尤以右下腹疼痛明显，需服止痛药方可缓解。常苔，脉平略偏弦。月经史：13×37×7，量中，色红，夹血块；4 年前始月经常推后 15～30 天，经期、经量正常。妇检：外阴、阴道：(−)；宫颈：光滑；子宫：后位，常大，质中，活动，无压痛；附件：(−)。今日 TVS：子宫后位，大小约 3.3 cm×4.1 cm×4.0 cm，肌层回声均匀，宫内膜居中，厚约 0.6 cm；左附件探及一 4.1 cm×3.4 cm 囊性团块，内见光点回声，右附件未见异常。提示：左附件囊性占位（巧克力囊肿？）。

诊断：原发痛经加重待诊。

辨证分析：据"痛在经前、经期多为实"，以及 TVS 提示为巧克力囊肿，故辨证为冲任瘀滞。治以化瘀散结，用自拟的白莲散结汤。

处方：半枝莲 30 g　　白花蛇舌草 30 g　　皂角刺 10 g　　车前子 10 g
　　　莪术 15 g　　　土鳖虫 12 g　　　　仙茅 15 g　　　淫羊藿 15 g

14 剂，一日一剂，分 3 次服。医嘱：①测 BBT；②d3 查 HPO。

二诊（2013 年 6 月 3 日）：LMP 29/5。诉上诊中药未取服。LMP 痛如前，量中，色红，夹血块，今经行 6 天未净。2 月 27 日查：CA125：19.15 U/mL、EmAb（－）。3/6 查：E2 32.1 pg/mL，P 0.43 ng/mL，T 0.18 ng/mL，LH 11.3 mIU/mL，FSH 9.0 mIU/mL，PRL 617.0 uIU/mL。辨治同前。

处方：半枝莲 30 g　　白花蛇舌草 30 g　　皂角刺 10 g　　车前子 10 g
　　　莪术 15 g　　　土鳖虫 12 g　　　　仙茅 15 g　　　淫羊藿 15 g

18 剂，一日一剂，分 3 次服。

三诊（2013 年 8 月 12 日）：LMP 16/7。LMP 前 BBT 升 11 天。药后 LMP 痛经减轻许多，量中，6 天净。今 d26，BBT 升 5 天。常苔，脉平略弦。辨治同前。

处方：半枝莲 30 g　　白花蛇舌草 30 g　　皂角刺 10 g　　车前子 10 g
　　　莪术 15 g　　　土鳖虫 12 g　　　　仙茅 15 g　　　淫羊藿 15 g

18 剂，一日一剂，分 3 次服。

四诊（2013 年 9 月 27 日）：LMP 26/9，PMP 18/8。BBT 未测。LMP 今经行第二天，无明显痛经，量中，色红。PMP 痛经可忍，量较 PMP 增加 20%，7 天净。常苔，脉平弦。辨治同前。

处方：半枝莲 30 g　　白花蛇舌草 30 g　　皂角刺 10g　　 车前子 10 g
　　　莪术 15 g　　　土鳖虫 12 g　　　　仙茅 15 g　　　淫羊藿 15 g

18 剂，一日一剂，分 3 次服。医嘱：测好 BBT。

按语：本例虽有原发痛经在前，但其痛经加重 4 年，加之 TVS 提示巧克力囊肿，故此时应遵从继发痛经论治。

本案论治依据：子宫内膜异位症系瘀血为患，然瘀血从何而来？必因冲任脉络损伤，经血内溢而成。冲任之所以损伤，多因内生火邪之故，虽亦有寒客冲任，血为寒凝致瘀者，但久之亦可化热。故以冲任瘀滞立论，以化瘀散结为法，自拟白莲散结汤，既可化瘀散结，又可清内生火热，并可防瘀久化热，体现标本同治。药后痛经便获效良好，示辨治中的。

本案历时4月余，就诊四次，仅取服中药68剂，而巧克力囊肿的消散非短期便可获效，故尚未复查TVS。

原卫生部1993年颁发《中医新药临床研究指导原则》中关于子宫内膜异位症的临床诊断标准：①渐进性痛经；②经期少腹、腰骶部不适，进行性加剧；③周期性直肠刺激症状，进行性加剧；④后穹隆、子宫骶骨韧带或子宫峡部触痛性结节；⑤附件粘连包块伴有包膜结节感，输卵管通畅；⑥月经前后附件上述肿块有明显大小之变化（未用抗炎治疗）。凡有以上①②③点之一和④⑤⑥点之一，两点共存时可作为临床诊断。而本案经行腹痛13年，加重4年；TVS探及左附件区—4.1 cm×3.4 cm囊性团块，内见光点回声，故本案痛经加重应考虑子宫内膜异位症之巧克力囊肿所致。

病案7：原发痛经伴生殖抗体（±）

严某，女，27岁。G0P0+0。经行腹痛15年，拟孕。

初诊（2012年11月30日）：G0P0+0，LMP 19/11。因"经行腹痛15年"就诊。患者13岁初潮始便见月经第一天下腹胀痛、隐痛，腹痛明显时则恶心呕吐，痛时喜温，不喜揉按，血块排出则痛减，无加重趋势。常苔，脉平略弦。计划近期孕育。月经史：12×28×6，量中偏少，色红，夹血块。

诊断：原发痛经。

辨证分析：据痛时喜温为寒，痛时不喜揉按，血块排出则痛减为瘀，故辨为宫寒瘀滞。治以温经活血止痛，用自拟的温散汤加减。

处方：桂枝10 g　　高良姜10 g　　小茴香10 g　　当归15 g
　　　川芎15 g　　白芍30 g　　　延胡索15 g　　细辛10 g

6剂，敞开煮沸30分钟，一日一剂，分3次服，经前二三天服。医嘱：测BBT，查生殖抗体。

二诊（2013年1月17日）：LMP 21/12。LMP前BBT双相，LMP痛经明显减轻，量中，夹小血块，7天净。现d28 BBT升14天，今晨BBT已下降。常苔，脉平略偏弦。30/11查：EmAb（-）、AcAb（-）、AsAb（-）、AoAb（-）、HCGAb（-）、ZpAb（±）。

诊断：①原发痛经；②生殖抗体（±）。

辨证分析：若视抗体为中医学的"正气"之一项指标，异常的抗体出现可辨为正气过旺，而"气有余便是火"，故辨为血分郁热。治以清热利湿化瘀，用自拟的泻火达衡汤加减。

处方：栀子 15 g　　黄柏 15 g　　甘草 10 g　　茵陈 15 g
　　　石韦 30 g　　皂角刺 10 g　　桃仁 10 g

20 剂，水煎服，一日一剂，分 3 次服，经净后始服。医嘱：PV+CT、UU。

三诊（2013 年 2 月 25 日）：LMP 13/2，PMP 17/1。BBT 未测。LMP、PMP 无痛经，量中，6 天净。常苔，脉平偏弦略滑。今 d13 TVS：子宫前位，大小约 3.4 cm×4.0 cm×3.8 cm，肌层回声均匀，宫内膜居中，厚约 0.7 cm；左卵巢 2.9 cm×1.7 cm×1.8 cm，最大卵泡约 0.5 cm×0.5 cm，右卵巢 3.4 cm×2.0 cm×2.2 cm，最大卵泡约 1.7 cm×1.7 cm。上诊未 PV+CT、UU。卵泡即将成熟，宜按冲任气血阴阳消长循环之交替期，因势利导促运行顺利，故辨证按气滞。治以行气活血，用自拟的三川汤。

处方：香附 15 g　　枳壳 15 g　　川牛膝 30 g　　当归 15 g
　　　川芎 15 g　　桃仁 10 g　　川红花 10 g

6 剂，水煎服，一日一剂，分 3 次服。医嘱：①明日 TVS 测卵泡，并指导乐育；②PV+CT、UU；③测好 BBT。

四诊（2013 年 3 月 12 日）：LMP 13/2。今 d28 天，BBT 升 12 天。常苔，脉平略弦滑。27/2 查 CT（－）、UU（＋）。辨证同二诊，治则仅清热利湿，方用泻火达衡汤去桃仁、皂角刺。

处方：栀子 15 g　　黄柏 15 g　　甘草 10 g　　茵陈 15 g
　　　石韦 30 g

20 剂，水煎服，一日一剂，分 3 次服。克拉霉素 0.5 po bid×7。医嘱：①嘱其经潮且 BBT 下降 2 日起服；②其丈夫看男科查 CT、UU。

五诊（2013 年 4 月 12 日）：LMP 11/4，PMP 15/3。药后痛经已无 4 月。LMP、PMP 前 BBT 均双相。PMP，量中，6 天净。LMP 今经行 2 天，量中，色红。常苔略偏厚，脉平略弦滑。患者服克拉霉素后未复查 UU。3 月 24 日其丈夫查 CT（－）、UU（－）。辨治同三诊。

处方：香附 15 g　　　枳壳 15 g　　　川牛膝 30 g　　　当归 15 g
　　　川芎 15 g　　　桃仁 10 g　　　川红花 10 g

6 剂，水煎服，一日一剂，分 3 次服。医嘱：经净复查 UU，并查 ZpAb。

2013 年 5 月 18 日复查：UU（-）、ZpAb（-）。

按语：患者初潮始便见月经第一天下腹胀痛、隐痛，腹痛明显时则恶心呕吐，痛时喜温，不喜揉按，血块排出则痛减，无加重趋势。常苔，脉平略弦。30/11 查血仅 ZpAb（±）。故诊断：①原发痛经；②生殖抗体（±）。据中医学理论，结合西医学概念，同时遵循月经周期，适时予以王成荣先生自拟的温散汤、三川汤和泻火达衡汤获效。

本案原发痛经辨治依据：①月经第一天下腹胀痛、隐痛，而痛在经前、经期为实证；②痛时不喜揉按；③血块排出则痛减；④痛时喜温。故辨证为宫寒瘀滞之实证，治以温经活血止痛，用王成荣先生自拟的温散汤后痛消。本案亦体现了王成荣先生所强调的原发痛经治疗时机、效不更方和细辛的煎煮注意事项。

该患者检查发现透明带抗体 ZpAb（±），它可与卵子透明带上的特异抗原结合或覆盖精子受体，使精子不能认识卵子，阻止精卵结合；ZpAb 可稳定透明带表面结构，因而能干扰精子顶体酶对透明带的溶解，使精子穿卵不能；ZpAb 也可使透明带结构加固，即使精卵结合，受精卵被包裹内，也难脱壳着床。此类免疫异常者若据四诊颇难下辨证论治，王成荣先生认为中医学关于人体正气的概念，与西医学关于免疫的概念在一定程度或某些方面有相似之处。抗体作为正气的一项客观指标，应有的抗体缺乏可辨为正气虚，异常的抗体出现则可辨为正气过旺，即所谓"气有余便是火"，故从血分郁热辨治，并自拟泻火达衡汤。而据王成荣先生评语补充：查原病历确为 ZpAb（±）。王成荣先生临症时为避免重复检查加重患者负担，故本案未复查 ZpAb。

病案 8：继发痛经

张某，女，35 岁。G3P①+2。经行腹痛 3+年，伴经量增多和痛经加重 1 年。

初诊（2012 年 12 月 7 日）：G3P①+2，LMP 13/11。因"经行腹痛 3+年，伴经量增多和痛经加重 1 年"就诊。患者 3+年前始便见经行小腹坠胀痛，肛门坠胀，腰胀痛，块出痛减，喜热敷，喜按，痛甚则冷汗出，恶心呕吐，伴月经量增加 1/3，并加重 1 年。常苔，脉平。月经史：12×30×5，量中，色红，夹血块，无痛。10 月 23 日他院 TVS：子宫前位，大小约 8.9 cm×4.7 cm×5.8 cm，实质回声欠均匀，子宫后壁查见大小约 4.2 cm×2.5 cm 稍弱回声团，宫内膜前移，厚约 0.4 cm；双附件未见异常。提示：子宫腺肌瘤（？）。

诊断：ADM 致继发痛经、经多。

辨证分析：据痛在经期、坠胀痛和块出痛减为血瘀所致；据喜按、喜温乃胞宫有寒，故辨为宫寒瘀滞，治以温经活血止痛，用少腹逐瘀汤加减。痛经宜趁经行之际温而通之以达止痛之旨，故建议经前二三天起服。

处方：桂枝 10 g　　高良姜 10 g　　小茴香 10 g　　当归 15 g
　　　川芎 15 g　　白芍 30 g　　延胡索 15 g　　细辛 10 g

8 剂，敞开煮沸 30 分钟，一日一剂，分 3 次服，经前二三天起服。医嘱：查 CA125、EmAb、Hgb。

二诊（2012 年 12 月 18 日）：LMP 10/12。LMP 痛如故，量多，用卫生巾 30+片，色鲜红，7 天净。12 月 7 日查：CA125：35.58 u/mL↑（0-35）、EmAb（-）、Hgb 118g/L。常苔，脉平略弦。据中医理论，ADM 的病机为瘀血阻滞胞宫冲任，故治以化瘀散结，用自拟的白莲散结汤。

处方：半枝莲 30 g　　白花蛇舌草 30 g　　皂角刺 10 g　　车前子 130 g
　　　莪术 15 g　　土鳖虫 12 g　　仙茅 15 g　　淫羊藿 15 g

20 剂，一日一剂，分 3 次服。

三诊（2013 年 1 月 29 日）：LMP 6/1。LMP 痛减轻 1/2 而能忍受，量多同前，用卫生巾 30+片，色鲜红，5 天净。常苔，脉平略弦。辨治同前。

处方：半枝莲 30 g　　白花蛇舌草 30 g　　皂角刺 10 g　　车前子 130 g
　　　莪术 15 g　　土鳖虫 12 g　　仙茅 15 g　　淫羊藿 15 g

20 剂，一日一剂，分 3 次服，经期不停药。医嘱：查血常规。

随访（2013 年 2 月 22 日）：LMP：3/2，经行腹痛轻微，量多未效，5 天干净。

按语：本案因"经行腹痛伴经量增多 3+年，加重 1 年"就诊，其痛在经期，块出痛减，据之辨为血瘀；痛经喜热敷，据之辨为有寒，故初诊辨为宫寒瘀滞证。初诊药后痛经和量多均未稍减，反思其痛喜热敷，乃因温可使瘀滞暂通而痛减使然。23/10 他院 TVS：子宫腺肌瘤（？）；7/12 查：CA125：35.58 u/mL ↑（0-35）、EmAb（-）。诊断：ADM 致继发痛经、经多。初诊据其临床症状而治以温经活血止痛之剂未效。二诊细究原委，审时易方，治以化瘀散结之剂而痛消。

二诊辨证为冲任瘀滞之实证的要点有四：①经行小腹坠胀痛，块出痛减；②月经量多，经血红、夹块；③TVS 提示：子宫腺肌瘤；④CA125 略高于正常。至于痛时喜按本为胞宫失养之虚象，然胞宫之所以失养，实由瘀血阻滞经脉，使之不流畅故。

本案之继发痛经、月经过多乃子宫腺肌症所致。药后痛经基本消失，月经量多未效，或乃子宫腺肌症本就缠绵难愈，而本案治疗时间又较短之故。

病案 9：子宫肌腺病所致继发痛经、月经量多

方某，女，43 岁。G3P1+2，经行腹痛伴量多 11 年。

初诊（2008 年 11 月 20 日）：LMP 13/11。11 年前车祸外伤后出现经行下腹胀痛明显，受凉加重，伴经量增倍。1 年前因"功血休克"，曾输血 2 次。曾服中药治疗，痛经有减，但下坠感加重，经量仍多。现乏力，头晕，精神欠佳，眼肿，手足胀，鼻干，眠差，大便干结。2 月前查血红蛋白 100 g/L，B 超提示：子宫腺肌症。舌质正常，苔白偏厚，脉略弦。

西医诊断：子宫肌腺症。

中医诊断：痛经、月经过多；辨证为冲任虚瘀，热瘀互结。

辨证分析：现经净，冲任气血衰少，宜以益气和血为主。拟当归补血汤合四君子汤加减。

处方：黄芪 30 g　　当归 10 g　　太子参 30 g　　白术 10 g
　　　茯苓 20 g　　甘草 10 g　　仙茅 15 g　　　淫羊藿 15 g
　　　川芎 15 g　　桃仁 10 g　　首乌藤 60 g　　决明子 15 g

水煎服，一日一剂，12 剂。嘱查 CA125、EMAb。

二诊（2008 年 12 月 11 日）：LMP 8/12，无明显痛经，经量较服药前减少 1/3，现经行第 4 天，量中，夹血块，经色鲜红。精神明显好转，仍感乏力，手足胀，二便调。舌质偏红，苔白偏厚，脉平。11 月 20 日查：CA125 13.6IU/mL、EMAb（-）。虽值经期，仍以治本为主，兼顾标症。补虚固冲，清化止血。拟

四君子汤加味。

处方：太子参 30 g　　白术 10 g　　茯苓 20 g　　甘草 10 g
　　　仙茅 15 g　　　淫羊藿 15 g　川芎 15 g　　桃仁 10 g
　　　川牛膝 30 g　　小蓟 30 g　　马齿苋 30 g　首乌藤 60 g
　　　决明子 15 g

水煎服，6 剂。

三诊（2008 年 12 月 18 日）：LMP 8/12，无痛经，量较服药前少 1/3，有血块，6 天净。舌质偏淡，常苔，脉平。虽经多、痛经等临床症状已改善，但瘀滞仍在，现当侧重化瘀散结。用自拟白莲散结汤。

处方：半枝莲 30 g　　白花蛇舌草 30 g　莪术 15 g　　皂角刺 10 g
　　　猪苓 20 g　　　仙茅 15 g　　　　淫羊藿 15 g　土鳖虫 12 g

袋煎剂 100 mL，tid，连服 6 周。

随访（2009 年 4 月 24 日），已 5 周期月经量正常，无痛经。

按语：本案之继发痛经、月经量多乃子宫腺肌症所致。子宫腺肌症病理病因机制目前尚未阐明，临床表现以经量增多、经期延长、继发渐剧痛经为主，保守疗法难以根治。据中医理论瘀血阻滞胞宫是本病的基本病机，治多活血化瘀散结，经期辅以止痛、止血。本案遵循周期治法，经期凉血化瘀止血，非经期以化瘀散结为主。前二诊因经后量多，气血满溢致血虚，故治宜先以益气和血，缘于患者长期月经量多，致气血亏虚，并曾因"功血休克"而输血 2 次，且患者已过"六七"之年，故治疗侧重于"虚"，兼顾瘀和热。后虽痛消量减，但虑其病久热瘀不易速去，再发痛经量多的可能性仍在，故继以清热化瘀散结巩固疗效。

因子宫腺肌症缠绵难愈，治疗时间长，而本案用白莲散结汤方中仙茅有毒、土鳖虫有小毒，故服药前常规了解肝肾功，并动态观察，服药 3 月需复查。

病案 10：月经量多继发痛经

邹某，女 40 岁。G4P1+3，月经量多 26 年，经行腹痛 3 月。

初诊（2007 年 3 月 22 日）：LMP 13/3。14 岁初潮始经量即多，每次行经用卫生巾 20 余片，色暗红，质中夹较多血块。月经周期、经期正常。既往无痛经，3 个月前始经行腹痛，无肛门坠胀。近期情绪低落，轻微疲倦，晨起口干苦，纳呆，眠可，二便调。常苔，脉弦。2月28日他院TVS示：子宫底占位（2.8 cm×1.4 cm）。

西医诊断：月经量多伴继发痛经待诊，子宫肌瘤。

中医诊断：月经量多，继发痛经，癥积；证属热瘀肝郁。

辨证分析：因其初潮经量即多而红并夹血块，乃先天禀赋为阳热之体征。热动血则现经多，伤津耗液则炼血成瘀，瘀阻经气致其不畅则经行腹痛，热瘀互结久之成癥。近期兼见肝气郁滞，治宜疏肝解郁，方用《景岳全书》柴胡疏肝散加减。

处方：柴胡 10 g　　香附 15 g　　枳壳 12 g　　川芎 15 g
　　　白芍 30 g　　甘草 10 g　　桃仁 10 g　　栀子 15 g
　　　车前子 10 g

水煎服，一日一剂，12剂。

二诊（2007年4月9日）：LMP 6/4，量偏多，鲜红，夹血块，已用巾10余片，无明显痛经，仅觉腹胀。常苔，脉略弦。正值经期，热瘀冲任明显，治以清热凉血，化瘀止血。自拟清化汤加减。

处方：黄芩 12 g　　枳壳 12 g　　小蓟 30 g　　地榆 20 g
　　　乌梅 10 g　　马齿苋 30 g　　川牛膝 30 g　　桃仁 10 g

煎服同前，6剂。

三诊（2007年5月10日）：LMP 1/5，经量较前减少1/2，唯腹胀而无腹痛，睡眠欠佳。常苔，脉平。4月16日TVS示：子宫肌瘤（2.0 cm×2.4 cm）。时值非月经期，针对热瘀之本，宗清热化瘀散结之法。拟白莲散结汤加减。

处方：莪术 15 g　　皂角刺 10 g　　桃仁 10 g　　连翘 20 g
　　　夏枯草 20 g　　仙茅 15 g　　淫羊藿 15 g　　首乌藤 60 g

煎服同前，12剂。

四诊（2007年5月25日）：LMP 1/5。现入睡困难、易醒，大便干结。常苔，脉略弦。因患者属阳热之体，热扰心神致其不安而眠差，伤津耗液致肠道失润故大便干结。仍宗原法，佐以安神通便，并嘱饮食清淡。上诊方加减。

处方：莪术 15 g　　皂角刺 10 g　　连翘 20 g　　白花蛇舌草 30 g
　　　仙茅 15 g　　淫羊藿 15 g　　酸枣仁 15 g　　延胡索 15 g

芒硝 8 g

煎服同前，8 剂。

五诊（2007 年 6 月 11 日）：LMP 28/5，量中，下腹隐痛。眠差好转，现口苦、口干，大便仍干结。常苔，脉略弦滑。郁热伤津较显，予清热润肠、化瘀散结法。

处方：栀子 15 g　　黄连 10 g　　枳壳 12 g　　火麻仁 20 g
　　　芒硝 10 g　　皂角刺 10 g　　连翘 20 g　　桃仁 10 g
　　　仙茅 15 g　　淫羊藿 15 g

14 剂。

六诊（2007 年 6 月 28 日）：LMP 25/6，量中，现 4 天量已少，经前 3 天少腹隐痛，经潮止。仍口苦，大便略干结。常苔，脉略弦滑。热瘀结聚日久，癥积短时难消。治仍以清热化瘀散结为主，佐以通便。拟白莲散结汤加减。

处方：莪术 15 g　　皂角刺 10 g　　猪苓 20 g　　白花蛇舌草 30 g
　　　连翘 20 g　　决明子 15 g　　芒硝 6 g　　栀子 15 g

煎服同前，14 剂。

按语：本案患者自 14 岁初潮即经血量多，色暗红夹瘀块，经期、周期正常且婚后共孕 4 次（顺产 1 次，人流 3 次），说明患者先天禀赋为阳旺之体。阳旺多热，易伤津耗液致瘀，故虽同时诊断月经过多、继发痛经和癥积，实则病机本质一致，皆"热瘀"为患。本案体现了"急则治其标，缓则治其本"的法则，根据月经周期采用不同治法：经期以"清热化瘀止血"为主，非经期针对"热瘀"的病机以"清热化瘀散结"为主。在针对基本病机治疗的同时，还随情绪低落、口苦、便秘等比较困扰患者的症状适时加减。

病案 11：子宫腺肌病致继发痛经

赵某，女，43 岁。G1P①+0，16 年前剖宫产，经行腹痛 3 年。

初诊（2008 年 6 月 5 日）：LMP 13/5。患者 3 年前开始出现经行当日下腹冷痛，喜温喜按，次日渐缓。月经周期、经期正常，非经期亦无不适。常苔，脉滑，右偏小。2008 年 5 月 29 日他院妇科检查扪及子宫约 40 天孕大，查 CA125 33.7 U/mL（＜21），AFP、CEA 均在正常范围。初诊当日 TVS 示：子宫后位，3.9 cm×4.9 cm×5.0 cm，内膜 0.7 cm，稍前移，宫体后壁增厚，回声稍增强；右附件区见一2.2 cm×1.6 cm弱回声团，左附件区未见异常。

西医诊断：子宫腺肌病。

中医诊断：继发痛经；证属宫寒瘀滞。

辨证分析：治宜温阳化瘀，拟《医林改错》少腹逐瘀汤加减。

处方：桂枝10 g 　　高良姜10 g 　　小茴香10 g 　　当归10 g
　　　川芎15 g 　　白芍30 g 　　　仙茅15 g 　　　淫羊藿15 g
　　　细辛10 g 　　延胡索15 g

水煎服，一日一剂，8剂。

二诊（2008年6月13日）：LMP 10/6，经行当日腹痛明显，程度较既往加重，喜温喜按，热敷无明显缓解，现第4天量已少近净。思睡倦乏多日。常苔，脉平。虽冷痛喜温，但热敷不减，且按寒瘀温化之法亦无效果。究其原因，析痛经非为寒凝瘀滞所致。调整思路，着眼于病性。针对子宫腺肌病之病机本质为瘀血阻滞胞宫冲任，证属火热瘀结而予清热化瘀散结法。自拟白莲散结汤。

处方：半枝莲30 g 　　白花蛇舌草30 g 　　皂角刺10 g 　　猪苓20 g
　　　莪术15 g 　　　土鳖虫12 g 　　　　仙茅15 g 　　　淫羊藿15 g

煎服同前，连服1个月。

三诊（2008年7月24日）：LMP 10/7，量中，4天净。痛经较PMP明显缓解，仅第一天下腹隐痛。舌脉同前。效不更方，仍予白莲散结汤（代煎剂），100 mL，日3次，连服3个月。

四诊（2008年10月16日）：LMP 6/10。已无痛经2个月。仍予白莲散结汤，100 mL，一日三次，连服3周，巩固疗效。

按语：本案之继发痛经乃子宫腺肌病所致。中医学古籍并无该病名记载，但据其症状、体征，或分属于中医妇科学的"痛经""不孕""月经量多"等病证之中。瘀血阻滞胞宫冲任是本病的基本病机。子宫腺肌病患者从其症状、体征不仅可判断为实证，据其常有月经量多色红断其病性为热。本案首诊时因经行下腹冷痛、喜温，初辨为宫寒瘀滞，治以温阳化瘀。鉴服药后痛经不减反重且热敷亦无明显缓解，知其冷痛、喜温并非病性真实反应。二诊时重病机，按火热瘀结阻滞冲任胞宫论治，处以清热化瘀散结方药，获效良好。此后谨守病机，不更治法，4月获效。本案体现临证病因病机辨析时"再兼服药参机变"的重要。

子宫腺肌病系内生火热之热瘀互结所致。内生火热可因冲气过旺而成气有余之火，或因六淫、七情郁久不去而化火，或因瘀久不去而化火。火热煎血成瘀，致脉络瘀阻，气血流行不畅，即《血证论》"血受热则煎熬成块"之谓。痛时喜按本系胞宫失养之虚象，然胞宫之所以失养，实由瘀血阻滞经脉，气血运行不畅而非气血不足之故。

因子宫腺肌病缠绵难愈，治疗时间长，而本案用方白莲散结汤中仙茅有毒、土鳖虫有小毒，故服药前应常规了解肝肾功，并动态观察。

病案 12：子宫内膜异位伴腺肌病

孙某，女，46岁。G1P①+0，16年前剖宫产，痛经、月经量多8年，加重5天。

初诊（2008年6月28日）：LMP 9/6。患者8年前开始出现痛经、月经量多，2年前体检发现左附件囊肿，2006年7月19日在他院开腹行"盆腔分粘+双侧输卵管切除+左卵巢囊肿剥除术"，病检：左卵巢巧克力囊肿。术后痛经消失，3个月后复发如故，且进行性加重伴经量更增。术后6个月该院予诺雷德3.75 mg，肌注，每月1次，共3次，并服桂枝茯苓胶囊、妇炎康片，痛经、月经量多未减。1月17日他院妇科检查：子宫2月孕大，诊断为子宫腺肌症，予丹莪妇康煎膏6瓶并服中药1月余，仍无效。4月他院TVS示：右附件区4.6 cm×3.5 cm×4.2 cm囊性占位，囊内少许絮状回声，建议手术，患者拒绝。2008年6月6日他院TVS示：子宫后位，4.9 cm×4.9 cm×5.1 cm，内膜前移，后壁内3.0 cm×2.7 cm×2.7 cm稍强回声，右附件3.0 cm×2.6 cm×2.3 cm囊性占位，呈网状。2008年1月，除痛经、月经量多外出现肛坠、堵塞感，外阴亦现坠胀，因进行性加重致近月痛苦难忍。5天前他院检查，扪及后穹隆多个触痛结节，子宫约3月孕大，压痛，因拒切子宫而诊刮。病检：增生期宫内膜。术后5天仍下腹胀痛、肛门及外阴坠胀难忍，坐卧不安，噩梦不断，遂来我科就诊。患者苍白面容，表情痛苦，烦躁不安。诊刮后尚有少许出血，色暗红。纳可，眠差，二便尚调。舌质偏淡，常苔偏厚，脉略弦。月经初潮16岁，周期30天，经期5天，量较多，有块，无痛经，8年前开始逐渐出现痛经并伴月经量多。

西医诊断：子宫内膜异位症伴子宫腺肌病。

中医诊断：继发痛经，月经过多，癥积。

辨证分析：病机为火热瘀结。瘀血阻滞，气机不畅，故见肛门外阴坠胀不适；瘀阻冲任，血难归经而致月经量多；瘀久成癥而见盆腔包块。治宜清热解毒、化瘀散结。自拟方白莲散结汤加减。

处方：莪术15 g　　皂角刺10 g　　连翘20 g　　桃仁10 g
　　　猪苓20 g　　白花蛇舌草30 g　　半枝莲30 g　　土鳖虫12 g
　　　广木香10 g　　延胡索15 g

水煎服，一日一剂，26剂。

二诊（2008年6月30日）：服上诊方2剂，今阴道血止，睡眠、精神好转，仍时感下腹及肛门坠胀。苔偏厚，脉略弦。妇科检查：阴道畅；宫颈光滑，纳氏囊肿，后穹隆扪及多个触痛结节；子宫后位，40天孕大，活动差，无明显压痛；右附件区增厚呈不规则块状，左附件（-）。证治同前。上方去连翘、半枝莲、土鳖虫、延胡索，加三棱15 g、升麻20 g、仙茅15 g、淫羊藿15 g。12剂。

三诊（2008年7月28日）：LMP 28/7，今经潮，量少，无明显腹痛。偶感肛门坠胀，微头晕，纳眠可，二便调。舌质偏淡，常苔，脉平偏小。经前BBT上升15天。现正值经期，按热瘀辨治，予清热化瘀法。自拟清化汤加减。

处方：黄芩12 g　　小蓟30 g　　地榆20 g　　白花蛇舌草30 g
　　　枳壳12 g　　马齿苋30 g　　川牛膝30 g　　延胡索12 g
　　　细辛10 g　　党参30 g

敞开水煎，煮沸半小时，日1剂，6剂。

四诊（2008年8月14日）：LMP 28/7，11天净，13日量偏多，后淋漓，总经量较前减少，腹胀痛轻微，偶感肛门坠胀。常苔，脉平。仍治以清热化瘀，消癥散结。用白莲散结汤。

处方：莪术15 g　　半枝莲30 g　　皂角刺10 g　　猪苓20 g
　　　白花蛇舌草30 g　　土鳖虫12 g　　仙茅15 g　　淫羊藿15 g

煎服同前，12剂。

五诊（2008年9月1日）：LMP 24/8，未痛，后重已不明显，经量仅首日较多，次日即减，3天后仅少许黑血，近2日已未用纸。常苔，脉平偏小。上诊方再服12剂。

六诊（2008年9月25日）：LMP 19/9，5天净，量中，色暗红，无明显腹痛及阴道坠胀。现唯感腰骶轻微不适，肛门略有异物感，精神、纳眠均好，二便调。常苔，脉平。妇科检查：子宫后位，稍大于正常，活动欠佳，无触压痛，左附件（-），右侧对合欠佳，无压痛。三合诊：子宫下段后壁扪及约2 cm相连结节34个，无触痛。续服上方12剂。

随访（2008年12月26日）：痛经、阴道及肛门坠胀基本消失，经量正常。

按语：本案辨证为下焦瘀结，而究瘀结之因虽可有多种，然火热致"阴络伤，血内溢"，积瘀于下焦胞宫则为其本。而无论六淫、七情或血瘀皆可郁久化火。《金匮要略·妇人杂病脉证并治》"妇人年五十所，病下利数十日不止，暮即发热……瘀血在少腹不去"便是。本案在非经期以清热解毒、化瘀散结为法，方用自拟白莲散结汤加减治疗。白莲散结汤以白花蛇舌草、半枝莲清热解毒、活血化瘀、消肿止痛为君；皂角刺、莪术、土鳖虫化瘀散结为臣；仙茅、淫羊藿辛温、壮肾阳、助气化为佐；猪苓利水渗湿为使药。全方共收清热解毒、化瘀散结之功。月经期清热凉血、化瘀止血以减少其经量，也有利于减少或防止再次"阴络伤，血内溢"又成新瘀。

9. 经行不适

病案1：经行乳房胀痛

张某，女，36岁。G3P1+2，工具避孕。主反复乳房胀痛6个月。

初诊（2014年3月10日）：LMP 2/3，量中，色红，无经，5天净。近6月，经前双侧乳房胀痛（痛>胀），经潮后痛消。曾服用乳腺康片，痛略减。LMP前5天开始乳胀，经潮有缓解但不消，持续至今已经净4天，仍感乳胀，喜揉。平素尿频，无尿痛，白带偏多，淡黄。月经史：12×30×5天，量中，色红，无痛经。舌质、苔常，脉平。今我院查尿常规：（-）。白带常规：Ⅱ°，余（-）。今PV：外阴、阴道（-）；宫颈：光滑；子宫：后位，常大，质中，活动，无压痛；附件：右附件增粗，无压痛，左侧附件未扪及异常。今本院乳腺彩超提示：乳腺增生，左乳腺囊肿。

诊断：乳腺腺病。

辨证分析：辨证为乳络瘀滞，法当活血通络散结。

处方：莪术 15 g　　泽泻 15 g　　白花蛇舌草 30 g　　半枝莲 15 g
　　　枳壳 15 g　　香附 15 g　　川芎 15 g　　　　　当归 15 g
　　　仙茅 15 g　　淫羊藿 15 g

6～18 剂，一日一剂，水煎 300 mL，分 3 次服。医嘱：监测 BBT。

二诊（2014 年 4 月 16 日）：LMP 26/3，量中，5 天净。服上方后觉乳房略软。乳胀痛明显缓解，仍时感乳胀痛，痛无规律，每次持续 1～2 分钟。舌常，苔常。脉平。BBT 未测。辨证同前。

处方：莪术 15 g　　皂角刺 10 g　白花蛇舌草 30 g　　半枝莲 30 g
　　　石韦 30 g　　丝瓜络 15 g　鸡血藤 30 g　　　　延胡索 15 g
　　　仙茅 15 g　　淫羊藿 15 g

6～20 剂，一日一剂，水煎 300 mL，分 3 次服。医嘱：继续 BBT。

三诊（2014 年 8 月 7 日）：LMP 19/7。上诊方服 20 剂后仅经前轻微乳胀。已停药 3 个月，近日又乳房胀痛明显，并伴刺痛感。二便调。舌常，苔常。脉平略弦。BBT 未测。2014 年 7 月 27 日外院乳腺钼靶：正常。今我院乳腺彩超示：轻度乳腺增生。辨证同前。

处方：柴胡 10 g　　枳壳 15 g　　　香附 10 g　　　半枝莲 30 g
　　　青皮 10 g　　白花蛇舌草 30 g　白茅根 15 g　　车前子 10 g
　　　仙茅 15 g　　淫羊藿 15 g　　鸡血藤 30 g

6～12 剂，一日一剂，水煎 300 mL，分 3 次服。

按语：本案患者育龄期女性，反复乳胀 6 月余。发病初经前乳胀痛明显，经潮后消。以 LMP 经潮乳胀痛缓解但不消就诊。乳房属阳明经，乳头属厥阴经，但冲脉既受司于厥阴肝，又隶属于阳明胃。经前冲气偏盛而肝疏泄不力，阳明胃经敷布之乳房亦因之气血壅滞，乳络不畅，随之壅塞而乳房胀痛。经潮气血泄溢，壅塞得以缓解，故胀痛自消。首诊本院乳腺彩超提示：乳腺增生，左乳腺囊肿。双乳已有实性病变。因乳络不畅，久病不愈，逐渐加重而乳癖，皆由乳络壅滞不畅而致瘀结使然。故一诊、二诊均予自拟白莲散结汤加香附、枳壳以行气以助行血活血之力，丝瓜络以疏通乳络。服后症状基本消失。2014 年 8 月 7 日复查乳腺彩超示：轻度乳腺增生。与首诊（2014 年 3 月 10 日）乳腺彩超相较亦有改善。

病案 2：经前紧张综合征、经间期出血

何某，女，41 岁。G1P1+0。月经前后头晕、头痛 2 年，经间期少许出血 1 年。

初诊（2012 年 8 月 7 日）：G1P1+0，LMP 26/7。因"月经前后头晕、头痛 2 年，经间期少许出血 1 年"就诊。患者 2 年前无故出现月经前 2~3 天及整个经期头胀痛、跳痛、头晕，且经净后还头晕 5~6 天，并有逐渐加重趋势，伴易上感。1 年前始经间期少许出血 1 天。平素觉气短、背心凉，睡眠稍差。常苔，脉平略弦。月经史：17×28×6，量中偏少，色红，无块，无腹痛。

诊断：①经前紧张综合征；②经间期出血。

辨证分析：此乃肝阳偏亢，足厥阴肝经与督脉上会于巅，而冲脉附于肝，肝为藏血之脏，经行时气血下注冲任，阴血相对不足，经行冲气偏旺，肝火易随冲气上逆，风阳上扰清窍则头晕头痛；经潮后则阴血相对不足，血不上荣，故经后亦头晕；血虚心神失养则眠差。气血同源，血虚气亦虚而见气短；经间期阴阳转化之时，偏亢之肝阳易与阳气相搏，损伤阴络，致冲任不固而阴道出血。故病机为阴虚火旺，水不涵木，治以滋清安神，用当归六黄汤加减。

处方：生地黄 20 g　熟地黄 20 g　当归 5 g　黄芪 30 g

黄芩 15 g　黄连 10 g　黄柏 15 g　酸枣仁 20 g

首乌藤 60 g

14 剂，水煎服，一日一剂，分 3 次服。医嘱：脑血管彩超。

二诊（2012 年 9 月 10 日）：LMP 22/8。药后 LMP 前后头晕、头痛、气短明显好转，眠可，LMP 前后经间期未见出血。LMP 量中偏多，8 天净。常苔，脉平略滑。8 月 7 日脑血管彩超示：左侧大脑中动脉、椎-基底动脉血管痉挛。病机为阴阳气血消长失衡，冲气偏旺，治以滋清降火平冲，用四物汤加减，加桑叶以增加凉血活血之功。

处方：生地黄 20 g　白芍 30 g　当归 15 g　川芎 15 g

牡丹皮 15 g　栀子 15 g　桑叶 10 g　钩藤 15 g

12 剂，水煎服，一日一剂，分 3 次服。医嘱：乳腺彩超。

三诊（2012 年 9 月 27 日）：LMP 21/9。LMP 前后无头晕、头痛，无经间

期出血2月。常苔,脉平略弦。9月10日乳腺彩超示:右侧乳腺实性占位(纤维腺瘤?)。辨治同二诊。

处方:生地黄20 g　　熟地黄20 g　　当归5 g　　黄芪30 g
　　　黄芩15 g　　　黄连10 g　　　黄柏15 g　　桑叶10 g

14剂,水煎服,一日一剂,分3次服。医嘱:看西外乳腺专科。

按语:患者2年前无故出现月经前2~3天及整个经期头胀痛、跳痛、头晕,且经净后还头晕5~6天,并有逐渐加重趋势,伴易上感。1年前始经间期少许出血1天。平素觉气短、背心凉,睡眠稍差。诊断:①经前紧张综合征;②经间期出血。本案既有阴虚火旺,水不涵木之本虚标实之证,又有冲气偏旺之实,故为虚实夹杂之证,治以滋清降火平为主。

经前紧张综合征是指妇女在月经周期的后期(黄体期)反复出现涉及身体、精神和行为的周期性病态且多在月经来潮后自行消失的一种症候群。主要表现有烦躁易怒、失眠、紧张、压抑以及头痛、乳房胀痛、下肢水肿等;严重者可影响患者的正常生活。本病根据其临床表现的不同,分属于中医古籍妇科学"经行乳胀""经行头痛""经行身痛""经行浮肿""经行泄泻"等范畴。

本案为虚实夹杂之证:因痛在经前、经期多为实,痛在经后多为虚,本案经行头痛即发生在经前、经期,又见于经后,故可从虚实夹杂辨治。当归六黄汤主治阴虚火旺盗汗之证,本案初诊用此方乃取其有滋阴泻火之功,为异病同治之意,但剂量增减有别。当归六黄汤原方中除黄芪加一倍,其余六味药均等分。本案处方时黄芪用量为当归的六倍,此乃当归补血汤之意,即有形之血生于无形之气,故重用黄芪大补脾肺之气,以资化源而气旺血生;重用生地黄、熟地黄而达滋阴养血之功;黄芩、黄连、黄柏清热平肝降冲;伍入酸枣仁、首乌藤安神。

二诊本应效不更方,但脑血管彩超示"左侧大脑中动脉、椎-基底动脉血管痉挛",此可致脑供血不足,故改用四物汤,并加大白芍用量而缓急解痉。伍入牡丹皮、栀子、桑叶和钩藤而清肝平抑肝阳。三诊时患者眠差已好,故在初诊中减去酸枣仁、首乌藤,加桑叶加强抑肝平冲、凉血活血之功。药后经行头痛、经间期出血及伴见诸症均愈。

病案3：经前综合征

王某，女，39岁。G3P1+2，末孕：2005年人流，工具避孕。LMP 10/9，PMP 17/8。经前小腹伴双乳胀已1+年。

初诊（2013年9月17日）：LMP 10/9，量中，5天净。1+年前无明显诱因经前小腹及双乳胀，经潮则自愈，伴经量略减少。既往月经：14×23×7，量中，色红，偶痛经。纳可，多梦易醒，二便调。舌常，苔常。脉平略滑。

诊断：经前综合征。

辨证分析：病机为冲气郁滞，治以疏肝理气。予柴胡疏肝散加减（经前3天起服）。

处方：柴胡10 g　　　枳壳15 g　　　香附15 g　　　当归15 g
　　　川芎15 g　　　白芍30 g　　　牡丹皮15 g　　　川牛膝30 g

6剂，一日一剂，水煎300 mL，分3次服（1/10起服）。医嘱：①测BBT；②PV+LCT；③乳腺钼靶；④经行第3天查HPO。

二诊（2013年10月21日）：LMP 6/10，5天净。10月1日起服上方6剂。LMP前下腹及双乳胀减70%。眠差心烦近2月，要求调理。纳可，二便调。舌常，苔常。脉平略滑。20/9（d11）查HPO：E2 256.70 pg/mL（12.5～165.5），P 0.83 ng/mL，T 0.41 ng/mL，LH 5.28 mIU/mL，FSH 7.21 mIU/mL，PRL 242.8 mIU/mL。9月18日查LCT（-）；乳腺钼靶：双乳腺腺体增生，未见肿块，双腋下多个稍大淋巴结。

诊断：经前综合征，乳腺增生。病机肝肾阴虚，水不涵木，治法滋清理气。予当归六黄汤酌加酸枣仁、首乌藤养心安神，青皮、木香理气。

处方：生地黄20 g　　　熟地黄20 g　　　当归5 g　　　黄芪30 g
　　　黄芩15 g　　　黄连10 g　　　黄柏10 g　　　酸枣仁20 g
　　　首乌藤60 g　　　青皮10 g　　　木香10 g

6～12剂，一日一剂，水煎300 mL，分3次服。医嘱：明年4月乳腺彩超。

三诊（2013年11月8日）：LMP 2/11，5天净。服上方12剂。下腹胀消失，基本无乳胀。睡眠有所改善。纳可，二便调。舌常，苔常，脉弦。辨治同前，上方去青皮、木香。

处方：生地黄20 g　　　熟地黄20 g　　　当归5 g　　　黄芪30 g

黄芩 15 g　　　　黄连 10 g　　　　黄柏 10 g　　　　酸枣仁 20 g
　　首乌藤 60 g

6～14 剂，一日一剂，水煎 300 mL，分 3 次服。

按语：患者近 1 年出现经前小腹胀及双乳胀，经行自愈。表明素有冲任瘀滞，逢经前阴血下聚冲任，气血壅滞作痛；冲气偏盛，循肝脉上逆，肝经气血壅滞，乳络不畅而乳胀。经潮后壅滞解除，症状自愈。故经前予疏肝理气，活血通经，症状减轻大半而转求治他症。

此年龄心烦眠差，每多肝肾不足，心肾不交，虚火亢旺，内扰心神，予当归六黄汤滋阴降火中酌加酸枣仁、首乌藤养心安神，青皮、木香疏肝理气兼治乳胀。简单两诊后下腹及乳胀基本消失。三诊求调睡眠，予当归六黄汤标本兼治，调其阴阳。因患者未复诊，亦未留任何联系方式，不知其疗效如何。

病案 4：经前头痛

李某，女，42 岁。G3P1+2，末孕：14 年前顺产，未避孕。经前 1 天头痛 2 年。

初诊（2014 年 7 月 31 日）：LMP 31/7，今 d1，量少，色暗。2 年前始现经前 1 天左侧头跳痛，经潮消。月经史：12×30×6，量中，色红，无痛经。14 年前顺产后出现月经提前 7 天。纳眠可，二便调。舌常，苔常。脉平。

诊断：经前偏头痛待诊。

辨证分析：病机为阴阳消长失衡，冲气偏旺，瘀久化热，治法滋阴清热。予自拟滋清汤。

　　处方：生地黄 20 g　　女贞子 20 g　　菟丝子 20 g　　补骨脂 20 g
　　　　牡丹皮 15 g　　　黄柏 15 g　　　茺蔚子 10 g

6～14 剂，一日一剂，水煎 300 mL，分 3 次服（8 月 4 日起服）。医嘱：①8 月 2 日查 HPO；②经净查妇科防癌指标。

二诊（2014 年 10 月 9 日）：LMP 23/9，量中，7 天净。服上诊方 14 剂后周期恢复，仍经前头痛。纳眠可，二便调。舌常，苔常，脉平。7 月 19 日查 LCT、HPV 均（-）。乳腺彩超：双乳小叶增生。8 月 2 日（d3）查 HPO：E2 25.16 pg/mL，P 0.87 ng/mL，T0.17 ng/mL，LH4.4 mIU/mL，FSH6.85 mIU/mL，PRL1376.0 mIU/mL（127.2～633.9）。辨治同前。予自拟滋清汤。

处方：生地黄 20 g　　女贞子 20 g　　菟丝子 20 g　　补骨脂 20 g
　　　牡丹皮 15 g　　黄柏 15 g　　　茺蔚子 10 g

6~14 剂，一日一剂，水煎 300 mL，分 3 次服。维生素 B6 片 0.1g tid po×30 天。医嘱：服毕后复查 PRL。

三诊（2014 年 11 月 7 日）：服上诊方 14 剂后，经前头痛明显减轻，LMP 提前 2 天。LMP 21/10，5 天净。已服维生素 B6 片 27 天。纳可，二便调。舌常，苔常，脉平。辨治同前。按效不更方原则续服原方。

处方：生地黄 20 g　　女贞子 20 g　　菟丝子 20 g　　补骨脂 20 g
　　　牡丹皮 15 g　　黄柏 15 g　　　茺蔚子 10 g

6~14 剂，一日一剂，水煎 300 mL，分 3 次服。医嘱：11/11 晨查 PRL。

四诊（2014 年 12 月 8 日）：服上诊方 14 剂后，头痛消失。LMP 17/11，9 天净。纳可，二便调。舌常，苔常。脉平。11 月 11 日 PRL 1079.0 mIU/mL。

处方：溴隐亭 2.5 mg×30 天，照说明至 2.5 mg bid 至药毕复查 PRL。暂不服中药。

按语：按经络理论，三阴经不上头，故头为诸阳之会。独足厥阴肝秉春三月发陈生发之气，而为阴中之阳；若其气偏胜，便可上冲直达巅顶。肝气偏旺可由：①此年龄天癸渐竭，肾阴不足，肝阳偏旺而致；②素有冲任瘀滞，逢经前阴血下聚冲任，冲气偏盛，循肝脉上逆，肝经气血壅滞，故见头痛。经潮后壅滞解除，症状自愈。故经前期宜疏肝理气，经后期宜滋养肝肾，以抑肝阳。选择经后期服药，则能兼顾肾阴肝旺而致月经提前。守方续服，头痛消失，月经周期亦恢复正常，收效良好。

病案 5：经行腹痛发热

杨某，女，32 岁。G1P1，经行腹痛伴发热 6 月。

初诊（2007 年 1 月 16 日）：LMP 19/12/2006。半年前无明显诱因出现经期左下腹胀痛，伴发热体温 38 ℃~39 ℃，多次在他院诊断为"上呼吸道感染"并输液治疗，经行又发如故。2006 年 1 月 10 日他院阴道超声：左附件区见 6.2 cm×4.1 cm 混合性团块，内见 3.3 cm×3.5 cm 强光团，右附件区见 2.3 cm×2.4 cm 囊实混合性团块。2006 年 12 月 27 日他院肿瘤标志物：CEA 1.6 U/mL（＜6.2）；CA125 23.77 U/mL（＜35）。就诊时值非经期，无特殊不适。常苔，脉略弦。

西医诊断：继发痛经、盆腔包块待诊。

中医诊断：①经行腹痛发热；②癥瘕。

辨证分析：病机为冲任瘀滞。因热入血室，伤阴耗液，以至成瘀。热瘀胶结日久，可酿成癥瘕包块。经期血海满盈因瘀阻而腹痛；血海满盈冲脉经气必旺，瘀阻气机遏郁而化热。治宜化瘀通脉。予《医林改错》血府逐瘀汤加减。

处方：柴胡 10 g　　桔梗 10 g　　枳壳 12 g　　川牛膝 15 g
　　　甘草 10 g　　桃仁 10 g　　红花 12 g　　川芎 15 g
　　　当归 15 g　　白芍 30 g　　生地黄 20 g

水煎服，一日一剂，12 剂。

二诊（2007 年 2 月 7 日）：LMP 22/1，经前未出现发热，且无明显腹痛。现偶感腰胀痛，左侧稍明显。舌脉同前。治以清热解毒，化瘀散结。自拟方白莲散结汤加减。

处方：半枝莲 30 g　　白花蛇舌草 30 g　　皂角刺 10 g　　连翘 20 g
　　　猪苓 20 g　　　川芎 15 g　　　　　黄柏 15 g　　　土鳖虫 12 g
　　　延胡索 15 g

12 剂。

三诊（2007 年 3 月 6 日）：LMP 25/2。近 2 次月经前及月经期均无症状。平时偶感左下腹隐痛。舌常，脉略弦。上方去半枝莲、川芎、黄柏、延胡索，加川牛膝 30 g、桃仁 10 g、仙茅 15 g、淫羊藿 15 g。12 剂。

四诊（2007 年 3 月 27 日）：LMP 25/2。逾期 2 天月经未至，偶有左下腹胀感，余无不适。仍以血府逐瘀汤 6 剂化瘀通脉。

2007 年 10 月 9 日随访前症上诊后至今已 6±月未再复发。

按语：本案辨治思路系借鉴《金匮要略·妇人杂病脉证并治》"妇人伤寒发热，经水适来，昼日明了，暮则谵语，如见鬼状者，此为热入血室。治之无犯胃气及上二焦。"血府逐瘀汤以桃仁、红花化瘀为君；当归、川芎、川牛膝、枳壳助君逐瘀为臣；生地黄、白芍、甘草、柴胡养阴退热和肝缓急为佐；桔梗、枳壳、牛膝引诸药通达上中下焦又共为使药。脉为血府，血脉遍布全身，全方能化逐上中下焦血脉瘀阻。二、三诊改用自制方意在针对初诊阴道超声示左附件区包块。三诊用桃仁、牛膝、二仙易二诊方之半枝莲、川芎、黄柏、延胡索，是已届冲任气血阴阳消长的交替期之故。本案未能复查左附件包块变化，不无遗憾。

王成荣先生认为若以求是精诚的医德标准或卫生统计学、循证医学的科学目光，审视本案就诊前后的疗效，当不能排除"倒霉郎中医病头，走运郎中医病尾"的机遇问题。自知之明应是为医者修身自律的座右铭。

10. 绝经前后诸证

病案1：绝经前后诸证

高某，女，55岁。G2P1+1，绝经5年。眠差、心慌2+年。

初诊（2013年4月2日）：G2P1+1，绝经5年。因"眠差、心慌2+年"就诊。患者2+年前始眠差多梦、心慌、胸闷、头晕、微潮热出汗、疲乏、口干、眼干。常苔，脉平。月经史：14×27×5，量中，色红，无痛经。8年前他院开腹剥除子宫肌瘤手术史。2年前发现双侧甲状腺结节。1月16日他院体检：甲状腺功能全套（-），LCT（-），心电图提示窦性早搏。

诊断：更年期综合征。

辨证分析：患者绝经5年，此时天癸已绝，肾水不足，不能上济于心，故病机为心气失养。治以养心安神，用天王补心丹加减。

处方：丹参20 g　　太子参20 g　　玄参20 g　　茯苓20 g
　　　桔梗10 g　　麦冬15 g　　　五味子10 g　酸枣仁20 g
　　　柏子仁20 g　远志10 g　　　生地黄20 g

6剂，水煎服，一日一剂，分3次服。

二诊（2014年4月8日）：患者服上方6剂后眠差多梦、心慌、胸闷、头晕、疲乏、口干、眼干等均明显好转，二便调。常苔，脉平略弦。辨治同前。

处方：丹参20 g　　太子参20 g　　玄参20 g　　桔梗10 g
　　　麦冬10 g　　五味子10 g　　酸枣仁20 g　柏子仁20 g
　　　远志10 g　　生地黄20 g

20剂，水煎服，一日一剂，分3次服。之后可服天王补心丸（无朱砂穿衣者）。

按语：患者因绝经 5 年，眠差，心慌 2+ 年就诊。除 8 年前子宫肌瘤手术史，2 年前发现双侧甲状腺结节外，余体检无异常。诊断为更年期综合征。四诊合参，病症结合，辨为心气失养，治以养心安神，用天王补心丹加减获效。

关于失眠原因，《景岳全书》指出："不寐证虽病有不一，然惟知邪正二字则尽之矣。盖寐本乎阴，神其主也。神安则寐，神不安则不寐。其所以不安者，一由邪气之扰，一由营气不足耳。有邪者多实，无邪者皆虚。"而本案患者年近"八七"之年，绝经 5 年，此时天癸绝，肾水亏，不能上济于心，心气失养则眠差多梦，故宜从虚辨治。

本案用《摄生秘剖》的天王补心丹。方中生地黄滋肾水补肾阴，水盛则能制火，且生地黄可入血分以养血，血旺则心有所藏，神有所主；玄参、麦冬甘寒滋润以清虚火；丹参可补血养血安神；太子参、茯苓益气宁心；酸枣仁、五味子可收敛心气而安心神；柏子仁、远志养心安神；桔梗载药上行。本方既可补阴不足之本，又可治虚烦失眠之标，标本并图，则所生诸症，乃可自愈。

病案 2：绝经前后诸证

陈某，女，66 岁。G3P2+1，绝经 15 年。轰热阵汗 1+ 年。

初诊（2012 年 9 月 4 日）：G3P2+1，绝经 15 年。因"轰热阵汗 1+ 年"就诊。患者 1+ 年前始出现轰热阵汗，现日发 20～30+ 次，伴心烦、手足心热而汗多，眠差多梦，夜尿每晚 4～5 次，无盗汗。舌质常略偏红，常苔，脉滑略弦。月经史：15×30×5，量中，色红，无腹痛。

诊断：更年期综合征。

辨证分析：患者绝经 15 年，此时天癸已绝，肾阴不足，若肾水不足以涵养肝木，致肝阳化热生风，故见轰热阵汗、心烦等症。病机为水不涵木，肾阴虚不能滋养肝木，出现肝阴不足，甚至虚火内扰的病症，治以泻肝安神，辅以滋阴之品，用龙胆泻肝汤加减。

处方：龙胆草 15 g　　栀子 15 g　　黄芩 15 g　　白芍 30 g
　　　泽泻 15 g　　车前仁 10 g　　酸枣仁 20 g　　首乌藤 60 g
　　　生地黄 20 g

12 剂，水煎服，一日一剂，分 3 次服。医嘱：PV+LCT；乳腺彩超。

二诊（2012 年 9 月 18 日）：患者服上方 12 剂后轰热阵汗已消失，心烦已能控制，手心热而有汗和睡眠有好转，但仍多梦，纳可，二便调。舌质常略偏红，常苔，脉滑略弦。诉因家里有事，故未做 PV+LCT 和乳腺彩超。辨证同前。治以滋清安神，用当归六黄汤加减。

处方：生地黄 20 g　　熟地黄 20 g　　当归 5 g　　黄芪 30 g
　　　黄芩 15 g　　　黄连 10 g　　　黄柏 15 g　　酸枣仁 20 g
　　　首乌藤 60 g

12 剂，水煎服，一日一剂，分 3 次服。

随访（2012 年 10 月 8 日）：现轰热阵汗无，心烦亦消，眠可，但手心仍热。

按语：本案患者老年，1+年前始出现轰热阵汗，频发，伴心烦、手足心热而汗多、眠差多梦、夜尿等，诊断为更年期综合征。病症结合，辨证为水不涵木。考虑标本缓急有别，首先予龙胆泻肝汤泻其标，继以当归六黄汤标本同治而获效。

本案辨证要点：分清阴虚潮热盗汗与阴虚水不涵木肝旺化热生风而见轰热阵汗之不同。阴虚之潮热盗汗发作有时，而肝旺化热之轰热阵汗酷似风木之动，发无定时。故本案辨证属后者。

辨标本缓急而治：初诊时其轰热阵汗日发 20～30+次，此时标症较急，宜先治其标，故用龙胆泻肝汤加酸枣仁、首乌藤泻肝安神。二诊时轰热阵汗已无，心烦、眠差和手心热减轻，宜标本同治，故用当归六黄汤加酸枣仁、首乌藤滋清安神。

雌激素降低多认为是更年期综合征发生的重要原因。但并非绝经后妇女均会发生，且先天性卵巢发育不良的妇女体内缺乏雌激素，在未用外源性雌激素之前也无潮热等症状发生。故更年期综合征的发生应与卵巢储备明显减少引发 HPO 功能失调而雌激素水平波动，自主神经与血管舒缩调节失常似更密切，正如临床观察更年期综合征多见于围绝经期激素水平波动较大之时。而本案患者绝经已 15 年，雌激素应属绝对低下，但是否相对稳定，未经检测，难下定论。不过，本例属较少见者，或可信也。

病案 3：绝经前后诸证

田某，女，49 岁。G4P1+3，绝经 4 年。轰热阵汗、盗汗 4 年。

初诊（2012 年 12 月 6 日）：G4P1+3，绝经 4 年。因"轰热阵汗、盗汗 4

年"就诊。患者4年前始反复出现轰热阵汗、盗汗，现轰热阵汗日发7～8次，盗汗4次，伴心烦易怒、心慌气短、四肢及腰部酸痛、眠差多梦、大便干但每日1次。曾在当地服中药治疗未效。5天前曾阴道极少许出血3天。常苔，脉平。月经史：15×30×3，量中，色红，无腹痛。

诊断：①更年期综合征，②绝经后出血待诊。

辨证分析：辨证为水不涵木，治以滋水涵木，用当归六黄汤加减。

处方：熟地黄20 g　　生地黄20 g　　当归5 g　　黄芪30 g
　　　黄芩15 g　　　黄连10 g　　　黄柏15 g　酸枣仁20 g
　　　首乌藤60 g

14剂，水煎服，一日一剂，分3次服。医嘱：PV+LCT、乳腺彩超、TVS。

二诊（2012年12月27日）：患者服上方14剂后轰热阵汗、眠差均明显减轻，白天已无轰热阵汗，晚上潮热出汗3～4次，盗汗1～2次，心慌、气短、口干减轻，二便调。无阴道出血。常苔，脉平略弦。妇检：外阴、阴道（-）；宫颈光滑；子宫偏小，后位，无压痛；附件（-）。12月6日TVS：子宫后位，大小约2.9 cm×4.2 cm×4.2 cm，肌层回声均匀，宫内膜居中，厚约0.3 cm；左卵巢 1.9 cm×1.0 cm×1.0 cm，右卵巢 2.8 cm×2.0 cm×2.0 cm，内隐约见1.5 cm×1.6 cm囊性团块。12月6日查LCT（-）；乳腺彩超：左侧乳腺囊肿0.6 cm×0.4 cm，余未见明显异常。辨治同前。

处方：生地黄20 g　　熟地黄20 g　　当归5 g　　黄芪30 g
　　　黄芩15 g　　　黄连10 g　　　黄柏15 g　酸枣仁20 g
　　　麻黄根10 g　　延胡索15 g

12剂，水煎服，一日一剂，分3次服。

随访（2013年2月19日）：诸症已无1-月，亦未见阴道出血。

按语：患者4年前始反复出现轰热阵汗、盗汗，伴心烦易怒、心慌气短、四肢及腰部酸痛、眠差多梦、大便干但每日1次。曾在当地服中药治疗未效。5天前曾阴道少许出血3天。常苔，脉平。诊断：①更年期综合征；②绝经后出血待诊。四诊合参，病症结合，辨证为水不涵木，治以滋水涵木，用当归六黄汤加减。同时为排查绝经后出血原因而进行西医学之相关检查。

本案曾有一过性阴道少许出血3天病史。关于绝经后阴道出血，就妇科而言，既可见于阴道炎、子宫内膜炎等炎症性疾病，也可见于子宫颈癌、子宫内膜癌等恶性肿瘤，以及阴道或宫腔异物，等等。值得医生足够重视而采用西医学之相关检查，排查疾患。

王成荣先生治疗更年期综合征时，针对其标志性症状"轰热阵汗"，分析病因病机，主张从"水不涵木"辨治。临症时则根据"水不涵木"之肝旺肾虚的标本缓急，或以泻肝火滋肾阴标本兼治，或先泻肝治标而后再标本兼治，总以令其阴阳重归于"阴平阳秘"而诸症渐消。具体处方则用李东垣《兰室秘藏》的当归六黄汤加减标本兼治，或《医宗金鉴》的龙胆泻肝汤加减直折其火。结合本案已届"七七"之岁而病已4年，故按肾水不足涵养肝木之本虚标实，故应标本兼治，法当滋水涵木，用当归六黄汤加减获效。

病案4：绝经前后诸证

曹某，女，42岁。G5P2+3，末孕：7年前人流。未避孕。主诉：月经提前10天已2年。

初诊（2012年11月26日）：LMP 10/11，量中，色红，无痛。2年前便见月经提前10天潮。既往月经：12×30×4-5，量中，色红，夹小血块，无痛经。白带多、异味3天。平素时感腰酸痛，不喜捶打。纳可，入睡难，二便调。舌常，苔常。脉平。今PV：外阴（－）；阴道前壁Ⅰ°膨出；宫颈光滑；子宫平位，常大，活动，无压痛；附件（－）。白带常规：Ⅱ°，霉菌（2+）。

诊断：更年期经频；霉菌性阴道炎。

辨证分析：中医辨证冲气偏胜，治法滋阴清热。予自拟滋清汤加减：①生地黄20 g、菟丝子20 g、补骨脂20 g、女贞子20 g、丹皮15 g、紫草12 g、茺蔚子10 g。6~14剂，一日一剂，水煎300 mL，分3次服。②双唑泰片1粒塞阴道HSX7天。医嘱：①BBT；②经行第3天查HPO。

二诊（2012年12月27日）：服上方14剂后LMP如期来潮。LMP 11/12，量中，4天净。腰痛有所缓解。BBT未量。14/12（d3）查 HPO：E2 34.68 pg/mL，P 0.60 ng/mL，T 0.40 ng/mL，LH 1.35 mIU/mL，FSH 6.02 mIU/mL，RPL 199.10 mIU/mL。辨治同前。处方：①生地黄20 g、菟丝子20 g、补骨脂20 g、女贞子20 g、牡丹皮15 g、紫草12 g、茺蔚子10 g。20剂，一日一剂，水煎300 mL，分3次服。②双唑泰片1粒塞阴道HSX7天。

电话随访（2013年5月13日）：末诊20剂服毕，停药后经潮3次均未提前。

按语：患者近"六七"之年继发经频，每多因天癸渐竭，肾阴不足，肝阳偏旺而致。经后期为月经周期阴阳消长转化之阴生阶段，重以滋养肝肾以固冲任，清热凉血宁血海。以专入血分、清血热的紫草易原方中黄柏，加强清热凉血之功。首诊14剂后已收效，但病时长，停药恐不能除其根本，纠其偏衰，故按效不更方，守方续服，收效良好。

病案5：绝经前后诸证

高某，女，55岁。G2P1+1。主诉：绝经5年，失眠心慌2年余。

初诊（2013年4月2日）：LMP 5年前。绝经5年阴道无异常出血或排液。近2年无明显诱因出现失眠梦多，心慌胸闷，头晕疲倦，口干，眼干。察其神可，面色如常。纳可，二便调。舌常，苔常，脉平。1995年曾他院行经腹子宫肌瘤剥除术。术后复发，因肌瘤小，未再治疗。绝经后每年B超监测1次，缩小缓慢。2012年12月他院查甲功正常。2013年1月他院体检：LCT（-）；心电图：室性早搏。

诊断：绝经后期失眠症。

辨证分析：此为心肾不足所致，法当养心安神。方拟天王补心丹加减。

处方：丹参 20 g　　太子参 20 g　　玄参 20 g　　茯苓 20 g
　　　桔梗 10 g　　麦冬 15 g　　五味子 10 g　　酸枣仁 20 g
　　　柏子仁 20 g　　远志 10 g
　　　生地黄 20 g

6剂，水煎服，一日一剂，分3次服。

二诊（2013年4月8日）：服上诊方6剂后失眠、心慌明显好转，余无不适。欲续服中药巩固治疗。舌常，苔常，脉平略滑。遵效不更方，宜续服。

处方：丹参 20 g　　太子参 20 g　　玄参 20 g　　茯苓 20 g
　　　桔梗 10 g　　麦冬 15 g　　五味子 20 g　　酸枣仁 20 g
　　　柏子仁 20 g　　远志 10 g　　生地黄 20 g

12剂，水煎服，一日一剂，分3次服。医嘱：嘱其药毕后可服天王补心丸（无朱砂穿衣者）。

按语：患者绝经5年，失眠心慌2年。或谓其病机乃年逾"七七"，天癸衰竭，肾阴亏虚，不能上济心火，心火内扰心神，故见失眠、心慌。然《内经·素问·上古天真论》关于女性特有生理按年龄"七分法"化段的论断，并无潮热盗汗、手足心热等虚火亢旺的记载。而《医宗金鉴·妇科心法要诀》却有"男妇两科同一治，所异调经崩带症，嗣育胎前并产后，前阴乳疾不相同"的表述。患者已绝经5年，故其失眠心慌病因病机宜同于内科，按五脏之虚实寒热，辨为心肾阴血亏虚所见之心气失养证。

天王补心丹本为古名方。有谓出自宋代《妇人大全良方》，有谓出自元代《世医得效方》，亦有如明代《景岳全书》之论："本方之传，未考所自。道藏偈云：惜志公和尚，日夜讲经，邓天王悯其劳者也，赐之此方。因以名也。"然皆以朱砂为衣之丸剂。一、二诊因为汤剂，去掉当归、麦冬，意在不影响主治功用的前提下，精简药味与剂量。二诊嘱可续服市售丸剂（无朱砂穿衣服者），朱砂主要成分为硫化汞有毒，不宜长期服用。

病案6：绝经前后诸证

李某，女，47岁。G2P1+1，工具避孕。主诉：停经4月，轰热出汗3月余。

初诊（2008年6月27日）：LMP 29/2，量较既往1/3，色红，5天净。既往月经：17×23×6天，量中，无痛经。纳可，二便。现已停经4月。平素腰酸痛喜捶打，白带少。舌质偏红，苔常，脉平。6月16日外院TVS：子宫前后径3.3 cm×4.9 cm×4.0 cm，肌层回声均匀，内膜居中，厚0.25 cm（单）。双附件均未探及明显异常。今妇检：外阴、阴道：（-）；宫颈：光滑；子宫：常大，质中，活动，无压痛；附件：（-）。

诊断：更年期综合征。

辨证分析：轰热汗出频繁，昼夜反复发作，似"善行数变"之风的特性，表明水亏及木，肝失涵养柔润，木旺化热生风，故辨证肾虚肝旺，予龙胆泻肝汤加减以清肝滋肾。

处方：龙胆草12 g　栀子15 g　黄芩15 g　白芍30 g
　　　柴胡10 g　生地黄20 g　熟地20 g　车前子10 g
　　　当归10 g　鸡血藤30 g　延胡索15 g　酸枣仁20 g

6~12剂，一日一剂，水煎300 mL，分3次服。

二诊（2009年4月8日）：近半年月经稀发，3~4月一行，量少，色暗。

LMP 1/9，量少，2 天净。PMP：9/8。上诊服药 12 剂后，轰热出汗消失，情绪改善。近 2 日又发轰热、汗出（夜 3~4 次，白天 2 次，数分钟清），失眠易醒。纳可，二便调。舌质略偏红，苔常，脉平。

诊断：更年期综合征。

辨证分析：水不涵木。予当归六黄汤加减，以滋水涵木，养心安神。

处方：生地黄 20 g　　熟地黄 20 g　　当归 5 g　　黄芪 30 g
　　　黄芩 12 g　　　黄连 10 g　　　黄柏 15 g　　首乌藤 60 g

6~12 剂，一日一剂，水煎 300 mL，分 3 次服。

三诊（2009 年 5 月 26 日）：LMP 3/4，量少，3 天净。服上诊药 9 剂，轰热未减且汗多，昨夜 7 次，每次持续约 5 分钟，五心烦热。饮食、二便正常。舌质常，苔常，脉平。首诊方效著，故辨证同首诊。

处方：龙胆草 12 g　　栀子 15 g　　黄芩 15 g　　白芍 30 g
　　　当归 10 g　　　黄芪 30 g　　黄连 10 g　　车前子 10 g
　　　酸枣仁 20 g　　延胡索 15 g　　首乌藤 60 g　　玄参 20 g

6~12 剂，一日一剂，水煎 300 mL，分 3 次服。

电话回访 2009 年 7 月：药毕后轰热汗出明显减少，现偶轰热，2~3 日 1 次，纳可，眠欠佳，二便均调。

按语："七七"之年女性，天癸渐竭，地道不通，渐现月经停闭。肾藏精，主水；肝藏血，主疏泄，调节血海周期性盈满溢泻。肝肾同居下焦，乙癸同源，精血互生，病理上相互影响。肝肾属母子关系，木得水养方能正常疏泄条达。天癸将竭时，若水亏殃及木，便致肝失涵而疏泄失常。肝为刚脏，性喜条达，若肝气不舒，进而气滞血瘀，或郁而化火生风。患者轰热汗出频繁，白昼均见，发无定时，似"善行数变"之风的特性，故病机为肝郁化火，热极生风，属实证。治疗应补母泻子，清肝滋肾，故予龙胆泻肝汤清泄肝热，酌加熟地黄、白芍滋阴益肾。服药后轰热汗出、心烦消失，表明此方效果显著。二诊时又发轰热汗出，次数不多，症状不明显，故辨证水不涵木，予当归六黄汤 9 剂后症状无缓解，故改龙胆泻肝汤加减急治其标，酌加黄连以泻心火，玄参滋阴降火。患者未继续复诊，电话回访得知药毕后轰热汗出明显缓解。

王成荣先生认为更年期综合征具备两个特征：其一，发病基础之生理性衰退不可逆转，致病始动因素不易消除；其二，绝经前后伴随机能逐渐消退，阴阳失衡恢复至绝经前的平衡已不可能。因此通过阴阳消长的调节，只能使其在相对较低的水平重归于"阴平阳秘"。

病案7：滋阴清热治疗更年期综合征

刘某，女，47岁。G3P1+2，轰热阵汗伴月经紊乱2年，停经53天。

初诊（2007年4月9日）：LMP 16/2。近2年轰热阵汗，日发3~5次，眠差易怒，腰酸腿软，月经紊乱，20天至2月一潮，今又停经53天。有时经量超过正常一倍。2月前妇检无异常。舌质偏红，舌心裂纹，常苔，脉略弦。

西医诊断：更年期综合征。

中医诊断：经断前后诸证，证属水不涵木。

辨证分析：患者近"七七"之年，轰热阵汗伴见经乱，证属肾阴衰少，肝气偏旺显而易见。阴虚内热当潮热盗汗而发作有时，本案却为日发数次，时发时止且发无定时，故不能以阴虚内热论。盖本案之热与汗酷似风木之动，辨为水亏而不足滋养肝木之水不涵木证恰可解释。治以滋阴清热，行气活血。拟《兰室秘藏》当归六黄汤加减。

处方：生地黄20 g　　熟地黄20 g　　当归5 g　　黄芪30 g
　　　黄芩12 g　　　黄连10 g　　　黄柏12 g　　枳壳12 g
　　　桃仁10 g　　　川牛膝30 g　　狗脊20 g

水煎服，一日一剂，12剂。甲羟孕酮片 8 mg qd×5。

二诊（2007年4月27日）：LMP 16/2。服毕甲羟孕酮14天未见撤血。仍轰热阵汗，以夜间为主，日3次。腰胀痛，纳眠可，夜尿2~3次。舌质偏红，舌苔偏厚，脉略弦。病已2年余，按标本兼治应合常理，但并未收效。上诊方偏重滋阴，虽有芩、连、柏清三焦火热，但见症偏于肝热，有风火相煽病机，且补阴不易速效，故宜先着重清泻肝热。拟《医方集解》龙胆泻肝汤加减。

处方：龙胆草12 g　　栀子15 g　　　黄芩15 g　　白芍30 g
　　　甘草10 g　　　生地黄20 g　　车前子10 g　酸枣仁30 g
　　　浮小麦30 g

12剂。

三诊（2007年5月24日）：LMP 23/5。轰热汗出明显好转，现日发1次。月经昨潮，量少，下腹微痛，乳胀。舌苔正常，脉略小略弦。乳房红外线检查：

双乳轻度腺病。肝热标证已减,正值经期而量少、乳胀,证属冲任虚瘀。宜参借《金匮要略》热入血室刺期门"随其实而泻之"法,畅其气机,予化瘀散结。用自拟方。

处方:莪术 15 g　　桃仁 10 g　　皂角刺 10 g　　猪苓 20 g
　　　泽泻 20 g　　仙茅 15 g　　淫羊藿 15 g　　川牛膝 30 g
　　　枳壳 12 g

6 剂。

随访(2007 年 6 月 29 日):服上方 6 剂后轰热阵汗消失。

按语:初诊根据病已 2 年余而按标本同治未效。二诊按"更兼服药参机变",再进一步分标本之缓急,以急治其标而泻肝症减。三诊值经潮次日伴腹痛乳胀,以活血通经泻肝气之郁滞收效。本案论治立法选方用药之变化,符合《伤寒论》"观其脉证,知犯何逆,随证治之"的本义。

(二)妊娠病

1. 滑　胎

病案 1:反复流产

何某,女,32 岁。G2P0+2。再次流产清宫术后 1+月,转经量少 1 次。

初诊(2012 年 8 月 28 日):G2P0+2,LMP 13/8。因"再次流产清宫术后 1+月,转经量少 1 次"就诊。患者怀孕 2 次均为不良妊娠:2010 年首孕,停经 50+天时完全流产;7 月 10 日因停经 70+天时诊断为胚胎停止发育而行清宫手术。LMP 为清宫术后首次转经,量少,7 天净。舌质偏红,薄苔,脉平。月经史:13×23×7,量中,色红,夹血块,伴下腹隐痛。2012 年 2 月 28 日他院查:AsAb、AoAb、AcAb、EmAb 和衣原体均(-);夫妇双方染色体正常。2012 年 7 月 9 日他院查:Torch(-);7 月 19 日查:HLA-DR(-),尚未治疗;7 月 9 日查其丈夫精液常规:浓度 $151×10^6$/mL、总数 $302×10^6$/次、A 级 52.3%、B 级 5%、正常精子百分比 2.5%↓(≥4%)。

诊断:反复流产待诊。

辨证分析:患者孕 2 次均为不良妊娠,多系先天禀赋偏弱,肾虚冲任失固所致;而胎停清宫难免损伤冲任,瘀血内停,血行不畅则经行量少。故病机为冲任不足夹瘀。治以温中补虚酌加活血之品，用自拟的滋和汤加减。

处方：女贞子 20 g 菟丝子 20 g 补骨脂 20 g 当归 15 g
川芎 15 g 白芍 30 g 黄芪 30 g 鸡血藤 30 g
桂枝 10 g

14 剂，水煎服，一日一剂，分 3 次服。医嘱：嘱其测 BBT；9 月 3 日 TVS 测子宫内膜；再避孕 5-月。

二诊（2012 年 10 月 9 日）：LMP 1/9。末次流产后 3 月，现停经 39 天，BBT 未测，无不适。常苔，脉平略滑。10 月 2 日他院查：P 27.66 ng/mL、β-HCG 930.51 mIU/mL。10 月 7 日他院查：P 26.42 ng/mL、β-HCG 10 573 mIU/mL。已予以保胎灵口服。

诊断：早孕。

辨证分析：相关检查提示已孕，因有不良妊娠史，而肾主生殖，肾虚则不能养胎系胎，可致受胎不实，屡孕屡堕。辨证为肾气不足。治以益肾固冲，用自拟的"益肾固冲汤"加减。

处方：杜仲 15 g 续断 15 g 菟丝子 20 g 党参 30 g
白芍 30 g 甘草 10 g

6 剂，一日一剂，分 3 次服。

三诊（2012 年 10 月 16 日）：LMP 1/9。现停经 46 天，偶有小腹隐痛，服中药后缓解。现眠差易醒。常苔，脉平略弦滑。10 月 10 日他院查：P 26.8 ng/mL、β-HCG 20 711 mIU/mL。10 月 14 日他院查：P 24.55 ng/mL、β-HCG 56 124 mIU/mL。10 月 14 日他院 TAS：子宫前位，宫体前后径 4.9 cm，宫内上段见孕囊 1.6 cm × 1.3 cm，内可见点状胚芽及胎心闪动；双附件未见明显异常。提示：宫内早孕。10 月 14 日予以黄体酮胶丸 100 mg po qd，已服药 2 天。辨治同二诊。

处方：杜仲 15 g 续断 15 g 菟丝子 20 g 黄芩 10 g
白术 10 g 白芍 30 g 甘草 10 g

6 剂，一日一剂，分 3 次服。医嘱：嘱其继续服用他院处方。

四诊（2012 年 10 月 22 日）：LMP 1/9。现停经 52 天，阴道少许流血未净 1+天，伴下腹隐痛，无腰痛。舌质偏红，常苔，脉平偏弦滑如数。10 月 20 日他院查：P 20.43 ng/mL、β-HCG 105 915 mIU/mL。昨日始他院予以黄体酮 20 mg im qd 和黄体酮 100 mg po qd。10 月 22 日 TAS：子宫前位，大小 5.4 cm × 7.0 cm × 7.4 cm，宫内探及 4.2 cm × 2.0 cm 孕囊回声，其内可见胚芽及胎心闪动；双附件未见异常。提示：宫内早孕。胞脉系于肾，肾虚则冲任不固，胎失所系而见阴道流血和下腹隐痛。辨证为冲任失固，治以益肾固冲止血，用自拟的益肾固冲汤加减：①杜仲 15 g、续断 15 g、菟丝子 20 g、黄芩 10 g、白术 10 g、白芍 30 g、甘草 10 g、小蓟 30 g、阿胶珠 10 g。5 剂，一日一剂，分 3 次服。②黄体酮 40 mg im qd × 10，可停口服黄体。③10 月 25 日查 P、β-HCG。

五诊（2012 年 10 月 25 日）：LMP：1/9。现停经 55 天，阴道少许流血已净 1 天。上诊中药尚余 3 剂。今查：P 50.76 ng/mL、β-HCG 113 517 mIU/mL。处理：①VitE 0.1 po qd × 30；②黄体酮 40 mg im qd × 7，药毕次日复查 P、β-HCG；③服完所余中药。

六诊（2012 年 11 月 1 日）：LMP 1/9。现停经 62 天，无它。10 月 31 日查：P 51.6 ng/mL、β-HCG 173 274 mIU/mL。处理：黄体酮 20 mg im qd × 14，若无不适，药毕复查 P、β-HCG 和 TAS。

七诊（2012 年 11 月 15 日）：LMP 1/9。停经 76 天，现入睡困难，易醒，厌油腻，偶干呕。常苔，脉平略滑。诉 11 月 9 日他院查"P"轻微下降而改为"黄体酮 40 mg im qd"，至今。11 月 9 日查：P 32.92 ng/mL、β-HCG 120 893 mIU/mL。11 月 14 日查：P 53.31 ng/mL、β-HCG 114 369 mIU/mL。11 月 10 日 TAS：子宫前位，大小 8.5 cm × 9.9 cm × 8.4 cm，宫内探及 4.5 cm × 4.2 cm 孕囊回声，其内可见 3.38 cm × 1.65 cm 胚芽组织，可探及原始胎心搏动，心率 173 次/分；双附件未见异常。提示：宫内早孕。曾有 2 次不良妊娠史，孕后难免担心焦虑，耗气伤阴；加之阴血下聚养胎，阴血相对不足，血不养心则眠差。辨证为心失血养，治以养心安神兼和胃降逆，用生脉散加减：①太子参 20 g、麦冬 10 g、五味子 10 g、柏子仁 20 g、酸枣仁 20 g、竹茹 15 g。6 ~ 12 剂，少量频服代茶，一日一剂。②黄体酮 40 mg im qd × 10，之后去建卡。

随访：2013 年 5 月 28 日剖腹产一儿子。

按语：本例系中西医结合治疗案。鉴于患者年已 32 岁，怀孕 2 次均为不良妊娠，HLA-DR（-），在尚无一定程度把握用中药令封闭抗体转（+）之前，应采用西医之免疫疗法或可奏效，尽最大努力满足其求嗣愿望。孕后中药针对肾气不足益肾固冲，同时在尊重病家愿望和选择的条件下用西药配合中药积极保胎。

鉴于患者 HLA-DR（-），以及之前有 2 次不良妊娠史，且此次怀孕据末次流产尚不足 2 月，故孕后益肾固冲贯穿始终，并灵活加减辨治。二诊时已停经 39 天，48 小时相关检查 2 次（10 月 2 日查 β-HCG 为 930.51 mIU/mL；10 月 7 日查 β-HCG 为 10 573 mIU/mL），提示早孕，并基本可排除异位妊娠。虽无明显异常脉证，仍按肾气不足而冲任失固辨治。四诊时因阴道少量流血而加小蓟、阿胶珠达止血养胎目的。七诊时患者入睡难，易醒，厌油腻，干呕，此乃心失血养兼胃气上逆所致，故治以养心安神为主。

HLA-DR（-）易导致早孕流产，患者之前的 2 次不良妊娠抑或与其有关，而此次妊娠却能顺利怀孕而去他院建卡，是否与服益肾固冲中药有关，尚难妄断。

病案 2：反复流产

贾某，女，30 岁。G3P0+3。再次胎停清宫术后 1+月，伴转经量少、腹痛 1 次。

初诊（2012 年 11 月 26 日）：G3P0+3，LMP 19/11。因"再次胎停清宫术后 1+月，伴转经量少、腹痛 1 次"就诊。曾怀孕 3 次：首孕人流，之后 2 次均早孕胎停清宫。现胎停清宫术后 1+月，转经即 LMP，但量少 1/2，且伴明显腹痛。常苔，脉左平，右小乏力。月经史：13×32-40×4，量中，色红，无块，隐痛。患者体重 75 kg，身高 161 cm。

诊断：①反复流产待诊；② I°肥胖。

辨证分析：手术难免损伤胞宫冲任致瘀血内停，血行不畅则经行量少、腹痛，故病机为冲任虚瘀。治以滋养活血，用自拟的滋活汤加减。

处方：女贞子 20 g　　菟丝子 20 g　　补骨脂 20 g　　当归 15 g
　　　川芎 15 g　　　鸡血藤 30 g　　桃仁 10 g

12 剂，水煎服，一日一剂，分 3 次服。医嘱：①测 BBT；②查 TSH、FT4；③9/12 TVS 测宫内膜厚度。

二诊（2012 年 12 月 13 日）：LMP 19/11。今 d25，BBT 升 8 天。常苔，脉左平右小乏力。12 月 9 日查：TSH 4.27 ng/mL↑（0.27～4.2），FT4 1.31 ng/mL。

12月13日TVS：子宫后位，大小约3.9 cm×4.6 cm×5.0 cm，肌层回声均匀，宫内膜居中，厚约0.7 cm；双附件未见明显异常。辨治同前而以虚为主。用自拟的滋和汤加减。

处方：女贞子20 g　　菟丝子20 g　　补骨脂20 g　　当归15 g
　　　川芎15 g　　　白芍30 g　　　黄芪30 g　　　鸡血藤30 g
　　　桂枝10 g　　　甘草10 g

30剂，水煎服，一日一剂，分3次服。

三诊（2013年1月18日）：LMP 19/12。LMP前BBT升13天，但波动较大，服上诊中药后LMP量稍增，隐痛，4天净。今d30，BBT升5天，伴小腹微胀痛。常苔，脉平。经前冲气偏旺，气血易于郁滞而见下腹胀痛，故辨证为气滞。治以行气活血，用自拟的三川汤。

处方：枳壳15 g　　　香附15 g　　　川芎15 g　　　当归15 g
　　　桃仁10 g　　　川红花12 g　　川牛膝30 g

12剂，水煎服，一日一剂，分3次服。医嘱：查生殖抗体。

四诊（2013年1月31日）：LMP 28/1。再次胎停清宫术后3+月。LMP前BBT升15天。LMP 40天潮，经量偏少，无痛，今经行4天似净。常苔，脉平。1月18日查：AcAb、AoAb、AsAb、EmAb、HCG-Ab、ZpAb均（－）。辨治同二诊。

处方：女贞子20 g　　菟丝子20 g　　补骨脂20 g　　当归15 g
　　　川芎15 g　　　白芍30 g　　　黄芪30 g　　　鸡血藤30 g
　　　桂枝10 g　　　甘草10 g

18剂，水煎服，一日一剂，分3次服。医嘱：查HLA-Ab。

五诊（2013年3月1日）：LMP 28/1。现停经33天，BBT升7天。诉服上诊中药后偶感胃胀，余无特殊。常苔，脉平。喂养小狗1年。2月7日查HLA-Ab（－）。辨治同初诊。

处方：女贞子20 g　　菟丝子20 g　　补骨脂20 g　　当归15 g
　　　川芎15 g　　　鸡血藤30 g　　枳壳15 g　　　川牛膝30 g

12剂，水煎服，一日一剂，分3次服。医嘱：①查Torch；②再避孕3月。

六诊（2013年3月29日）：LMP 8/3。LMP前BBT升13天。LMP经量

稍增，4 天净。今 d22，BBT 升 6 天。常苔，脉平。3 月 2 日查 Torch（-）。辨治同二诊。

处方：女贞子 20 g　　菟丝子 20 g　　补骨脂 20 g　　当归 15 g
　　　川芎 15 g　　　白芍 30 g　　　黄芪 30 g　　　鸡血藤 30 g
　　　桂枝 10 g　　　甘草 10 g

12 剂，水煎服，一日一剂，分 3 次服。医嘱：可去免疫治疗。

七诊（2013 年 5 月 3 日）：LMP 5/4。再次胎停清宫术后 7 月。LMP 前 BBT 升 12 天。LMP 经量较 PMP 稍增，5 天净，今 d29，BBT 升 10 天。4 月 29 日免疫治疗 1 次，预计治疗 4 次。常苔，脉平。经将行之际，宜温而通之，故治以温经活血，用自拟之温散汤加减。

处方：桂枝 10 g　　　高良姜 10 g　　小茴香 10 g　　当归 15 g
　　　川芎 15 g　　　白芍 30 g　　　鸡血藤 30 g

8 剂，水煎服，一日一剂，分 3 次服。医嘱：嘱其 d20±2TVS 测宫内膜。

八诊（2013 年 6 月 3 日）：LMP 3/5。现停经 32 天，BBT 升 7 天。LMP 前 BBT 升 10 天，LMP 经量稍增同 PMP，8 天净。已免疫治疗 2 次。常苔，脉左平右模糊。6 月 3 日 TVS：宫内膜 0.6 cm。正值阳长期，故辨证为肾气不足。治以益肾固冲，用自拟的益肾固冲汤加减。

处方：杜仲 15 g　　　续断 15 g　　　菟丝子 20 g　　黄芪 30 g
　　　白芍 30 g　　　甘草 10 g

8 剂，一日一剂，分 3 次服。

九诊（2013 年 7 月 23 日）：LMP 20/7，PMP 12/6。LMP 和 PMP 前 BBT 均双相。LMP 量中，现经行 4 天未净。常苔，脉平。6 月 25 日完成免疫治疗。4 月 1 日他院查：CT（-）、UU（+），未治疗。辨治同二诊。处方：①女贞子 20 g、菟丝子 20 g、补骨脂 20 g、当归 15 g、川芎 15 g、白芍 30 g、黄芪 30 g、鸡血藤 30 g、桂枝 10 g、甘草 10 g。22 剂，水煎服，一日一剂，分 3 次服。②阿奇霉素 1.0 顿服，7 月 31 日复查 UU；③夫看男科查 CT、UU。

十诊（2013 年 9 月 9 日）：LMP 23/8。再次胎停清宫术后 11 月。今 d18，BBT 升 4 天。LMP 前 BBT 升 12 天。LMP 量极少，护垫可，1 天便净。常苔，脉平略滑，右偏沉。今 TVS：宫内膜 0.5 cm。4 月 12 日他院宫腔镜检查诊断为正常宫腔。7月25日查HLA-Ab（+）。因UU（+）服阿奇霉素后8月21日他院查UU（+），改服美满霉素14天，药毕3天。辨治同二诊。

处方：女贞子20 g　　菟丝子20 g　　补骨脂20 g　　当归15 g
　　　川芎15 g　　　白芍30 g　　　黄芪30 g　　　鸡血藤30 g
　　　桂枝10 g　　　甘草10 g

34剂，水煎服，一日一剂，分3次服。医嘱：复查UU，测好BBT，可以试孕。

十一诊（2013年11月22日）：LMP 21/10，PMP 17/9。再次胎停清宫术后13月，停避孕2+月。现停经31天，BBT升13天。LMP和PMP前BBT均双相，LMP经量大于PMP，稍少于平时，5天净。常苔，脉平。9月9日复查UU（-）。辨治同八诊。处方：①杜仲15 g、续断15 g、菟丝子20 g、黄芪30 g、白芍30 g、山药10 g。4剂，一日一剂，分3次服。若经潮不再服。②d11 TVS测排卵，指导乐育。

十二诊（2013年12月23日）：LMP 24/11。未孕3+月。LMP前BBT升14天，LMP量中，5天净。今d27，BBT升5天。常苔，脉平偏沉。12月16日TVS提示右侧优势卵泡1.8 cm×1.9 cm排出，内膜0.8 cm。辨治同前。

处方：杜仲15 g　　　续断15 g　　　菟丝子20 g　　　黄芪30 g
　　　白芍30 g　　　山药10 g

10剂，一日一剂，分3次服。医嘱：若经潮，d11 TVS测排卵，指导乐育。

十三诊（2014年1月3日）：LMP 24/11。停经41天，BBT升16天，晨起轻微腰酸。舌常偏红，常苔，脉平。1月2日查：P 28.15 ng/mL、β-HCG 341.4 mIU/mL。

诊断：早孕待诊（约33天孕）。辨治同前。处方：①杜仲15 g、续断15 g、菟丝子20 g、党参30 g、白芍30 g、山药10 g。6剂，一日一剂，分3次服。②VitE 0.1 po qd×30；③叶酸0.4 mg po qd×30。④1月4日上午10点查P、β-HCG、D-二聚体。

十四诊（2014年1月9日）：LMP 24/11。停经47天，BBT升22天，无不适。常苔，脉平。1月4日查：P 16.03 ng/mL、β-HCG 713.6 mIU/mL、D-二聚体473.77 ug/L↑（0-400）。1月6日查：P 17.93 ng/mL、β-HCG 1827.0 mIU/mL、

D-二聚体 577.71 ug/L↑（0-400）。1月8日查：P 16.32 ng/mL、β-HCG 3725.0 mIU/mL、D-二聚体 478.22 ug/L↑（0-400）。辨治同前。处方：①杜仲15 g、续断15 g、菟丝子20 g、党参30 g、白芍30 g、山药10 g。6剂，一日一剂，分3次服。②阿司匹林肠溶片50 mg po qd×10。医嘱：住院保胎。

十五诊（2014年2月7日）：LMP 24/11。停经76天，入院后予以中药益肾固冲和西药黄体酮等治疗至今。今 TAS：子宫前位，大小约 6.4 cm×8.0 cm×6.7 cm，实质回声均匀，宫内见 4.4 cm×3.6 cm 孕囊，其内可见 1.5 cm×0.9 cm 胚芽组织及原始心管搏动；双附件未见明显异常。提示：宫内早孕。处理：继续住院治疗7天之后去建卡。

按语：本例系中西医结合治疗复发性流产案。鉴于患者年已30岁，曾2次不良妊娠，HLA-DR（-），在尚无一定程度把握用中药令封闭抗体转（+）之前，采用西医之免疫疗法或可奏效，尽最大努力满足其求嗣愿望。孕后中药针对肾气不足益肾固冲，同时在尊重病家愿望和选择的条件下，用西药配合中药积极保胎。HLA-DR（-）易导致早孕流产，患者之前的2次不良妊娠或与其有关。而此次妊娠能顺利度过早孕之危险期而去他院建卡，似与免疫治疗后 HLA-DR（+）关系密切。但是否与服益肾固冲中药有关，尚难妄断。

本案孕前辨为冲任虚瘀，适时治以王成荣先生所用自拟之滋和汤或滋活汤，两者虽仅一字之差，却有虚实之偏重不同。滋和汤方中熟地黄、菟丝子、补骨脂、白芍以补精血益肝肾为主；黄芪、甘草以甘温补中气为辅；鸡血藤、川芎与桂枝兼温经活血通络而有佐使之功。全方旨在补虚，先后天兼顾，寓通于补，意在通达脉络也。原方曾伍有河车粉3 g，王成荣先生鉴于该药价格偏昂，不常规辅用，而以当归易之，如此则有《千金翼方》当归建中汤合《金匮要略》黄芪建中汤"补诸虚气血不足"之义。滋活汤方中女贞子、菟丝子、补骨脂滋养肝肾为主药，当归、川芎、桃仁活血化瘀为辅药，鸡血藤、桂枝兼温经和血通络。全方旨在滋养活血、通畅冲任脉络，虚实兼顾。

病案3：反复流产

刘某，女，26岁。G4P0+4。再次流产清宫术后5月。

初诊（2013年3月1日）：G4P0+4，LMP 10/2。因"2次不良妊娠史，末次流产清宫术后5月"就诊。患者G4P0+4，前2次均为人工流产，第3次妊娠在孕 4 月时发现胚胎停育如孕 1+月样，行清宫术，第 4 次妊娠为 2012 年 10 月孕 2+月时流产大出血行清宫术，现流产清宫术后 5 月，无它。常苔，脉平略弦。月经史：12×30×7，量中，色红，无腹痛。妇科检查：外阴、阴道：（-）；宫颈：光滑；子宫：前位，常大，质中，无压痛；附件：（-）。

诊断：反复流产待诊。

处理：①测 BBT；②查生殖抗体 6 项、Torch、CT、UU 和 HLA-DR。③暂勿药。

二诊（2013 年 3 月 8 日）：LMP 10/2。现月经周期的 27 天，BBT 升 5 天，近 5 月反复下腹隐痛不适，余（-）。3 月 1 日查：AcAb、AoAb、AsAb、EmAb、HCG-Ab、ZpAb 均（-），Torch（-）。3 月 7 日他院查：HLA-DR（-）。处理：①叶酸 0.4 mg po qd×30；VitE 0.1 po qd×30；②暂勿另药，可免疫治疗，否则孕后保胎；③下次经潮净后停止避孕。

三诊（2013 年 3 月 22 日）：LMP 10/2。现停经 40 天，伴腰酸、下腹偶尔微痛。常苔，脉平略滑。3 月 19 日查：E2 830、P 17.76 ng/mL、β-HCG 7 382 mIU/mL。3 月 21 日查：P 15.92 ng/mL、β-HCG 11 484 mIU/mL。常苔，脉平略滑，左＜右。

诊断：早孕。鉴于患者有 2 次不良妊娠史，表明其肾气不足而冲任失固，故辨为冲任失固。治以益肾固冲，用自拟的益肾固冲汤加减。

处方：杜仲 15 g　　续断 15 g　　菟丝子 20 g　　党参 30 g
　　　白芍 30 g　　甘草 10 g

6 剂，一日一剂，分 3 次服。处治：住院并用西药保胎。

四诊（2013 年 4 月 18 日）：LMP 10/2。现停经 67 天，无腹痛及阴道出血等不适。患者从 3 月 22 日始一直在服中药及黄体酮 40 mg im qd，保胎至今。4 月 17 日查：P 27.13 ng/mL、β-HCG 121 089 mIU/mL。4 月 17 日 TAS：子宫前位，大小 5.7 cm×9.5 cm×11.4 cm，横切面见两个宫腔回声，偏右宫内查见约大小 5.3 cm×3.7 cm 孕囊回声，内可见胚胎发育及胎心闪烁，偏左宫内查见大小 3.4 cm×1.9 cm 孕囊回声，内未见确切胎芽及胎心闪烁；双附件未见明显异常。提示：双角子宫妊娠[①右侧活胎，②左侧胚胎停止发育：稽留流产（？）]。处治：①黄体酮 40 mg im qd×14；②嘱其若有不适随时就诊。

电话咨询（2013年6月5日）："已建卡，是否还需继续服中药？"建议暂不服药，遵建卡医院要求即可。

按语：王成荣先生对不孕或求嗣患者，本着既不漏查，也不滥查，节省时间、节约经费的原则，针对生育就医者的具体情况区别对待，进行有针对性的系统性相关医学检查，明确症结所在，有的放矢而避免盲目施治。故本案初诊并未处方，而是进行有针对性的检查。二诊时相关检查结果中唯HLA-DR（-）可能与反复流产有关，但考虑医学界对人类主要组织相容性抗原相容性的增加与流产的相关性，以及是否需要治疗均未达成一致，故建议暂勿另药，可免疫治疗，否则孕后保胎。

凡堕胎或小产连续发生3次或3次以上者，称为滑胎，亦即西医学之习惯性流产。本案患者有2次不良妊娠史，虽习惯性流产的诊断尚不能成立，但若再次怀孕发生流产的机会较常人要大些。宋代《女科百问》提出："若妊娠曾受此苦，可预服杜仲丸"，认识到补肾是防治滑胎之关键。胞脉者系于肾，肾气虚则不能养胎、系胎，致冲任不固而屡孕屡堕。故本案患者妊娠后一直予以益肾固冲之法治疗，同时配合西药保胎，防其再次发生流产。

患者G4P0+4，前2次均为人工流产，第3次妊娠在孕4月时发现胚胎停育行清宫术，第4次妊娠在孕2+月时流产大出血行清宫术，现流产清宫术后5月，诊断为反复流产待诊。患者从初诊到末诊历时不足2月，仅就诊4次，且前2诊仅进行有针对的系统性相关医学检查，并未处方，仅提出相关建议；后2诊有针对性保胎近1月，期间虽有偶然性，但这也充分体现了王成荣先生审慎的作风，一切为病人着想，简、便、廉，减少毒副作用。

病案4：习惯性流产

宋某，女，31岁。G5P0+5。4次不良妊娠史，月经量少1/2已2年。

初诊（2012年9月3日）：G5P0+5，LMP 1/9。因"4次不良妊娠史，月经量少1/2已2年"就诊。患者共怀孕5次：3次胎停清宫，1次生化妊娠，1次异位妊娠开腹切除左侧输卵管。现末次胎停清宫术后1+年，拟明年怀孕。2年前流产清宫后月经量少1/2。LMP今经行量少3天。舌质偏红，常苔，脉平。月经史：14×30-37×4，量中，色红，无块，无痛。2010年他院查Torch、夫妇染色体、EmAb、AsAb均（-），唯AcAb（+）。2010年12月他院HSG：

①双角子宫；②左侧输卵管壶腹部及以远未见显影；③右侧输卵管全程显影，弥散好；④王成荣先生读片：32 秒次片几乎与首片重叠，难断造影剂是否"弥散好"。

诊断：①习惯性流产；②双角子宫；③月经过少。

辨证分析：患者 3 次流产清宫史，1 次开腹手术史，难免损伤冲任，瘀血内停，血行不畅则经行量少，故辨证为冲任虚瘀。现正值经期，以通为顺，故治以滋养活血，用自拟的滋活汤加减。

处方：女贞子 20 g　　菟丝子 20 g　　补骨脂 20 g　　当归 15 g
　　　川芎 15 g　　　鸡血藤 30 g　　川牛膝 30 g

14 剂，一日一剂，分 3 次服。嘱其 9 月 5 日起服。医嘱：经净后 PV+CT、UU。

二诊（2012 年 10 月 8 日）：LMP 7/10。BBT 间断未测，今经行第二天，量少，色暗红，无它。常苔，脉平。尚未查 CT、UU。处理：若查 CT、UU（-）则安排 HSG；测好 BBT。

三诊（2012 年 10 月 30 日）：LMP 7/10。今 d24，BBT 升 7 天，无不适。16/10 查：CT（-）、UU（-）。今日 TVS：子宫内膜 1.0 cm。辨证同初诊，治以滋养和血，用自拟的滋和汤加减。

处方：女贞子 20 g　　菟丝子 20 g　　补骨脂 20 g　　当归 15 g
　　　川芎 15 g　　　白芍 30 g　　　鸡血藤 30 g　　黄芪 30 g
　　　桂枝 10 g　　　甘草 10 g

12 剂，水煎服，一日一剂，分 3 次服。医嘱：查 AcAb、AoAb、ZpAb、HCG-Ab、查 HLA-Ab。

四诊（2013 年 4 月 1 日）：LMP 22/3，PMP 20/2。LMP 前 BBT 升 14 天，LMP 量少 1/3，4 天净。近日晨 6 时太阳穴和额胀痛。常苔，脉平，左偏弦。30/10 查 AcAb、AoAb、ZpAb、HCG-Ab 均（-）。13/12 他院查：HLA-Ab（-）。多次不良妊娠，易致肾阴亏虚，水不涵木，阴不制阳，肝阳偏亢则头痛，故辨证为肝气偏旺，治以滋阴清热，用当归六黄汤加减。

处方：生地黄 20 g　　熟地黄 20 g　　当归 5 g　　　黄芪 30 g
　　　黄芩 12 g　　　白芍 30 g　　　茺蔚子 10 g

14 剂，水煎服，一日一剂，分 3 次服。嘱其到他院免疫治疗。

五诊（2013年4月16日）：LMP 22/3。服上诊中药后头痛明显缓解。今d26，BBT未明显上升。近期相关医院不开展免疫治疗。常苔，脉平，左偏弦。辨治同四诊。

处方：生地黄20 g　　熟地黄20 g　　当归5 g　　黄芪30 g
　　　黄芩12 g　　黄连10 g　　黄柏15 g　　茺蔚子10 g

12剂，水煎服，一日一剂，分3次服。嘱其测好BBT，可停避孕，孕后保胎。

六诊（2013年9月30日）：LMP 3/9。今d28，昨日曾有少许褐色阴道出血，旋净。偶感右下腹隐痛，自测尿HCG为弱阳性。常苔，脉平略弦。今查：P 26.89 ng/mL、β-HCG 21.85 mIU/mL。诊断：早孕待诊。曾4次不良妊娠史，现相关检查提示再次怀孕，因肾气不足冲任失固极易导致再次流产，宜及早防范。故辨证为肾气不足。治以益肾固冲，用自拟的益肾固冲汤加减。

处方：杜仲15 g　　续断15 g　　菟丝子20 g　　党参30 g
　　　白芍30 g　　山药15 g

6剂，一日一剂，分3次服。VitE 0.1 po qd×30；叶酸 0.4 mg po qd×30。医嘱：2/10、4/10、6/10、8/10分别查P、β-HCG。

七诊（2013年10月8日）：LMP 3/9。停经36天，昨始又阴道少血出血至今。常苔，脉平。患者于10月2日已自服黄体酮胶囊至今（100 mg bid）。10月2日查：P 19.79 ng/mL、β-HCG 334.5 mIU/mL。10月4日查：P 31.42 ng/mL、β-HCG 797.6 mIU/mL。10月6日查：P 41.39 ng/mL、β-HCG 2 093.0 mIU/mL。10月8日查：P 46.06 ng/mL、β-HCG 5 557.0 mIU/mL。辨治同六诊。

处方：杜仲15 g　　续断15 g　　菟丝子20 g　　党参30 g
　　　白芍30 g　　山药15 g

6剂，一日一剂，分3次服；黄体酮胶囊 100 mg po bid×12。医嘱：10月10日上午8点查P、β-HCG。

八诊（2013年10月14日）：LMP 3/9。停经42天，服上诊中药后无阴道出血4天，但今晨又见酱血。近10日咳嗽无痰。常苔，脉平略弦。10月10日查：P 38.78 ng/mL、β-HCG 9 233 mIU/mL。10月14日查：P 8.02 ng/mL、β-HCG 43 524 mIU/mL。辨证为肺燥，治以清肺润燥，兼养血止血安胎。处方：

①天冬 15 g、麦冬 15 g、浙贝母 10 g、前胡 15 g、鱼腥草 30 g、薄荷 10 g、百部 15 g、阿胶珠 10 g。3～6 剂，一日一剂，分 3 次服；②黄体酮胶囊 100 mg po bid×12。医嘱：若无它不适，10 月 21 日查 P、β-HCG。

九诊（2013 年 10 月 21 日）：LMP：3/9。停经 49 天，服上诊中药后咳嗽好转，血止 6 天。常苔，脉平略弦。10 月 21 日查：P 35.31 ng/mL、β-HCG 121 813 mIU/mL。辨治同六诊。处方：①杜仲 15 g、续断 15 g、菟丝子 20 g、党参 30 g、白芍 30 g、山药 10 g、浙贝母 10 g、前胡 15 g、百部 15 g、酸枣仁 20 g。6 剂，一日一剂，分 3 次服；②黄体酮胶囊 100 mg po bid×14；VitE 0.1 po qd×30。

十诊（2013 年 11 月 11 日）：LMP 3/9。停经 70 天，平时呕吐酸水，今感腰胀，一直在服黄体酮胶囊。常苔，脉平略弦。10 月 28 日查：P 45.17 ng/mL、β-HCG 164 922 mIU/mL。11 月 4 日查：P 43.51 ng/mL、β-HCG 195 837 mIU/mL。10 月 28 日 TAS：子宫前位，大小约 6.0 cm×7.0 cm×7.4 cm，宫内见 3.3 cm×1.5 cm 孕囊，胚芽 1.5 cm，见原始心管搏动；双附件未见异常。提示：宫内早孕。处方：黄体酮胶囊 100 mg po bid×14。医嘱：查 P、β-HCG；14 天后去建卡；多餐少食。

按语：孕前四诊要点：①G5P0+5，3 次胎停清宫，1 次生化妊娠，1 次异位妊娠开腹切除左侧输卵管。②2 年前流产清宫后月经量少 1/2。③造影提示"双角子宫"。④无其他据之可辨寒热虚实之确切脉证。故辨证要点从先天禀赋致生殖器官不同于常人，继以多次手术难免损伤冲任入手，辨证为冲任虚瘀。审因论治，结合月经周期而略有侧重：初诊时正值经期，故滋养活血为主；三诊时为非经期，故滋肾和血为主。四诊、五诊则因晨 6 时太阳穴和额胀痛，辨证为水不涵木，肝气偏旺，故滋阴清热为主。

患者查生殖抗体、染色体和 Torch 均正常，BBT 提示双相，其虽月经过少，但 TVS 提示子宫内膜 1.0 cm，唯 HLA-DR（-）尚未免疫治疗（当时相关几家医院均不做免疫治疗），故五诊时建议患者停止避孕，孕后则保胎。

孕后鉴于患者 HLA-DR（-），之前的 4 次不良妊娠抑或与其有关，加之此次妊娠亦时有阴道少许出血之胎漏现象，故予以益肾固冲贯穿始终，同时配合黄体酮保胎，患者顺利怀孕而至他院建卡，可谓衷中参西之疗效。

病案 5：反复流产

张某，女，34 岁。G5P0+5。Lapas 分粘后 1+年，再次不良妊娠后 4 月。

初诊（2013 年 3 月 25 日）：G5P0+5，LMP 23/2。因"lapas 分粘后 1+年，再次不良妊娠后 4 月"就诊。曾孕 5 次，前 3 次均系人流，第 4 次孕为 3 年前胎停清宫，末孕为 4 月前生化妊娠。1+年他院因"胎停清宫术后 2-年未孕"在 lapas 下予分粘手术。近 4 年有经前 2 天头痛和乳房胀痛。今日便见太阳穴处胀痛似经将潮，感心烦、口干、口苦疲倦。常苔，脉平略弦。月经史：13×30×5，量中，色红，小血块，隐痛。

诊断：反复流产待诊。

辨证分析：按冲脉隶于阳明而附于肝，经前、经行时阴血下注冲任，冲气偏旺，循肝脉上逆而见头痛、乳痛，故辨证为冲气过旺。治以清肝和血，用四物汤加减。

处方：茺蔚子 10 g　　钩藤 15 g　　当归 15 g　　川芎 15 g
　　　白芍 30 g　　　生地黄 20 g

4 剂，水煎服，一日一剂，分 3 次服。医嘱：测 BBT；查生殖抗体；d11 TVS 测排卵。

二诊（2013 年 9 月 10 日）：LMP 28/8，PMP 27/7。BBT 未带。LMP、PMP 量中，6 天净。常苔，脉平略弦滑。9 月 10 日查：AcAb、AoAb、AsAb、EmAb、HCG-Ab、ZpAb 均（-）。TVS：子宫前位，大小约 4.6 cm×6.1 cm×5.4 cm，肌层回声均匀，宫内膜居中，厚约 0.8 cm；右侧卵泡 1.1 cm×1.2 cm，双附件未见异常。患者近"五七"之年，加之多次手术，难免损伤冲任脉络而致瘀，故辨证为冲任虚瘀。治以滋养活血，用自拟的滋活汤加减。

处方：女贞子 20 g　　菟丝子 20 g　　补骨脂 20 g　　当归 15 g
　　　川芎 15 g　　　枳壳 15 g　　　桃仁 10 g　　　川牛膝 30 g

10 剂，水煎服，一日一剂，分 3 次服。医嘱：13/9 TVS 测排卵，指导乐育。

三诊（2013 年 10 月 8 日）：LMP 28/8。停经 42 天，双乳房胀痛，余无特殊。常苔，脉平略弦。今日查：P 24.68 ng/mL、β-HCG 5705 mIU/mL。诊断早孕待诊。虽已孕，但鉴于患者有 2 次不良妊娠史，而"胞络者系于肾"，故辨证为肾气不足。治以益肾固冲，用自拟的益肾固冲汤加减。

处方：杜仲 15 g　　　续断 15 g　　　菟丝子 20 g　　　党参 30 g
　　　白芍 30 g　　　山药 10 g

6 剂，一日一剂，分 3 次服。医嘱：10 月 10 日上午 9 点查 P、β-HCG。

四诊（2013 年 10 月 17 日）：LMP 28/8。停经 51 天，双乳房胀痛，余无特殊。常苔，脉平略弦。10 月 10 日查：P 23.91 ng/mL、β-HCG 10 962 mIU/mL。10 月 17 日查：P 24.9 ng/mL、β-HCG 31 784 mIU/mL。今 TAS：子宫前位，大小约 6.3 cm×6.5 cm×7.0 cm，实质回声欠均匀，实质内探及多个稍低弱回声，最大约 1.4 cm×1.3 cm；宫内探及 1.9 cm×1.2 cm 孕囊回声，其内见 0.7 cm×0.3 cm 胚芽组织，可见原始心管搏动；双附件未见明显异常。辨治同前。处方：①杜仲 15 g、续断 15 g、菟丝子 20 g、党参 30 g、白芍 30 g、山药 10 g。6 剂，一日一剂，分 3 次服。①黄体酮针 20mg im qd×10。③VitE 0.1 po qd×30。④叶酸 0.4mg po qd×30。

五诊（2013 年 10 月 28 日）：LMP 28/8。停经 62 天，感小腹隐痛，乳房胀痛，大便稀，日 1~2 次。无阴道出血或恶心呕吐。食欲好。常苔，脉平。辨治同前。处方：①杜仲 15 g、续断 15 g、菟丝子 20 g、党参 30 g、白芍 30 g、山药 10 g。6 剂，一日一剂，分 3 次服。②黄体酮针 20 mg im qd×12。

六诊（2013 年 11 月 4 日）：LMP 28/8。停经 68 天，5 天前受凉后鼻塞、咽喉痛、咳嗽、咯黄色浓痰，不发热。常苔，脉平略弦。10 月 28 日查：P 20.1 ng/mL、β-HCG 62 817 mIU/mL。辨为风热犯肺，治以辛凉降气。处方：①桑叶 10 g、薄荷 10 g、黄芩 15 g、鱼腥草 30 g、前胡 15 g、杏仁 10 g、百部 15 g、延胡索 15 g。3~6 剂，水煎服，一日一剂，分 3 次服。②黄体酮针 20 mg im qd×10。③黄体酮胶囊 100 mg po bid×10。

七诊（2013 年 11 月 21 日）LMP 28/8。停经 86 天。服上诊中药 1 剂而上症消，现无它。11 月 18 日他院查：P 21.0 ng/mL、β-HCG 124 429.0 mIU/mL。处理：无需服药，去建卡。

按语：初诊时正值经将潮而见头胀痛，故辨证为冲气过旺，治以清肝和血。二诊时除流产史外，并无其他可据以辨六淫七情或脏腑气血寒热虚实之症状，舌脉亦属正常。二诊时未查 HLA-DR，可能与当时成都几家相关医院均停止 HLA-DR 的免疫治疗有关。然患者近"五七"之年，存在与阳明脉衰致荣面之络脉瘀滞而面焦相类似病机,冲任络脉亦因瘀而不足,属虚瘀为患,故以冲任虚瘀论治。治以滋养活血。三诊始虽已孕而无它,结合患者自身情况和中医理论,辨为肾气不足而以益肾固冲贯穿始终,用自拟的益肾固冲汤,同时配合黄体酮保胎,成功度过早孕危险期而嘱其他院建卡。

孕后则鉴于患者年已34岁,以及末2次孕均为不良妊娠而其四诊要点除反复流产史外,无其他异常症状,舌脉亦无特殊,且其月经规律,似不能断为血海匮乏,而可能与妊娠后冲任营养胞宫之孙络因肾之气化不足致气血循行不畅,有所壅堵之故。因此再孕时,虽无其他明显不适症状,仍辨为肾气不足,并固守益肾固冲之法以保胎防流产而成功度过早孕危险期。

病案6:复发性流产

赵某,女,30岁。G3P0+3。月经稀发10年,量少5年;未避孕7-年,再次生化妊娠后1-月。

初诊(2014年5月9日):G3P0+3,LMP 13/4(生化妊娠),PMP 11/3。因"月经稀发10年,量少5年;未避孕7-年,再次生化妊娠后1-月"就诊。患者10年前无明显诱因出现月经推后10+天,经量、经期正常。5年前始月经量减少1/2,经期正常。首孕人流后继发不孕7-年,继以2次生化妊娠。2013年8月他院因"继发不孕5年"在腹腔镜下行盆腔分粘+双卵巢打孔术。术后排卵未恢复,2015年1月始以来曲唑促排卵3周期,并于2月、4月份化验检查均为生化妊娠。常苔略灰,脉平右偏弦。月经史:14×30-32×5-6,量中,色红,小血块,无痛。体重50 kg,身高160 cm。1月6日他院查:AcAb、AoAb、AsAb、EmAb、ATG-Ab、ANA均(-)。3月5日他院查:CT(-)、UU(+),服阿奇霉素后未复查。

诊断:①多囊卵巢综合征;②复发性生化妊娠流产。

辨证分析:患者月经稀少和首孕人流后再孕2次均为生化妊娠,多系肾虚冲任不足,血海不能按时满溢,而孕后胎难固养之故。据其腹腔镜手术史,以及现为再次生化妊娠后26天,故辨证按冲任虚瘀,治以滋养活血,用自拟滋活汤加减。

处方:女贞子20 g   菟丝子20 g   补骨脂20 g   当归15 g
　　　川芎15 g   枳壳15 g   桃仁10 g   川牛膝30 g

12剂，水煎服，一日一剂，分3次服。医嘱：测BBT；复查UU；d3查HPO。

二诊（2014年5月19日）：LMP 13/4（生化妊娠），PMP 11/3。生化妊娠后未转经37天，BBT升1天。舌略偏红，常苔，脉平偏弦滑。5月14日查：UU（+）。今日他院TVS：子宫前位，前后径3.6 cm，实质回声均匀，宫内膜厚约0.8 cm；双附件未见明显异常。正值阳长期，有孕育可能，故辨证为肾气不足。治以益肾固冲，用自拟的益肾固冲汤加减。处方：①杜仲15 g、续断15 g、菟丝子20 g、党参30 g、白芍30 g、山药15 g。14剂，水煎服，一日一剂，分3次服。罗红霉素胶囊：150 mg bid×7（待经潮BBT下降始服）。

三诊（2014年6月5日）：LMP 13/4（生化妊娠）。停经54天，BBT升18天。常苔，脉平略弦。4/6他院查：E2 535 pg/mL、P>40 ng/mL、β-HCG 974.45 mIU/mL。诊断：早孕待诊。辨治同前。处方：①杜仲15 g、续断15 g、菟丝子20 g、党参30 g、白芍30 g、山药15 g。4剂，水煎服，一日一剂，分3次服。②叶酸0.4 mg+维生素E 0.1 qd×30 医嘱：6月6日复查P、β-HCG。

四诊（2014年6月9日）：LMP 13/4（生化妊娠）。停经58天，BBT升22天。常苔，脉平偏弦。6月6日查：P 43.18 ng/mL、β-HCG 2291 mIU/mL。诊断：早孕待诊。辨治同前。

处方：杜仲15 g　　　续断15 g　　　菟丝子20 g　　　党参30 g
　　　白芍30 g　　　山药15 g

4剂，水煎服，一日一剂，分3次服。医嘱：6月10月晨8点复查P、β-HCG。

五诊（2014年6月10日）：LMP 13/4（生化妊娠）。停经59天，今见浅红色分泌物，伴腰痛，无腹痛。常苔，脉平偏弦。6月10日查：P 44.29 ng/mL、β-HCG 12 448 mIU/mL。

诊断：先兆流产（？）。辨治同前。

处方：杜仲15 g　　　续断15 g　　　菟丝子20 g　　　党参30 g
　　　白芍30 g　　　山药15 g　　　阿胶珠10 g　　　黄芩10 g

6剂，水煎服，一日一剂，分3次服。医嘱：药毕TAS；若出血增多，住院。

六诊（2014年6月17日）：LMP 13/4（生化妊娠）。停经66天，阴道间断少许出血8天，余无不适。常苔，脉平滑略偏弦。今TVS：子宫前位，大小约4.9 cm×5.3 cm×5.4 cm，实质回声均匀，宫内见2.5 cm×0.7 cm孕囊回声，内未见卵黄囊及胚芽组织；右附件区见 1.7 cm×2.0 cm 无回声团块，左附件未见明显异常。

诊断：先兆流产。辨治同前。

处方：杜仲 15 g　　续断 15 g　　菟丝子 20 g　　党参 30 g
　　　白芍 30 g　　阿胶珠 10 g　　黄芩 10 g　　白术 10 g
　　　小蓟 30 g

10 剂，水煎服，一日一剂，分 3 次服。医嘱：明晨查 P、β-HCG；药毕 TAS 若无胎心则刮宫。

七诊（2014 年 6 月 26 日）：LMP 13/4（生化妊娠）。停经 75 天，上诊药后阴道出血已止 1 周，无特殊不适。常苔，脉平滑如数。6 月 18 日查：P 42.42 ng/mL、β-HCG 59 904 mIU/mL。6 月 25 日查：P 42.62 ng/mL、β-HCG 114 898 mIU/mL。6 月 18 日他院 TVS：子宫前后径 5.0 cm，实质回声均匀，宫腔内见 2.2 cm×2.1 cm 孕囊回声，其内可见卵黄囊及点状胚芽组织和原始心管搏动；右卵巢见 2.6 cm×2.5 cm 无回声团块，左附件未见明显异常。

诊断：早孕。辨治同前。

处方：杜仲 15 g　　续断 15 g　　菟丝子 20 g　　党参 30 g
　　　白芍 30 g　　山药 10 g　　小蓟 30 g

10 剂，水煎服，一日一剂，分 3 次服。医嘱：若无不适，药毕他院建卡。

按语：本案就诊时 3 个月中 2 次生化妊娠，似应遵吴鞠通之"肝热者成胎甚易，虚者又不能保，速成速堕，速堕速成，尝见一年内二三次堕者，不死不休，仍未曾育一子也"。从肝虚而热辨治。然其四诊均无肝虚而热之脉证可据。鉴于患者月经稀发 10 年，继之伴见月经量少 5 年，加之继发不孕 7-年后近期的 2 次生化妊娠均系来曲唑促排卵后方孕。据中医理论，肾藏精，主生殖，若肾气不足，冲任失养，血海不能按时满溢则月经稀少；孕后胎亦难固养而屡孕屡堕。故辨为肾气不足证。再孕时，始终治以益肾固冲之自拟方，终于度过早孕危险期而去他院建卡。另：二诊时因 BBT 已升 1 天，表明患者已排卵而有可能妊娠，故治疗 UU（+）所选之罗红霉素要求待经潮 BBT 下降始服。

患者 10 年前无明显诱因出现月经推后 10+天。5 年前始月经量减少 1/2。

首孕人流后继发不孕7-年，继以2次生化妊娠。2013年8月外院因"继发不孕5年"在腹腔镜下行盆腔分粘+双卵巢打孔术。术后排卵未恢复，于2015年1月始予来曲唑3周期，期间于2月、4月份相关化验检查均为生化妊娠。常苔略灰，脉平右偏弦。1月6日他院查：AcAb、AoAb、AsAb、EmAb、ATG-Ab、ANA均（-）。诊断：①多囊卵巢综合征；②复发性流产。据中医理论，辨证为肾气不足，故再孕时，始终治以益肾固冲之自拟方而渡过早孕危险期。

病案 7：生殖抗体阳性、重复流产

兰某，女，35岁。G6P0+6，过期流产刮宫术后2月。

初诊（2008年3月27日）：LMP 27/3。患者曾怀孕6次，前5次均人工流产，末次孕2月因"过期流产"而刮宫，就诊时术后2月，已正常行经2次。纳眠可，二便调。舌常，脉略弦，左＜右。

西医诊断：过期流产待诊。

中医诊断：堕胎（过期流产刮宫术）后，证属冲任亏损。

辨证分析：患者多次人工流产，难免胞脉损伤，冲任亏虚，胎元不固而胚胎自然殒堕。此次过期流产刮宫再伤胞宫、冲任，故辨证为冲任不足。治宜滋养和血，方以《丹溪心法》五子衍宗丸合《医宗金鉴》当归建中汤加减。

处方：女贞子20 g　　枸杞子20 g　　菟丝子20 g　　补骨脂20 g
　　　桂枝10 g　　　白芍30 g　　　甘草10 g　　　当归10 g

水煎服，一日一剂，6剂。医嘱：①测BBT；②查CT、UU；③查生殖抗体。

二诊（2008年4月25日）：LMP 23/4，现月经3天，量中，色红，无块，无痛；BBT双相。舌常，脉平偏小。支原体（-）、沙眼衣原体（+）。现正值经期，治宜和血通经，方用《医宗金鉴》桃红四物汤加减。

处方：桃仁10 g　　　鸡血藤30 g　　当归10 g　　　川芎10 g
　　　白芍20 g　　　熟地黄20 g

6剂；同时服阿奇霉素：0.5 qd×7。

三诊（2008年5月15日）：LMP 23/4。服阿奇霉素腹泻，仅服4天。现周期第23天，值经前，鉴于患者多次人工流产有冲任受损可能，故按肾气不足论，治以益肾和血。方用《医学衷中参西录》寿胎丸合《医宗金鉴》当归建中汤加减。

处方：杜仲 15 g　　续断 15 g　　菟丝子 20 g　　桂枝 10 g
白芍 30 g　　当归 10 g　　甘草 10g

8 剂。医嘱：嘱查生殖抗体。

四诊（2008 年 5 月 29 日）：LMP 21/5。因汶川地震，生活暂无规律，BBT 未测。舌常，脉平。5 月 16 日查生殖抗体：EmAb（+）、AcAb（+）、AoAb（-）、AsAb（-）、ZpAb（-）、AhcgAb（-）。患者 EmAb 和 AcAb 阳性，可能与其流产有关。虽然患者无典型的寒热虚实脉证，但抗体作为正气的一项客观指标，应有的抗体缺乏可辨为正气虚，异常的抗体出现则可辨为正气过旺，即所谓"气有余便是火"；故按血分郁热论治。法当清热利湿，方用《伤寒论》栀子柏皮汤加减。

处方：栀子 15 g　　黄柏 15 g　　甘草 10 g　　白茅根 30
车前仁 10 g　　皂角刺 10 g　　桃仁 10 g

8 剂。医嘱：嘱复查沙眼衣原体。

五诊（2008 年 6 月 16 日）：LMP 21/5。现周期 26 天，BBT 不典型双相。5 月 29 日查：支原体（-）、衣原体（+）。仍宗原法，续服上诊方，日 1 剂，连服 1 月；另服罗红霉素 0.3 g qd × 7。

六诊（2008 年 7 月 17 日）：LMP 13/7。无不适，舌脉同前。宗前法前方，连服 1 月。

七诊（2008 年 10 月 7 日）：LMP 3/10。经前 BBT 上升 13 天，但上升以 0.2℃为主。8 月 26 日复查衣原体（-）。9 月 16 日复查 ACAb（-）、EMAb（-）。清热利湿已获效，尚需巩固。仍以原方，连服半月。

八诊（2008 年 10 月 23 日）：LMP 3/10。现 BBT 上升 6 天，升幅≥0.3℃。暂不服药，查 HLA-Ab。

九诊（2008 年 12 月 1 日）：LMP 1/11。11 月 11 日查 HLA-DR（-）。现周期第 30 天，BBT 上升 16 天。今 β-hCG：1 433.18 mIU/mL。嘱监测 BBT，48 小时后复查 β-hCG，暂不服药。

电话回访（2009 年 2 月 1 日）：已孕 13 周，正常，无不适。

按语：本案过期流产刮宫术后 2 月初诊。患者多次人工流产，难免胞脉损伤致冲任失固而胚胎自然殒堕。此次过期流产刮宫可能再伤胞宫冲任，故辨证属于冲任不足夹瘀，治以滋养和血法。

继而查生殖抗体中 EMAb 和 ACAb 阳性，可能不易怀孕或再次流产。但临床观察患者并无异常之寒热虚实脉证，可谓无证可辨。王成荣先生认为，中医学关于人体正气的概念与西医学关于免疫的概念，在一定程度或在某些方面有相似之处。抗体作为正气的一项客观指标，应有的抗体缺乏可辨为正气虚，异常的抗体出现则可辨为正气过旺，即所谓"气有余便是火"。而抗体存在于血中，故可从血分郁热入手，治以栀子柏皮汤为主方。方中用栀子、黄柏清郁热燥湿，甘草清热解毒，和诸药，加茵陈、前仁、白茅根等加强清热利湿之功，伍桃仁或/和皂角刺活血以防血分郁热致瘀。本案如此治疗4月而获效，EMAb 和 ACAb 均转为阴性。

HLA-DR（-）亦可导致早孕流产，而本案患者却能顺利怀孕，至今已为中期妊娠，王成荣先生认为是否与服清热利湿中药有关，不应妄断。

2. 妊娠身痒

病案1：妊娠身痒

雷某，女，28岁。G4P1+2。1次妊娠胆汁淤积症病史，孕15周，要求调理。

初诊（2010年2月23日）：LMP 11/10/2009，已孕15周。患者第1、2次孕均人流；第3次妊娠，孕30周时发生皮肤瘙痒，34+2周时查胆汁酸增高，AST、ALT均升高。孕35+5周（2007年10月）因"妊娠期肝内胆汁淤积症"外院剖宫产。今孕15周，欲服中药防止再发。近疲乏，晨起口苦，偶有恶心、呕吐，脸、背长痘。舌质偏红，苔常偏厚。脉略弦滑。月经：14×26×4-5，量中，色红，偶夹块，无痛。今已在华西建卡，查肝肾脂糖、血常规、尿常规均正常。

诊断：15周孕（胆淤病史）。

辨证分析：病机为肝胆郁热，湿热偏胜，法当清热利湿。偶有恶心、呕吐，酌加砂仁和胃。

处方：栀子15 g　　黄柏15 g　　茵陈12 g　　石韦30 g
　　　青皮10 g　　砂仁10 g

6~20剂，一日一剂，水煎300 mL，分3次服。

二诊（2010年3月26日）：孕19+3周，无不适。纳眠可，二便调。舌偏红，苔偏白厚，脉略弦。2010年3月2日腹部B超：双顶径3.7 cm，股骨长2.0 cm，胎盘位于前壁，厚约2.4 cm，0级，羊水4.1 cm，有胎心搏动，150次/分。2010年3月26日外院查血常规、尿常规、肝肾功均（－）。

诊断：19+3周孕（ICP史）。辨证同前。结合舌脉，上方去青皮，加藿香、佩兰、麦芽化湿和中。

处方：栀子15 g　　黄柏15 g　　茵陈15 g　　石韦30 g
　　　白茅根30 g　　藿香12 g　　佩兰12 g　　砂仁10 g
　　　麦芽30 g

6~20剂，一日一剂，水煎300 mL，分3次服。医嘱：复查TBIL（总胆红素）、DBIL（直接胆红素）、AST、ALT、TBA（总胆酸汁）。

三诊（2010年5月7日）：孕25+3周，无身痒，无他不适。产检正常。舌质略偏红，苔常，脉弦略滑数。3月4日查：TBIL 11.4 umol/L，D-BIL 0.9 umol/L，IB 10.5 umol/L，AST 22 U/L，ALT 25 U/L，ALP 58 U/L，TBA 1.6 umol/L（结果均在正常范围）。5月4日查：TBIL 7.8 umol/L，D-BIL 1.7 umol/L，IB 6.1 umol/L，AST 23 U/L，ALT 23 U/L，ALP 58 U/L，TBA 1.6 umol/L（结果均在正常范围）。

诊断：25+3周宫内孕（ICP史）。仍宗湿热内蕴。

处方：栀子15 g　　黄柏15 g　　茵陈12 g　　石韦30 g
　　　白茅根30 g　　白花蛇舌草30 g　　桂枝10 g

6~30剂，一日一剂，水煎300 mL，分3次服。

四诊（2010年6月22日）：孕32周，感疲乏思睡。眠差，怕热，无皮肤瘙痒。舌质偏红，苔常，脉略弦。2010年12月6日华西查：肝功正常，总胆汁酸1.8 umol/L，GIU1h 6.67 mmol/L。

诊断：32周孕（ICP史）。辨证同前。

处方：栀子15 g　　黄柏15 g　　茵陈12 g　　石韦30 g
　　　白茅根30 g　　白花蛇舌草30 g　　桂枝10 g

30剂，一日一剂，水煎300 mL，分3次服。

五诊（2010年9月9日）：剖腹产后1月，乳汁尚足。恶露尚未全净。现无它，希调理。舌质常，苔常，脉平。

诊断：子宫复旧欠佳，产后恶露未净。中医辨证冲任瘀滞。

处方：香附 15 g 枳壳 15 g 当归 12 g 川芎 30 g
   桃仁 30 g 红花 30 g 川牛膝 10 g 小蓟 30 g

6~12剂，一日一剂，水煎300 mL，分3次服。

按语：本案患者第3次妊娠因"胆汁淤积症"孕35+5周剖宫产，此次妊娠惧孕中、晚期又发，故前来就诊。妊娠肝内胆汁淤积症（ICP）为妊娠期特有并发症，发生于妊娠中、晚期，以皮肤瘙痒、妊娠黄疸，生化上以肝内胆汁淤积的血液学指标异常，病程上以临床表现及生化异常在产后迅速消失或恢复正常为特征。该病具有潜在复发风险，此为患者就诊的主要目的。该病以皮肤瘙痒，进而出现黄疸为常见临床表现。中医可归属为"妊娠身痒、黄疸"范畴。《内经·素问·至真要大论》"病机十九条"有诉"诸痛痒疮，皆属于心（火）"。《金匮要略·黄疸病脉证并治》指出："谷气不消，胃中苦浊，浊气下流，小便不通，……身体尽黄。"《类证治裁·黄疸》云："阴黄系脾脏寒湿不运，与胆液浸淫，外溢肌肤，则发而为黄。"历代医家认为黄疸的病机主要为湿热内蕴，主用茵陈蒿汤等清热利湿。《伤寒论》曰："伤寒身黄发热，栀子柏皮汤主之。"故遵经典，予栀子柏皮汤为主方加减治之。

本案患者及医者均明确本病的复发风险，故在疾病未发时进行治疗，体现中医治未病的思想。

病案2：妊娠肝内胆汁淤积症

刘某，女，35岁。G3P1+1，孕23+4周，发现血糖升高3天。

初诊（2008年6月12日）：LMP 30/12/2007。孕23+4周，无头晕、眼花、水肿、皮肤瘙痒等不适症状。3天前查服75 g葡萄糖1小时8.9mmol/L↑（6.1mmol/L），要求中药调理。舌质常，苔偏厚，脉滑略弦。9+月前（2007年8月）因"妊娠合并糖尿病""妊娠肝内胆汁淤积症"在我市某医院住院治疗，至孕8+月时胎死腹中引产并两次清宫。今又孕5+月伴血糖升高，怕重蹈前次胎死覆辙而就诊。据妊娠胆汁淤积症临床表现以先发瘙痒继后出现黄疸为特征，瘙痒属血燥生风，黄疸为湿热郁蒸见症。

西医诊断：中期妊娠胆淤症胎死宫内史。

辨证分析：证按肝胆郁热，治宜清热利湿。方用《伤寒论》栀子柏皮汤加减。

处方：茵陈 12 g　　　栀子 15 g　　　黄柏 15 g　　　车前仁 10 g
白茅根 30 g

12 剂，一日一剂。

二诊（2008 年 6 月 26 日）：孕 25+4 周，述手心热，余无不适；舌质常，苔白偏厚；脉弦。治宗前法。前方加郁金 15 g、牡丹皮 15 g。水煎服，12 剂，一日一剂。嘱其定期产前检查。

三诊（2008 年 7 月 10 日）：孕 27+4 周，无皮肤瘙痒，手心热稍缓解。舌质常，苔常，脉滑略弦。7 月 4 日糖耐量检查：空腹 5.1 mmol/L，餐后 1 小时 7.0 mmol/L↑（6.1 mmol/L），及餐后 2 小时 6.3 mmol/L。仍宗上法，上方加减。

处方：茵陈 12 g　　　栀子 15 g　　　黄柏 15 g　　　白茅根 30 g
　　　郁金 15 g　　　牡丹皮 15 g　　　紫草 10 g　　　丹参 20 g
　　　石韦 30 g

13 剂，一日一剂。医嘱：嘱其复查肝功。

四诊（2008 年 7 月 24 日）：前次妊娠 26 周开始出现黄疸，现孕 29+4 周，无痒无黄。感冒 2 周，咳痰稠，易咯出。舌尖红，苔白偏厚，脉滑如数。7 月 21 日复查肝功各项指标正常：TBIL 3.9 umol/L（＜10）；DBIL 2.5 umol/L（＜7）；IBIL（间接胆红素）16.7 umol/L（＜24）；ALT 27 U/L、AST 20 U/L、GGT 18 U/L、BA 3.9 umol/L。证按肝胆郁热，肺热未净。治法如前，兼清肺化痰。

处方：茵陈 12 g　　　栀子 15 g　　　黄柏 15 g　　　牡丹皮 15 g
　　　石韦 30 g　　　全瓜蒌 15 g　　　前胡 15 g　　　桔梗 10 g

13 剂，一日一剂。

五诊（2008 年 8 月 7 日）：孕 31+4 周，无皮肤瘙痒，血压正常，胎动好。感冒已愈，仍多黄痰，易咳出。舌苔如前，脉滑略弦如数。8 月 4 日血常规：WBC 10.9×109/L，N 81.2%，L 18.8%，RBC 3.7×1012/L，Hb（血色素）108g/L，PLT（血小板）197×109/L。仍宗前法。

处方：栀子 15 g　　　黄柏 15 g　　　茵陈 12 g　　　石韦 30 g
　　　郁金 12 g　　　白茅根 30 g　　　全瓜蒌 15 g　　　前胡 15 g
　　　砂仁^{后下} 10 g

14 剂，一日一剂。

六诊（2008年8月21日）：孕33+4周，无皮肤瘙痒或头昏眼花或视物模糊，亦无双下肢水肿。仍微咳，痰多，难咳出，纳呆。舌质偏红，苔白偏厚，脉滑。由于子宫增大，影响肺胃气机升降，故咳痰不易速愈且纳呆。证按湿热郁滞，治以清利化痰，健脾和胃。

处方：栀子 15 g　　茵陈 10 g　　石韦 30 g　　半夏 12 g
　　　甘草 10 g　　淮山药 15 g　　砂仁^{后下} 10 g　　麦芽 30 g
　　　陈皮 10 g　　白芍 30 g

14剂，一日一剂。

七诊（2008年9月4日）：孕35+4周，诸症已消，且无身痒。每日胎心监护正常，无宫缩。8月27日查肝功部分指标：轻度异常，在我市某医院住院输液治疗1周，昨复查有好转。8月27日他院查血：ALT 79 U/L（0-50）↑，AST 41 U/L，TBIL 24.4 umol/L（2-24.0）↑，DBIL 3.4 umol/L，IBIL 21 umol/L（1.7-17）↑，TP（总蛋白）67.5 g/L，ALB（白蛋白）36.7 g/L，GLB（球蛋白）30.8 g/L（24-30）↑，A/G（白球比）1.2（1.3-2.5）↓，r-GT（r-谷氨酰基转移酶）21 U/L，LDH（乳酸脱氢酶）182 U/L，BUN（尿素）3.17 mmol/L，Cr（肌酐）39 umol/L，TBA 17.1 umol/L（0-10）↑。9月3日复查：ALT 63 U/L（<50）↑，A/G 1.2 g/L（1.3-2.5）↓，TBA 13.8 umol/L（0-10）↑，其余各项指标均正常。续清利湿热兼益肾安胎。

处方：茵陈 12 g　　栀子 15 g　　黄柏 15 g　　石韦 30 g
　　　白茅根 30 g　　地肤子 30 g　　牡丹皮 15 g　　白芍 30 g
　　　甘草 10 g　　淮山药 20 g　　杜仲 15 g　　续断 15 g

14剂，一日一剂。

电话随访（2008年9月17日）：9月16日剖宫产一男婴，体重3 650 g，母子平安。

按语：妊娠肝内胆汁淤积症为西医病名，其主要危害可致胎儿窘迫、早产、死胎或死产；产后出血。临床特征为孕中晚期首见皮肤瘙痒，后见黄疸和肝功异常。再孕有复发倾向，中医古文献未有记载。而辨证求因可视为内生湿热郁于肝胆而发病。本案于孕23+4周就诊。虽尚无见症，仍本湿热病因病机，寓防于治，予栀子柏皮汤加减清利湿热。服药至孕34+周时，始有相关血液生化指标轻度异常。为防胎儿不测，乃予中药继续清利湿热同时短期住院配合西药治疗，至38+周经剖宫产一男婴，母子平安。比较两次妊娠：再孕时一直无明显自觉症状，而相关检验指标也有明显差异，结局更显见不同。故就本案而论，这种寓防于治的清利湿热治疗和最后阶段的中西医合理配合治疗理念是可取的。

3. 妊娠恶阻

病案： 妊娠剧吐

陈某，女，26岁。G1P0，停经49天，恶心呕吐5天，加重3天。

初诊（2011年2月9日）：LMP 2/12/2010。患者平素月经不规律，量中，色暗红，无痛经。现停经49天，5天前（2011年2月5日）出现恶心呕吐，自查尿HCG（+）。3天前恶心呕吐明显加重，食入即吐，6~8次/日，近1周体重下降1 kg，不得已而来我院门诊。查血人绒毛膜促性腺激素：46 163.87 mIU/mL；雌二醇：925.00 pg/mL；孕酮：12.48 ng/mL；尿常规：蛋白±，酮体+++/HP，WBC 3-5/HP，RBC 0-2/HP；电解质：Na 130.24 mmol/L（132~150）其余在正常范围。B超：子宫增大，前后径5.3 cm，长径5.8 cm，横径6.2 cm，实质回声均匀，宫内见1.6 cm×1.5 cm孕囊，囊内见少许胚芽及原始心管搏动；双附件区未见异常。超声诊断：宫内早孕。门诊拟"妊娠剧吐"收入院。患者体形偏瘦，面色萎黄，精神欠佳，倦怠乏力，但神志清楚，语言清晰，自动体位，步入病房。诉纳呆并食入即吐，呕吐清水痰涎。眠差，二便量少。无腹痛，无阴道出血。舌淡红，苔白偏厚略腻，脉平略弦滑。

西医诊断：妊娠剧吐。

中医诊断：妊娠恶阻；证属脾虚胃弱。

辨证分析：患者形体偏瘦，或为素体脾虚，孕后血聚于下以养胎元，冲气偏盛，横逆犯胃，胃气虚弱，遂失和降，冲气夹胃气上逆，故见呕吐不食，食入即吐，呕吐清水痰涎等症。体倦乏力、精神委顿、面色无华等症，皆脾胃不健之常见病态。舌淡红，苔白偏厚略腻，脉平略弦滑亦水湿运化不力之征。故病位在中焦，病性属虚。根据病史、四诊合参，辨为胃气虚弱为本，胃失和降为标。治宜本《内经·玉机真藏论》"脉细、皮寒、气少、泄利前后、饮食不入，此谓五虚……浆粥入胃泄注止，则虚者活"与"五脏皆禀气于胃，胃者五脏之本也"的经论，按急则治其标当先和胃降逆。拟方橘皮竹茹汤加减。

处方：陈皮 10 g　　　竹茹 15 g　　　枇杷叶 15 g　　　半夏 12 g
　　　太子参 30 g　　　玉竹 20 g　　　石斛 20 g　　　　白芍 30 g
　　　车前子 10 g

6 剂，一日一剂，水煎 400 mL，分 3 次服。并予静滴 0.9%氯化钠注射液 500 mL，5%葡萄糖注射液 500 mL，10%氯化钾 10 mL，维生素 C 3.0 g，维生素 B6 0.2 g 补液对症支持治疗。

二诊（2011 年 2 月 14 日）：停经 54 天，药后症减，仅昨下午呕吐 1 次，偶干咳，纳呆。眠可，二便调，无腹痛，无阴道出血。舌淡红，苔白腻，脉略弦滑。2 月 12 日复查电解质正常，复查小便常规：蛋白阴性，酮体 ±。中药前方加紫菀、天门冬润肺止咳。

处方：陈皮 10 g　　　竹茹 15 g　　　枇杷叶 15 g　　　半夏 12 g
　　　太子参 30 g　　　玉竹 20 g　　　石斛 20 g　　　　白芍 30 g
　　　车前子 10 g　　　紫菀 10 g　　　天门冬 10 g

3 剂，水煎少量频服，一日一剂。继予复方氯化钠注射液 500 mL+维生素 B6 0.2 g，5%葡萄糖注射液 500 mL+维生素 C 3.0 g 补液对症支持治疗。

三诊（2011 年 2 月 18 日）：停经 59 天。诉昨晚眠差，胸闷，气紧，偶干咳，咳出少许黏液，夹血丝。厌食。小便调，大便 2～3 日一行，量少。舌淡红，苔偏厚腻，咽部略充血，扁桃体不大，脉弦。听诊：双肺呼吸音清晰，未闻及明显干湿啰音，心率 74 次/分，律齐，各瓣膜听诊区未闻及病理性杂音。2 月 15 日复查小便常规：酮体（-）。患者素体脾胃虚弱，胃失和降，昨晚呼吸道症状仅偶干咳，咳出少许黏液带血丝，似兼风邪犯肺，但心肺听诊正常，暂无大碍。但宜及时辛散润燥，化痰止咳，以防其化热再伤肺金，

处方：辛夷 15 g　　　薄荷 ^(另包后下) 10 g　　细辛 10 g　　　麦冬 12 g
　　　浙贝母 12 g　　　杏仁 10 g　　　前胡 15 g　　　半夏 12 g
　　　竹茹 15 g　　　枇杷叶 15 g　　　五味子 10 g　　　石斛 15 g

4 剂。服法同前。厌食纳少，仍宜补液治疗如前，予 5%葡萄糖注射液 500 mL，0.9 氯化钠注射液 500 mL+维生素 C3.0 g，复方氯化钠注射液 500 mL+维生素 B6 针 0.2 g 静脉滴注。

四诊（2011 年 2 月 22 日）：患者现停经 63 天，近 2 日偶感干咳、恶心，呕

吐 1~2 次/日，呕吐少许胃内容物，能少量进食，无明显胸闷、气紧，眠可，二便调。舌淡红，苔偏厚腻，脉滑。

宗原治法，上方去细辛：

处方：辛夷 15 g　　薄荷^{另包后下} 10 g　　浙贝母 12 g　　麦冬 12 g

　　　石斛 15 g　　杏仁 10 g　　前胡 15 g　　半夏 12 g

　　　竹茹 15 g　　枇杷叶 15 g　　五味子 10 g

4 剂，服法同前。停止补液。

五诊（2011 年 2 月 25 日）：患者停经 66 天，一般情况可，适量进食后偶感恶心未吐。无腹痛、无阴道流血。昨日复查电解质正常，孕酮：31.61ng/mL，β-HCG 180 940.98 mIU/mL，今日查腹部 B 超：子宫前位，6.7 cm×7.0 cm×8.0 cm，宫内见一大约 3.8 cm×3.0 cm 孕囊，内见长 1.7 cm 胚芽和心管搏动，提示早孕。嘱其清淡营养饮食；注意休息。停中药。

按语：患者因"停经 49 天，恶心呕吐 5 天，加重 3 天"入院，入院时神疲、乏力，食入即吐，6~8 次/日，查尿酮体：蛋白±，酮体+++，查电解质：Na 130.24 mmol/L（132-150），入院后立即补液纠正电解质失衡，支持治疗 14 天，予中药橘皮竹茹汤加减，服中药 17 剂后诸症消失。对饮食难入的患者确属西医疗法之所长而系中医药口服疗法之所短。补液并纠正水电解质失衡等支持治疗应视为取长补短，中西医结合切入点之一，而非"中药加西药便是中西医结合"的简单看法。因此，本案疗效之取得，或可视为中西医结合各取所长的结果。若论倦乏少神，面色无华，对数日饮食难下，且频发呕吐者，自属常见症状，不能据此便断为脾虚。但形体偏瘦，而非近一周因恶心呕吐仅体重下降 1 kg 所能解释，再联系恶阻的病机，故可辨本患素有脾虚运化不足之本。孕后因胎元有碍水湿之运化，更兼孕后冲任气血旺盛，脾虚则易为肝气所侮，是以胃失和降乃见恶心呕吐之标症。至于舌苔偏厚略腻，亦与胃失和降吻合。而脉平略滑也与早孕脉象相符，但脉略弦或弦虽可视为肝气偏旺，然初诊时已立春后 5 日，符合《内经·素问·玉机真藏论》"春脉者，肝也……故曰弦；反此者病"的正常生理脉象。总之皆与患者病症一致。若按八纲辨证，则属虚实相兼，寒热不偏，里中之表证。

4. 妊娠腹痛

病案：早孕合并肠炎案

陈某，女，30岁。G1P0，停经38天，下腹隐痛伴溏便5次并恶寒4小时。

初诊（2011年3月4日）：LMP 25/1。患者既往月经规律，量中，色暗红，无痛经。现停经38天，8天前（24/2）因阴道少许出血就诊于本院门诊，查孕酮19.82 ng/mL；β-HCG 159.35 mIU/mL。诊断：先兆流产（？）。予黄体酮40 mg，肌注，qd。保胎治疗3天后血止。6天前（2月26日）查示：孕酮34.71 ng/mL；β-HCG 560.82 mIU/mL；4天前（2月28日）孕酮 > 40 ng/mL；β-HCG 1063.74 mIU/mL。3月1日起予黄体酮20 mg肌注，qd。4小时前突然出现下腹隐痛，已溏便5次，无阴道流血。今晨急来我院门诊，血常规示：WBC 8.7×10^9/L，N 80.2%。病人神清、精神可，下腹胀痛，无阴道出血，偶感恶寒；纳眠可，小便调。舌淡红，苔薄白，脉平略滑。患者有慢性胃肠炎病史多年。

西医诊断：早孕合并肠炎。

中医诊断：妊娠腹痛；证属肝旺伐脾，冲任不固。

辨证分析：为防不测，遂收入院。根据其病史、四诊合参，其病当属中医学"妊娠腹痛"范畴。患者素有脾胃虚弱，8天前少许出血可诊断为先兆流产或激经。4小时前突发下腹隐痛、便溏5次，并无阴道出血，符合经云"饮食不节，脾胃乃伤"之类。据五行脏腑生克乘侮之理，调和肝脾即可。然恐引动胎气，须益肾固冲兼顾之，以"先安未受邪之地"。舌淡红，苔薄白，脉平略滑，说明尚无大碍。总之，病位在下焦，病性属虚实夹杂。治宜调和肝脾，益肾固冲。拟方《金匮要略》当归芍药散合《医学衷中参西录》寿胎丸加减。

处方：当归10 g　　川芎15 g　　白芍30 g　　泽泻15 g
　　　白术12 g　　杜仲15 g　　续断15 g　　甘草10 g

3剂，水煎分3次服，一日一剂。同时予黄体酮注射液40 mg，肌注，qd；叶酸片0.4 mg，口服，qd，预防胎儿神经管畸形；维生素E胶丸100 mg，口服，qd。

二诊（2011年3月7日）：患者停经41天，一般情况可，偶感四肢不温，怕冷，已无腹痛，无腹泻，纳眠可，二便调；舌淡红，苔薄白，脉略滑。3月6

日复查血常规正常。今日复查示：β-HCG 11 501.08 mIU/mL，孕酮 > 40 ng/mL；B 超提示：子宫形态大小正常，前后径 4.4 cm，长径 5.3 cm，横径 5.0 cm，宫内见 1.2 cm × 0.8 cm 孕囊，右侧附件区见 1.8 cm × 1.6 cm 囊性团块，左侧附件区未见异常。超声诊断：①早孕；②右侧附件区囊性团块。目前虽已无腹痛、腹泻，仍需按肾气不足予中药寿胎丸加减巩固治疗。

处方：杜仲 15 g   续断 15 g   菟丝子 20 g   肉苁蓉 20 g
　　　党参 30 g   白芍 30 g   甘草 10 g   黄芪 30 g
　　　山药 20 g   防风 10 g

6 剂，服法同前。

三诊（2011 年 3 月 14 日）：患者停经 48 天，晨起恶心，厌油腻，无腹痛腹泻。四肢不温，怕冷等症状已消失。纳眠可，二便调。舌淡红，苔薄白，脉滑。BBT 持续 37 ℃。今日复查：β-HCG 96 169.02 mIU/mL，P > 40 ng/mL。患者晨起恶心，厌油腻属早孕反应，任其择食即可。证治同前，寿胎丸加减益肾固冲。

处方：杜仲 15 g   续断 15 g   菟丝子 20 g   肉苁蓉 20 g
　　　党参 30 g   白芍 30 g   甘草 10 g   黄芪 30 g

6 剂，煎服同前。

四诊（2011 年 3 月 25 日）：现停经 59 天，无腹痛，无阴道出血，纳眠可，二便调，但又见怕冷。舌淡红，苔薄白，脉略弦滑。复查 B 超：宫增大，前后径 6.2 cm，宫内探及 4.9 cm × 3.9 cm 孕囊，其内探及 1.5 cm × 1.0 cm 胚芽，可见原始心管搏动，双附件区未见异常。患者素有脾虚，怕冷乃卫阳不足之故，仍宗二诊治法，寿胎丸合玉屏风散加减。

处方：党参 30 g   黄芪 30 g   白术 10 g   防风 10 g
　　　杜仲 15 g   续断 15 g   菟丝子 20 g   麦芽 30 g
　　　砂仁 10 g

6 剂，煎服同前。带药出院。

按语：患者素有脾胃虚弱，以突发下腹隐痛溏泻 4 小时就诊。时已停经 38 天而无阴道出血，故当以伤食论为病因，而非流产先兆。以病情不剧，按《金匮要略》"呕家有痈脓，不可治呕，脓尽自愈"之理，无须针对病因而消导化食，只要健脾缓急止痛即可。以《金匮要略》"妇人腹中诸疾痛，当归芍药散主之",然恐引动胎气,宜益肾固冲兼顾之,以"先安未受邪之地",且符合《金匮要略》"上工治未病"宗旨,故亦非无的放矢。同理,根据血孕酮和β-HCG变化,加注射有益无害且价廉之黄体酮,似也不宜以用药过度论。根据二诊病情和辅助检查结果,本可排除异位妊娠出院。但因尚不能判断必为存活之胚胎,而病家又颇重视,故续留住院至四诊确定为胚胎存活而出院。

(三)妇科杂病

1. 不孕症

病案 1:不孕、月经稀发

冯某,女,29 岁。G0P0+0。月经稀发 15 年,未避孕 1 年未孕。

初诊(2012 年 11 月 27 日):G0P0+0,LMP 2/10。因"月经稀发 15 年,未避孕 1 年未孕"就诊。患者 14 岁初潮后便见月经稀发,常 1~3 月潮,量中、色红,无块,无痛;时有经净 10~15 天少许出血。结婚 1 年,夫妇同居一地,性生活正常,一直未避孕,至今未孕。现停经 57 天,无它。常苔,脉滑略弦。23/11 他院 TVS:子宫前后径 3.2 cm,肌层回声均匀,宫内膜居中,厚约 0.7 cm;双侧卵巢均查见多个卵泡,最大 1.1 cm×0.7 cm。

诊断:①月经稀发待诊;②原发不孕待诊。

辨证分析:患者初潮即见月经稀发,多为先天禀赋不足,血海不能按时满溢之故;加之现停经 57 天,有生育要求,故辨证为肾气不足。治以益肾固冲,用自拟的益肾固冲汤加减。

处方:杜仲 15 g   续断 15 g   菟丝子 20 g   黄芪 30 g
　　　白芍 30 g   甘草 10 g

12 剂,一日一剂,分 3 次服。医嘱:d3 查 HPO、TSH、FT4、生殖抗体;测 BBT;PV+CT、UU;夫查精液;若 CT、UU(−),安排 HSG。

二诊(2012 年 12 月 24 日):LMP 22/12(P 潮)。LMP 为黄体酮撤血,量少,色暗,今经行 3 天未净。12 月 11 日查:AcAb、AoAb、AsAb、EmAb、HCG-Ab、ZpAb 均(−);12 月 11 日查:E2 45.67 pg/mL,P 0.35 ng/mL,T 0.51 ng/mL,LH 16.24 mIU/mL,FSH 5.48 mIU/mL,PRL 272.5 uIU/mL。查:TSH 2.78 uIU/mL,FT4 1.75 ng/dL。12 月 11 日查:GLU0h 5.71 mmol/L,GLU1/2h 10.02 mmol/L,

GLU1h 7.63 mmol/L，GLU2h 5.65 mmol/L，GLU3h 3.86 mmol/L；Ins0h 7.0 uIU/mL，Ins1/2h 98 uIU/mL，Ins1h 104.6 uIU/mL，Ins2h 81.7 uIU/mL，Ins3h 7.7 uIU/mL。

诊断：多囊卵巢综合征伴胰岛素抵抗。

处理：①二甲双胍缓释片 0.5 po qd×60，药毕二三日复查 OGTT 之 Ins。②测 BBT；经净来 PV+CT、UU，之后酌 HSG；夫查精液。

三诊（2013 年 3 月 4 日）：LMP 28/2，PMP 3/1（P）。LMP 前 BBT 双相，LMP 量中，色红，无痛，4 天净。1/3 复查：Ins0h 6.7 uIU/mL，Ins1/2h 16.0 uIU/mL，Ins1h 58 uIU/mL，Ins2h 53 uIU/mL，Ins3h 5.6 uIU/mL。2012 年 12 月 30 日查：CT（−）、UU（−）。处理：①二甲双胍缓释片 0.5 po qd×30；②甲硝唑片 0.2 po tid×7；③6/3 来 HSG。

四诊（2013 年 7 月 12 日）：LMP 3/7，PMP 24/5，13/4。LMP 前 BBT 升 14 天，LMP 量中，5 天干净。今 d10，BBT 未升。常苔，脉平滑略弦。7 月 11 日 HSG：左侧输卵管通畅，右侧输卵管未见显影，30 分钟后盆内不规则片云雾影。5 月 24 日他院查其夫精液：量 4.3 mL，液化 30 min，浓度 $105×10^6$/mL，总数 $452×10^6$/次，A 级 29%，B 级 21%，正常精子百分比 4.4%。辨治同初诊。处理：①定坤丹 3.5g po bid×20；②停二甲双胍缓释片；③避孕至 8 月 11 日；7 月 13 日 TVS 测排卵。

五诊（2013 年 8 月 5 日）：LMP 3/7。现停经 34 天，BBT 未升，无它。7 月 TVS 共 4 次均未见优势卵泡。处理：①MPA 8mg po qd×7；②CC（克罗米芬）50mg po qd×5，d3 始服，药毕 2 日 TVS 测排卵。

六诊（2013 年 9 月 12 日）：LMP 15/8（MPA 潮）。用 CC1 周期，今 d29，BBT 升 12 天。今晨 BBT 已降，感小腹冷。8 月 29 日 TVS：右侧卵泡 2.3 cm×2.1 cm 排出，内膜 1.0 cm。处理：①E2V 1mg po qd×14，d5 始服；②CC 50 mg po qd×5，d3 始服，药毕 2 日 TVS 测排卵。

七诊（2013 年 10 月 15 日）：LMP 13/9。停经 33 天，7 天前曾阴道点滴出血 1 次，无小腹疼痛。舌常偏厚，常苔，脉平略弦滑。10 月 11 日查：P 32.74 ng/mL、β-HCG 108.5 mIU/mL。10 月 13 日查：P 24.71 ng/mL、β-HCG 339.3 mIU/mL。10 月 15 日查：P 25.24 ng/mL、β-HCG 811.9 mIU/mL。

诊断：早孕待诊。辨治同初诊。处方：①杜仲 15 g、续断 15 g、菟丝子 20 g、党参 30 g、白芍 30 g、山药 10 g。6 剂，一日一剂，分 3 次服。②VitE 0.1 po qd ×30。③叶酸 0.4mg po qd×30。④黄体酮胶囊 0.1 po bid×6。医嘱：10 月 17 日上午 9 点查 P、β-HCG。

八诊（2013 年 11 月 21 日）：LMP 13/9。停经 70 天，因怕服中药，一直动态监测 P 和 β-HCG，并黄体酮保胎至今。现黄体酮胶囊 0.1 po bid 和黄体酮注射液 20mg im qd。11 月 6 日他院 TAS：子宫前位，子宫前后径 5.4 cm，实质回声均匀，宫内见孕囊 2.1 cm×3.6 cm×1.9 cm，囊内见 1.1 cm 胚芽组织，可见原始心管搏动；双附件未见明显异常。2014 年 1 月 13 日查：P 56.95 ng/mL、β-HCG 100 244.0 mIU/mL。处理：①黄体酮注射液 20mg im qd×14；停服黄体酮胶囊；②可去建卡。

按语：患者初潮始即见月经稀发，此乃多系先天禀赋不足，血海不能按时满溢之故；肾气不足，不易摄精成孕。故孕前、孕后均从肾气不足辨，治以益肾固冲贯穿始终。另，因 IR（+）而予二甲双胍缓释片 3 月后 IR（-）；因无排卵而予 CC 促排卵 2 个周期而受孕成功。

本案之月经稀发、原发不孕多系多囊卵巢综合征伴胰岛素抵抗所致无排卵，故选用二甲双胍缓释片治疗后曾有 4 个月经周期虽推后 10 天左右，但均能自潮，且 BBT 双相。其后据 BBT 单相而及时选用 CC 促排卵 2 个周期而成功受孕。故本案虽系中西医结合治疗案，但其疗效的取得或更在于据病情不同阶段而适时选用有针对性的西药治疗的结果。

病案 2：继发不孕

蒋某，女，31 岁。G3P0+3。未避孕 2 年未孕，月经推后 10 天 1 次。

初诊（2012 年 10 月 23 日）：G3P0+3，LMP 5/10。因"未避孕 2 年未孕，月经推后 10 天 1 次"就诊。患者前 2 次孕均人流，末孕胎停清宫后 3+年。夫妇同居一地，性生活正常，2 年前停止避孕，至今未孕。舌质偏深，舌根心苔偏厚，脉平略弦。月经史：14×40×7，量中偏多，色暗红，夹血块，无痛；经中药治疗后月经如期至 2 年，但 LMP 又 40 天才潮，量中，7 天净。发现左侧畸胎瘤 3 年。

诊断：继发不孕。

辨证分析：现为月经期第 19 天，按常规冲任气血阴阳消长论，已入阳长期,故按肾气不足辨。治以益肾固冲,用王成荣先生自拟的益肾固冲汤加减。

处方:杜仲 15 g　　续断 15 g　　菟丝子 20 g　　黄芪 30 g

白芍 30 g　　甘草 10 g

12 剂,水煎服,一日一剂,分 3 次服。医嘱:测 BBT,复诊带资料(含 X 光片)。

二诊(2012 年 11 月 2 日):LMP 5/10。现月经周期的 28 天,BBT 升 4 天,诉本月无性生活。现感眠欠佳,大便偏干,小便调。舌质偏深,常苔,脉平略滑,右略弦。2011 年 11 月 8 日他院查:Torch 之 IgM 均(-)。2012 年 3 月 20 日查:AcAb、AoAb、AsAb、EmAb、HCG-Ab、ZpAb 均(-)。今日 TVS:子宫前位,大小约 3.4 cm×4.6 cm×4.5 cm,实质回声均匀,内膜厚约 0.5 cm;左附件区见一 3.8 cm×3.6 cm 的强回声团块。提示:左附件占位待诊。虽 BBT 提示为黄体期,但患者又见末次月经推后 10 天,且本月无性生活,故按气滞辨。治以行气活血,用王成荣先生自拟的三川汤。

处方:枳壳 15 g　　香附 15 g　　川芎 15 g　　当归 15 g

桃仁 10 g　　川红花 10 g　　川牛膝 30 g

8 剂,水煎服,一日一剂,分 3 次服。医嘱:嘱其 d11 始 TVS 监测排卵;查 AFP、CEA、CA125 及 CT、UU。

三诊(2012 年 11 月 16 日):LMP 15/11。LMP 前 BBT 升 16 天,LMP41 天潮,现经行 2 天,量少,眠差。常苔,脉平略弦滑。11 月 2 日查:AFP、CEA、CA125 均正常;CT(-)、UU(-)。辨治同二诊。处方:枳壳 15 g、香附 15 g、川芎 15 g、当归 15 g、桃仁 10 g、川红花 10 g、川牛膝 30 g。4 剂,水煎服,一日一剂,分 3 次服。②甲硝唑 0.2 po tid×7。医嘱:嘱其经净忌房事 3～5 天来 HSG。

四诊(2012 年 11 月 27 日):LMP 15/11。现月经周期的 13 天,BBT 未升,无它。舌尖略红,常苔两侧略偏厚,脉平略弦。今日 HSG 示:左子宫角圆钝;右侧输卵管通畅,但伞端明显增粗;左侧输卵管全段未见明显显影;20 分钟后盆腔内造影剂呈片团状弥散。因造影术后,碘油在盆腔吸收、消散较慢,故从冲任瘀滞辨证。治以化瘀散结利湿,用王成荣先生自拟的白莲散结汤。

处方:半枝莲 30 g　　白花蛇舌草 30 g　　皂角刺 10 g　　猪苓 20 g

莪术 15 g　　　　土鳖虫 10 g　　　　仙茅 15 g　　　淫羊藿 15 g

20 剂，水煎服，一日一剂，分 3 次服。嘱其避孕 1 月，下次经潮 d11 起 TVS 测排卵。

五诊（2013 年 2 月 21 日）：LMP 15/1。停经 38 天，2 天前见褐色分泌物，故患者于昨日开始自服黄体酮胶囊（0.2 g bid），现已无出血，但药后感头昏。舌质深红，苔偏厚，脉平略弦。2 月 19 日查：P 34.48 ng/mL、β-HCG 377.2 mIU/mL。2 月 21 日查：P 49.97 ng/mL、β-HCG 801.5 mIU/mL。诊断：早孕待诊。初潮起即表现为月经后期，并且未孕为不良妊娠，此应从先天禀赋偏弱，肾气不足考虑，在基本排除异位妊娠情况下，按肾气不足辨。治以益肾固冲，用自拟的益肾固冲汤治疗。处方：①杜仲 15 g、续断 15 g、菟丝子 20 g、党参 30 g、白芍 30 g、甘草 10 g。6 剂，水煎服，一日一剂，分 3 次服。②黄体酮 20mg im qd×10。医嘱：嘱其 48 小时后复查 P、β-HCG。

六诊（2013 年 3 月 8 日）：LMP 15/1。停经 53 天，无腹痛及阴道流血，感恶心欲吐。舌质略篇深，常苔，脉平略弦。上诊后未肌注黄体酮，3 月 2 日起服地屈孕酮片。3 月 8 日查：P 12.8 ng/mL、β-HCG 11 706 mIU/mL。3 月 8 日 TAS：子宫前位，大小约 4.3 cm×5.1 cm×5.1 cm，宫内见 1.5 cm×1.0 cm 的孕囊回声，其内见 0.4 cm×0.45 cm 胚芽组织及原始胎心搏动；左附件区见 5.45 cm×2.96 cm 囊实混合回声团，其内见 4.15 cm×3.1 cm 面团样中等偏强回声团，右附件未见异常。提示：①宫内早孕；②左侧附件区囊实混合回声团：畸胎瘤可能。辨治同五诊。处方：①杜仲 15 g、续断 15 g、菟丝子 20 g、党参 30 g、白芍 30 g、甘草 10 g。6 剂，水煎服，一日一剂，分 3 次服。②黄体酮 20 mg im qd×10。

按语：患者流产清宫后未避孕 2 年未孕，诊断为继发不孕成立。初潮起即月经后期，虽经治疗月经如期至 2 年，但此次又见月经推后 10 天，此应从先天禀赋偏弱、肾气不足考虑。加之患者有 2 次人流史及 1 次流产清宫史，按中医学理论多产房劳易损伤冲任，亦可致肾气不足。初诊时为月经期第 19 天，按常规冲任气血阴阳消长论，已入阳长期，应益肾固冲。二诊时虽 BBT 提示为黄体期，但患者又见末次月经推后 10 天，且本月无性生活，故用行气活血、通经调经的三川汤。三诊时正值经期，故按气滞论，亦采用行气活血、通经调经治疗。四诊时考虑患者本月行子宫输卵管造影术后，碘油在盆腔吸收、消散较慢,故从冲任瘀滞辨证,采用化瘀散结利湿治疗。五诊、六诊时相关检查提示已孕,因有不良妊娠史,并曾现褐色分泌物,在排除异位妊娠的前提下而从肾气不足、冲任不固辨治,同时配合西药保胎治疗。

未孕胎停清宫后 3+ 年,2 年前停止避孕,至今未孕。初潮始便见月经推后 10 天,经中药治疗后月经如期至 2 年,但 LMP 又 40 天才潮,量中,7 天净。舌质偏深,舌根心苔偏厚,脉平略弦。诊断:继发不孕。孕前循月经周期之阴阳盛衰转化辨治;孕后从肾气不足、冲任不固辨治,同时配合西药保胎治疗。

病案 3:继发不孕

吴某,女,26 岁。G1P0+1。未避孕未孕 1 年半。

初诊(2012 年 10 月 26 日):G1P0+1,LMP 2/10。因"未避孕未孕 1 年半"就诊。患者夫妇同居一地,性生活正常,1 年半前停止避孕,至今未孕。常苔,脉平。月经史:13×30×6,量中,色红,无腹痛。2011 年他院查 TORCH、CT、UU、AoAb、AcAb、AsAb、EmAb、HCGAb 均(-)。10 月 12 日他院 HSG:①子宫腔大小、形态未见异常;②双侧输卵管全程显影,弥散好。

诊断:继发不孕。

辨证分析:造影术后,此时宜化瘀散结利湿而促使碘油在盆腔内尽快吸收、消散,故辨证为冲任瘀滞。治以化瘀散结,用王成荣先生自拟的白莲散结汤。

处方:半枝莲 30 g　　白花蛇舌草 30 g　　皂角刺 10 g　　猪苓 20 g
　　　莪术 15 g　　　土鳖虫 10 g　　　　仙茅 15 g　　　淫羊藿 15 g

14 剂,水煎服,一日一剂,分 3 次服。医嘱:避孕至 11 月 12 日,下次经潮 d11 起 TVS 测排卵。

二诊(2012 年 11 月 26 日):LMP 4/11。BBT 升 11 天后 LMP 潮,量中,色红,夹小血块,少腹隐痛可忍,6 天净。现月经周期的 22 天,BBT 升 4 天,晨起口干口苦,纳眠可,二便调。常苔,脉平略弦。11 月 15 日至 11 月 21 日 TVS 监测排卵:右侧卵泡 1.3 cm×1.8 cm 排出。据 BBT 升 4 天,此乃阴阳消长的阳长期,不能排除受孕可能,宜益肾固冲,故按肾气不足辨证。治以补益肾气,用王成荣先生自拟的益肾固冲汤加减。

处方:杜仲 15 g　　续断 15 g　　菟丝子 20 g　　黄芪 30 g

　　　　白芍 30 g　　　　　　甘草 10 g

10 剂，水煎服，一日一剂，分 3 次服。医嘱：测好 BBT，下次经潮 d11 起 TVS 测排卵。

三诊（2012 年 12 月 13 日）：LMP 5/12。BBT 升 12 天后 LMP 潮，量中，色红，夹小血块，7 天净。现月经周期的 9 天，BBT 未升。常苔，脉平略弦。BBT 低相，拟行气活血，助气血的阴阳转化以促使排卵，故辨证为气滞。治以行气活血，用王成荣先生自拟的三川汤治疗。

　　处方：枳壳 15 g　　　　香附 15 g　　　　川芎 15 g　　　　当归 15 g
　　　　桃仁 10 g　　　　　川红花 10 g　　　川牛膝 30 g

6 剂，水煎服，一日一剂，分 3 次服。医嘱：12 月 17 日始 TVS 监测排卵。

四诊（2012 年 12 月 21 日）：LMP 5/12。现月经周期的 17 天，BBT 未升。常苔，脉平略弦。12 月 21 日 TVS：右侧卵泡 1.3 cm×1.3 cm，内膜 0.9 cm。因 BBT 未升，TVS 示卵泡较小，故虽月经周期的 17 天，仍视应为阴长期，治宜滋养活血促使卵泡发育，并适时排出，故辨证为冲任虚瘀。治以滋养活血，用王成荣先生自拟的滋活汤加减。

　　处方：女贞子 20 g　　　菟丝子 20 g　　　补骨脂 20 g　　　当归 15 g
　　　　川芎 15 g　　　　　鸡血藤 30 g　　　桃仁 10 g

12 剂，水煎服，一日一剂，分 3 次服。医嘱：12 月 23 日 TVS 监测排卵，指导乐育。

五诊（2013 年 3 月 28 日）：LMP 9/3，PMP 10/2。BBT 升 13 天后 LMP 潮，量中偏少，色红，7 天净。现月经周期的 20 天，BBT 未升。常苔，脉平略弦。辨治同四诊。

　　处方：女贞子 20 g　　　菟丝子 20 g　　　补骨脂 20 g　　　当归 15 g
　　　　川芎 15 g　　　　　鸡血藤 30 g　　　川牛膝 30 g

12 剂，水煎服，一日一剂，分 3 次服。

六诊（2013 年 4 月 15 日）：LMP 9/3。现停经 38 天，BBT 升 16 天，双侧乳房胀痛，晨起干呕。常苔，脉平。4 月 15 日查：P 19.48 ng/mL、β-HCG 982.5 mIU/mL。

诊断：早孕待诊。肾主生殖，若肾气不足则不能系胎、养胎，而患者生育要求强烈，故按肾气不足辨治。宜益肾固冲，用自拟的益肾固冲汤治疗。处方：①杜仲 15 g、续断 15 g、菟丝子 20 g、党参 30 g、白芍 30 g、甘草 10 g。6 剂，水煎服，一日一剂，分 3 次服。②VitE 0.1 po qd×30。③叶酸 0.4 mg po qd×30。医嘱：4 月 17 日上午 9 时复查 P、β-HCG。

七诊（2013 年 5 月 3 日）：LMP 9/3。现停经 56 天，恶心欲吐，4 月 27 日至 4 月 29 日阴道少许出血，无腰腹痛。常苔，脉平略弦。从 4 月 17 日始予以黄体酮至今（40 mg im qd）。4 月 17 日查：P 15.06 ng/mL、β-HCG 2279 mIU/mL。5 月 2 日查：P 19.93 ng/mL、β-HCG 62 721 mIU/mL。4 月 29 日他院 TAS：子宫前位，前后径 4.8 cm，宫内见妊娠及长约 0.6cm 胚芽回声，妊娠囊旁可见不规则无回声 1.9 cm×0.8 cm；双附件未见异常。提示：早孕（相当于 6 周 3 天），宫腔积血（？）。

诊断：早孕（先兆流产？）。辨治同六诊。处方：①杜仲 15 g、续断 15 g、菟丝子 20 g、党参 30 g、白芍 30 g、小蓟 30 g、阿胶珠 10 g。12 剂，水煎服，一日一剂，分 3 次服。②黄体酮 40 mg im qd×12。医嘱：药毕 TAS、查 P。

八诊（2013 年 5 月 17 日）：LMP 9/3。现停经 70 天，恶心欲吐，厌油腻，11/5 阴道少许出血一下。舌尖偏红，常苔，脉平滑偏弦。5 月 16 日查：P 46.12 ng/mL、β-HCG 136 240 mIU/mL。今 TAS：子宫前位，大小 6.5 cm×8.0 cm×8.3 cm，宫内见一 5.0 cm×3.4 cm 孕囊回声，其内见胚胎发育，胎心搏动良好；双附件未见异常。提示：宫内早孕。辨治同六诊。处方：①杜仲 15 g、续断 15 g、菟丝子 20 g、党参 30 g、白芍 30 g、小蓟 30 g、阿胶珠 10 g。12 剂，水煎服，一日一剂，分 3 次服。②黄体酮 40 mg im qd×12。医嘱：药毕他院建卡。

按语： 患者未避孕 1 年半未孕，初诊时考虑患者本月已行子宫输卵管造影术，故从冲任瘀滞辨证，采用化瘀散结利湿而促使碘油在盆腔内尽快吸收、消散。二诊始结合月经周期，按冲任气血盈虚消长、阴阳转化往复循环的不同消长时段确立治法：经后重补益气血，经间期重行气活血以促冲任经气之转化，经前重益肾固冲。阴长期以自拟的滋活汤滋养和血；阳长期用自拟的益肾固冲汤；阴阳转化之经间期，则用自拟的三川汤行气活血，促使经气的阴阳转化；孕后则从肾气不足、冲任不固辨治，予以益肾固冲汤；七诊、八诊时因患者有阴道出血之先兆流产，故加阿胶珠、小蓟养血止血。同时结合相关检查而配合西药治疗。

当然，对于不孕患者，应注意指导患者适时性生活，乐育及时，把握受孕机会。早孕初期除益肾固冲外，尚应警惕异位妊娠之可能。

"平、调、通、时"是自然妊娠的前提。本案患者曾G1P0+1，基本排除男方问题。虽未避孕未孕1年半，但其月经正常，BBT双相，他院查TORCH、CT、UU、生殖抗体均（－），以及HSG"双侧输卵管全程显影，弥散好"。由此可见本案患者基本满足了"平、调、通、时"故本案从二诊始均要求监测排卵，指导乐育，把握受孕机会。

病案4：继发不孕伴月经稀少

徐某，女，28岁。G1P0+1。反复月经稀发16年，未避孕1+年未孕，月经量少2月。

初诊（2014年7月15日）：G1P0+1，LMP 7/7，LMP 3/6。因"反复月经稀发16年，未避孕1+年未孕，月经量少2月"就诊。患者初潮始便见反复月经推后10±天。2月前无明显诱因出现月经量少1/2，暗红，4~5天净。1+月前发现PRL略高于正常，无乳房溢乳和溢液。6年前首孕人流，1+年前停止避孕，至今未孕。常苔，脉左平略偏弦，右偏沉小。月经史：12×32-40×5，量中，色红，无腹痛。体重51 kg，身高158 cm。6月9日他院查：CT（－）、UU（－）、Ins0h 5.96 uIU/mL、PRL 27.1 ng/mL↑（4.79~23.3）。6月11日他院HSG示：双侧输卵管通畅，30 min影像见双卵管内少量造影剂滞留，双卵管伞端周围轻度粘连，盆腔中份轻度粘连。

诊断：①继发不孕；②月经稀少待诊。

辨证分析：辨证为冲任虚瘀，治以滋养活血，用王成荣先生自拟的滋活汤加减。

处方：女贞子20 g　　菟丝子20 g　　补骨脂20 g　　当归15 g
　　　川芎15 g　　　鸡血藤30 g　　川牛膝30 g　　香附10 g

12剂，水煎服，一日一剂，分3次服。医嘱：测BBT；查生殖抗体、TSH、FT4；7月17日TVS测排卵，指导乐育；7月27日TVS测内膜。

二诊（2014年8月27日）：LMP 21/8。BBT未测。LMP 45天潮，月经

量增加 30%，5 天净。常苔，脉左平偏大，右小。7 月 17 日查：AcAb、AoAb、AsAb、EmAb、HCG-Ab、ZpAb 均（-）；TSH 1.76 uIU/mL、FT4 1.69 ng/dL。7 月 27 日 TVS：子宫内膜 0.8 cm。未规范 TVS 监测排卵，未见优势卵泡。辨治同前。

处方：女贞子 20 g　　菟丝子 20 g　　补骨脂 20 g　　当归 15 g
　　　川芎 15 g　　　鸡血藤 30 g　　桃仁 10 g　　　香附 10 g

12 剂，水煎服，一日一剂，分 3 次服。

三诊（2014 年 10 月 9 日）：LMP 29/9。LMP 前 BBT 升 13 天。LMP 39 天潮，月经量增基本达正常量，5 天净。今 d11 BBT 未升。常苔，脉左平偏弦，右小。9 月 4 日至 9 月 15 日 TVS 未见优势卵泡。诉咨询刘主任，嘱其"先测排卵，若经 6 月后仍未孕则行腹腔镜检查"。辨治同前。

处方：女贞子 20 g　　菟丝子 20 g　　补骨脂 20 g　　当归 15 g
　　　川芎 15 g　　　鸡血藤 30 g　　桃仁 10 g　　　香附 10 g

12 剂，水煎服，一日一剂，分 3 次服。医嘱：今 TVS 测排卵，指导乐育。

四诊（2014 年 11 月 6 日）：LMP 1/11。LMP 前 BBT 升 10 天。LMP 如期潮，月经量略偏少，色红，5 天净。今 d11 BBT 未升。常苔，脉左平偏弦，右小。10 月 9 日、10 月 17 日、10 月 20 日 TVS 均未见优势卵泡，内膜 1.0 cm。辨治同前而侧重于虚，用自拟滋和汤。

处方：女贞子 20 g　　菟丝子 20 g　　补骨脂 20 g　　当归 15 g
　　　川芎 15 g　　　白芍 30 g　　　黄芪 30 g　　　鸡血藤 30 g
　　　桂枝 10 g　　　甘草 10 g

18 剂，水煎服，一日一剂，分 3 次服。医嘱：11 月 11 日 TVS 测排卵。

五诊（2014 年 12 月 11 日）：LMP 7/12。LMP 前 BBT 升 14 天。LMP 量中，色红，5 天净。经前右侧乳房刺痛。常苔，脉左平偏弦，右小。LMP 前未规范 TVS 测排卵，未见优势卵泡排出。辨治同前。

处方：女贞子 20 g　　菟丝子 20 g　　补骨脂 20 g　　当归 15 g
　　　川芎 15 g　　　白芍 30 g　　　黄芪 30 g　　　鸡血藤 30 g
　　　桂枝 10 g　　　甘草 10 g

18 剂，水煎服，一日一剂，分 3 次服。医嘱：12 月 17 日 TVS 测排卵；12

月 12 日查 PRL。

六诊（2015 年 1 月 8 日）：LMP 5/1。LMP 前 BBT 升 13 天。LMP 量中，色红，今 d4 未净。无经前乳房刺痛。常苔，脉平略弦。2014 年 11 月 17 日至 11 月 24 日 TVS 测排卵，未见优势卵泡，内膜 1.1 cm。2014 年 12 月 12 日查：PRL 596.3 uIU/mL（127.2～633.9）。处理：①CC 50 mg qd×5，今起。②E2V 1 mg qd×12，13/1 起服。③2015 年 1 月 14 日起 TVS 测排卵，指导乐育。④HCG 2000 u/支×10，备用。

七诊（2015 年 2 月 13 日）： LMP 5/1。停经 40 天，伴下腹隐痛 7 天，余无它。上诊备用之 HCG 未用。现自服爱乐维。常苔，脉平略弦滑。2 月 11 日他院查：P 26.11 ng/mL、β-HCG 600.1 mIU/mL。2 月 13 日查：P 25.02 ng/mL、β-HCG 1549.0 mIU/mL。

诊断：早孕。辨证按肾气不足，治以益肾固冲，用王成荣先生自拟益肾固冲汤。处方：①杜仲 15 g、续断 15 g、菟丝子 20 g、党参 30 g、白芍 30 g、山药 15 g。6 剂，水煎服，一日一剂，分 3 次服。②黄体酮胶囊 0.1 bid×3。医嘱：2 月 15 日 8：00 点复查 P、β-HCG 后酌处。

八诊（2015 年 2 月 17 日）：LMP 5/1。停经 44 天，偶下腹隐痛，近 3～4 天腹泻 3～5 次。舌常，有乌暗区，常苔，脉左平滑，右＜左。2 月 15 日查：P 37.71 ng/mL、β-HCG 2875 mIU/mL。2 月 17 日查：P 39.12 ng/mL、β-HCG 4 752 mIU/mL。

诊断：①早孕；②肠炎（？）。辨证为伤湿，治以化湿健脾，用藿香正气散加减。

处方：藿香 10 g　　大腹皮 10 g　　陈皮 10 g　　紫苏 10 g
　　　桔梗 10 g　　山药 30 g　　　白芍 30 g　　白茅根 30 g

3 剂，水煎服，一日一剂，分 3 次服。医嘱：2 月 19 日上午 9 时复查 P、β-HCG；若查 β-HCG 前有出血或急腹痛，及时就近看妇科诊治。

九诊（2015 年 2 月 26 日）：LMP 5/1。停经 53 天，现基本无下腹隐痛，亦无阴道出血等不适。上诊药后次日腹泻止。2 月 21 日查：P 23.52 ng/mL、β-HCG 11 920 mIU/mL。当天便予以黄体酮 40 mg im qd×4。2 月 25 日查：P 39.54 ng/mL、β-HCG 24 679 mIU/mL。2 月 26 日 TAS：子宫前位，大小约

5.8 cm×7.5 cm×6.9 cm，宫内见 2.4 cm×1.8 cm 孕囊回声，囊内见胚芽 0.8 cm 及胎心闪烁；双附件未见明显异常。处理：①维生素 E 丸 0.1 qd + 叶酸 0.4 mg qd，服到 84 天。②黄体酮 20 mg im qd×14-31。③若无出血，1 周后复查 P、β-HCG。

随访（2015 年 3 月 15 日）：已在他院建卡。

按语：本案因"反复月经稀发 16 年，未避孕 1+年未孕，月经量少 2 月"就诊，从冲任虚瘀辨治，用自拟"滋活汤"辨治后月经如期，月经量恢复正常，并适时予以 CC 促排卵。药后月经恢复，成功妊娠。同时，本案成功妊娠或许与 HSG 对输卵管或盆腔轻微粘连有一定的分黏疏通作用。

六诊为何用 CC 促排卵？此缘于患者服中药后月经恢复正常，但仍未得以妊娠。而患者就诊后的 4 个月经周期 TVS 监测卵泡，均未见优势卵泡，虽可能有患者本身有时未规范监测卵泡的原因，也或与 PRL 略高于正常有关。HPRL 不仅对下丘脑 GnRH 的脉冲式分泌有抑制作用，而且可直接抑制卵巢合成黄体酮及雌激素，导致卵泡发育及排卵障碍而不孕。加之患者之造影提示"双侧输卵管通畅，但双卵管伞端轻度粘连，盆腔轻度粘连"，为尽快排查不孕原因，缩短治疗时间，故予以 CC 促排，促排当月成功妊娠，反证其不孕多系排卵障碍所致，亦表明当时未积极行腹腔镜检查而监测排卵乃为正确的方案选择。考虑必要时需予以 HCG 肌注促使优势卵泡及时排出，以及孕后确定为宫内早孕时，若 β-HCG 偏低，也需肌注 HCG 保胎。

病案 5：原发不孕、痤疮

杨某，女，28 岁。G0P0+0。反复痤疮 10 年，未避孕 1 年未孕。

初诊（2013 年 4 月 12 日）：G0P0+0，LMP 10/3。因"反复痤疮 10 年，未避孕 1 年未孕"就诊。患者 10 年前始便见面部、背部反复长痤疮，尤以双颊痤疮明显。1 年前停止避孕，至今未孕。经前 1 周双乳胀痛。近期易疲倦、下午及夜间手足心热，时全身热，测体温正常。纳可，二便调。常苔，脉平弦。月经史：14×28-35×5-6，量中，色红，无痛。1 月 15 日他院查：E2 122.2 pg/mL，P 9.0 ng/mL，T 1.93 ng/mL，LH 10.96 mIU/mL，FSH 3.6 mIU/mL，PRL 451.3 uIU/mL。提示：符合黄体期激素水平。3 月 20 日他院查：EmAb（-）、AcAb（-）、AsAb（-）。1 月 11 日他院 TVS：子宫前后径 3.4 cm，实质回声均匀，宫内膜 0.6 cm；

双附件未见异常。患者体重 48 kg，身高 164 cm。

诊断：①原发不孕；②痤疮。

辨证分析：阳明经循荣面额，足三阳经皆循行于背而阳明多气多血，若经气循行不畅，气郁化火，火盛成毒便可发为痤疮，故辨证为阳明郁热。治以清解郁热，用自拟的清解阳明汤加减。

处方：知母 15 g　　石膏 15 g　　黄芩 15 g　　山药 15 g
　　　辛夷 15 g　　野菊花 15 g　　天葵子 15 g　　银花 20 g
　　　连翘 20 g　　蒲公英 30 g

18 剂，水煎服，一日一剂，分 3 次服。医嘱：测 BBT；PV+CT、UU；d3 查 HPO；d11 TVS 监测排卵。

二诊（2013 年 5 月 14 日）：LMP 14/4。BBT 未测，LMP 量中，后漏 5 天，共 10 天净。上诊中药还剩 6 剂，药后面部痤疮未见明显减少。常苔，脉左略弦。4 月 14 日查：CT（-）、UU（+）。4 月 18 日（d3）查：E2 19.1 pg/mL，P 0.53 ng/mL，T 0.134 ng/mL，LH 7.4 mIU/mL，FSH 8.64 mIU/mL，PRL 564.4 uIU/mL。辨治同前。

处方：知母 15 g　　石膏 15 g　　黄芩 15 g　　山药 15 g
　　　辛夷 15 g　　野菊花 15 g　　天葵子 15 g　　银花 20 g
　　　连翘 20 g　　蒲公英 30 g

12 剂，水煎服，一日一剂，分 3 次服。嘱其先服完所余 6 剂后续服今日中药。阿奇霉素 1.0 经潮 BBT 下降顿服；经净后复查 UU。医嘱：必测 BBT，夫去某医院便民门诊验精液并查 CT、UU。

三诊（2013 年 6 月 4 日）：LMP 23/5。5 月 15 日始测 BBT，LMP 前 BBT 有高相，但波动较大。LMP 量中偏少，7 天净。今 d13，BBT 未升。经前痤疮仍明显，经净痤疮渐消。常苔，脉平偏弦。辨治同前，治以滋阴清热，用自拟的滋清汤加减。

处方：女贞子 20 g　　菟丝子 20 g　　补骨脂 20 g　　生地黄 20 g
　　　牡丹皮 15 g　　黄柏 15 g　　茺蔚子 10 g

12 剂，水煎服，一日一剂，分 3 次服。

四诊（2013 年 6 月 25 日）：LMP 24/6。LMP 前 BBT 升 13 天，LMP 今经行 2 天，经量偏少，色红，无痛。仍经前痤疮明显。常苔，脉平弦。4 月 6 日复查：

UU（+）。辨治同前。处方：①知母 15 g、石膏 15 g、黄芩 15 g、山药 15 g、辛夷 15 g、野菊花 15 g、天葵子 15 g、银花 20 g、连翘 20 g、蒲公英 30 g。18 剂，水煎服，一日一剂，分 3 次服。②克拉霉素 0.5 po bid×7。药毕复查 UU。

五诊（2013 年 7 月 15 日）：LMP 24/6。痤疮 10 年，原发不孕 1+年，经量偏少 2 月。今 d22，BBT 未升。经前面部皮肤发痒，但痤疮近消失。舌质常略深，常苔，脉平弦。上诊中药余 3 剂。因药后痤疮基本消失，而患者月经量偏少 2 月，其四诊分析并无明显寒热虚实之脉证，故根据年龄和有无宫腔操作史，将年龄小于 35 岁或/和无宫腔操作史的患者辨为冲任不足证，治以滋养和血，用自拟的滋和汤加减。

处方：女贞子 20 g　　菟丝子 20 g　　补骨脂 20 g　　当归 15 g
　　　川芎 15 g　　　白芍 30 g　　　黄芪 30 g　　　鸡血藤 30 g
　　　桂枝 10 g　　　甘草 10 g

8 剂，水煎服，一日一剂，分 3 次服。嘱其继续服完所余 3 剂上诊中药，之后服今日中药。医嘱：复查 UU，若 UU 转（-）酌定 HSG 事宜。

六诊（2013 年 8 月 2 日）：LMP 31/7。LMP 前 BBT 升 11 天，LMP 今经行 3 天，经量增 1/2，小血块。面部痤疮经前又有新发，但较服药前明显减少。舌常略偏红，常苔，脉平偏弦。7 月 17 日复查：UU（+）。辨治同初诊。处方：知母 15 g、石膏 15 g、黄芩 15 g、山药 15 g、辛夷 15 g、野菊花 15 g、天葵子 15 g、银花 20 g、连翘 20 g、蒲公英 30 g、决明子 15 g。14 剂，水煎服，一日一剂，分 3 次服。嘱其若大便日达 3 次去决明子。②美满霉素 0.2 po qd×7。

七诊（2013 年 8 月 20 日）：LMP 31/7。面部痤疮已消，近 2 日大便干，日 1 次。LMP 量较 PMP 又增 1/3 而近常量，小血块，8 天净。近日 BBT 未规范测。常苔，脉平右略弦，左偏弦＞右。8 月 12 日复查：UU（-）。8 月 13 日 TVS：右侧卵泡 1.7 cm×2.0 cm 排出，内膜 0.9 cm。辨治同前。

处方：知母 15 g　　　石膏 15 g　　　黄芩 15 g　　　山药 15 g
　　　辛夷 15 g　　　野菊花 15 g　　天葵子 15 g　　银花 20 g
　　　连翘 20 g　　　蒲公英 30 g　　决明子 15 g

14 剂，水煎服，一日一剂，分 3 次服。医嘱：经净忌房事 3～5 天来 HSG。

八诊（2014 年 1 月 7 日）：LMP 25/11。停经 44 天，感轻微腰酸，余无特殊。2013 年 12 月 26 日他院查：P 23.45 ng/mL、β-HCG 1030.0 mIU/mL，并予以黄体酮胶囊 100 mg po tid× 至今。2014 年 1 月 6 日他院查：P 50.34 ng/mL、β-HCG 41 767.0 mIU/mL。处理：1 月 8 日上午 9∶30 查 P、β-HCG。

按语： 本案病因病机把握要点：虽然《内经·素问·生气通天论》云"汗出见湿，乃生痤痱""劳汗当风，寒薄为皶，郁乃痤"，但阳明经循荣面额，足三阳经皆循行于背而阳明多气多血，若经气循行不畅，不因"汗出见湿"或"劳汗当风"，气郁也能化火。所谓气有余便是火，火郁成毒而发为痤疮。因面额为阳明经所循荣，而阳明多气多血，若经气循行不畅，气郁化火，火盛成毒便可发为痤疮，故辨证为阳明郁热，而予自拟的清解阳明汤以清阳明郁热为主治其标，历时 4 月余，服药 96 剂后热去痘消而成功受孕。

本案治疗要点：以清利郁热贯穿始终，不悖"必伏其所主"之经旨。所自拟的"清解阳明汤"系五味消毒饮合白虎汤加减而成，以清阳明经郁热为主而获效。五味消毒饮为疮家常用且清轻上浮，而白虎汤本适应于伤寒化热入侵阳明经有高热、汗出、烦渴、脉洪见证者，本患虽本"异病同治"而用之，服后未见副作用且见疗效。

本案疗程把握要点：有是证则用是药，持之以恒，服足疗程。初诊至四诊药后均未见明显疗效，此时应谨慎思之，只要辨治方向正确，应考虑疗程不足。五诊时即患者服药 60 剂后痤疮才基本消失，也能反证之前用药未效系疗程不足之理。继之六、七诊又予以本方 28 剂后才痤疮全消，并成功受孕。

七诊时患者痤疮已消，月经量少亦基本恢复，B 超提示"右侧卵泡 1.7 cm × 2.0 cm 排出，内膜 0.9 cm"，之前的相关检查亦已正常，而此时患者未避孕已达 1+年，按 WHO 诊断标准可断为原发不孕，故建议经净忌房事 3～5 天来 HSG。然患者未行 HSG，时隔 3+月八诊时已妊娠，这是医患双方都值得高兴的事。本案患者照常规流程，逐步排查不孕原因尚可如此，而现在个别医生一来就铺开所有的诊查项目，甚至于滥检查，既增加患者经费支出，又给患者带来不必要的痛苦。临证时对于不孕患者，王成荣先生根据其年龄和病程而分三种情况处理：其一期待，针对未避孕时间较短的未曾孕育的年轻"求嗣"者；其二系统检查，针对符合不孕症诊断标准，或虽病程不足 1 年而 >25 岁的女性，或急切欲孕的女性；其三重点检查，对夫妇曾经孕育而未再孕者，基本排除男方，重点检查女方。

病案 6：继发不孕

朱某，女，32 岁。G1P0+1。未避孕 2 年未孕。

初诊（2013 年 5 月 27 日）：G1P0+1，LMP 1/5。因"未避孕 2 年未孕"就诊。患者 4 年前首孕胎停清宫，夫妇两地分居，每月相聚周许。2 年前停止避孕，至今未孕。常苔，脉平略弦。月经史：12×35×4-5，量中，色红，夹血块，无痛。5 月 9 日他院 HSG：双侧输卵管通而欠畅，20 分钟后盆内可见双管远端残影，其余为不均匀涂抹，盆粘（？）。

诊断：继发不孕。

辨证分析：造影术后 16 天，提示输卵管通而欠畅、盆粘，故辨证为冲任瘀滞。治以化瘀散结，用自拟的白莲散结汤。

处方：半枝莲 30 g　　白花蛇舌草 30 g　　皂角刺 10 g　　车前子 10 g
　　　莪术 15 g　　　土鳖虫 12 g　　　仙茅 15 g　　　淫羊藿 15 g

20 剂，一日一剂，分 3 次服。医嘱：查 PV+CT、UU、生殖抗体；测 BBT；避孕至 6 月 9 日。

二诊（2013 年 6 月 24 日）：LMP 4/6。BBT 未带。LMP 量中，色红，夹血块，5 天干净。常苔，脉平略弦。5 月 27 日查：CT（-）、UU（-），AcAb、AoAb、AsAb、EmAb、HCGAb、ZpAb 均（-）。辨治同前。

处方：半枝莲 30g　　　白花蛇舌草 30 g　　皂角刺 10 g　　车前子 130 g
　　　莪术 15 g　　　土鳖虫 12 g　　　仙茅 15 g　　　淫羊藿 15 g

20 剂，一日一剂，分 3 次服。医嘱：d11 TVS 监测排卵。

三诊（2013 年 7 月 29 日）：LMP 9/7。LMP 前 BBT 升 13 天，LMP 量中，5 天净。今 d21，BBT 升 4 天。常苔，脉平略弦。7 月 TVS 监测卵泡 3 次，疑监测时间不对而未见优势卵泡。正值排卵后阳气日盛之时，受孕与否尚未可知，故辨证为肾气不足。治以益肾固冲，用自拟的益肾固冲汤加减。

处方：杜仲 15 g　　　续断 15 g　　　菟丝子 20 g　　　黄芪 30 g
　　　白芍 30 g　　　甘草 10 g

8 剂，一日一剂，分 3 次服。医嘱：d10 TVS 监测排卵。

四诊（2013 年 9 月 17 日）：LMP 10/8。停经 39 天，无不适。常苔，脉平

略滑弦。今日查 P 21.91 ng/mL、β-HCG 2546.0 mIU/mL。

诊断：早孕待诊。辨治同前。处方：①杜仲 15 g、续断 15 g、菟丝子 20 g、党参 30 g、白芍 30 g、山药 10 g。6 剂，一日一剂，分 3 次服。②VitE 0.1 po qd×30。③叶酸 0.4 mg po qd×30。医嘱：9 月 19 日下午 2 点查 P、β-HCG，并据倍增律排除异位妊娠。

五诊（2013 年 9 月 24 日）：LMP 10/8。停经 46 天，无不适。9 月 19 日他院 TAS：宫内见 0.6 cm×0.4 cm 孕囊。诉他院予以黄体酮+HCG 治疗中。处理：建议满 50 天再 TAS，查 P、β-HCG，继续他院治疗。

按语：本案因"未避孕 2 年未孕"就诊。孕育需具备"男精壮，女经调，阴阳平，地道通，乐育适时"五个基本要素。患者曾孕一次，可初步视为男方可育。就女方因素而言，生殖抗体（-），月经规律，唯他院 HSG 提示：双侧输卵管通而欠畅，20 分钟后盆内可见双管远端残影，其余为不均匀涂抹，盆粘（?）。故本案之继发不孕多系地道欠通畅所致。从中医学理论分析，此乃冲任胞脉瘀阻或下焦瘀结，致精卵难于结合，故辨证为冲任瘀滞，治以化瘀散结的白莲散结汤 40 剂。药后次月受孕，亦可反推本案不孕的关键在输卵管。当然，对于此类不孕患者，若药后仍不能妊娠，以及输卵管完全阻塞或盆腔粘连严重而非药物可以取效者，在排除其他不孕因素后，应建议患者及时在腹腔镜下分粘或选择 ART 为宜。

病案 7：继发不孕、月经过少

陈某，女，31 岁。G1P0+1。流产清宫术后月经量少 1/2，未避孕未孕 4 年余。

初诊（2012 年 11 月 20 日）：LMP 17/11。2008 年首孕 2 月余自然流产而行清宫手术，术后便见月经量少 1/2，经期、周期均正常。未避孕 4 年余未孕。既往月经：16×30×5，量中，无痛经。纳眠可，二便调。舌常，苔常，脉平。

诊断：①继发不孕；②月经过少。

辨证分析：此为冲任虚瘀所致，法当滋阴养血活血，方用自拟滋活汤加减。

处方：菟丝子 20 g	女贞子 20 g	补骨脂 20 g	当归 15 g
川芎 15 g	鸡血藤 30 g	桃仁 10 g	

14剂，水煎服，一日一剂，分3次服。医嘱：嘱其测BBT；查生殖抗体6项；12月6日TVS测内膜；经净2日查CT、UU。

二诊（2012年12月6日）：LMP 17/11。请补充BBT等情况。舌常，苔常，脉平滑。11月23日查：AcAb、AoAb、AsAb、EmAb、HCG-Ab、ZpAb均（-），CT、UU均（-）。PV：宫颈中糜，余均正常。今（d20）阴道B超示：宫内膜厚0.8 cm。现已属经前期仍宗冲任虚瘀，治法宜兼补冲任阳气，方用自拟滋和汤。

处方：菟丝子20 g　　女贞子20 g　　补骨脂20 g　　当归15 g
川芎15 g　　白芍30 g　　黄芪30 g　　鸡血藤30 g
桂枝10 g　　甘草10 g

12剂，水煎服，一日一剂，分3次服。医嘱：嘱其测BBT；PV+HPV，若HPV（-），酌情HSG；月经周期第11天TVS测卵泡。

三诊（2013年1月25日）LMP 15/1，请补充BBT情况，若患者未测BBT则如实写即可；4天净，经量仍少。舌常，苔常，脉平略弦。2013年1月25日HSG示：①子宫偏右；②双输卵管呈通畅状态；③右管迂曲及左管壶腹部粘连，纹理似乎欠清晰。读片：20分钟盆腔内不均涂抹。可疑盆腔粘连。辨证冲任瘀滞，法当化瘀散结，方用自拟白莲散结汤。

处方：莪术15 g　　皂角刺10 g　　土鳖虫10 g　　仙茅15 g
淫羊藿15 g　　猪苓20 g　　白花蛇舌草30 g　　半枝莲30 g

20剂，水煎服，一日一剂，分3次服。医嘱：嘱其避孕至2月25日；月经周期第11天监测排卵。

四诊（2013年3月12日）：LMP 20/2，经量较少。基础体温未量。诉排卵日和经前5天腰酸、胀痛。舌常，苔常，脉平略弦。仍宗冲任虚瘀，法同二诊，方用自拟滋和汤。

处方：菟丝子20 g　　女贞子20 g　　补骨脂20 g　　当归15 g
川芎15 g　　白芍30 g　　黄芪30 g　　鸡血藤30 g
桂枝10 g　　甘草10 g

12剂，水煎服，一日一剂，分3次服。医嘱：嘱其周期第11天TVS测排卵；必须测BBT。

五诊（2013 年 5 月 24 日）：LMP 16/5，经量仍少。察其神可，面色如常。纳眠可，二便调。舌常，苔常，脉平。现属经后期，仍宜滋活汤治之。

处方：菟丝子 20 g　　女贞子 20 g　　补骨脂 20 g　　当归 15 g
　　　川芎 15 g　　　鸡血藤 30 g　　桃仁 10 g

6~12 剂，水煎服，一日一剂，分 3 次服。医嘱：嘱其监测排卵，及时乐育。

六诊（2013 年 7 月 8 日）：LMP 16/5。停经 54 天，间断小腹隐痛 10 余天。纳眠可，稍有恶心，大便 1~3 天 1 次，成形。无阴道出血，无腹痛腰酸。舌常，苔常，脉平略滑。6 月 26 日他院查 P 10.65 ng/mL、β-HCG 19 903 mIU/mL。7 月 5 日他院腹部 B 超示：子宫增大，宫内探及 2.1 cm × 1.6 cm × 2.5 cm 孕囊回声，胎芽长 1.0 cm，见胎心。当天再验血查 P 10.1 ng/mL，β-HCG 72 050 mIU/mL。法当益肾固冲，方用自拟益肾固冲汤加减。处方：①杜仲 15 g、续断 15 g、菟丝子 20 g、党参 30 g、白芍 30 g、山药 10 g。12 剂，水煎服，一日一剂，分 3 次服。②黄体酮针 20 mg im qd × 20，嘱若无不适孕酮针毕复诊。③VitE 胶丸 0.1g po qd × 30。

七诊（2013 年 7 月 26 日）：停经 72 天，干咳，痰黄少 1 周，咳甚扯小腹痛。无出血，不腰酸。近 2 日眠浅易醒，能再睡，纳可，二便调。舌常，苔常，脉平略弦。7 月 15 日腹部 B 超：子宫大小约 5.8 cm × 6.2 cm × 7.1 cm，宫内可见胚胎发育，胎儿头臀 2.3 cm，胎心胎动好。此乃风热犯肺，法当辛凉宣肺，方用银翘散加减。处方：①薄荷 10 g、辛夷 15 g、天冬 15 g、银花 20 g、连翘 20 g、桑叶 10 g、前胡 15 g、杏仁 10 g、百部 15 g。4 剂，水煎服，一日一剂，分 3 次服。②黄体酮针 20 mg im qd × 12，嘱无不适，药毕后产科医院建卡。

按语：王成荣先生诊治不孕患者，首先是查找原因，即对不孕夫妇双方同时进行有针对性的系统性相关医学检查，明确症结所在，避免盲目施治。所选辅检项目则遵既不漏查，也不滥查，节省时间、节约经费的原则，针对就医者的具体情况区别对待。若已他院检查过而资料可信度高者，均不再复查。患者首孕清宫后经量少 1/2 并继发不孕 4 年就诊，测 BBT 及 B 超监测排卵了解患者排卵及黄体功能；查生殖抗体排免疫性不孕。在周期第 20 天行阴道 B 超了解子宫内膜厚度是否适宜胚胎着床。取宫颈管分泌物查 CT、UU 排查感染性因素并为 HSG 做好准备，避免在 HSG 检查中将宫颈的病原体带入宫腔、盆腔导致医源性感染。患者与其夫曾怀孕1次，对其夫暂未做精液分析。HSG示双输卵管通畅，虽难以排出盆腔粘连，但有自然受孕可能。五诊后即孕说明HSG之必要性且功不可没。

故本案临证思辨特点：重在完善检查，了解不孕环节；针对金刃手术存在胞宫脉络损伤，难免留瘀之冲任虚瘀证。按月经气血阴阳消长循环交替之不同时段滋养活血或兼益气和血施治。

患者首孕自然清宫后即经量少1/2，表明冲任亏虚。而清宫之金刃或致冲任脉络伤损，难免留瘀。首诊临近经后期，予自拟中药滋活汤滋阴养血活血，以促冲任阴血复常运行。二诊为经前期，故改用滋和汤以兼补冲任之经气。四五诊变换处方，理同一二诊。三诊因子宫输卵管造影示输卵管通畅而盆腔粘连待排，且HSG后应避孕一月，故予自拟白莲散结汤活血化瘀散结。六诊时已孕，据肾主生殖，肾气系胎，故孕后应予益肾固冲安胎。孕后因感受风热外邪，恐影响胎元，故予中药清疏风热，止咳化痰。告知其药毕即停经3月，无不适可建卡。后未再复诊。

本案应以中西医之疗效结论为妥。值得反思的是六诊后一周（15/7）患者曾来我院B超再次确定宫内活胎，属不必要的辅检。开单医生迁就病人，不能以服务态度好视之。

病案8：继发不孕、月经量少

吴某，女，37岁。G3P1+2，2008年外院剖宫产1子，末孕：2012年1月胎停清宫。未避孕。胎停清宫术后1+年，伴量少1/2。

初诊（2013年6月17日）：LMP 4/6，量少，无痛经，4天净。首孕2004年人流，次孕2008年外院剖宫产1子，现体健。末孕2012年1月因孕2月无胎心，于成都市某医院清宫，术后月经渐少1/2，余同既往。纳眠可，二便调。现欲调经，怀孕希顺其自然。舌常，苔常，脉平，左＜右。

诊断：清宫术后经量少1/2待诊。

辨证分析：患者已过"五七"，宫腔手术史而出现月经量少，故辨证为冲任不足夹瘀虚瘀。予自拟滋和汤滋养活血。

处方：女贞子20 g　　菟丝子20 g　　当归15 g　　川芎15 g
　　　白芍30 g　　　黄芪30 g　　　鸡血藤30 g　　桂枝10 g

甘草 10 g

6~14剂，一日一剂，水煎300 mL，分3次服。医嘱：嘱测好BBT；6月24日测子宫内膜厚度。

二诊（2013年7月4日）：LMP 28/6，量少，无痛经，5天净。服上诊方后LMP经量较PMP无明显增加。LMP前BBT仅测数日，可见高相，经潮后BBT下降。舌常，苔常，脉平，左＜右。6月24日（d21）我院TVS：子宫前位，大小4.6 cm×6.9 cm×5.5 cm，实质回声均匀，未见占位，内膜居中，厚1.1 cm（双）。双附件区未见异常回声。黄体中期内膜厚度正常，经量仍少，故辨证为冲任瘀滞，予自拟白莲散结汤加减化瘀行滞。

处方：莪术 15 g　　皂角刺 10 g　　土鳖虫 12 g　　仙茅 15 g
　　　淫羊藿 15 g　　车前子 10 g　　白花蛇舌草 30 g　　半枝莲 30 g

6~18剂，一日一剂，水煎300 mL，分3次服。医嘱：继续测BBT。

三诊（2013年8月6日）：LMP 24/7，量少，4天净。药后LMP较PMP约多浸半张卫生巾，色红。LMP前BBT上升10天。今d14天，BBT单相。纳眠可，二便调。舌质偏红，苔常，脉平略弦。辨证同初诊。

处方：女贞子 20 g　　菟丝子 20 g　　补骨脂 20 g　　当归 15 g
　　　川芎 15 g　　白芍 30 g　　黄芪 30 g　　鸡血藤 30 g
　　　桂枝 10 g　　甘草 10 g

6~18剂，一日一剂，水煎300 mL，分3次服（经期不停药）。

四诊（2013年8月29）：LMP 24/7，量少，5天净。现停经37天，BBT已处高温23天，无不适。舌常，苔常，脉平。2013年8月28日我院查P 13.73 ng/mL，HCG 20 217 mIU/mL，E2 325.5 pg/mL。

诊断：37天孕。肾主生殖，孕后辨证为肾气不足，予益肾固冲汤加减治之。
处方：①杜仲 15 g、续断 20 g、菟丝子 20 g、党参 30 g、白芍 30 g、山药 10 g。6剂，一日一剂，水煎300 mL，分3次服。②黄体酮针 20 mg qd×10天，药毕查P、HCG。

按语：患者已过"五七"之年，加之胎停清宫，术后即经少一半。根据《内经·素问·上古天真论》云"女子五七，阳明脉衰，面始焦，发始堕"，其云"阳明脉衰"之表象仅为"面始焦，发始堕"，而无气血不足之其他症状，也无胃气见弱、纳呆脘胀等化源不足症状。探究其经义应为阳明经脉上荣头面皮肤之浮络自"五七"后开始自然虚衰。经脉如环无端，荣于胞宫冲任的孙络于"五七"之后易瘀塞，故辨证为冲任虚瘀，予滋活汤以滋养活血。于6月24日黄体期查子宫内膜厚度1.1 cm，可知冲任脉络瘀滞为主，予白莲散结汤化瘀行滞。三诊仍宗冲任虚瘀，予滋活汤滋养活血。孕后按肾气不足论而予以益肾固冲汤。

病案 9：经期延长、原发不孕

蒲某，女，26岁。G0P0+0。月经期延长12年，未避孕2年未孕。

初诊（2013年5月21日）：G0P0+0，LMP 2/5，PMP ?/4。因"经期延长12年，未避孕2年未孕"就诊。患者14岁初潮始便见月经常出血10～30天全净，量不多，色暗，有时夹血块，常需服止血药才血止，而其月经周期基本正常。曾在他院就诊，断为"青春期功能失调性子宫出血"，并诊刮2次，病理结果不详，用妈富隆治疗，但停药后经期延长再现。1年前他院就诊又断为"PCOS"而予以达因治疗，虽较前有所好转但经期仍10+天。LMP 量少，10天净。患者有性生活2年，一直未避孕，至今未孕。患者体重44 kg；身高164 cm。2012年10月26日他院查：E2 165 pg/mL，P 0.5 ng/mL，T 4.17 ng/mL，LH 14.37 mIU/mL，FSH 4.84 mIU/mL，PRL 544.01 uIU/mL。2012年10月26日他院TVS：子宫后位，前后径2.8 cm，肌层回声均匀，宫内膜居中，厚约0.6 cm；双附件未见明显异常。

诊断：①PCOS（？）；②原发不孕。

处理：明查OGTT/Ins后处方。

二诊（2013年5月22日）：5月22日查：GLU0h 4.93 mmol/L，GLU1/2h 11.06 mmol/L，GLU1h 9.31 mmol/L，GLU2h 6.59 mmol/L，GLU3h 3.95 mmol/L，Ins0h 10.41 uIU/mL，Ins1/2h 112.7 uIU/mL，Ins1h 212.7 uIU/mL，Ins2h 79.3 uIU/mL，Ins3h 24.48 uIU/mL。处理：①格华止0.5 po tid×60，药毕二三日复查OGTT之Ins、肝功、肾功、血脂；②测BBT。

三诊（2013年8月6日）：LMP 12/7，PMP 24/6。BBT未测。LMP 量偏少，7天净。PMP 量中，7天净。8月6日查肝肾脂均在正常范围之内；查：Ins0h 8.97 uIU/mL，Ins1/2h 102.7 uIU/mL，Ins1h 114.2 uIU/mL，Ins2h 86.78 uIU/mL，Ins3h 18.69 uIU/mL。处理：①格华止 0.5 po tid×60，药毕二、三日复查OGTT之Ins。

②测 BBT。

四诊（2013 年 10 月 18 日）：LMP 3/9，PMP 7/8。停经 46 天，无不适。常苔，脉平偏弦。共服格华止 4 月，10 月 11 日药毕。10 月 16 日他院 TAS：子宫前位，前后径 4.7 cm，宫内见 2.9 cm×1.5 cm×3.4 cm 孕囊，其内可见胚芽长 0.8 cm 及原始心管搏动；双附件未见明显异常。提示：宫内早孕活胎。

诊断：早孕。辨证为肾气不足，治以益肾固冲，用自拟的益肾固冲汤加减。处方：①杜仲 15 g、续断 15 g、菟丝子 20 g、党参 30 g、白芍 30 g、山药 15 g。12 剂，一日一剂，分 3 次服。②VitE 0.1 po qd×30。③叶酸 0.4 mg po qd×30。④查 P、β-HCG，若 P 偏低可加黄体酮针 20 mg im qd。

五诊（2013 年 10 月 28 日）：LMP 3/9。停经 56 天，无不适。常苔，脉平滑略偏弦。10 月 18 日查 P 21.84 ng/mL、β-HCG 170 512.0 mIU/mL。辨治同前。

处方：杜仲 15 g　　　续断 15 g　　　菟丝子 20 g　　　党参 30 g
　　　白芍 30 g　　　山药 15 g

12 剂，一日一剂，分 3 次服。医嘱：立即查 P、β-HCG。

按语：本例因"经期延长 12 年，未避孕 2 年未孕"就诊，诊断为多囊卵巢综合征和原发不孕。临证时王成荣先生主张在明确西医诊断前提下，选择或中或西或中西并举的治疗方法，并以是否能获取最佳疗效，是否最有益于患者为标准，谨遵"验、便、廉"。故本案初诊时并未处方用药，而是结合其病史和相关检查，进行有针对性的补充检查。二诊、三诊则据高胰岛素血症而予以格华止 4 月，药后月经渐恢复而受孕。

《女科经纶·引女科集解》曰："女之肾脉系于胎，是母之真气，子之所赖也。"鉴于患者初潮始便见月经失调，此乃先天禀赋肾气不足，冲任不固，不易摄精成孕，故孕后虽无明显异常脉证，仍辨为肾气不足，治以益肾固冲。

据王成荣先生补充：①患者未遵三诊医嘱复查胰岛素或与其已妊娠有关。②四诊时要求查 P、β-HCG，并且嘱其"若 P 偏低可加黄体酮针 20 mg im qd"，然患者查后并未把检查报告给就诊医生处理，五诊时见其 P 21.84 ng/mL，故要求立即查 P、β-HCG。之后患者未再就诊，不知其检查结果而未进行处理。反而于 2014 年 1 月 10 日就诊时诉于 12 月 4 日时在他院胎停而清宫。

病案 10：原发不孕

王某，女，30岁。G0P0+0，无避孕3年未孕。

初诊（2006年12月1日）：LMP 7/11。近3年夫妇同居未避孕，月经规律，性生活及丈夫精液检查正常。2006年4—6月B超监测示：无排卵，输卵管通水示：双侧通畅。1个月前性激素和甲状腺功能检查正常，抗精子抗体及TORCH抗体均阴性。就诊时月经周期第25天，BBT仅升3天。舌淡红，苔薄白，脉略弦。妇科检查无异常。

西医诊断：原发不孕待诊，黄体不健（？）。

中医诊断：不孕症，证属肾虚冲任不足。

辨证分析：患者年近30岁，同居3年未曾妊娠，按"男精壮—女阴阳平—月经调—地道通—乐育时"的诊疗模式，综合分析临床检查、检验，或可初步排除男方以及女方输卵管与免疫因素所致不孕，系排卵功能障碍。因肾藏精，主生殖，卵巢功能异常之不孕理当责之于肾，故辨为肾虚冲任不足证。治宜补肾固冲。方用《医学衷中参西录》寿胎丸加减。

处方：黄芩15 g　　白术10 g　　杜仲15 g　　续断15 g
　　　菟丝子20 g　肉苁蓉20 g　淫羊藿15 g　黄芪30 g

水煎服，6剂，一日一剂。

二诊（2006年12月11日）：LMP 5/12，经前BBT高温期8天，已连续2周期为短黄体期之黄体不健。现值经后，为阴长期，故养血以促使阴血生长，兼活血以利阴阳转化，同时谨守病机不忘补肾。治宜补肾养血活血。方用《医宗金鉴·妇科心法要诀》桃红四物汤加减。

处方：香附15 g　　当归10 g　　川芎10 g　　鸡血藤30 g
　　　桂枝10 g　　桃仁10 g　　川红花12 g　菟丝子20 g
　　　补骨脂20 g

12剂。

三诊（2006年12月25日）：LMP 5/12。周期第21天，无明显透明白带，BBT上升5天。近日口干、大便干燥。舌淡红，苔薄白，脉略弦。治宜补肾固冲，方用寿胎丸加减。

处方：黄芩12 g　　白术10 g　　菟丝子20 g　肉苁蓉20 g
　　　杜仲15 g　　续断15 g　　火麻仁20 g　郁李仁15 g

6剂。

四诊（2007年1月2日）：LMP 1/1，经前BBT上升11天。昨日起出现咽干咽痒，现为周期阴长阶段，宜滋养肝肾。

方用《扶寿精方》二至丸合《丹溪心法》五子衍宗丸加减。

处方：生地黄20 g　　女贞子20 g　　墨旱莲20 g　　菟丝子20 g
　　　金樱子20 g　　覆盆子20 g　　车前草10 g　　桔梗10 g
　　　玄参20 g　　　麦冬15 g　　　甘草10 g

12剂。

五诊（2007年1月19日）：LMP 1/1，周期第19天，BBT上升4天。值周期阳长阶段，宜补肾固冲，拟寿胎丸加减。

处方：黄芩12 g　　　白术10 g　　　杜仲15 g　　　续断15 g
　　　菟丝子20 g　　肉苁蓉20 g　　黄芪30 g

12剂。

六诊（2007年2月2日）：LMP 30/1。之前BBT上升13天。治宜滋补肝肾。拟二至丸合五子衍宗丸加减。

处方：生地黄20 g　　女贞子20 g　　枸杞子20 g　　金樱子20 g
　　　覆盆子20 g　　车前子10 g　　川芎10 g

12剂。

七诊（2007年5月11日）：LMP 20/4。上诊后因故中断治疗。现BBT上升12天，眠差。常苔，脉略弦。拟寿胎丸加减。

处方：黄芩12 g　　　白术10 g　　　杜仲15 g　　　续断15 g
　　　菟丝子20 g　　肉苁蓉20 g　　白芍30 g　　　甘草10 g
　　　酸枣仁30 g

7剂。

八诊（2007年5月29日）：LMP 15/5，行经伴下腹胀痛。周期第9、11、14、15天B超监测：右卵巢卵泡1.4 cm×1.3 cm；1.6 cm×1.7 cm；2.3 cm×1.9 cm；2.5 cm×2.2 cm。常苔；脉弦。虽经上六诊补肾调冲任治疗后，BBT高温期由8天增至13～14天。但B超检测提示卵泡不破裂黄素化，表明患者不孕与此有关。卵泡不破并经期下腹胀痛，可辨为气滞血瘀，气机不畅。治宜行气活血，以疏通气机。自拟三川汤加减。

处方：香附 15 g　　枳壳 12 g　　川牛膝 30 g　　川芎 10 g

当归 10 g　　桃仁 10 g　　红花 12 g

6 剂。

九诊（2007 年 6 月 7 日）：LMP 15/5。现周期 23 天，BBT 上升 8 天。6 月 1 日查孕酮 3.44 ng/mL。治宜补肾固冲，方用寿胎丸加减。

处方：黄芩 12 g　　白术 10 g　　杜仲 15 g　　续断 15 g

菟丝子 20 g　　肉苁蓉 20 g　　鸡血藤 30 g

12 剂。

十诊（2007 年 8 月 6 日）：LMP 26/7。现临近经间期，鉴于 B 超监测提示"卵泡不破裂黄素化"，治宜行气活血，以冀或有助排卵，方用三川汤加减。

处方：香附 15 g　　枳壳 12 g　　川牛膝 30 g　　桃仁 10 g

鸡血藤 30 g　　当归 10 g　　川芎 10 g

12 剂。

十一诊（2007 年 8 月 21 日）：LMP 26/7。8 月 6 日—13 日阴道超声监测在左卵巢卵泡 2.1 cm×2.0 cm 后未见消失而 BBT 即上升，至今已升 11 天。宜促其化散，服下方。

处方：桂枝 10 g　　猪苓 20 g　　泽泻 20 g　　皂角刺 10 g

白花蛇舌草 30 g　　连翘 20 g　　桃仁 10 g

12 剂。

十二诊（2007 年 9 月 3 日）：LMP 23/8。今阴道超声：左卵巢最大卵泡 2.0 cm×1.8 cm。仍宜行气活血，方用三川汤加减。

处方：香附 15 g　　枳壳 12 g　　川牛膝 30 g　　桃仁 10 g

当归 10 g　　川芎 10 g　　鸡血藤 30 g　　桂枝 10 g

6 剂。

嘱明日阴道超声继续监测卵泡发育；HCG 6 000 U 备用。

十三诊（2007 年 9 月 10 日）：LMP 23/8。于上诊次日 HCG 6 000 U 肌注一次，今阴道超声示已排卵。常苔，脉略滑左偏小。法当益肾固冲，方用寿胎丸加减。

处方：杜仲 15 g　　　续断 15 g　　　菟丝子 20 g　　　肉苁蓉 20 g
　　　党参 30 g　　　白芍 30 g　　　甘草 10 g

12 剂。

十四诊（2007 年 9 月 27 日）：LMP 23/8。停经 36 天，BBT 上升 20 天，9 月 23 日尿 HCG（+），9 月 24 日 β-HCG 629.3 mIU/mL，9 月 26 日 β-HCG 1 257.6 mIU/mL，无不适。处理：①叶酸 0.4 mg qd × 30 天；②维生素 E 0.1 qd × 30 天。暂勿服中药。

按语：本案为原发不孕，经系统检查排除男方原因，结合相关检查疑为女方排卵功能障碍所致，并据以检测排查取证诊断。因肾主生殖，肾虚不能摄精成孕，故治疗以补虚为要。诊疗过程中顺应女性月经周期之冲任气血阴阳盈虚消长的循环交替变化：经后滋养活血以助阴血生发；经间行气活血以促经气阴阳消长之交替；经前期益肾固冲以利维系胎元之安定。鉴于用三川汤并未达到促排卵的效果，遂结合病情适时采用西法 HCG 促排卵而妊娠。故就本案而言，致孕的疗效实为及时选用促排卵有效之 HCG 收功，这是一。第二，从初诊至确诊怀孕历时近 10 个月共十四次就诊，扣除因故六诊后停药 3+月，就诊后又 1+月未治，应为经历 5+月收效，符合诊治不孕症通常需要的大致疗程时日。第三，从一二诊的 BBT 看，患者虽然月经应期，但均属短黄体期，经服中药共 18 剂，二诊后黄体功能即已正常。因故辍诊 3+月七诊时 BBT 已升高 14 天仍未孕，乃于七诊后开始 TVS 监测排卵又发现卵泡不破裂黄素化综合征，经间期服中药后，及时以 HCG 促排卵而受孕。因此可以认为既来在诊疗过程中有所耽延，亦符合中西医结合主张先确定西医诊断，再按属于中药口服疗法适应证者，宜先中后西，能中不西，衷中参西和分阶段适时搭配中西医药治疗，有所主次侧重。

病案 11：反复自然流产并继发不孕

刘某，女，30 岁。G6P0+6，重复流产后，无避孕未孕伴月经量少 1+年。

初诊（2007 年 8 月 17 日）：LMP 13/8。曾 4 次人流，2 次药流，2005 年连续自然流产 2 次，均于 60+天孕时胚胎自然死亡。2005 年 12 月末次自然流产后未避孕至今未孕，伴经量减少。2005 年 11 月查 ACAb（+），他院予强的松和阿司匹林联合治疗 3 月后转阴。2006 年查 HLA-DR（-），免疫治疗 6 次后为弱阳性,末次治疗于 2006 年 9 月。妇检无异常。常苔,脉略弦。

西医诊断:宫腔粘连、宫内膜发育不良、继发不孕。

中医诊断:月经过少、继发不孕。证属冲任虚瘀。

辨证分析:因 6 次流产史,损伤冲任,肾气亏虚,不能摄精成孕,肾虚精血不足,月经量少;多次冲任脉络损伤,血溢脉外留滞成瘀,故辨证为冲任虚瘀。治宜固冲活血。方用《医宗金鉴》当归建中汤加减。

处方:桂枝 10 g　　白芍 30 g　　甘草 10 g　　当归 5 g
　　　黄芪 30 g　　鸡血藤 30 g　　桃仁 10 g　　河车粉 3 g

12 剂,一日一剂。

二诊(2007 年 9 月 14 日):LMP 8/9,4 天净,量仍少,经前 BBT 上升 10 天。9 月 10 日月经第 3 天 B 超下宫腔分粘:子宫颈内口粘连,宫腔深 7 cm,较窄。分离后宫颈口见深色液体流出,量不多。便秘。常苔,脉略弦。上诊方减白芍、甘草,加重活血散瘀之皂角刺、连翘,12 剂。辅以补佳乐 2 mg qd × 7 天。

三诊(2007 年 10 月 23 日):LMP 30/9。现月经周期第 24 天,BBT 升约 10 天。今阴道 B 超示子宫内膜 0.5 cm。月经将至。常苔,脉略弦。当归建中汤加附片以增强温中之力。

处方:桂枝 10 g　　附片 12 g　　当归 15 g　　川芎 15 g
　　　鸡血藤 30 g　　白芍 30 g　　甘草 10 g　　决明子 15 g

12 剂。

四诊(2007 年 11 月 30 日):LMP 22/11,PMP 25/10,经量无明显增加,BBT 双相。舌脉同前。续用《医宗金鉴》当归建中汤加减温中补血。

处方:桂枝 10 g　　白芍 30 g　　甘草 10 g　　当归 5 g
　　　黄芪 30 g　　桃仁 10 g　　鸡血藤 30 g

12 剂。

五诊(2008 年 1 月 14 日):LMP 12/1。于 PMP 16/12/2007 行经当日再次宫腔探查、分粘。现行经第 3 天,色红,夹小血块。舌脉同前。辨证仍宗冲任虚瘀。滋活为治,以桃红四物汤加减。

处方:当归 10 g　　川芎 15 g　　白芍 30 g　　覆盆子 20 g

菟丝子20 g　　　补骨脂20 g　　　鸡血藤30 g　　　桃仁10 g

2剂。

六诊（2008年2月5日）：LMP 12/1，4天净，量较前多1/3。现周期第25天，BBT已升10天，又见便秘。无其他不适。舌脉同前。用《医林改错》少腹逐瘀汤加减温补活血。

处方：附片12 g　　肉桂10 g　　　高良姜10 g　　　小茴香10 g
　　　当归20 g　　川芎15 g　　　白芍30 g　　　　鸡血藤30 g
　　　决明子15 g

12剂，并嘱经潮再探宫腔。

七诊（2008年2月15日）：LMP 6/2，行经6天，量少。现月经周期第9天，白带增多，食纳差，入睡难，平时情绪波动较大，大便干结。舌脉同前。以桃红四物汤加减滋养和血，促使气血阴阳转化。

处方：枸杞子20 g　　菟丝子20 g　　熟地黄20 g　　当归15 g
　　　川芎15 g　　　白芍30 g　　　桃仁10 g　　　鸡血藤30 g
　　　黄芪30 g　　　决明子15 g

12剂。

八诊（2008年2月28日）：LMP 6/2。月经周期第23天，BBT不典型上升6天。舌脉同前。按冲任气血阴阳消长交替互化应为阳长期，但不能确定是否已孕，故在温中补虚和血基础上加益肾固冲为法。拟寿胎丸合当归建中汤加减。

处方：杜仲15 g　　　川断15 g　　　菟丝子20 g　　补骨脂20 g
　　　白芍30 g　　　桂枝10 g　　　当归15 g　　　川芎15 g
　　　甘草10 g　　　鸡血藤30 g
　　　决明子15 g

12剂。

九诊（2008年3月6日）：LMP 6/2。今月经周期第30天，BBT不典型上升9天，波动较大。仍入睡难、易惊醒，情绪不稳定，腰酸喜按揉，口干，便仍欠爽。舌脉同前。因冲任虚瘀，气机运行不畅，治宜行气活血，佐以安神。自拟三川汤加减。

处方：香附 15 g　　枳壳 12 g　　桂枝 10 g　　川芎 15 g
　　　当归 15 g　　桃仁 10 g　　延胡索 15 g　　酸枣仁 20 g
　　　首乌藤 60 g　决明子 15 g

6 剂。

十诊（2008 年 3 月 17 日）：LMP 8/3。于 PMP 6/2 第 3 次探查宫腔、分粘。现周期第 10 天，BBT 未升。舌脉同前。仍宜行气活血三川汤加减。

处方：香附 15 g　　枳壳 12 g　　川牛膝 30 g　　川芎 10 g
　　　当归 10 g　　桃仁 10 g　　鸡血藤 30 g　　决明子 15 g

6 剂。

十一诊（2008 年 3 月 28 日）：LMP 8/3，量仍不多，色红无块。现 BBT 已升 8 天。舌脉同前。仍宜寿胎丸合当归建中汤益肾和血。

处方：杜仲 15 g　　续断 15 g　　菟丝子 20 g　　肉苁蓉 20 g
　　　白芍 30 g　　桂枝 10 g　　当归 5 g　　　黄芪 30 g
　　　火麻仁 20 g　郁李仁 15 g

6 剂，后随症稍作加减续服 18 剂。

十二诊（2008 年 6 月 3 日）：LMP 3/5。BBT 现已连续升高 14 天，偶小腹不适，伴坠胀。舌脉同前。查血 β-HCG 8 630.79 mIU/mL，P 29.35 ng/mL；阴道超声：子宫 4 cm × 4.9 cm × 5 cm 孕囊，宫内见 0.5 cm × 0.9 cm 的泡状暗区。诊断为早孕。

按语：多次人流和药流难免损伤冲任。冲任虚瘀难于系胎，遂为 2 次自然流产及其后之经量少和不孕。本案应用最多的当归建中汤，《千金翼方》谓"治妇人产后虚羸不足""若大虚，加饴糖六两"。患者经少不孕 2 年属久病多虚，但并无其他虚损脉证，故非大虚。因此参照《医宗金鉴·妇科心法要诀》"调经门汇方"无饴糖之当归建中汤随证加桃仁或附片，从中州缓补兼化瘀或温通。宫腔分粘后或经前以桃红四物汤或自拟三川汤加减，皆系师《金匮要略》热入血室"经水适来""刺期门"，随其实而泻之法，趁血海满溢促瘀血随月经而去之。排卵后疑孕或确定已孕则以寿胎丸加减补肾固冲。十余诊后终于受孕。服中药期间曾 3 次宫腔分粘，为孕卵着床提供了有利条件，其功亦不可没。本案体现了先生中西医结合，各取其长的诊疗特点：先中后西，衷中参西，各有针对，互补为功。

病案 12：免疫性不孕

罗某，女，23 岁。G0P0+0，未避孕未孕 2＋年。

初诊（2007 年 7 月 10 日）：LMP 21/6。结婚 2＋年未孕，男方性功能正常。近 2 年月经偶尔提前 10 余天，经期偶尔 10 余天，余无特殊。性激素正常；6 月 21 日他院查生殖抗体中 EmAb（+）、AoAb（+）；5 月 10 日他院输卵管造影：子宫形态、大小正常，双输卵管连续显影，当日盆腔弥散差，未作次日拍片。月经初潮 14 岁，周期 28～30 天，经期 3～4 天，量中等，无痛经。现月经周期第 19 天，BBT 未升。常苔，脉略弦偏细。

西医诊断：原发不孕（免疫性不孕）。

中医诊断：不孕症；证属血分郁热。

辨证分析：视抗体为中医学的"正气"之一项指标，抗子宫内膜和抗卵巢抗体阳性则可从"气有余便是火"辨治。因火热之邪见于阴血之中，故治宜清热利湿活血。拟方《伤寒论》栀子柏皮汤加减。

处方：茵陈 12 g　　　栀子 12 g　　　黄柏 15 g　　　桃仁 10 g
　　　红花 12 g　　　香附 15 g

28 剂。

二诊（2007 年 8 月 28 日）：LMP 25/8，行经第 4 天，量正常。LMP 前 BBT 不典型上升 11 天。常苔，脉略弦。现值经期，宜因势利导，加强化瘀为法。初诊原方加莪术 15 g、皂角刺 10 g、甘草 10 g。12 剂。

三诊（2007 年 9 月 18 日）：LMP 25/8。现周期第 24 天，BBT 未升。舌散在瘀点，常苔，脉偏小。上诊方去甘草、桃仁，加桂枝 10 g、猪苓 20 g、枳壳 12 g、川牛膝 30 g、鸡血藤 30 g，以增强养血活血之力，10 剂。

四诊（2007 年 10 月 16 日）：LMP 29/9。BBT 上升 7 天，波动大。纳眠好，二便调。常苔，脉略弦，脉右大于左。仍宗清热利湿活血，守方《伤寒论》栀子柏皮汤加减。

处方：茵陈 12 g　　　栀子 15 g　　　黄柏 15 g　　　桃仁 10 g
　　　猪苓 20 g　　　皂角刺 10 g　　甘草 10 g

20 剂。后在此基础方上随月经周期加活血化瘀之品，4 月共服 70 剂。

五诊（2008 年 3 月 27 日）：LMP 10/3。3 月 26 日复查生殖抗体均（-）。

LMP前BBT呈双相，缓升11天，升幅0.2~0.4℃。现周期第18天BBT未升。今妇检无异常，阴道超声：子宫大小4.7 cm×4.7 cm×3.4 cm，内膜0.8 cm，左卵巢见一3 cm×2.5 cm弱回声团。舌面散在瘀点，常苔，脉略弦。患者免疫抗体转阴仍未孕，据既往月经偶有失调，BBT呈缓升型，故从肾气不足辨治。本"血为气母"，宜温肾补血。方用四物汤合二仙汤加减。

处方：当归10 g　　川芎10 g　　白芍20 g　　熟地黄20 g
　　　仙茅15 g　　淫羊藿15 g　　鸡血藤30 g

6剂。

六诊（2008年5月16日）：LMP 9/4。停经37天，尿HCG（+）。舌脉同前。查血β—HCG 4466.59 mIU/mL，P 18.29 ng/mL。虽已孕，因此前BBT示非典型双相，故仍应益肾固冲，以防胎元不固。方用《医学衷中参西录》寿胎丸加减。

处方：杜仲15 g　　川断15 g　　菟丝子20 g　　白芍30 g
　　　甘草10 g　　党参30 g

6剂。

七诊（2008年5月30日）：停经51天，纳差伴干呕，体倦，胸闷，偶有心悸，无腹痛或阴道流血。舌苔正常，脉略弦。阴道超声：宫内见0.8 cm×0.7 cm孕囊及0.5 cm×0.4 cm胚芽。孕后阴血聚以养胎，心失所养，症见心悸，故治宜益肾养心。干呕为冲气上逆致胃失和降之轻症。拟寿胎丸合生脉散加减。

处方：杜仲15 g　　续断15 g　　太子参30 g　　麦冬15 g
　　　五味子10 g　　桂枝10 g　　熟地黄15 g

6剂。嘱产科定期随访。

按语：该不孕患者两项免疫抗体阳性，参照抗体属中医学正气检测指标之一，而异常抗体（+）便可按"气有余便是火"论治。因抗体存在于血中，故临床从血分郁热入手，治以清热利湿活血。前四诊均以《伤寒论》栀子柏皮汤加减。栀子柏皮汤首见于《伤寒论》第268条之阳明病"伤寒身黄发热者，栀子柏皮汤主之"。宋代成无己注"伤寒身黄，胃有瘀热，当须下去之。此以发热，为热未实；与栀子柏皮汤解散之"。成注颇当；以其属"伤寒"之"阳明病"也。而方中以栀、柏清热燥湿，伍甘草清热解毒和胃，亦可佐证。王成荣先生援引以治"气有余便是火"之"血分郁热"亦以足阳明胃乃多气多血之经，并常加茵陈、石韦、桃仁以利湿活血而命名为习用之泻火达衡汤,对某些生殖抗体异常之转阴有一定效果。之后,据患者偶有月经期长,BBT呈缓升型,辨为肾气不足,不能摄精成孕,治以温肾补血;孕后转为益肾固冲收效。

病案 13:原发不孕

唐某,女,32 岁。G0P0+0,无避孕未孕 1＋年。

初诊(2007 年 12 月 3 日):LMP 18/11。结婚 4＋年,停避孕 1＋年未孕。月经初潮 12 岁,周期 35～45 天,经期 7 天,经量中等;经行偶轻微腹痛或腹泻,有小血块,块出痛减。LMP 前 BBT 曾上升 11 天,但呈缓升型。现周期第 16 天,BBT 单相,纳、眠可,二便调。常苔,脉平略弦。

西医诊断:月经稀发、原发不孕待诊。

中医诊断:①不孕症;②月经后期;辨证为肾气不足。

辨证分析:若按正常周期,今已属冲任气血消长、阴阳交替变化的经间期,治宜行气活血调经。以自拟方三川汤加减。

处方:桂枝 10 g　　香附 15 g　　枳壳 12 g　　川牛膝 30 g
　　　当归 10 g　　川芎 10 g　　桃仁 10 g　　鸡血藤 30 g

水煎服,12 剂,一日一剂。

二诊(2007 年 12 月 17 日):LMP 18/11。现为月经周期第 30 天,BBT 未升。常苔,脉右大于左。此为经前期,属阳长期,治宜温补活血调经。方用《千金翼方》当归建中汤加减。

处方:桂枝 10 g　　白芍 30 g　　甘草 10 g　　当归 5 g
　　　黄芪 30 g　　桃仁 10 g　　鸡血藤 30 g

12 剂。

三诊(2008 年 1 月 10 日):LMP 6/1。之前 BBT 缓升 12 天。现行经第 5 天,无不适。常苔,脉略滑。证治同前,上方加仙茅 15 g、淫羊藿 15 g、生地黄 20 g。10 剂。

四诊(2008 年 1 月 24 日):LMP 6/1。现月经周期 19 天,BBT 未升,白带不多。舌常,脉平。仍宗肾气不足,不能及时促使气血的阴阳消长循环转化。今值经间,治宜温宫活血,促阳气增长。方用《医宗金鉴》桃红四物汤加减。

处方:肉桂 10 g　　艾叶 10 g　　淫羊藿 15 g　　熟地黄 20 g

　　　　白芍 30 g　　　　当归 15 g　　　　川芎 15 g　　　　桃仁 10 g

　　　　鸡血藤 30 g

10 剂。

五诊（2008 年 2 月 5 日）：LMP 6/1。今周期第 31 天，BBT 已升 9 天。近期因工作而睡眠较晚，易惊醒。苔常，脉平偏小。BBT 示已排卵后之黄体期，宜益肾固冲《医学衷中参西录》寿胎丸加减。

　　　　处方：杜仲 15 g　　续断 15 g　　　菟丝子 20 g　　肉苁蓉 20 g

　　　　白芍 30 g　　　　甘草 10 g　　　　太子参 30 g　　酸枣仁 20 g

6 剂。

六诊（2008 年 4 月 25 日）：LMP 23/4。PMP 12/3。经前 BBT 上升 16 天。此次行经腹胀明显，夹血块，经量较前减少，现第 3 天，舌常，脉略弦滑。4 月 24 日查血：EmAb（−）、AcAb（−）、AsAb（−）。经行腹胀明显，辨证为气血瘀滞，瘀热所致，治宜清热化瘀，以自拟方清化汤加减。

　　　　处方：黄芩 12 g　　马齿苋 30 g　　　小蓟 30 g　　　枳壳 12 g

　　　　桃仁 10 g　　　　川牛膝 30 g

6 剂。

七诊（2008 年 8 月 29 日）：LMP 7/7。停经 54 天，BBT 高温持续 25 天，偶胃脘不适。舌常，脉略滑。8 月 20 日血 β-HCG：11 191.47 mIU/mL，P 42.9 ng/mL。8 月 27 日 B 超：宫内见 1.9 cm×1.2 cm 孕囊回声，其内少许胚芽。诊断早孕。按肾气不足辨证。治以益肾固冲。方用寿胎丸加减，处方：①杜仲 15 g、续断 15 g、菟丝子 20 g、肉苁蓉 20 g、白芍 30 g、甘草 10 g、党参 30 g、黄芩 12 g、白术 12 g。12 剂。②叶酸 0.4 mg qd×3 月。③维生素 E 100 mg qd×30d。

按语：患者不孕 1+年，初潮即月经后期，乃先天禀赋之类似并月。虽然并月、居经亦可妊娠，但若禀赋不足受孕机会或少于常人。肾主生殖，故按肾气不足论治。治疗过程尚需结合月经周期，按冲任气血盈虚消长阴阳转化往复循环的不同消长时段确立治法：经后重补益气血，经前重益肾固冲。经间期重行气活血以促冲任经气之转化。阴长期以《医宗金鉴》当归建中汤温补气血，活血调经。阳长期用《医学衷中参西录》寿胎丸益肾固冲。阴阳转化期和血海满溢之行经期，用三川汤行气活血通经，促使经气的阴阳转化，或因势利导，化瘀通经。有经量过多或疑似者，则以清热化瘀，治如本案之六诊。另注意指导患者适时性生活，乐育及时，把握受孕机会。然因七诊后失访，妊娠结局不清，不无遗憾。

病案 14：继发不孕

苏某，女，27 岁。G2P0+2，经行腹痛 14+年，加重 3 月；未避孕未孕 3 年。

初诊（2009 年 7 月 3 日）：LMP 7/6。初潮始经行第一天下腹胀痛。近 3 月加重，痛甚见面色苍白，呕吐，得温稍缓，经行次日量增则痛减。13 岁初潮，周期 28 天，经期 7 天，经量中，色鲜，质中，无血块。白带周期性增多。19 岁始有性生活，初孕 20 岁，次孕 21 岁，皆人工流产。近 3 年未避孕而未孕。曾在他院检查：输卵管通水示通而不畅，CT、UU 正常，生殖抗体阴性，CA125 51.23 U/mL↑，宫颈液基细胞学检查无异常。1 周前 B 超：子宫后位，3.8 cm×4.8 cm×4.9 cm，宫内膜厚 0.7 cm；左侧卵巢见两个大小分别约 1.6 cm×1.3 cm、1.3 cm×1.4 cm 的弱回声团块；右卵巢见一 1.7 cm×1.4 cm 的弱回声团。妇检：已婚式，阴道畅，宫颈光滑，纳囊，子宫后位，常大，质中，无压痛，活动可，双附件（−）。纳可，多梦，二便调。舌苔常，脉平略弦。

西医诊断：①子宫内膜异位症（？）；②继发不孕。

中医诊断：①痛经，②不孕症；证属冲任瘀滞。

辨证分析：根据痛经以月经第 1 天甚，量多则痛减，得温按压痛亦稍缓，以及有 2 次人流史，可辨为瘀滞实证，而人流冲任损伤，留瘀更加重痛经。瘀阻胞脉，两精难于结合故而不孕。治当先去其瘀，经前先以温宫和血，经后化瘀散结。

今属经前，以《医林改错》少腹逐瘀汤加减，经前经期服。

处方：肉桂 10 g　　高良姜 10 g　　小茴香 10 g　　当归 15 g
　　　川芎 15 g　　白芍 30 g　　延胡索 15 g　　细辛 10 g

6 剂。

经后服自拟白莲散结汤。

处方：白花蛇舌草 30 g　　半枝莲 30 g　　皂角刺 10 g　　土鳖虫 12 g
　　　莪术 15 g　　猪苓 20 g　　仙茅 15 g　　淫羊藿 15 g

水煎服，12剂，一日一剂。

二诊（2009年7月27日）：LMP 9/7。上诊服少腹逐瘀汤和白莲散结汤各6剂。末次月经痛经减轻约10%，胀甚。间断测BBT，近2日升高。舌脉同前。证治同前。白莲散结汤12剂。

三诊（2009年8月27日）：LMP 8/8，痛经无改善，经前BBT可疑双相，升0.2℃持续12天。现月经周期第20天，BBT尚未升高。舌脉同前。8月17日我院碘油造影：左侧输卵管（峡部-壶腹部）走形显僵硬，管腔显影欠规则，双管通畅；24 h盆腔碘油涂抹均匀。证治同前。白莲散结汤12剂。

四诊（2009年9月17日）：LMP 10/9，7天净，量中。痛经有所缓解，无恶心呕吐。经前BBT上升11天。便溏，2~3次/日。小便调。舌质略红，苔常，脉平，左略小。诊断辨证同前。仍治以自拟白莲散结汤，30剂。

五诊（2009年11月13日）：LMP 11/10，经行腹痛明显减轻。经4余月化瘀散结治疗，现月经周期第33天，BBT上升13天。今小腹隐痛，偶乳房胀痛，有呕恶感。舌脉同前。因患者有生育要求，不能排除妊娠可能。动态检测血β-HCG以利诊断并排查宫外孕。中药治以益肾固冲，方用《医学衷中参西录》寿胎丸加减。

处方：杜仲15 g　　续断15 g　　菟丝子20 g　　肉苁蓉20 g
　　　白芍30 g　　党参30 g　　甘草10 g

6剂。

六诊（2009年11月26日）：LMP 11/10。停经47天，BBT持续高温已26天。偶感下腹隐痛似月经将至，腰胀。11月15日尿HCG阳性，11月20日血P > 40 ng/mL，血β-HCG 2244.7 IU/L；11月22日，验血β-HCG 5129.39 IU/L；11月24日查血β-HCG 9566.29 IU/L，P > 40 ng/mL。确诊宫内孕。因患者有2次人流和3年不孕史，现偶感下腹隐痛，腰胀，舌脉同前。当按冲任不固从肾论治，以防患于未然。上诊方续6剂。另服叶酸0.4 mg qd×30-90天，VE 0.1 g qd×30-90天。

电话随访（2009年12月25日）：停经60余天B超提示宫内孕活胎。现停经76天，无不适。

按语：患者因"经行腹痛14+年，加重3月，未避孕3年不孕"就诊，其痛为行经第1天明显，以痛为主，据"痛在经前、经期为实证"而辨属瘀血为患之实证。2次人流损伤冲任，留瘀致痛经加重。胞脉瘀滞影响两精结合而不孕。故治当先去其瘀。初诊时值经前期，鉴于其痛经喜温喜按，先予少腹逐瘀汤温宫和血治标，继后白莲散结汤治本。白莲散结汤方以白花蛇舌草、半枝莲清热解毒、活血化瘀、消肿止痛为君；皂角刺、莪术、土鳖虫化瘀散结为臣；仙茅、淫羊藿辛温壮肾阳助气化为佐；猪苓利水渗湿为使药。全方君二臣三佐二使一，共收活血化瘀、软坚散结之功。因复诊均未能在经前或经期就诊而未再用治标方药。前后共五诊历时 4 月的化瘀散结治疗，痛经明显减轻，继而妊娠。因曾 2 次人工流产，孕后即予益肾固冲法治疗，意在防其流产。

病案 15：继发不孕

范某，女，37 岁。G2P0+2，不孕 4 年，经量少 2+年，第 3 次试管婴儿失败后 1+月。

初诊（2009 年 5 月 21 日）：LMP 7/5。末次人流后未避孕 4 年不孕，近 2+年经量减少。2008 年他院碘油造影示"双侧输卵管通畅"，生殖抗体、TORCH 均（－），生殖激素及丈夫精液检查正常。2009 年 1、4 月 2 次在他院做"试管婴儿"均失败。平素无不适，眠、纳、便正常。常苔，脉略弦。

西医诊断：①继发不孕；②宫内膜发育不良经少。

中医诊断：①不孕症；②月经量少；证属冲任虚瘀。

辨证分析：患者主诉不孕及经量减少而无其他异常脉证，虽曾 2 次人流但之后 2 年月经正常，再后始经量减少，故从病机应与年逾"五七"有关，证属冲任虚瘀而局部络脉瘀滞。治宜滋肾活血，方用自拟滋和汤加减。

处方：女贞子 20 g　　枸杞子 20 g　　菟丝子 20 g　　补骨脂 20 g
　　　当归 15 g　　　川芎 15 g　　　鸡血藤 30 g

12 剂，一日一剂，水煎分 3 次服。

二诊（2009 年 7 月 9 日）：LMP 5/7，经前 2 天下腹隐痛，经潮缓解。今行经第 5 天，总量仍少，共用卫生巾 3 片。常苔，脉平。证治同前，宗前法。因值经期，初诊原方加桃仁 10 g，活血通经。12 剂。

三诊（2009 年 8 月 10 日）：LMP 31/7，6 天净，经量稍增。LMP 前 BBT 上升 12 天，无特殊不适。纳眠可，二便调。舌苔常，脉平，左略弦。证治同前。初诊方加黄芪 30 g、桂枝 10 g、白芍 30 g、甘草 10 g。12 剂。

四诊（2009年9月8日）：LMP 29/8，经量少。现月经周期第11天，BBT未升，白带涕状。常苔，脉平。9月8日阴道超声：右卵泡1.1 cm×1.1 cm，子宫内膜0.4 cm。现值经间期冲任经气阴阳转化之时，三诊方加活血之桃仁10 g、川牛膝30 g。12剂。

五诊（2009年10月9日）：LMP 29/9，经量无增。经前BBT上升13天。舌脉同前。9月22日阴道超声示：子宫前后径4 cm，内膜0.7 cm，C型。初诊方加黄芪30 g、桂枝10 g、枳壳12 g。12剂。

六诊（2009年10月16日）：LMP 29/9。今月经周期第18天，BBT升4天，近日觉畏寒，腰酸。常苔，脉平。经4月余调理，月经量虽无明显增加，但基础体温监测排卵正常，且末次月经前7天阴道超声宫内膜0.7 cm，C型。因有无保护性生活，不能排除受孕可能。治宜益肾固冲。方用《医学衷中参西录》寿胎丸合《世医得效方》玉屏风散加减。

处方：杜仲15 g　　续断15 g　　菟丝子20 g　　肉苁蓉20 g
　　　党参30 g　　黄芪30 g　　白术10 g　　　防风10 g

12剂。

七诊（2009年10月23日）：LMP 9月29日。今为周期第25天，BBT上升11天。昨阴道少量粉红色分泌物伴腰胀痛，现唯小腹不适。舌脉同前。今血P＞40 ng/mL，β-HCG 31.91 IU/mL。诊断早孕。因患者多年不孕，现实验室检查提示已孕伴见少量出血，腰胀腹不适，系肾虚冲任不固，应予补肾固冲保胎。方以寿胎丸加减。

处方：杜仲15 g　　续断15 g　　菟丝子20 g　　肉苁蓉20 g
　　　党参30 g　　白芍30 g　　甘草10 g

4剂

八诊（2009年10月27日）：LMP 29/9。今为周期第29天，BBT上升15天，间断阴道少许出血伴腹胀痛。10月24—25日两天腹泻，今便溏。舌质偏红，苔偏厚，脉平略滑。昨β-HCG 100.33 mIU/mL。证治同前，七诊方加黄芩12 g、山药20 g。6剂。另：黄体酮胶囊0.1g tid×20天，维生素E 0.1g qd×30天，叶酸0.4mg qd×30天。

九诊（2009年11月24日）：LMP 29/9。停经57天，18天前他院给服地屈孕酮 10 mg qd 至今。仍偶阴道少许血，要求中药保胎。舌脉同前。昨 B 超示孕囊 2.8 cm×1.9 cm×1.8 cm，未见胚芽及胎心搏动。停经第 31、39 天及今天动态检测查 β-HCG 分别为：1091.3 mIU/mL，8805.5 mIU/mL，175 281.41 mIU/mL。因 B 超未见胚芽及胎心搏动，而 β-HCG 持续偏高，保胎同时须警惕滋养细胞疾病。上诊方去黄芩、山药。6 剂。

十诊（2009 年 12 月 1 日）：LMP 29/9。停经 64 天，2 天前阴道少许咖啡色分泌物，无腹痛。现晨吐，胃不适，纳差，二便调，眠可。舌常，脉平。11 月 29 日 β-HCG 186 397.0 mIU/mL，P 38.32 ng/mL。12 月 1 日 B 超：子宫前后径 4.6 cm，宫内孕囊 3.6 cm×2.2 cm×4.0 cm，胚芽 1.9 cm，见胎心搏动，169 次/分。呕恶等症系孕后阴血下聚胞宫养胎，冲气过旺，挟胃气上逆所致。症状轻者，可任其择食不必服药，但见纳差，应予健脾和胃。拟方开胃健脾散（儿科院内制剂：山药、川明参、薏苡仁、炒谷芽、炒麦芽、芡实、炒鸡内金等）15 g/次，20 剂，一日三次。

随访（2010 年 1 月）：已 3+月孕，情况良好，已在产科建孕产妇保健卡。

按语：患者"再次人流后不孕 4 年，月经量少 2+年，并连续两次试管婴儿失败后 1+月"就诊。因月经周期和舌脉均正常，故以冲任虚瘀论治。患者 38 岁，逾"五七"之年，存在与阳明脉衰致荣面之络脉瘀滞而面焦相类似病机，虽有 2 次人流史可致冲任络脉伤损，但术后月经并未异常约 2 年，而年届"五七"方见经量减少，是以辨证从冲任荣养胞宫之孙络随年长而自然瘀滞不畅发为经量减少论。故始终以滋养活血为法，方用自拟滋活汤加减治疗。该方以《医方集解》"七宝美髯丹"变化而来，方中女贞子、枸杞子、菟丝子、补骨脂补肝肾精血，当归、川芎、鸡血藤、桃仁补血活血。本患经治虽经量未增但成功妊娠。因孕后断续阴道出血伴见腰腹不适，之前检查提示子宫内膜偏薄，故予益肾固冲之法保胎治疗。

病案 16：继发不孕

刘某，女，31 岁。G1P0+1，未避孕未孕 2 年，经间期出血 4+月。

初诊（2007 年 3 月 13 日）：LMP 2/3。2 年前首孕自然流产行清宫术，后未避孕亦未再孕。近 4 月又见经间期出血。妇检（−）。2007 年 2 月查衣原体（−）、支原体（−）、Torch 抗体（−）、生殖抗体（−）。2 月 26 日查 HLA-DR（−）。月经初潮 13 岁，周期 30 天，经期 7 天，量中，色红，质中，无痛经。LMP 前 BBT 升 9 天。舌常，脉平。

西医诊断：①继发不孕待诊；②排卵期出血。

中医诊断：①不孕症；②经漏。

辨证：冲任失调证。

辨证分析：根据首孕即流产，清宫后又不孕 2 年，而无其他异常脉证，推理应辨为冲任失固；近 4 月之经间期出血，亦可以用此解释。治宜补肾和血，方用《医宗金鉴》小建中汤加减。

处方：桂枝 10 g　　白芍 30 g　　甘草 10 g　　菟丝子 20 g
　　　补骨脂 20 g　　鸡血藤 30 g　　川红花 12 g

6 剂。

二诊（2007 年 3 月 22 日）：LMP 2/3，9 天经净，量正常。之前 BBT 示黄体功能不足。昨右下腹痛。常苔，脉左平右略弦。3 月 16 日子宫输卵管造影子宫偏左明显，左管阻塞于间质部，右管通畅，但明显向右盆壁伸展，伞部稍褶。现月经周期第 21 天，BBT 仅升 0.2 ℃，或可视为肾气不足辨证之参考。宜益肾固冲，方用《医学衷中参西录》寿胎丸加减。

处方：黄芩 12 g　　白术 10 g　　杜仲 15 g　　川断 15 g
　　　菟丝子 20 g　　肉苁蓉 20 g　　白芍 30 g　　甘草 10 g

12 剂。

三诊（2007 年 4 月 30 日）：LMP 5/4。现 BBT 上升 8 天。近 3 月无经间期出血。4 月 13 日他院经宫、腹腔镜"清除子宫后方苔藓样组织及输卵管粘连，左侧输卵管插管疏通"。病检：（盆腔组织）退行性变坏死组织并陈旧性出血，纤维组织增生明显。今血沉：4 mm/h。TVS：右附件见囊性团块 4.1 cm×3.6 cm，内见均质短线状回声。常苔，脉平。鉴于无明显异常脉证，乃据病检和阴道超声所见，辨为下焦瘀滞证。治以化瘀散结。方用自拟白莲散结汤加减。

处方：皂角刺 10 g　　桃仁 10 g　　连翘 20 g　　莪术 15 g
　　　猪苓 20 g　　土鳖虫 12 g　　仙茅 15 g　　淫羊藿 15 g
　　　草薢 10 g　　茵陈 10 g　　藿香 10 g

42 剂。

四诊（2007年9月4日）：LMP 6/8，5天经净。经前 BBT 升 10 天。8 月 4 日阴道超声：宫内膜 1.0 cm，双附件未见明显异常。已完成 1 疗程淋巴细胞免疫治疗，8 月 14 日复查 HLA – DR（±）。现月经周期第 29 天，BBT 升 9 天。常苔，脉略弦。仍宗益肾固冲法，寿胎丸加减。

处方：杜仲 15 g　　川断 15 g　　菟丝子 20 g　　肉苁蓉 20 g
　　　黄芪 30 g　　白芍 30 g　　甘草 10 g

6 剂。

五诊（2007 年 11 月 12 日）：LMP 7/10。停经 36 天，BBT 升 20 天，略有恶心感。舌脉同前。10 月 12 日：血 β-HCG 3380.00 mIU/mL，P 29.7 ng/mL；11 月 11 日复查血：β-HCG 218 236.5 mIU/mL，P 23.4 ng/mL。今阴道超声子宫前后径 6.2 cm，宫内见孕囊 5.61 cm × 2.3 cm × 6.4 cm，囊内见胚芽 1.8 cm，有原始胎心搏动。尚在加强免疫治疗。医嘱：叶酸 0.4 mg qd × 30 天，VE 100 mg qd × 30 天，产科建孕产妇保健卡定期产检。2008 年 5 月 26 日电话随访已孕 8 月，产检正常。

按语：不孕是一个多因素病症。患者初孕即自然流产并清宫，之后 2＋年未孕。《医宗金鉴·调经门》中有"不子之固伤冲任"的说法，本案病史符合这一论断，而辨证为肾气不足，冲任失固；初诊治以补肾和血。二诊已届黄体期仍宗益肾固冲。三诊宫、腹腔镜手术后，脉络损伤在所难免，故治以化瘀散结。四诊时已免疫治疗 3 次，复查 HLA – DR（±），又值黄体期，不能排除受孕可能，故仍宗益肾固冲。之后停药 1 月而孕。本案最终取得受孕成功的疗效，应该是针对不孕的不同病因，合理选择中西医药诊疗的结果。

病案 17：免疫性不孕

林某，女，32 岁。G3P0+3，未避孕未孕 5 年，月经量少 10 年。

初诊（2009 年 4 月 16 日）：LMP 4/4。患者 10+年前初孕 5+月引产，术后经量少，未治。后分别人流、药流各一次。之后无避孕 5 年未孕。纳、眠、便正常。2005 年查 ASAb（＋），2006 年宫腹腔镜诊断为"盆腔子宫内膜异位症，右侧输卵管通畅，左侧输卵管通而不畅"。常苔，脉略弦。

西医诊断：继发不孕。

中医诊断：不孕症，月经过少；辨证下焦瘀结。

辨证分析：患者首孕引产后经量减少，但之后曾又两次非计划孕而人流、药流,并继以不孕。后者或与冲任有所损伤瘀滞相关。2 或 3 年前腹腔镜所见,可据以辨证为下焦瘀结。今为月经周期第 13 天,值阴盛转阳之时,本可行气活血,然以其冲任亏损兼瘀经少,宜先寓通于补,待进一步分清标本而治之。宜补冲任,养血活血。予自拟滋活汤加减。

处方:女贞子 20 g　　墨旱莲 20 g　　菟丝子 20 g　　补骨脂 20 g
　　　当归 15 g　　　川芎 15 g　　　鸡血藤 30 g　　黄芪 30 g
　　　桂枝 10 g　　　芍药 30 g　　　甘草 10 g

水煎服,12 剂,一日一剂。复查抗精子抗体。

二诊(2009 年 4 月 24 日):LMP 4/4。上诊后未诉不适,但多梦,晨起疲倦。4 月 16 日复查生殖免疫抗体 ASAb(+)。舌脉同前。今月经周期第 21 天阴道超声:内膜 0.7 cm。辨为血分郁热。故治当泻火。因病在血分,既可酿成湿热,又可煎熬阴液成瘀,应兼利湿化瘀。方以《伤寒论》栀子柏皮汤加减。

处方:茵陈 10 g　　栀子 15 g　　黄柏 15 g　　桃仁 10 g
　　　石韦 30 g　　莪术 15 g

28 剂。

三诊(2009 年 6 月 4 日):LMP 22/5。倦怠等症消失。6 月 1 日我院碘油造影:双侧输卵管通畅,但右侧走行纤细及迂曲。证治同前,二诊原方 12 剂;监测 BBT。

四诊(2009 年 7 月 3 日):LMP 19/6,5 天净,量少。经前 BBT 上升 13 天。现周期第 14 天,BBT 上升 4 天。6 月 4 日查 CA125 27.35(<35)U/mL。舌脉同前。诊断、证治同前。

处方:茵陈 12 g　　泽泻 15 g　　车前仁 10 g　　栀子 15 g
　　　黄柏 15 g　　桃仁 10 g　　莪术 15 g　　　甘草 10 g

20 剂。

五诊(2009 年 8 月 3 日):LMP 13/7,6 天净,量偏少。经前 BBT 上升 10 天。现周期第 21 天,BBT 已升 6 天。近月易出汗,时常浸透衣服,白天出汗明显。舌苔常,脉平略弦滑。今日复查 ASAb(-)。患者汗出明显,虽时值酷暑出汗见于常人,但也不排除与阳明郁热有关。仍宗清热利湿活血法,续用上诊方加减。

处方：栀子 15 g　　黄柏 15 g　　茵陈 12 g　　石韦 30 g
　　　当归 15 g　　川芎 15 g　　鸡血藤 30 g　　甘草 10 g

12 剂。

六诊（2009 年 8 月 28 日）：LMP 13/7。停经 46 天，纳差，偶腰胀，无腹痛及阴道流血。舌脉同前。8 月 17 日—21 日动态监测血 β-HCG 分别为 2894.34、4798.77、8364.08IU/L；P 分别 > 40.00、30.48、27.59 ng/mL。今 B 超：子宫 4.2 cm × 5.0 cm × 5.0 cm，内见 2.3 cm × 1.5 cm 孕囊回声并少许胚芽组织。诊断为早孕。鉴于孕酮渐趋下降，宜保胎治疗。处理：①黄体酮胶囊 0.1g tid × 7 天；②维生素 E 0.1g qd × 30 天；③叶酸片 0.4 mg qd × 30 天。密切观察。

电话回访（2009 年 10 月 29 日）：患者妊娠顺利。已在产科建卡。

按语：患者首孕 5+月引产后月经量减少 10 年，未避孕未孕 5 年，Lapas 诊断子宫内膜异位症 3 年。虽然经量减半，但又曾 2 次妊娠，故难以肾气不足辨证解释继发不孕。引产人流难免损伤冲任子宫而见月经量少。但引产后经量即减半并未影响其后之再孕，亦不足以确定近 5 年之不孕为冲任损伤所致。因患者无其他异常脉证，故据腹腔镜诊断之子宫内膜异位症辨为下焦瘀结。尽管宫内膜异位症或下焦瘀结可导致不孕，毕竟尚乏本例不孕的确切依据，何况无痛经或慢性腹痛症状。因此初诊以经量少联系月经周期时段，处方用药并复查 ASAb 后再进一步诊治。二诊起据复查抗精子免疫抗体阳性，按抗体可视为中医学正气检测指标之一；异常抗体（+）便可从"气有余便是火"论治。血分郁热也可加重冲任瘀滞。综上辨析，患者之不孕症，乃血分郁热为本，冲任虚瘀为标，宜标本兼治。以《伤寒论》栀子柏皮汤为基础的泻火达衡汤可以体现清热泻火、利湿化瘀之法。经治 ASAb 转（-）后，终于怀孕。

病案 18：原发不孕 PCOS

周某，女，29 岁。G0P0。未避孕未孕 8 年，月经稀发 6 年。

初诊（2013 年 1 月 12 日）：LMP4/1。婚后 8 年未避孕未孕。6 年前出现月经周期推后至 2 月左右。4 年前他院诊断为 PCOS 后间断服用达因-35 或妈富隆治疗，服药期间均正常撤退性出血，停药后仍月经稀发，此次又服用达因-35 2 个月。舌淡红，苔薄白，脉平。妇检无异常。2012 年 11 月查 E2 42.5 pg/mL，T 36.92 ng/mL，LH 9.55 mIU/mL，FSH 6.88 mIU/mL，PRL 424.3 ng/mL；生殖抗体均阴性；子宫输卵管碘油造影：子宫形态未见异常，左输卵管通畅，右输卵管堵塞；丈夫查精液常规：精子畸形率93%，余均正常范围。

诊断：①月经稀发待诊；②原发不孕；③PCOS（？）。

处理：测BBT；查OGTT/INS；HRT撤血后监测卵泡发育。

二诊（2013年2月24日）：LMP2/2（撤血），3天净，量少，下腹微坠胀。本周期停达因-35。近期胃脘不适、腰痛喜捶。2月12日B超提示：双卵巢多囊改变。3月20日OGTT/INS：餐后2小时INS：71.97（10-60），余均正常范围。2013年2月查CT、UU均阴性。自拟补肾活血方加减。

处方：当归10g　　川芎10g　　赤芍10g　　红花10g
　　　香附15g　　枸杞20g　　菟丝子10g　　补肾脂20g
　　　桃仁10g　　桔梗10g

10剂。

处理：①甲羟孕酮片8mg qd×5天；②经潮后d5起CC促排卵。

三诊（2013年3月26日）：LMP13/3（撤血）。3月17日（d5）起服用CC 50mg qd×5天，今日阴道B超未见明显卵泡发育。处理：①自拟滋活汤12剂。②继续监测卵泡发育。

四诊（2013年4月16日）：LMP13/3。今日（d35）BBT已上升8天。本周期监测卵泡发育，疑右优卵未破裂黄素化。处理：①自拟补肾活血方加减，12剂；②经潮后d3起CC促排卵。

五诊（2013年5月8日）：LMP23/4。月经周期第3~7天予CC 50mg qd×5天，并指导患者于今日（d16）行阴道B超，提示右优卵大小2.3 cm×2.3 cm。处理：自拟三川汤6剂。

六诊（2013年6月1日）：LMP23/4。现停经38天，近3天恶心，无呕吐。偶有腹隐痛。BBT上升19天。5月29日血HCG 4785.0 IU/L，P 24.74 ng/mL。6月1日血HCG：12 333.94 IU/L，P＞40 ng/mL。诊断为早孕。处理：①中药6剂治以和胃降逆；②12天后行B超检查；③叶酸片0.4mg qd×30天，维生素E胶丸，0.1g qd×30天。

按语：该不孕症患者属于排卵功能障碍性不孕，在诊治过程中借助现代医学找准病因，予以促排卵治疗并监测卵泡发育，中医辨证施治，根据月经周期不同阶段，分别予以中药调控，指导受孕，终获疗效。随访患者于 2014 年 2 月初剖腹产一女。

病案 19：原发不孕 PCOS

邹某，女，已婚，28 岁。G0。月经失调 5 年，停避孕 1+年未孕，末经 21 天未净。

初诊（2009 年 5 月 11 日）：患者初潮 12 岁，月经周期 40～45 天，经期 5 天，量中，色红，偶有血块，无痛经。5 年前开始出现经前 2～7 天时有少许流血，并偶见月经 2 月一潮。1-年前开始出现月经提前 7～10 天，量中，伴经量减少 2/3。近半年监测 BBT 均为单相。结婚 2 年，夫妇同居一地，性生活正常，停止避孕 1+年仍未孕，他院曾多方西药治疗效不佳，现希中医药治疗。LMP 21/4，至今未尽，量少，色暗，无血块，无痛经。体重 70 kg，身高 155 cm，BMI 29.1。妇检仅见外阴、阴道少许血迹，余均正常。2008 年 8 月 19 日周期第 3 天查性激素：E 85.5p g/mL，P 3.34 pg/mL，T 1.59 ng/mL↑，LH 3.03 mIU/mL，FSH 6.7 mIU/mL，PRL 331.2 uIU/mL。2 月 20 日夫精液常规正常。2 月 21 日查生殖抗体 6 项均阴性（-）。3 月 11 日因宫颈重度糜烂行 Leep 术，术后病检提示：良性。

西医诊断：①多囊卵巢综合征（PCOS）；②原发不孕。

中医诊断：①经漏；②不孕。

辨证分析：辨证为热瘀冲任。治宜清热化瘀，宜自拟清化汤加减。

处方：黄芩 12 g　　　小蓟 30 g　　　地榆 20 g　　　白花蛇舌草 30 g
　　　乌梅 10 g　　　马齿苋 30 g　　川牛膝 30 g　　枳壳 12 g
　　　桃仁 10 g

6 剂。

二诊（2009 年 6 月 1 日）：前症服上方 6 剂，药毕第二天 5 月 17 日血止。前次月经持续 28 天干净。LMP 31/5，今周期第 2 天，昨日仅阴道少许咖啡色分泌物，基础体温单相。偶有腰部及髋部隐痛，不喜按，经间期隐痛明显。舌质略红，苔常，脉平。诊断同前。辨证为冲任不足。初诊药后经漏停止 2 周而潮，可转为先期量少如先贤之辨证，滋养肝肾兼顺势通经以调之。现为冲任气血阴阳消长的阴长期，治宜滋养活血。宜自拟滋活汤加减。

处方：女贞子 20 g　　墨旱莲 20 g　　菟丝子 20 g　　补骨脂 20 g
　　　当归 15 g　　　川芎 15 g　　　鸡血藤 30 g　　桃仁 10 g

12 剂。

三诊（2009 年 6 月 11 日）：LMP 31/5 今月经周期第 12 天，阴道少许流血至今已近半月，近 5 天经量略多如常量。基础体温单相。6 月 5 日阴道 B 超：子宫前位，大小约 3.1 cm×3.9 cm×3.8 cm，内膜厚 0.7 cm（双）。左卵巢 2.8 cm×2.0 cm×1.9 cm，内见多个卵泡<0.6 cm×0.6 cm，右卵巢 3.8 cm×2.6 cm×2.6 cm，内见多个卵泡<0.9 cm×0.9 cm。右卵巢体积为 10.244 cm³。舌苔常。脉略滑。诊断同前。服滋活汤未见效，又呈经漏之势。据初诊辨证有效看，不妨仍宗初诊辨治，热瘀冲任，先清热化瘀。仍用清化汤减乌梅、地榆，6 剂。

四诊（2009 年 6 月 22 日）：前症服上方 6 剂，LMP 31/5，经行 23 天至今未净，量多 2 天，色暗红，无血块，质稠，用巾 1 张/日。基础体温仍为单相。偶腰痛不喜捶。舌常，苔偏厚。脉略弦滑。诊断同前，因经血久未尽从辨证看，热甚于瘀，故上诊方去小蓟、蛇舌草，加黄柏 15 g、黄连 10 g，6 剂。

五诊（2009 年 6 月 29 日）：前症服上方 6 剂，月经至今未净，已经行 29 天，量少，色暗红，质稠，无血块。无腹痛。基础体温单相。舌常。苔偏厚略腻。脉平。经漏已 23 天，虽服清化汤加减方 24 剂无效，恐由淋转崩。暂以中西医联合应用止血后再定治疗方案。故中药仍用清化汤减茵陈 10 g，6 剂。同时给予炔诺酮滴丸（NET）3mg tid×3 天，3 天后递减。

六诊（2009 年 7 月 21 日）：阴道不规则出血 51 天，6 月 29 日始服 NET 3 mg tid，第 3 天血止，7 月 2 日减量 NET 3 mg bid，7 月 5 日减量 NET 3mg qd 3 天后又见阴道少许出血，于是 7 月 9 日加量 NET 6mg 和加服炔雌醇（EE）30 ug。现出血极少。偶觉右下腹扯痛。舌常，苔常，脉平略滑。中药仍宗五诊方，6 剂。西药续 NET 6 mg+EE 30 ug qd×4 天。必要时诊断性刮宫。

七诊（2009 年 8 月 4 日）：因阴道流血经中西药治疗效不佳，于 7 月 29 日行诊刮，病检报告：子宫内膜简单型增生过长。术后流血 1+天净。现偶觉下腹隐痛，余无不适。舌苔常。脉平略滑。诊刮后难免冲任损伤留瘀，故宜滋阴活血。诊断同前，辨证：冲任虚瘀；治法：滋阴活血；方宜滋活汤减鸡血藤，加白芍 30 g、香附 15 g、甘草 10 g，12 剂。

八诊（2009 年 8 月 18 日）：诊刮术后 20 天，基础体温未上升。服药后下腹隐痛消失，余无不适。鉴于患者因 PCOS 之无排卵而又切盼妊娠，宜遵"临病人，问所便"古训，以西药从速转化增生过长之宫内膜，NET 3 mg qd+EE 10 ug qd×10天。

九诊（2009年8月27日）：上诊西药今日服完，无不适。BBT疑升高，但基线不稳。因西药转化宫内膜剂量有个体差异，且上诊用量小于诊刮前，为了避免撤药性出血量大或经期过长，宜按热瘀经多服药，经后及时促排卵。舌苔常，脉平略滑。处方仍宗自拟清化汤，8剂。周期第5天服克罗米酚50 mg qd×5天。

十诊（2009年9月10日）：LMP30/8，为撤药性出血，量中，5天干净，于9月3日（d5）开始服克罗米酚50 mg qd×5天，今药毕2日。9月8日阴道B超：左侧卵泡1.8 cm，内膜厚0.6 cm。9月10日阴道B超：左卵巢最大卵泡1.6 cm×1.7 cm。右侧最大卵泡1.8 cm×1.7 cm。内膜厚0.4 cm（双）。舌尖偏红，苔偏厚，脉平。现为月辨证为经周期第12天，为阴阳转化期。诊断同前。

辨证分析：气滞。治宜行气活血促其转化，方宜自拟三川汤。

处方：香附15 g　　枳壳12 g　　当归10 g　　川芎10 g
　　　桃仁10 g　　红花12 g　　川牛膝30 g

12剂。

十一诊（2009年9月14日）：前诊服上方4剂，BBT未升。白带不多。无不适。舌常，苔偏厚，脉右平，左偏小。诊断辨证同前。今为周期第16天TVS超：子宫3.3 cm×4.5 cm×4.5 cm，内膜厚1.0 cm（双）。左卵巢4.5 cm×3.4 cm×3.2 cm，内见3个2.8 cm×2.7 cm、2.0 cm×1.9 cm、1.0 cm×0.9 cm卵泡。右卵巢4.1 cm×3.3 cm×3.3 cm，内见2个2.5 cm×2.5 cm、1.0 cm×1.0 cm卵泡。虽按月经周期时段已临界由阴转阳之黄体期，但今日TVS尚见成熟卵泡3个，为利于阳气生长，应加温阳之品促其转化。治宜三川汤减香附，加桂枝10 g、仙茅15 g、淫羊藿15 g，6剂。

十二诊（2009年9月28日）：服克罗米酚后25天。基础体温上升至今已12天，未避孕。9月18日TVS已监测到排卵。9月28日查血P>40 pg/mL，β-HCG 15.43 IU/L。诊断：早孕（？）。暂停中药，予：①维生素E 0.1，qd×30天；②叶酸片0.4 mg qd×30天。48小时后复查血β-HCG。

十三诊（2009年10月9日）：停经40天。无腹痛或阴道流血。基础体温上升

24天，近5天略降。9月30日复查β-HCG 33.44 IU/L。10月9日查：P 1.63 pg/mL，β-HCG 2.94 IU/L；B超：子宫3.9 cm×5.2 cm×5.0 cm，内膜0.7 cm（双），宫内未见异常占位。左侧卵巢内见2.5 cm×2.3 cm囊性团块，右卵巢正常大小。舌苔常，脉略弦滑。通过相关检测虽然提示早孕，但β-HCG水平低，且BBT下降，西医诊断为生化妊娠。从中医学说明肾气虚，不足以固胎，流产难免，应因势利导，行气活血，尽快结束妊娠，恢复规律月经。方宜三川汤，6剂。

十四诊（2009年10月22日）：服上诊方后阴道流血7天净（10月10日至10月16日）。现为生化妊娠流产后12天。BBT未升，白带不多。体型微胖。BMI 29.1。舌苔常，脉平偏小。诊断仍同前。生化妊娠流产出血与平时正常月经基本相同，今应为冲任经气消长的由阴转阳时段，治宜行气活血以翼促其转化。方宜自拟三川汤，12剂。同时进一步完善检查，明确诊断。

十五诊（2009年11月16日）：LMP12/11，应期而潮，经前基础体温上升13天，有波动。11月16日为周期第5天，经血已少，色暗红。10月29日糖耐量/胰岛素释放试验：GLU0h 5.22 mmol/L，GLU1/2h 7.03 mmol/L，GLU1h 7.12 mmol/L，GLU2h 7.21 mmol/L，GLU3h 5.87 mmol/L↑；Ins0h 19.4 uIU/mL，Ins1/2h 66u IU/mL，Ins1h 64.6 uIU/mL，Ins2h 154.9 uIU/mL，Ins3h 83.6 uIU/mL，提示餐后Ins之和369.1 uIU/mL（＞280 uIU/mL）。周期第3天查性激素：E2 40.00 pg/mL，P 0.57 pg/mL，T 0.36 ng/mL（＜1.5）；LH 0.94 mIU/mL，FSH 3.83 mIU/mL，PRL 19.7 uIU/mL。舌常，脉平略弦。西医诊断：①多囊卵巢综合征伴胰岛素抵抗（PCOS+IR）；②生化妊娠流产后；中医诊断同前。OGTT/INS试验提示胰岛素抵抗，联系九诊促排卵药后有3个成熟卵泡，PCOS伴发无排卵功血的西医诊断可能性更大，故10月29日加二甲双胍0.5 tid×30天，并宜继续中西药联合治疗。现为周期第5天，仍宜滋补活血。方宜自拟滋活汤，12剂。

十六诊（2009年12月3日）：上方服12剂。今为月经周期第22天，基础体温上升5天。舌苔常，脉平略弦。诊断同前。现为周期冲任经气阴阳消长的阳长期，BBT呈高温相，不能排除受孕可能，而且之前流产也与肾气不足有关，宜益肾固冲。治宜《医学衷中参西录》寿胎丸加减。

处方：杜仲15 g　　续断15 g　　菟丝子20 g　　肉苁蓉20 g

党参 30 g　　　　白芍 30 g　　　　甘草 10 g

12 剂。续二甲双胍 0.5 tid。

十七诊（2009 年 12 月 17 日）：LMP13/12。基础体温双相 3 周期。月经自然来潮 3 周期，量中。今为第 5 天似净。二甲双胍已服用 49 天。舌质红，苔偏厚，脉平略弦滑。诊断同前。因为月经阴阳消长期的阴长期，治宜滋阴活血，方用滋活汤加香附 15 g，12 剂。

十八诊（2010 年 1 月 4 日）：服二甲双胍已经 2 月。今基础体温上升 3 天。舌苔常，脉右平，左<右。诊断同前。因为月经阴阳消长期的阳长期，治宜滋阴活血，仍用寿胎丸加减（同十五诊），12 剂。

十九诊（2010 年 1 月 19 日）：停经 38 天，基础体温持续高温相 27 天。无腹痛或阴道流血。1 月 15 日血 P 19.97 pg/mL，β-HCG 260 IU/L，E 280.3 pg/mL；1 月 17 日查：血 P 26.51 pg/mL，β-HCG 686.2 IU/L；1 月 19 日查：血 P 27.22 pg/mL，β-HCG 1643.70 IU/L。诊断：早孕。既往不孕和生化妊娠均责之肾虚，现又妊娠应积极益肾固冲，防止再次流产，同时应继续完善相关理化检查，明确诊断，指导治疗。辨证：肾气不足。治法：益肾固冲，方用上诊寿胎丸加马齿苋 30 g，6 剂。同时配合西药保胎防止流产，药用：①维生素 E 0.1，qd×30 天；②叶酸片 0.4 mg qd×30 天。2 月 10 日腹部 B 超提示：子宫前后径 2.9 cm，内见 2.9 cm×1.8 cm 孕囊，内见 1 cm 胚芽，可见胎心搏动。12 月 12 日随访患者已在产科医院建卡。

按语：多囊卵巢综合征（PCOS）是妇女常见的内分泌异常疾病。这类病人具有月经稀少或闭经、不孕、多毛和肥胖特征，且 B 超提示多伴有双侧卵巢呈囊性增大。近几年的研究认识到患 PCOS 的妇女存在不同程度的胰岛素抵抗，且胰岛素抵抗伴发高胰岛素血症引起许多临床症状，如雄激素水平过高、生殖紊乱、代谢紊乱、痤疮、多毛等，且大多引起生殖障碍。

本案患者以月经失调和不孕就诊。从理化检查、体型、病史和临床症状西医诊断多考虑为多囊卵巢综合征(?)，但他院曾多方西药治疗效不佳，现希中医药治疗。月经失调的特点为初潮起见月经后期，近 5 年更见经前漏下，近 1 年又转为先期量少，可辨证肾气不足而冲任失司，"母病及子"也。就诊时值宫颈治疗术后 1 月，行经 21 天未尽，多系"内热"所致。"肥人多痰"，易阻气机致郁成热，热伤脉络而冲任失固，遂见经漏。热邪可煎血成块宜从瘀热论治，以自拟之清化汤 6 剂血净。但方净 15 天又潮，次日便来二诊，按先期量少宗《傅青主女科》"先期而来少者，火热而水不足也"论断辨证，但未用两地汤系因鉴于西医诊断尚未能排除，而络脉瘀滞亦为经漏所常见。后经血又 20+日未尽，结合西医诊断并"将心比心"，换位思考，本可以西药易中药，因患者对中药的信任，暂以中西医联合应用止血后再定治疗方案，遂用 NET 序贯治疗，在 NET 减量至 3 mg qd 3 天后又见阴道少许出血，遂 NET 6 mg+EE 30 ug 治疗，但疗效仍不佳，遂在七诊时行诊刮术，术后 1 天血净，并通过病检提示无排卵。因患者生育要求强烈，接下来按中医学气血阴阳消长变化用药调经，配合西药促排卵，见效。又因肾气不足而流产。在流产难免时当机立断用中药行气活血结束妊娠，尽早恢复正常月经。通过前 13 诊的治疗和进一步检查，西医诊断可以明确为多囊卵巢综合征伴胰岛素抵抗（PCOS+IR）。诊断依据为：①初潮即见月经稀发，且无排卵或稀发排卵；②性激素检查提示高雄激素；③超声表现为右卵巢体积大于 10 mL（三诊）。肥胖（BMI：29.1＞23）和胰岛素抵抗均为 PCOS 的常见合并症。通过之前的治疗，高雄激素已得到改变，而且也有排卵出现，但疗效不佳，考虑与之前没有针对胰岛素抵抗治疗有关。而 IR 是胰岛素效应器官或部位对其转运和利用葡萄糖的作用不敏感的一种病理生理状态。患者对胰岛素作用不敏感，同时存在脂代谢紊乱及血管病变倾向，常影响女性的生殖功能。接下来的五诊中按月经周期的阴阳气血变化用药滋阴活血、行气活血、益肾固冲等，配合西药二甲双胍治疗胰岛素抵抗，终见效。

本案特点：患者病程长，临床症状多样是本案的特点和难点。表现为月经失调的疾病有很多，临床上明确西医病种的诊断，对于选择针对性的西药很重要。本案初诊时疑诊为 PCOS，表现为无排卵功血、肥胖、不孕等，单从功血用中药和西药序贯调经疗效均不佳，进一步明确诊断为 PCOS+IR，在 PCOS 其他的高雄激素和排卵改善后再针对性选用二甲双胍治疗合并症后见效。

PCOS 中医学无对应病症，随着月经周期可表现为虚、实或虚实夹杂等证，在辨证观指导下，整个治疗过程中按女性特有的月经周期阴阳消长变化用滋阴活血、行气活血、益肾固冲等治法也是本案的特点。

本案的经验在于强调西医病种诊断和采用西医之所长以合理配合中医治疗的必要性，而不宜囿于纯中医思维才是有利于病人的观点。

2. 盆腔炎

病案1：痛经、慢性盆腔痛和月经过少

刘某，女，34岁。G3P①+2。经行腹痛20年，月经量减少1/2已10年，反复下腹刺痛1+年。

初诊（2012年12月18日）：G3P①+2，LMP 21/11。因"经行腹痛20年，月经量减少1/2已10年，反复下腹刺痛1+年"就诊。患者10年前人流术后月经量减少1/2。1+年前始反复下腹刺痛，同房后加重，伴肛门坠胀明显。常苔，脉平略弦。月经史：13×28×4，量中，色红，夹血块，伴月经的第1~2天下腹疼痛可忍。其痛经在产后及4年前开腹行子宫内膜异位症电灼术后未减轻，但亦未加重。妇科检查：外阴、阴道：（-）；宫颈：轻度糜烂，纳氏囊肿；子宫：后位，稍大，质中，无明显压痛；附件：后穹窿扪及触痛结节。今TVS：子宫后位，大小5.0 cm×5.4 cm×5.2 cm，实质回声粗糙欠均质，内膜厚约0.9 cm；双附件未见明显异常。提示：子宫腺肌症（?）。今查：CA125 74.08 U/mL↑（0~35）、EmAb（-）、ESR 5 mm/h、CRP 0ug/L。2012年8月单位体检示：肝肾脂糖正常，LCT（-）。

诊断：①EMT、ADM所致慢性盆腔痛；②月经过少。

辨证分析：子宫内膜异位症和子宫腺肌症虽从西医角度出发为不同的独立的疾病，但从中医的角度出发，其病机均为瘀阻冲任、胞宫。治以化瘀散结，用自拟的白莲散结汤。

处方：半枝莲 30 g　　白花蛇舌草 30 g　　皂角刺 10 g　　猪苓 20 g
　　　莪术 15 g　　　土鳖虫 10 g　　　　仙茅 15 g　　　淫羊藿 15 g

12剂，水煎服，一日一剂，分3次服。医嘱：测BBT。

二诊（2013年1月11日）：LMP 21/12。BBT未测，LMP量少，用3片巾，1+天净，无痛经。1月1日至1月3日其下腹刺痛明显，需卧床休息。常苔，脉平略弦。辨治同初诊。

处方：半枝莲 30 g　　白花蛇舌草 30 g　　皂角刺 10 g　　猪苓 20 g
　　　莪术 15 g　　　土鳖虫 10 g　　　　仙茅 15 g　　　淫羊藿 15 g

30剂，水煎服，一日一剂，分3次服。医嘱：测好BBT。

三诊（2013年2月22日）：LMP 11/2，PMP 17/1。LMP前BBT升12天，LMP仍量少，3天净，无痛。服药后下腹刺痛程度减轻1/2，发作的频率下降，现无特殊不适。常苔，脉平略弦。辨治同初诊。

处方：半枝莲30 g　　白花蛇舌草30 g　　皂角刺10 g　　车前仁10 g
　　　莪术15 g　　　　土鳖虫10 g　　　　仙茅15 g　　　淫羊藿15 g
　　　鸡血藤30 g

20剂，水煎服，一日一剂，分3次服。

四诊（2013年3月19日）：LMP 10/3。LMP前BBT升13天，LMP仍量少，色红，有血块，3天净，无痛。上诊后下腹刺痛未发作。常苔，脉平略弦。辨治同初诊。

处方：半枝莲30 g　　白花蛇舌草30 g　　皂角刺10 g　　车前仁10 g
　　　莪术15 g　　　　土鳖虫10 g　　　　仙茅15 g　　　淫羊藿15 g
　　　鸡血藤30 g

20剂，水煎服，一日一剂，分3次服。

五诊（2013年4月16日）：LMP 5/4，PMP 10/3。LMP前BBT升13天，LMP仍量偏少，色红，有血块，4天净。2月20日后下腹刺痛未发作。常苔，脉平略弦。辨治同初诊。

处方：半枝莲30 g　　白花蛇舌草30 g　　皂角刺10 g　　车前仁10 g
　　　莪术15 g　　　　土鳖虫10 g　　　　仙茅15 g　　　淫羊藿15 g
　　　鸡血藤30 g

20剂，水煎服，一日一剂，分3次服。

六诊（2013年5月21日）：LMP 30/4。LMP前BBT双相，LMP量中，色红，3天净。2月20日后下腹刺痛未发作。常苔，脉平，左略弦。辨治同初诊。

处方：半枝莲30 g　　白花蛇舌草30 g　　皂角刺10 g　　车前仁10 g
　　　莪术15 g　　　　土鳖虫10 g　　　　仙茅15 g　　　淫羊藿15 g

20剂，水煎服，一日一剂，分3次服，经期不停药。

按语：患者虽有原发痛经在前，本应从功能性痛经考虑，但患者随年龄增长及产后痛经未减轻；4年前有开腹行子宫内膜异位症病灶电灼术史；妇科检查扪及后穹窿触痛结节；TVS 提示子宫腺肌症；CA125 74.08 U/mL↑（0~35），故本案之痛经、慢性盆腔痛乃因子宫内膜异位症和子宫腺肌症所致。

子宫内膜异位症和子宫腺肌症虽从西医角度出发为不同的独立的疾病，但从中医的角度出发，两者的病理形态及临床症状有相似之处，两者均随卵巢激素变化而发生周期性出血，中医称之为离经之血，离经之血及异位内膜不能排出体外或不能及时被吸收，即为瘀血。故本案从冲任瘀结辨治，用王成荣先生自拟的白莲散结汤。

患者服白莲散结汤 42 剂后其慢性盆腔痛减轻，但月经过少未效，故在巩固前期疗效的前提下，三诊至五诊均加养血活血的鸡血藤，药后月经量恢复正常。

本案体现了"异病同治"和"效不更方"原则：患者之月经量减少有明显诱因，此乃人流术损伤冲任脉络致瘀血阻滞，血行不畅，故亦从冲任瘀滞辨治。本案治疗历时 5 月，共用白莲散结汤 122 剂而收痛经、慢性盆腔痛消失，月经量恢复正常之全效。

病案 2：慢性盆腔痛

熊某，女，33 岁。G1P1+0。反复右下腹胀痛 1 年。

初诊（2012 年 9 月 18 日）：G1P1+0，LMP 16/9。因"反复右下腹胀痛 1 年"就诊。患者 1 年前无明显诱因出现右下腹胀痛，喜按，时发时止，但右侧卧必痛且可触及包块，揉即散去。劳累后自觉胸闷，腰背及右下腹不适明显，足心发热，纳可，大便略干结。常苔，脉平略弦。月经史：13×30×6，量中偏少，色红；近 5 月有月经推后而担心更年期已到。1+年前有剖宫产史。妇科检查：外阴、阴道：(-)；宫颈：光滑；子宫：后位，常大，质中，无压痛；附件：对合好，无压痛。

诊断：慢性盆腔痛待诊。据其扪及之包块揉即散去，可从气滞辨；而少腹为肝经所主，若肝气郁滞，致肠腑气机不畅则下腹胀痛，故辨证为肝气滞。治以疏肝理气，用柴胡疏肝散加减。

处方：柴胡 10 g　　枳壳 15 g　　香附 15 g　　川芎 15 g
　　　白芍 30 g　　甘草 10 g　　决明子 15 g

12 剂，水煎服，一日一剂，分 3 次服。医嘱：9 月 19 日查 HPO。

二诊（2012 年 11 月 15 日）：LMP 21/10。患者服上诊方后右下腹疼痛和足心发热明显好转，大便正常。劳累后仍胸闷，喜叹气。常苔，脉平略弦。11月8日（d19）查：E2 178.2 pg/mL，P 12.01 ng/mL，T 0.1 ng/mL，LH 0.92 mIU/mL，FSH 3.27 mIU/mL，PRL 174.9 uIU/mL。经前月经将潮之时，加之患者素有经量偏少见症，此时宜因势利导，故用自拟的三川汤达行气活血、通经调经之目的。

处方：枳壳 15 g　　香附 15 g　　川芎 15 g　　当归 15 g
　　　桃仁 10 g　　川红花 12 g　　川牛膝 30 g

12剂，水煎服，一日一剂，分3次服。

三诊（2013年1月14日）：LMP 17/12，PMP 17/11。患者服药后右下腹疼痛明显好转，仅偶有右下腹胀气。劳累后仍感胸闷气紧，心慌，疲乏无力。常苔，脉右平，左<右。诊断：慢性盆腔痛待诊；胸闷气紧心慌待诊。辨治同初诊，用血府逐瘀汤加减。

处方：柴胡 10 g　　桔梗 10 g　　枳壳 15 g　　川牛膝 30 g
　　　桃仁 10 g　　川红花 10 g　　当归 15 g　　川芎 15 g
　　　生地黄 20 g　　白芍 30 g　　甘草 10 g

12剂，水煎服，一日一剂，分3次服。查ECG。

按语：慢性盆腔疼痛（CPP）是指发生在女性盆腔、腹部、腰骶部或臀部的非周期性疼痛，持续6个月以上，常引起功能障碍，是需药物或手术治疗的一组疾病，具有起病隐匿、病因复杂、诊断困难、治疗棘手、收效不易的特点。CPP包括了腹腔镜检查容易发现的妇科疾病，如子宫内膜异位症、盆腔炎性疾病后遗症、盆腔粘连和盆腔瘀血综合征等，也包括一些隐匿性躯体疾病，如肠道激惹综合征、间质性膀胱炎，还包括了非躯体性（精神源性）疾病，患者可伴见抑郁、多疑或焦虑等症状。由于中医古籍无相关病证专章论述，而以"妇人腹痛"为病名出现于中医妇科教材乃近年之事。

本案反复右下腹不定期发作疼痛，时发时止，痛时喜揉按，右侧卧必痛且可触及包块，揉即散去。常苔，脉平略弦。脉证皆属肝气郁滞，致肠腑气机不利发为腹痛腹胀。治疗遵循《济阴纲目·调经门》之"经事来而腹痛者，经事不来而腹亦痛者，皆血之不调故也。欲调其血，先调其气"，同时结合月经周期之阴阳盛衰转化而治疗有所侧重，或疏肝理气或行气活血，先后予以柴胡疏肝散、三川汤和血府逐瘀汤获效。

病案 3：慢性盆腔疼痛

邹某，女，32 岁。G1P1+0，5 年前剖宫产，工具避孕。反复右下腹隐痛 3+ 年。

初诊（2008 年 7 月 15 日）：LMP 3/7，量中，色红，5 天净。近 3+ 年常感右下腹隐痛，按压明显，矢气可缓，无发热及白带异常。间断中药治疗后亦有所缓解。平素觉心悸，疲乏，盗汗，偶心烦易怒。纳眠可，二便正常。舌常，苔常。脉平，右＜左。既往月经：11×30×6，量中，轻痛经。今 PV：外阴已婚式；阴道畅；宫颈光滑；子宫后位，常大，活动，无压痛；右附件可疑压痛，对合可，左附件区未扪及异常。血 Rt：WBC 5.5×109/L，N% 56.2%。ESR 7 mm/h。TVS：子宫后位，大小约 3.2 cm×4.2 cm×4.6 cm，内膜厚 0.6 cm，近宫底见 1.7 cm×1.8 cm 弱回声团。双侧附件未探及异常。

诊断：CPP 待诊。

辨证分析：辨证为肝郁气滞，治法疏肝理气。予柴胡疏肝散加减。

处方：柴胡 10 g　　枳壳 12 g　　香附 15 g　　川芎 15 g
　　　白芍 30 g　　甘草 10 g　　延胡索 15 g　　川楝子 12 g

6～12 剂，一日一剂，水煎 300 mL，分 3 次服。

二诊（2008 年 11 月 28 日）：LMP 24/11，量中，3 天净。经净 1 天。服初诊方 12 剂后右下腹疼痛明显缓解，又按原方续服 8 剂，疼痛消失未再发。平素常觉心慌，盗汗，近 2 周加重，脱发明显。舌常，苔常，脉滑右弦。诊断：心悸待诊。辨证阴血不足，治法滋阴养血。予天王补心丹加减。

处方：酸枣仁 10 g　　柏子仁 10 g　　五味子 10 g　　麦冬 15 g
　　　当归 10 g　　生地黄 20 g　　丹参 20 g　　玄参 20 g
　　　太子参 30 g　　茯苓 20 g　　桔梗 10 g

6～12 剂，一日一剂，水煎 300 mL，分 3 次服。

按语：患者反复右下腹疼痛已有 3+ 年，疼痛无规律，符合慢性盆腔疼痛的诊断。本病是一组综合征，其包含了盆腔炎性疾病后遗症、子宫内膜异位症、子宫腺肌症、盆腔粘连、盆腔瘀血综合征、肠易激综合征等疾病。既往无痛经史，结合 PV、血 Rt、ESR 等，可初步排除子宫内膜异位症、子宫腺肌症、盆腔炎等疾病。疼痛在矢气后缓解，表明肠腑气滞，多由肝郁气滞，中焦气机失于调畅而致，故予柴胡疏肝散以疏肝理气。守方服20剂后疼痛消失。二诊又因心慌就诊，伴盗汗、脱发，表明心血不足，心失濡养，予天王补心丹以滋阴养血。慢性盆腔疼痛病因复杂，临证时应仔细询问病史、伴随症状、加重或缓解因素，同时结合妇科检查，有针对性地选择辅助检查，尽可能先明确西医诊断，以期能更准确地辨证论治，提高临床疗效。本病在就诊过程中随着病机病程的变化，加之生育年龄妇女的月经周期等因素，治法用药都要随诊处治。

3. 癥 瘕

病案1：右附件囊性囊肿

李某，女，32岁。G9P1+8，B超发现右附件"囊肿"1+年。

初诊（2009年6月23日）：LMP 15/6。1+年前B超检查发现右侧附件区"囊肿"，而无不适。近10天偶下腹胀痛，不愿手术，要求中药治疗。因月经量多，于1年半前宫腔放置"曼月乐"节育器。纳眠可，大便1日3～4次，有时不成形。舌质常，舌苔染灰黑，脉略弦。妇检：外阴、阴道（-）；宫颈光滑；子宫前位，常大，质中，活动，无压痛；右附件区扪及包块，质软，边界不清，无明显压痛；左附件（-）。6月15日他院AFP、CEA、CA125、CA199、hCG均正常范围。6月23日阴道超声：子宫3.5 cm×4.4 cm×4.5 cm，内膜0.5 cm，条形节育器居中；右附件区见一7.0 cm×5.2 cm囊块；左附件（-）。

西医诊断：右附件囊性占位待诊。

中医诊断：癥积；证属冲任瘀结。

辨证分析：虽发现包块之前不久置宫内节育器，但术后无不适或盆腔感染史，故不能认为与之相关。妇检和阴道B超检查确诊右附件囊性包块，属下焦癥积。患病已年余而并无特殊症状，现有四诊既不能据以妄辨为六淫外感或七情郁结所致，亦不宜以久病多虚而妄补。本患者少腹癥积多因冲任脉络为内生火热损伤，血溢脉外，瘀久不去而成症。其病位在下焦，属寒热不著之里实证。治以化瘀散结。方用自拟白莲散结汤。

处方：白花蛇舌草30 g　　半枝莲30 g　　皂角刺10 g　　莪术15 g
　　　土鳖虫12 g　　　　仙茅15 g　　　淫羊藿15 g　　猪苓20 g

12剂，水煎服，一日三次。

二诊（2009年7月6日）：LMP 15/6。药后腹胀痛渐消失。纳眠可，二便调。舌常，脉平。证治同前，上方续服18剂。

三诊（2009年8月4日）：LMP 22/7。感腰腹酸胀痛，大便不成形，入睡困难，偶整夜失眠。舌常，脉偏弦。妇检：后穹窿触痛；子宫后位，常大，质中，活动可，无压痛；双附件区（-）。7月22日经前他院阴道超声：子宫4.4 cm×4.8 cm×5 cm，内膜0.2 cm（单层），节育环居中。双附件（-）。少腹为足厥阴肝经循行部位，腰腹酸胀痛，脉偏弦，脉证皆属肝气郁滞致肠腑气机不利之故。法当疏肝理气。方用《景岳全书》柴胡疏肝散加减。

处方：柴胡10 g　　枳壳12 g　　香附15 g　　川芎15 g
　　　白芍30 g　　甘草10 g　　延胡索15 g

6~12剂。

2009年9月4日回访：腰腹酸胀痛已消。

按语：患者经阴道超声提示右附件囊性包块1+年，妇检扪及包块，质软、边界不清。就诊前一周他院相关肿瘤标志物均在正常范围，故按癥积论治。辨为下焦瘀结证，治以化瘀散结，予自拟白莲散结汤试治而收效。

王成荣先生认为本案值得一议者，为门诊病史易欠翔实。病人常不出示就诊前在他院诊治的资料。这无疑对诊断或辨证论治以及积累经验、总结探讨都有所不利。尽管本案服药收效，但仍有继续观察确诊的空间。

病案2：盆腔包裹性积液

陈某，女，45岁。G6P1+5，发现右附件囊肿4月。

初诊（2008年6月22日）：LMP 24/5。2007年7月经他院开腹予"左附件囊肿摘除+左输卵管切除+子宫肌瘤挖除+肠粘连松解"后，曾出现经期下腹疼痛，抗炎治疗后缓解。4月前B超发现右附件区2.5 cm×2 cm囊性暗区，予抗感染治疗，但复查阴道超声示：右附件区7.9 cm×5.4 cm囊性包块，盆腔积液最大厚度约5.2 cm。月经、饮食及睡眠均正常。大便干燥。小便较频，但无急、痛。苔灰白偏厚，脉平。6年前右输卵管妊娠流产。

西医诊断：盆腔包裹性积液。

中医诊断：癥积；证属冲任瘀结化热灼伤下焦。

辨证分析：患者除阴道超声有盆腔囊性占位及积液外，无明显不适症状，苔偏厚亦难为辨证依据。根据6年前右输卵管孕流产史和11个月前开腹史，推理或因内生火热，灼伤脉络，久而成瘀，渐积成症。治宜清热解毒，化瘀散结。自拟白莲散结汤加减。

处方：三棱10 g　　莪术10 g　　白花蛇舌草30 g　　半枝莲30 g
　　　泽泻10 g　　仙茅15 g　　淫羊藿15 g

水煎服，12剂，一日一剂。

二诊（2008年7月4日）：LMP 28/6。现仍量少仅用护垫，色暗。喜冷饮，大便干。舌脉正常。证治同初诊。白莲散结汤12剂。

三诊（2008年7月24日）：LMP 28/6。至今阴道出血26天未净，7月10—13日出血量同正常月经，此前后均少。舌脉正常。阴道超声：宫内膜1.0 cm；右附件探及1.8 cm×1.6 cm×2.0 cm无回声团，界清；盆腔积液2.7 cm×2.0 cm×2.1 cm。因阴道出血持续时间长，立即诊断性刮宫以止血并明确诊断。再服白莲散结汤20剂。

四诊（2008年8月11日）：7月24日诊刮病检报告示"增生期子宫内膜伴子宫内膜息肉"。术后6天血止，但净8天又见出血至今已第4天，量多于正常月经。舌苔白黄偏厚，脉平。诊刮后仅14天又开始出血且量大于平时经量，宜遵急治其标，按热瘀先期、月经过多论治。予清热凉血，化瘀止血。自拟清化汤加减。

处方：黄芩12 g　　小蓟30 g　　地榆30 g　　马齿苋30 g
　　　白花蛇舌草30 g　　枳壳12 g　　桃仁10 g　　川牛膝30 g

6剂。

五诊：（2008年8月22日）：服上诊方2剂血止。偶见赤带，便干。常苔；脉略弦。基础体温36.2～36.4 ℃，阴道超声：宫内膜0.5 cm，右附件区1.6 cm×0.8 cm囊性团块。血止12天，未出现排卵征象的双相基础体温，宜行气活血以促冲任经气阴阳交替之转化。方用三川汤。

处方：香附15 g　　枳壳12 g　　川牛膝30 g　　川红花12 g
　　　桃仁10 g　　当归10 g　　川芎10 g

10剂。

六诊（2008年9月12日）：LMP 10/9。现行经第3天，量正常。常苔，脉偏沉。经前BBT升高7天。现值经期，虽然此次月经周期正常，但鉴于之前异常出血，而患者为更年期妇女，且基础体温高温期仅7天，为预防出血多或持续不净，仍宗热瘀论治。方用清化汤加减。

处方：黄芩12 g　　　　小蓟30g　　　　地榆30 g　　　　马齿苋30 g
　　　白花蛇舌草30 g　枳壳12 g　　　　桃仁10 g　　　　川牛膝30 g
8剂。

按语：癥积多按气滞血瘀、痰湿、热毒论治，本例脉证如常而无虚象或明显寒热，按瘀结缘于内生火热伤络，血溢成瘀，蓄积不去日久成癥。用清热解毒化瘀散结以消癥本属正治。虽治疗过程中出现经漏，因量不多，仍以白莲散结汤治其本，而以诊刮明确出血之宫内膜病理诊断。四诊因诊刮后仅14天又出血4天且多，按急治其标，以热瘀先期、月经过多论治，凉血化瘀而血止。经治疗两个月右附件区囊肿缩小为1.6 cm×0.8 cm。借助病理结果，结合患者为更年期妇女，后转为调经。其间之理法方药变化，似属不悖《伤寒论》"观其脉证，知犯何逆，随证治之"的原意。

4. 抗体阳性

病案：生殖抗体阳性案

祝某，女，28岁。G0P0+0。发现生殖抗体阳性10天。

初诊（2013年1月10日）：G0P0+0，LMP 8/1。因"发现生殖抗体阳性10天"就诊。12月31日在他院做孕前相关检查：EmAb（+）、AcAb（+）、AsAb（+）、TORCH（-），尚未治疗。常苔，脉平略弦。月经史：14×28-30×7，量中，色红，无血块，无痛。12月18日他院TVS：子宫前位，大小约3.7 cm×4.5 cm×4.3 cm，肌层回声均匀，宫内膜居中，厚约0.8 cm；双侧附件未见异常。

诊断：生殖抗体阳性待诊。

辨证分析：据患者之舌脉似无症可辨，但其EmAb（+）、AcAb（+）、AsAb（+），若视抗体为中医学的"正气"之一项指标，则可从"气有余便是火"着手辨治，故辨证为血分郁热。治以清热利湿活血，用自拟的泻火达衡汤加减。

处方：茵陈15 g　　　　栀子15 g　　　　黄柏15 g　　　　甘草10 g
　　　皂角刺10 g　　　桃仁10 g

30 剂，水煎服，一日一剂，分 3 次服。医嘱：测 BBT。

二诊（2013 年 2 月 12 日）：LMP 7/2。BBT 双相，LMP 量中偏少，6 天净。现无不适。舌质常偏深，常苔偏厚，脉平略弦。辨治同前。

处方：茵陈 15 g　　　　栀子 15 g　　　　黄柏 15 g　　　　甘草 10 g
　　　皂角刺 10 g　　　桃仁 10 g

30 剂，水煎服，一日一剂，分 3 次服。

2013 年 3 月 29 日：诉共服上诊中药两个半月，3 月 28 日复查：EmAb（-）、AcAb（-）、AsAb（-）。

按语：该患者一般情况良好，唯孕前检查发现 EmAb（+）、AcAb（+）、AsAb（+），其可致不易怀孕或流产。若据四诊颇难下辨证论治，王成荣先生认为中医学关于人体正气的概念，与西医学关于免疫的概念在一定程度或在某些方面有相似之处。抗体作为正气的一项客观指标，应有的抗体缺乏可辨为正气虚，异常的抗体出现则可辨为正气过旺，即所谓"气有余便是火"，故可从血分郁热入手，以清热利湿活血为主，并用自拟泻火达衡汤。方中用茵陈、栀子、黄柏清郁热、利湿热；桃仁、皂角刺活血化瘀，防血分郁热久聚致瘀；甘草既可调和诸药，又可清热解毒。全方体现泻火消瘀而致气血和顺，阴平阳秘之功。本案采用此方治疗贯穿始终，用药两个半月而获效：EmAb、AsAb 和 AcAb 均转为阴性。

（四）男科疾病

弱精、畸精案

病案 1：弱精、畸精

毛某，男，34 岁。未避孕 2 年未育。

初诊（2013 年 5 月 24 日）：因"未避孕 2 年未育"就诊。患者结婚 2 年，夫妇同居一地，性生活正常，婚后一直未避孕，其妻至今未孕。平时常感右侧腰部酸痛而可捶打，余无明显不适。诉他院曾 2 次查精液均提示弱精症、畸精症。已戒烟酒 3 年。幼时曾患腮腺炎。

诊断：不育症（弱精、畸精症？）。

处理：复查精液常规后再酌处。

二诊（2013 年 6 月 4 日）：5 月 31 日他院查精液常规：精液量 4.0 mL，液化时间 30 min，浓度 112×106/mL，总数 415×106/次，A 级 10%，B 级 17%，正常精子百分比 0%。常苔，脉平略弦。

诊断：不育症（弱精、畸精症）。

辨证分析：腰部酸痛可捶打多系肾虚失养所致。辨证为肾气不足，治以益肾活血，用自拟方。①处方：党参 30 g、黄芪 30 g、当归 5 g、肉苁蓉 20 g、仙茅 15 g、淫羊藿 15 g、巴戟天 15 g、鸡血藤 30 g、桃仁 10 g、川牛膝 15 g。30 剂，水煎服，一日一剂，分 3 次服；②叶酸 5 mg po qd×30；③维生素 E 丸 0.1 po qd×30；④查 E2、T、LH、FSH、PRL 和 TSH、FT4。

三诊（2013 年 7 月 5 日）：服上诊中药后右侧腰酸痛明显减轻，现只偶尔感酸痛不适。常苔，脉平。6 月 5 日查：E2 33.03 pg/mL，T 5.88 ng/mL，LH 5.72 mIU/mL，FSH 4.01 mIU/mL，PRL 163.3 uIU/mL。查：TSH 3.6 uIU/mL、FT4 1.24 ng/dL。辨治同二诊。处方：①熟地黄 20 g、肉苁蓉 20 g、巴戟天 15 g、仙茅 15 g、淫羊藿 15 g、黄精 20 g、鸡血藤 30 g、皂角刺 10 g、莪术 15 g。30 剂，水煎服，一日一剂，分 3 次服。②叶酸 5 mg po qd×30。③维生素 E 丸 0.1 po qd×30。④药毕复查精液常规，同时查 AsAb。

四诊（2013 年 8 月 8 日）：现无不适。常苔，脉平。8 月 6 日他院查精液常规：精液量 4.5 mL，液化时间 30 min，浓度 101×106/mL，总数 455×106/次，A 级 16%，B 级 20%，正常精子百分比 0%；AsAb（-）。辨治同二诊。考虑血睾屏障而侧重于瘀滞，治以温经活血补肾，用少腹逐瘀汤加减。

处方：桂枝 10 g　　高良姜 10 g　　小茴香 10 g　　生蒲黄 15 g
　　　当归 15 g　　川芎 15 g　　　皂角刺 10 g　　鸡血藤 30 g
　　　仙茅 15 g　　淫羊藿 15g　　 川牛膝 30 g

30 剂，水煎服，一日一剂，分 3 次服。医嘱：药毕复查精液常规。

五诊（2013 年 9 月 13 日）：现无不适。常苔，脉平。8 月 6 日他院查精液常规：精液量 4.5 mL，液化时间 30 min，浓度 101×106/mL，总数 455×106/次，A 级 16%，B 级 20%，正常精子百分比 0%。常苔，脉平略弦。辨治同四诊。

处方：桂枝 10 g　　高良姜 10 g　　小茴香 10 g　　鸡血藤 30 g
　　　当归 15 g　　川芎 15 g　　　川红花 10 g　　川牛膝 30 g

仙茅 15 g　　　　淫羊藿 15 g　　　　皂角刺 10 g

60剂，水煎服，一日一剂，分3次服。医嘱：2月后复查精液常规。

六诊（2013年11月28日）：偶右侧腰酸，不胀不痛；服中药时每晚夜尿1~2次，无它。常苔，脉平。11月26日他院查精液常规：精液量4.0 mL，液化时间30 min，浓度152×106/mL，总数502×106/次，A级31%，B级19%，正常精子百分比3.4%。辨治同二诊。

处方：党参 20 g　　　黄芪 20 g　　　当归 15 g　　　川芎 15 g
　　　肉苁蓉 20 g　　 仙茅 15 g　　　淫羊藿 15 g　　巴戟天 15 g
　　　鸡血藤 30 g　　 莪术 15 g。

30剂，水煎服，一日一剂，分3次服。另：维生素E丸 0.1 po qd×30。

按语：患者未避孕2年其妻未孕，经妇科不孕检查未发现异常，而男方验精液为弱精、畸精症。中医学认为，肾藏精，主生殖，肾具有生成、贮藏和施泄精气精液的功能。故本案病症结合，辨为肾气不足证。正如朱丹溪《格致余论·受胎论》云："男不可为父，得阳气之亏者也。"对于本案之肾气不足证，理应补益肾气，缘何还治以补气活血。

不育症属于慢性难治病，中医学虽无血睾屏障认识，但有"难病从瘀""久病入络""久病必有瘀"，以及"精瘀窍道"之说。且肾虚与瘀血密切相关，肾虚易瘀，肾虚多瘀。肾阴虚则津血不足，血流减慢而血滞脉络；肾阳虚则温煦、推动血行之力不足而瘀阻经络，均可因虚致瘀。加之男性之血睾屏障在防止有毒性物质进入曲细精管的同时，治病所需之药物亦难达其病所。而据现代药理研究表明，活血化瘀药具有改善血液循环，特别是微循环，提高毛细血管通透性的作用。另气为血之帅，气行则血行，补气则可增强活血功效。故王成荣先生治疗男性不育症患者，无论其有无血瘀证候，主张补肾均应佐以补气活血。正如张锡纯言："补药剂中以为佐使，将有瘀者瘀可徐消，既无瘀者亦可借其流通之力以行补药之滞，而补药之力愈大也。"

维生素E具有抗氧化作用，其水解产物生育酚，有抗不育作用，其可促进性激素分泌，使男子精子活力和数量增加，从而提高生育能力。叶酸亦有抗氧化作用，有调查显示：男性精子含量低与体内叶酸缺乏有关，因为叶酸可以帮助DNA的合成。故先生临症治疗少精、弱精、畸精患者，内服中药同时予以维生素 E 和叶酸辅助治疗。本案疗效的取得，应系合理的中西医药共同作用的结果。

病案 2：畸弱精症

谭某，男，38 岁。未避孕未育，并发现弱畸精症 10 年。

初诊（2014 年 1 月 20 日）：已戒烟酒七年。常同房后感明显腰酸。舌常，苔常。脉平略弦。2013 年 7 月某医院查精液常规：正常精子百分比 1.5%。2011 年 3 月某医院查精液常规：正常精子百分比 2.5%（均口诉，未带检查报告）。今查性激素：E2 47.3 pg/mL，P 0.80 ng/mL，T 5.07 ng/mL，LH 5.73 mIU/mL，FSH 6.77 mIU/mL，PRL 170.5 mIU/mL，抗精子抗体（-）。

诊断：畸弱精症。

辨证分析：肾藏精，主生殖。故辨证为肺肾不足。金水相生，治以补益肺肾，活血化瘀。

处方：党参 30 g　　黄芪 30 g　　当归 5 g　　肉苁蓉 20 g
　　　仙茅 15 g　　淫羊藿 15 g　　巴戟天 15 g　　蛇床子 10 g
　　　川芎 15 g　　皂角刺 10 g　　川牛膝 30 g

6 ~ 30 剂，一日一剂，水煎 300 mL，分 3 次服。另：维生素 E 胶丸 0.1g qd × 30 天。医嘱：嘱药毕复查精液常规。

二诊（2014 年 2 月 27）：服上方同房后腰痛明显缓解。纳眠可，二便调。舌常，苔常。脉平略偏弦。2014 年 2 月 27 我院复查精液常规：精液量 6.5 mL，pH 7.4，液化 45 min，浓度 14.9×10^6/mL，总数 97×10^6/次，A 级 9.23%，B 级 10.77%，A+B 级 20%，正常精子百分比 5.3%（>4%）。正常精子百分比已正常，活力较前改善，仍不达标。服药后腰痛症状明显减轻，精液质量较前提高，故辨治同前，原方加菟丝子温肾益气，桃仁、莪术以加强活血化瘀之功。

处方：党参 15 g　　黄芪 15 g　　当归 5 g　　肉苁蓉 20 g
　　　菟丝子 20 g　　仙茅 15 g　　淫羊藿 15 g　　巴戟天 15 g
　　　蛇床子 10 g　　桃仁 10 g　　莪术 15 g。

6 ~ 30 剂，一日一剂，水煎 300 mL，分 3 次服。医嘱：药毕再复查精液。

三诊（2014 年 4 月 4 日）：纳眠可，二便均正常。舌质常，苔常。脉平略弦。今我院复查精液常规：液化 30 min，pH 7.4，浓度 37.3×10^6/mL，总数 75×10^6/

每次，A 级 25.29%，B 级 21.43%，A+B 级 35.71%，正常精子百分率 36%。今复查精液已达标。遵效不更方，续前中药治疗。处方：按上诊方再服 20 剂，可停药。另予维生素 E 胶丸 0.1 g qd×30。

按语：患者婚后未避孕未育，其妻相关不孕检查均无异常。曾有腮腺炎病史，多次检查精液常规均提示精液异常，行 ART 时因精液活力差而未效。

男性不育的原因主要有精液异常、生精障碍、精卵结合障碍、全身因素等。精子产生受下丘脑—垂体—睾丸轴的调控，男性内分泌异常，或抗精子抗体存在均可导致精液异常。故首诊先完善这两项检查，结果均正常。患者间断西医治疗，精液质量均无改善。

就中医辨证论治来说，肾藏精，主生殖。先天之精藏于肾中，受肾阳的温煦、推动，肾阴的滋养。故肾气不足，为该病主要病机。金水相生，治则上通过补益肺气加强补肾之功，并酌加活血化瘀药物，化瘀生新。天然维生素 E 又称生育酚，可促进内分泌分泌，使男性精子活力及数量增加，提高生育能力。服药 30 剂后复查精液，正常精子百分比已达正常，精子活力较前提高，但仍未达正常。一诊方效著，许是因用药时间不够，二诊于原方中酌加菟丝子温补肾阳，桃仁、莪术加强活血化瘀，并酌减党参、黄芪用量。服药 30 剂后复查精液常规各项已完全达标。患者服药无不适，遵效不更方，可续服 20 剂。

（五）内科杂病

1. 水肿案

病案：水肿

左某，男 56 岁，四川华阳人。

初诊（1958 年 5 月 23 日）：足背发肿一年。初起时曾腰痛。进来足肿更向上发展，并感腹胀，怕冷，头昏晕。不发热，口渴喜喝烫开水。食少，常发呕。大便稀，日四五次。小便清长，夜尿多，每晚约七八次。曾当地中医断为湿热，但服药无效，故来我院门诊部就诊。面色苍白，苔黑腻而滑直达舌尖，脉沉，右细乏力。查体：体温 35.7 ℃，血压 160/92 mmHg，胸部无异常发现。腹部略膨隆，有移动性浊音及液波感。小腿上 1/3 以下呈重度凹陷性水肿。化验：小便比重 1.008，蛋白少许，颗粒管型少许，红细胞少许。血非蛋白氮

37 mg/L（正常参考值 5～20 mg/L）。西医诊断：慢性肾炎。中医诊断：①八纲辨证：病人无发热畏寒而水肿、腹胀腹泻、尿多、口渴以及苔黑滑腻、脉沉等属里；怕冷、饮食喜烫、腹泻而小便清长、舌苔黑腻而滑等属寒。口虽渴而喜热饮，且无其他热像，乃水湿阻遏津液不能上布之故，不得断为有热；年老、久病、怯冷、腹泻、尿多、面白、苔滑，以及右脉细而乏力等属虚。以上辨证总地说明患者的生理机能处于衰退状态，故为里、虚、寒之阴证，当温补为治。②脏腑辨证：腹胀、腹泻、食少、发呕已表明病在胃肠之消化不良。但消化不良不能解释先有足肿且肿向上发展并出现腹水。脾主水谷之运化，主肌肉和四肢，并与阳明胃经为表里，故脾气之虚弱却能合理解释这些症状。但脾虚又不能完满解释尚有头晕、怕冷和沉细乏力的脉象。而肾主水，主骨生髓并通于脑，且元阴元阳寓于肾，故唯肾亦病而气化不足则可合理解释这些脉证。总之，责在脾肾阳虚。③病因病机辨证：水肿、腹水皆为水湿停聚的见症。而外感六淫之一的湿邪，也是内生五邪之一。日常所饮之水亦为湿所聚而成。若肺、脾、肾之气化失常，水便停聚为患而成水肿和（或）腹水。故内生湿邪乃本患者之病因。其病机则为脾阳虚"土不制水"和肾阳虚"水失所主"而致。鉴于病人并无咳喘等肺的见症，故可辨识排除肺气亦有失常之病机。总结辨证，诊断为阴水，脾肾两虚。治法当温补脾肾，兼利水湿佐和胃止呕。方用实脾饮加减。

处方：白术 9 g　　　厚朴 6 g　　　半夏 9 g　　　陈皮 6 g
　　　茯苓皮 12 g　　大腹皮 9 g　　木瓜 9 g　　　附片 6 g
　　　炮姜 3 g

2 剂，水煎服。

二诊（1958 年 5 月 26 日）：体温 37 ℃。腹胀减轻，脚肿稍退，昏晕大减，食量增加，渴止呕消，不复胃寒。病人喜于色。唯二便情况无好转。舌苔转为白黄苔，只舌心略剩一点黑苔，脉沉，右稍细。仍本前方加减。

处方：白术 9 g　　　厚朴 6 g　　　陈皮 9 g　　　薏苡仁 15 g
　　　茯苓皮 12 g　　大腹皮 9 g　　附片 6 g　　　炮姜 4.5 g
　　　草豆蔻 6 g

2 剂，水煎服。鸡内金 9 g 焙为末，分 6 次随汤药冲服。

三诊（1958 年 5 月 30 日）：体温 36.5 ℃。前症更减，足肿大消，大便已干，每天一二次而多肠鸣。唯尿仍多，夜尿五六次。食欲好。来诊前一日受凉，有些头昏，腰酸，流清涕，背微恶寒，不觉发烧。苔微黄，根白滑，且苔的面积较前缩小，脉同前。踝部仍有中度凹陷水肿。腹部叩诊已无移动性浊音。辨证论治：病人虽受凉，但仅有头昏、清涕、腰酸，背虽微恶寒，而不发热，故表证不太显著，按"缓则治本"，仍当以宿病为重点。根据病人目前情况，以补脾渗湿为主，巩固以前疗效，佐辛温散寒兼顾外感。至于小便多，乃水邪之出路，待水肿消尽，若尚不减再治之。方用四君子汤加味。

处方：党参9 g　　茯苓12 g　　白术9 g　　山药12 g
　　　甘草9 g　　枳壳9 g　　厚朴6 g　　大腹皮9 g
　　　炮姜3 g　　桂枝3 g

2剂，水煎服。

四诊（1958年6月9日），水肿全消，大便日一次，小便正常。但又出现午后发热、咳嗽、吐稠痰、咳时气紧、脉数等症，经X光片诊为"右肺中部炎性变，结核不能除外"。据当时脉证，诊断为肺热。按"急则治标"，予清肺镇咳为治，前后共服药4剂，肺热症状全消。但足肿、腹泻、食少等症又复发作，不过病况较初诊时轻许多。碍于病人经济条件差、路远及其他原因，未能再行相关检验。

1958年6月13日以后至1959年1月12日最后一次就诊为止，7个月共就诊五次，服汤药9剂，丸药2剂，均以温补脾肾为主，病情基本稳定。1959年1月12日最后一次就诊时仍夜尿多，面部微浮及大便每日一次略稀外，无他不适。

按语：病人经他处诊断为湿热，治疗无效。今按脾肾虚寒论治，虽也未痊愈（即便以今天整体的医学水平而论，慢性肾炎也不是短时间或十几剂中药就可以完全医好的，何况服药还很间断），但从病人症状的改善程度来看，不能不承认疗效相当显著，尤其在最初连服药的阶段更为突出。从湿热治之所以无效与虚寒论治之所以有效，正说明只有辨清了八纲，论治的方向才会正确。而从虚寒论治之所以疗效显著，又不能不归功于脏腑辨证和病因病机辨证的综合分析。

2. 腹泻案

病案：腹泻

周某，女，61岁，四川彭山人。

初诊（1958年10月30日）：腹泻已半年。大便臭，微热，呈水样，每日二三次，但不憋胀。常腹胀、水响、嗳气、矢气。有时头昏，耳鸣。曾断续服中药数十剂（处方多属健脾和胃者），皆未大效，服药期间病况稍减，药停之后，又复如故。胃纳尚可，不渴，尿黄不热。消瘦，精神尚可。舌质淡，苔白腻而滑，脉缓濡。

辨证论治：①八纲辨证：腹泻、腹胀、肠鸣、嗳气，为病在肠，属里；大便臭、微热、小便黄似乎内有积热，但久病腹泻而不渴、小便虽黄而不热、舌质淡、苔白滑、脉缓濡等皆为寒之确证，未可断为热；年老、久病、水泻、消瘦、脉缓濡为虚。总之，本病案属里、寒、虚，为阴证，应以温补为治。②脏腑辨证：腹泻、腹胀、肠鸣、嗳气虽为病在肠之象，但实由脾气虚弱，水谷运化失常所致。水不运化则湿盛，故水泻、肠鸣、苔腻脉濡；谷不运化则积滞，故腹胀而嗳气、矢气、便臭。年老肾阳多虚，旧泻不愈而现头晕、耳鸣，"乃脾病及肾"之证；而肾阳不足"火不暖土"，又加重了脾虚的程度。总之责在脾肾阳虚而又以脾虚为主。③病因病机辨证：辨证求因，本案当属病从口入，或初系饮食不慎之"不内外因"引发。病机则为饮食不洁，脾胃乃伤，而未及时诊治所致。病已180天而只间断服数十剂中药或可佐证。更细的病机已见脏腑辨证，不再赘述。总结辨证，为脾肾阳虚，湿滞不化。治法当健脾燥湿，佐温肾导滞。方用香砂六君子汤加减。

处方：炮参9 g　　　茅术6 g　　　焦术9 g　　　云苓12 g
　　　广皮6 g　　　法夏9 g　　　砂仁4.5 g　　甘草1.5 g
　　　建曲9 g　　　上桂1.2 g

2剂，水煎服。

二诊（1958年11月3日）：腹泻完全停止，大便干，日一次。腹胀、肠鸣、嗳气等症均消失无余，小便亦正常。唯头昏、耳鸣尚在。苔白微腻，脉同前。原方上桂、砂仁改为盐炒砂仁4.5 g，加土炒白芍9分。

此后病人未再复诊。

按语：病人患水泻半年，曾服健脾胃之方数剂，其中以香砂六君子汤加减者颇不少，然均未大效。今仍以香砂六君子汤加减，仅仅服2剂，而诸症全消，病人非常满意，要求带方回乡，不再复诊，其故安在？

从病人来诊前所服之处方中检查，那些处方之所以收效不大，都是由于忽略了兼顾肾阳的结果。而这次的香砂六君子汤由于加入了"益火之源"的上桂，所以就收到了显著的疗效。由此可见，正确的辨证论治不但要求辨得清楚八纲，而且还要掌握好所有的辨证纲要，即只有掌握了整个理、法、方、药的理论体系，辨证论治才会更准确可靠。

（六）皮肤科疾病

1. 痤　疮

病案 1：痤疮案

鲍某，女，30 岁。G5P0+5。面部痤疮 2 年，加重 4 月。

初诊（2013 年 6 月 7 日）：G5P0+5，LMP 22/5。因"面部痤疮 2 年，加重 4 月"就诊。患者近 2 年出现面部痤疮，4 月前加重。2 月前在他院诊断为玫瑰痤疮而住院治疗后减轻，近半月又复发明显。现额、两颊较多浅玫瑰红团。常苔，脉平弦。月经史：14×27-30×4-5，量中，色红，无痛。

诊断：痤疮。

辨证分析：面部痤疮为阳明经气过旺壅遏为热化火成毒之见症，故辨证为阳明郁热。治以清解阳明，用自拟的清解阳明汤加减。

处方：知母 15 g　　石膏 15 g　　黄芩 15 g　　山药 15 g
　　　辛夷 15 g　　野菊花 15 g　天葵子 15 g　银花 20 g
　　　连翘 20 g　　蒲公英 30 g　牡丹皮 15 g

20 剂，水煎服，一日一剂，分 3 次服。医嘱：测 BBT；d3 查 HPO。

二诊（2013 年 6 月 28 日）：LMP 20/6。上诊中药后面部痤疮明显减少，颜面红较上诊稍淡。BBT 为腋下测量。LMP 量中，6 天净。舌质常偏深，苔略偏厚，脉平滑。6 月 24 日（d5）他院查：E_2 61.17 pg/mL，P 0.24 ng/mL，T 0.26 ng/mL，LH 3.09 mIU/mL，FSH 13.64 mIU/mL，PRL 16.2 ng/mL。6 月 28 日 TVS：子宫后位，大小约 3.4 cm×4.2 cm×4.4 cm，实质回声均匀，宫内膜 0.7 cm；双附件未见异常。辨治同前。

处方：知母 15 g　　石膏 15 g　　黄芩 15 g　　山药 15 g
　　　辛夷 15 g　　野菊花 15 g　天葵子 15 g　银花 20 g

　　　　连翘 20 g　　　蒲公英 30 g　　　牡丹皮 15 g

20 剂，水煎服，一日一剂，分 3 次服。测好 BBT

　　三诊（2013 年 7 月 23 日）：LMP 18/7。面部痤疮已好。BBT 为晚上睡前所测。LMP 量中，色质可，6 天净。常苔，脉平略弦。拟 3 月后怀孕。辨治同前。

　　处方：知母 15 g　　　石膏 15 g　　　黄芩 15 g　　　山药 15 g

　　　　　辛夷 15 g　　　野菊花 15 g　　天葵子 15 g　　银花 20 g

　　　　　连翘 20 g　　　蒲公英 30 g

　　18 剂，水煎服，一日一剂，分 3 次服。医嘱：测好 BBT；查生殖抗体。

　　按语：本案病因病机把握的要点在于：阳明经循荣面额，而阳明多气多血，若经气循行不畅，不因"汗出见湿"或"劳汗当风"，气郁也能化火，火盛成毒便可发为痤疮。治疗要点在清解郁热贯穿始终，不悖"必伏其所主"之经旨。自拟的清解阳明汤系五味消毒饮合白虎汤加减而成，以清阳明经郁热为主。方中以山药易白虎汤之粳米；五味消毒饮为疮家常用且清轻上浮，恰如"治上焦如羽，非轻不举"。

　　痤疮是一种发生于毛囊皮脂腺的慢性炎症性疾病，其发病机制目前尚未完全清楚。关于中药内服治疗痤疮，有研究者搜索 CNKI 中国期刊全文数据库中发表于 1998 年 1 月至 2013 年 8 月的相关文献，结论为临床治疗痤疮运用清热药最多，清热是贯穿痤疮治疗的总原则。其对文献列举证型进行归纳后发现肺经风热证排名第一，胃肠湿热证排名第二，符合传统中医对痤疮病因病机的认识；冲任不调证排名第三，说明女性痤疮逐渐受到重视。王成荣先生治疗痤疮亦以清解郁热贯穿始终，但从经脉循行及中药升降浮沉出发，提出从阳明郁热辨治似更具特色，并据之拟定清解阳明汤而获效较好。

　　病案 2：颜面痤疮

　　王某，女，28 岁。G1P0+1。颜面痤疮半年，经间期下腹刺痛 1 次。

　　初诊（2012 年 8 月 7 日）：G1P0+1，LMP 15/7。因"颜面部长痤疮半年，经间期下腹刺痛 1 次"就诊。患者半年前无明显诱因出现颜面部痤疮，色红，痤疮较大，影响美观。1 月前无故出现经间期下腹刺痛 2 天。纳可，二便调。常苔，脉平略弦。月经史：13×30×5-7，量中偏多，色红，无腹痛。妇科检查：外阴、阴道：(-)；宫颈：光滑；子宫：后位，常大，质中，无压痛；附件：(-)。

诊断：痤疮。

辨证分析：阳明经循荣面额，且阳明多气多血，若经气循行不畅，气郁化火，火盛成毒便可发为痤疮，故辨证为阳明郁热，治以清解阳明，用自拟的清解阳明汤加减。

处方：知母 15 g　　　石膏 15 g　　　黄芩 15 g　　　山药 15 g
　　　连翘 20 g　　　蒲公英 30 g　　辛夷 15 g　　　野菊花 15 g
　　　天葵子 15 g

18 剂，水煎服，一日一剂，分 3 次服。医嘱：测 BBT。

二诊（2012 年 10 月 11 日）：LMP 6/10，PMP 5/9。服上方后面部痤疮缓解，未新发，药后亦无经间期腹痛。BBT 未测，LMP、PMP 均量中，5 天净。现多梦，余无它。常苔，脉平略弦。辨治同初诊。

处方：知母 15 g　　　石膏 15 g　　　黄芩 15 g　　　山药 15 g
　　　银花 20 g　　　连翘 20 g　　　蒲公英 30 g　　辛夷 15 g
　　　野菊花 15 g　　天葵子 15 g

18 剂，水煎服，一日一剂，分 3 次服。医嘱：测 BBT。

回访（2012 年 12 月 27 日）：上方药后痤疮已消，无经间期腹痛。

按语：本案病因病机把握要点在于：虽然《内经·素问·生气通天论》云"汗出见湿，乃生痤痱""劳汗当风，寒薄为皶，郁乃痤"，但阳明经循荣面额，而阳明多气多血，若经气循行不畅，不因"汗出见湿"或"劳汗当风"，气郁也能化火，火盛成毒便可发为痤疮。治疗要点于在将清利郁热贯穿始终，不悖"必伏其所主"之经旨。处方为自拟"清解阳明汤"，本方系五味消毒饮合白虎汤加减而成，以清阳明经郁热为主。方中以山药易白虎汤之粳米；五味消毒饮中的银花，因近年药价较贵，故有时未用，而连翘与银花功效相似，且其清心解毒之力较银花强，反而常用连翘易之或相须为用；加黄芩、辛夷清宣肺热。五味消毒饮为疮家常用且清轻上浮，而白虎汤本适应于伤寒化热入侵阳明经有高热、汗出、烦渴、脉洪见证者，本患虽本"异病同治"而用之，服后未见副作用且见疗效。

病案 3：痤疮

毛某，女，43 岁。面部长痘 1 年半，停经 10+月欲维持月经。

初诊（2008年10月13日）：LMP 1/8（孕激素撤血）。月经紊乱，已反复停经 1+年，服中西药尚潮。并见面部长痘，经前尤甚，病情反复。现停经 10 月。妇科检查除宫颈轻糜，子宫偏小外，余无异常。宫颈细胞学检查：正常。乳腺红外线检查提示轻度乳腺增生。BP 117/73 mmHg。16×25-26×4，量中，色红，无痛经，白带正常。LMP 1/8，PMP 12/7（均为撤血）。G4P0+4，2 次人流、2 次宫外孕手术，左右两侧输卵管均已切除。

西医诊断：①更年期，②痤疮。

中医诊断：天癸早竭（？）。

辨证分析：病机为阳明郁热。治法清热解毒。方以《医宗金鉴》的五味消毒饮加减。

处方： 知母 12 g　　石膏 15g　　银花 20g　　连翘 20g
　　　 蒲公英 30 g　天葵子 15g　野菊花 15g　辛夷 15g
　　　 黄芩 15 g　　决明子 12g

12 剂。

二诊（2008年11月3日），上诊药后面部痤疮明显减少，未行经。伴口干不欲饮，偶感手、足、指尖麻木。余无不适。舌常，常苔，脉平。2006年12月13日他院宫颈细胞学：Ⅱ级，炎症。宫颈活检：慢性宫颈炎伴局部轻度糜烂。2008年10月24日他院查肝肾功、血脂、血糖均正常。2008年10月28日他院查 FSH 142.97 mIU/mL↑，LH 60.29 mIU/mL，PRL 5.17 ng/mL，E2 27.00 pg/mL，P 1.72 ng/mL。诊断辨证同前，仍守上方 12 剂。同时给予甲羟孕酮 6 mg HS×5 天。

三诊（2008年11月18日）：停经 10 月，希维持月经，脸上痤疮明显缓解，服 MPA 6 mg×5 天，停药 11 天未见撤血。手足指尖麻木已好，仍感口干不欲饮。11月3日 LCT：正常。舌质偏红，常苔，脉平。诊断辨证同前，仍守上方 12 剂。同时给予克龄蒙 1 片 qd×21 天。

四诊（2008年12月11日）：LMP 1/8，病史同前，口干，脸上痤疮已愈。服克龄蒙 1 周期，12月8日药毕。12月11日 TVS 测内膜：0.5 cm，骨密度检查：正常。舌常，脉平。诊断同前。辨证为气滞。治法：行气活血。方用自拟三川汤加减。

处方：香附 15 g　　　枳壳 12 g　　　川牛膝 30 g　　　当归 10 g
　　　川芎 10 g　　　桃仁 12 g　　　川红花 12 g

6 剂。

按语：患者年方"六七"便反复停经，仅年余已停经 10 月，实天癸早竭可能。就诊是以面部痤疮年余为主症。其病因虽为内生之火，然病机却是由肝肾阴虚引起，乃阴虚肝旺化热并循厥阴"挟胃属肝"之脉而移热于阳明发于面之故。故初诊即以清解为治，不悖"必伏其所主"。处方用五味消毒饮，药性轻清上浮宜于头面，而所加知母、石膏乃白虎汤之主药，在服药 36 剂后痤疮痊愈。同时患者要求维持月经。虽云"以后天养先天"而"先天天癸始父母"，但所主月经与生殖之精既尽则难再生，故在完善相关禁忌与适应证检查后，三诊起采用激素补充疗法。

2. 面　斑

病案 1：黄褐斑案

李某，女，39 岁。G7P1+6。面部长斑 3 年。

初诊（2012 年 10 月 15 日）：G7P1+6，LMP 13/10。因"面部长斑 3 年"就诊。患者 5 年前始无明显诱因出现双颧至下眼睑成片褐色色素沉着，近年渐有色素加深和扩大趋势。平素偶有疲乏无力，口干，纳眠可，二便调。常苔，脉平略弦。月经史：14×30×6，量中，色红，夹血块，伴经行 1~3 天左侧偏头痛。5 月前开腹剥除左卵巢囊性成熟性畸胎瘤。

诊断：黄褐斑。

辨证分析：肾主水，若水之气化失常，水色上泛则可见色素沉着于面，故辨证为肾水上泛，治宜温肾利水、化瘀消斑，用王成荣先生自拟的益肾消斑汤加减。

处方：桂枝 10 g　　　仙茅 15 g　　　淫羊藿 15 g　　　猪苓 20 g
　　　泽泻 15 g　　　莪术 15g

20 剂，水煎服，一日一剂，分 3 次服。医嘱：嘱其测 BBT。

二诊（2012 年 11 月 8 日）：LMP 13/10。患者服上诊方后面部黄褐斑有所好转。10 月 21 日服紧急避孕药毓婷后少许出血 3 天。现为月经周期的 27 天，BBT 升 3 天，无它。常苔，脉平略弦。辨治同初诊。

处方：桂枝 10 g　　　仙茅 15 g　　　淫羊藿 15 g　　　猪苓 20 g
　　　泽泻 15 g　　　莪术 15 g　　　皂角刺 10 g

20 剂，水煎服，一日一剂，分 3 次服。

2012 年 12 月 10 日回访：服药后面部色斑明显减淡，但觉服药困难而未再继续治疗。

按语： 女性颜面蝴蝶斑或黄褐斑，虽可由紫外光暴晒、老龄化或其他不明原因致局部皮肤色素代谢异常引发，但也见于妊娠或长期服避孕药者。黄褐斑的褐色可视为黑之色略浅者，黑乃水之色，水色见于颧面部，其本在肾。肾主水，若水之气化失常，或为水色上泛于面之病机，故治疗面斑重在温肾。肾虚气化不利，影响气血运行，经行 1~3 天左侧偏头痛，经血夹块为瘀滞之征。本案用王成荣先生自拟的益肾消斑汤而达益肾阳以助气化之源，渗湿利水以助水液尽归于故道，兼佐以活血散瘀而达褪色淡斑之效，主治颜面部色素沉着之黄褐斑。由于色素斑消退甚难，非长疗程难以见效，对其治疗"谨守病机"非常重要。本案就诊 2 次，服药 40 剂黄褐斑明显减淡，若患者能坚持治疗，黄褐斑或可完全消退。

病案 2：黄褐斑

谢某，女，44 岁。G2P1+1，末孕：20 年前顺产。面斑 1+ 年。

初诊（2008 年 8 月 12 日）：LMP 8/8，量中，色红，无痛经，5 天净。近 1+ 年面斑明显，集中于双侧颧骨。反复阴道瘙痒，常购买"洁尔阴"外洗后好转。夜卧较晚，倦怠。纳眠可。大便秘结，日 1 次，小便调。月经史：13×30×4 天，量中，无痛经，偶腹胀。舌常，苔常。脉平略弦。今 PV：外阴（-）；阴道：畅，黄色分泌物多，有异味；宫颈：轻糜；子宫：前位，常大，无压痛；双附件：（-）。今白带：Ⅱ°，未见霉菌、滴虫等。

诊断：黄褐斑，阴痒待诊。

辨证分析：辨证为肾水上泛，发当温肾利水，活血化瘀，予自拟益肾消斑汤加减治之。

处方：桂枝 10 g　　　仙茅 15 g　　　淫羊藿 15 g　　　石韦 30 g
　　　泽泻 15 g　　　皂角刺 10 g　　　莪术 15 g

12 剂，一日一剂，水煎 300 mL，分 3 次服。甲硝唑片 0.2 g tid×7 天。

二诊（2008 年 8 月 25 日）：LMP 8/8，量中，4 天净。服药后阴痒好转，面斑色变浅，气色好转。近日进食难消化，胃口好，喜矢气，大便干，日 1~2 次。舌常，苔常。脉平。诊断：黄褐斑。辨治同前，于上方中酌加桃仁、莪术活血散瘀，蛇床子温肾助阳。

处方：桂枝 10 g　　蛇床子 10 g　　仙茅 15 g　　淫羊藿 15 g
　　　石韦 30 g　　白茅根 30 g　　泽泻 15 g　　桃仁 10 g
　　　莪术 15 g　　半夏 12 g

12 剂，一日一剂，水煎 300 mL，分 3 次服。

三诊（2008 年 9 月 23 日）：LMP 5/9。面斑较前缓解。入睡难，倦怠，午后下肢困重，纳可，二便调。舌常，苔常。脉平。诊断同前。倦怠、下肢困重，符合湿邪困阻气机，湿性重着之性，故辨证湿滞肾水上泛，予益肾消斑汤中酌加黄芪、党参、白术健脾益气化湿。

处方：桂枝 10 g　　仙茅 15 g　　淫羊藿 15 g　　黄芪 20 g
　　　党参 20 g　　白术 10 g　　泽泻 20 g　　车前子 10 g
　　　石韦 30 g　　桃仁 10 g

12 剂，一日一剂，水煎 300 mL，分 3 次服。

三诊（2008 年 10 月 14 日）：LMP 3/10。面斑逐渐变淡。休息好后下肢困重已好 1 周。舌常，苔常，脉平略弦。辨治同前。

处方：黄芪 30 g　　桂枝 10 g　　仙茅 15 g　　淫羊藿 15 g
　　　黄芪 20 g　　泽泻 20 g　　石韦 30 g　　桃仁 10 g
　　　皂角刺 10 g

12 剂，一日一剂，水煎 300 mL，分 3 次服。医嘱：复诊时查 LCT、乳腺红外、肝肾脂糖。

四诊（2008 年 11 月 14 日）：LMP 18/10，行经 3 天，量少。要求继续调理面斑。舌常，苔常，脉平略弦。10 月 31 日我院乳腺红外线：双侧乳腺囊性增生。LCT：（-）。11 月 14 日 TVS：子宫大小 3.2 cm×4.1 cm×4.0 cm，内膜厚 0.6 cm，双侧附件未见异常。诊断：黄褐斑，双乳腺囊性增生。

处方：桂枝 10 g　　仙茅 15 g　　淫羊藿 15 g　　黄芪 20 g
　　　石韦 30 g　　桃仁 10 g　　川牛膝 30 g　　枳壳 12 g

莪术 15 g

12 剂，一日一剂，水煎 300 mL，分 3 次服。医嘱：测 BBT。

五诊（2008 年 12 月 25 日）：LMP 17/12，量中，4 天净。PMP 15/11。面斑变浅 > 2/3。疲乏已好，眠欠佳，仅睡 4~6 小时，白天思睡。舌常，苔常，脉平略弦滑。辨证同前。

处方：桂枝 10 g   仙茅 15 g   淫羊藿 15 g   皂角刺 10 g
　　　石韦 30 g   桃仁 10 g   车前子 10 g   莪术 15 g
　　　首乌藤 60 g

12 剂，一日一剂，水煎 300 mL，分 3 次服。

按语：本案患者因双侧颧骨面斑 1+ 年就诊。诊断为黄褐斑。王成荣先生认为，黄虽为土色，而褐则近黑却为水聚之色。颧骨属肾，其上皮色见斑，不痒不痛，可视之为肾气不足，水液不循道而水气凝聚于兹之象。《内经·素问·上古天真论》中言随年龄的增长肾气渐盛，又由盛至衰。故可解释黄褐斑常在中老年时出现。当益肾阳以助气化之源，渗湿利水以助水液尽归于故道，兼佐活血散瘀而达褪色淡斑。其中二仙温肾阳为君；桂枝入心肺膀胱经温通经络，助益气化，合猪苓、泽泻渗湿利水为臣；桃仁、皂角刺活血祛瘀散结为佐。全方共奏补肾行水淡斑之功。

但黄褐斑可因紫外线照射，或不明原因致局部皮肤色素代谢异常而引发，故治疗期间应避免长时间暴晒。结合临床治疗面斑服药时间长方能见效。此案患者服药 70 余剂，方能明显减轻。

病案 3：黄褐斑

叶某，女，45 岁。G6P1+5。面部褐色斑 10 月。

初诊（2009 年 2 月 17 日）：G6P1+5，LMP 6/2。因"面部褐色斑 10 月"就诊。10 月前因家事致情绪低落，后始出现面部明显褐色斑块，两颧尤著。近 2 月月经或延后或量多，伴经期腹痛、头痛，经血夹块。睡眠易惊，纳可，二便调。舌常；脉略弦。3 月前生殖激素和 B 超均正常。妇科检查：外阴（-），阴道畅，宫颈光滑、子宫后位、常大、活动稍差、略有触痛，双附件稍增厚，略有触痛。

西医诊断：颜面黄褐斑。

中医诊断：黄褐斑；证属肾水上泛。

辨证分析：患者年逾"六七"，月事失常似在情理之中。面部黄褐色斑块则可视为与肾之气化不足有关。褐色为黑之略浅者。黑乃水之色，而肾主水，如其气化失常，水色上泛则见面部色斑。故其本在肾，治重温肾。然患者兼见经前乳胀，经期腹痛，经血夹块，妇检附件稍增厚、略有触痛等，皆为瘀滞之征，宜佐活血化瘀之品。患者近期月经失调，就诊时值周期阴阳消长之重阴转阳阶段，故治宜顺应经气之变化，先行气活血，促阴阳转化，以调其经。方用自拟三川汤。

处方：香附 15 g　　枳壳 12 g　　川牛膝 30 g　　当归 10 g
川芎 10 g　　桃仁 10 g　　红花 12 g

10 剂，一日一剂，水煎分 3 次服。嘱测基础体温。

二诊（2009 年 2 月 27 日）：LMP 6/2。上诊服药后无特殊不适，易惊醒，面斑仍明显，偶性生活后右下腹牵掣痛。舌常；脉平。辨证同前。治以温肾化水，佐活血化瘀。

处方：桂枝 10 g　　仙茅 15 g　　淫羊藿 15 g　　石韦 30 g
白茅根 30 g　　皂角刺 10 g　　桃仁 10 g

12 剂。

三诊（2009 年 3 月 17 日）：LMP 6/3。如期至 4 天净，量中，无痛经，血块明显减少。白带不多，夜尿 1～2 次。BBT 现为低温相。舌常；脉平。仍宗上法。原方加枳壳 12 g、川牛膝 30 g。

处方：桂枝 10 g　　仙茅 15 g　　淫羊藿 15 g　　石韦 30 g
白茅根 30 g　　皂角刺 10 g　　桃仁 10 g　　枳壳 12 g
川牛膝 30 g

12 剂。

四诊（2009 年 4 月 7 日）：LMP 31/3。量不多，伴腹痛，已净 1 天。经前 BBT 不典型双相，升高 10 天。面斑仍显。证治同前。上诊方去枳壳、川牛膝、石韦、桃仁，加蛇床子 10 g、韭子 10 g、红花 12 g、莪术 15 g、泽泻 15 g。

处方：桂枝 10g　　仙茅 15g　　淫羊藿 15g　　白茅根 30g
皂角刺 10 g　　蛇床子 10 g　　韭子 10 g　　红花 12 g
莪术 15 g　　泽泻 15 g

12 剂。

五诊（2009年4月28日）：LMP31/3。现月经周期第29天，BBT无明显双相。面斑仍明显，精神欠佳，易倦怠。纳可。别无他症。舌常；脉平。证治守前法。上诊方去韭子、莪术、皂角刺，加桃仁10 g、枳壳12 g。

处方：桂枝10g　　仙茅15g　　淫羊藿15g　　白茅根30g
　　　蛇床子10g　红花12g　　泽泻15g　　　桃仁10g
　　　枳壳12g

12剂。

六诊（2009年6月1日）：LMP 10/5，5天净，经血暗红有块，量稍多，无腹痛。经前4~5天乳房隐痛。神差倦乏减轻，面斑亦有所转淡。舌常；脉平。证治同前。上诊方加党参30 g、莪术15 g。

处方：桂枝10 g　　仙茅15 g　　淫羊藿15 g　　白茅根30 g
　　　蛇床子10g　红花12 g　　泽泻15 g　　　桃仁10 g
　　　枳壳12g　　党参30 g　　莪术15 g

12剂。

七诊（2009年6月29日）：LMP 7/6。因出差断续复诊。面斑明显消退，仅隐约可见，身疲倦乏明显减轻。舌常；脉平。证治同前。守前法，上诊方去桂枝、白茅根、莪术、党参，加黄芪30 g、当归6 g、石韦30 g。

处方：仙茅15 g　　淫羊藿15 g　　蛇床子10 g　　红花12 g
　　　泽泻15 g　　桃仁10 g　　　枳壳12 g　　　黄芪30 g
　　　当归6 g　　 石韦30 g

12剂。

2009年8月27日电话追访：面斑已全部消退。

按语：王成荣先生认为，患者年逾"六七"，已属更年期妇女，若按《内经·素问·上古天真论》"六七，三阳脉衰于上，面皆焦，发始白"论，应系荣面三阳经之浮络有所瘀阻，而发始白则为肾气已到其华彩渐褪之不足状态。面部黄褐色斑块则可视为与肾之气化不足有关。褐色为黑之略浅者。黑乃水之色，而肾主水，如其气化失常，水色上泛则见面部色斑。故其本在肾，治当温补肾气。然患者兼见经前乳胀、经期腹痛、经血夹块，妇检附件稍增厚、略有触痛等，亦皆瘀滞之征，宜佐活血化瘀之品。患者近期月经失调，就诊时值周期阴阳消长之重阴转阳阶段,因此首诊治宜顺应经气之变化,先行气活血,促阴阳转化,以调其经。予王老自拟方三川汤以行气活血。之后始以王老益肾消斑汤加减,并根据病员BBT监测了解卵巢功能,辅以周期加减用药,经治半年,病员面斑全消。

另本案可议者还有三:①无妇科经带孕产病症的黄褐斑妇女就诊于中医妇科,是否应该建议其去皮肤科或中医外科诊治,以免违反超专科执业范围行医的医疗行政法规?答案是"否"。因此,对声称多方治疗无效而寄以厚望的患者,必须在避免诊疗失误,注意防范不良后果或医疗纠纷前提下,审慎诊治或可合情理。②正如《内经·素问·上古天真论》"六七,三阳脉衰于上"便是中医妇科医生可以诊治的理论依据。而就西医妇科内分泌学观点,黄褐斑的产生虽与促黑素直接相关,但这种患者中有 50%左右存在经前面斑颜色加深的周期性变化,而妊娠期发生的黄褐斑,多在分娩后逐渐消退,月经失调患者,经调后亦多随之斑消,不难看出与女性生殖激素有一定的关联。因此,该病就医于妇科医生,也并非毫无道理,可以认为这是一种无须人为划定专科范围的普通病征,治与不治或去什么专科诊治,全由患者而定。只要合理诊断检查,合理治疗用药,便不违规。③经持之有据的辨证论治,取得疗效,应属幸事;值得继续观察,累积经验。而使之成为内服中药疗法的一种适应证,则尚需进一步研究探讨。

(七)求 嗣

"求嗣"是中国古时的概念,妇科名词,"求子"之意,最早出自陈自明的《妇人大全良方》。

中医古籍中有许多医书是专门或重点讲生育内容的,可称为求嗣专著。主要有:俞桥《广嗣要语》、万全《广嗣纪要》、徐春甫《螽斯广育》、蔡龙阳《螽斯集》、李盛春《胤嗣全书》、钱大义《求嗣秘书》、袁黄《祈嗣真诠》、胡孝《种子类纂》、岳甫嘉《妙一斋医学正印种子编》、程云鹏《种嗣玄机》、包诚《广生编》,尤其叶天士《竹林女科证治》辟专篇论述求嗣,"生人之道,始于求嗣,而求嗣之法,不越乎男养精、女养血两大关键"。

《内经》作为中医学的奠基之作,中国古代三大奇书之一,通过探索人体生命规律，讲述了人的生理、病理、疾病、治疗的原则和方法，尤其在整体调理身心方面被奉为圭臬。在卷一开篇"上古天真论"中着重论述了养生之道，强调"法于阴阳，和于术数"，在论述人的自然规律中谈到"阴阳合，故能有子"。

能否生育是女性非常关心的问题。而在现代医学中定义的"不孕症"是指夫妇双方正常同居2年未采取过避孕措施而未妊娠者（1986年WHO把标准修订为1年）。但很多年龄偏大或着急或曾经得过可能影响生育的疾病的患者，其介入治疗时机不可能等到1或2年后明确了"不孕症"的诊断才开始，所以王成荣先生遵循传统中医整体观的理论，非常重视女性生理功能的调理和恢复。在临床中围绕女性"经、孕、产、乳"的生理特征，对于有生育计划或（合）其他妇科病症的患者，在其他病症治好或无需治疗的情况下，归入"求嗣"范畴，并形成了一系列诊疗方案（见不孕诊疗方案中）。

病案1：求嗣、月经稀发

刘某，女，22岁。G0P0+0。月经稀发4年。

初诊（2012年8月23日）：G0P0+0，LMP 19/8，PMP 21/7（均达因潮）。因"月经稀发4年"就诊。患者4年前因节食减肥后便见月经稀发，常因停经2~4月而服孕酮才能来月经，经潮后月经量和经期正常。曾间断西药、中药治疗未效，具体不详。近期他院予以达因-35三周期，8月15日药毕。LMP量中，今d5未净。平时偶有口干欲饮半年，余无特殊。月经史：13×30×5，量中，色红，夹血块，隐痛。患者体重50 kg，身高168 cm。5月24日他院查：E2 26.1 pg/mL，P 0.26 ng/mL，T 0.32 ng/mL，LH 2.9 mIU/mL，FSH 10.7 mIU/mL，PRL 6.8 ng/mL。7月8日他院TVS：子宫后位，大小约3.7 cm×4.6 cm×3.8 cm，宫内膜0.3 cm；右卵巢2.1 cm×1.0 cm×1.6 cm，左卵巢1.5 cm×1.9 cm×0.9 cm，双侧卵巢均未见确切发育卵泡，盆腔积液2.3 cm。4月16日他院查：甲功正常。

诊断：丘脑功能性月经稀发。

处理：①克龄蒙1片 HS×21×3，d5始服；②复合维生素1瓶，照服；③嘱其加强营养，增加体重，调好心态。

二诊（2012年11月9日）：LMP 30/10。月经稀发4年，本月始未避孕。

已服克龄蒙3周期，10月30日药毕，服克龄蒙后期有少许出血至经潮。LMP量中，6天净。现面部痘痘10天，纳眠可，二便调。舌偏红，常苔，脉平略弦。今TVS：子宫后位，大小约3.0 cm×4.0 cm×3.1 cm，肌层回声均匀，宫内膜0.7 cm，双附件未见明显异常。阳明经循荣面额而多气多血，易郁而化火而发为痤疮，故辨证为阳明郁热。治以清解郁热，用自拟的清解阳明汤加减。

处方：知母15 g　　石膏15 g　　黄芩15 g　　山药15 g

辛夷15 g　　天葵子15 g　　野菊花15 g　　银花10 g

连翘20 g　　蒲公英30 g

18剂，水煎服，一日一剂，分3次服。

三诊（2012年12月4日）：LMP 30/10。现停经36天，BBT未升，偶下腹坠胀。上诊药后痤疮消。常苔，脉平略弦。现停经伴下腹坠胀，此乃气机郁滞，血行受阻，故辨证为气滞。治以行气活血，方用三川汤。

处方：当归15 g　　川芎15 g　　川红花12 g　　香附15 g

枳壳15 g　　川牛膝30 g　　桃仁10 g

12剂，水煎服，一日一剂，分3次服。医嘱：d3查HPO。

四诊（2012年12月20日）：LMP 30/10。上诊药后下腹坠胀已无。现停经52天，BBT未升，无它。常苔，脉平略偏弦。辨为冲任不足，治以滋养活血，用滋活汤加减。

处方：女贞子20 g　　菟丝子20 g　　补骨脂20 g　　当归15 g

川芎15 g　　鸡血藤30 g　　桃仁10 g

12剂，水煎服，一日一剂，分3次服。

五诊（2012年12月27日）：LMP 23/12，PMP 30/10。BBT单相，LMP2-月自潮，量极少，今d5未净。12月21日（经前2天）查：E2 62.23 pg/mL，P 0.45 ng/mL，T 0.11 ng/mL，LH 13.2 mIU/mL，FSH 9.49 mIU/mL，PRL 113.5 uIU/mL。处理：妈富隆1片 qd×21×2，均d5起服。

六诊（2013年2月21日）：LMP 13/2，PMP 18/1（均妈富隆潮）。服克龄蒙2周期，2月11日药毕。LMP量中偏少，5天净。常苔，脉平略弦。辨治同四诊。

处方：女贞子20 g　　菟丝子20 g　　补骨脂20 g　　当归15 g

川芎 15 g　　　　鸡血藤 30 g　　　　川牛膝 30 g

6 剂，水煎服，一日一剂，分 3 次服。医嘱：嘱其测 BBT，增加体重。

七诊（2013 年 3 月 7 日）：LMP 13/2。今 d23，BBT 升 1 天，双乳胀痛 2 天。常苔，脉平。患者月经稀发 4 年，有孕育要求，而今 BBT 升 1 天，提示排卵或已恢复，故辨证为冲任不足。治以滋养和血，用滋和汤加减。

　　处方：女贞子 20 g　　菟丝子 20 g　　补骨脂 20 g　　当归 15 g
　　　　　川芎 15 g　　　白芍 30 g　　　黄芪 30 g　　　鸡血藤 30 g
　　　　　桂枝 10 g　　　甘草 10 g

6 剂，水煎服，一日一剂，分 3 次服。医嘱：查 CT、UU，d3 查 HPO。

八诊（2013 年 3 月 21 日）：LMP 10/3。LMP 前 BBT 单相，LMP 26 天潮，量中，色红，夹小血块，5 天净。今 d12，BBT 未升，可见蛋清样白带。常苔，脉平。3 月 9 日查：CT（-）、UU（-）。3 月 12 日（d3）查：E2 35.91 pg/mL，P 0.61 ng/mL，T 0.1 ng/mL，LH 1.71 mIU/mL，FSH 7.18 mIU/mL，PRL 109.3 uIU/mL。经间期宜行气活血而促使经气阴阳消长之交替，故辨治同三诊。

　　处方：当归 15 g　　　川芎 15 g　　　川红花 12 g　　香附 15 g
　　　　　枳壳 15 g　　　川牛膝 30 g　　桃仁 10 g

12 剂，水煎服，一日一剂，分 3 次服。医嘱：今 TVS 监测排卵。

九诊（2013 年 4 月 11 日）：LMP 10/4。LMP 前 BBT 无明显双相，LMP 如期至，今 d2 量中，色暗红，夹小血块。常苔，脉平偏弦，右尤著。上诊后未按时 TVS 监测排卵。正值经期，故辨治同前。

　　处方：当归 15 g　　　川芎 15 g　　　川红花 12 g　　香附 15 g
　　　　　枳壳 15 g　　　川牛膝 30 g　　桃仁 10 g

10 剂，水煎服，一日一剂，分 3 次服。

十诊（2013 年 4 月 25 日）：LMP 10/4。今 d16，BBT 未升，无它。常苔，脉平偏弦。辨治同四诊。

　　处方：女贞子 20 g　　菟丝子 20 g　　补骨脂 20 g　　当归 15 g
　　　　　川芎 15 g　　　鸡血藤 30 g　　桃仁 10 g

14 剂，水煎服，一日一剂，分 3 次服。

十一诊（2013 年 5 月 13 日）：LMP 10/4。停经 34 天，BBT 升 7 天。现

面部痤疮半月，乳房胀痛、下腹坠胀、口干1周。常苔，脉平略弦。体重较前增加4 kg，现为54 kg。辨治同二诊。

处方：知母15 g　　石膏15 g　　黄芩15 g　　山药15 g
　　　辛夷15 g　　野菊花15 g　　银花10 g　　连翘20 g
　　　蒲公英30 g

14剂，水煎服，一日一剂，分3次服。嘱其经期不停药。医嘱：d11 TVS监测排卵。

十二诊（2013年5月30日）：LMP 15/5。药后上症消。LMP前BBT升8天。LMP 35天潮，量中，6天净。今d16，BBT未升。常苔，脉平。今TVS见右侧卵泡1.7 cm×1.5 cm。辨治同四诊。

处方：女贞子20 g　　菟丝子20 g　　补骨脂20 g　　当归15 g
　　　川芎15 g　　枳壳15 g　　川红花12 g　　川牛膝30 g

6剂，水煎服，一日一剂，分3次服。医嘱：明起TVS监测排卵，每日1次，至排卵后止；乐育及时。

十三诊（2013年6月13日）：LMP 15/5。今d30，BBT升14天，自觉体内发热。常苔，脉平略弦滑。因LMP前BBT提示黄体功能不足，现BBT升14天，有孕育可能，故辨证为按肾气不足，治以益肾固冲，用自拟的益肾固冲汤加减。

处方：杜仲15 g　　续断15 g　　菟丝子20 g　　黄芪30 g
　　　白芍30 g　　炙甘草10 g

3~6剂，一日一剂，分3次服。医嘱：若经潮，d11 TVS监测排卵。

十四诊（2013年6月18日）：LMP 15/5。停经35天，BBT升19天，感口干，易烦躁，下腹胀痛，时有腰酸不适。常苔，脉平略弦滑。今查：P 17.6 ng/mL、β-HCG 681.0 mIU/mL。

诊断：早孕待诊。辨治同前。

处方：杜仲15 g　　续断15 g　　菟丝子20 g　　党参30 g
　　　白芍30 g　　甘草10 g　　石斛15 g

6剂，一日一剂，分3次服。另：黄体酮针20 mg im qd×10。医嘱：20/6查P、β-HCG。

备注：患者孕后孕酮偏低，妊娠反应明显而在我科住院，孕 3 月后到他院建卡。

按语：患者因节食减肥致月经稀发 4 年，据相关检查及体重偏低，诊断为丘脑功能性月经稀发。本案为中西医结合治疗案，主要分两个阶段治疗。

第一阶段治疗侧重于西医药治疗：初诊予以克龄蒙 3 个周期，希药毕卵巢功能恢复，并建议加强营养、增加体重、调好心态。二至四诊则据患者症状或月经周期而辨证论治，先后予以清解阳明汤、三川汤、滋活汤，然其月经仍稀发，BBT 亦提示卵巢功能尚未恢复，故五诊又予以妈富隆 2 个周期。

第二阶段治疗侧重于中医药治疗：据月经周期气血阴阳消长变化规律调经。经间期或经期宜因势利导，促使阴阳转化，故八诊、九诊予以三川汤行气活血。本案四诊合参，脉证结合，其月经稀发乃因精血不足，血海空虚，不能按时满溢所致，故经前、经后均按冲任不足论。六诊、十诊、十二诊时正值卵泡期的后期，BBT 未升，宜养活兼顾，故予以滋活汤滋养活血。七诊时正值黄体期之初期，宜养宜和，故予以滋和汤滋养和血。药后排卵恢复，然 BBT 提示黄体功能不足。十三诊时正值月经周期的 30 天，BBT 上升 14 天，患者有生育要求，故予以益肾固冲汤。十四诊确诊孕后继续益肾固冲。

丘脑功能性闭经多因功能性疾病、器质性疾病和其他（如抗精神病药物引起的闭经）所致，抑或与基因突变有关。功能性疾病常见于精神性闭经、运动性闭经、精神神经性厌食、假孕、消瘦相关的闭经，其由精神神经内分泌失调所致，逆转的可能约 15%～35%。临床针对丘脑功能性闭经无论西医或中医的治疗，取效均有一定难度。本案通过合理的中西医结合治疗获效，故对诊治丘脑功能性闭经颇有借鉴参考价值。

病案 2：求嗣、排卵异常

方某，女，33 岁。G0P0+0。未避孕 8+月未孕。

初诊（2013 年 4 月 8 日）：G0P0+0，LMP22/3。因"未避孕 8+月未孕"就诊。结婚 3 年，夫妇同居一地，性生活正常，8+月前停止避孕，至今未孕。诉 3 月份在他院 TVS 监测卵泡"没排卵"。月经史：14×30×5，量中，色红，无血块，伴轻微腹痛。2 月 27 日他院 TVS：子宫前位，前后径 3.2 cm，肌层回声均匀，宫内膜居中，厚约 0.7 cm，三线征；双侧卵巢均查见 10 个小卵泡，约 0.2×0.9 cm。3 月 24 日（d3）他院查：E2 22.29 pg/mL，P 0.33 ng/mL，T 0.29 ng/mL，LH 7.4 mIU/mL，FSH 9.12 mIU/mL，PRL 13.2 ng/mL。

诊断：求嗣。

处理：①测 BBT；②查生殖抗体、PV+CT、UU；③d11 TVS 监测排卵；④复诊带其夫精液报告；⑤暂勿药。

二诊（2013 年 5 月 9 日）：LMP 20/4。LMP 量中，色红，无血块，5 天净。今 d20，BBT 未明显上升。4 月 8 日查：AcAb、AoAb、AsAb、EmAb、HCG-Ab、ZpAb 均（-），PV（-）、CT（-）、UU（+）。4 月 9 日至 5 月 8 日 TVS 共 3 次，均未见优势卵泡。处理：①阿奇霉素 1.0 顿服（待经潮 BBT 下降始服），经净复查 UU；②测好 BBT；③夫看男科查 CT、UU。

三诊（2013 年 7 月 18 日）：LMP 16/7，PMP 15/6。未避孕 1-年未孕。LMP 前 BBT 升 13 天，LMP 今经行 3 天，量中，色红，无痛。诉 LMP 前 TVS 监测排卵为"左侧优势卵泡排出"。诉上诊药后复查 UU（-）。常苔，脉平略偏弦。此时正值经期，宜因势利导，促使经血排出，故辨证"按气滞"。治以行气活血，用自拟的三川汤。

处方：枳壳 15 g　　香附 15 g　　川芎 15 g　　当归 15 g　　桃仁 10 g　　川红花 12 g　　川牛膝 30 g

2 剂，水煎服，一日一剂，分 3 次服。另：奥硝唑片 0.5 po bid×7，经净忌房事 3~5 天来 HSG。

四诊（2013 年 7 月 22 日）：LMP 16/7。今 HSG：①子宫左移，左角几贴左盆壁，左侧输卵管扭曲不清；②右侧输卵管走行强直；③双侧输卵管通畅；④30 分钟后除中下见浓聚外，余多云雾状较淡涂抹，盆粘待排。常苔，脉平。造影后宜促使碘油的吸收，并防止术后感染和粘连，故辨证为下焦瘀滞。治以化瘀散结，用自拟的白莲散结汤。

处方：半枝莲 30 g　　白花蛇舌草 30 g　　皂角刺 10 g　　车前子 10 g　　莪术 15 g　　土鳖虫 12 g　　仙茅 15 g　　淫羊藿 15 g

20 剂，一日一剂，分 3 次服。医嘱：避孕至 8 月 22 日；下次经潮 d11 TVS 测排卵。

五诊（2013 年 9 月 27 日）：LMP 15/8。停经 44 天，BBT 升 19 天，偶感

腹胀。无阴道流血。常苔，脉平略滑。9月26日他院查：P 13.56 ng/mL、β-HCG 5580.0 mIU/mL。

诊断：早孕待诊。孕后遵"补肾安胎防治流产"之旨，辨证"按肾气不足"。治以益肾固冲，用自拟的益肾固冲汤加减。

处方：杜仲 15 g　　续断 15 g　　菟丝子 20 g　　党参 30 g
　　　白芍 30 g　　山药 10 g

6剂，一日一剂，分3次服。另：①VitE 0.1 po qd×30。②叶酸 0.4 mg po qd×30。医嘱：9月28日上午8时查P、β-HCG。

六诊（2013年9月30日）：LMP 15/8。停经47天，BBT升22天，无不适。上诊中药尚余3剂。常苔，脉平略滑。9月28日他院查：P 13.44 ng/mL、β-HCG 8999.0 mIU/mL。9月30日他院查：P 16.29 ng/mL、β-HCG 13 469.0 mIU/mL。辨治同前。

处方：杜仲 15 g　　续断 15 g　　菟丝子 20 g　　党参 30 g
　　　白芍 30 g　　山药 10 g

6剂，一日一剂，分3次服。另：黄体酮胶囊 100 mg po bid×14。医嘱：药毕TAS并查P、β-HCG。

七诊（2013年10月25日）：LMP 15/8。停经72天，BBT升48天，服中药呕吐厉害。常苔，脉平滑偏弦。10月25日查：P 52.81 ng/mL、β-HCG 183 920.0 mIU/mL。10月15日TAS：子宫前位，子宫前后径 5.3 cm，实质回声均匀，宫内见孕囊 3.4 cm×2.0 cm，其内见 1.6 cm 胚芽及原始心管搏动；双附件未见明显异常。处理：①黄体酮胶囊 100 mg po bid×12；②停中药；药毕去建卡。

按语：王成荣先生在诊治不孕或求嗣患者时，首先是查找原因，即对不孕夫妇双方同时进行有针对的系统性相关医学检查，明确症结所在，避免盲目施治。其检查则本着既不漏查，也不滥查，节省时间、节约经费的原则，针对生育就医者的具体情况区别对待。故本案初诊时仅做相关检查,同时配合BBT和TVS测排卵。二诊则据患者之UU（+）而予以阿奇霉素治疗。三诊正值经期，因势利导而予以三川汤2剂。四诊则因造影而予以白莲散结汤清热化瘀散结。五诊时患者已受孕成功，考虑患者年龄较大，生育要求迫切，故遵"补肾安胎防治流产"之旨而予以益肾固冲汤。六诊因相关检查提示孕酮较低，故在上诊中药的基础上同时予以黄体酮治疗。本案历时半年，就诊七次，孕前仅予以中药 22 剂而成功受孕。

对于不孕症，王成荣先生通常根据患者年龄和病程分为三种情况处理：期待、系统检查和重点检查。临证时对于年龄大于 25 岁，生育要求迫切，未避孕 6 个月以上未孕，且相关检查无禁忌者，可考虑行子宫输卵管碘油造影。本案患者 33 岁，G0P0+0，未避孕 8+月未孕，故应进行系统检查。其系统检查结果唯 UU（+），药后转（-），之后才行子宫输卵管碘油造影术，故本案未避孕虽不足 1 年，但行子宫输卵管碘油造影术是恰当的。

病案 3：求嗣、月经稀少

候某，女，25 岁。G1P0+1。月经稀少 1 年半，未避孕 1 月。

初诊（2012 年 12 月 18 日）：G1P0+1，LMP 5/12，PMP 4/11。因"月经稀少 1 年半，未避孕 1 月"就诊。患者 1 年半前无明显诱因出现月经推后 7~15 天，月经量少 1/2，色暗红。LMP 和 PMP 虽如期潮，但经前 BBT 均单相，经量少。曾服中药治疗未效。1 月前停止避孕。月经史：13×30×5-6，量中，色红，夹血块，无痛。患者体重 90 kg，身高 172 cm。11 月 13 日查：AcAb、AoAb、AsAb、EmAb、HCG-Ab、ZpAb 均（-），CT（-）、UU（-）。12 月 7 日（d3）查：E_2 23.14 pg/mL，P 0.39 ng/mL，T 0.48 ng/mL，LH 3.33 mIU/mL，FSH 5.83 mIU/mL，PRL 182.9 uIU/mL。12 月 8 日查：TSH 1.54 uIU/mL，FT4 1.67 ng/dL；查：GLU0h 5.72 mmol/L，GLU1/2h 7.92 mmol/L，GLU1h 8.19 mmol/L，GLU2h 6.42 mmol/L，GLU3h 4.24 mmol/L；Ins0h 15.0 uIU/mL，Ins1/2h 83.2 uIU/mL，Ins1h 118.2 uIU/mL，Ins2h 87.9 uIU/mL，Ins3h 18 uIU/mL。

诊断：①多囊卵巢综合征伴胰岛素抵抗；②Ⅱ°肥胖；③求嗣。

处理：①格华止 0.5 po tid×60，药毕二三日复查 OGTT 之 Ins；②夫验精液；③运动减肥，必须坚持。

二诊（2013 年 2 月 25 日）：LMP 9/2，PMP 6/1。BBT 单相，LMP、PMP 量少，7 天干净。常苔，脉平。已减体重 8 kg。2 月 25 日查：Ins0h 21.8 uIU/mL，Ins1/2h 108.3 uIU/mL，Ins1h 81.7 uIU/mL，Ins2h 37.0 uIU/mL，Ins3h 6.6 uIU/mL。11 月 19 日他院查其夫精液：精液量 2 mL，pH 7.5，前向运动精子 55.65%，非前向运动精子 15.48%，不活动精子 28.87%，正常形态精子 5.5%。现为月

经周期的17天，按常规此时多为阴阳转化之时，宜因势利导促使优势卵泡顺势而破，故辨证"按气滞"。治以行气活血，用自拟的三川汤。处方：①枳壳15 g、香附15 g、川芎15 g、当归15 g、桃仁10 g、川红花12 g、川牛膝30 g。12剂，水煎服，一日一剂，分3次服。②格华止0.5 po tid×30。③查肝功、肾功、血脂；TAS查肝胆胰脾。④继续运动减肥，d11 TVS监测排卵。

三诊（2013年3月25日）：LMP 14/3。LMP前BBT升10天，LMP34天潮，量稍增，7天净。今d12，BBT未升。2月26日查肝肾脂唯ALT 56 U/L↑（0~31），余均在正常范围之内。3月22日TAS：肝胆胰脾未见异常。3月25日TVS监测排卵：右侧卵泡1.0 cm×1.0 cm，内膜0.3 cm。处理：①二甲双胍缓释片0.5 po qd×30；②28/3 TVS监测排卵。

四诊（2013年4月25日）：LMP 14/4。LMP前BBT升9天，LMP如期至，量较初诊增加1/2，5天净。今d12，BBT未升。舌质略偏红，常苔，脉平。4月1日TVS：右侧卵泡1.5 cm×1.5 cm，之后未再监测。因患者的ALT高于正常范围，而据中医理论，肝功异常应视为内生湿热郁于肝胆，故辨证为肝经郁热，治以清肝利湿。

处方：茵陈15 g　　　栀子10 g　　　郁金15 g　　　太子参20 g
　　　五味子10 g　　甘草10 g

20剂，水煎服，一日一剂，分3次服。医嘱：4月25日TVS测排卵。

五诊（2013年5月28日）：LMP 24/5。月经稀少2年，未避孕6月。BBT因外出中断。LMP 40天潮，量偏少，今经行5天未净。5月28日复查：ALT 23u/L。处理：①甲硝唑0.2 po tid×7；②定坤丹3.5 g po bid×12，经净起服。③经净忌房事3~5天来HSG。

六诊（2013年6月4日）：LMP 24/5。今d12，BBT未升。常苔偏厚，脉平。6月4日HSG：左侧输卵管通畅，间质部迂曲扩张；右侧输卵管通畅；24小时盆腔内不规则片状浓聚影，盆粘可能。造影所用碘油为水湿之剂，恐其在盆腔吸收、消散较慢，且术后亦应防止感染、粘连，故辨证为湿滞。治以清利湿滞，用自拟的白莲散结汤加减。

处方：半枝莲30 g　　白花蛇舌草30 g　　石韦30 g　　白茅根30 g
　　　莪术15 g　　　鸡血藤30 g　　　　茵陈15 g　　桂枝10 g。

20剂，一日一剂，分3次服。避孕至7月4日；之后d11 TVS测排卵。

七诊（2013年7月4日）：LMP 22/6。LMP前BBT升8天，LMP如期至，量中偏少，5天净。今d15，BBT未升，上诊造影后一直感腰痛可捶打。常苔，脉平略弦。今日TVS：右侧卵泡0.8 cm×0.8 cm，内膜0.4 cm。腰为肾之腑，据其痛可捶打而为虚证，故辨证为肾气不足，治以益肾固冲，缓急止痛，用自拟的益肾固冲汤加减。

处方：杜仲15 g　　续断15 g　　菟丝子20 g　　肉苁蓉20 g
　　　党参30 g　　白芍30 g　　甘草10 g

6~14剂，一日一剂，分3次服。医嘱：7月8日TVS测排卵；经净拟宫腔镜检查。

八诊（2013年9月30日）：LMP 24/7。停经69天，晨起恶心呕吐，无阴道流血等不适。常苔，脉平。已在产院建卡，在服爱乐维。9月29日他院查：P 22.72ng/mL、β-HCG 78 910.0mIU/mL。9月29日他院TAS：子宫前位，前后径6.1 cm，实质回声均匀，宫内见孕囊4.5 cm×2.7 cm，内见2.0 cm胚芽组织，可见胎心搏动；双附件未见明显异常。宋代《女科百问》提出曾有胎动不安之苦者，"可预服杜仲丸"，首创补肾安胎防治反复自然流产。患者虽无胎动不安病史，然其月经稀少多系肾气不足，且孕前多次BBT提示黄体功能不足，故辨证为肾气不足，治以益肾固冲，用自拟的益肾固冲汤加减。

处方：杜仲15 g　　续断15 g　　菟丝子20 g　　党参30 g
　　　白芍30 g　　山药10 g

6~14剂，一日一剂，分3次服。黄体酮胶囊100 mg po bid×14。

按语： 本案患者因"月经稀少1年半，未避孕1月"就诊，结合患者的胰岛素释放和葡萄糖耐量试验结果，以及其体重指数>30，诊断为多囊卵巢综合征（？）、胰岛素抵抗。但据初诊d3查HPO数据和三诊TVS报告，应将PCOS（？）修正诊断为肥胖所致之丘脑功能性月经稀发。此时如何选择或中或西或中西并举的治疗方法？王成荣先生认为在明确西医诊断的前提下，根据病程的不同阶段，应以是否能获取最佳疗效，是否最有益于患者为标准。对于高胰岛素血症，西药治疗明确有效且方便，故本案前三诊的治疗均以胰岛素增敏剂二甲双胍为主，结合运动减肥。药后胰岛素恢复正常，BBT由单相变为双相，提示排卵亦恢复。之后予以中药为主：据中医理论，ALT↑应视为内生湿热郁于肝胆，故四诊治以清肝利湿之剂 20 剂后 ALT↓至正常。造影后宜促使其吸收、防止感染和粘连，故六诊治以清利湿滞 20 剂。五诊、七诊均以补益肾气为主。如此治疗，并配合 TVS 监测排卵，及时指导乐育而受孕成功。

虽高胰岛素血症药后恢复正常，BBT 由单相变为双相，提示排卵恢复。然就本案之肥胖所致丘脑功能性月经稀发而言，其体重虽减少 8 kg，但仍肥胖（83 kg，172 cm）而易致再次无排卵、月经稀发。因其 CT、UU 均（−），故在恢复排卵 3 月即行 HSG 检查，了解"地道通否"。HSG 提示双侧输卵管通畅，但仍存在盆粘可能。但患者 HSG 后仅 2 月便已受孕，这或与造影对轻微粘连有一定的分粘作用有关，抑或与清利湿滞的中药有关。

病案 4：求嗣、月经失调

袁某，女，21 岁。G0P0，工具避孕。初潮始月经先后不定期 7 +年。

初诊（2014 年 6 月 17 日）：LMP 14/6，今 d4，量中。月经史：13×15-45（多数）×7，量中，色红，无痛。纳眠可，二便调。偏瘦。舌常，苔常。脉平滑略弦。

诊断：月经失调待诊；低体重纳好待诊。

辨证分析：处经期，辨证气滞，治法疏泄。予疏肝理气。

处方：香附 10 g　　枳壳 15 g　　当归 15 g　　川芎 15 g
　　　白芍 30 g　　熟地黄 20 g　　茺蔚子 10 g

6~14 剂，一日一剂，水煎 300 mL，分 3 次服。医嘱：BBT；经净后查 TSH、FT4。

二诊（2014 年 7 月 21 日）：LMP 12/7，量中，5 天净。服上方 14 剂，大便稀，日 3~4 次。LMP 前 BBT 升 6 天。咽干痛 3 天。纳眠可，二便调。舌常略偏红，苔常。脉平滑偏弦。7 月 2 日查 TSH 2.69 uIU/mL，FT4 1.40 ng/dL。经后期治以滋养活血。予自拟滋活汤酌加锦灯笼、甘草。

处方：女贞子 20 g　　菟丝子 20 g　　补骨脂 20 g　　当归 15 g
　　　川芎 15 g　　枳壳 15 g　　桃仁 10 g　　川牛膝 30 g
　　　锦灯笼 10 g　　甘草 10 g

6 剂，一日一剂，水煎 300 mL，分 3 次服。医嘱：BBT；经潮第三天查 HPO、TSH、FT4。

三诊（2014 年 8 月 22 日）：LMP 10/8，量中，5 天净。服上方 6 剂，咽干痛消失。月经对期潮 3 月。纳眠可，二便调。舌常略偏红，苔常。脉平滑偏弦。8 月 12 日（d3）查 HPO：E2 85.28 pg/mL，P 0.6 ng/mL，T 0.62 ng/mL，LH 17.92 mIU/mL，FSH 6.76 mIU/mL，PRL 329.4 mIU/mL。诊断：PCOS（？）处治：①OGTT/INS；②TVS。

四诊（2014 年 8 月 26 日）：LMP 8/10，量中，色红，5 天净。纳眠可，二便调。舌常略偏红，苔常。脉平滑偏弦。8 月 26 日查 OGTT：0h 4.79 mmol/L，1/2h 8.49 mmol/L，1h 6.59 mmol/L，2h 4.81 mmol/L，3h 3.25 mmol/L。INS：0h 8.25 uIU/mL，1/2h 120.0 uIU/mL，1h 86.56 uIU/mL，2h 33.16 uIU/mL，3h 5.76 uIU/mL。餐后总量约 245.48 uIU/mL。TVS：子宫前位，3.6 cm×5.2 cm，实质回声均匀，内膜 0.8 cm 内膜，呈不典型三线征，内膜下动脉可探及。左卵巢 3.6 cm×2.0 cm×2.2 cm，最大卵泡 0.7 cm×0.7 cm；右卵巢 3.6 cm×2.1 cm×2.0 cm，最大卵泡 1.4 cm×1.5 cm。提示：子宫附件无异常。诊断：LH>FSH 待诊。辨证同前。予自拟滋活汤。

处方：女贞子 20 g　　菟丝子 20 g　　补骨脂 20 g　　当归 15 g
　　川芎 15 g　　枳壳 15 g　　桃仁 10 g　　川牛膝 30 g

6～8 剂，一日一剂，水煎 300 mL，分 3 次服。医嘱：BBT；8 月 27 日 TVS 测排卵。

五诊（2014 年 9 月 4 日）：LMP 8/10。今 d26，BBT 升 2 天。纳眠便均（-）。舌常，苔偏厚略腻。脉平略弦滑。8 月 26 日至 9 月 4 日 TVS 测排卵：右优卵 2.9 cm×3.5 cm，未排出。内膜 1.0 cm。辨证同前。处经间期，予自拟三川汤。

处方：枳壳 15 g　　香附 15 g　　当归 15 g　　川芎 15 g
　　桃仁 10 g　　红花 10 g　　川牛膝 30 g

6～10 剂，一日一剂，水煎 300 mL，分 3 次服。

六诊（2014 年 9 月 26 日）：LMP 14/9，量中，7 天净。纳眠便均（-）。舌常，苔常，脉平。诊断同前。辨证冲任不足，治法益气活血。予成药定坤丹。处方：定坤丹 1/2 瓶 bid po×30 天。医嘱：BBT。

七诊（2014 年 10 月 24 日）：LMP 14/9。停经 40 天，BBT 升 3 天。乳晕周围见长粗黑毛。今尿 HCG（-）。纳眠可，二便调。舌常，苔常。脉平略弦滑。诊断：PCOS（？），月经失调。辨证冲任不足，治法滋养活血。予自拟滋活汤。

处方：女贞子 20 g　　菟丝子 20 g　　补骨脂 20 g　　当归 15 g
　　　川芎 15 g　　　枳壳 15 g　　　桃仁 10 g　　　川牛膝 30 g

6～10 剂，一日一剂，水煎 300 mL，分 3 次服。医嘱：BBT。

八诊（2014 年 12 月 12 日）：LMP 27/10。停经 45 天，BBT 未升。纳眠可，二便调。舌常，苔常，脉平略弦滑。今 TVS：子宫前位，3.7 cm×5.0 cm×4.2 cm，实质回声均匀，内膜 0.5 cm，呈不典型三线征，内膜下动脉可探及。左卵巢大小正常，最大卵泡 0.7 cm×0.7 cm，左卵泡数 >10 个；右卵巢大小正常，最大卵泡 0.9 cm×0.9 cm。提示：子宫附件无异常。诊断同前。辨证冲任不足，治法滋养活血。予自拟滋活汤加减。

处方：女贞子 20 g　　菟丝子 20 g　　补骨脂 20 g　　当归 15 g
　　　川芎 15 g　　　鸡血藤 30 g　　桃仁 10 g　　　香附 10 g

6～12 剂，一日一剂，水煎 300 mL，分 3 次服。医嘱：BBT。

九诊（2014 年 12 月 23 日）：服上方 12 付。LMP 前 BBT 单相，LMP 12/12，量少，至今未全净。纳眠可，二便调。舌常，苔常。脉平略弦滑。8 月 12 日（d3）查：LH 17.92 mIU/mL，FSH 6.76 mIU/mL。8 月 26 日 OGTT/INS（-）。12 月 12 日（d45）查 TVS：内膜 0.5 cm 内膜，左卵巢卵泡数 >10 个，均 <0.9 cm。诊断：PCOS、IR（-）。辨证冲任不足，治法益气活血。处方：①定坤丹 1/2 瓶 bid po×30。②BBT。

十诊（2015 年 2 月 27 日）：停经 37 天，BBT 升 15 天。LMP 21/1，5 天净。无出血及腰腹不适。纳眠可，二便调。舌常，苔常，脉平略弦。今查 HCG 3264.0 mIU/mL，P 31.75 ng/mL，E2 985.9 pg/mL。诊断：早孕待诊。孕后按肾气不足，治以益肾固冲。予自拟益肾固冲汤。

处方：杜仲 15 g　　续断 15 g　　菟丝子 20 g　　党参 30 g
　　　白芍 30 g　　山药 10 g

6 剂，一日一剂，水煎 300 mL，分 3 次服。医嘱：①3 月 1 日上午 9 时查 P、HCG；②维生素 E 胶丸 0.1 g；③叶酸片 0.4 mg qd po×30 天。

电话随访（2015 年 3 月 13 日）：服末诊方 6 服后停药，3 月 12 日查 TAS：胎芽 0.8 cm，胎心搏动正常。

按语： 本案通过先后查 BBT（间断排卵）、d3HPO（LH/FSH>2）、停经 45 天时测 TVS：左卵巢卵泡数 >10 个，均 <0.9 cm、乳晕周围见长粗黑毛、OGTT/INS（−）、甲功正常而确诊 PCOS，IR（−）。对于 PCOS 患者来说，临床予单纯服中药调周期往往不易起效，且并非治疗重点。调经助孕，成功度过早孕期才是治疗目的。

此案患者属非肥胖型 PCOS，IR（−），排卵非稀发性，年轻尚无生育要求，此为单用中药治疗的指征。初潮起便月经失调，说明肾气不足。结合年龄 <35 岁，无孕育史及宫腔操作史，辨证冲任不足。诊疗时根据月经周期阴阳消长循环往复规律，或经后期滋养和血促进阴生；或经间期行气活血，因势利导促进阴阳转化；或平素服定坤丹滋补气血，调经疏郁。反复历经半年自然受孕。

病案 5： 求嗣、多囊卵巢综合征

胡某，女，28 岁。G1P0+1。月经稀少而常淋漓不净 1 年，未孕 9 月。

初诊（2012 年 3 月 16 日）：G1P0+1，LMP 10/3，PMP 17/11/2012。因"月经稀少而常淋漓不净 1 年，停避孕 9 月"就诊。患者 1 年前无明显诱因出现月经稀发，常 2~3 月潮 1 次，且量少，约 15~30 天方净。LMP 为停经 4-月后潮，今经行 7 天，量少似渐稍增，每日 1 张卫生巾，伴右侧偏头痛。常苔，脉平。曾在他院断为 PCOS，用中药治疗不效。月经史：14×28-30×7，量中偏多，色红，无血块，无痛。体重 70 kg，身高 161 cm。3 月 7 日他院查：Ins0h 18.6 uIU/mL，Ins1/2h 125.5 uIU/mL，Ins2h 92.1 uIU/mL，Ins3h 56.7 uIU/mL；查：E2 149.0 pg/mL，P 0.6 ng/mL，T 4.13 mmol/L，LH 3.96 mIU/mL，FSH 3.38 mIU/mL，PRL 427.18 uIU/mL。

诊断：①多囊卵巢综合征伴高胰岛素血症；②求嗣。

辨证分析：经行时阴血下注，冲气偏旺，冲气挟肝气上逆，气火上扰清窍而头痛；而此时正值经行量少未净之时，宜因势利导，冀经血量增而通畅后并能及时干净，故辨证为冲气偏旺。治以清热化瘀调经，用龙胆泻肝汤合三川汤加减。

处方：黄芩 15 g　　栀子 15 g　　龙胆草 10 g　　白芍 30 g
　　　泽泻 15 g　　车前子 10 g　　生地黄 20 g　　枳壳 15 g
　　　桃仁 10 g　　川牛膝 30 g

川红花 10 g

　　6 剂，水煎服，一日一剂，分 3 次服。另：二甲双胍缓释片 0.5 g po qd×60。医嘱：①药毕二三天复查 OGTT 之 Ins。②测 BBT。③经净做欲孕相关检查。若出血多或中药毕血不净，即诊。④加强运动。

　　二诊（2012 年 3 月 26 日）：LMP 10/3。BBT 仅测 6 天，均低相。LMP 唯 d13~15 量中偏少，余量少，今 d17 未净。药后头痛消。常苔，脉平略弦。辨治同前，用自拟的清化汤。

　　处方：黄芩 15 g　　小蓟 30 g　　白花蛇舌草 30 g　　马齿苋 30 g
　　　　　川牛膝 30 g　枳壳 15 g　　桃仁 10 g

　　6 剂，水煎服，一日一剂，分 3 次服。经净做欲孕相关检查。

　　三诊（2012 年 4 月 19 日）：LMP 10/3。服清化汤 4 剂血止，LMP 共 20 天全净。现停经 49 天，BBT 单相。二甲双胍缓释片已服 1 月，尚余 1 月量。4 月 5 日查：AcAb、AoAb、AsAb、EmAb、HCG-Ab、ZpAb 均（-），Torch（-）、CT（-）、UU（-）。4 月 5 日 TVS：子宫后位，前后径 3.5 cm，肌层回声均匀，宫内膜 0.8 cm；附件未见明显异常。处理：①MPA 8 mg po qd×7；②若经潮 7 天未净，可服上诊清化汤 3 剂，5 月下旬二甲双胍缓释片药毕后二三天查 OGTT 之 Ins。

　　四诊（2012 年 5 月 22 日）：LMP 28/4。LMP 为 MPA 潮，量偏多，服清化汤 3 剂，9 天净。近期下颌及背部长痘痘。常苔，舌侧有瘀暗区，脉平。体重下降 2.5 kg。5 月 21 日查：Ins0h 27.9 uIU/mL，Ins1/2h 194.7 uIU/mL，Ins1h 207.9 uIU/mL，Ins2h 149.9 uIU/mL，Ins3h 103.7 uIU/mL。阳明经荣面而多气多血，易郁而化火生疮，故辨证为阳明郁热，用清解阳明汤加减。

　　处方：知母 15 g　　石膏 15 g　　黄芩 15 g　　浮小麦 15 g
　　　　　辛夷 15 g　　天葵子 15 g　野菊花 15 g　决明子 15 g
　　　　　连翘 20 g　　蒲公英 30 g

　　18 剂，水煎服，一日一剂，分 3 次服。另：二甲双胍片（格华止）0.5 po tid×60。查肝肾脂。

　　五诊（2012 年 6 月 21 日）：LMP 25/5。BBT 单相。LMP 如期自潮，量少，12 天净。上诊药后下颌及后背痘痘已消。常苔，脉平。16/6 查肝肾脂唯 ALT 36

U/L↑（0~31）；TG 2.53 U/L↑（0.7~1.71），余正常。按正常月经周期论，此时月经将潮而应促使阴阳转化，故辨证按气滞。治以行气活血，用三川汤。

处方：当归 15 g   川芎 15 g   川红花 12 g   香附 15 g
枳壳 15 g   川牛膝 30 g   桃仁 10 g

12 剂，水煎服，一日一剂，分 3 次服。医嘱：继续运动减肥。

六诊（2012 年 8 月 16 日）：LMP 25/5。BBT 单相，现停经 2+月。上诊后自感食欲、体重均略有下降，大便稀溏，一日一次。常苔，脉左平略滑，右＜左。二甲双胍药毕 5 天。今日 TVS：子宫后位，大小约 3.2 cm×4.0 cm×3.7 cm，肌层回声均匀，宫内膜 0.9 cm；附件未见异常。8 月 13 日查：Ins0h 30.0 uIU/mL，Ins1/2h 129.0 uIU/mL，Ins1h 12.7 uIU/mL，Ins2h 155.8 uIU/mL，Ins3h 49.2 uIU/mL。8 月 15 日查肝肾脂唯 ALT 55 U/L↑（0~31）；AST 36 U/L↑（0~31）；GGT 43 U/L↑（0~38）。据中医理论，肝功异常应视为内生湿热郁于肝胆，故辨证为肝旺湿热，治以清肝利湿。

处方：茵陈 15 g   栀子 15 g   郁金 15 g   白花蛇舌草 30 g
半枝莲 30 g   五味子 10 g   甘草 10 g

14 剂，水煎服，一日一剂，分 3 次服。另：MPA 8mg po qd×7。

七诊（2012 年 9 月 18 日）：LMP 25/5。BBT 单相，现停经 4-月。上诊 MPA 未服。常苔，脉平，右＜左。9 月 17 日查：Ins0h 24.0 uIU/mL，Ins1/2h 207.8 uIU/mL，Ins1h 137.7 uIU/mL，Ins2h 133.0 uIU/mL，Ins3h 93.8 uIU/mL。9 月 15 日查：ALT 53 u/L↑（0~31）；AST 33u/L↑（0~31）；GGT 37 u/L（0~38）。处理：①二甲双胍片（格华止） 0.5 po tid×90。②MPA 8mg po qd×7。③妈富隆 1 片 qd×21×3，均 d5 起服。④嘱其 11 月 17 日复查肝肾功。

八诊（2013 年 1 月 10 日）：LMP 27/12/2012，PMP 3/12/2012，28/10/2012。服妈富隆 3 周期，2012 年 12 月 27 日药毕。LMP 量中，色红，无痛，6 天净。今 d15，BBT 未升。服二甲双胍 3 月，已药毕 1-月。2013 年 1 月 5 日查：Ins0h 33.7 uIU/mL，Ins1/2h 166.7 uIU/mL，Ins1h 125.8 uIU/mL，Ins2h 114.3 uIU/mL，Ins3h 29.4 uIU/mL。2012 年 9 月 15 日查肝肾功：ALT 38 U/L↑（0~31），AST 34 U/L↑（0~31），余均正常。处理：①罗格列酮 4 mg po qd×60；药毕二三天复查 OGTT 之 Ins。②MPA 8mg po qd×7，1 月 20 日起服，经潮复诊。③CC 50 mg

×10，备用。

九诊（2013年1月31日）：LMP 29/1（MPA）。今经行3天，量中，色红，无它。1月28日他院查其夫精液：A级33%，B级4%，密度12×106/mL，总数40×106/次，正常精子0%，量3.1 mL，液化时间30 min。处理：①CC 50 mg po HS×5，1月31日晚起。②2月5日起TVS监测卵泡。③查BBT；夫戒烟并服VitE 0.1 qd×30和叶酸5mg bid×30，药毕复查精液。

十诊（2013年3月28日）：LMP 28/2。用CC 1周期，LMP前BBT上升8天，未遵医嘱监测卵泡。今d29，BBT未升。罗格列酮药毕半月。3月26日查：Ins0h 15.8 uIU/mL，Ins1/2h 115.0 uIU/mL，Ins1h 116.4 uIU/mL，Ins2h 70.9 uIU/mL，Ins3h 11.6 uIU/mL。3月23日他院查其夫精液：A级3%，B级29.2%，密度6.6×106/mL，总数46×106/次，正常精子1%，量4 mL，液化时间30 min。处理：①罗格列酮4 mg po qd×60；二甲双胍片0.5g po qd×60；药毕二三天复查OGTT之Ins；②查肝肾脂。

十一诊（2013年6月7日）：LMP 25/5。LMP前BBT升11天，LMP量中，6天净。今d14，BBT未升。3月28日查肝肾脂唯甘油三酯1.84 mmol/L↑（0.7～1.71），脂蛋白671 mg/L↑（<300），余正常。6月7日查：Ins0h 27.35 uIU/mL，Ins1/2h 170.1 uIU/mL，Ins1h 130.8 uIU/mL，Ins2h 125.2 uIU/mL，Ins3h 34.6 uIU/mL。处理：①罗格列酮4 mg po qd×60；二甲双胍片0.5 g po qd×60；药毕二三天复查OGTT之Ins和肝肾脂。②MPA 8 mg po qd×7，若BBT不升达7天（今起计算）即开始服。③经净忌房事3～5天来HSG。

十二诊（2013年7月1日）：LMP 22/6。上诊MPA未服而LMP前BBT示LPD。现月经自潮5月，量中，5～6天净。6月29日HSG：双侧输卵管通畅，但均迂曲延长，伞端上举，24小时较均匀淡点影，左上直粗线浓影，轻度盆粘难排。常苔，脉平。造影疑盆腔粘连，或为长期气血运行不畅，瘀结下焦所致。欲其妊娠，当先去瘀，故辨证为冲任瘀滞，治以化瘀散结，用自拟的白莲散结汤。

处方：半枝莲30 g　　白花蛇舌草30 g　　皂角刺10 g　　车前子10 g
　　　莪术15 g　　　土鳖虫10 g　　　　仙茅15 g　　　淫羊藿15 g
30剂，水煎服，一日一剂，分3次服。医嘱：嘱其避孕至7月30日。

十三诊（2013 年 8 月 9 日）：LMP 21/7。BBT 未测，LMP 量中，5 天净。8 月 8 日查：Ins0h 18.38 uIU/mL，Ins1/2h 118.1 uIU/mL，Ins1h 94.33 uIU/mL，Ins2h 46.21 uIU/mL，Ins3h 29.89 uIU/mL。查肝肾脂均正常。处理：①罗格列酮 4 mg po qd×60；二甲双胍片 0.5 g po qd×60。②嘱其继续运动减肥；测好 BBT；d11 起 TVS 监测卵泡并及时乐育。

十四诊（2013 年 9 月 27 日）：LMP 5/9，PMP 21/7。BBT 示 LPD，LMP 量中，5 天净。今 d23，BBT 不典型上升 4 天，下颌长痘痘。常苔，脉平。辨治同四诊。

处方：知母 15 g　　　石膏 15 g　　　黄芩 15 g　　　山药 15 g
　　　辛夷 15 g　　　天葵子 15 g　　野菊花 15 g　　银花 15 g
　　　连翘 20 g　　　蒲公英 30 g

12 剂，水煎服，一日一剂，分 3 次服。医嘱：嘱其罗格列酮和二甲双胍药毕复查肝肾功，TAS 查肝脏。

十五诊（2013 年 10 月 17 日）：LMP 4/10。LMP 前 BBT 升 9 天，LMP 量中，5 天净。今 d14，BBT 未升。10 月 14 日 TAS：脂肪肝；查：Ins0h 15.13 uIU/mL，Ins1/2h 133.7 uIU/mL，Ins1h 56.57 uIU/mL，Ins2h 106.71 uIU/mL，Ins3h 41.18 uIU/mL；查肝肾功均正常。处理：①罗格列酮 4 mg po qd×60；二甲双胍片 0.5 g po qd×60。②克罗米芬 50 mg po qd×5，d3 起服，药毕 TVS 监测排卵。③嘱其运动减肥。

十六诊（2013 年 11 月 22 日）：LMP 30/10。BBT 升 7 天后 LMP 潮，量中，5 天净。LMP 之 d3 用 CC 促排卵，今 d23，BBT 升 2 天。常苔，脉平。11 月 TVS 提示右侧优势卵泡 2.0 cm×1.9 cm 排出。正值阳长期，有孕育可能，故辨证为肾气不足。治以益肾固冲，用自拟的益肾固冲汤。

处方：杜仲 15 g　　　续断 15 g　　　菟丝子 20 g　　黄芪 30 g
　　　白芍 30 g　　　山药 15 g

8 剂，水煎服，一日一剂，分 3 次服。医嘱：停罗格列酮，经潮 BBT 下降 2 天后再服，服完药后查 OGTT 之 Ins 和肝肾脂；因下月夫将外出，暂不促排卵。

十七诊（2013 年 12 月 3 日）：LMP 30/10。现停经 35 天，无不适。常苔，脉平。12 月 3 日查：P 48.15 ng/mL、β-HCG 349.9 mIU/mL。诊断：早孕。辨

治同前。

处方：杜仲 15 g　　　续断 15 g　　　菟丝子 20 g　　　党参 30 g
　　　白芍 30 g　　　山药 15 g

6 剂，水煎服，一日一剂，分 3 次服。医嘱：12 月 5 日上午 9 时复查 P、β-HCG。

十八诊（2013 年 12 月 9 日）：LMP 30/10。停经 41 天，伴腰酸胀不适，余无它。12 月 5 日查：P 44.96 ng/mL、β-HCG 662.6 mIU/mL。12 月 7 日查：P 39.38 ng/mL、β-HCG 1622.0 mIU/mL。12 月 9 日查：P 45.43 ng/mL、β-HCG 2791.0 mIU/mL。辨治同前。

处方：杜仲 15 g　　　续断 15 g　　　菟丝子 20 g　　　党参 30 g
　　　白芍 30 g　　　山药 15 g

6 剂，水煎服，一日一剂，分 3 次服。医嘱：12 月 11 日上午 8：15 复查 P、β-HCG。

十九诊（2013 年 12 月 17 日）：LMP 30/10。停经 49 天，药后腰酸胀明显减轻，现下腹偶扯痛。12 月 11 日查：P 45.43 ng/mL、β-HCG 2 791.0 mIU/mL。12 月 13 日查：P 37.86 ng/mL、β-HCG 8 988.0 mIU/mL。12 月 15 日查：P 42.59 ng/mL、β-HCG 13 088.0 mIU/mL。12 月 17 日查：P 42.52 ng/mL、β-HCG 16 704.0 mIU/mL。辨治同前。

处方：杜仲 15 g　　　续断 15 g　　　菟丝子 20 g　　　党参 30 g
　　　白芍 30 g　　　山药 15 g

6 剂，水煎服，一日一剂，分 3 次服。医嘱：12 月 19 日 TAS 并复查 P、β-HCG；嘱其若无不适药毕 TAS 后复诊，若有出血随时就诊。

二十诊（2013 年 12 月 23 日）：LMP 30/10。停经 55 天，感胃部不适。12 月 19 日查：P 41.39 ng/mL、β-HCG 21 406.0 mIU/mL。12 月 23 日查：P 40.09n g/mL、β-HCG 27 478.0 mIU/mL；TAS：子宫前位，前后径 4.8 cm，宫内见 1.9 cm×1.8 cm 孕囊回声，囊内见卵黄囊回声，胚芽 0.6 cm，见原始心管博动，左附件见 2.4 cm×2.2 cm 无回声团块，右附件未见异常。常苔，脉平。辨治同前。

处方：杜仲 15 g　　　续断 15 g　　　菟丝子 20 g　　　党参 30 g
　　　白芍 30 g　　　山药 15 g

6~14剂，水煎服，一日一剂，分3次服。医嘱：嘱其若无出血，药毕再复查 P、β-HCG。

二十一诊（2014年1月6日）：LMP 30/10。停经69天，今晨起床上厕所时发现少许咖啡色分泌物，偶下腹隐痛一下。常苔，脉平。1月6日查：P 31.7 ng/mL、β-HCG 75 975.0 mIU/mL。诊断：先兆流产（？）。辨治同前。

处方：杜仲 15 g   续断 15 g   菟丝子 20 g   党参 30 g
      白芍 30 g   山药 15 g   阿胶珠 10 g   白及 15 g

6剂，水煎服，一日一剂，分3次服。医嘱：嘱其休息1周。

二十二诊（2014年1月13日）：LMP 30/10。停经75天，服上诊中药后于1月8日血净。现晨起后胃部不适明显。常苔，脉平滑。辨治同前。

处方：杜仲 15 g   续断 15 g   菟丝子 20 g   党参 30 g
      白芍 30 g   山药 15 g   竹茹 15 g

10剂，水煎服，一日一剂，分3次服。医嘱：嘱其若无不适，药毕去建卡。

按语：患者因"月经稀少而常淋漓不净1年，未避孕9月"就诊，诊断为多囊卵巢综合征伴高胰岛素血症；求嗣。本案治疗大致可分为三个阶段：第一阶段，即初诊至六诊予以中药辨证施治治疗月经稀少而淋漓不净为主，同时配合西药治疗高胰岛素血症。第二阶段，即七诊至十五诊主要予以西药治疗高胰岛素血症。第三阶段，即十六至二十二诊孕后予以中药补肾益气保胎，药后度过早孕危险期而到他院建卡。

本案为中西药结合治疗获效医案，就诊22次，历时近2年，反映诊治本病之长期性、难治性。本案诊疗过程虽长，但药效价比却高。体现了王成荣先生一直倡导的"如何选择或中或西或中西并举的治疗方法，应以是否能获取最佳疗效，是否最有益于患者为标准。衷中参西，各有针对取其长，不囿于纯中医或西医思维，应择优取长，中西医学优势互补"的原则。

另，用药期间考虑药物之肝毒、肾毒而密切观察肝肾功；十一诊时因患者未避孕2年未孕，故建议经净忌房事3~5天来 HSG。

患者始月经稀少伴常淋漓不净，其高胰岛素血症亦未控制好，BBT 提示单相，考虑其不孕多系无排卵所致，故对了解"地道通"后 HSG 检查延至2013

年7月1日才做,符合王成荣先生"平、调、通、时"的诊疗模式。

病案6:求嗣、宫内膜抗体阳性

杨某,女,28岁。G2P0+2。流产清宫术后半年,发现生殖抗体阳性18天。

初诊(2013年5月13日):G2P0+2,LMP 5/5。因"流产清宫术后半年,发现生殖抗体阳性18天"就诊。患者首孕人流,末孕于2012年11月胎停清宫,现术后半年,拟孕。4月25日在他院做孕前相关检查:EmAb(+)、AcAb(-)、AsAb(-),而予以强的松和阿司匹林治疗。常苔,脉平略弦。月经史:12×28×6,量中,色红,无血块,无痛。4月25日他院查:E2 135.9 pg/mL,P 7.64 ng/mL,T 0.57 ng/mL,LH 9.0 mIU/mL,FSH 5.6 mIU/mL,PRL 18.7 uIU/mL;他院TVS:子宫后位,大小约3.65 cm×4.39 cm×4.66 cm,肌层回声均匀,宫内膜居中,厚约0.4 cm;双侧附件未见明显异常。

诊断:宫内膜抗体阳性待诊。

辨证分析:若视抗体为中医学的"正气"之一项指标,则可从"气有余便是火"着手辨治,故辨证为血分郁热,治以清热利湿,用自拟的泻火达衡汤加减。

处方:栀子10 g　　黄柏10 g　　甘草10 g　　桃仁10 g
　　　茵陈15 g　　石韦30 g　　皂角刺10 g

20剂,水煎服,一日一剂,分3次服。医嘱:测BBT。

二诊(2013年10月10日):LMP 17/9,PMP 19/8。BBT未测。LMP、PMP量中,5天净。常苔,脉平略偏弦。5月服上诊中药20剂后未再服。8月31日他院查:EmAb(+)、AcAb(-)、AsAb(-)。辨治同前。

处方:栀子15 g　　黄柏15 g　　甘草10 g　　茵陈15 g
　　　石韦30 g　　皂角刺10 g　　莪术15 g

30剂,水煎服,一日一剂,分3次服。医嘱:测BBT。

三诊(2013年11月19日):LMP 9/11,PMP 14/10。BBT未测。LMP量中,5天净。常苔,脉平略弦。11月18日复查:EmAb(-)。处理:测BBT;11月29日TVS测内膜;可停避孕;暂勿药。

2014年3月11日因他病回诊:LMP 12/12。现停经90天,已在他院建卡。

按语:该患者检查发现EmAb(+),其可与子宫内膜中靶抗原结合,激活补体，引起子宫内膜免疫病理变化，从而干扰受精卵着床和胚胎发育。这种病理变化主要在子宫内膜结构受到一定程度的破坏，表现为黄体期宫内膜呈分泌不足反应，而不利于孕卵的种植着床或引起着床后胎盘绒毛发育不良。有研究发现 EmAb（+）的宫内膜用电子显微镜观察，内膜腺体和基底膜细胞出现有丝分裂，基底膜细胞可见空泡，纤毛细胞与无纤毛细胞比值下降，子宫内膜呈现发育不良的超微病理组织形态。

生殖抗体阳性患者常一般情况良好，若据四诊颇难下辨证论治。王成荣先生认为中医学关于人体正气的概念，与西医学关于免疫的概念在一定程度或在某些方面有相似之处。抗体作为正气的一项客观指标，应有的抗体缺乏可辨为正气虚，异常的抗体出现则可辨为正气过旺，即所谓"气有余便是火"，故可从血分郁热入手，以清热利湿为主，并自拟泻火达衡汤。

临床观察对于生殖抗体阳性者，如此治疗 3±月似多可转阴，且用药期间不影响怀孕。不过，准确的数据尚待统计观察。

病案 7：求嗣、月经过少、继发痛经

袁某，女，30 岁。G0P0+0。经量减少 1/2 已 2 年，经行腹痛 1 年，未避孕 10 月未孕。

初诊（2013 年 1 月 24 日）：G0P0+0，LMP 18/1。因"经量减少 1/2 已 2 年，经行腹痛 1 年，未避孕 10 月未孕"就诊。患者 2 年前因工作压力大后月经量逐渐减少至 1/2，色暗红，5 天净。1 年前无故出现经行下腹扯痛、坠胀，块出痛减，不喜热敷，无加重趋势。10 月前开始停止避孕，至今未孕。常苔，脉平略弦。月经史：14×30×5，量中，色红，夹血块，无痛。妇科检查：外阴、阴道：（-）；宫颈：光滑；子宫：前位，常大，质中，活动，无压痛；附件：（-）。2012 年 3 月 19 日他院查：AsAb（-）、AcAb（-）、EmAb（-）。2012 年 3 月 19 日他院宫腔镜：正常宫腔，内膜菲薄。术后予以炔雌醇 0.02 mg qd + 安宫黄体酮 4 mg bid，共服药 6 个月经周期，但经量未增加。2012 年 4 月 12 日他院 HSG：双侧输卵管通畅，弥散好。2013 年 1 月 16 日他院查其夫精液常规：精液量 0.6 mL、浓度 70×106/mL、A 级 17%、B 级 13%、正常精子百分比 2%。1 月 17 日查：CA125 10.77 U/mL；CT（-）、UU（+）；TVS：子宫后位，大小 3.9 cm×4.9 cm×4.4 cm，实质回声均匀，内膜厚约 0.5 cm；附件（-）。

诊断：①月经过少；②继发痛经；③求嗣。

辨证分析：患者年龄在"五七"之前，无宫腔操作史，本应从冲任不足之虚证辨；但其有痛经发生在经期，为扯痛、坠胀，且块出痛减，此乃瘀血所致之实证，故按冲任虚瘀辨证，治以滋养活血，用王成荣先生自拟的滋活汤加减。

处方：女贞子 20 g　　菟丝子 20 g　　补骨脂 20 g　　当归 15 g
　　　川芎 15 g　　　鸡血藤 30 g　　桃仁 10 g

14 剂，水煎服，一日一剂，分 3 次服。阿奇霉素 1 g 顿服。医嘱：①夫看男科查 CT、UU，照说明服复合维生素 2 月后复查精液。②测 BBT；经净后复查 UU。

二诊（2013 年 2 月 22 日）：LMP 13/2。BBT 升 11 天后 LMP 潮，月经第 2~3 天量中，5 天净；药后 LMP 痛经减轻，仅经前 1 天及月经第一天下腹胀痛可忍。现月经周期的 10 天，BBT 未升。常苔，脉平左略弦。1 月 24 日其夫查：CT（-）、UU（-）。辨治同初诊。

处方：女贞子 20 g　　菟丝子 20 g　　补骨脂 20 g　　当归 15 g
　　　川芎 15 g　　　鸡血藤 30 g　　桃仁 10 g

14 剂，水煎服，一日一剂，分 3 次服。医嘱：复查 UU；3 月 4 日 TVS 测子宫内膜厚度。

三诊（2013 年 3 月 4 日）：LMP 13/2。现月经周期的 19 天，BBT 升 5 天。常苔，脉平略滑。2 月 22 日查：UU（-）。3 月 4 日 TVS：子宫后位，大小 3.5 cm×4.7 cm×4.7 cm，内膜厚约 0.9 cm；双附件未见异常。辨治同初诊。

处方：女贞子 20 g　　菟丝子 20 g　　补骨脂 20 g　　当归 15 g
　　　川芎 15 g　　　白芍 30 g　　　黄芪 30 g　　　鸡血藤 30 g
　　　桂枝 10 g　　　甘草 10 g

12 剂，水煎服，一日一剂，分 3 次服。克拉霉素 0.5 po bid×7，经潮 BBT 下降 2 日始服，药毕复查 UU。

四诊（2013 年 3 月 22 日）：LMP 13/2。停经 38 天，BBT 升 22 天，微腹胀。常苔略灰，脉平略滑。3 月 19 日查：P 21.41 ng/mL、β-HCG 3655 mIU/mL。3 月 21 日查：P 17.94 ng/mL、β-HCG 6533 mIU/mL。诊断：早孕。患者的孕酮偏低，

有流产的可能，而从中医理论出发，肾主生殖，若肾气不足则不能系胎、固胎，故辨为肾气不足，治以益肾固冲，用王成荣先生自拟的益肾固冲汤加减。

处方：杜仲 15 g　　续断 15 g　　菟丝子 20 g　　党参 30 g
　　　白芍 30 g　　甘草 10 g

6 剂，一日一剂，分 3 次服。黄体酮 20 mg im qd×6。医嘱：3 月 23 日查 P、β-HCG。

备注：之后予以中药益肾固冲和黄体酮肌注治疗，4 月 25 日到他院建卡。

按语：无相关疾病或手术损伤史的宫内膜发育不良之经量减少确切原因尚不清楚，可能与宫内膜雌激素受体减少有关，但据临床观察，月经过少患者常无明显寒热虚实之脉证可辨。故王成荣先生不拘于通常推论的学理而根据年龄和有无宫腔操作史，将其分别辨为冲任不足证或冲任虚瘀证。本案患者年龄 30 岁，无宫腔操作史，月经前 B 超提示子宫内膜仅 0.5 cm（双层），本应从冲任不足之虚证辨治，但患者又有痛经发生在经期，为扯痛、坠胀，且块出痛减，此乃瘀血所致之实证，故前三诊均从冲任虚瘀辨治。共用滋和汤 40 剂，药后月经量恢复正常，痛经减轻，子宫内膜增厚为 0.9 cm（双层）并如愿妊娠。孕后考虑患者的孕酮偏低，有流产的可能，而从中医理论出发，肾主生殖，若肾气不足则不能系胎、固胎，故从四诊始从肾气不足辨治，用自拟的益肾固冲汤配合黄体酮治疗获效。

病案 8：求嗣、排卵异常

陈某，女，28 岁。G0P0，未避孕。未避孕未孕 5 个月。

初诊（2013 年 5 月 28 日）：LMP 26/5，今 d3，量中。夫妇同居一地，性生活正常，停避孕 5 月。既往月经：12×21-24×7，量中，无痛经。偶周期延后 2~3 天。体重 46 kg，身高 155 cm。纳眠可，二便调。舌常，苔常，脉平略弦。2012 年 12 月 17 日（d3）外院查 HPO：E2 48.34 pg/mL，P 0.58 ng/mL，T 0.57 ng/mL，LH 6.98 mIU/mL，FSH 7.30 mIU/mL，RPL 457.40 mIU/mL。予达英-35 口服 1 周期。2013 年 2 月 26 日（d3）复查 HPO：E2 48.34 pg/mL，P 0.58 ng/mL，T 0.57 ng/mL，LH 6.98 mIU/mL，FSH 7.30 mIU/mL，RPL 427.40 mIU/mL。外院 4、5 月均克罗米芬促排卵成功。半年前已查生殖抗体、UU、CT、夫验精均正常（报告均未带），HSG 未行。

诊断：未孕 5 月。

辨证分析：辨证冲任不足，治以滋养活血，予自拟滋活汤。

处方：女贞子 20 g　　菟丝子 20 g　　补骨脂 20 g　　当归 15 g
　　　川芎 15 g　　　鸡血藤 30 g　　桃仁 10 g

6～14 剂，一日一剂，水煎 300 mL，分 3 次服。医嘱：BBT；6 月 6 日 TVS 测排卵。

二诊（2013 年 7 月 8 日）：LMP 26/5，量中，6 天净。停经 42 天，BBT 升 10 天。纳眠可，二便调。舌常，苔常，脉平略弦。6 月 27 日（d33）查 TVS：右卵巢优卵 1.6 cm×1.3 cm。6 月 28 日（d34）TVS：右卵巢优卵已排。排卵后辨证肾气不足，治法益肾固冲，予自拟益肾固冲汤。

处方：杜仲 15 g　　续断 15 g　　菟丝子 20 g　　黄芪 30 g
　　　白芍 30 g　　山药 10 g

6 剂，一日一剂，水煎 300 mL，分 3 次服。医嘱：经净后 d11 TVS 测排卵。

三诊（2013 年 7 月 12 日）：上方余 2 剂。LMP 26/5。停经 46 天，BBT 升 14 天。纳眠可，二便正常。舌质常略偏深，苔常。脉平弦略滑。7 月 11 日查 E2 600.40 pg/mL，P 30.74 ng/mL，HCG 151.70 mIU/mL。

诊断：早孕待诊。孕后仍宗肾气不足，治法益肾固冲，予自拟益肾固冲汤。

处方：杜仲 15 g　　续断 15 g　　菟丝子 20 g　　党参 30 g
　　　白芍 30 g　　山药 10 g

6 剂，一日一剂，水煎 300 mL，分 3 次服。另：VE 0.1+叶酸 0.4 mg qd×30 天。（服所余 2 剂后续服）。医嘱：7 月 13 日上午 10 时查 P、HCG。

按语：患者以求嗣就诊。夫妇双方均年轻，未曾孕育，避孕时间短，各项相关检查均正常。本可以不予其他检查或药物介入。因求嗣心切，故可行 TVS 监测排卵，指导性交时机，增加受孕机率。同时结合年龄<35 岁，无孕育及宫腔操作史，辨证冲任不足，首诊行经已 3 天，予滋养活血以促进阴生。排卵后、孕后予益肾固冲汤安胎。

益肾固冲汤方是王成荣先生习用已久的安胎方。以前在未开展生殖激素检查而更早获知妊娠时，以停经、BBT 双相天数>20 天或查小便已诊断妊娠后使用。现以临床而言，排卵后用之，既是因就诊时间为排卵期前后，求嗣心切，要求服中药，也是因排卵后为月经周期阴阳消长之阳长期，予补益肾气以促进阳长，摄精成孕。

针对外院停避孕时间短、LH值异常升高已纠正、未明确排卵正常及输卵管通畅与否的前提下，而贸然使用促排卵药，其治疗方式实属冒进，并有引发卵巢过度刺激的风险。诊病应循序渐进，逐项排除，明确病因后才能做进一步治疗。检查及治疗均应有针对性，才能执简驭繁，避免医疗浪费。

病案9：求嗣、月经过少

侯某，女，35岁。G2P0+2，末孕：2013年1月左侧输卵管妊娠腹腔镜下病灶清除，工具避孕。2次不良妊娠史，月经量少1/2已1+年。

初诊（2014年9月26日）：LMP 8/9，量少，无痛经，4天净。首孕2012年2月孕2+月胎停清宫。2013年1月左侧输卵管妊娠腹腔镜下病灶清除。术后月经周期24天，量少1/2，色暗，无痛经。既往月经：12×30×6，量中，色红，无痛经。近期眠差，疲乏头晕。纳眠可，二便调。舌常，苔常，脉平略弦。9月2日查UU、CT均（-）。生殖抗体六项：AcAb、AoAb、AsAb、EmAb、HCG-Ab、ZpAb均（-）。9月10日（d3）查HPO：E2 31.06 pg/mL，P 0.38 ng/mL，T 0.13 ng/mL，LH 4.14 mIU/mL，FSH 5.98 mIU/mL，RPL 237.40 mIU/mL，TSH 2.01 uIU/mL，FT4 1.28 ng/dL。9月26日（d19）查TVS：子宫后位，前后径3.1 cm，内膜厚约0.5 cm。左卵巢大小3.6 cm×1.7 cm×1.8 cm，最大卵泡0.7 cm×0.7 cm；右卵巢大小3.1 cm×1.6 cm×1.8 cm，最大卵泡0.7 cm×0.7 cm。

诊断：经少1/2待诊。

辨证分析：辨证水不涵木，治以滋清安神。予当归六黄汤加酸枣仁、首乌藤。

处方：生地黄20 g　　熟地黄20 g　　当归5 g　　黄芪30 g
　　　黄芩15 g　　　黄连10 g　　　黄柏10 g　酸枣仁20 g
　　　首乌藤60 g

6~14剂，一日一剂，水煎300 mL，分3次服。医嘱：经净忌房事行宫腔镜；BBT。

二诊（2014年10月13日）：LMP 4/10，量极少，无痛经，6天净。BBT未带。纳眠可，二便调。舌常，苔常，脉平略弦。今宫腔镜见：宫腔内膜呈火红样改变，双侧输卵管开口尚可。提示：子宫内膜炎。已予克拉霉素0.5 g bid po×14

天。诊断：经少 1/2 待诊；"EM 火红样"。辨证冲任虚瘀，治以滋养和血。予自拟滋和汤。

处方：女贞子 20 g　　菟丝子 20 g　　补骨脂 20 g　　当归 15 g
　　　川芎 15 g　　　白芍 30 g　　　黄芪 30 g　　　鸡血藤 30 g
　　　桂枝 10 g　　　甘草 10 g

6～14 剂，一日一剂，水煎 300 mL，分 3 次服。医嘱：BBT。

三诊（2014 年 10 月 31 日）：LMP 31/10，今 d1，量少。LMP 前 BBT 升 13 天。纳可，眠欠佳。二便调。舌常，苔常，脉平。辨治同前。予自拟滋和汤。

处方：女贞子 20 g　　菟丝子 20 g　　补骨脂 20 g　　当归 15 g
　　　川芎 15 g　　　白芍 30 g　　　黄芪 30 g　　　鸡血藤 30 g
　　　桂枝 10 g　　　甘草 10 g　　　首乌藤 60 g　　酸枣仁 10 g

6～18 剂，一日一剂，水煎 300 mL，分 3 次服（经潮第 5 天起服）。医嘱：停避孕；11 月 11 日 TVS 监测排卵指导乐育。

四诊（2014 年 11 月 18 日）：LMP 31/10，量少，5 天净。LMP 后停避孕。今 d19，BBT 升 7 天。11 月 14 日至 11 月 15 日少许咖啡色出血。纳可，平素眠差，近几周尤甚。二便均正常。舌质常，苔常，脉平。11 月 11 日至 11 月 13 日查 TVS 测卵泡 3 次：右卵巢卵泡 1.9 cm × 1.6 cm 排出，内膜 0.6 cm。辨治同前。予自拟滋和汤加首乌藤、酸枣仁。

处方：女贞子 20 g　　菟丝子 20 g　　补骨脂 20 g　　当归 15 g
　　　川芎 15 g　　　白芍 30 g　　　黄芪 30 g　　　鸡血藤 30 g
　　　桂枝 10 g　　　甘草 10 g　　　首乌藤 60 g　　酸枣仁 10 g

6～12 剂，一日一剂，水煎 300 mL，分 3 次服。

五诊（2014 年 12 月 2 日）：服上诊方 12 剂，睡眠好转。LMP 24/11，量少，5 天净。LMP 前 BBT 升 12 天，且经前间断少许咖啡色分泌物 6 天。LMP 量略增 4 天净。今 d9，BBT 未升。纳眠可，二便调。舌质常，苔常，脉平略弦。9 月 14 日外院夫验精：量 4 mL，液化 35 min，浓度 98.9×10^6/mL，总数 395.5×10^6/次，A 级 33.33%，B 级 18.71%，正常形态精子百分率 1.4%（4%）。辨治同前。予自拟滋和汤。

处方：女贞子 20 g　　菟丝子 20 g　　补骨脂 20 g　　当归 15 g

　　　　川芎 15 g　　　　白芍 30 g　　　　黄芪 30 g　　　　鸡血藤 30 g

　　　　桂枝 10 g　　　　甘草 10 g

6~18 剂,一日一剂,水煎 300 mL,分 3 次服。医嘱:BBT。

六诊(2014 年 12 月 26):LMP 18/12,量少,5 天净。LMP 前 BBT 升 12 天。纳眠可,二便调。舌质常,苔常,脉平略弦。

　　处方:女贞子 20 g　　菟丝子 20 g　　补骨脂 20 g　　当归 15 g

　　　　川芎 15 g　　　　白芍 30 g　　　　黄芪 30 g　　　　鸡血藤 30 g

　　　　桂枝 10 g　　　　甘草 10 g

6~18 剂,一日一剂,水煎 300 mL,分 3 次服。医嘱:12 月 28 日 TVS 测卵泡,指导乐育。

七诊(2015 年 1 月 13):LMP 11/1,量少,5 天净。LMP 前 BBT 升 12 天。12 月 28 日 TVS:左卵巢卵泡 0.5 cm×0.5 cm,右卵巢卵泡:1.6 cm×1.6 cm,内膜 0.5 cm,未连续监测。

　　处方:女贞子 20 g　　菟丝子 20 g　　补骨脂 20 g　　当归 15 g

　　　　川芎 15 g　　　　白芍 30 g　　　　黄芪 30 g　　　　鸡血藤 30 g

　　　　桂枝 10 g　　　　甘草 10 g

6~18 剂,一日一剂,水煎 300 mL,分 3 次服。另:戊酸雌二醇 2 mg qd×14(明起服)。医嘱:BBT;1 月 21 日 TVS 测排卵,指导乐育。

八诊(2015 年 2 月 9):服上诊方后,LMP 6/2,量较 PMP 增加 1/2,5 天净。纳眠可,二便调。舌常,苔常,脉平右略弦。LMP 后监测排卵:1 月 23 日测得左卵巢最大 1.3 cm×1.3 cm;右卵巢最大 0.4 cm×0.5 cm;内膜 0.6 cm。1 月 25 日测得左卵巢最大 0.7 cm×0.7 cm;右卵巢 0.5 cm×0.5 cm;内膜 0.8 cm。诊断:宫内膜增值不良。辨治同前。予成药乌鸡白凤丸。处方:乌鸡白凤丸 1 片 bid×24。医嘱:26/2 TVS 测内膜;查 HLA。

2015 年 5 月 17 日电话随访:末诊方服毕后再孕,孕后查 HLA-al(-),行加强免疫治疗 3 次,早孕期反复阴道少许出血。目前已孕 3 月已产科医院建卡。

　　按语:本案患者继发经量少,1 次宫腔操作史,结合辅助检查,如月经规律、BBT、HPO 及甲功正常,宫腔镜仅提示内膜火红样改变,未见宫腔粘连。可基本排除器质性病变,故而诊断宫内膜发育不良经少。

月经量少属较难纠正的病症，本案予连续近 5 月经后期服滋和汤，共约 80 余剂经量仍无增加，期间两次查黄体期内膜厚度 0.6 cm，仍不达标。七诊予经潮第 4 天时服戊酸雌二醇后排卵期达 0.8 cm。末诊予滋补气血之乌鸡白凤丸，但随访服后经量仍未增加，患者却正常受孕并安全度过早孕期。

正如先生所认为的，胚胎生长发育过程中，良好的内膜环境固然重要，但最终起决定性作用的仍为受精卵其本身的质量，也就是中医认为的父母先天之精。结合患者经量正常时首孕胎停，可作对比。

（八）教训案例

1. 误诊案例

有效的临床经验固然重要，需要总结，但失误后的反省和改变更能提高自己，医疗容错率很低，失之毫厘，谬以千里，甚至危及患者生命，所以每个临床医生都如履薄冰，对错误也很少开诚布公地谈及。先生实事求是，认为误诊医案更有意义，故甄选几例如下。

案例 1：慢性肾小球肾炎案误诊

某患者，31 岁 G3P1+2，LMP 8/4/2009，PMP 8/3/2009。因月经期长，量多 10 个月，发现盆腔囊性占位 4 个月，于 2009 年 4 月 26 日就诊。来诊前曾断续服"宫血宁""生血宁"、中药煎剂治疗，无效。仔细询问病情获知尚伴头晕、早晨恶心、夜尿每日 4~5 次等症状。查体：血压 192/127 mmHg，双下肢膝下凹陷性水肿。查血：RBC 2.38×10^{12}/L，Hb 71g/L，WBC 4.7×10^9/L，PLT 71×10^9/L，ESR 20mm/h，CO_2-CP16（22.29）；尿常规：蛋白（+++），RBC（+++）。4 月 27 日肾功：BUN 39.6 mmol/L（1.7~8.3），Cr 670.5 umol/L（53~133），UA 546.7umol/L（140~380）。4 月 28 日 TVS：子宫前位，3.5 cm × 4.8 cm × 4.8 cm，内膜厚 0.7 cm；左卵巢 2.7 cm × 2.5 cm 囊性占位，内见细光点回声，右卵巢最大卵泡 0.5 cm × 0.5 cm。显然本例病证系慢性肾小球肾炎、肾功能不全或尿毒症前期，因表现为月经异常而使患者就诊于妇科。

按语：如果此前接诊医生不仅仅局限于生殖系统疾病的考虑，或若能在治疗无效时细心询问，运用更多一些的查体和化验检查，可能会早些明确诊断并得到及时针对性治疗，不致延误数月之久。

案例2：慢性肾炎案误诊

某女，27岁，G2P0+2，LMP 15/9/2008。因月经期长量多2年，阴道不规则出血2个月，于2008年11月21日以中医诊断崩漏，西医诊断为功能失调性子宫出血、重度贫血入院治疗。患者既往月经规律，2年前（2006年2月）稽留流产清宫后出现月经量多、经期延长，曾在他院诊断性刮宫但活检结果不详。之后间断服用妈富隆。1年前因月经异常、贫血在他院骨穿，病检排除再生障碍性贫血、白血病等血液系统疾病。2008年7月31日他院B超示：子宫前位，前后径3.7 cm，内膜厚约0.9 cm，肌壁回声不均匀，后壁肌层内见一1.6 cm×1.2 cm强弱不均质回声团；右卵巢3.4 cm×2.2 cm，内见1.8 cm×1.7 cm无回声团，左卵巢2.7 cm×1.5 cm，旁见1.6 cm×1.2 cm无回声团；子宫后方见2.0 cm×1.2 cm不规则回声团。超声提示"子宫肌瘤、左附件区囊性占位"。2008年9月末次月经后出现不规则出血，时多时少，间断服中药。2周前加大剂量再服妈富隆，每日2片，出血未能控制。入院前3天出血增多，他院注射丙酸睾丸素2天，量稍减。患者重度贫血貌，神差倦乏，颜面及双下肢凹陷性水肿。查血：RBC 1.32×1012/L，Hb 39g/L；尿常规：WBC 1~3/HP，RBC 5~6/HP，上皮细胞5~6/HP，蛋白（++）。凝血功能检查正常。入院急予诊刮止血：宫腔深8 cm，术中感子宫收缩欠佳，吸刮出组织物约3 g，血凝块10 g，术中失血少。病检：增殖期宫内膜。术后予头孢曲松抗炎、氨甲环酸止血，输红细胞悬液纠正贫血，配合中药圣愈汤补益气血。当日出现少尿，输低分子右旋糖酐后尿量渐增。肝肾功检查：TBA 59.7 umol/L（0~10），BUN 36.5 umol/L（1.7~8.3），Cr 767.6 umol/L（53~133）；UA 638.5 umol/L（140~380）。诊断：慢性肾炎肾功能失代偿或尿毒症前期。后转肾病科治疗。

按语：本患者在此前两年的诊治过程中，如针对其不能完全以月经量多解释的贫血，除骨穿外再作详细的排查，或许能早些发现病因，而不致一误再误。

2. 会诊纠纷案例

案例1：医疗纠纷

某女，26岁，LMP 2/5/2002，G1P0+1。

主诉：服中药后腹痛，复诊发现有孕。问损伤胎否？

现病史：18天前（2002年8月17日）因停经3月余去某医院妇科就诊。

B超示：子宫常大，宫内膜1.4 cm，附件（-）。医处通经方4剂：当归10 g、川芎15 g、赤芍10 g、川红花12 g、生地黄15 g、益母草20 g、川牛膝30 g、仙茅15 g、淫羊藿15 g。一日一剂，水煎3次，共300 mL，分3次服。服药后曾有短时腹痛。因月经仍未来潮，8月21日复诊，检尿HCG（+）。8月23日第二次B超：子宫常大，宫内膜1.4 cm，未见孕囊，附件（-）。8月29日第三次B超：宫内见0.9 cm×0.8 cm孕囊。因孕妇及家属担忧，遂由院方陪同前来咨询会诊。

谈话记录：

孕妇：所服方药有毒。

王成荣先生：从各单味药看，全方无毒，不会伤害胎儿。

孕妇：是活血化瘀，怎会无毒？

王成荣先生：药书中有的活血化瘀药注明孕妇慎或禁用，是恐引起流产，并非指对胎儿有毒。据本人所知，除天花粉素、芫花注射用能致使流产堕胎外，如孕卵发育正常，欲用中药流产，十分困难。常用活血化瘀中药达不到药流效果已为多年的临床经验和科研所证实。这个处方也不例外。

孕妇：服药后曾肚子痛！

王成荣先生：轻微短暂且能自愈的肚子痛，不能说明什么。从早孕流产的规律看，一般先有阴道出血，继续发展才会出现腹痛，且疼痛程度较重。若为早孕完全流产，则如平时月经，不会有更明显的腹痛。服药后并未出现阴道出血，仅有短暂腹痛，可能是肠蠕动增多的表现。数次B超结果显示孕囊从无到有，说明其在生长而未流产。

孕妇语塞，然犹有愠色。乃续告知：因其既往月经无规律，此次怀孕前有较长时间停经，按一般排卵并受孕为末次月经来潮的12~16天，而孕卵着床后，发育缓慢者至周期第32天B超可见3 mm大小孕囊，之后大致每天增长约1 mm的规律分析，8月29日B超提示孕囊0.9 cm×0.8 cm，其时多为38或39天孕龄，即8月17—20日应在受孕14天内。此时，即便是对胚胎禁忌的有毒害作用的药物，要么完全不影响胚胎，要么将胚胎杀死。这是胚胎学已证明的。如14天内孕胚胎死亡，应会及时排出体外而见"月经"来潮。末次B超出现孕囊，而且无异常阴道出血，说明中药未影响孕。何况所服中药本身无毒。

孕妇颐和，会诊告终。

咨询会诊背景资料：本案例尿检 HCG（+）后，据称处方为活血化瘀，对孕妇有毒，遂于次日始，孕妇及家属便找诊治医生要"说法"，并十余小时跟守。几经解释，家属不认可，要求医生确保日后胎儿正常并写书面保证。院方据理调解开导，患方仍然不依，还召集亲友连续数日到医院吵闹，并悬挂标语，招来媒体和不明真相群众围观。在警方调解下，院方提出请院外专家咨询会诊以解患者和家属之疑虑，再行了结。故而来我院就诊。咨询会诊后，孕妇及家属未再继续不理智行为。间隔数日，家属向医院方和医生道歉，并达成谅解协议。其后定期随访，胎孕发育正常，足月分娩正常活婴。

按语：处方医生的合理解释并未被孕妇和家属认可，可能有多方面原因。咨询会诊之后化解了本案例的医疗纠纷，也可能有多方面的原因。会诊时，如仅阐述处方药物不会伤害胚胎，显然不能解除其先入为主的偏见。此时以西医妇产科学相关理论，把不会伤害胚胎的学理说透，对消除其顾虑无疑起了关键作用。

案例 2：医疗诉讼

地点：四川省某医院会议室

主题：某孕妇服用中药后早产与药方之间因果关系鉴定

背景资料：患者，女，27 岁，四川某县某单位职工。因妊娠 7 个月出现瘙痒，于某年某月 9 月 9 日下午 4 时 30 分到该县某药店请某中医诊治，给中药处方 1 剂。当晚及次日早上、中午各服药 1 次，10 日下午出现黑色分泌物。11 日上午第 4 次服药后，当晚出现腹部胀痛。12 日晨 7 时去县医院妇产科，诊断为早产，收住院。经保胎治疗未效，14 日晨 6 时破水，10 时 35 分顺产一男婴，体重 1 550 g。出生后 7 天，男婴出现发烧、呼吸急促、唇周发绀、皮肤黄疸及右手下垂等症状，诊断：早产低体重儿，新生儿窒息性肺炎，败血症，病理性黄疸，霉菌性皮炎。因病势重转某市儿童医院救治。为此，患者向省高级人民法院起诉某中医"医疗损害"，并要求赔偿。法院司法技术鉴定中心根据民事诉讼法有关规定，委托四川省某医院组织专家对药方进行会诊。

附药方：金银花 15 g　　连翘 15 g　　荆芥 15 g　　防风 25 g

天花粉 20 g	麦冬 20 g	玄参 15 g	生地黄 20 g
熟地 20 g	牡丹皮 15 g	泽泻 15 g	地肤子 10 g
蛇床子 10 g	白鲜皮 15 g	黄柏 15 g	甘草 9 g
青皮 15 g	陈皮 15 g	枳壳 20 g	

讨论发言（略）

鉴定意见：

1. 根据辨证论治理法方药理论对处方的鉴定意见

（1）关于孕 7 月出现"妊娠瘙痒"的辨证论治分析

按"辨证求因，审因论证治"的要求，患者以瘙痒为主症，病因当属风邪为患。病机则是妊娠期血聚子宫以养胎儿，肝之阴血相对不足，则肝阳偏亢化热生风。木旺辱金，便可致肺之所合之皮肤出现瘙痒。故治法当以祛风止痒并辅以清热养阴。复因晚孕子宫占据大部腹腔，脾胃气机升降不如非孕时调畅，滋阴药味较非孕时更易引起脾胃运化不力，若导致水湿停聚，则可发为妊娠水肿。故宜再辅以行气利水之法兼顾健脾，令气机调畅。

（2）关于该中医处方的方义分析

处方共有中药 19 味，若按功能主治可分为 7 组：①荆芥、防风、白鲜皮祛风止痒；②金银花、连翘、黄柏、麦冬、天花粉、玄参、生地黄清热而养肺肾之阴；③青皮、陈皮、枳壳疏肝理气和胃；④地肤子除湿止痒，泽泻利水渗湿；⑤熟地滋补肾阴，蛇床子温补肾阳；⑥牡丹皮凉血活血；⑦甘草调和诸药。

按中药组方的配伍结构归类，上述 7 组药味：组①祛风止痒，符合治法"必伏其所主，而先其所因"和"主病之谓君"的理论，故可为君药；组②清热养阴平抑过亢之肝阳，以断化风之源而助君药祛风止痒，故可为臣药；组③、组④行气渗湿，疏肝和胃以调畅气机之升降，组⑤双补阴阳以固肾而安胎，也符合"治未病"和"先安未受邪之地"，有呼应辅助臣药之功，故可为佐药；组⑥既有引诸药入血分直达病所之功，又符合"治风先治血，血行风自灭"的学理，组⑦调和诸药之阴阳偏颇，故二者同为使药。因此可以认为，全方所体现的治法，既针对晚期瘙痒症的病因病机，又符合中药处方的君、臣、佐、使制方理论。可以说理、法、方、药是统一的。尽管处方药味不够精炼，但亦看不出有堕胎之弊。

（3）关于方中有无可以引发早产的妊娠禁服药味的分析

虽然全方不含妊娠禁服的药味，但有的中药书把枳壳附于"妊娠慎服"的枳实之后，却也同时指出枳壳的药性较枳实缓和。也有报道指出枳实动物实验可以兴奋家兔的子宫，但对小鼠的子宫却有抑制作用。可见这种兴奋子宫引发子宫收缩的药效与动物种属有关。更不能据此推论到人类。而一些中医妇科古籍却有关于孕妇因病可服含有枳壳或枳实的处方，如明代《证治准绳》的枳壳汤即用枳壳三两、黄芩一两为主方，主治妊娠腹胀；枳实槟榔丸以枳实、槟榔、木香、黄柏、黄芩、黄连、当归、阿胶等为方，用于安胎养气，"可以久服"；明代《景岳全书·妇人归》枳壳汤以枳壳、黄芩各半两，白术一两组方，治胎漏或因事下血，胎动不安。此外还有为预防难产而服配有枳壳的处方，如清代《沈氏尊生书》以白术、枳壳各等份为丸，每服三四钱为束胎丸，谓可缩胎易产；《明太医传方》保产无忧散中亦有枳壳，认为孕八九月服一二剂，临月再服二三剂则易产。

用现代工艺研制的天花粉素（天花粉蛋白）肌注或者羊膜腔注射，可令胎盘发生凝固性坏死，而用于计划生育堕胎引产效果确切。但单服天花粉原生药未有用于堕胎引产的报道：这可能与口服后受肝脏首过作用的影响有关。故不能认为天花粉素注射可引产，因口服天花粉原生药也会引产。

（4）结论

据以上分析，不能认为所服中药处方有可能或确有引发早产的药效。换言之，患者的早产可能是由其他因素造成。

2. 根据当地医院出具"因服用中药一剂发生早产情况介绍"的资料，对其早产的可能原因分析

① 早产发病率约10%。其中30%左右的早产原因不明，但根据流行病学调查，常见因素有：人种（黑人多于白人）、怀孕时年龄过大或过小、产前检查少、体重过轻、性生活过频、收入低下、吸烟多（≥20 支/日）、心理因素等。约70%有明确的原因，如：绒毛膜炎和羊膜腔感染、胎膜早破（与下生殖道感染最密切）、子宫发育异常、子宫内压过高（如双胎、羊水过多）、子宫颈内口松弛、妊娠肝内胆汁淤积症等。

② 根据患者的"情况介绍"看，首先不能排除妊娠胆淤症。因为本病多发于28～30周左右，个别可在中孕早期发病。本病的临床表现主要为皮肤瘙

痒，重庆医科大学报告 250 例妊娠胆淤症，100%有瘙痒表现。其次为黄疸，但一般较轻，约 50%的患者出现黄疸体征。妊娠胆淤症患者胎盘绒毛间质水肿，绒毛间隙变窄，使血供减少，因此可引起胎儿宫内窒息或早产，有报道显示早产率可高达 30%。其次，不能排除下生殖道感染所致的绒毛膜炎和羊膜腔感染。Simhan 等对 11 989 例的研究证实：孕 23～26 周的孕妇所患细菌性阴道病与产时羊膜腔感染有较高的相关性，而 50%的早产者羊水培养能分离出 2 种以上的细菌，且与阴道、子宫颈的病菌相似。[1]杨颂华等报告宫内感染与早产的关系探讨：早产组 23 例胎盘经病理检查，绒毛膜羊毛炎者 11 例，占 47.8%，而对照足月产组 20 例，有次炎症者仅 2 例，占 10%。早产组羊水穿刺培养有细菌感染者占 21.7%，足月组细菌培养均无发现。[2]而绒毛膜羊毛炎和羊膜腔感染的临床症状如发热、腹痛仅约 12.5%的孕妇有之，其余大部分患者均为无症状的亚临床型。

综上分析，从患者出现阴道少量黑血，后出现子宫收缩的腹胀腹痛看，与一般人工引产或药物引产的表现不大相同。后者多是先有子宫收缩症状，以后才可现血性分泌物的"见红"。而先见少许黑血，后出现宫缩症状更可能是绒毛膜羊膜炎的表现。

③ 结论：由于"情况介绍"未提供更多的病情和诊断检查资料，上述对患者早产的病因分析仅供参考。

按语： 第一，若仅以否定"中药引起早产"为鉴定要求，得出的鉴定意见势必不够严密完整，不足以否定"服药后才早产"现象的联想判断。以此作为证词证据，也并非完全无懈可击。若再从疾病诊断着眼，从微观分析其早产的内在真实原因，则外在的宏观现象的因果联系判断便会不攻自破。这便是鉴定本案的思维逻辑。这样的鉴定意见其客观、科学和公正性都得以体现而无可挑剔。

第二，鉴定既关系诉讼双方权益能否得到合法保护，又涉及是否体现公正与合理，有据以断案的举足轻重效果，责任不轻。本案鉴定意见体现了中医

---

[1] SIMHAN H N, CARITIS S N, KROHN M A, et al. 阴道炎性环境与早期早产胎膜早破的患病危险[J]. 世界核心医学期刊文摘·妇产科学，1996（51）：75-76.

[2] 杨颂华. 等. 子宫内感染与早产关系的探讨[J]. 中华妇产科杂志，1995（30）：558-559.

辨证论治与西医诊断的互为补充和中西医学的相互渗透，其内在致用活力的价值的确不容低估，值得提倡。

本案可资借鉴者有二：一是临床在明确西医诊断后再中医辨证治疗，对医患双方均有利无弊；二是尽管医生个人用药经验和行之有效的单验方都属于值得传承研究的中医药课题之一，但从医疗事故与纠纷的防范考虑，对有毒副作用或孕妇慎用药味的选择，处方时必须慎之又慎，并严格掌握其限量。所以，若非绝对必需，不妨选性味功用相类而无任何禁忌者取代禁慎药物，以策万全。

二、医 话

（一）王成荣中西医学结合临证思维模式

倡导"中西医结合"已有 50 余年历史，尽管迄今尚未能为医学界普遍认同的科学的权威界定，但中西医学相互渗透和优势互补兼用于临床诊治、康复与预防的学风，在一些西医和中医同仁中已客观存在。对此，从事中西医诊疗工作的王成荣先生认为，在疾病诊察、诊断、治疗三个环节合理地将中西医学相结合，能更有效地应对复杂多变的情况，或更有效地解决某些临床问题。

1. 病情诊察以中医四诊结合西医检测

在疾病诊察过程中，以中医理论指导下的中医诊法收集病情，同时恰当运用西医检测技术，获取尚无表征的体内或微观的疾病信息，不仅有助于全面掌握病情，且可作为四诊的补充而给辨证论治提供更有利的信息参考。

采用望、闻、问、切四诊或通过视、触、叩、听兼实验室等辅助检查收集疾病信息，是临床中西医区别的特征之一。诊察疾病的方法，可直接影响中医辨证论治的成效。若以历史发展的眼光看问题，在中医学尚处于科学技术落后的时期，在没有其他方法可以借鉴的情况下，四诊的确是了解病情、认识疾病、指导治疗，甚至是判断预后的唯一手段，无可替代，不可或缺。不过当人类社会进入 21 世纪的今天，医学科学技术以日新月异的速度发展进步，早已不可同日而语。当今已有许多适用于临床诊断的简便、精准的理化检测方法可以借鉴。若仅仅以四诊察病，凭有限的宏观临床信息认识疾病，在很多时候对源于性质迥异的疾病之相同症状（异病同症）的鉴别显然难以为继。以妇科疾病常见症状，如阴道出血、白带增多、下腹疼痛或包块的诊断和鉴别为例：无症状盆腔包块非妇科内诊和 B 超等影像检查不能发现，更难判定其良恶属性；缺乏器械帮助，传统望诊不能深入观察生殖道内情况，对阴道出血不能落实出血位点；不借助实验室检验、病理学或内窥镜检查，对阴道异常分泌物很难区别是生殖道感染、肿瘤或其他疾病；急性腹痛如无腹部望、扪、扣、听及双合诊检查，不配合必要的化验和影像辅助等检查，肯定难以鉴别感染、包块扭转、异位妊娠或卵巢破裂内出血等危重疾病。此外，门诊常见的闭经、不孕、反复流产等病症，亦非不需要借助相关检查便能明确真实病因。

显然单以四诊认识疾病的局限性将制约辨证论治的效果，也难察潜在危机。如以四诊察病同时恰当采用现代诊断检查技术，在充分了解疾病性质及病情严重程度基础上辨证论治，既有助于临床治疗，又可做到心中有数，以防不测。这在病家维权意识增强、医疗纠纷时有发生、医患关系较为紧张的当今尤其值得重视和提倡。

2. 临床诊断以中医辨证结合西医辨病

核心问题是在中医诊治流程中博采西医学诊断分析的思维方式，增加鉴别诊断环节，以判别同症之异病，了解不同性质疾病的发展规律和转归。

临床诊断采取辨证抑或辨病的方法，是临床中西医区别的又一特征。西医学的"病"是对不同病种全过程的各自具有的特点与规律的概括，而"证"是中医学对临证当时疾病表现的症状，舌脉所反映的病性、病位、六淫七情因病机等的综合判断。"病"所反映是贯穿其始终的根本矛盾，"证"所反映的是辨证当时患者四诊表现的分析归纳的结论。"病"反映不同病因引起的特异性反应，体现疾病的个性，而"证"反映各种致病因素所引起的非特异性反应，更多体现疾病的共性。显而易见，辨病是对疾病进行全程鉴别，了解其各自的基本矛盾；辨证是对疾病进行动态观察，掌控某时段的主要矛盾。

中医学认识疾病以辨证为中心。由于临床不乏同病异证、异病同证甚或有病无证的现象，辨证虽有由博返约、执简御繁的优势，但"证"只是反映各种致病因素所引起的非特异性反应，更多体现疾病的共性，不能反映不同疾病不同的发生、发展规律和结局。由于中医学多以主症命名为诊断的"病"，属宏观的"病类"诊断，其实是需要进一步详加鉴别的多种疾病的同一症状的归类，并无助于了解不同疾病各自具有的性质与特点，可以说对辨证论治助益不大。而且其中不乏诸如生殖道肿瘤之类阴道出血，显非口服给药为主要疗法的适应证；因此，无论其辨证论治如何无可挑剔，也是难收确效的。因此，博采西医对疾病诊断之所长，以辨病先于辨证指导治疗，应是临床诊治的重要步骤。故主张辨证施治前，应先以西医诊断辨识能反映不同病因引起的特异性反应的疾病病种。在了解其病因、病理或病理生理特征以及特有的发生发展规律与预后情况下，再据中医理论辨证、立法、组方、遣药。这样既不悖传统中医理论指导下的中医药治疗原则，又使临床医疗更有预见或更有疗效。

采取中医辨证结合西医辨病的诊断模式，不仅有利于针对不同病况选择最恰当的治疗方案，同时也为辨证论治提供参考；不仅有利于增强医疗预见性，评估预后，防范医疗纠纷，也有利于经验总结和科学研究，促进中医学术的发展和国际交流。

3. 临床治疗不囿于单纯中医或西医思维

救治病人，恢复健康，提高患者生存质量和预防疾病乃医学之宗旨。临床上以获取最佳疗效为目标，选择恰当方法有效解决问题是医生的职责。就治疗方法而论，中西医学各有所长，各有其最佳适应证。在客观评估的前提下，临床若合理适度选择，可获优势互补之效而更有利于患者。因此，王成荣先生主张临床治疗应不囿于单纯中医或西医思维，选取优胜方案应成为趋势，甚或形成某些病种的诊疗常规。

如何选择或中或西或中西并举的治疗方法，王成荣先生认为应以是否能获取最佳疗效，是否最有益于患者，是否最节约医疗成本为标准。以不孕症为例，在病因诊断基础上，针对不孕患者的具体情况，综合分析其疾病性质、病程、患者年龄、经治过程及配偶状况，权衡中医或西医不同治疗的临床效果与利弊，评估其是否须借助辅助生殖技术或手术方能解决问题，是否适宜保守治疗，是否属于中医药或西医药适应病症，是否为单一方法不能奏效而需综合手段处置等情况后，选择对当事患者最适宜的治疗方案。王成荣先生主张在明确西医诊断前提下，根据疾病性质和病程的不同阶段，考虑病人利益和愿望，首先采取单一中医药辨证论治。如有明确指征，则选用单一西药或手术治疗。只有在单用其中之一法不能完全解决问题，如疗效不佳或存在复发倾向的情况下，才适当联合应用中西医药。即便如此，仍须明确主次，严格遵循先中后西、能中不西、衷中参西、中西联合的思路选择治疗方案。

择优选取中西医治疗方法，不仅有利于提高临床疗效，节约医疗资源和降低费用，也有利于临床经验总结，促进中医妇科学术发展。

4. 避免不合理的中西医药并用

中西医药联合应用，必须强调合理恰当。反对不考虑客观需要和是否具备适应条件，违背医疗原则的随意并举。诸如不视具体情况皆施以化验和影像等辅助检查，处方不遵循中医学辨证论治原则而以西医诊断为据，不以中医药理论而以实验之药理结果指导组方遣药，无论病情是否需要均予多种中西药联合或多重治疗手段并用，等等，皆属中西医不当并举的例证。中西医学各有所长，临床联合须持科学的态度，以优势互补为目的。若非病情需要，不权衡利弊，不恰当的中西医药并举，非但无助于治疗，反增病家经济负担，造成医疗资源浪费，甚或可能导致不良临床问题。

综上，先生主张中医临证须立足于望、闻、问、切四诊法采集病情，并合理结合西医检测技术，获取尚无表征的体内或微观的疾病信息，作为四诊的延伸和补充；用西医辨病的方法鉴别同证异病，识别不同疾病的性质及发展规律，判断预后以防不测，并据以选择最佳治疗方案；强调不囿于单纯中医或西医思维，而宜以各取所长、优势互补的方法解决问题，提高疗效。中西医结合诊治疾病的临床思维模式值得提倡，但反对无条件的中西医药随意并举。

（二）王成荣妇科疾病诊治思路与方法探议

王成荣先生在70余年的临床中，对妇科疾病的诊治有独到的见解。先生认为，由于女性具有独特的生理构造及生理周期，妇科疾病不同于一般的内外科疾病，正如《医宗金鉴·妇科心法要诀》云"男妇两科同一治，所异调经崩带症，嗣育胎前并产后，前阴乳疾不相同，未诊妇人女子病，先问经期与妊娠，不详误药非细事，疑似难明昧所因"。笔者认为王成荣先生诊治疾病的思路与众不同，悉之可事半功倍，值得推广。

1. 为医之道，操守为基

为医先为人，王成荣先生认为良好的职业操守是一名临床医生的根基，先生长期奉行"廉洁、正直"的为医职业操守，把"推己及人"作为其学术思想的立足点。正是在这一思想的指导下，先生行医遵循"效果是检验真理的标准"，处方符合"简、便、廉、效"的原则。同时为了有理有据地诊疗疾病，对于现代辅助检查，先生践行"合理诊断检查，合理治疗"的原则，这也是王成荣先生诊治妇科疾病的指导原则。

2. 诊断思路

（1）诊病流程

王成荣先生在临床中形成了"患者就诊—汇报病情—采集病史—合理检查—鉴别诊断—明确诊断"的诊断流程。

先生认为在临床中必须做到病史、体征、辅检印证统一方能诊病，而临诊时病史的主观性往往大于客观性，体征、辅检的客观性又大于主观性，客观资料的质和量又决定了诊断的准确性，所以面对妇科病人必须十分重视客观性强的体征和辅检，以此选择最佳疗法。

（2）中医四诊：形式客观，内容主观

四诊是中医诊察疾病的方法，直接影响对患者辨证论治的成效。如以四诊诊病同时恰当结合西医检查，在充分了解疾病性质和病情的严重程度的基础上行辨证论治，既有助于临床治疗，又可做到心中有数，以防不测。这在病家维权意识增强、医疗纠纷不时发生、医患关系较为紧张的当今尤其值得注意。

①问诊：王成荣先生对于妇科疾病尤其重视问诊。规范问诊是避免诊疗失误的重要环节。临床信息的规范化采集，即围绕主诉询问现病史，并常规了解月经史、孕产史以及既往史等，有助于避免疏漏。《医宗金鉴·妇科心法要诀》中说的"未诊妇人女子病，先问经期与妊娠。不详误药非细事，疑似难明昧所因"正是先贤对妇科问诊不可遗漏的相关记述，该句还指出必须首先询问的重点，乃经验教训之总结，尤应传承遵守。由于妇科疾病的特殊和私密

性，问诊需要讲究技巧，以争取病人的理解与合作。

问诊的内容有月经史、孕产史、主诉、现病史、症状，复诊病人尤重"服药参机变"，切忌不能遗漏。临诊时很多初学者一接诊病人即问"哪点不好（即主诉）"，而先生反复强调从月经史、孕产史开始问，这样可以大大减少误诊，同时也避免被病人的表述不清误导或绕圈子。

②切诊：中医界对于切诊普遍推崇脉诊，患者对于脉诊的认同度相对较高。如《内经·素问·平人气象论》即云"人一呼脉四动以上曰死。脉绝不至曰死。乍疏乍数曰死"。西晋王叔和也有《脉经》专著问世。明代张介宾《景岳全书·脉神章》分上、中、下各占四、五、六共3卷。

对于脉诊，古代医家并不是惟脉是参，早在《内经》中便存在不同观点。如《素问·征四失论》云"诊病不问其始，忧患、饮食之失节，起居之过度，或伤于毒，不先言此，卒持寸口，何病能中？妄言作名，为粗所穷"。清代程国彭《医学心悟·医中百误歌》指出"医家误，脉不真。浮沉迟数不分清。却到分清浑又变，胸中了了指难明"。清代江涵暾《笔花医镜·望闻问切论》认为"切脉一道，不过辨其浮沉以定表里，迟数以定寒热，强弱以定虚实。其他则胸中了了，指下难明。且时大时小，忽浮忽沉，六脉亦难定准。故医家谓据脉定症，是欺人之论也。惟细问情由，则先知病之来历；细问近况，则又知病之深浅"。《医宗金鉴·妇科心法要诀》中"妇病难治"注："寇宗奭曰：'宁治十男子，莫治一妇人。'盖以妇人……诊时又不令医师观形望色，闻声问病……问之觉繁，反谓医学不精，往往并药不信……夫望闻问切四者，欲去其三，即是神医，亦无由施其术也。"

这也是王成荣先生在四诊中首先强调问诊的依据。切脉是辨证论治必须由医生获取的唯一体征；且切脉方法客观，但个人经验存在主观差异。脉象判定有比较客观的标准者少，无明确标准者多。平脉、浮、沉、迟、数、缓、结、代、弦、滑、弱、有力、无力者有标准。其余脉象（含怪脉）则无或颇抽象难明；脉诊对外感发热类疾病的辨证价值，大于非外邪感染的"杂病"，妇科病即属后者；迟、数、结、代、雀啄等以频率、韵律为特征的脉象，对西医也有一定参考价值，但通常未将切脉纳入西医查体的内容，仅作为生命体征之一；脉象表达单一性辨证意义者少，浮、沉、迟、数、有力、无力属之，提示几种含义者多，如最常见的弦、滑脉；古籍妇科中著名的清代傅山的《傅青主女科》、清代吴谦等的《医宗金鉴·妇科心法要诀》只有个别地方提到个别脉象，也说明脉诊更多反映共性，对辨寒、热、虚、实有参考意义。

③望诊：望诊在中医诊断学中主要是指观察人体的神、色、形、态以推断体内的变化，而落实到妇科以望患者神和态、舌及分泌物为主。舌诊，苔可辨病邪之浅深，舌质可辨正气的虚否与内生之邪对气血的影响。王成荣先生认为望神、色在妇科疾病中意义不甚明显，对危重急症或可参考。在现代临床中，对于妇科病人王成荣先生常常借助现代医疗设备扩大望诊，例如借助显微镜、B超、X-Ray等，这样可以避免很多妇科危急重症的误诊。例如对于早期妊娠病人，传统的四诊不可能区分宫内孕和宫外孕，而借助现代医疗设备就可以早发现宫外孕，避免宫外孕的破裂危及生命的情况。

④闻诊：闻诊主要是听声音和嗅气味，多数妇科病人在这两方面表现不显，大多数妇科患者的诊断适用性不大。王成荣先生认为闻诊仅对某些急重病人或可参考，如某些肿瘤晚期患者的特殊体臭。

3. 辨证思路：中西结合，病证结合

王成荣先生临诊时强调诊断重"病"，治疗重"证"。

中医学认识疾病以辨证为中心。"证"是在疾病发展过程某一个阶段出现的病因病机的概括。辨证是从机体反应的角度，从分析疾病在某时段所表现的症状和体征认识其内在关联，揭示病人当前阶段的中医学病因病机本质。由于疾病是一个过程，伴随病情变化证也可能发生变化，故证具有反映病情变化的动态的中医学特点。"病"与"证"区别在于："病"是对不同病种全过程的各自具有的特点与规律的概括，而"证"是医生临证对疾病当时所处的病性、病位等的综合判断。"病"所反映的是贯穿其始终的根本矛盾，"证"所反映的是辨证当时患者四诊表现的分析归纳得出的结论。"病"反映不同病因引起的特异性反应，体现疾病的个性，而"证"反映各种致病因素所引起的非特异性反应，更多体现疾病的共性。显而易见，辨病是对疾病进行全程鉴别，了解其各具的基本矛盾；辨证是对疾病进行动态观察，掌控某时段主要矛盾。

传统中医妇科大多以主要症状命名疾病，属病类诊断，其中混杂多种性质不同，预后迥异的病、证。

古籍妇科学以症状或中医病名分"门"或为"病名"，在这样的"病名"下，再按阴阳、五行具体化之气血、脏腑、冲任、督、带、病因病机，辨寒、热、虚、实而定证、立治法，从而选方用药。现代中医妇科学逐渐增加了西医妇科学的病名，甚至提到了西医病种的诊断和鉴别诊断，但本质上仍是以辨证论治分"证型"立法选方，随证加减用药，以"共性"为用。值得肯定的是，这是在传承基础上的发展。

王成荣先生认为，事物都只有在发展中进步，才能更好地存在。按"古为今用，洋为中用""取其精华，弃其糟粕"的唯物辩证观，王成荣先生引用生物学分类"界门纲目科属种"的等级划分原则，属"门"的分类都很粗略，而中医妇科学教材和临证中医妇科的诊疗实践，都可以在以西医妇科学"病"的前提下，先进行诊断和鉴别诊断，并在这一基础上合理选择中医辨证论治疗法，或西医药疗法，或中西医药合理、适度搭配疗法。临证必须首先分清能反映病因病理、解剖病变、生理功能障碍程度以及病程长短分期的西医病种为名的诊断和鉴别诊断。

4. 治疗原思路：简、便、廉、效

医生治病，应该换位思考，一切从病人角度出发，本着"简、便、廉、效"的原则。王成荣先生主张在明确西医疾病诊断前提下，根据病程的不同阶段，考虑病人利益和愿望首先采取单一中医药辨证论治，或单一西药或手术治疗，并适时中西医药联合，严格遵循先中后西、能中不西、衷中参西、中西联合的思路选择治疗方案。

作为一名西学中的医务工作者，王成荣先生力主中医学与西医学的临床合理联合应用。就中医妇科临证而言，提倡博采西医对疾病诊断之所长，合理用之于规范中医药辨证论治适应证的选择确定和对异病同证的鉴别，以掌握不同病种发生发展规律，判断其转归与预后；用现代检测方法对四诊资料进行补充，全面掌握疾病信息，以选择治疗方案；以西医疾病病种诊断作为辨证论治之参考，有助于立法遣方用药。同时主张不囿于纯中医或西医思维，应择优取长，实现中西医学优势互补。王成荣先生主张规范问诊结合临床检查，中医辨证结合西医辨病，应成为中医妇科临证收集资料和辨治常规。

王成荣先生临诊时认为，必须排除手术疗法和西药难效的病种后内服中

药、中药灌肠、外洗、热敷或针灸等治疗，尽可能选择单一疗法。应遵循"简、便、廉、效"的医疗原则，处方遣药一般10味左右，用药不偏，常规剂量，以廉代昂，喜用古方随证加减，如四逆散、柴胡疏肝散、当归芍药散、少腹逐瘀汤、血府逐瘀汤、诸建中汤、当归六黄汤、龙胆泻肝汤、栀子柏皮汤、五味消毒饮等。

中、西药皆能治疗的疾病，应首选辨证论治疗法。切勿随意中西混用。必须手术者，在尊重病家知情权的前提下，讲清利弊，争取病人、家属的合作后，建议或实施手术。中西药疗效均欠佳，又无手术指征者，可在一定条件下，分阶段或同时适度搭配中西医药或其他中西疗法。

综上，在王成荣先生"衷中参西"的理论指导下，中西结合、病证结合、四诊合参，辨证施治是王成荣先生贯穿临床诊治的精髓。

（三）从冲任辨证论治妇科病

王成荣先生的学术思想中尤其重视女性"冲任"生理、病理，故在此着重谈先生如何从冲任辨证论治妇科病。

1. 何为冲任

《内经·灵枢·五音五味》最早提及冲任二脉的循行路径，"冲脉、任脉皆起于胞中，上循脊里，为经络之海"，这应算是最早的解剖学认识。《内经·素问·上古天真论》论述了冲任与女子生长、发育、生殖等的功能："女子七岁，肾气盛，齿更发长。二七而天癸至，任脉通，太冲脉盛，月事以时下，故有子……七七，任脉虚，太冲脉衰少，天癸竭，地道不通，故形坏而无子也。"《内经·素问·空骨论》从冲任的生理、病理论及，"任脉为病，男子内结七疝，女子带下瘕聚"，认为凡是女子带下、月经不调、不孕等疾病都与冲任功能失调有关。《内经》以后的医籍如《难经》，医家如李时珍、傅山、张锡纯等对冲任的生理、病理等的论述更加全面完善。"任主胞胎"，为"阳脉之海"，有担任、妊养之意；冲有"十二经脉之海""血海"之称，上行于头，下至于足，贯穿全身，通行十二经脉之海，总领诸经气血。冲任二脉在妇科生理、病理及辨证论治中具有重要地位，所以古今医家十分重视冲任二脉在妇科中的临床应用。

纵观古今，结合现代中医妇科学的观点，先生认为，女性的生殖基础依赖于"肾—天癸—冲任—子宫生殖轴"的协调,其中以肾气为主导,由天癸来调节,肾、天癸对人体的生长、发育与生殖功能的影响,又主要通过冲任二脉以实施,通过冲任的通盛、相资而由胞宫体现在经、带、胎、产的生理特点上。各种致病因素不论感受寒、热、湿邪,或生活所伤、内伤七情、体质因素,或脏腑功能失常、血气失调,均可直接或间接地引起冲任失调,冲任失调又可导致妇科诸多疾病。

2. 从妇科疾病与内科疾病的异同论冲任

王成荣先生多年临床总结认为,中医内科疾病分两类,一类是外感病,即温病或伤寒,类似西医学的传染病;一类是杂病,类似西医的系统性疾病。

张仲景把伤寒和杂病区分开了,有《伤寒杂病论》和《金匮要略》。到了明代又逐渐出现了"温病"的分科。

中医妇科不包括发热性疾病,尽管有产后发热,但不属于传染病,而属于杂病范畴。

(1)从相同点认识内科与妇科疾病

① 病因相同。均为外感六淫、内伤七情、饮食所伤、金刃房事、饮食所伤。

② 病机相同。根据病机十九条,把病因与脏腑、气血病变表现联系起来。

③ 辨证相同。都是以八纲为总的、最基本的辨证,每个病再具体涉及寒热、虚实、表里、阴阳的辨证。另外就是病位的辨证,气血、脏腑、经络、阴阳属于病位,内科和妇科的辨证都以五脏为中心,这是相同的。

④ 治法相同。总的来说都是按内科的治法,分攻补两大类,具体的有汗、吐、下、和、温、清、消、补。又细分为很多类如:解表、温里等。

⑤ 方药相同。正如《金匮要略》所说,男、妇两科同一治。

(2)从内科与妇科疾病的相异之处论冲任

① 生理不同。女性存在生育的问题,也就多了月经的生理、病理问题。

② 病位、病种不同:因为生理的不同,病位、病种也不同,女性出现经、带、胎、产等疾病;而男性没有这类疾病,而是特殊的男科疾病。

③ 辨证的侧重点不同:内科杂病是以五脏为中心的辨证,也包括六淫的辨证。而妇科的侧重点在经、带、胎、产的特点上,特别是经和带。很多病人表现出来只有月经的异常,无其他的"证"可辨,无寒热可辨,大、小便

均可，脉象多为平脉，即正常的脉。

对于"脉诊"，王成荣先生有自己独特的认识。他认为，一个"脉"无法同时两人以上来观察它，因为不同时切脉，所以体会也不同。而现代医学的听诊，在听诊心脏时可用多头听诊器，同时听就很容易统一。诊"脉"就不行，很典型的"脉"很少，只用浮、沉、迟、数就可以统一。滑、弦、涩、弱、细、有力、无力相对较难评判。因此，王老认为仅从脉象来辨证较难，而妇科辨证多从带下、出血、腹痛等辨证。

带下辨"寒、热、虚、实"。带下本是正常生理性分泌物，多在月经周期的中期呈黏液、透明状，在月经周期的后期（黄体期）呈糊状，是雌孕激素高涨的表现。而辨异常带下多为寒或热、湿。正如《傅青主女科》开篇即说"带下均为湿"。黄带多为湿热，白带多为寒湿。从"带"的产生而论，脾经湿热下注、脾虚运化下降，故白带多；肾虚气化不足，不能固涩亦导致白带多，肾主水，肾虚白带清稀呈水样。肝经黏稠湿热带下，脾经主弦白带呈黏液。白带可分脏腑，辨证是其特点。

出血辨"寒、热、虚、实"时，"多、清、浅、淡"虚不摄，"稠、粘、深、红"热有余。《景岳全书·妇人规·经脉诸脏病因四》中有大篇幅关于出血辨证的论述。文曰："女人以血为主，血王则经调，而子嗣、身体之盛衰，无不肇端于此。故治妇人之病，当以经血为先。而血之所主，在古方书皆言心主血，肝藏血，脾统血，故凡伤心、伤脾、伤肝者，均能为经脉之病。又曰：肾为阴中之阴，肾主闭藏；肝为阴中之阳，肝主疏泄。二藏俱有相火，其系上属于心，故心火一动，则相火翕然从之，多致血不静而妄行，此固一说。然相火动而妄行者有之，由火之盛也。若中气脱陷及门户不固而妄行者亦有之，此由脾肾之虚，不得尽言为火也。再如气道逆而不行者有之，由肝之滞也。若精血败而不行者亦有之，此由真阴之枯竭。其证极多，不得误以为滞也。是固心脾肝肾四脏之病，而独于肺脏多不言及，不知血之行与不行，无不由气。如经脉别论曰：饮入于胃，游溢精气，下输于脾；脾气散精，上归于肺；通调水道，下输膀胱，水精四布，五经并行，合于四时五行阴阳，揆度以为常也。此言由胃达脾，由脾达肺，而后传布诸经。故血脱者当益气，气滞者当调气，气主于肺，其义可知。是皆诸经之当辨者如此。然其微甚本末，则犹有当辨者。盖其病之肇端，则或由思虑，或由郁怒，或以积劳，或以六淫、饮食，多起于心肺肝脾四脏，及其甚也，则四脏相移，必归脾肾。盖阳分日亏，则饮食日减，而脾气胃气竭矣；阴分日亏，则精血日涸，而冲任肾气竭矣。故予曰：阳邪之至，害必归阴；五脏之伤，穷必及肾。此源流之必然，即治疗之要着。故凡治经脉之病，或其未甚，则宜解初病，而先其所因；若其已剧，则必计所归，而专当顾本。甚至脾肾大伤，泉源日涸，由色淡而短少，由短少而继绝，此其枯竭已甚也。昧者无知，犹云积血，而通之破之，祸不旋踵矣。"

张景岳的这段论述可以说是对冲任较有代表性的论述，其论治更多从五脏治。《景岳全书·妇人规·经不调》中说：经血为水谷之精气，和调于五脏，洒陈于六腑，乃能入于脉也。凡其源源而来，生化于脾，总统于心，藏受于肝，宣布于肺，施泄于肾，以灌溉一身，在男子则化而为精，妇人则上为乳汁，下归血海而为经脉……若欲调其既病，则惟虚实阴阳四者为要。丹溪曰：先期而至者，血热也；后期而至者，血虚也……总之，调经之法，但欲得其和平，在详察其脉证耳。若形气脉气俱有余，方可用清用利。然虚者极多，实者极少，故调经之要，贵在补脾胃以资血之源，养肾气以安血之室。知斯二者，则尽善矣。景岳在此强调"经不调"贵在补脾、肾，在冲任的调理上各有特点。

以上妇科与内科辨证的异同点的论述可知，辨证妇科疾病的关键就是冲任二脉。

3. 冲任二脉在女性生理、病理中的意义

（1）从经络论治冲任

中医经络理论认为，经脉主要深而不见，纵行分布，贯通上下，沟通内外，是经络系统中的主要路径。络脉则浅而可见，纵横交错，遍布全身，包括主路分出的分支，存在于机体的表面。由经脉和络脉共同构成的经络系统其实并不完整，还需冲脉、带脉、阴跷、阳跷等奇经八脉将其连接起来，即形成一个完整的网状结构系统，利于气血的运行，以及脏腑与体表及全身各部位的联系。

冲任二脉归属奇经八脉，即冲、任、督、带、阴维、阳维、阴跷、阳跷八脉。十二正经加任、督二脉为十四经。中医的经脉类似血脉、脉管，"营行脉中，卫行脉外"。络脉是气所走的通道，针灸治疗疾病多运用络脉运气。

经脉运行中，督脉为诸阳之汇，行背中线。任脉为诸阴之汇，行腹中线。

手三阳经从手走到头，足三阳经从头走到足，通过百会汇于督脉；足三阴由足走腹，手三阴由胸走手，通过足三阴经与任脉相通。如《摄生秘剖》的龟鹿二仙膏大补精髓，益气养神，主督任俱虚，精血不足之证。其中督脉为鹿角所主，龟板为任脉所主。

冲、任、督脉虽都发于胞宫，男性为中经即耻骨联合，但任脉走前，督脉走后，冲脉走两边。任脉从胞宫发源，下行于肾，上行于胃，与八脉隶于肝肾，属于阳明，互利于肝肾，多余的气血与十二经的气血汇总。关于冲脉的走行问题与其他十二脉的关系，《柳选四家医案》曰："考察内经八脉之行度，及前贤的议论，均为十二经气血有余则溢入奇经，有病日久病深，有正经而浸入之。"从这个观点看，奇经八脉并不是很重要。但《内经》曰："冲脉为病，逆气里急；任脉为病，男子内结七疝，女子任脉为病，带下瘕聚；督脉为病，女子不孕。"《难经》曰："带脉者，起于季胁，回身一周。带脉为病，腹满腰溶溶，若坐水中。"

由以上古代医籍可知，冲任二脉与女性的生理、病理有非常密切的关系。故中医妇科历来很重视辨治冲任二脉。

（2）从脏腑论治冲任

冲任功能也离不开五脏六腑的气血化生。其中肾气、肝气主宰的生殖、月经、容颜、头发、牙齿，皆通过任督二脉来实现。冲为血海，任主胞胎，故冲任二脉尤其与月经和生殖的关系密切。正如《内经·素问·上古天真论》曰："女子七岁，肾气盛，齿更发长……四七筋骨坚，发长极，身体盛壮……七七任脉虚，太冲脉衰，天癸竭，地道不通，故形坏而无子也。"故女性冲任二脉很重要，女性特有的一生的生理变化都要靠冲任二脉的"通"和"盛"，冲任如出现问题就可出现"经"的病以及"妊娠"的病。而历代医家从冲任着手的论治，多归属于辨治肾、肝、脾、气血。

（3）冲任失调的辨治

冲任失调是指冲任二脉的功能失调，冲任二脉是奇经八脉中的二脉，起于胞中隶属于肝肾，经腹至胸达面，上至于头，下行于足，经气通达十二经，所以冲任失调的内涵相当广泛，一般用于妇科疾病的辨证很多原因可以导致冲任失调，引发经带胎产诸多疾病。冲任失调是一个笼统的模糊概念，囊括了多种证候。

在检索了大量冲任失调的相关文献后,总结冲任辨证有诸多说法,汪明德总结了清代叶天士的《临证指南医案》中关于奇经疾病的八种证型:冲任阴虚、冲任阳虚、冲任血虚、冲任气滞血瘀、冲任气逆、冲任虚滑、任督精血虚寒、任督阴虚内热。[1]当代名医许润三将冲任受损引起的经、带、胎、产诸疾,归纳为冲任寒证、冲任热证、冲任虚证、冲任实证四个证型进行论治,并举验案加以说明。[2]何子淮则将奇经分为气血不足、奇经失养证,精亏血少、奇经匮乏证,带脉失约、冲任不固证,奇经虚寒、下元虚弱证,气滞血瘀、奇经不畅证,寒湿搏于奇经、郁滞少腹证,津液输布失常、累及奇经证,冲任之气逆乱证共八个证型进行论治,且皆有验案。[3]丛春雨从临床表现、诊断要点、证候分析、治疗法则、代表方剂、方药加减、类证鉴别、病案举例等方面将冲任湿热证与冲任郁热证进行了详细鉴别,对临床上冲任失调的诊治颇具指导意义。[4]郝明志将冲脉病证分为肾虚不摄、冲气上逆型,素体阳虚、寒饮凌冲型,肝气恣横、引冲上逆型,肝肾阴虚、阳亢气逆型,冲任失养、经血失调型五型。[5]曾敬光等将奇经病证分为冲任不足、冲任不固、冲任失调、冲任阻滞、任脉不固、带脉失约、督脉不健六型。[6]而侯玲玲则分为冲任虚弱、冲任失调、冲任伏火、冲任瘀滞、冲任气逆、冲任损伤、冲任恶变七型。[7]杨家林在长期临床实践观察后提出冲任受病的九个病机,冲任未冲、冲任损伤、冲任不固、冲任血虚、热扰冲任、冲气上逆、冲任不调、冲任阻滞、冲任湿热,长期以此指导临床辨证用药。[8]王继波总结冲任失调常见病理证型为冲任不足、冲任不固、冲任损伤、冲任瘀滞、冲任伏热、冲热气逆、冲任虚寒。[9]

因冲任二脉与女子生理病理的密切关系,而在传统的诊疗方法中冲任失调只是当成一个病机,没有落实到证上,故疗效比较慢。王成荣先生在多年的

---

[1] 汪明德. 叶天士调理冲任八法初探[J]. 上海中医药杂志, 1985(2): 23.
[2] 许润三. 冲任督2理论在妇科方面应用的探讨[J]. 中级医刊, 1986(5): 46.
[3] 何子淮. 妇科疾病调治奇经八法[J]. 上海中医药杂志, 1986(11): 9.
[4] 丛春雨. 论冲任湿热与冲任郁热证治鉴别[J]. 上海中医杂志, 1990(12): 1.
[5] 郝明志. 略论冲脉病证特点与证治[J]. 安徽中医学院学报, 1998, 17(5): 6.
[6] 侯玲玲. 冲任理论与妇科应用[M]. 北京中医学院学报, 1982(4): 23.
[7] 曾倩, 卢大为等. 试轮冲任与妇女生殖寿命的关系[J]. 辽宁中医杂志, 2006,33(6): 674-675.
[8] 王继波, 等. 中西医冲任与月经关系探赜[M]. 辽宁中医药大学学报, 2009, 11(3): 66-68.
[9] 曾敬光, 刘敏如. 中医妇科学[M]. 北京: 人民卫生出版社, 1986.

临床经验中常从冲任及其相关经脉辨证论治。根据冲任失调的思想，将冲任失调分成了冲任不足、冲任虚瘀、冲任不固、冲任瘀滞、热瘀冲任等证型，然后进行辨证施治，取得了良好的效果。

历代名家和现代中医研究，很多是将冲任失调当成一个整体来治疗的，也就是立足于用某一验方来治疗冲任失调。对冲任失调的治疗，历代医家主要都是通过治肾、治肝、治脾、治气血、驱邪这几方面来治疗，常用补、固、安、温、清等治法，以达到治冲任之目的。但冲任与女性特殊的生理功能的关联，决定了冲任在女性不同生理、病理时期的功能不同。先生经过多年治疗发现，这种整体用药效果一直不佳，而把冲任失调进行辨证，并采用不同的药物进行整合分证治疗，同时根据女生生理的不同阶段所出现的不同证型进行差异化治疗，获得了较好疗效。

4. 在冲任辨治妇科疾病中善用"通法"

冲任学说是中医学中的基础理论之一，在妇科病的证治中历来占有重要地位。宋代陈自明《妇人大全良方·博济方论》指出："妇人病有三十六种，皆由冲任劳损所致。"清代徐灵胎云："凡治妇人病，必先明冲任之脉，此皆血之所从生而胎之所由系……"李中梓《内经知要》云："女子诸证，虽由督脉所生，实亦冲任之病。"现代中医学家罗元恺等亦认为：冲任二脉损伤，是妇产科疾病中最重要的发病机制。不论感受寒、热、湿邪或生活所伤、内伤七情、体质因素，或脏腑功能失常、血气失调，均可直接或间接地损伤冲任，使胞宫、胞脉、胞络发生病理性变化，从而导致妇产科疾病，这是妇产科病理上的特点。由上可见冲任学说在中医妇科学理论中的重要性。

因冲任与妇科疾病的病因病机的重要性，历代很多医家也多从调治冲任来治疗妇科疾病。张锡纯的《医学衷中参西录》上提治冲任四方：①理冲汤：黄芪9 g、党参6 g、白术6 g、生山药15 g、天花粉12 g、知母12 g、三棱9 g、莪术9 g、生鸡内金（黄者）9 g。其中黄芪、党参治气、固气；白术、山药补脾、补气；天花粉、知母养阴；鸡内金三棱、莪术行气。妇女经闭不畅，或产后恶露不尽，竭为增加，以致阴虚作热，阳虚作冷，食少难受。服此汤十余剂后，虚证制痛，三十余剂后，瘀血扩散明显，抑制食瘀，月弊行空。并治男子难胀，一切脏腑增加，脾弱满门，痞脏。②理冲丸：水蛭（一两，不用炙）、生黄芪（一两半）、生三棱（五钱）、生莪术（五钱）、当归（六钱）、知母（六钱）、生桃仁（六钱，带皮尖）。此方主要益气补血、活血化瘀。③安冲汤：白术（六钱，炒）、生黄芪（六钱）、生龙骨（六钱，捣细）、生牡蛎（六钱，捣细）、大生地（六钱）、生杭芍（三钱）、海螵蛸（四钱，捣细）、茜草（三钱）、川续断（四钱）。此方主要补脾、补气、补血、收涩。④固冲汤：白术1两（炒）、生黄芪6钱、龙骨8钱（煅，捣细）、牡蛎8钱（煅，捣细）、萸肉8钱（去净核）、生杭芍4钱、海螵蛸4钱（捣细）、茜草3钱、棕边炭2钱、五倍子5分（轧细，药汁送服）。从此方分析固冲是从气和收涩来固。⑤温冲汤：生黄（五钱）、生地黄（六钱）、玄参（四钱）、知母（四钱）、当归（三钱）、香附（三钱，醋炒）、柴胡（一钱五分）、甘草（一钱五分）。

以上这些针对冲任的治法，归纳起来多是从"补、固、安、温、清"这几方面着手，但王成荣先生认为调理冲任更重要的治法是"通"。

传统中医常说的是"汗、吐、下、和、温、清、消、补"八法，但在临床中除了以上八法外，很多医家也有自己独特的治疗方法。其中"通法"则贯穿中医古今治法体系的始终，应用极为广泛。从某种意义上说，通法也是一种治疗大法，具有更为深层的含义和更为广泛的涵盖力，对中医理论与临床的发展和创新有重大的研究价值。传统中医常说"六腑以通为用"，女子胞宫属奇恒之腑，形态中空与腑相似，功能储藏精血与脏相似。而"通法"不仅适用于腑病的治疗，同样适用于脏病的治疗，对奇恒之腑更是适用。通法不一定都是通便，主要是祛除病邪。所以，脏腑之病都适于"通法"。

王成荣先生重视"通法"源于：①《内经·素问》篇中的《阴阳应象大论》和《至真要大论》：《阴阳应象大论》中说，"审其阴阳，以别柔刚，阳病治阴，阴病治阳，定其血气，各守其乡，血实宜决之，气虚宜掣引之"。《至真要大论》中说，"谨守病机，各思其属，有则求之，无则求之，甚者责之，虚者责之，必先五肾，疏其血气，令其调达，而致和平"。②《血证论·男女异同论》曰："瘀血不行，则新血断无生理……盖瘀血去则新血易生，新血生则瘀血自去。"③《内经·素问·上古天真论》中提出"二七，任脉通，太冲脉盛""五七，阳明脉衰"，其"阳明脉衰""三阳脉衰"并不是简单的衰，而是有瘀阻的表现。

所以王成荣先生认为在冲任的治疗问题上，只"补、固、安、温、清"是不够的，还需"通"，因此，他常用通过多年临床总结的白莲散结汤、清化汤、泻火达衡汤等方药。

（四）王成荣妇科疾病"冲任虚瘀"理论探讨

王成荣先生从医 70 余年，对中医经典的某些理论有其独到的理解与思考，并用之于辨证论治相关的妇科病症而获效。本小节仅就王成荣先生据"五七，阳明脉衰，面始焦，发始堕"而提出的妇科疾病"冲任虚瘀"论点作初步探讨。

1. "冲任虚瘀"理论阐释

（1）"五七"之年为生殖系统由盛渐衰的转折点

《内经·素问·上古天真论》载："女子七岁，肾气盛，齿更发长。二七而天癸至，任脉通，太冲脉盛，月事以时下，故有子。三七，肾气平均，故真牙生而长极。四七，筋骨坚，发长极，身体盛壮。五七，阳明脉衰，面始焦，发始堕。六七，三阳脉衰于上，面皆焦，发始白。七七，任脉虚，太冲脉衰少，天癸竭，地道不通，故形坏而无子也。"此论既是对女性生长、发育、生殖、衰老进程分阶段的概述，也明确指出"五七"之年为机体由盛渐衰的转折点。现代医学研究结果表明，女性在 35 岁后，其卵巢的储备功能及卵子质量明显下降，此年龄段的妇女生育先天愚型儿的概率也明显增加。

（2）据"先天、后天"理论，减缓生殖系统虚衰进程

既然女性生殖系统衰老是从阳明脉衰始，继之三阳脉衰，终至太冲脉衰少的渐进性过程，那么是否可以按"虚则补之""以后天养先天"补其不足呢？

王成荣先生认为，"以后天养先天"的理论虽是历代医家和当今中医业界的共识，但"后天"毕竟是事物发展变化的条件，而条件是可以改进甚或创造的。"以后天养先天"的治法对营养不良所致的发育迟缓或月经失调、稀少或闭经有效，便是"后天"条件改善的结果。

"先天"则不然，它是事物发展变化的根据，是事物自身内在固有的矛盾。除现代医学之器官和干细胞移植以及人造假体置换等新科技对人体有一定的再创造意义外，对于秉承于父母所赋主宰生殖功能的"先天之精"，无论食、

药、针灸或推拿、按摩，都不能从根本上对其产生影响。1989年全国围绝经期妇女健康调查协作组的调查结果显示，女子平均绝经年龄为（49.0±3.7）岁，证明了《内经·素问·上古天真论》"七七，任脉虚，太冲脉衰少，天癸竭"的论断。先天生殖之精的储量不能由后天增多，但是否可以用医疗手段促进其潜能更好地发挥，减缓"五七"及其后之虚衰进程，则可以探讨、观察、研究。

（3）"冲任虚瘀"的立论依据

对于"五七，阳明脉衰"，历代医家多从阳明气血不足理解。例如《景岳全书·妇人规》："女为阴体，不足于阳，故其衰也，自阳明始。"其以"女为阴体，不足于阳"，得出"故其衰也，自阳明始"的经论诠释，可信，然有略加补充完善的空间。王成荣先生认为"阳明脉衰"不能仅从字面理解，而要探究阳明脉为何而衰，并提出"冲任虚瘀"论点。其立论依据主要有以下5个方面。

其一，若将"五七，阳明脉衰"仅理解为足阳明胃经的虚衰，除应有胃的受纳、腐熟功能不足所致表象外，还因胃为五脏六腑之海，气血生化之源，若气血衰少，势必或多或少地影响其他脏腑功能而出现相应的症状。然据《内经》所论，"五七"之年仅见"面始焦，发始堕"，并未提及其他虚衰症状，尤其未涉及月经或稀或少（可辨为血海难于正常应期满盈之化源不足虚证），故不能单从虚衰解释。

其二，经络是气血运行的通道，其循行纵横交错，网络全身，如环无端，把人体之内外上下联结成统一的有机体。若确为阳明经脉的气血衰少，也不应仅见"面始焦，发始堕"，所以也不能单从阳明之气血虚衰理解。

其三，据"二七而天癸至，任脉通，太冲脉盛，月事以时下，故有子"，可知女子在"二七"之前，任脉原本就未开通。至于"七七，任脉虚，太冲脉衰少，天癸竭，地道不通，故形坏而无子也"，虽亦属于正常衰老过程中的较为突出的生理病理表现，但并非全身气血的衰少，而仅见冲任气血的衰少所致经断及不能再生育的局部表现。因此，这种气血的衰少只能以生殖系统局部经脉即冲任二脉的瘀阻加以解释才更合逻辑。

其四，"五七"之年的妇女，大多经过了生育或/和人工流产等历程，若胞宫、冲任脉络有所伤损，更可致其孙络瘀阻，令经气运行不畅而局部气血营养不足。正如徐灵胎《医学源流论》所云："妇人之疾，与男子无异，惟经期胎产之病不同，并多癥瘕之疾。其所以多癥瘕之故，亦以经带胎产之血易于凝滞，故较之男子为多。"

其五，现代医学研究结果表明，女子自40岁起卵巢门处血管逐渐出现硬化、通畅欠佳而影响血液的运行，50岁后卵巢的血管即见明显减少，动脉分支由50~60支降至20支。[①]

综上所述，"五七，阳明脉衰"，从局部脉络，即荣面之阳明浮络的瘀阻致气血虚少理解，才能更好地解释为什么"五七，阳明脉衰"仅只出现"面始焦，发始堕"之见症。随着年龄的增长，经脉浮络的瘀阻亦随之渐有增多，并伴以局部气血供给相应减少而见"六七，三阳脉衰于上，面皆焦，发始白"，进而发展至"七七，任脉虚，太冲脉衰少，天癸竭"，其间都可能存在因瘀致虚或因虚致瘀的病因病机。

总之，"五七，阳明脉衰"不宜简单归因于阳明气血的虚衰，联系"六七，三阳脉衰于上"，应该得出"阳明脉衰"只是荣于头面的脉络（主要是浮络）有所瘀滞而令局部气血荣养减少的推论。阳明之气先衰，血行趋缓，继以停滞不畅，终结为瘀。故王成荣先生主张妇科疾病应多从"冲任虚瘀"立论辨证，不仅符合中医学理论，而且也有科学依据。

2. "冲任虚瘀"理法方药

《内经·素问·阴阳应象大论》曰："审其阴阳，以别柔刚，阳病治阴，阴病治阳。定其血气，各守其乡。血实宜决之，气虚宜掣引之。"《内经·素问·至真要大论》云："谨守病机，各司其属。有者求之，无者求之，盛者责之，虚者责之。必先五脏，疏其血气，令其调达，而致和平。"先生认为，"冲任虚瘀"虽属虚瘀为患，但基于奇经的生理特点是以满为功、以通为用，因此不论虚实均应通之。再结合"冲任虚瘀"乃因瘀而不足，其瘀在前而虚在后，故先生强调冲任宜通。鉴于中药学的药物归经虽有少数明确分类为奇经八脉之药味，但皆同时也归肾经或/和肝经。因此有"病在冲任二脉，责之肾、肝、脾"和"八脉隶于肝肾，冲脉隶于阳明"之说，故其用药仍宜从五脏六腑、气血阴阳入手。王成荣先生临证常用自拟方滋活汤治疗妇科疾病，方中以当归、川芎、

---

① 周美清，李亚里. 现代老年妇科学[M]. 北京：人民军医出版社，1999.

鸡血藤、桃仁等活血通络,女贞子、枸杞子、菟丝子、补骨脂等补益精血。诸药同用,共收滋养活血、通畅冲任脉络之功。

(五)从《内经》的"女七男八"谈女性生殖生理

"女七男八"是中医学界关于男女生长周期的一种说法,即女性的生命周期数是7,每7年体现一次大变化;男性的成长周期是8,也就是每8年有一次生长变化。其理论源于《内经·素问·上古天真论》"女子七岁……男子八岁……"。"女七男八"定律的提出,符合男女性生长发育和生殖生理演变的一般规律,是富含哲理、有生命力的科学性论断。作出这一论断的指导思想,依然是《内经》"法于阴阳,合于术数"对女性、男性特有生理的观察、分析、归纳和推理。

小孩七八岁时都会换牙,而换牙本身可以看作肾功能的一个表现,因为牙齿是肾的花朵,是由肾气所主,而头发长短是由肝气所主。肾是主收藏的,肝是主条达的、发散的、生发的,这就有一个很重要的道理,女子在二七一十四岁时会"天癸至,任脉通"。任脉走人体前面的正中线,从会阴处一直上到人中。任脉又主血,所以任脉主胞胎,它主女子的生育。女子到十四岁时,由于任脉通畅、血足了,起于会阴的太冲脉主阳气,也跟人的性有关,冲脉气带着任脉血而行,所以它们主发育人的第二性征。比如,女子到十四岁时就会来月经,长乳房;男子到二八一十六岁时就会遗精或者长胡子、长喉结。这些第二性征就全出现了。有的女性会说,我不是正好十四岁的时候来的月经,这怎么计算呢?在古人看来,哪怕女子是十八岁来月经,她的生理年龄就相当于十四岁;如果她十岁来月经,这一年也相当于生理年龄的十四岁。因为女子三七二十一岁的时候,肾气平均,"真牙生而长极",就是身体开始达到一个高峰状态,可一直持续到四七二十八岁那年,肾的功能、肝的功能也达到了一个极点,这时女子身体最健壮。所以,古人认为女子二十而嫁,在生命状态的最高峰期一定可以养育一个很健壮的孩子,这是有一定道理的,所以女人最好在二十八岁之前完成第一胎的生育,这样对孩子、母亲的身体都非常有好处。女性到了五七三十五岁的时候就开始衰老了。阳明脉指的是胃脉,阳明脉衰也就是说胃气开始衰败了,因为阳明脉走的是脸和额头,所以,妇女到三十五岁左右就有可能脸上出现鱼尾纹,额头上出现抬头纹,同时脸色也开始憔悴。女性等到六七四十二岁时会出现三阳脉(阳明脉、少阳脉和太阳脉)脉衰之象。阳明脉走额头,少阳脉走头两边,太阳脉走后脑。三阳脉衰是指头发开始两鬓斑白,前额、后脑也出现白发,这时女人的脸色就不再红润了。女性等到七七四十九岁的时候,任脉的血开始很稀少了,就相当于更年期到来了。此时,太冲脉衰少,而太冲脉就相当于阳气,所以阳气阴血虚了,这时"故形坏而无子",就是身体的形体不再那么婀娜了,也不能生孩子了。

根据现代医学对女性一生各阶段生理特点的研究,按年龄将其划分为儿童期、青春期、性成熟期、围绝经期、绝经后期及老年期。对比《内经》的论述,除婴幼儿期未及外,皆与现代医学十分接近,且各年龄段呈现的生长发育、生殖演变和外貌变化也颇为相符。仅以天癸至、月事下的"二七"和天癸竭、地道不通的"七七"为例,与现代月经初潮和绝经平均年龄相当吻合。现代妇科基础研究显示:女性一生从20周孕龄胚胎始拥有约700万个始基卵泡,新生儿时减为两卵巢共100~200万个卵泡,青春期开始则只有20~40万个,至35岁时已<10万或仅6万个左右。伴随年龄增长,卵巢中卵泡数量减少的规律是18~31岁呈平缓减少趋势,其生育能力旺盛,这相当于"三七,肾气平均,故真牙生而长极"到"四七,筋骨坚,发长极,身体壮盛"的年龄段。31~37岁,卵泡数减少加速,生殖能力减弱,此期相当于"五七,阳明脉衰,面始焦,发始堕"的年龄段。现代产科学将35岁初产妇列入高危妊娠,而遗传学表明35岁初产者娩出21三体综合征(Down综合征)的先天愚型儿概率显著升高。37~41岁,卵泡数和生育能力陡降。而到了41~45岁,这种陡降势头继续,甚至使女性丧失生育能力。此时段卵泡发育不成熟,无排卵或偶发排卵,短黄体期或无黄体期,表现为月经过频、紊乱、经量时多时少,甚至功血经崩。这相当于"六七,三阳脉衰于上,面皆焦,发始白"的阶段。45~51岁,卵泡因闭锁持续陡减,终至耗竭几近于"0"而绝经。就我国妇女而论,平均绝经年龄49.5岁,相当于"七七,任脉虚,太冲脉衰少,天癸竭,地道不通,故形坏而无子也"之时。综上可见以"七"划分年龄段概括女性生长、发育、生殖变化过程是符合自然演变规律的,且表现有相当的客观性。虽与以年龄为变量探究卵泡数变化的法迪曲线(Faddy curve)不完全一致,但可借鉴

后者作为论据，从而更客观深刻地论证"法于阳明，合于术数"之女性年龄"七分法"的合理可信。"七分法"这一论断富有生命力，从中能汲取辨证论治的营养，其内涵思想对女性健康保健或亦有重要意义。

根据这一理论，王成荣先生在临床中重视"女七男八"的生理规律，对于14岁以后的功血女子的调理常以恢复排卵的标准，重视对基础体温（BBT）的自测为重，对于35岁以后的女子则非常重视阳明脉及先天之本——肾的调理，这可从王成荣先生的自拟方滋和汤中看出。

（六）关于病机十九条之"火热论"在妇科临床的运用

古人强调治疗疾病不能采用见症治症的简单方法，而应重视对于病因病机的了解分析，而后辨证施治。病机是疾病发生发展中的一部分，可以把它解释为引起疾病发生、症状出现与变化以及病情发展的原因与机理，与现代医学的"病理"有所近似。《内经·素问·至真要大论》中提出病机十九条。

病机十九条简言概括出了疾病复杂的发病机制。纵观病机十九条，属内在因素的，五脏上下居七，属外在因素的，火居其五，热居其四，风寒湿各居其一。六淫为病，尤以火热为主。盖六淫之中，风寒暑湿皆能化火，而火与热又仅属程度上的差异。由此可见，火、热致病在临床中占有很大比例。

妇科疾病复杂，但终究也脱离不了病机十九条提到的发病范围。中医的发展源远流长，各个时期的医家在妇科临证时，积累了大量根据火热论巧妙运用清热法的临床经验。王成荣先生在70余年的临床工作中，独辟蹊径运用火热理论治疗妇科疾病，收获了较好的疗效。

纵观古今，运用"火热"理论治疗妇科疾病的，临床中较为少见。一般认为，女性素体柔弱，故临证中多是疏肝、健脾、补肾之法，殊不知女性一生经历经、胎、产、乳，血常不足而气常有余，"气有余便是火"，加之现代生活压力增加、嗜辛好辣的饮食方式，女性更易出现火热表现。

病机是疾病发生发展和辨证论治的关键环节，可以把它解释为引起疾病发生、症状出现与变化以及病情发展的原因与机理；与现代医学的"病理生理"有所相似。古人强调诊疗中应重视对于病因病机的了解分析，做到"谨守病机，各司其属"，才能达到"疏其血气，令其条达，而致和平"的治疗目的。

病机十九条载于《内经·素问》二十二卷七十四篇的"至真要大论",历来被无数中医学者所推崇。因火热论在病机十九条中占十九分之九,可见先贤对火、热致病的重视。

被称为"寒凉派"的金元四大家之一的刘完素,更将火热论发挥到了一个新高度。他强调六气之中,火热是致病的主要因素,而风、湿、燥、寒皆可化热生火,故提出"六气皆从火化"及"五志过极皆为热甚"的观点。当代学者何子淮等曾对病机十九条逐条分析,从乳痈发病、妊娠恶阻、经前头痛、妇科炎症等论述了火热论在妇科疾病中的指导意义①,但运用"火热"理论指导妇科疾病的报道却较为少见。虽然女性一生经历经、孕、产、乳,血常不足而气常有余,但"气有余便是火",加之五志过极、嗜欲偏颇以及不内外因等不良生活方式,更易出现火热表现。故王成荣先生在传承传统中医药理论的同时,结合他自己的经验,在火热论的指导下,组创了系列汤剂,取得一定程度的疗效。现将其在妇科疾病中的运用介绍如下。

1. 月经过多、崩漏

王成荣先生临症不拘泥于中医教材的症状来诊断,认为月经量多由气虚、血热、血瘀所致,多从冲任不固、经血失于固涩进行辨证分型。多据《医宗金鉴·妇科心法要诀》关于经血的辨证"多、清、浅、淡虚不摄,稠、粘、深、红热有余"和《万全妇人秘科》中"经水来太多者,不问肥瘦皆属热也"的论述,认为月经过多病症以热与瘀相互纠结为患居多。热虽为无形之邪,但若炽盛,既可煎血成块,亦可壅滞气机,影响血行,也能致瘀,正如《金匮要略》所言,"热之所过,血为之凝滞,蓄结痈脓""血受热则煎熬成块"。

对于崩漏,明代方约之在《丹溪心法附余》中提出治崩三法:"初用止血以塞其流,中用清热凉血以澄其源,末用补血以还其旧。"这说明当时对血崩的论治有了系统性的理论思考,是一种进步。明代李梴《医学入门》却认为:"经曰,阴虚阳搏谓之崩。言属热者多也。崩乃经血错乱,不循故道,淖溢妄行,遽止便有积瘀凝成窠臼不止。"而清代肖埙《女科经纶》更称"方氏三法分初、中、末,有倒行逆施之弊。予谓中法当为初法,初法当为末法,末法当

---

① 何子淮,何嘉珍. 病机十九条对妇科临床的指导意义[J]. 上海中医药杂志,1988(10):38-39.

为中法，庶无差池也"。故王成荣先生借鉴古人经验，认为清代医家肖埙的"以清热澄源为先"的顺序更符合"必伏其所主而先其所因"的《内经·素问》的经旨，且更切实际。邪热伏于冲任，壅遏而灼伤脉络，迫血妄行致血溢脉外，便见月经量多；血为热灼，煎血成块，瘀血内阻，瘀久化热，且可致新血不得归经，故辨为热瘀证。其病机多由热致瘀，因瘀生热，热瘀互结为患。故王成荣先生用中药论治月经过多和崩漏的观点也是首先针对"热瘀"的病因病机以收"伏其所主"之功，再治以清热化瘀止血，用自拟的清化汤加减。方中小蓟、马齿苋清热凉血止血为君；黄芩、地榆、白花蛇舌草清热凉血，桃仁、川牛膝祛瘀生新为臣；枳壳行气，敛肝气为佐，全方共收清热凉血、化瘀止血之功。[①]

2. 经期延长、经漏

《济生方》中"崩漏之疾，本乎一证。轻者谓之漏下，甚者谓之崩中"以崩急而漏缓，故方书多详崩而略漏。不过，无论崩漏，必有冲任脉络之伤损。而冲任脉络之损伤以崩为重，以漏为轻。

对于经期延长之经漏，王成荣先生临症以出血发生时间，结合月经周期生殖内分泌变化规律，将其分为经前漏下和经后漏下。经前漏下表现为经前数日阴道少量断续或持续出血，多系西医妇科的黄体功能不足，孕激素分泌降低，子宫内膜呈分泌不良状态，不能维持其稳定完整之故；基础体温虽为双相，但高温相短于11天或波动较大。经后漏下表现为经后即继以数日不净之阴道少量出血，可能由黄体不健引起，更可能因黄体萎缩不全致子宫内膜不规则脱落使然；基础体温呈双相，但经潮后下降缓慢。

王成荣先生认为经前期正值重阴转阳末期或经前阳气渐盛之初，阴血下聚冲任胞宫，血海脉络阳热有余，热伏冲任，脉络破损，血溢于外而见月经前后漏下，故辨证为阴虚血热，冲任失固。治宜滋阴清热，用王成荣先生自拟的"滋清汤"加减。该方由《傅青主女科》的清经散合《证治准绳》之二至丸为基础化裁而来，具有清热凉血、滋肾养阴，清滋并用，水火互济，使热去而阴不伤，血宁则经调的疗效。方中以生地黄易熟地黄，意在增强凉血养阴；用二

[①] 曹泽毅. 中华妇产科学[M]. 北京：人民卫生出版社，2005.

至丸代原方之白芍，意在增强滋阴凉血之功以宁血海；加清肝调经之茺蔚子；而地骨皮长于清虚热，故换为凉血活血之牡丹皮；共奏滋补肝肾以固冲任，滋阴凉血以宁血海。

3. 免疫性不孕

免疫性不孕指因免疫性因素而导致的不孕。常因免疫抗体阳性所致。其抗体包括抗精子抗体（AsAb）、抗心磷脂抗体（AcAb）、抗子宫内膜抗体（EmAb）、抗卵巢抗体（AoAb）、抗透明带抗体（ZpAb）、抗人绒毛膜促性腺激素抗体（HCGAb）。女性体内查及这些抗体阳性，临床既可引起不孕，也可导致流产。仅据四诊颇难对这些抗体进行辨证论治。

王成荣先生根据中西医结合的观点，认为中医学关于人体正气的概念，与西医学关于免疫的概念在一定程度或在某些方面有相似之处。若以抗体为人身"正气"的客观指标之一，正常抗体缺乏可辨为正气不足；出现异常抗体则可辨为正气过旺，而"气有余便是火"。经言"亢则害，承乃制"，故治当泻火。因病在血分，既可酿成湿热，又可煎熬阴液成瘀，治法自应按标本缓急，体现于君臣佐使之选方遣药中。王成荣所拟之泻火达衡汤在学理上确能体现理法方药统一的要求。①曹亚芳等采用王成荣先生的自拟处方泻火达衡汤治疗72例免疫性不孕症患者，3～6个月后观察疗效（痊愈：抗体转阴且半年内受孕；有效：虽未受孕，但阳性抗体转阴；无效：阳性抗体仍呈阳性，且未受孕；总有效率：半年内痊愈及有效者），结果为：治愈15例，有效48例，无效9例，总有效率87.5%。②更从实践初步验证了这一学理观点具有一定可信度。

针对其治疗，王成荣先生以《伤寒论》栀子柏皮汤为基础，加利湿化瘀之品自拟处方泻火达衡汤。方中以栀子、黄柏清热泻火为君；茵陈利湿，桃仁、皂角刺活血化瘀共为臣药；甘草既可调和诸药又可清热解毒为佐。全方体现泻火消瘀利湿而致气血和顺，平秘阴阳之功。

---

① 陈淑涛，王辉臁，严春玲，等．王成荣清血分郁热治疗免疫性不孕[J]．四川中医，2010，28（11）：8-9．
② 曹亚芳，刘普勇，严春玲，等．泻火达衡汤治疗免疫性不孕临床观察[J]．西部中医药，2014，27（9）：89-91．

4. 子宫内膜异位症（endometriosis，EMT）、盆腔炎性疾病、症瘕

EMT 是指子宫内膜组织出现在子宫以外的部位并生长、浸润、周期性出血而表现为继发性有进行性加重趋势的痛经。患病较久者多伴见不孕。王成荣先生根据其临床经验认为，内生火热致瘀是 EMT 的基本病因和病机。而火热与瘀血互为因果、恶性循环，致使 EMT 病程缠绵不愈乃至渐有加重。据此提出"清热解毒、化瘀散结"的治疗法则，并据经验拟出白莲散结汤，为治疗 EMT 开辟了另一思路。①盆腔炎性疾病也会导致继发性痛经、不孕和慢性下腹痛等与 EMT 类似的症候。王成荣先生据《医宗金鉴·痈疽总歌论》"痈疽原是火毒生"的理论，审证求因分析认为炎性包块及包裹性积液，系由热毒犯于下焦，化火内伤孙络，血郁或内溢成瘀，热瘀胶结，遏阻气机，发为内痈，消散不净而成。故论治亦须清热解毒，化瘀散结，可谓"异病同治"。王成荣先生临床上善用白莲散结汤治疗此类疾病。白莲散结汤方中半枝莲、白花蛇舌草清热解毒为君；莪术、皂角刺、土鳖虫化瘀散结为臣；因所针对之病位在下焦，瘀滞的消散与火热的清泻有赖水道的通调，故伍以仙茅、淫羊藿温阳助气化为佐；猪苓引经、利水渗湿给邪出路为使。②

5. 痤 疮

虽然《内经·素问·生气通天论》云："汗出见湿，乃生痤痱""劳汗当风，寒薄为皶，郁乃痤"。但阳明经循荣面额，而阳明多气多血，若经气循行不畅，不因"汗出见湿"或"劳汗当风"，气郁化火随冲脉移入阳明经脉，火盛成毒亦可发为痤疮。治疗要在清解阳明经络之热毒并贯穿始终而不悖"必伏其所主"之经旨。王成荣先生倡导这一辨证论治痤疮的观点并自拟清解阳明汤用于临床，无论是否确诊为多囊卵巢综合征的痤疮患者，都可收到不同程度的疗效。

清解阳明汤，为五味消毒饮合白虎汤加减。方中以山药易白虎汤之粳米，因后者一般中药房常无库存，若患者自购以配方又徒增繁琐。五味消毒饮中的银花，因近年药价较贵，故有时未用，而连翘与银花功效相似，且其清心解

---

① 严春玲，王辉蝶，董岷，等. 王成荣先生治疗子宫内膜异位症"火热致瘀"理论探讨[J]. 四川中医，2009，27（6）：2-3.
② 王辉蝶，严春玲，陈淑涛，等. 王成荣经验方白莲散结汤的临床应用[J]. 四川中医，2012，30（5）：1-3.

毒之力较银花强，反而常用连翘易之或相须为用。加黄芩、辛夷清宣肺热。五味消毒饮为疮家常用且清轻上浮，而白虎汤本适应于伤寒化热传为阳明经证有高热、汗出、烦渴、脉洪见证者。本方虽本"异病同治"而用之，但尚未见副作用且多有疗效。方中知母、生石膏、山药易粳米为白虎汤加减，以清阳明经热，并黄芩清泻上焦火热为君；银花、连翘、野菊花、蒲公英、天葵子清热解毒为臣；辛夷花入肺胃通鼻窍散邪，决明子归肝经与大肠经，通便清热，令邪有出路而并为佐使之药。全方共收清解阳明郁热之功。①

王成荣老先生采中西医之所长，其经验是在数十载的临证中累积而来，辨证处方可谓源于经典又悟于经典。笔者汇集王成荣先生在妇科临证专重火热论经验，意在督促自己广开思路，熟读经典，他日临证不人云亦云。或也便于读者同道乐于传承者之借鉴综览，果如此，则对中医学术的传承发展抑或尽了一份绵薄之力。

（七）从冲任瘀滞辨治女性痛症

辨证施治是中医的特色，女性痛症是妇女最常见的病症，可在很多临床疾病中出现，王成荣先生根据女性生理病理特点，总结出"冲任瘀滞"是女性痛症最常见的病因病机。故临床中常从"冲任瘀滞"辨治女性痛症，这也是中医学"异病同治"的治则之一。

1. 冲任瘀滞的形成机制

（1）中医学的观点

中医学的"肾—天癸—冲任—胞宫生殖轴"理论认为女性生殖功能以肾气为主导，由天癸来调节，通过冲任二脉的通盛、相资来实施，由胞宫体现经、带、胎、产等生理特点。各种致病因素均可直接或间接地引起冲任失调，冲任失调又可导致妇科诸多疾病。

纵观历代中医典籍及近现代研究，虽不乏医家论述冲任瘀滞，但多从总的冲任病机入手，缺乏深入研究。叶天士《临证指南医案》列出奇经疾病的八种证型，即冲任阴虚、冲任阳虚、冲任血虚、冲任气滞血瘀、冲任气逆、冲任

---

① 陈淑涛，谭卓林，王辉朦，等.王成荣清阳明郁热治疗女性痤疮[J].四川中医，2012，30（3）：14-15.

虚滑、任督精血虚寒、任督阴虚内热。曾敬光等将奇经病证分为冲任不足、冲任不固、冲任失调、冲任阻滞、任脉不固、带脉失约、督脉不健六型。侯玲玲则分为冲任虚弱、冲任失调、冲任伏火、冲任阻滞、冲任气逆、冲任损伤、冲任恶变七型。杨家林提出冲任未充、冲任损伤、冲任不固、冲任血虚、热扰冲任、冲气上逆、冲任不调、冲任阻滞、冲任湿热这些冲任受病的九个病机。刘蔚霞将冲任失调分为冲任亏虚、冲任不固、冲任寒证、冲任热证、冲任瘀结、冲任痰湿凝结等。[①]王继波将冲任失调常见病理证型总结为冲任不足、冲任不固、冲任损伤、冲任瘀滞、冲任伏热、冲热气逆、冲任虚寒等。

冲任二脉起于胞中，隶属于肝肾，经腹至胸达面，上至于头，下行于足，经气通达十二经，输送能量，交通上下，调节十二经气血。冲脉总领诸经气血，是经脉气血运行之要冲；任脉总任人体之阴经，主胞胎，均与女子月经及孕育功能密切相关。冲任二脉在妇女生理、病理机能活动中占有核心地位。

王成荣先生认为，冲任瘀滞的形成与肝脾肾有密切联系。肾藏精，主生殖，冲任之本在肾；女子以肝为先天，肝藏血，主疏泄；脾胃为后天之本，气血生化之源，气血不足，冲任不盛。若肾精不足、脾失运化，则冲任缺乏物质基础赖以充盈，肾气不化，肝气不疏，则冲任二脉缺乏动力以推动前行。所以，若肝脾肾等正经出现病变，就会导致冲任瘀滞。另外，冲脉为十二经脉之海，冲气过旺，气有余便是火，火热损伤冲任脉络并迫血妄行溢于脉外，即"阴络伤，血内溢"致瘀。《血证论》曰"血受热则煎熬成块"，火热煎血成瘀，则可致脉络瘀阻，气血流行不畅。加之妇女经前、经期冲任经气过旺，反复行经，致使病变渐有扩大，终成冲任瘀滞，甚至症瘕难愈。

鉴于女性胞宫、胞脉等重要脏器位于人体下焦，通过冲任督带及经脉与五脏六腑相联系，以获取精微营养，借以完成胞宫、胞脉、月经及孕育等功能活动。各种病邪经阴户侵袭并壅遏于胞宫、胞脉时，势必使胞脉之气血运行受阻，加之气郁者情绪多抑郁焦虑，肝气不疏，气滞血瘀，进而瘀滞不通，最终导致"瘀"的产生。"不通则痛"，而发为痛证，胞络瘀阻，所以瘀血既是病理产物，又是导致女性痛症的重要发病机制。

---

① 刘蔚霞. 冲任学说在中医妇科中应用探微[J]. 中医研究，2007，20（5）：11-12.

（2）现代医学的认识

女性盆腔内血管网络丰富，一条动脉往往伴随二至三条静脉循行，并在相应器官及其周围形成静脉丛，且生殖系统的静脉丛又与泌尿、消化系统的静脉丛相互通连，加之各器官间静脉与淋巴管又以丛、网状相吻合，形成了盆腔内丰富而复杂的循环网络。由于这种特殊的解剖关系，使得盆腔组织受到外来病原微生物的影响时，容易发生充血水肿，盆腔静脉运行更加缓慢，产生瘀滞。从现代病理学角度，有学者发现，盆腔炎患者存在不同程度的血液流变学改变，从宏观血液流变学上看，有血液黏度及血浆黏度的增高；从微观血液流变学上看，有红、白细胞黏附聚集性增高、血小板黏附、聚集性增高、血浆纤维蛋白水平增高、红/白细胞变形能力减弱、血栓素增高、微循环功能处于痉挛或瘀滞等状态。[1]也有观点认为，冲任像生殖激素一样呈周期性变化，若下丘脑—垂体—卵巢轴功能紊乱，则会影响冲任的气血运行。[2]

无论是运用中医理论对本病的发生与发展所作出的病机分析，还是根据现代医学解剖、生理、病理的研究，"瘀滞"均是女性痛症发展过程中客观存在的重要因素。冲任瘀滞为基本病机，故消除冲任胞脉气血瘀滞是治疗本病所必须始终遵循的基本法则。

2. 冲任瘀滞的临床表现

王成荣先生从多年的临证经验中总结了冲任瘀滞多种多样的临床表现。月经病见诸临床主要有月经先后不定期、闭经、痛经或崩漏等；产后病则见产后恶露不绝、小腹隐痛、乳汁不畅等；乳房疾病乃有经前乳痛加剧、肿块增大，经后疼痛减轻、肿块缩小等特点；另外也可见于胁痛、少腹痛、情志病等，尤以经前或经期表现突出，甚至不孕、癥瘕等。舌脉常见舌质紫黯，或有瘀斑，舌苔正常，脉弦或涩。

3. 冲任瘀滞的治疗

王成荣先生认为，从药物治疗来看，没有哪类药物专门调节冲任；从针灸治疗来看，冲脉尚有本经穴位可循，任脉则有经无穴。故先生临证首先当辨明

---

[1] 赵俊娟，裴颖. 慢性盆腔炎患者血液流变学指标的变化[J]. 中国血液流变学杂志，2001，11（2）：128-140.

[2] 中村章. 冲任新解[J]. 上海中医药杂志，1999（11）：25.

冲任与脏腑之间的关系，冲任无本脏，隶属于肝肾，冲任与肾脉相通，肝脏可直接调节冲任血海的盈亏。其次应消除火热致瘀的病因，"必伏其所主，而先其所因"。冲任瘀滞，日久化瘀，加之冲任二脉的特点，瘀久可化热，故王成荣先生在治疗该病症时，常用自拟白莲散结汤治疗，方中半枝莲、白花蛇舌草清热解毒为君；莪术、皂角刺、土鳖虫化瘀散结为臣；因病在下焦，干扰冲任，祛瘀与泻火必须借助水道的通调，故以仙茅、淫羊藿温阳补肾助气化为佐；猪苓引经，利水渗湿给邪以出路，共奏清热化瘀、温肾利水、通络散结之功。临床的随证辨治化裁，也是中医治病的精髓，体现了"异病同治"之旨。

现代药理学证实：半枝莲、白花蛇舌草均有增加白细胞的吞噬作用，能够抗炎消肿止痛[1][2]；莪术、皂角刺、土鳖虫等活血化瘀药物能改善全身血液循环，有利于激素在体内的代谢，抑制组织内单胺类氧化酶的活力和胶原纤维合成[3]，补肾药可使下丘脑—垂体—卵巢轴的功能得以改善，有调节不平衡性激素的作用[4]。

4. 病案举例

（1）痛经

苟某某，女，40岁，汉族，公司职员。初诊时间：2015年3月21日。主诉：经行腹痛1+年。刺痛为主，喜温喜按，伴恶心、腹泻。平素月经规律，量中，色暗，血块多。2013年曾行子宫肌瘤剥除术。纳眠可，二便调。舌质暗红，苔薄白，脉涩。

此乃冲任瘀滞所致痛经，拟活血化瘀、温经止痛之法，以王成荣先生白莲方加减。

处方：半枝莲30 g　　白花蛇舌草30 g　　皂角刺10 g　　莪术10 g
　　　猪苓20 g　　　仙茅15 g　　　　　淫羊藿15 g　　桂枝10 g
　　　高良姜10 g

上方连服6剂后月经来潮，痛经缓解50%，经色转红，血块减少。此后

---

[1] 邹箴蕾，吴启男. 半枝莲的化学成分及药理作用研究进展[J]. 时珍国医国药，2005，16（2）：149-150.
[2] 逯萍，戴乾圆. 白花蛇舌草化学成分研究进展[J]. 北京工业大学学报，2000，26（3）：68-70.
[3] 刘毅波. 血瘀证的病理及活血化瘀中药的临床应用[J]. 天界中医药，2008，25（3）：246-249.
[4] 蔡奇玲，杨正文. 补肾中药研究概况[J]. 实用中医药杂志，2006，22（12）：784-785.

持续治疗3个月经周期，经前一周服药，共20余剂，痛经完全缓解，经色红，无血块。

（2）乳痛

朱某，女，44岁，教师，初诊时间：2014年11月17日。主诉：反复双乳胀痛2+年。以左乳为甚，自扪及质硬包块，经前明显，平素烦躁易怒。月经规律，量中，色暗红，小血块，无明显痛经。纳差，眠可。二便正常。舌质暗，苔薄黄，脉弦。

此为冲任瘀滞所致乳痛，拟用行气活血、化瘀消症之法，以王成荣先生自拟方白莲方加减。

处方：半枝莲30 g　　白花蛇舌草30 g　　皂角刺10 g　　莪术10 g
　　　仙茅15 g　　　淫羊藿15 g　　　　生麦芽60 g　　青皮10 g
　　　浙贝母20 g　　连翘20 g

上方连服7剂后乳痛明显缓解，自扪及乳房包块减小，情绪好转。共服15剂后乳痛大幅度缓解，乳房包块消失，后随访3月未再复发。

（3）盆腔炎性疾病后遗疼痛

邬某某，女，37岁，汉族，自由职业。初诊时间：2014年10月27日。主诉：反复下腹疼痛8年。平素月经规律，量中，色暗红，夹血块，下腹疼痛经行加重，伴肛门坠胀。妇检宫体压痛，双附件增厚，压痛。舌质黯，苔薄黄，脉弦。

该患为冲任瘀滞所致盆腔炎性疾病后遗疼痛，拟予清利湿热、行气止痛之法，以白莲方口服加灌肠治疗。

处方：半枝莲30 g　　白花蛇舌草30 g　　皂角刺10 g　　莪术10 g
　　　土鳖虫10 g　　淫羊藿15 g　　　　仙茅15 g　　　猪苓10 g
　　　草红藤20 g　　败酱草20 g

按以上治疗方案治疗，2月后腹痛明显缓解，再4个月下腹疼痛痊愈，后随访，未见复发。

按语： 以上诸症，均为女性冲任瘀滞的痛症，其基本病机为冲任瘀滞，主因肝、脾、肾功能失调致冲任气机阻滞，日久化瘀，加之冲任二脉的特点，瘀久可化热，故王成荣先生在治疗该病症时，常用自拟"白莲方"治疗，方中半枝莲、白花蛇舌草清热解毒为君；莪术、皂角刺、土鳖虫化瘀散结为臣；因病在下焦，干扰冲任，祛瘀与泻火必须借助水道的通调，故以仙茅、淫羊藿温阳补肾助气化为佐；猪苓引经，利水渗湿给邪以出路，共奏清热化瘀、温肾利水、通络散结之功。临床的随证辨治化裁，也是中医治病的精髓，体现了"异病同治"之旨。

（八）妇科腹痛诊治经验总结

腹痛是一症状，男女皆可患之。然妇女由于解剖学上的不同，生理上有经、孕、产、乳等特点，因此就构成了妇科腹痛的特殊性。凡与经、孕、产有关的腹痛，本文谓之"妇科腹痛"。

1. 妇科腹痛的分类

临床常见腹痛症是妇科四大症之一，中西医皆如此。腹痛症可分为急性和慢性两种：引起急性疼痛的原因主要有急性盆腔炎、流产、卵巢囊肿扭转、破裂、异位妊娠等；慢性盆腔痛则包括泌尿系统、生殖系统、消化系统、肌肉骨骼系统、神经系统等。常见疾病有盆腔炎性疾病、盆腔静脉淤血综合征、盆腔粘连、计划生育手术后疼痛、子宫内膜异位症或子宫腺肌症、间质性膀胱炎、肠激惹综合征、输卵管或卵巢癌等。患者多有不同性质的腹痛、腰痛、性交疼等症状，病程长，严重影响生活质量。

2. 妇科腹痛的特点

（1）容易误诊

腹痛只是一个症状，根据起病缓急、腹痛部位、性质、时间、放射部位以及伴随症状可进行鉴别诊断，但存在误诊可能。这在各种杂志和误诊学书籍上均有报道。如李洪秀报道"妇科急腹症误诊18例分析"其中异位妊娠误诊为急性阑尾炎4例，卵巢黄体破裂误诊为急性阑尾炎4例，异位妊娠误诊为急性盆腔炎2例，卵巢黄体破裂误诊为异位妊娠2例，宫内孕误诊为异位妊娠2例，急性阑尾炎误诊为急性盆腔炎2例，输卵管积脓误诊为卵巢肿瘤蒂扭转2例。[①]杨庆雪报道"异位妊娠误诊21例分析"其中误诊为早孕及流产8例，葡萄胎2例，卵巢肿瘤1例，浆膜下子宫肌瘤1例，黄体破裂2例，急

---

① 李洪秀. 妇科急腹症误诊18例分析[J]. 中国误诊学杂志，2010，10（15）：3648-3649.

性盆腔炎及输卵管炎2例，急性阑尾炎1例，急性胃肠炎3例，功能性子宫出血1例。①从以上两家医院误诊病例资料分析，作为中医妇科从中可以汲取以下经验教训：①全面询问病史；②监测T、P、R、BP，心肺、腹部体检；③常规妇科检查；④客观分析病史和体征；⑤针对性进行辅助检查，如血常规、β-HCG、阴道B超等。

（2）暗藏不测风险

妇科腹痛症尤其是急腹症由于其起病急、进展快、变化多、病情重，一旦延误诊断，治疗不当，将给病人带来严重危害，甚至可导致死亡。因此，及时准确的诊断与鉴别诊断非常重要。妇科腹痛证的表现具有多样性、复杂性和不典型性，不同的疾病可有相同的临床表现，相同的疾病也可有不同的临床表现。因此要通过仔细询问病史，进行认真的体格检查，并借助相应的医技检查，以尽快明确诊断。临床医生应掌握丰富、全面的知识，并注意临床经验的积累，拓宽诊断思维，以减少误诊。

3. 妇科急腹症的诊断思路

（1）"古为今用"知标本

诊断遵循《内经·素问·标本病传论》中说的"知标本者，万举万当；不知标本者，是谓妄行"的指导思想，分清标本缓急。腹痛、伴发的阴道出血、停经、胃肠症状、发热、寒战、晕厥、休克等症状皆属标证。盆腔内出血、包块扭转或破裂、生殖道梗阻、内生殖器或邻近器官急性发炎等病变皆属病之本或产生痛症之因。

（2）"洋为中用"证病因

正规采集病史和体检，凡接诊妇科急腹痛应想到有急诊手术的可能。无论婚否、有无宫内节育器、是否停经或正在"行经"都不能作为排除异位妊娠的依据。近期人工流产史也非排除异位妊娠的依据。异于以往痛经的急性腹痛更要警惕异位妊娠或卵巢破裂。

（3）"证因有序"辨缓急

询问病史同时测T、P、R、BP等生命体征，并查血常规以鉴别腹内出血

---

① 杨庆雪. 异位妊娠误诊21例分析[J]. 中国误诊学杂志，2009，9（22）：5412.

或盆腔感染。及时抽血查β-HCG、血沉并配合阴道B超，有助于鉴别异位妊娠、卵巢破裂或盆腔感染。疑腹内出血应同时查血型准备配血。疑盆腔感染应抽血培养、宫颈白带培养。后穹窿穿刺或腹腔穿刺对鉴别有相当价值。

（4）中西医选择重安全

治疗遵循《内经·素问·至真要大论》"必伏其所主，而先其所因"的治则，根据轻重缓急，选择由西医或中医药治疗。对于难以免于手术的病种病例，如盆腔包块扭转或破裂、生殖道梗阻、腹内出血多、盆腔脓肿或伴中毒性休克的急性盆腔腹膜炎，按"急则治标"原则，应当适时手术。

4. 妇科慢性腹痛症的诊断思路

与急性腹痛比，慢性腹痛症的特点是病程漫长，通常都见于门诊，误诊更常见，滥用抗生素者不少，多方治疗而无效者屡有所见，中医药的适应证和疗效有探讨余地。

（1）对慢性盆腔痛的认识

古籍中医妇科专著和现代中医妇科教材绝大多数未将慢性盆腔痛列为章节论述，以病种分类的西医妇产科教材也未对其作专门论述，但该症近20年来渐为妇科学界关注而以慢性盆腔痛命名。

慢性盆腔疼痛是一种症状，不是一个诊断，是指由各种原因引起的持续6个月以上的以骨盆腔及其周围组织、器官疼痛为主的综合征，它涉及系统广，病因不明确，病种复杂，发病率高，诊断困难，治疗效果差，严重影响妇女的身心健康。CPP的概念不能满足作为一个独立疾病或病种诊断的要求，只能是一类待诊疾病共有症状的简化表述。

CPP受关注的原因为起病多隐匿、患者痛苦、病因复杂、诊断困难、治疗棘手、收效不易，因此以阴阳五行、正邪消长为核心的辨证论治和天然药材丰富的中医药对CPP应该有较好的研究前景。

（2）CPP的诊断程序

分步逐级获取证据可提高诊断效率，减少盲目性而有利于节约病人开支。只有尽可能明确疾病病种的诊断，才更有利于对中医药疗效和适应证的确定。诊断过程中需要注意：①规范化的问诊；②必要的妇科体检；③分析病史和体征得出有倾向性的印象诊断或拟似诊断；④根据拟诊做有针对性的辅助检验和无创检查；⑤按辅助检查结果再次分析病史体征修正拟诊；⑥根据医患双方可行条件，做更准确或有创性的检查；⑦完成以上步骤仍难下诊断，请相关科室会诊。

（3）CPP疑诊辅助检查要点

疑慢性盆腔感染需查血沉、血常规、支原体、衣原体，取环或治疗宫颈糜烂、有附件包块者行B超检查。疑子宫内膜异位症或子宫腺肌症查CA125、EMAb加CEA、CA19-9、TPA或B超检查。疑盆腔粘连者查支原体、衣原体；伴不孕者行子宫输卵管碘油造影（HSG）；疑盆腔静脉淤血症查阴道彩超或盆腔静脉造影；疑肠激惹综合征行钡盐灌肠或乙状结肠镜检；疑间质性膀胱炎查小便常规、培养加敏试或膀胱镜检；疑输卵管或卵巢癌查CEA、CA125、CA199、TPA和阴道B超或彩超、CT、MRI等；无创性检查未能确诊者行腹腔镜检查；腹腔镜检查仍阴性者建议看心理科。

（4）中医药辨证论治CPP之经验

CPP中医药辨证论治的适应证包括慢性盆腔炎、子宫内膜异位症、子宫腺肌症、盆腔粘连、肠激惹综合征、间质性膀胱炎、盆腔静脉淤血症。王成荣先生注重辨病与辨证结合，从肝郁气滞、肝旺脾弱、火热瘀结论治，疗效显著。

①肝郁气滞证：临床表现为反复下腹疼痛，胀痛为主，或胀甚于痛，妇科检查或正常或有局部压痛或有附件增厚，血常规、血沉及B超检查未提示异常。以审证求因方法分析，疼痛提示脏腑气机壅滞。肝主疏泄，令气血调达，久痛不剧，痛在下腹，而寒热虚实脉证不显，病因病机宜从肝失调达之下焦脏腑气机不利论，予《景岳全书》柴胡疏肝散疏肝行气止痛。

处方：柴胡10 g　　香附15 g　　枳壳12 g　　白芍30 g

川芎15 g　　甘草10 g

胀甚于痛方中可加川楝子12 g、延胡索15 g行气以止痛。附件增厚者可加皂角刺10 g、三棱15 g、莪术15 g以活血化瘀。

②肝旺脾弱证：临床表现为腹痛，胀或不显，或大便不实。舌苔或偏厚偏腻，脉或偏弦，但常苔脉平者更为多见《金匮要略·妇人杂病脉症并治》"妇人腹中诸疾痛，当归芍药散主之"，故予当归芍药散养血柔肝止痛。

处方：当归 10 g　　　川芎 15 g　　　白芍 30 g　　　茯苓 20 g
　　　泽泻 15 g　　　白术 10 g

腹痛明显者酌加延胡索 15 g、川楝子 10 g。

③火热瘀结证：临床表现为反复下腹疼痛，灼痛，或腰骶不适，或伴白带量多色黄。舌质黯红，苔黄或薄白，脉弦滑。妇科检查或子宫输卵管碘油造影提示盆腔粘连，B超检查提示盆腔炎性包块或包裹性积液。血常规和血沉升高或正常。常因热毒犯于下焦，久之不去，化火伤络，血溢成瘀致热瘀胶结而成。故属下焦里实之证。当治以清热解毒，化瘀散结。常用自拟白连散结汤加减。

处方：白花蛇舌草 30 g　　半枝莲 30 g　　皂角刺 10 g　　莪术 15 g
　　　土鳖虫 12 g　　　　仙茅 15 g　　　淫羊藿 15 g　　猪苓 20 g

（九）从"火热瘀结"论治子宫内膜异位症

子宫内膜异位症（EMT）是指具有生长功能的子宫内膜组织出现在非子宫腔正常被覆区和子宫肌以外的一种病变，属妇科常见的疑难病。其确切病因不清，复发率高，颇难根治。本病以痛经、慢性盆腔痛、不孕或附件区包块为主要临床表现。近年其发病率逐渐上升，且有年轻化趋势，特别针对尚未生育的女性，故本病的保守治疗方式极受关注。各医家通常将瘀血阻滞作为EMT的基本病机，临证时常从气滞血瘀、气虚血瘀、湿热瘀结、痰瘀阻滞和肾虚血瘀等方面进行治疗。但对引起瘀血阻滞的相关病因，还缺乏深入全面的研究和探索，总体疗效仍不理想。王成荣先生在治疗EMT方面有其独到的思辨特点，提出"火热致瘀"的思路和论点。他治疗本病具有理法方药灵活，能有效缓解症状、改善体征，且不影响月经周期等优点，值得推广。

1. 中医对EMT的病因病机认识

EMT的主要症状和体征为继发性进行性加重的痛经、不孕及盆腔包块。传统中医理论对EMT缺乏系统认识，但从古代医籍中亦可找到有关记载。如《古方汇精》曰："凡闺女在室，行经并无疼痛，及出嫁后，忽患痛经渐至增多，服药无效。此乃少年新婚男女不知禁忌，或经将来之时，或行经未净，随而交媾，震动血海之络，损及冲任，以致瘀血凝滞。每至行经，断难流畅，是以作痛，名曰逆经痛。患此难以受孕。"《景岳全书·妇人规》曰："瘀血留滞作癥，惟妇人有之。其证则或由经期，或由产后……总由血动之时，余血未净，而一有所逆，则留滞日积，而渐以成癥矣。"《针灸甲乙经·妇人杂病》："女子绝子，衃血在内不下。"由此可见，从"瘀血"辨治 EMT 具有传统理论依据。故现代医家多认为瘀血阻滞是 EMT 的基本病机，而王成荣先生在治疗 EMT 方面有其独到的思辨特点，提出了"火热致瘀"的思路和论点。

1990 年中国中西医结合学会妇产科专业委员会第三届学术会议将 EMT 中医诊断标准修订为血瘀证。瘀血阻滞胞宫冲任是本病的根本病机，活血化瘀已成为中医药治疗本病的特色亮点。对于瘀阻的成因，据临床报道，认为多与气滞、寒凝、气虚、湿热、痰湿、肾虚等有关，但鲜有提及火热。近年渐有从瘀毒、瘀热立论[①]，认为瘀血、恶血壅阻于冲任胞宫，血瘀日久可蕴而化毒，血瘀蕴毒伤络致气血阴阳失调是 EMT 的病理基础，并以清热解毒活血、祛瘀解毒组方治疗取得了较好疗效。王成荣先生认为引起瘀血的原因虽多，但内生火热当推首位，因此提出"火热致瘀，瘀久蕴热进而导致火热瘀结"的论点。

2. 基于"火热瘀结"角度分析 EMT 的中医病因病机

EMT 随卵巢激素变化而发生周期性出血，中医称之为离经之血，离经之血及异位内膜不能排出体外或不能及时被吸收，即为瘀血。可见瘀血是产生 EMT 一系列临床症状和体征的关键。但根据这一病机单纯采用活血化瘀治疗结果却不甚满意，不仅因为本病缠绵难愈、疗程长，而且即使临床治愈，其 5 年复发率也高达 40%。据此认为，EMT 可能存在一个基本的致病因素，在个体差异、后天环境、诱发因素的作用下致病。王成荣先生认为 EMT 患者的冲任脉络之所以损伤致经血内溢留瘀，多因火热之邪所致，内生火热是引起 EMT 的始发病因，盖因火热内生来源最广：冲气过旺，气有余便是火；六淫、七情郁久也可化火；瘀久不去亦能化火。故火热致"阴络伤，血内溢"，积瘀于冲任脉络所荣之下焦和其中之器官，则为其本。

从古代医籍中不难找到与"火热瘀结"有关的记载。热瘀的病机，早在《金匮要略·肺痿肺痈咳嗽上气病脉证并治》中便有记载："热之所过，血为之凝滞，

---

① 周美清，李亚里. 现代老年妇科学[M]. 北京：人民军医出版社，1999.

蓄结痈脓。"《血证论》亦有"血受热则煎熬成块"之说。叶天士《临证指南医案》中曰："入血就恐耗血动血"，细推其所以"动血"，正是火热毒邪盘踞血中，血液受火热毒邪熏煎致血液沸腾，血被热迫而动，妄行外溢，这与《济生方》中的"夫血之妄行也，未有不因热之所发，盖血得热则淖溢"观点一致。吴又可在《温疫论》中曰："邪热久羁，无由以泄，血为热搏，留于经络……热不干血分，不致蓄血。"这都说明火热是导致血瘀的重要因素之一。由此可见，从"火热瘀结"立论是有理论依据的。

"火热瘀结"的病机主要体现在三方面。一为"火热致瘀"：火热损伤冲任脉络并迫血妄行溢于脉外成瘀，即"阴络伤，血内溢"致瘀。若火热煎血成瘀，则可致脉络瘀阻，气血流行不畅，即《血证论》"血受热则煎熬成块"。二为"因瘀致热"：瘀血蕴积体内日久亦可遏郁生热化火，以至互为因果，胶结难去。三为周期性火热伤络留瘀：本为经前、经期冲任经气过旺，化火伤络之瘀尚未消去，又反复行经，一再增添新瘀，致令病变渐有扩大，终成瘀结或癥积难愈。

综上所述，"火热瘀结"理论有以下四点需要把握：①病因为内生火热。②病机为火热伤络，络伤血溢成瘀。③冲气过旺，气有余便是火，六淫、七情郁久也可化火，瘀久不去亦能化火，以致热瘀互为因果。④冲任血海周期性气血盈亏、阴阳消长的变化，造成反复络伤血溢，终致瘀结成癥。

3. 以"清热解毒、化瘀散结"为 EMT 的治疗原则

辨证论治是中医的精髓，王成荣先生根据《内经》的"热因热用，寒因寒用，通因通用，涩因涩用，必伏其所主，而先其所因"的治疗大法，以及 EMT "火热致瘀"的病因、病机，确立了对 EMT 的"清热解毒、化瘀散结"治则：首先针对火热病因，治以清热解毒之品；其次针对阴络伤，瘀血积结、留滞体内，治以软坚散结、化瘀散结之品。他所拟白莲散结汤体现了"清热解毒、化瘀散结"这一治法，临床取得了较好的疗效。

4. 病案举例

林某，女，30岁。已婚，G1P0+1，LMP 19/12。2006年12月29日初诊。主诉发现附件囊肿3天。其有间断痛经病史数年。2年前曾在他院开腹剥除双侧

巧克力囊肿，术后用 GnRH-a 治疗半年。3 天前左下腹疼痛剧烈 1 天，他院急诊 B 超提示左侧巧克力囊肿（4.6 cm×4.6 cm），诊断为左附件囊肿蒂扭转。但盆检时疼痛消失，因不愿手术而就诊。常苔，脉略弦。诊断：巧克力囊肿（火热瘀结证）。用自拟白莲散结汤加减：半枝莲、白花蛇舌草、连翘、皂角刺、土鳖虫、猪苓、白茅根、淫羊藿等治疗半年。2007 年 7 月 9 日 TVS 示：子宫常大，内膜 0.5 cm，肌壁间探及 0.8 cm×0.8 cm 肌瘤回声，双附件未见异常。

5. 讨 论

EMT 的主要病理变化为异位种植的子宫内膜随卵巢激素的变化而发生周期性出血，病灶局部反复出血和缓慢吸收导致周围纤维组织增生、粘连，出现紫褐色斑点或小泡，最后发展为大小不等的实质性瘢痕结节或形成囊肿。这与前面提及随周期性冲任经气过旺，化火伤络之瘀尚未消去，又反复行经，一再增添新瘀，致令病变渐有扩大，终成瘀结或癥积是一致的。

内生火热是 EMT 的始发原因，而火热为阳邪，动变甚速，瘀血可随火热之邪攻窜流散，随血流行，无处不到，故其病变广泛，不仅见于盆腔，还可侵犯全身任何部位。冲气过旺化火伤络致反复留瘀，瘀血渐阻冲任经脉之气，故其痛经表现为继发性、进行性加重的特点。冲任受损，瘀血阻滞，胞脉不畅，两精不能相合，故不能摄精成孕。EMT 无论是药物治疗还是手术后，随冲任血海周期性气血盈亏、阴阳消长的变化，还有络伤血溢的可能，即火热内生之源并未能完全消除，体现了 EMT 易于复发的特点，亦与 EMT 患者采用假孕或假绝经治疗可获效，甚绝经后本病可痊愈相吻合。"火热瘀结"理论由"冲任经气过旺，火热内生""火热伤络，血溢留瘀""因瘀致热"以及"周期性火热伤络留瘀"组成，这种热瘀互患、因果交织、反复难解的病因、病机，表明 EMT 是临床常见而难治的疾患。

据"火热伤络留瘀，瘀久生热化火致火热瘀结"的理论，EMT 的治法要点在于"必伏其所主，而先其所因"，故以清热解毒、化瘀散结为主。"清"可使血之未离经者安其宅；"化"可使血已离经者化其滞。依法制方常以半枝莲、白花蛇舌草、连翘等清热解毒；莪术、皂角刺、土鳖虫等化瘀散结；更因下焦瘀血的消散，有赖肾气之健旺和水道的通调而伍入仙茅、淫羊藿、猪苓等温阳利湿之品。

总之，内生火热是本病的始发病因，而周期性经气过旺则是病情反复发作、痛经加重或不孕等迁延不愈的重要病机。这种恶性循环，即所谓"热附血而愈觉缠绵，血得热而愈形胶固"，可以认为"火热瘀结"的见解对古人"久病多瘀""瘀久蕴毒"的理论也有所补充和发展。

（十）痛经辨治经验

中医有关痛经的确切记载，以宋代陈自明的《妇人大全良方》最早："妇人经来腹痛，由风冷客于胞络冲任，或伤于手太阳、手少阴二经，用温经汤加桂枝、桃仁。若忧思气郁而血滞，用桂枝桃仁汤、地黄通经丸。若血结成块，用万病丸。"西医妇产科学将痛经分为原发性痛经和继发性痛经。前者指起病于初潮2年以内者，多属功能性痛经；后者为初潮2年后始见者，常由盆腔器质性疾病引起。

王成荣先生治疗痛经经验丰富，重视查找病因，由于疾病性质不同，须结合必要的检查以判别是功能性抑或器质性，如属后者，则应进一步明确西医诊断。此外，在治疗上王成荣先生提倡根据患者痛经性质、年龄、婚否、有无孕育需求等不同类型，灵活选用中西医治疗方法，值得推广。

1. 审证求因

（1）首辨寒热虚实，四诊尤重问诊

疼痛产生皆因局部脉络气血不足或阻滞所致，即所谓"不荣则痛""不通则痛"，痛经亦然。肝、肾、子宫和冲、任经脉在致病因素的作用下，发生寒热、虚实变化，致阴阳失衡，都可导致气血不足或运行不畅，从而发生痛经。《景岳全书·妇人规》云："经行腹痛，证有虚实。实者或因寒滞，或因血滞，或因气滞，或因热滞；虚者，有因血虚，有因气虚。然实痛者，多痛于未行之前，经通而痛自减；虚痛者，于既行之后，血去而痛未止，或血去而痛益甚。大都可按可揉者为虚，拒按拒揉者为实。有滞无滞，于此可察。但实中有虚，虚中有实，此当于形气禀质，兼而辨之，当以察意，言不能悉也。"不仅较为详细地归纳了痛经的常见病因，且提出了根据疼痛时间、性质、程度辨虚实的见解，对后世临证多有启迪。①王成荣先生在此基础上，强调"痛经应首先辨清寒、热、虚、实"，才能做到辨证精准，处方用药得当。

王成荣先生认为，痛经辨证重在问诊，应重点了解疼痛发生的时间、程度、性质以及有无后重感：痛在经前或经期多属实，痛在经后多属虚；隐痛、喜揉喜按者多属虚，疼痛剧烈拒按者多属实；得热痛减多属寒，得热痛增多属热；绞痛、冷痛者多属寒，灼痛者多属热。此为辨寒热、虚实之大要，但临证时常须结合询问月经的期、量、色、质，以及伴随症状、舌脉、婚孕产育史等综合分析。

（2）次辨经络脏腑并求病因

痛经为胞宫、冲任脉络的气血、阴阳、虚实、寒热失衡所致，似乎病位已定。但痛在少腹的实证热证，病位多在肝；而痛及腰脊的虚证寒证，病多在肾。其中实者由气滞血瘀、寒凝血瘀、湿热瘀阻等导致冲任胞络的气血运行不畅，皆"不通则痛"；虚者则由于气血虚弱、肾气亏损等致子宫失于温养，即"不荣则痛"。对于子宫内膜异位症、子宫腺肌症所致的继发痛经，王成荣先生认为更多由于火热瘀结所致。

2. 分型论治

（1）胞宫虚寒证

宋代陈自明《妇人大全良方·月水行或不行心腹刺痛方论第十二》谓："夫妇人月经来腹痛者，由劳伤气血，致令体虚，风冷之气客于胞络，损于冲任之脉、手太阳、少阴之经。冲脉、任脉皆起于胞内，为经脉之海也。手太阳小肠之经、手太阴心之经也，此二经为表里，主下为月水。其经血虚则受风冷，故月水将行之际，血气动于风冷，风冷与血气相击，故令痛也。"

辨证要点：以经行腹痛、痛时喜温喜按为主要临床表现，多见于原发痛经。据痛时喜温喜按辨为虚证；但常见其痛在经期，据之又可辨为实证。总之，此乃胞宫虚寒，经血失温，血行不畅致瘀血内生，故当为本虚标实证。

治法方药：据"寒者温之""虚者补之"理论，以《沈氏尊生方》的艾附暖宫丸（桂枝、艾叶、吴茱萸、香附、当归、川芎、白芍药、熟地黄、续断、

---

① 张玉珍. 中医妇科学[M]. 北京：中国中医药出版社，2007.

黄芪）加减组方。本方主要针对胞宫虚寒之本，并无活血化瘀治标之药，王成荣先生临证处方亦未加化瘀之品，只温宫养血，以寒散则瘀自去，治本则标自消之故。组方时常加重白芍药用量，配合甘草，旨在酸甘化阴、缓急止痛；伴恶心呕吐者，加辛温的制半夏和温散脾胃寒邪的高良姜，以降逆止呕止痛；亦可加小茴香以理气和胃、祛寒止痛。

（2）宫寒瘀滞证

《景岳全书·妇人规》曰："若寒滞于经，或因外寒所逆，或素日不慎寒凉，以致凝结不行，则留聚为痛。"

辨证要点：经前或经期小腹痛而喜温，或自觉畏寒、小腹发凉，经行不畅，既畅则痛减或消，或块出痛止为主症。

治法方药：用《医林改错》少腹逐瘀汤加减以温经活血止痛，以桂枝、高良姜、小茴香、当归、川芎、白芍、延胡索、细辛组方。减去原方之失笑散与没药，因五灵脂为复齿鼯鼠粪便，1995年起《药典》未再收录；蒲黄更长于涩敛止血；没药水煮不易溶解。加入细辛，因其辛温散寒、通络止痛功效颇著。芍药素有"赤泻白补"之分，"泻"在凉血活血，"补"在柔肝止痛，而痛经当以止痛为先，故以白芍药易原方之赤芍。诸药合用则寒散血行，冲任、胞宫血气调和流畅则痛消。若寒凝气闭，痛甚而厥加附片；经血块多加川牛膝。

（3）气滞血瘀证

《沈氏女科辑要笺证》云："经前腹痛，无非厥阴气滞，络脉不疏。"患者可无明显情志诱因，但因素体差异，亦会导致"经欲行而肝不应，则拂其气而痛生"，即"不通则痛"。

辨证要点：以经前或经期小腹胀痛，拒按，或伴经前乳房胀痛，经血有块，血块排出则胀痛减为主要表现。临证时尤须细究气滞、血瘀之所偏盛：胀满为剧者，当偏于气滞；疼痛为甚者，则偏于血瘀，并据以指导处方用药比例及用量。

治法方药：治宜理气化瘀止痛。针对气滞，常用已故名医卓雨农老师习用药组（香附、台乌药、盐小茴）达温散行气止痛之功。但鉴于世界卫生组织（WHO）关于食盐应限量摄入以利健康的建议，改盐小茴为小茴香。针对血瘀，则常用佛手散达活血散瘀、行气止痛之功。临证见偏于气滞者常加广木香、枳壳、青皮；偏于血瘀者常加川牛膝、桃仁、川红花；经期亦常伍入金铃子散以加强行气活血止痛之效。

（4）火热瘀结证

王成荣先生根据中医理论和自身经验，提出"火热瘀结"多见于子宫内膜异位症、子宫腺肌症所致的继发痛经。论其病因病机，盖火热内生，来源最广。冲气过旺，气有余便是火；六淫、七情郁久也可生热化火；瘀久不去亦能化火。火热致"阴络伤，血内溢"难去，积瘀于冲任脉络所荣之下焦为其本。初始因热致瘀，以火热伤络，致血溢脉外成瘀，且火热煎血亦使成瘀，即《血证论》"血受热则煎熬成块"之谓。其后，瘀血蕴久，生热化火而因瘀致热。且随血海具有周期性盈亏及阴阳消长的规律性变化，造成反复伤络，溢血留瘀，瘀久不去而复又生热化火，以致热瘀互为因果，胶结难去。此即所谓"热附血而愈觉缠绵，血得热而愈形胶固"。

辨证要点：典型表现为经行腹痛，进行性加重，痛时拒按；月经量多，色鲜红，经血有块；常伴肛门坠胀、不孕等。此类痛经临证常见并无明显热象，并偶有喜温喜按者，但治以温宫散寒却难获效。这是由于 EMT、ADM 所致经行腹痛的喜温多按是温按可暂时减轻瘀阻之故。因此传统的"痛时喜按属虚，喜温属寒"的辨证观并不完全适合 EMT、ADM 所致的痛经。对此宜采取辨证与辨病相结合并以辨病为主，从"火热瘀结"论治，或可收效。

治法方药：本着"必伏其所主，而先其所因"的原则，宜清热化瘀散结。"清"可使血之未离经者安其宅；"化"可使血已离经者化其滞。依法自拟白莲散结汤：针对火热病因，以白花蛇舌草、半枝莲清热解毒，消肿止痛为君；针对"阴络伤则血内溢"致瘀血积结、留滞体内，以皂角刺、莪术等化瘀散结为臣；更因下焦瘀血的消散，有赖肾气之健旺和水道的通调，而伍入淫羊藿等辛温壮阳助气化为佐；猪苓利水渗湿为使，共收清热化瘀散结之功，以图标本兼治。欲孕者宜监测基础体温（BBT），如 BBT 上升 0.3~0.5℃连续达 11 天，应停药观察，确定未孕方可续服。

3. 用药时机

原发痛经多见于青春期，多属功能性，一般于经前 2~3 天及经期服药数剂。继发痛经常因 EMT、ADM 等盆腔器质性疾病所致，多见于育龄期妇女，常伴不孕、盆腔包块、月经不调等兼症，为妇科常见疑难顽症。治疗需遵循"急则治其标""缓则治其本"和"标本同治"原则，循月经周期灵活辨治：经前、经后主要针对病因力求治本；经间期则据冲任经气处于阴阳转化之时，因势利导而加行气活血药；经期则标本同治，以止痛为功。如此周期性分阶段有所侧重地施治，坚持多个月经周期即可生效。

（十一）"平调通时"不孕症诊疗模式探讨

不孕症病因复杂，检查、诊疗时程长，临床治愈率低。2008 年中西医结合治疗不孕不育高峰论坛的报告显示：经过正规治疗的不孕患者，其治愈率可达到 30%～50%。[①]2009 年中国国际不孕不育高峰论坛《中国不孕不育现状调研报告》显示：不孕不育症的发生率占育龄夫妇的 15%～20%，病因有上百种，治愈率仅 34%。因此，如何缩短诊疗时间，提高治愈率成为医患双方共同关心的热题。[②]

归纳王成荣先生诊治不孕症的思辨特点，一是充分采用西医相关诊断检查优势以确定引起不孕的内在病因。二是针对不同病种或病因，分别选用适合中医药或西医药或中西医药合理搭配的治疗方法，以尽可能符合中医传统的"简、便、廉、效"理念为目的。这两大特点，也可以用"平、调、通、时"四点加以概括。

1. 主张"平、调、通、时"的诊疗模式

《淮南子·天文训》说："阴阳合和而万物生。"而《内经》用"阴平阳秘"来高度概括人体最佳的生命活动状态，这种当然也包括生育的必备条件。同时在《内经·素问·上古天真论》中还论述："二七而天癸至，任脉通，太冲脉盛，月事以时下，故有子……七七任脉虚，太冲脉衰少，天癸竭，地道不通，故形坏而无子也。"其他古典医籍也多有涉及，如《女科正宗》曰："男精壮而女经调，有子之道也。"《济阴纲目》曰："天地生物，必有氤氲之时；万物化

---

① 中国·重庆中西医结合治疗不孕不育高峰论坛该论坛的报告[N]. 重庆商报，2008-08-31.
② 2009"中国国际不孕不育高峰论坛"中国不孕不育现状调研报告[N]. 健康报，2009-08-26.

生,必有乐育之时;猫犬至微,将受娠也。"据此并联系临床实际提出了"阴阳平、女经调、地道通、乐育时"的不孕症诊疗模式。

"平、调、通、时"模式是一个论述自然妊娠过程的模式,但也是一种病因析查、审因辨证与合理选择诊治方法的程序模式。按照该模式,主要采用不孕症西医病因的系统排查法,尽快完成男女不孕不育的病因诊断,并根据诊断合理选用中医药治疗或西医药治疗或中西医结合治疗。

2. 诊断模式

(1) 阴阳平否

"阴阳平"包含了夫妻双方的性和生殖功能的正常。有些不孕症患者仅女方就诊,而实际病因在男方或男、女双方。2009年"中国国际不孕不育高峰论坛"中国不孕不育现状调研报告显示:在治疗失败的人群中98.9%没有接受全面、科学的检查,以致未能查清、查准病因;21%的夫妇只做了单方检查。由于男方不存在月经问题,只要性功能正常,多数只需一或几次精液常规检查便可得出是否与女方不孕有关的结论,故在不孕症诊疗模式中把男精是否正常放在第一步。如有男性病因,可以指导建议其去泌尿外科或男科就医。

对女方不孕,不论有无流产史,都要排除可能影响受孕或孕后流产的免疫学因素,检测女方是否存在影响生育的抗体,如AsAb、EmAb、AcAb、AoAb、ZpAb、AhcgAb等异常免疫抗体。有过反复自然流产史者,还宜查封闭抗体(HIA-Ab)。必要时再查双方染色体。此外还要查CT、UU以及其他潜在感染如TORCH。若CT、UU为(+)需嘱男方去泌尿科检查治疗。所有这些若有异常,均要根据是否必须与有无可能等条件,选择最佳治疗方案,达到"调其阴阳,以平为期"的目的。

(2) 女经调否

"女经调"不单指女性月经正常,而应是有排卵且黄体功能正常的月经。判断是否"女经调",除月经史外,通常必测基础体温(BBT)。BBT有可疑无排卵,则配合阴道B超(TVS)监测卵泡发育至排卵后。若患者经量减少,查BBT与TVS以发现是否为宫内膜发育不良或有无宫腔粘连。必要时还要查生殖内分泌、甲状腺功能或做宫腔镜检查。对经量过多者也须作以上相应检查。

不孕而月经失调者常见以下病症：

①排卵异常：不排卵或卵泡不破裂黄素化综合征的诊断主要以连续记录基础体温3个月以上、检测黄体期血孕酮（P）水平和B超系列监测有无排卵征象来综合判断。②黄体功能异常：黄体不健或萎缩不全，主要通过自测基础体温连续3个月以上呈不典型双相，如高温期体温上升不足0.3℃或波动呈不规则上升或排卵后高温持续不到11天或经潮数日始降至基线；或黄体期查孕激素水平低于正常值；或经前24小时至经潮见血性分泌物12小时内尽早取宫内膜活检来诊断黄体不健，或可通过经潮第5天取宫内膜活检来诊断黄体萎缩不全。③宫内膜"发育不良"（子宫内膜"容受性"差）：子宫内膜功能层周期性由增殖期到分泌期到溶解脱落的月经期，通常都与卵泡发育、排卵、形成黄体及其退变密切相关而同步。若宫内膜功能层的变化与卵泡、排卵和黄体功能不一致，便可出现宫内膜偏薄的"发育不良"状态，而不利于孕卵种植着床的"容受性"差，同时可表现为月经量减少。监测方法为TVS监测卵泡发育，或在BBT监测下，于排卵后6~8天（多在月经周期第20~22天）经阴道B超观察子宫内膜厚度和类型。内膜的回声类型基本根据Gonen等的标准分为3型：A型，即三线型；B型，即弱三线型或等回声型；C型，即强回声型。[①]有报道称：内膜厚度在6~7.9 mm，临床妊娠率为0；内膜厚度在8.0~14.9 mm，临床妊娠率为36.61%；内膜厚度＞15 mm，临床妊娠率13.33%。[②]

（3）地道通否

根据《内经·素问·上古天真论》中"七七，任脉虚，太冲脉衰少，天癸竭，地道不通，故形坏而无子"的论述，用古人形象的比喻——"地道"涵盖女性的生殖道。而生殖道病变导致的不孕，多指由于输卵管的功能受损，不能拾卵或阻塞，致精卵结合无门而然。故"地道通否"即了解阴道、宫颈、子宫、输卵管的通畅程度。

[①] GONEN Y, CASPER R F. Prediction of the plantation by the sonagraphic appearance of the endametrium during controlled ovarian stimulation for in vitro fertilization[J]. Vitro Fert Embroy, 1990（7）：146-152.
[②] 陈卓，黄永俐，宋晶晶，等. 经阴道多普勒超声评价体外受精胚胎移植子宫内膜容受性[J]. 贵阳医学院学报，2008，33（4）：388-389.

尽管不孕症患者"地道通否"涉及整个生殖道，但只要有月经，则主要是以输卵管因素为最常见。因此常需在经净后做子宫输卵管造影。HSG 前必须查 CT、UU。若是 CT、UU 是（+），则必须先治疗转（-）后，再安排 HSG 的检查时间，若可疑宫腔粘连者，还应在适当时候安排腹腔镜或宫、腹腔镜联合检查治疗。例如有的病人患有子宫内膜息肉、宫腔粘连、子宫内膜结核、盆腔粘连、慢性盆腔炎、子宫内膜异位症、盆腔结核或输卵管结核等，就是在宫、腹腔镜检查中被确诊的。

（4）乐育是否及时

尽管对某些不清楚排卵期的患者要给予受孕指导，但本着《内经》"法于阴阳，和于术数"的养生理论，我们主张以"乐育及时"指导夫妻性生活，这样更有利于受孕。更通俗的谚语"有心栽花花不发，无心插柳柳成荫"体现的便是一种需要顺其自然的和谐心态，因此应让患者相信受孕也要有这种自然而然的和谐乐育心态。

3. 治疗特色

按照"平、调、通、时"模式，找准病因，以"平衡阴阳、调顺女经、疏通地道、及时乐育"为治疗原则。男方病因建议去男科或泌尿科就诊，下面着重讨论女方的治疗。

王成荣先生临证强调针对病因，辨病与辨证结合，调经突出择期而治，恰当选择中西分治、中西结合等治疗手段。鉴于不孕症病因复杂，很多患者存在多个病因，病理表现多样化，涉及现代医学的多种疾病，本着中医学整体观和辨证施治的原则，遵循女性月经周期阴阳消长变化规律，因人因时治宜。常用滋养肝肾、化瘀通络、益肾固冲、清热利湿化瘀、清解阳明郁热等治法。

总的治疗原则仍应以促其自然受孕为主。建议采用辅助生殖技术如试管婴儿治疗者，更应严格掌握适应证；对确定采用腹腔镜或宫腹腔镜联合治疗者，也需在完成其他生殖功能检查后才进行，而不是先手术。因为术后再去调整治疗其他影响受孕或可能流产的疾病，往往错过术后最佳受孕时机。所以，腹腔镜术后应力争在 6 个月内怀孕，否则有重新梗阻的可能。

（1）平衡阴阳，顺应周期

明代李时珍说："女子，阴类也，以血为主。其上应太阴，下应海潮。月有盈亏，潮有朝夕，月事一月一行，与之相符，故谓之月经。"规律月经是生殖功能成熟、健全的标志之一。在不孕症的治疗中，王成荣先生重视月经周期中冲任气血周而复始的阴阳消长的生理规律，并结合现代医学有关卵巢月经周期的分期，按阴阳消长规律论治调经。经后期（相当于卵泡期 d5～d11）：滋养肝肾的滋活汤加减治疗；经间期（相当于排卵期 d12～d16）：温阳活血或行气活血的三川汤加减为主治疗；经前期（相当于黄体形成期 d17～d18）：益肾安冲的寿胎丸加减治疗；经期（子宫内膜剥脱 d1～d4）：温宫活血通经的少腹逐瘀汤加减或清热化瘀为主的清化汤加减治疗。针对免疫性不孕，常无异常脉证可辨的情况下，根据中西医结合的观点，抗体为机体"正气"的客观指标之一，正常抗体缺乏可辨为正气不足，出现异常抗体则可辨为正气过旺，而"气有余便是火"，经言"亢则害，承乃制"，故治当泻火。因病在血分，既可酿成湿热，又可煎熬阴液成瘀，故制方应兼利湿化瘀，常用自拟泻火达衡汤加减。本方由《伤寒论》栀子柏皮汤加利湿化瘀之品而成：方以黄柏、栀子清热泻火为君；茵陈、石韦清热利湿，甘草清热解毒，并桃仁活血祛瘀为臣。全方体现泻火消瘀而致气血和顺，阴平阳秘之功。一般服药 3 月 1 疗程。对封闭抗体缺乏的患者可建议试用淋巴免疫治疗。

（2）调顺女经，滋养和血

女经失调常见周期、经期、经量等异常。针对月经周期的异常，除了前面的周期调理外，还应考虑气血的虚、实、寒、热等。针对月经量多、经期延长者，辨证多为热瘀所致，前述西医检查则多属黄体功能异常。常在周期治疗的基础上，经期用自拟清化汤。该方是以王成荣先生临证所见经血色红质稠或有块辨为血热挟瘀而设。为采用明代万全《妇人秘科》"经水来太多者，不问肥瘦，皆属热也"和清代唐宗海《血证论》"女子胞中之血，每月一换""既是离经之血，虽清血、鲜血亦是瘀血"的观点，将二者合为一，并据以立法制方。方中小蓟、马齿苋或重楼清热凉血止血为君；黄芩、地榆或白花蛇舌草清热凉血与桃仁、川牛膝去瘀生新为臣；枳壳行气助臣药化瘀为佐，共达清热凉血，化瘀止血之功。针对月经量少，辨证多为气血虚弱，冲任虚瘀，相关检查多为子宫内膜发育不良，王成荣先生临诊时常用滋活汤加减治疗，该方以《医方集解》"七宝美髯丹"变化而来。方中以女贞子、枸杞子、菟丝子、补骨脂补肝肾精血，以当归、川芎、鸡血藤、桃仁补血活血。或用《千金翼方》当归建中汤（桂枝、芍药、甘草、生姜、大枣）加减。原书谓"治妇人产后虚羸不足"，并无饴糖。又谓"若大虚，加饴糖六两"，而不孕症中的经少多属久病多虚，并无其他虚损脉证，故非大虚。因此未在方中加饴糖而随月经周期加桃仁或附片等，从中州缓补兼化瘀或温通。小建中汤、当归建中汤、黄芪建中汤方中均有生姜、大枣，但均属使药，且生姜一般中药配方都嘱患者"自加"而带给病家更多麻烦，故王成荣先生常将此二味减去不用。针对月经稀发的多囊卵巢综合征，颜面及背部易生痤疮者，中医多辨为阳明郁热。盖气有余便是火，火郁成毒则可发疮。然痤疮总属阳邪犯上，而阳明经荣于面，痤疮乃阳明郁热之象，故宜从阳明郁热辨治，以清解阳明郁热为法。拟方以五味消毒饮合白虎汤加减，《温病条辨》谓"治上焦如羽，非轻不举"，正取其轻清上浮，有利于清解上焦火热之意。方中知母、生石膏、山药易粳米为白虎汤加减，以清阳明经热，并黄芩清泻上焦火热为君；银花、连翘、野菊花、蒲公英、天葵子清热解毒为臣；辛夷花入肺胃通鼻窍散邪，决明子归肝经与大肠经，通便清热，令邪有出路而并为佐使之药。全方共收清解阳明郁热之功。

（3）疏通地道，化瘀通络

输卵管不通或活动受限的患者常有冲任伤损留瘀的病史。冲任受损，胞宫瘀滞，两精难于结合。欲其妊娠，当先去瘀。故治多以化瘀散结为主，而在月经周期性阴阳转化的不同阶段配合益肾固冲等法。临证常用自拟白莲散结汤，方以白花蛇舌草、半枝莲清热解毒，活血化瘀，消肿止痛为君；皂角刺、莪术、土鳖虫化瘀散结为臣；仙茅、淫羊藿辛温壮肾阳助气化为佐；猪苓利水渗湿为使药。全方君二臣三佐二使一，共收活血化瘀，软坚散结之功。在中医药辨证施治的基础上还常配合宫、腹腔镜诊治。对双输卵管均废者，必要时也建议切盼孕育者试用辅助生殖技术，而中药配合调经保胎。

（4）乐育指导，补肾固冲

无故不孕，乐育指导也颇重要，尤其对仅一侧输卵管有功能或采用了西药促卵泡发育药物者更属必要。通常是在 BBT 和 TVS 监测卵泡大小的情况下，给予行气活血之三川汤或桃红四物汤加减治疗。行气活血或有利于气血转化和卵泡的破裂、排出，当卵泡已破或 BBT 上升后，则予以寿胎丸加减治疗，以补肾固冲。

按照上述先生不孕症的"平、调、通、时"模式，对久治未果的难治性不孕症，要重视阶段性治疗分析总结。当有诸病因同时存在时，应注重排查影响孕育的主要因素，抓住主要矛盾，及时调整诊疗方案，或可取得孕育疗效。

（十二）从"地道通否"辨治输卵管性不孕症

夫妇结婚后同居 1~2 年，性生活正常，且未避孕而未受孕者为原发性不孕；若曾有妊娠史，而后未避孕 1~2 年未孕者为继发性不孕。

"地道"首见于《内经·素问·上古天真论》："二七而天癸至，任脉通，太冲脉盛，月事以时下，故有子……七七，任脉虚，太冲脉衰少，天癸竭，地道不通，故形坏而无子也。"

"地道不通"所致的不孕症类似于西医的输卵管病变所致不孕症。其诊断标准是：①子宫输卵管造影证实输卵管不通畅、阻塞或积水等；②腹腔镜检查下做输卵管通液，证实输卵管不通畅或不通，并且盆腔内粘连；③通液或通气 2 次均不通。以上 3 项中有 1 项符合可以诊断。①

1. 基本病机是冲任瘀滞

王成荣先生认为冲任瘀滞是"地道不通"所致不孕症的基本病机。女性胞宫、胞脉等重要脏器位于人体下焦，冲任督带通过经脉与五脏六腑相联系，以获取精微营养，借以完成胞宫、胞脉、月经及孕育等功能活动。各种病邪经阴户侵袭并壅遏于胞宫、胞脉时，势必使胞脉之气血运行受阻，不孕患者情绪多抑郁焦虑，肝气不疏，气滞血瘀，进而瘀滞不通，最终导致"瘀"的产生；"不通则痛"，而发为痛证；胞络瘀阻，两精不能相搏而致不孕。瘀血既是病理产物，又是导致"地道不通"所致不孕症的重要发病机制。

西医解剖学认为，女性盆腔内二至三条静脉伴随一条同名动脉循行，大静脉之间有较大的吻合支形成众多静脉丛，且生殖系统的静脉丛又与膀胱、直肠两系统的静脉丛相通。这种丰富复杂的循环特点为盆腔"瘀血"的形成提供了

---

① 中华人民共和国卫生部. 中药新药与临床研究指导原则[S]. 1993：276-279.

病理条件，尤其当盆腔感染发生时，盆腔组织充血水肿，盆腔静脉运行更加缓慢，最终导致瘀滞的产生，影响受孕，或流产。"地道不通"所致不孕症患者常见盆腔器官组织破坏、广泛粘连、增生及瘢痕形成，都是冲任瘀滞之象。

所以，无论是运用中医理论对本病的发生与发展所作出的病机分析，还是根据现代医学解剖、生理、病理的研究，瘀滞均是"地道不通"所致不孕症疾病发展过程中客观存在的重要因素。冲任瘀滞为基本病机，故消除冲任胞脉气血瘀滞是治疗本病所必须始终遵循的基本法则。

临诊时王成荣先生按冲任瘀滞辨证施治盆腔炎性后遗不孕症卓有成效。

2. 中西医结合诊疗模式

王成荣先生对于该病的诊疗有别于传统中医、西医的治疗模式。未确定西医诊断前，不宜随便服中药。而是借助现代医学诊疗手段，通过输卵管通液术、子宫输卵管碘油造影术、腹腔镜等检查明确诊断输卵管性病变，采用辨病与辨证结合，可避免单纯的中医药诊治的盲目性，否则难收实效而徒增病家经济负担。治疗中首选中医药治疗，可观察半年到一年时间，有复孕术指征者，可在术前术后按下焦或冲任瘀滞辨证，处白莲散结汤，一日一剂。术后经前7天左右，可改服益肾固冲汤。

术前中医药治疗可改善盆腔环境，减少粘连、淡化瘢痕，降低手术难度，提高手术成功率。术后再配合中医药防粘连、淡化瘢痕、修复组织、恢复输卵管蠕动和运卵功能以促通畅，为术后半年的受孕黄金时段创造条件。当患者妊娠后，再采取中西医结合保胎治疗措施，这样的中西医结合诊治体系可明显减少患者治疗成本，缩短治疗周期，提高妊娠成功率。

（1）疾病诊断流程图（略）

（2）冲任瘀滞的辨证论治

本证多由经期、产后摄生不慎，感受邪气，邪血相结，瘀阻冲任胞宫而致；或由冲任气滞经久不愈发展而来。临床表现为：婚久不孕，或堕胎后久不孕育。月经周期延后，量少，经色紫黯有血块，或崩中，或漏下不止。经行腹痛，块下痛减，或经闭不行，或见少腹癥瘕。面色黯滞无华。舌紫黯，边有瘀斑，苔薄白，脉涩。王成荣先生临床治以化瘀散结，常以白莲散结汤为主方。

处方：皂角刺 10 g　　莪术 15 g　　土鳖虫 10 g　　猪苓 20 g

半枝莲30 g　　白花蛇舌草30 g　　仙茅15 g　　淫羊藿15 g

该方以白花蛇舌草、半枝莲清热解毒，活血化瘀，消肿止痛为君；皂角刺、莪术、土鳖虫化瘀散结为臣；仙茅、淫羊藿辛温壮肾阳助气化为佐；猪苓利水渗湿为使药。全方君二臣三佐二使一，共收活血化瘀，软坚散结之功。临床加减常有：①若未避孕，黄体期时可去仙茅、皂角刺、莪术、土鳖虫，加益肾固冲的杜仲、菟丝子等；②若伴见乳房胀痛，加青皮、橘核、丝瓜络等；③若时值经期，喜温喜压，常加桂枝、高良姜、小茴香温经，加川芎、川红花、川牛膝以增强活血祛瘀之功，已达到经期给邪以出路的目的。

3. 病证结合

因炎症或粘连所致子宫前后倾屈过度、子宫内膜异位症、卵巢巧克力囊肿，临床上常在经后期、经间期服白莲散结汤化瘀散结，在经前期（黄体期）常服益肾固冲汤（王成荣先生经验方：杜仲、川断、枸杞、肉苁蓉、党参、白芍、甘草等）。必要时按照前述地道通否流程图流程进行治疗，适时选择手术。

（十三）排卵功能障碍性不孕症治疗经验撷要

排卵功能障碍是常见的内分泌疾病，与卵巢性、下丘脑—垂体性、甲状腺、肾上腺、心理精神性等因素相关。其临床表现多种多样，如月经失调（月经过少、稀发和闭经）、多毛、肥胖、不孕、无排卵或排卵异常，包括未破裂卵泡黄素化、黄体缺陷与黄体功能不足等。排卵功能障碍是引起女性不孕的主要原因之一，约占女性不孕症患者的25%~30%。

1. 病因病机

王成荣先生认为，月经的调畅是构成胎孕的先决和必备条件。《女科正宗·广嗣总论》谓"男精壮，女经调，有子之道也"。健康的精、卵顺利结合，孕卵着床稳定，才能逐月生长发育至分娩。《傅青主女科》云"经水出诸肾"，月经的调畅与肾密切相关。肾藏精，主生殖，肾所藏之精为先天之精，是肾主生殖的物质基础，胞宫的功能主要是主月经和孕育。肾气盛而天癸至，任通冲盛，月事以时下，肾—天癸—冲任之间的平衡失调是引起排卵功能障碍性不孕症的主要因素。肾之精血是女性正常生理活动的基础。因此，肾气虚衰，精血亏虚，可影响生殖功能，导致经血失调，孕育无能。

2. 中医辨证分阶段汤剂用药

王成荣先生依据中医传统理论，并吸取现代医学关于卵巢周期性变化及对子宫功能影响的认识，认为调经应顺应冲任气血周而复始的阴阳消长生理规律，"任通冲盛"方能"月事以时下，故有子"。在卵泡的发育、成熟、排卵及黄体形成的不同阶段，分别予以中药调控。补肾育卵，有助于卵泡的生长发育，在补肾的基础上行气活血，以改善卵巢血循环，增加血流量，提高排卵率，同时预防了未破裂卵泡黄体化的发生。从而建立有排卵的月经周期，达到治疗排卵障碍性不孕症的目的。临床研究证明中药人工周期疗法有小剂量雌激素样作用，即兴奋下丘脑—垂体—卵巢轴，诱发LH高峰，从而起到促进排卵、恢复月经周期的作用。

经后期，相当于卵泡期（月经周期第5~11日）：月经初净，胞宫血海空虚，属肾阴精血不足。因月经本于肾，肾为经水之源，治疗重在阴血的恢复和滋生。治法：滋阴养血、补肾育卵。方药用自拟滋活汤：女贞子、枸杞子、菟丝子、补骨脂、当归、川芎、鸡血藤、茺蔚子。

经间期，相当于排卵期（月经周期第12~16日）：此时胞宫气血渐盛，阴阳交替，是受孕的最佳时机。治疗以温阳活血或行气活血为主。方药用自拟三川汤：桃仁、川红花、当归、川芎、香附、枳壳、川牛膝等。酌加淫羊藿、仙茅、桂枝等温阳之品，促使阴阳转化。

经前期，相当于黄体期（月经周期第17日~经前）：肾气及冲任精血旺盛，下注胞宫，胞宫满盈，应属阳气旺盛期。治法：益肾安冲为主，以维持阴阳气血充旺，有利于刚着床还不能查出的潜在早孕。方药用自拟补肾活血方：杜仲、续断、菟丝子、肉苁蓉、党参、黄芪、白芍、甘草。

经期，相当于月经期（月经周期第1~4天），此时为黄体退化期、子宫内膜剥脱，胞宫处于满盈而泻的状态。将由阳转阴。若未受孕，则当调理气血，因势利导，促使血海由满而溢，除旧生新，宜活血通络为主。选用自拟三川汤加减助从阳转阴，或用少腹逐瘀汤加减：桂枝、高良姜、小茴香、当归、川芎、白芍、桃仁、川牛膝。

3. 中西综合施治

王成荣先生认为治疗排卵障碍性不孕首先应找到排卵障碍的病因，并根据病因有针对地治疗原发病。同时中医药根据月经不同阶段辨证治疗，辅以克罗米芬（CC）、人绒毛膜促性腺激素（HCG）、人绝经期促性腺激素（HMG）、黄体酮等西药治疗。王成荣先生在治疗排卵障碍性不孕疾病时，常于月经周期第 3～5 天开始用克罗米芬 50～100 mg，每日 1 次，连服 5 天。自月经周期第 11 天开始阴道 B 超监测卵泡发育，卵泡发育至 16～18 mm 时，肌注 HCG6 000～10 000 u。阴道 B 超监测肌注 HCG 后卵泡排出情况。注 HCG 当日及次日各同房一次以助受孕。CC 是当前国内外公认有效的一线诱发排卵药，但常常排卵率高而妊娠率低，且易产生副反应。因其抗雌激素的作用，影响子宫内膜和宫颈黏液，不利于精子向前运动和受精卵的着床，从而出现"高排低孕"现象。有学者研究发现，许多补肾中药具有雌激素的作用，可纠正这种低雌激素反应，达到提高受孕率的目的。故中西医有机结合治疗本病，既可收到近期明显效果，又可使其疗效巩固，不失为治疗本病的有效途径。

4. 体 会

王成荣先生在继承中医学传统理论的同时，又在临床实践中注重与现代医学理论相结合，近年来临床使用"中药人工周期治疗"和"中西医结合疗法"。以"肾主生殖"理论为指导辨证施治，顺应冲任气血周而复始的阴阳消长生理规律，体现了"同病异治"的特色。临床研究证明，这些疗法可以明显提高治疗效果。因此，中医学与迅速发展的现代医学技术相结合，将会使排卵功能障碍的治疗有更广阔的前景。

（十四）从"血分郁热"论治免疫性不孕

妊娠是半同种移植过程，成功妊娠是免疫耐受的结果，一旦免疫功能异常，将导致妊娠失败，由免疫引起的不孕症占不孕症的 10%～15%。有报道不孕患者中，约有 20%与免疫因素有关[1]，免疫性不孕占不孕患者的 10%～30%[2]。西医治疗主要以避孕套、免疫抑制剂治疗为主，治疗时需避孕。免疫性不孕症是指患者排卵及生殖功能正常，无明显致病因素发现，配偶精液常规检查在正常范围内，未采取避孕措施，夫妇同居一年以上而未能受孕，检查 AsAb、EmAb、AcAb、AoAb、AZpAb、AhcgAb 存在者。

1. 免疫学不孕西医病因病机

现代医学认为，AsAb 阳性的常见原因是精子和精液本身具有抗原性，若阴道或宫颈上皮有所破损或感染发炎而被吸收后，使人体发生免疫反应，在血清和生殖道（尤其是宫颈和输卵管内）出现 AsAb；或者由女性自身血清中存在有 EmAb 或 ZpAb，使精液凝集、失去活力，或者阻止精子穿透卵子，或者影响受精卵着床，以致造成不孕。[3]EmAb 阳性的不孕妇女往往都患有子宫内膜异位，这种自身抗体与子宫内膜中的靶抗原结合，在补体参与下，引起子宫内膜免疫损伤，影响孕卵着床，导致不孕。AcAb 可使血管内皮细胞上的磷脂结合，易致血栓形成，使宫内供血供氧低下，引起流产。AoAb 的存在影响卵巢功能，致使卵子的排出、精子的穿入、胚胎的着床、雌激素的产生均受影响从而引起不孕。ZpAb 遮盖了位于透明带上的精子受体，使精子不能认识卵子，也就无从与卵子结合；抗体可以稳定透明带表面结构，因而能抵抗精子顶体酶对透明带的溶解作用，使精子穿透不了透明带；如已受精，因透明带结构的稳定，致胚胎被封固在透明带内，而无法着床。HCGAb 是在胚胎发育成长过程中，胎盘合体滋养层细胞大量产生的，是维持妊娠所必需的激素，抗 HCG 抗体可以降低雌二醇和孕酮水平，研究发现生殖六项抗体对胎停导致不育。李氏等研究发现生殖六项抗体对胎停育具有特异性，是与胎停育呈正相关的一个免疫学指标。[4]

---

[1] 陈晓平，等. 固阴煎治疗免疫不孕症及对体液免疫的影响[J]. 中医杂志，1992，33（12）：36.

[2] 李爱青，林海波，周士源. 滋阴活血中药配合官腔内人工授精治疗肝肾阴虚型 AsAb 阳性不孕[J]. 中国中医药信息杂志，2005（4）：76-77.

[3] 郭勇义，陈冬梅. 十子汤治疗女性免疫性不孕症临床研究[J]. 辽宁中医杂志，2006，33（11）：1432.

[4] 李天贺，逯静茹，关志宝. 抗生殖免疫抗体与胚胎停止发育的相关性分析[J]. 中国误诊学杂志，2009，25（9）：25-26.

现代医学治疗免疫性不孕的方法有隔绝疗法、免疫抑制疗法、宫腔内人工授精、体外受精等。其有一定疗效和适应证，但仍有进一步探讨提高的空间。中医药是值得探讨和有价值的一种疗法，其疗效或成为治疗免疫性不孕的途径之一。

2. 免疫性不孕中医辨治

中国古代并无免疫性不孕的明确病名，但其当属中医学"不孕""无子"范畴。中医学认为免疫性不孕以肾虚为本，湿瘀为标，以肾虚为主，涉及肝、脾，其中以肾阴虚多见、夹瘀夹湿为患。[①]王成荣先生根据中西医结合的观点，认为抗体为机体"正气"的客观指标之一，正常抗体缺乏可辨为正气不足，出现异常抗体则可辨为正气过旺，而"气有余便是火"。因病在血分，既可酿成湿热，又可煎熬阴液成瘀，湿郁不化，热不得宣，热邪内迫，由气伤血，血分郁热，故制方应清热泻火兼利湿化瘀。王成荣先生在多年临床实践中，在治疗免疫性不孕方面形成了自己的诊疗风格和辨证思路，其拟方泻火达衡汤方（黄柏、栀子、茵陈、石韦等），通过清热化瘀治疗免疫性不孕。总结我院2011年1月—2011年12月妇科门诊的96例女性免疫性不孕症患者，应用泻火达衡汤治疗，疗程2月，结果显示治愈24例，有效69例，无效3例，总有效率94.8%。

3. 王成荣先生的辨治特色与创新

（1）辨病与辨证的中西医合理结合

虽然这类不孕症患者多无异常脉证可辨，但在中西医结合观念基础上，王成荣先生认为中医学关于人体正气的概念，与西医学关于免疫的概念在一定程度或在某些方面有相似之处。生殖抗体作为正气的一项客观指标，应有的抗体缺乏可辨为正气虚，异常的抗体出现则可辨为正气过旺，生殖抗体阳性是免疫功能亢进的表现，抗体阳性便可按"气有余便是火"论治，因这些抗体都见于血中，故从血分郁热入手，以清热利湿活。

---

① 计家平，张狄，程泾. 免疫性不孕症的病因病机与中医治疗近况[J]. 中医药信息，2010，27（5）：115-117.

（2）处方体现"简、便、廉、效"理念特点

据法以《伤寒论》栀子柏皮汤为基础，伍入利湿化瘀之品组成的自拟泻火达衡汤。方以黄柏、栀子清热泻火为君；茵陈、石韦清热利湿，甘草清热解毒，并桃仁活血祛瘀为臣。全方体现泻火消瘀而致气血和顺、阴平阳秘之功。一般服药2月为1疗程。该方系王成荣先生积累多年临床经验总结的经验方，临床疗效显著。本方仅由六味药组成，便于得到，处方精练、价廉、效好，体现了中医"简、便、廉、效"的特色。

（3）体现了中医"治未病"理念

《内经·素问·四气调神大论》说："圣人不治已病治未病，不治已乱治未乱。"该言论明确提出了防重于治的预防思想。生殖抗体阳性可导致不孕不育或复发性流产，给患者增加经济和思想负担。复发性流产属中医"屡孕屡堕"或"数堕胎"的范畴。本病治疗当从"治未病"的思想来防治，即采用：未孕先查、先防、先治方法，早期诊断，早期治疗，提高生育质量，避免自然流产，对于拟孕患者可达到防病于未然的目的，在一定程度上也体现了"治未病"的理念。孕前"未病先防"，就是在疾病尚未发生之前，采取某些预防措施以避免其发生。张景岳认为滑胎一证的治疗"若待临期，恐无及也"，并提出保胎应"预培其损"。我们采取在孕前查明不孕或流产原因并"预培其损"以达受孕和防止流产的作用。流产亦有反复发作、胚胎应期而下的趋势，因此治疗的关键在于孕前查明流产原因并"预培其损"，孕后及早安胎，防患于未然，以防再次堕胎。针对孕期已经出现胎漏、胎动不安时的治疗，犹如亡羊补牢，保胎成功率难称理想。

中医药治疗免疫性不孕或流产应有值得探讨的优势，治疗本病，应贯穿中医"治未病"的理念，需在孕前做到未孕先查、先防、先治；已孕则防流、保胎。王成荣先生将中医治未病思想贯穿于免疫性不孕或流产的防治始终，已有的临床观察总结显示有进一步规范研究的价值。

（十五）清阳明郁热治疗女性痤疮

女性痤疮常发于青春期或更年期，月经期前或月经前期加重，月经来潮后逐渐减轻，还常常伴有头痛、烦躁、月经不调或痛经、经前乳胀等不适。

国外 Stoll 等对 400 例 12～52 岁的女性痤疮病人进行调查，发现 44%的病人痤疮会在月经前加重。[①]Lucky 在对月经周期正常的 18～44 岁女性痤疮志愿者进行的研究中发现，63%的病人在月经前痤疮数目会增加 25%。[②]李红毅等统计 339 例痤疮患者，指出 76.7%的女性病人在月经前痤疮皮疹会增多或者加重。[③]

1. 理论依据

痤疮是一种毛囊皮脂腺的慢性炎症病变，内分泌失调、皮脂的作用、毛囊内微生物是痤疮发病的主要因素。痤疮与性腺内分泌有密切的关系，皮脂腺的发育和皮脂的分泌也与雄性激素增加有关。其发病机理认为主要是毛囊皮脂腺导管上皮的角化过度，皮脂生成增生，致大量痤疮丙酸杆菌的增殖，并导致炎症反应。

女性受性激素的调控，呈现有规律的月经周期。经前体内雌二醇与孕酮处于下降或最低水平，雄激素水平就相对偏高，如果病人的皮脂腺对雄激素敏感，即容易发生痤疮。

中医学认为女性正常月经周期的维持是靠气血阴阳的消长变化以及任通冲盛。经前期（黄体期），基础体温为高温相，属于肾阳增长期，阳中有阴；月经期，基础体温呈急速下降相，属于重阳转化期，重阳则开，由阳转阴。在这种阴阳周期性节律变化中，肝的疏泄与肾的封藏功能至关重要。肝为冲脉之本，肾为任脉之本，肝肾同源，肾阴亏虚而肝血不足，肝肾阴血不足则冲任失养而不调，从而导致月经气血阴阳失调，或月经周期气血阴阳变化而出现痤疮周期而发。

因肝藏血，主疏泄；肾藏精，主生殖发育。冲为血海，任主胞胎，冲脉隶属于阳明，冲脉起于胞宫上行至面部。所以中医认为痤疮多与素体肾阴不足、肝经郁热、冲任失调有关。《内经·素问·生气通天论》又云："汗出见

---

① STOLL S, SHAHIA A R, WEBSTER G F.The effect of the menstrual cycle on acne[J]. J Am Acad Dermatol, 2001, 45（6）: 957-960.
② LUCKY A W. Quantitative documentation of premenstrual flare of facial acne in adult women[J]. Arch Dermatol, 2004, 140（4）: 423-424.
③ 李红毅, 冯洁莹, 范瑞强, 等. 女性痤疮与月经的关系（附339例分析）[J]. 中华现代皮肤科学杂志, 2005, 2（2）: 138.

湿，乃生痤痱""劳汗当风，寒薄为皶，郁乃痤"，因阳明经循于面额，而阳明多气多血，若经气循行不畅，不因"汗出见湿"，气郁也能化火，火盛亦能发为痤疮。

2. 辨证论治

根据女性特殊的气血阴阳变化，冲任二脉与女性生理、病理的密切关系，以及经络循行等理论，冲脉起于胞宫上行至面部，面部为阳明经脉循行部位。故女性冲任失调，冲任气血运行不畅，气郁化热随冲脉移入阳明经脉，发为颜面粉刺。或肾阴虚而肝阳旺，肝阳化热可循足厥阴经挟胃之脉移热于阳明，表现为面部长痘。若肝肾不足，或肝气不舒，则冲任失养或不调，从而导致月经不调，痤疮伴随月经阴阳失调或随月经气血阴阳周期变化而发。经前期为阳长期，容易引起肝阳有余而肝肾阴血不足，正是这种阴阳不平衡导致了女性痤疮患者月经前皮损增多加重，并伴有烦躁易怒、乳房胀痛、痛经、月经不调等症状。

故王成荣先生提出清阳明郁热治疗女性痤疮的观点，自拟清解阳明汤（石膏、知母、山药、黄芩、银花、连翘、蒲公英、天葵子、野菊花、辛夷、决明子）加减治疗。

气有余便是火，火郁成毒则可发疮。然痤疮总属阳邪犯上，而阳明经荣于面，痤疮乃阳明郁热之象，故宜从阳明郁热辨治，以清解阳明郁热为法。拟方清解阳明汤，《温病条辨》谓"治上焦如羽，非轻不举"，正取其轻清上浮，有利于清解上焦火热之意。方中知母、生石膏、山药易粳米为白虎汤加减，以清阳明经热，并黄芩清泻上焦火热为君；银花、连翘、野菊花、蒲公英、天葵子清热解毒为臣；辛夷花入肺胃通鼻窍散邪，决明子归肝经与大肠经，通便清热，令邪有出路而并为佐使之药。全方共收清解阳明郁热之功。

3. 病案举例（医案省略，见第238页病案3"痤疮"）

（十六）盆腔包块治疗经验撷要

1. 辩证论治

古籍中医妇科专著和现代中医妇科教材均无盆腔炎性包块病名，也未将此列为单独章节论述。根据其临床特点，现多认为盆腔炎性包块常散见于"症瘕""痛经""妇人腹痛""带下病""不孕症"等病症中。

王成荣先生认为辨证论治具有由博返约、执简御繁的明显优势，是从宏观认识疾病的一种方法。而确定疾病名称的诊断，则是从个性认识疾病的另一种方法。辨证和诊断本该是可以互补的，但由于中医关于疾病的诊断多依据症状命名，涵盖本质和预后迥异的不同病种，有的是中医药口服疗法的适应证，有的则并非适应证或并非首选适应证。若不加选择皆予以辨证论治，总的疗效必将降低而不利于经验总结，不利于中医药的传承与发展。因此，博采西医学病种诊断之所长于中医药辨证论治之前，必将有利于更有效地发挥中医辨证论治之所长。

临证时王成荣先生注重问诊、切诊及辅助检查的有机结合。在问诊中需询问发病时间、病情缓急、疼痛的具体部位及疼痛的性质、治疗过程等，强调问诊应重视患者的孕产史及月经史，尤其是末次月经史，并询问有无流产、宫腔操作、或盆腔炎病史。切诊既包括脉诊，还包括妇科检查。通过检查了解盆腔包块的大小、性质、位置、有无压痛、可否移动等。然后分析病史和体征得出有倾向性的印象诊断或疑似诊断，根据疑诊做有针对性的辅助检验和无创检查。较为常用的辅助检查为阴道B超、血常规、血沉、CA125等。最后依据辅助检查结果再次分析病史体征修正疑诊。必要时还可做腹腔镜检查。

王成荣先生认为，在未查到古医籍关于盆腔炎性包块相关论述的条件下，那种理论到理论的模式，即先拟出几种既有病因病机，又有症状舌脉而言之有理的辨证分型，常难以指导临床应用中医药的辨证论治。因为病人的舌脉症多不易与既定的症型相吻合。因此，他主张应尽可能在明确西医病种诊断之后或同时，以中医学传统辨证论治理论为指导，从具体个案着手积累辨证论治经验，并以不同病种为单位分别统计分析，在一定病例数量的基础上，归纳其病因病机和证候类别，在加深认识的基础上，探讨中医药治疗盆腔炎性包块的适应证指标。

王成荣先生提出辨证论治思路可以程序化，分六步进行：首辨表里寒热虚实定病性；次辨三焦、脏腑、经络之气血阴阳病位；再辨病机标本求病因；综合分析病性、病位、病因、病机下辨证断语（结论）；据辨证断语立治法；

按治法选方以遣药。

2. 病案举例

李某，女，32岁。LMP：29/2/2004，G1P0+1。发现盆腔炎性包块伴下腹隐痛8+月。

初诊（2004年3月2日）：8+月前因腹痛发现盆腔包块，抗菌消炎治疗无效，于2003年6月26日剖腹探查发现：盆壁广泛致密粘连，左附件区约8 cm×8 cm×7 cm固着包块，分粘困难，出血较多，仅切取包膜送检而关腹。包膜厚约1.2 cm，内有黄绿色脓液及少许干酪样物。病检：重度慢性非特异性炎症伴胶原化。出院诊断：盆腔脓肿伴广泛性盆腔粘连。现症下腹隐痛，经、带、眠、纳、便尚调；苔苔，脉弦。TVS示：左附件区7.8 cm×4.3 cm混合性团块。诊为癥积，证属热毒瘀结。

处方：莪术15 g　　皂角刺10 g　　连翘20 g　　白花蛇舌草30 g
　　　蒲公英30 g　　生牡蛎20 g　　桃仁10 g　　川红花12 g
　　　川芎15 g　　　香附15 g

6剂，水煎服，一日一剂。

二诊（2004年3月9日）：下腹隐痛减轻，无他不适。妇科检查：右附件区条索感，无压痛，子宫左后方扪及约4 cm大小包块，无压痛。TVS示：左附件囊性占位3.6 cm×3.2 cm×3.5 cm。

处方：莪术15 g　　三棱15 g　　皂角刺10 g　　连翘20 g
　　　蒲公英30 g　　大血藤20 g　　半枝莲30 g　　香附15 g
　　　甘草10 g　　　生牡蛎20 g

6剂。

三诊（2004年4月12日）：已无腹痛。妇科检查：子宫左后方片状增厚，无压痛。舌脉无异常。处方：白莲散结汤。14剂。

四诊（2004年6月1日）：上诊后断续服药1月余，腹痛未复发。LMP 30/5，今日经期第3天，量中，有血块，腹胀不痛。舌脉正常。辨证肝气滞。故疏肝行气以调经。

处方：台乌10 g　　小茴香10 g　　枳壳10 g　　川芎15 g
　　　当归15 g　　桃仁10 g　　川红花12 g　　重楼30 g

川牛膝 30 g

6剂。

五诊（2004年7月5日）：断续服上方1月余，近2月均无腹痛。LMP 27/6，量色质均可。大便干燥。舌、苔正常，脉略弦。白莲散结汤加郁金15 g、决明子10 g、桃仁10 g。12剂。

六诊（2004年8月23日）：断续服上方1月余，近4月均无腹痛。常苔，平脉。阴道B超：子宫前后径3.6 cm，内膜0.5 cm，双附件（-）。

按语：本例盆腔包块因盆腔广泛性致密粘连，手术困难而改用中医保守治疗。尽管病已8+月但月经正常且无正虚脉证，故辨证属里实不偏寒热之癥积。包块内脓液皆由热毒遏郁，气血瘀滞，肉腐所化。审证求因，乃初由外邪客于冲任，久之不去，化为火毒，伤络留瘀，发为下焦内痈，终成癥积。治以清热解毒，化瘀散结。清热解毒化瘀散结标本兼治获得临床疗效后，谨守病机，仍宗原法，巩固治疗。治疗中出现肝气滞的兼证，在治疗兼证收效情况下仍以化瘀散结为治，终使包块消散。说明中西医药各有所长，只要恰当把握适应证，便可充分体现各自优势以达治愈之目的。

（十七）月经过少诊治经验谈

月经过少，中医学是指月经周期正常，月经量明显减少，或行经时间不足2天，甚至点滴即净者。古籍有称"经水涩少""经水少""经量过少"。现代医学有关于月经过少的症状描述，但没有独立的病种诊断。一般认为月经量少于20 mL为月经过少。月经过少患者常因恐惧发展成为绝经或恐影响其受孕而就医。王成荣先生从冲任不足和冲任虚瘀论治月经过少，用药精当，收效较好。现将其诊治特点和经验浅析于下。

1. 对病因的认识

月经过少的西医学病因有子宫内膜损伤、宫腔粘连、宫内膜雌激素受体（ER）缺乏、雌激素水平低下、先天性子宫发育不良、子宫内膜结核、药物或某些内科疾病等。但部分患者宫腔镜下见内膜菲薄，颜色淡白，宫腔内并无粘连，这类患者性激素水平在正常范围，对性激素替代治疗不一定敏感，称为原因不明月经过少，可能与宫内膜 ER 过少有关。月经过少给患者带来不良的心理影响，也可能是造成不孕、流产等后果的重要原因之一。

月经过少的中医学病因病机有虚有实，虚者多因精亏血少，冲任亏虚，经血乏源；实者多由瘀血内停或痰湿阻滞，冲任壅塞，血行不畅所致。但临床以虚证或虚中夹实者多见。王成荣先生认为月经的潮止与冲任的通盛虚衰有着极为密切的关系。《女科撮要》曰："夫经水阴血也，属冲任二脉，上为乳汁，下为月水。"早在晋代王叔和的《脉经·平妊娠胎动血分水分吐下腹痛证》中就有"经水少"的记载，认为其病机为"亡其津液"。《证治准绳·女科·调经门》指出："经水涩少，为虚为涩，虚则补之，涩则濡之。"我院就诊的多数患者从四诊分析并无明显寒热虚实之确凿证候，但可根据年龄和有无宫腔操作史辨证为冲任不足或冲任虚瘀两种证候进行论治。

2. 诊断特点

诊断方面王成荣先生注重问诊、妇科检查和辅助检查。凡是经少患者，均嘱其测基础体温或查月经周期第 3 天性激素水平以初步判断卵巢功能；妇科检查判断有无子宫异常；基础体温上升 7 天左右，阴道 B 超检查子宫内膜厚度判断是否子宫内膜发育不良。临床观察发现 90% 或更多的月经量少患者黄体中期的子宫内膜在 0.2～0.4 cm（单层）之间，薄于正常月经黄体中期的宫内膜厚度 0.5～0.8 cm（单层）。必要时行宫腔镜检查。原因不明伴原发不孕者可考虑做有无宫内膜结核的相关检查。

3. 辨证施治特点

王成荣先生认为月经过少的辨证可根据年龄和有无人流史，分为冲任不足证和冲任虚瘀证。

（1）冲任不足证

35 岁以下，无宫腔操作史者属冲任不足。不宜拘于通常推论的素体血虚，或久病伤血，或饮食、劳倦，思虑伤脾，脾虚化源不足，冲任不充，血海满溢不多，遂致月经量少之类辨证分型。总的治则宜补益肝肾，养血填精。经前经后补益冲任。

处方：白芍 30 g　　熟地黄 20 g　　鸡血藤 30 g　　甘草 10 g

桂枝 10 g　　菟丝子 20 g　　紫河车粉 3 g　　补骨脂 20 g
　　黄芪 30 g

冲任气血阴阳消长交替之际，以自拟三川汤加减行气活血，促其转化。

处方：川牛膝 30 g　　香附 15 g　　枳壳 12 g　　川芎 10 g
　　　当归 10 g　　桃仁 12 g　　红花 12 g

（2）冲任虚瘀证

35 岁以上或有人工流产手术史者属冲任虚瘀，因手术有可能使冲任、胞宫受损，导致冲任、胞脉瘀滞，而出现月经量少。《内经·素问·上古天真论》曰："女子……五七，阳明脉衰，面始焦，发始堕。"阳明脉衰是绝经过渡期的特殊病理生理内环境。中年是生命历程的转折点，生命活动开始由盛转衰。天癸源于先天肾，靠后天水谷精微的充养，阳明健旺，则脏腑、经络气血充盛，冲脉盛，天癸至，月事以时下。阳明虚衰，气血不足，气虚血虚易致血行迟缓而瘀滞冲任，故辨证考虑冲任虚瘀。治以养血填精兼活血化瘀，自拟滋活汤加减。

处方：女贞子 20 g　　枸杞子 20 g　　菟丝子 20 g　　补骨脂 20 g
　　　当归 15 g　　川芎 15 g　　桃仁 10 g　　茺蔚子 10 g

此外，不论何种证候，经期均可用温宫和血方加减，即少腹逐瘀汤加减。

处方：桂枝 10 g　　高良姜 10 g　　小茴香 10 g　　当归 15 g
　　　川芎 15 g　　白芍 30 g　　鸡血藤 30 g　　甘草 10 g

亦可用三川汤加减。对于疑为宫腔粘连引起的月经量少建议采用宫腔镜分粘治疗。雌激素水平低下者适当补充雌激素如戊酸雌二醇 1~2 mg 或炔雌醇 30~35 pg，或在进一步诊断明确卵巢功能后做相应的治疗。

4. 病案举例

周某，女，25 岁，G1P0+1。

初诊（2007 年 2 月 15 日）：LMP 13/2，因"月经量少 4 月"就诊。既往经量中。近 4 月经量减少 3/4，初诊时为月经第 3 天，无不适。3 年前首孕人流后一直工具避孕。舌质、舌苔正常，脉右偏细小，左略细弦。经前 2 天 TVS 示：宫内膜 0.15 cm（单），余无异常。

诊断：月经过少（内膜性），属冲任虚瘀。

治法：补益肝肾，养血填精。方用四物汤加减。

处方：熟地黄 15 g　　当归 15 g　　川芎 15 g　　白芍 15 g
　　　鸡血藤 30 g　　菟丝子 20 g　　紫河车粉 3 g　　黄芪 30 g
　　　桂枝 10 g

一日一剂，水煎服，连服 12 剂。

二诊（2007 年 3 月 15 日）：LMP 13/3，经量较服中药前略有增多，现经行第 3 天，至今共用 4 张卫生巾，浸透 2 张。LMP 前 BBT 上升 10 天。舌质舌苔正常，脉偏细略弦滑，拟方黄芪建中汤加减。

处方：黄芪 30 g　　桂枝 10 g　　白芍 30 g　　紫河车粉 3 g
　　　熟地黄 20 g　　菟丝子 20 g　　鸡血藤 30 g　　甘草 10 g

一日一剂，水煎服，连服 12 剂。

三诊（2007 年 4 月 16 日）：LMP：10/4，LMP 前 BBT 上升 8 天，LMP 经量较前增多，用卫生巾 6 张，透 2 张，4 天净。舌质舌苔正常，脉偏细略弦滑。方用当归补血汤加味。

处方：黄芪 30 g　　当归 5 g　　鸡血藤 30 g　　川红花 12 g
　　　菟丝子 20 g　　紫河车粉 6 g　　补骨脂 20 g

一日一剂，水煎服，连服 12 剂。

四诊（2007 年 6 月 8 日）：LMP 10/5，量稍少于既往正常经量，3 天净。LMP 前 BBT 上升 11 天。无不适，舌质、舌苔正常，脉偏细小，自拟方三川汤加减。

处方：枳壳 12 g　　桃仁 10 g　　川牛膝 30 g　　当归 15 g
　　　川芎 10 g　　鸡血藤 30 g　　桂枝 10 g

一日一剂，水煎服，连服 12 剂。

五诊（2007 年 7 月 27 日）：LMP 8/7 行第 3 天，量中等，同既往经量，用卫生巾 8 张，透 4 张，LMP 前 BBT 上升 13 天。经已如故，宜稍巩固。方用当归建中汤加减。

处方：桂枝 10 g　　白芍 30 g　　甘草 10 g　　当归 5 g
　　　鸡血藤 30 g　　黄芪 30 g　　桃仁 10 g

一日一剂，水煎服，连服 12 剂。

2008 年 1 月 10 日随访：上述诊疗停药后而近 6 次经量中等，用 8~10 张卫生巾，透 6~7 张，BBT 双相，高相 11~13 天。

按语：无有关疾病或手术损伤史的宫内膜发育不良之经量减少，确切原因尚不清楚，可能与宫内膜雌激素受体减少有关。雌激素治疗不一定有效。本案属此类病例。中医辨证虽可按冲任不足论，但本案除经量忽然减少外，并无更多四诊见证可以诊断为冲任亏虚证，故本案按冲任虚瘀论。补肾填精滋肝养血治法对本案月经过少有效。就本案各诊具体处方而论，加减变化的目的皆在于增其经量。不过值得注意的是三诊紫河车粉增量后，经量亦随之增至正常。四诊改为行气活血治法，顺应冲任经气阴阳消长后血海将满前夕。五诊经已正常，故去价格偏昂的紫河车粉。总之，对原因不明的子宫内膜发育不良所致月经量少的中医药治疗和其更客观的疗效观察，值得临床广大医师做进一步探讨。

（十八）黄褐斑诊治经验谈

黄褐斑属中医"黧黑斑""肝斑""面尘"范畴，主要分布于颊、颧、鼻，典型者呈蝶翅状，故亦称蝴蝶斑。轻者淡是一种皮肤常见的获得性色素沉着症，好发于颜面黄色或浅褐色，点片状散布于面颊两侧，以眼部下外侧多见。重者深褐色或浅黑色。妇科患者时有所见，个别以美容无效而就诊。王成荣先生对黄褐斑的治疗有独到的见解，现介绍如下。

1. 病因病机

中医学认为"黧黑斑"是全身性疾病的一种局部反应，与阴阳、气血、脏腑、经络的失调有关。其病位在皮，病因在内，应采取"外病内治"法。凡七情内伤、饮食劳倦、妇人经血不调等均可发生。《医宗金鉴·外科心法要诀》载："原于忧思抑郁，血弱不华，火燥结滞而生于面上。"《外科正宗》也提出"水亏不能荣华于上""水亏火旺"等学说。

2. 辨证论治

关于皮肤和色泽的生理病理，中医学早有记载，如《内经·素问·脉要精微论》谓"精明五色者，气之华也"；《内经·素问·六节藏象论》云"心者……其华在面""肺者，其华在毛，其充在皮""脾胃大肠小肠者，其华在唇四白，其充在肌""血脱者，色白，夭然不泽……"；《内经·素问·经络论》称"络脉之见也，其五色各异"；《内经·灵枢·五色》更将颜面各部皮肤出现的异常色泽用于诊查脏腑的病因病机。总之可以认为，人是一个有机的整体，五脏六腑、气血阴阳的变化，可以通过经络反映到人体外表上来，人体外表器官的变化亦反映气血脏腑阴阳的变化。陈彤云提出"有斑必有瘀，无瘀不成斑"的学说，在辨证论治的基础上，强调无论病在何脏都要"治斑不离血"，常使用行气活血、化瘀消斑的中药治疗黄褐斑。[①] 王成荣先生则认为，面部黄褐色斑块可视为与肾之气化不足有关。褐色为黑之略浅者。黑乃水之色，而肾主水，如其气化失常，水色上泛则可见面部色斑。据此而以温肾利水为主治疗女性黄褐斑，常用自拟益肾消斑汤（桂枝、仙茅、淫羊藿、石韦、白茅根、皂角刺、桃仁）加减治疗。方中仙茅、淫羊藿温补肾阳，为君药；石韦、白茅根利水，桂枝温通经脉，以助气化，三者为臣药；皂角刺、桃仁以活血化瘀为佐。全方共收温肾利水、化瘀消斑之功。

特别值得一议的是，妇科医生诊治妇女颜面色素沉着是否合法的问题。以中、西医妇科学或医师执业证规定的科属论，有超范围诊疗而违规之弊，不易得到认可。因此，对声称多方治疗无效而寄予厚望的患者，必须在避免诊疗失误、注意防范不良后果或医疗纠纷的前提下，审慎诊治或可合情理。女性颜面蝴蝶斑或黄褐斑，虽可由紫外光曝晒、老龄化或其他不明原因致局部皮肤色素代谢异常引发，但也见于妊娠或长期服避孕药者。有的在分娩后或停服避孕药后，许久仍不消散。因此，就医于妇科医生，也并非毫无道理。

3. 病案举例（医案省略，见第243页病案3"黄褐斑"）

（十九）崩漏诊治经验谈

王成荣先生衷中参西，在妇科临床中运用其特色的疗法和方药，针对妇科疑难病症"崩漏"疗效颇佳，现分享如下。

1. 对崩漏古籍的认识

崩漏之为病，始于《内经》和《金匮要略》。《内经·素问·六元正纪大论》谓："凡此少阳司天之政……温病乃起。其病气怫于上，血溢目赤，咳逆头痛，血崩胁满……。""阴阳别论"更以"阴虚阳搏谓之崩"对其脉象或病机作了界

[①] 陈勇，曲剑华. 陈彤云治疗黄褐斑医案[J]. 北京中医，2006，25（4）：205-207.

定。《金匮要略·妇人妊娠病脉证并治》中则提出"漏下"之名："妇人宿有症病，经断未及三月，而得漏下不止……"并以"血不止"加以说明。继而《诸病源候论》又以"漏下候""崩中候""崩中漏下候"并列分述。此后历代医籍多以崩漏并称且对病因病机、辨证、治法和方药作了详略不等、论点或同或异的诸多论述，各有至理。但有关疗效和预后则论者颇少，而持论亦殊。明代万全《妇人秘科》论崩漏："治有三法，初止血，次清热，后补其虚，未有不愈者也。"明代徐春甫《古今医统》则谓："妇人崩漏，最为大病。年少之人，火炽血热……大都凉血固涩，升气益荣而可愈也。中年以上人，及高年嫠妇……气血俱虚，此为难治。必须大补气血，养脾升胃固血，庶保十之一二。"《景岳全书·妇人规》中却认为："崩淋之病，有暴崩者……其来骤，其治亦易；久崩者，其患深，其治亦难。"并谓："崩淋日久，真阴日亏……若不能受补，而日事清凉，以苟延目前，则终非吉兆也。"难易预后之分之所以如此，虽与前贤各人经验学识有关，但根本原因却是限于历史条件，不可能识别生殖内分泌的崩漏与生殖道器质性病变或异常妊娠或血液病等表现为崩漏之间所存在的本质差异和不同预后。因此，王成荣先生临证十分强调须博采西医诊断与鉴别诊断的思维和方法之所长，用于辨证论治崩漏。

2. 中西医结合明确病种诊断，合理选择治疗方案

王成荣先生对于崩漏的诊疗，并不局限于中医的"望闻问切"以辨病因病机，确立理法方药，而是要求结合盆腔检查和必要的辅助检查，如B超、β-HCG、血常规以及诊断性刮宫，甚至宫腔镜检等，以确定崩漏是功能性疾病抑或器质性疾病，并据患者的年龄、病程、出血量、是否有节育环等，合理选择中药或/和西医药疗法。他认为，对崩漏患者只有在明确西医诊断的基础上，才能比较有把握地判断预后并估计以口服中药为主的辨证论治，是不是该病人的适应证疗法或最佳选择而不致贻误病情，造成不良后果。

3. 对崩漏病因病机的中医理论认识

王成荣先生认为崩漏的理论性分证虽有寒、热、虚、实之不同，病机亦错综复杂，但归纳起来不外乎冲任损伤，不能制约气血，子宫藏泻失常，并以血热与血瘀共患者居多。有关因热之崩漏，前贤所论较多，如《济生方》："夫血

之妄行也，未有不因热之所发，盖血得热则淖溢。"《妇人秘科》："经水来太多者，不问肥瘦皆属热也。"《沈氏女科辑要笺正》："崩中一证，因火者多，因寒者少……"《傅青主女科》："冲脉太热而血即沸，血崩之为病，正冲脉之太热也。"因瘀之崩漏亦有论者，如《诸病源候论》："内有瘀血，故时崩时止，淋沥不断。"《千金要方》："瘀血占据血室，而致血不归经。"《血证论》："女子胞中之血，每月一换，除旧生新，旧血即瘀血，此血不去，便阻化机。""既是离经之血，虽清血，鲜血亦是瘀血。"至于热瘀互结为患而致之崩漏，古医笈论者颇少。《医宗金鉴·妇科心法要诀》虽有崩漏"若其色紫黑成块，腹胁胀痛者，属热瘀"的辨证，却未及病机。而热瘀的病机，早在《金匮要略·肺痿肺痈咳嗽上气病脉证并治》中便有记载："热之所过，血为之凝滞，蓄结痈脓。"《血证论》亦有"血受热则煎熬成块"之说。

4. 理法方药特点

明代方约之《丹溪心法附余》提出治崩三法，"初用止血以塞其流，中用清热凉血以澄其源，末用补血以还其旧"，对血崩的论治有了系统性的理论思考，是一种进步。明代李梴《医学入门·卷五·妇人门·崩漏》却认为："经曰，阴虚阳，谓之崩。言属热者多也。崩乃经血错乱，不循故道，淖溢妄行。遽止便有积瘀凝成窠臼，不止又恐昏晕……"而清代肖埙《女科经纶》更称"方氏三法分初、中、末，有倒行逆施之弊。予谓中法当为初法，初法当为末法，庶无差治也"。应该说肖埙以清热澄源为先的顺序更符合"必伏其所主，而先其所因"的《素问》经旨，且更切实际。因此王成荣先生用中药论治崩漏的观点也是首先针对"热瘀"的病因病机以收"伏其所主"之效。但并不拘于《医宗金鉴》"腹胁胀痛者属热瘀"的辨证。所拟清化汤，方中小蓟、马齿苋清热凉血止血为君；黄芩、地榆清热凉血，桃仁、川牛膝祛瘀生新为臣；枳壳行气为佐。全方共收凉血化瘀止血之功。临证加减亦有在方中加酸涩之乌梅以敛肝气为佐，或以白花蛇舌草易地榆，重楼易马齿苋，总之以药价较低者配方或缺药时为替换品。崩漏去血多而见气虚者，则在方中加党参或/和黄芪。验血确以贫血，则另予硫酸亚铁之类铁剂而不在方中另加补血之中药。如此既可免处方庞杂，或也可降低药价而收效更捷。

崩漏在明确诊断的前提下，治疗以 3 个月为 1 疗程。据"急则治其标，缓则治其本"，出血之际用凉血化瘀止血的清化汤使热得清、瘀血去而血自止。若出血特别多，常配合肌注丙酸睾丸酮。血止后常据月经的阴阳转化、气血盈虚变化，结合患者的年龄辨证论治。

5. 病案举例

杨某，女，48岁。

初诊（2010年2月5日）：因"月经紊乱1-年，阴道流血量极多2天"就诊。患者既往月经正常，近1年月经紊乱，主要表现为月经稀发，周期1+～3月，经量时多时少、1±月方净。2+月前因"阴道流血不净1+月"行诊刮术，病检示：子宫内膜简单型增生过长。1周前曾查尿HCG（-），并B超示：宫内膜1.0 cm。现诊刮后2+月阴道流血2天，量较平素月经量多3倍，色鲜红，夹大血块，入厕时经量尤多，伴疲乏、头晕、心烦；苔常，脉略弦。

中医诊断：崩漏。

西医诊断：功能失调性子宫出血。

辨证分析：辨证为热瘀，治以清热化瘀止血，予以自拟清化汤加减。

处方：黄芩 12 g　　小蓟 30 g　　地榆 20 g　　马齿苋 30 g
　　　枳壳 12 g　　墨旱莲 20 g　　川牛膝 30 g　　黄芪 20 g
　　　太子参 20 g　麦冬 15 g　　五味子 10 g

3剂，一日一剂。

二诊（2010年2月8日）：初诊次日经量明显减少，现经行5天，经量较少，其疲乏、头晕、心烦减轻。效不更方，原方再进3剂。

三诊（2010年2月11日）：上诊后2天阴道流血净，无不适。嘱其适时B超监测宫内膜的厚度，根据宫内膜的厚薄决定是否用孕激素撤血，经期服清化汤。如此治疗2月，未再发生月经量多、不净。

（二十）经期延长治疗特色掇拾

经期延长临床常见，大多月经周期和月经量基本正常，唯行经时间超过7天，甚至10+天方净。本病始见于《诸病源候论》，该书卷之三十七云："妇女月水不断者，劳伤经脉，冲任之气虚损，故不能制其经血，故令月水不断也。"《校注妇人良方》卷一曰："妇人月水不断，淋漓腹痛，或因劳损气血而伤冲任,或因经行而合阴阳,以致外邪客于胞内,滞于血海故也。但调养元气而病邪自愈,若攻其邪则元气反伤矣。"临床常见经前和经后淋漓不净,西医妇科学之短黄体期、子宫内膜不规则脱落、慢性子宫内膜炎、宫内膜息肉、宫颈息肉,以及部分放置宫内节育器的患者均可以经期延长就诊。

王成荣先生在临证中运用其独特的诊疗方法和辨证思路,根据经前或经后出血的不同,将其分为经前漏下或经后漏下,并针对不同的诊断,分别选用中医或西医治疗。本小节仅就可以作为中医药适应证的黄体功能不足或黄体萎缩不全之经前漏下和经后漏下的诊治思路简介如下。

1. 病证结合明确诊断

王成荣先生认为治病应首先在明确西医诊断的前提下,按中医理法方药辨证论治,并根据不同的西医诊断病种,分别选用中医药治疗或西医药治疗,或分阶段分别采用中医或西医或中西医药同时治疗,总之以达到"简、验、便、廉"的要求为诊疗宗旨。西医药学是在数理化基础上,在实验室基础上发展起来的医学,更多是从微观去认识和诊疗疾病。同样是为人民健康服务行之有效的医药学。可以说中西医药学各有所长,各有其一定的适应证。只要弄清楚了各自的适应证,无论中医或西医,通过掌握其理论,都是可以更好地发挥其所长的。

王成荣先生善于将西医的辨病与中医的辨证相结合,以病统证来诊治疾病。对于经期延长,他认为该病诊断除需借助实验室检测手段排除妊娠相关疾病、全身或生殖系统器质性疾病引起的出血及节育器引起子宫出血外,尤其重视基础体温在整个诊疗过程的重要性。基础体温是简单、经济、方便,也较可靠地判断排卵及黄体功能的无损伤并较准确的方法。BBT单相提示无排卵,双相提示有排卵。体温上升时间和持续时间的长短又可得知排卵的时间和黄体寿命维持的时间。

经前漏下多是西医诊断的黄体功能不足。基础体温表现为高温相少于11天或虽达11天而起伏波动,因黄体过早萎缩,孕激素分泌不足,不能维持分泌期子宫内膜的稳定完整而见经前少许出血。正式经前一日或潮不到12小时子宫内膜活检即可确诊。经后漏下既可由黄体功能不足引起,更可因黄体萎缩不全而子宫内膜不规则脱落所致。基础体温呈双相但下降缓慢,致正常经潮已数日而仍未下降。于正式经潮第5天取宫内膜活检便可确诊。

2. 辨证求因，审因论治

（1）经前漏下宜清化

经前期阴血渐充，阳气内动，是阳气活动旺盛时期，因此阴长期治以自拟滋活汤滋补活血益肾。肝阳偏旺，若肝阳过盛化热，迫血妄行，则可见经前漏下而经期延长。清代沈金鳌的《妇科玉尺》认为经期延长由血热所致。其云："经来数十日不止者，血热也。"阳热虽为无形之邪，但若炽盛，也可壅滞气机，气机运行不畅，影响血行，而可成瘀。脉络破损，血溢于外，除可表现出血外，其离经之血亦可形成瘀血。《血证论》亦有"血受热则煎熬成块"之说。针对热瘀的病因病机以收"伏其所主"之效，故宜治以凉血化瘀。王成荣先生认为，固经止血治疗虽有一定意义，但排出子宫残留瘀血更为重要。正如《血证论》所言："女子胞中之血，每月一换，除旧生新，此血不去，便阻机化。"显而易见，月经周期表现为一种藏与泻的交替变化过程，其本质是子宫具有藏泻并重的生理特性，才使经行有度。①只有排除瘀血，子宫才能固藏。否则易于闭门留寇，以致瘀血不去而出血不止。常用自拟方清化汤：黄芩、小蓟、地榆、白花蛇舌草、马齿苋、枳壳、桃仁、川牛膝。

方中小蓟、马齿苋清热凉血止血为君；黄芩、地榆、白花蛇舌草清热凉血，桃仁、川牛膝祛瘀生新为臣；枳壳行气，敛肝气为佐。全方共收凉血化瘀止血之功。

（2）经后漏下宜滋活

月经后期（月经周期第5~10天），大致属于卵泡期，按中医阴阳辨证，应属于阴长的阶段，血海空虚，机体处于阴精气血不足的生理状态，由于月经以阴精为基础，经后期是新的月经周期伊始，此期内膜脱落，精血耗伤，血海空虚，故治宜滋肾养血，以助"天癸"生殖之机以资冲任气血之源。

王成荣先生认为，经后漏下之经期延长表现为经潮如常，但数日后并不血止而继续少许不净。究其病机，平时经调者，经潮后血海已由满溢而空虚，

---

① 全国围绝经期妇女健康调查协作组. 绝经年龄及有关因素分析[J]. 江苏医药, 1990(16): 242-245.

十二经之气血又渐注入冲任。后者之经气循环复处于阳消阴长时段而血止经净。经后漏下者则可因阳热过盛或子宫络脉伤损一时未及修复而冲任失固所致。治宜顺应经后经气当属阴长时段，从滋补肝肾以固冲任，并兼活血以助新血归经。故辨证属冲任失固。自拟滋活汤：女贞子、墨旱莲、菟丝子、补骨脂、当归、川芎、桃仁、茺蔚子。

所用方药中，女贞子、旱莲补益肝肾、滋阴止血；菟丝子入肾经，补肾益精，既补阴又补阳，起双相调节作用，为平补阴阳要药；补骨脂补肾助阳；当归补血活血；桃仁化瘀力强；川芎行血中之气；茺蔚子活血通经。全方共奏滋养活血之效。

总之，王成荣先生认为，治疗经期延长首先应根据经前或经后出血的不同，结合辅助检查明确诊断。其次把握病因病机的要点，瘀热为患，热伏冲任，迫血妄行，瘀血内阻，血不归经。论治宜遵循冲任气血盈虚的阴阳消长周期变化随证治之。总以冲任之虚与瘀，标本兼治而有所侧重。经期予清化汤凉血化瘀；经间期行气活血，以促阴阳转化；经后阴长期治以自拟滋活汤滋补活血益肾。

（二十一）从"水不涵木"辨治更年期综合征经验

更年期综合征在中医古籍中并无明确记载。20世纪60年代后期的中医妇科教材方以"绝经前后诸症"单列为月经病之一做了论述。本综合征指妇女在绝经前后，围绕月经紊乱或绝经出现的明显症候，如：烘热汗出、潮热面红、烦躁易怒、眩晕耳鸣、心悸失眠、腰背酸楚、情绪不宁、面浮肢肿等。[①]中医妇科学界对更年期综合征的潮热多从肾阴虚认识，而讨论肝在其中的重要作用者，本书先前曾有概述。本节仅就王成荣先生在治疗更年期综合征时，针对其标志性症状"潮热汗出"，分析其病因病机，而从"水不涵木"辨治的经验作进一步探讨。

1. 对更年期潮热的认识

更年期潮热为血管舒缩自主神经功能不稳定的表现，是围绝经期及绝经后妇女最典型而突出的症状，发生率为75%~85%，严重者约有10%~20%。更年期潮热是机体的一种主观感觉，其典型表现为：突然发生上半身发热，由胸部冲向头部,或伴头痛、头胀、眩晕或无力,持续数秒至数分钟不等。轻者数日发作一次,重者日夜发作数十次。[①]更年期潮热为现代医学术语,其与中医学的潮热并不能等同。中医学将潮热定义为发热有规律地定时而至或定时热势更高,盛衰起伏如潮水涨落,按时而发,按时而止。中医学所述的潮热大体可分阴虚潮热、"伤寒"阳明病潮热和湿温病潮热三种,皆从午后开始体温升高,下午 3:00—5:00 点至 8:00—10:00 点达到高峰,之后就逐渐下降。无论外感伤寒或湿温均以所谓"日晡发热,状若阴虚"共见,热轻者有"但头汗出,齐颈而还",热甚者则"大汗遍体",其发热多在 38 ℃以上。阴虚发热则多低热盗汗或无汗夜热。更年期综合征的潮热则随时皆可发生,间隔时间、持续时间均无规律可循,且仅表现为一过性的上半身的体表温度升高,自觉症状明显,测口表却温度正常,并非通常意义的发热,而与中医学描述的有规律之体温升高的潮热不同。故更年期综合征的潮热并非单纯的肾阴虚可涵盖。鉴于更年期综合征的潮热汗出为无规律可循之表象,通常还可伴见颜面阵性发红,患者自觉头面忽热,因此以轰热阵汗取代潮热汗出的描述似更符合其特征。

2. 从肝辨析症候

更年期综合征为虚实夹杂之证而与肾虚关系密切,但分析其主要和常见症候又多为"动"象而与肝风、肝阳更直接相关:①轰热阵汗。肝体阴而用阳,在天为风,而风善行数变,故肝旺所致发热亦应无规律可循。更年期综合征的标志性症状为轰热阵汗,时发时止,发无定时,酷似风之动摇不定的特性。②感觉异常,如皮肤蚁行感,或有肢体麻木或见痠楚作痛。皮肤蚁行感系肝气偏胜,反侮肺金所主之皮毛见症。肢体麻木或痠楚则多系肝藏血、主疏泄的功能失调所致,是若血气偏少,循行较远之孙络、浮络荣养欠丰沛的见症。③情志异常。肝性条达,在志为怒。谚云"不如意事常八九,可于人言无二三"正是肝气难于条达舒畅而易郁,故致见情绪低落,或郁而化火致见心烦易怒、焦虑不安、情绪不宁等症的病因病机。④头晕、耳鸣。"诸风掉眩皆属于肝",可见晕本身就是肝经的问题,此乃肝阴不足,肝阳偏亢上扰所致。耳鸣则可见于肝

[①] 曹泽毅. 中华妇产科学[M]. 2 版. 北京:人民卫生出版社,2005.

阳偏旺或肾阴虚;前者声似雷鸣,后者则如蝉唱。⑤疲倦乏力。若仅有倦乏,可辨为气虚。但在轰热阵汗者伴见时,则可据"肝者,罢极之本",以肝血失养解释。⑥心悸。虽主要为心之症状,但仍与肝相关,尤其在以轰热阵汗为主诉的伴见心悸的患者。病机乃肝藏血不足可致心血或心阴虚而见悸动不安。

3. 辨证立足肝旺肾虚

现代医学表明,卵巢功能衰退引起的内分泌紊乱、雌激素水平的低下是更年期综合征发生的主要原因,而处于更年期的妇女并不都发生该病,可知雌激素低下并不是发病的唯一因素,而应与其他因素有关。[①]中医学的"肾气""天癸"与冲任盛衰,既关系着生长、壮盛和衰老,更关系着月经与孕育,自然与更年期综合征也有干系。但肾虚并非唯一因素。根据更年期综合征的症候多为"动"象,辨证应与肝阳、肝风更为密切相关,也可认为本综合征的发生与肝旺直接相关,宜辨为本虚标实证。

更年期综合征多发生在"七七,任脉虚,太冲脉衰少,天癸竭,地道不通,故形坏而无子也"的经断前后,亦即西医妇科学所称之更年期或围绝经期。更年期妇女历经经、孕、产、乳等几个阶段,极易耗血伤精而处于"阴常不足,阳常有余"状态,故此期妇女易见肾阴不足之阴阳暂时失衡。肝在女性生理病理中占有极其重要的地位和作用,正如叶天士在《临证指南医案》中指出"女子以肝为先天"。肝藏血、主疏泄,调运周身之气血,而肝肾同居下焦,为母子关系,乙癸同源,精血互生而见生理上相互协调,病理上则相互影响。若肾阴不足以涵养肝木,肝阳失于潜藏,阳主动居上,则表现为肝阳偏旺,木摇风生之"水不涵木"见症。

肝为刚脏,性喜条达而恶抑郁。更年期妇女多处于一生中对家庭和社会承担责任最重、付出最多的阶段,也更易受人际、经济、工作、婚姻和子女等诸多因素困扰,何况"妇人善怀而多郁"。一旦心情失畅,肝气不舒或因而郁结,甚至化火生风,即发为病证。若迁延难愈,又可增添心理负担,加重精神抑郁、焦虑不安。正如有研究表明,肝郁是本病临床症状多样性的关键因素[②],

---

[①] 汪明德. 叶天士调理冲任八法初探[J]. 上海中医药杂志, 1985 (2): 23.
[②] 秦佳佳. 补肾疏肝法治疗围绝经期综合征浅探[J]. 新中医, 2010, 42 (2): 120.

肝郁病理是围绝经期综合征的核心病机之一，与 FSH、LH、FSH/LH 呈正相关，与 E2 水平变化呈负相关[①]。临证论治自应重视从厥阴肝经着手，联系前述肝阳偏旺，木摇生风，乃由肾水之不足以涵养濡润肝木的病机，病症轻者可标本同治，重者宜先泻其标。

4. 泻肝补肾、平衡阴阳

更年期综合征发生时，无论是肾阴，抑或肾阳均处于较低水平，就总体而论，这是不可逆转的自然发展规律。因此无论滋补肾阴或温补肾阳，均不可能达到更年期以前的水平，故更年期综合征的发生应归属于阴阳水平均已低下的阴阳失衡。如何使处于低水平之阴阳偏胜偏衰归于相对的平衡，以减轻更年期综合征的症状，而达"调其阴阳，以平为期"之目的？王成荣先生临证时根据"水不涵木"之肝旺肾虚的标本缓急，或以泻肝火滋肾阴的标本兼治，或先泻肝治标而后再标本兼治，总以令其阴阳重归于"阴平阳秘"而诸症渐消。具体处方常用李东垣《兰室秘藏》的"当归六黄汤"加减标本兼治，但并未按原方的药量比例。黄芪用量最大，当归常为黄芪的六分之一，即当归补血汤，起到益气生血固表的效果。亦重用生地黄和熟地黄，既补肾阴之虚，又可滋补肝血而起到固本之功。用苦寒泻热、苦以坚阴的黄芩、黄连和黄柏清上、中、下三焦之火热。若见"水不涵木"的标症较急，则常用龙胆泻肝汤加减直折其火。

[①] 梁文娜，李灿东，甘慧娟，等. 围绝经期综合征肝郁病理与雌性激素的相关性研究[J]. 中华中医药杂志，2011，26（9）：1961-1963.

川派中医药名家系列丛书

习用方剂及药物

王成荣

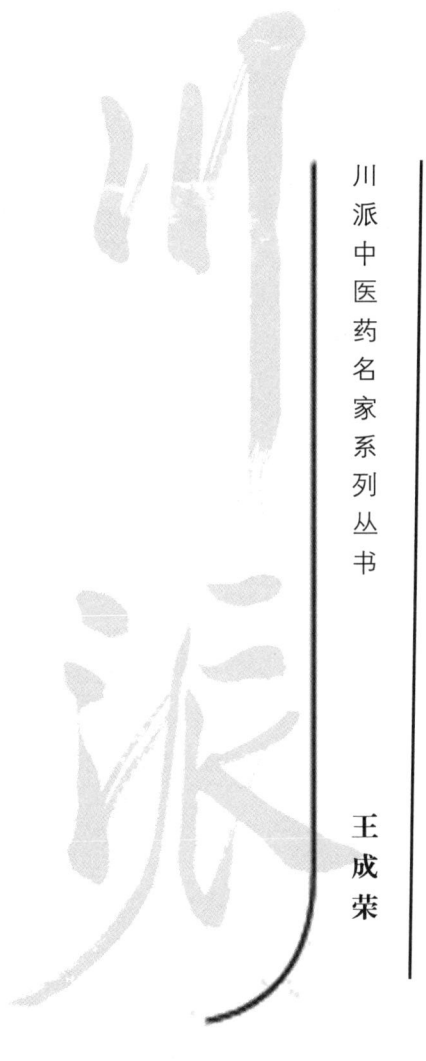

王成荣先生衷中参西，对中医的认识、认同和实践源于经典，悟于经典，实事求是。他重视经方，但也选用符合"理、法、方、药"而药味相对精简的其他古方。

一、以经方为主体

经方是以《伤寒论》《金匮要略》为代表的一类方剂，因味少力专而为后世传承。王成荣先生曾在其《王成荣妇科经验集·序》中言：鉴于中医药本身存在发展滞后、"古方不能治今病"等诸多因素，以及受有如魏文帝曹丕《典论·论文》所言"常人贵远贱近，向声背实，又患暗于己见，谓己为贤"的自尊自信心态影响，当《伤寒论》"观其脉证，知犯何逆，随证治之"被异化解读为"随症治之"或"随意加减"后，医者更看重认可各自的直接经验，并习以为常；无足为怪。王成荣先生认为凡适合以四诊辨证论治服中药可望收效的病症，皆宜从经方入手。毕竟经方历经历史考验且组方相对时方而言药味较少，更有利于疗效观察和进一步的探究。

（一）当归六黄汤

出处：金·李东垣《兰室秘藏》

组成：当归、生地、熟地、黄芩、黄柏、黄连等分，黄芪加倍。

方解：本方为治阴虚火旺盗汗之常用方。方中当归养血增液，血充则心火可制；生地、熟地入肝肾而滋肾阴。三药合用，使阴血充则水能制火，共为君药。盗汗因于水不济火，火热熏蒸，故臣以黄连清泻心火，合以黄芩、黄柏泻火以除烦，清热以坚阴。君臣相合，热清则火不内扰，阴坚则汗不外泄。汗出过多，导致卫虚不固，故倍用黄芪为佐，一以益气实卫以固表，一以固未定之阴，且可合当归、熟地益气养血。诸药合用，共奏滋阴泻火、固表止汗之效。

按语：王成荣先生常用之于更年期综合征、甲状腺功能亢进（甲亢）等。

虽然业界常将西医更年期综合征视同中医绝经前后诸证，但两者并不能等同。第一，更年期综合征是在对特定生理阶段许多病例观察统计的基础上，确证有共性特征表现的一种综合征；绝经前后诸证虽是在认同、借鉴更年期综合征的基础上对传统中医妇科学的发展，但只是在中医学基本理论指导下，对具有亦见于其他年龄段的临床症状之更年期患者作辨证论治的理论表述。第二，绝经前后诸证可作性质迥异的分类，或呈阴虚或呈阳虚，因而多以肾阴虚和肾阳虚两类证型分而论治。但更年期综合征则不然，以轰热阵汗为标志的症候群与绝经前后诸证相比对，似较符合其阴虚证而与阳虚证相去甚远。换言之，更年期综合征或可归属于绝经前后诸证中之阴虚证。肾虚是所见症之本，肝旺是引发见症之标。

《内经·素问·上古天真论》关于人体生长发育的论述表明，人之生理演变为自然规律，不可抗拒。但并不意味年届七七者都将因肾虚发病，否则不能解释为何30%左右的更年期妇女并未出现相关症状。原因在于更年期综合征不同于六淫、七情所致之疾病，其发生、发展和转归与自身生理变化规律密切相关。在更年期，伴随天癸将竭，阴精渐虚，阴阳失调多难避免。由于机体存在平衡调节机制，如果失调缓而轻，通过自身阴阳消长的调整，可有效重达平衡而不出现临床症状。故非病态之肾虚才是更年期综合征发生的基础。只有当生理变化骤急而自身适应与调节不及，失调状态持久或程度较重并影响及其他脏腑功能时方导致发病。

肾藏精，主水、主生殖；肝藏血，主疏泄，调节血海周期性盈满溢泻。五脏中唯肝肾与女性生殖成熟、衰老密切相关，故更年期病症除肾外理当责之于肝。肝肾同居下焦，乙癸同源，精血互生，两脏生理相互协调，病理相互影响。以五行生克制化关系论，肾肝又系母子，木得水濡养方能正常疏泄条达。肝体阴用阳，女性在经历生育期经、孕、产、乳后易见阴血不足，至天癸将竭或竭时，若水亏殃及木，便致肝失涵养而疏泄失常。肝属刚脏，性喜条达而恶抑郁，若情志不遂必致肝郁不舒，进而气滞血瘀，或郁而化火生风，或肝阳上亢。更年期恰是易受来自社会与家庭、人际与经济、婚姻与情感等诸多事件或因素困扰的时期。如果压力过于强烈，或者持久不得有效排解释放，肝失疏泄难以避免。

肾阴虚证见内生虚热致发作常见：时之潮热、出汗或盗汗、手足心热；心肾不交则心悸易惊、失眠多梦；肾不生髓养脑则精力不集中、记忆减退、健忘或恍惚；肾虚精亏或耳聋重听或耳鸣如蝉；肾不主骨则腰酸膝软……不过单以肾虚似不能合理解释本病特有之轰热阵汗。所谓轰热阵汗，乃指昼夜反复发作，轻者可仅一或二三次，重者日数十次，发无定时，忽现忽消，酷似"善行数变"之风的特征。因此，轰热阵汗应为水亏及木，肝失涵养柔润，木旺化热生风所致。肝郁不疏则情绪低落、莫名伤感；肝郁化火则心烦易怒，焦虑不安；肝阳亢旺则头痛眩晕、耳如雷鸣；肝风游移则觉皮肤蚁行；气滞血瘀，经脉欠畅可致四肢百骸失血濡养而见局部麻木或肌肉疼痛等感觉异常。至于本综合征另一常见之月经失常，亦无不与先天天癸衰少、肝肾精血不足，致肝气偏胜而疏泄失度，冲任经络虚瘀并存密切相关。

故对于更年期综合征，王成荣先生多辨析为虚实夹杂之证。分析轰热阵汗、情绪异常、睡眠障碍及躯体不适等临床症状，明显具肾虚与肝旺证候并存的特征。临床辨证以"水不涵木"来概括。治以泻南补北，滋水涵木。常用《兰室密藏》的当归六黄汤加减。

组成：生地黄 20 g　　熟地黄 20 g　　当归 5 g　　黄芪 30 g
　　　黄连 10 g　　黄芩 12 g　　黄柏 15 g

方解：辨证要点为针对发生机理和虚实夹杂特点，按照《难经》据五行生克规律提出的"虚则补其母，实则泻其子"的治疗原则，采取补虚与泻实并用。补北以滋肾阴而涵敛肝气，泻南以清心泻火速平肝阳而息风，从而调整已紊乱之脏腑关系，达到纠正阴阳失衡之目的。当归六黄汤原方当归、生地黄、熟地黄、黄柏、黄芩、黄连、黄芪，前 5 味药等量，黄芪加倍。王成荣先生针对绝经前后本虚的生理特点，对药量作适当加减。重用生、熟地补肝肾之阴，壮水之主以制阳光为君；以黄芩、黄连、黄柏泻三焦之火以清热除烦坚阴为臣；更加当归黄芪汤，既补血养肝又益气实卫以固表为佐。诸药合用，共奏滋阴泻火、固表止汗之效。

加减：若入睡困难、易醒、早醒者加首乌藤 60 g、酸枣仁 10 g；伤感抑郁者加香附 15 g、郁金 10 g；心悸心慌加柏子仁 10 g、远志 10 g；出汗明显加浮小麦 30 g 或麻黄根 10 g；便秘者加决明子 10 g。

水不涵木证发于更年期妇女则易与更年期综合征表现相混，而后者不加相应医疗干预的危害远大于前者。故在临证时必须警惕排查。

在临诊中，王成荣先生常详细询问病史、仔细体格检查并借助血清促甲状腺激素和甲状腺激素测定。对于抗甲状腺过氧化物酶抗体（TPOAb）、抗甲状腺球蛋白抗体（TGAb）异常，而在排查过程中符合"水亏木旺"病机辨证者，王成荣先生也常用当归六黄汤治疗之。

（二）龙胆泻肝汤

出处：清·汪昂《医方集解》

组成：龙胆草 6 g　　黄芩 9 g　　栀子 9 g　　泽泻 9 g

木通 6 g　　当归 3 g　　生地黄 6 g　　柴胡 6 g

生甘草 6 g　　车前子 6 g

方解：本方既能清泻肝胆实火，又清利肝经湿热。方中龙胆草大苦大寒，主入肝胆二经，上清肝胆实火，下利肝经湿热，两擅其功，切中病机，《笔花医镜》卷二称之为"凉肝猛将"，故为君药；黄芩、栀子苦寒泻火，燥湿清热，能清上导下，加强君药泻火除湿之力，用为臣药；湿热壅滞于下，故又用渗利湿热之泽泻、木通、车前子导湿热下行，使邪有出路，亦为臣药。肝主藏血，肝经实火，易耗伤阴血，且方中药物苦燥渗利易于伤阴，故佐以生地黄、当归滋阴养血，使邪去而阴血不伤。肝体阴用阳，性喜条达而恶抑郁，火热内郁，肝胆之气不舒，方中大剂苦寒降泄之品，亦恐肝胆之气被郁，故又佐入柴胡舒畅肝胆之气，并引诸药入肝胆之经，其与黄芩相配，以增清解肝胆火热之功，其与生地黄、当归相伍，以适肝"体阴用阳"之性。甘草护胃和中，调和诸药，为使药。综观全方，其用药是清热与渗利、滋养共施，但主之以清，辅之以利，佐之以养，具有泻中有补，降中寓升，祛邪而不伤正，泻火而不伐胃的配伍特点。

按语：王成荣先生常用之于治疗更年期综合征、阴道炎等。

因更年期患者天癸将绝，阴精渐虚，肝失涵养柔润，木旺化热，辨证肝火偏盛，烦躁易怒，或口苦、胁痛，而当归六黄汤的清肝泻火之力不够，故王成荣先生喜用龙胆泻肝汤。因原方关木通含马兜铃酸，具肾毒性，为避免药材购销环节中可能出现与白木通的混杂，故宁肯弃而不用。原方柴胡因有"劫肝阴"之说，故亦可不用。去当归之辛温，加白芍之苦酸微寒，则补肝之阴而敛其阳气，更能制肝经实火。方中龙胆草大苦大寒，专泻肝胆实火，黄芩清上焦，栀子清三焦共为君；生地黄、白芍滋水敛肝以为臣；泽泻、车前子清热利湿，令热从水道排出为佐；共收泻肝而不更伤其阴之功，临诊症状缓解或消失即止。

习惯处方配伍如下：

组成：龙胆草 10 g　　黄芩 12 g　　栀子 10 g　　泽泻 10 g

　　　车前子 10 g　　生地黄 20 g　　白芍 30 g　　生甘草 10 g

（三）天王补心丹

出处：元·危亦林《摄生秘剖》

组成：酸枣仁、柏子仁（炒）、当归身（酒洗）、天门冬（去心）、麦门冬（去心），各二两（各 9 g）；生地黄（酒洗）四两（12 g）；人参（去芦）、丹参（微炒）、玄参（微炒）、白茯苓（去皮）、五味子（烘）、远志（去心，炒）、桔梗，各五钱（各 5 g）。

方解：方中重用甘寒之生地黄，入心能养血，入肾能滋阴，故能滋阴养血，壮水以制虚火，为君药。天门冬、麦门冬滋阴清热，酸枣仁、柏子仁养心安神，当归补血润燥，共助生地滋阴补血，并养心安神，俱为臣药。玄参滋阴降火，已制虚火上炎；白茯苓、远志养心安神，交通心肾；人参补气以生血，并能安神益智；五味子之酸以敛心气，安心神，以助补气生阴之力；丹参清心活血，合补血药使补而不滞，则心血易生，以上共为佐药。桔梗为舟楫，载药上行以使药力缓留于上部心经，与丹参配伍又可行气血使诸药滋而不腻，补而不留瘀，为使药。

按语：王成荣先生多将其用于阴血亏虚，心神失养失眠较重之更年期综合征患者。

本方证多由更年期天癸欲绝，肾阴虚，心肾不交，或忧愁思虑太过，暗耗阴血，使心肾两亏，阴虚血少，虚火内扰所致。阴虚血少，心失所养，可见心悸胸闷；失眠多梦则系肾阴不足以上济养心而致心神不宁；健忘乃肾不足以荣养脑髓之见症；头晕即"诸风掉眩"，阴血不足以敛肝气之故。治当滋阴清热，补心安神。原方所用人参因价格昂贵改用太子参，并去丹丸所用有毒之"穿衣"朱砂。方以生地黄、玄参、丹参、麦门冬大队滋阴药味加当归以补心肾；以生脉散兼柏子仁以养心气；远志、桔梗、茯苓以化痰湿，伍酸枣仁而安神；共收滋养安神之功。若非要囿于君臣佐使释方，难免自圆其说之嫌。

习惯处方配伍如下：

组成：生地黄 20 g　　玄参 20 g　　太子参 30 g　　丹参 20 g
　　　酸枣仁 20 g　　柏子仁 20 g　　麦冬 15 g　　远志 12 g
　　　茯苓 20 g　　桔梗 12 g　　当归 15 g　　五味子 10 g

加减：便秘者加决明子 10 g，失眠严重者加延胡索 15 g。

（四）当归芍药散

出处：东汉·张仲景《金匮要略》

组成：当归 9 g　　芍药 30 g　　茯苓 12 g　　白术 12 g
　　　泽泻 15 g　　川芎 9 g

方解：方中重用芍药以敛肝止痛，为君药；白术、茯苓健脾益气，泽泻淡渗利湿，共为臣药；当归、川芎调肝养血，为佐药。诸药合用，共奏肝脾两调，补虚渗湿之功。

按语：王成荣先生常用之于慢性腹痛待诊患者。

《金匮要略·妇人妊娠病脉证并治第二十》："妇人怀妊，腹中㽲痛，当归芍药散主之。"《金匮要略·妇人杂病脉证并治第二十二》："妇人腹中诸疾痛，当归芍药散主之。"针对女性腹痛似肝郁气滞而症状轻者，胀或不显，或大便不实，常用当归芍药散治疗。

习惯处方配伍如下：

组成：当归 10 g　　川芎 15 g　　芍药 30 g　　茯苓 20 g
　　　白术 10 g　　泽泻 15 g

加减：同时根据腹痛程度或结合月经的周期加延胡索、细辛、桃仁等；气虚乏力者，加黄芪、党参。

（五）少腹逐瘀汤

出处：清·王清任《医林改错》

组成：小茴香^炒 7 粒　　干姜 0.6 g　　延胡索 3 g　　没药^研 6 g
　　　当归 9 g　　川芎 6 g　　官桂 3 g　　赤芍 6 g
　　　蒲黄 9 g　　五灵脂^炒 6 g

方解：方中当归、川芎、赤芍活血散瘀，养血调经为君；小茴香、干姜、官桂散寒通阳，温通冲任为臣；蒲黄、五灵脂、延胡索、没药活血祛瘀，散结止痛。诸药共凑化瘀散结、温阳散寒、调经止痛之功。

按语：王成荣先生常用之于盆腔瘀血综合征、痛经、经行不畅等。

在临床中减去原方之失笑散与没药，因五灵脂为复齿鼯鼠粪便，1995年后《药典》未再收录；炒蒲黄更长于涩敛止血，生蒲黄虽化瘀止血，却需包煎；没药水煮不易溶解。加细辛则因其辛温散寒、通络止痛功效显著。芍药在《神农本草经》《金匮要略》《伤寒论》中未分赤白，而后世如《本草经集注》则有"赤泻白补"之分。"泻"在凉血活血，"补"在柔肝止痛。但据现代药理研究表明两者所含药效之主要成分皆为芍药苷。痛经当以止痛为先，故仍重用白芍易原方之赤芍。细辛有小毒，有"辛不过钱"以免中毒之说。但"辛不过钱"（3 g）乃指散剂内服而非汤剂。据现代药理研究，细辛之主要有效成分甲基丁香酚沸点高于其所含之有毒成分黄樟醚，只要免盖敞开煮沸30分钟左右，后者便蒸发去掉而有效之前者仍溶于汤剂之中。诸药合用则寒散血行，冲任胞宫气血调和流畅而痛消。

习惯处方配伍如下：

组成：小茴香^炒10 g　　延胡索 3 g　　当归 9 g　　川芎 6 g
　　　桂枝 10 g　　　白芍 30 g　　高良姜 10 g　　细辛 10 g

加减：冷痛甚者加附片 12 g；经血块多酌加川牛膝 15～30 g。

（六）柴胡疏肝散

出处：明·张景岳《景岳全书》

组成：柴胡 6 g　　白芍 4.5 g　　枳壳 4.5 g　　香附 4.5 g
　　　川芎 4.5 g　陈皮 4.5 g　　甘草 1.5 g

方解：方中以柴胡功善疏肝解郁，用以为君；香附理气疏肝而止痛，川芎活血行气以止痛，二药相合，助柴胡以解肝经之郁滞，并增行气活血止痛之效，共为臣药；陈皮、枳壳理气行滞，白芍、甘草养血柔肝，缓急止痛，均为佐药；甘草调和诸药，为使药。诸药相合，共奏疏肝行气、活血止痛之功。

按语：王成荣先生常用之于肝气郁滞之胁痛、乳痛、经前期紧张综合征、肠激惹综合征或慢性下腹痛待诊患者。

气血失常是中医认识疾病病机的理论之一。《内经·素问》中关于气血的论述颇多。对二者的运行，本之于"阴在内，阳之守也，阳在外，阴之使也""阴静阳燥"的基本定性，故有"气为血帅""气行则血行也""气滞则血瘀""气虚则血瘀"或"虚瘀并有"主次之分，表现为气的生化不足或耗散太过可致气不足，气的某些功能减退或气的运行失常。"心主血""肝藏血""脉为血府"，故气血赖经络运行，经络分布周身，运行气血，连络脏腑肢节，沟通上下内外，使气机之升降出入协调运转。若脉络瘀滞，气血运行不畅，脏腑濡养不足，气机或滞或乱，如历久不散，最终难免发生疾病。"通则不痛，痛则不通"，肝主疏泄，脾主运化，"见肝之病，知肝传脾"，因女性的特殊生理，王成荣先生在治疗女性郁证、痛证方面也喜用柴胡疏肝散。施治时常辅以活血化瘀，疏通经脉，使气血调达应是临床治疗的基本法则之一。故王成荣先生临床常用疏肝行气之方。

习惯处方配伍如下：

组成：柴胡 10 g　　香附 15 g　　枳壳 12 g　　白芍 30 g
川芎 15 g　　甘草 10 g

加减：胀甚于痛者加青皮 10 g、郁金 15 g，增强疏肝解郁；痛甚于胀者加川楝子 12 g、延胡索 15 g，行气活血止痛；附件增厚者从气滞而瘀立论，可加皂角刺 10 g、桃仁 10 g 或三棱 15 g、莪术 15 g，以化瘀散结；带下色黄者加鱼腥草 30 g、黄柏 15 g；便秘者加决明子 15 g。

（七）五味消毒饮

出处：清·吴谦《医宗金鉴》

组成：金银花 20 g　　野菊花 15 g　　蒲公英 15 g　　紫花地丁 15 g
紫背天葵子 15 g

方解：方中金银花、野菊花，清热解毒散结，金银花入肺胃，可解中上焦之热毒，野菊花入肝经，专清肝胆之火，二药相配，善清气分热结，共为君药；蒲公英、紫花地丁均具清热解毒之功，为痈疮疔毒之要药，是为臣药；蒲公英兼能利水通淋，泻下焦之湿热，与紫花地丁相配，善清血分之热结，共为佐药；紫背天葵子能入三焦，善除三焦之火，为使药。

按语： 王成荣先生多用之于治疗急性盆腔炎、乳腺炎。

外感热毒，稽留不去，又时值经期或产褥期，正气虚弱，邪热复盛，壅滞气机可见疼痛、发热等症。五味消毒饮本为治火热痈疔之方，似于热毒壅滞小腹不甚贴切，故加专泻下焦火热之黄柏，清肝胆湿热之茵陈和通泻肠腑之决明子以引药达病所。乳络与肝经相通，故针对乳腺疾病酌加桔梗引药上行，橘核、荔枝核等散结之品。热虽无形，但可灼血成瘀，故佐以川芎、桃仁、皂角刺活血化瘀，以防因热致瘀，瘀热互结而成癥。

习惯处方配伍如下：

组成：金银花20 g　　连翘20 g　　野菊花15 g　　蒲公英30 g
　　　紫背天葵子15 g　皂角刺10 g　茵陈12 g　　　黄柏15 g
　　　川芎15 g　　　　桃仁10 g　　决明子15 g

（八）血府逐瘀汤

出处：清·王清任《医林改错》

组成：桃仁12 g　　红花9 g　　当归9 g　　生地黄9 g
　　　牛膝9 g　　川芎4.5 g　桔梗4.5 g　赤芍6 g
　　　枳壳6 g　　甘草6 g　　柴胡3 g

方解： 方中桃仁破血行滞而润燥，红花活血祛瘀以止痛，共为君药。赤芍、川芎助君药活血祛瘀；牛膝活血通经，祛瘀止痛，引血下行，共为臣药。生地黄、当归养血益阴，清热活血；桔梗、枳壳，一升一降，宽胸行气；柴胡疏肝解郁，升达清阳，与桔梗、枳壳同用，尤善理气行滞，使气行则血行，以上均为佐药。桔梗并能载药上行，兼有使药之用；甘草调和诸药，亦为使药。合而用之，使血活瘀化气行，则诸症可愈，为治胸中血瘀证之良方。

按语： "血府"一指上焦之胸腔，上之方解本此。另一指经脉，即"脉为血府"。以后者论，则可解为桃红四物汤直入血分而以柴胡、桔梗达上，枳壳行中，牛膝引下，甘草调和，而将全身经脉因瘀去而和畅之功。

（九）当归补血汤

出处：元·李东垣《内外伤辨惑论》

组成：黄芪30 g　　当归6 g

方解：本证多由劳倦内伤，血虚气弱，阳气浮越所致，治疗以补气生血为主。血虚气弱，阴不维阳，故肌热面赤、烦渴引饮，此种烦渴，常时烦时止，渴喜热饮；脉洪大而虚、重按无力，是血虚气弱，阳气浮越之象。方中重用黄芪，其用量五倍于当归，用意有二：一是滋阴补血固里不及，阳气外亡，故重用黄芪补气而专固肌表；一是有形之血生于无形之气，故用黄芪大补脾肺之气，以资化源，使气旺血生。配以少量当归养血和营，则浮阳秘敛，阳生阴长，气旺血生，虚热自退。至于妇人经期、产后血虚发热头痛，取其益气养血而退热。

按语：王成荣先生喜用此方与黄芪建中汤或七宝美髯丹合用，共奏补益肝肾或补益气血之功。

二、以己方为辅用

王成荣先生谨遵古训，辨证施治。临床中因八纲为各种辨证的总纲，有执简驭繁、提纲挈领的作用，故以八纲辨证为首，次辨三焦、脏腑、经络之气血，综合辨证立法，按中药配伍原则"君臣佐使"或"主次分明"，形成为己所用的习用方（王成荣经验方）。

《内经·素问·上古天真论》中就女性生长、发育、生殖、衰老的论述都涉及肾—天癸—冲任—胞宫的病机，而其中"冲任"二脉在妇科生理、病理及辨证论治中尤为重要。

冲任二脉为奇经八脉，是中医妇科学基础理论的一个重要组成部分，故有"冲为血海，任主胞胎"之说。冲脉主疏、泄、通、溢；化生气血温煦子宫，为冲阳。任脉主封藏、蓄、固；主胞胎，调月经，司带下；为任阴。二者以气血循行，相互资生，而阴阳协调，"任通冲盛"。女子的特殊生理，即经、孕、产、乳中的任何一环节失调都有可能损伤冲任，导致冲任虚损，疏泄不畅，通达不利，久而成瘀、化热的病症，临床上可见月经量少、漏下、不孕、痛经等病。

历代医家不断总结还形成了冲任学说，冲任学说是中医学中的基础理论之一。古今著名医家之所以独重冲任，乃因主生殖之肾精秉赋于父母。王成荣先生认为生殖之精实即天癸，否则《内经·素问·上古天真论》有关女性以七分法论其年龄与经孕产乳及体貌盛衰变化，便不会以"天癸至"和"天癸竭"

为"任脉通，太冲脉衰少"的先决前提。既然秉于父母的先天之精的天癸，除当代西医生殖医学可以手术冷藏卵巢以待该妇女在其事业有成或进更年期需要孕育或维持正常月经以葆驻颜活力外，中医药尚无能为力，而只有从冲任的虚瘀着手。但是否可以达到"回春"效果尚需循证医学的论证。也许是在妇科病的证治中历来重视冲任的缘由，宋代陈自明在《妇人大全良方·博济方论》中指出："妇人病有三十六种，皆由冲任劳损所致。"清代徐灵胎云："凡治妇人病，必先明冲任之脉，此皆血之所从生而胎之所由系……"李中梓《内经知要》云："女子诸证，虽由督脉所生，实亦冲任之病。"现代中医学家罗元恺等亦认为：冲任二脉损伤，是妇产科疾病中最重要的发病机制。不论感受寒、热、湿邪或生活所伤、内伤七情、体质因素，或脏腑功能失常、血气失调，均可直接或间接地损伤冲任，使胞宫、胞脉、胞络发生病理性变化，从而导致妇产科疾病，这是妇产科病理上的特点。对冲任失调，历代医家主要都是通过治肾、治肝、治脾、治气血、祛邪这几方面来治疗，常用补、固、安、温、清等治法，以达到治冲任之目的。但冲任与女性特殊的生理功能的关联，决定了冲任在女性不同生理、病理时期的功能不同。故王成荣先生在临床中围绕冲任病机拟定了一系列行之有效的处方，根据冲任失调的思想，将冲任失调分成了冲任不足、冲任虚瘀、冲任不固、冲任瘀滞、热瘀冲任五大辨证型，并采用不同的药物进行整合治疗，同时根据女性生理不同阶段所出现的不同证型进行差异化治疗，获得了非常好的疗效。

在多种中医妇科病症的辨证求因中，尽管内因、外因或不内外因，皆在一定条件下有可能酿成妇科病症，但据先生学习《内经·素问·至真要大论》中病机十九条的认知，属六淫的风、寒、湿仅各一条，而热有四条，火却有五条。况无论"六淫""七情"或"不内外因"致病，久之皆可遏郁生热化火。按《金匮要略》中的"治未病"原理，王成荣先生主张多从"内生火热"探讨某些中医妇科病症。

（一）滋和汤

出处：《医宗金鉴·妇人心法要诀》中黄芪建中汤加减而来。

组成：菟丝子 20 g　　熟地黄 20 g　　补骨脂 20 g　　鸡血藤 30 g

川芎 10 g　　　　白芍 30 g　　　　黄芪 30 g　　　　桂枝 10 g
甘草 10 g

功用：温中补虚。

方解：由大补气血之"当归建中汤"和"黄芪建中汤"加减化裁而来，方中熟地、菟丝子、补骨脂、白芍为君药，补精血、益肝肾；黄芪、甘草，甘温补益中气，为辅为臣；当归、川芎、鸡血藤、桂枝温经活血而为佐使之功。

主治：冲任不足证。

加减：若经少1/2以上，B超提示宫内膜偏薄，有宫内膜受损的病史，可加河车粉3g冲服。

按语：中医学认为，肾藏精，为阳明脏腑之本，生命之源，故为"先天之本"。女性的生殖生理都围绕"肾—天癸—冲任—胞宫"的气血变化，当然与肝、脾的疏泄、运化等有密切关系。所以王成荣先生根据中医理论并总结先人经验结合自己的临床经验，自拟滋和汤，方中以菟丝子、女贞子滋肾益精，当归、川芎养血调血，白芍敛阴缓急助养血之功，黄芪、甘草补脾益气，桂枝温经通阳，补骨脂助命门之火而暖丹田，乃"阳生阴长，阳杀阴藏"之意。全方共奏滋阴补肾，调和肝脾之功。

（二）滋活汤

出处：《本草纲目》录自《积善堂方》七宝美髯丹。

组成：女贞子 20 g　　菟丝子 20 g　　补骨脂 20 g　　当归 15 g
川芎 15 g　　　鸡血藤 30 g　　桃仁 10 g　　　枳壳 15 g

功用：滋养肝肾，活血化瘀。

方解：该方由七宝美髯丹变化而来。中医学认为，肾藏有先天之精，为脏腑阴阳之本，生命之源，故为"先天之本"。而肝肾之间关系极为密切，肝藏血，肾藏精，精能生血，血能化精，精血同源，故有"肝肾同源"之说。所用方药中，女贞子、枸杞子二子补益肝肾、滋阴止血；菟丝子入肾补肾益精，既补阴又补阳，为平补阴阳要药；补骨脂补肾助阳，共为主药；当归补血活血，桃仁化瘀力强，川芎行血中之气，鸡血藤活血调经，共为辅药。全方共奏滋养活血、通畅冲任脉络之效。

王老认为，妇科疾病多由冲任二脉的"虚""瘀"所致。"冲任虚瘀"虽属虚瘀为患，但基于奇经的生理特点以满为功，以通为用，因此不论虚实均应通之。再结合"冲任虚瘀"乃因瘀而不足，其瘀在前而虚在后，故王老强调冲任宜通。临证常用自拟方滋活汤治疗"冲任虚瘀"之妇科疾病，屡获良效。

主治：冲任虚瘀证。

加减：对于冲任不足的患者需在滋和汤中去除桃仁，添加黄芪、白芍、甘草三味补药，与当归、鸡血藤等共起温中补虚、活血调经之功。

按语：早在晋代王叔和《脉经·平妊娠胎动血分水分吐下腹痛证》中便有"经水少"的记载，认为其病机乃"亡其津液"。纵观古医籍前贤论述，月经过少有虚有实。虚者多因精亏血少，冲任亏虚，经血乏源；实者多由瘀血内停或痰湿阻滞，冲任壅塞，血行不畅所致。

虽经量减少而周期、经期如故，表明血海冲任经气的阴阳消长周期性循环运转并无异常，只是阴血有所减少。而阴血减少可能与子宫局部脉络有所瘀滞而不足有关，应属虚瘀为患。

临诊中王成荣先生强调，除妇科检查外应监测基础体温，并于黄体中期（周期 21 天前后）阴式 B 超检测子宫内膜厚度，或于月经周期第三天检测生殖激素水平，或/和查甲状腺功能，必要时探官腔或宫腔镜检查，明确病因，以利治疗。

对于已经生育，系人流术后经量减少，基础体温和生殖激素监测均提示卵巢功能正常而无他症之经治无效者，排除宫腔粘连后，可告知不会影响健康而无须治疗。

先生用自拟之滋和汤或滋活汤，两者虽仅一字之差，却有虚实之偏重不同。滋和汤方中熟地黄、菟丝子、补骨脂、白芍，补精血益肝肾为主；黄芪、甘草，甘温补中气为辅；鸡血藤、川芎与桂枝兼温经活血通络而有佐使之功。全方旨在补虚，先后天兼顾，寓通于补，意在通达脉络也。原方曾伍有河车粉 3 g，王成荣先生鉴于价格偏昂，不常规辅用，而以当归易之，如此则有《千金翼方》当归建中汤合《金匮要略》黄芪建中汤"补诸虚气血不足"之义。滋活汤方中女贞子、菟丝子、补骨脂滋养肝肾为主药，当归、川芎、桃仁活血化瘀为辅药，鸡血藤、桂枝兼温经和血通络。全方旨在滋养活血、通畅冲任脉络，虚实兼顾。

（三）益肾固冲汤

出处：《医学衷中参西录》之寿胎丸加减而来。

组成：杜仲 15 g　　续断 15 g　　菟丝子 20 g　　肉苁蓉 20g
　　　白芍 30 g　　甘草 10 g　　党参 30 g

功效：补肾益气固冲。

方解：该方以《医学衷中参西录》中的寿胎丸加减化裁而来，方以杜仲、续断、菟丝子、肉苁蓉补肾气为主药，党参补脾肺固中以助肾气，芍药、甘草柔肝缓急，为辅药而固冲任。全方收益肾固冲保胎之功。

主治：胎漏、胎动不安、漏下。

加减：胎漏出血可用阿胶珠养血止血，再加小蓟凉血止血；出现恶心、胃脘不适者可加竹茹、枇杷叶以和胃止呕；化热者可加黄芩、白术。朱丹溪谓古芩术汤为"安胎圣药"。

按语：本方适用于胎漏、胎动不安属冲任不固，以及肾气不足之漏下病者，经间至经期，为胞宫、冲任阴阳消长之阳长时期，乃西医学的排卵期或排卵后期出血者，系肾气不足致冲任失固。西医学多认为黄体功能不足可见经间期出血或流产。故王成荣先生在寿胎丸基础上加党参、白芍等以益气固冲，柔肝缓急。

特别注意：保胎过程中一定要排除异位妊娠；保胎过程动态检测血孕酮和 β-HCG 并视检查结果考虑安胎继续与否。

（四）三川汤

出处：自拟。

组成：香附 15 g　　枳壳 12 g　　川牛膝 30 g　　川芎 10 g
　　　当归 10 g　　桃仁 10 g　　川红花 10 g

方解：方中重用川牛膝活血化瘀为君；香附、枳壳行气，桃仁、川红花化瘀为臣；当归、川芎行气和血为佐。共收活血通经之效。

加减：如腹痛明显，喜温喜压，可加桂枝、小茴香、高良姜、白芍，加强温经止痛之功,也取之于《医林改错》少腹逐瘀汤的加减;如胃脘不适,可去方中桃仁。

主治:月经后期、经行不畅已排除早孕者。

按语:出血为离经之血,亦即瘀血,若单纯使用止血方法,则因出血引起的脉络瘀阻不去,会继发为再次出血的可能,而兼用活血祛瘀与止血的治疗方法,使瘀血得去,新血得生,标本兼治。从中医病因病机学角度看,不少出血性疾患在出血之前,即存在瘀血阻络的病理变化,不论是气血之失调,皆可引起血瘀而脉络阻滞,均可导致血溢脉外发为出血。总之,瘀血是导致出血疾病的一个重要的潜在性因素。因此,无论从治标还是治本的观点出发,活血化瘀、凉血止血为治疗出血性疾患的有效治法,也符合《内经·素问》中"通因通用"论点。

(五)白莲散结汤

出处:自拟。

组成:半枝莲 30 g　　白花蛇舌草 30 g　　皂角刺 10 g　　莪术 15 g
　　　　土鳖虫 12 g　　仙茅 15 g　　　　　淫羊藿 15 g　　猪苓 20 g

方解:该方以白花蛇舌草、半枝莲清热解毒,活血化瘀,消肿止痛为君;皂角刺、莪术、土鳖虫化瘀散结为臣;仙茅、淫羊藿辛温壮肾阳助气化为佐;猪苓利水渗湿为使。全方君二臣三佐二使一,共收活血化瘀,软坚散结之功。

加减:若未避孕,凡基础体温上升达 10 天者,便应停服。伴恶心呕吐或腹泻加半夏 12 g、陈皮 10 g;伴月经量多加马齿苋或重楼 30 g、枳壳 12 g;大便干结加决明子 15 g;痛甚加白芍 30 g、延胡索 15 g。

主治:适用于子宫内膜异位症和子宫腺肌症经前、经期下腹疼痛,或伴肛门坠胀而无明显寒、热或虚象者。

按语:一般认为子宫内膜异位症和子宫腺肌症因瘀而致,而气滞、寒凝、气虚、湿热、痰湿、肾虚等皆可致瘀。王成荣先生则认为内生火热当推首位,强调火热致瘀,瘀久蕴热,终致火热瘀结为本病之病因病机。

内生火热是本病始发病因,因火热来源最广:冲气过旺,气有余便是火;六淫、七情郁久皆可化火;瘀久不去亦能化火。故火热致"阴络伤,血内溢",积瘀于冲任脉络所荣之下焦或其中之器官则为其本。火热瘀结之所以为其病机:其一，火热致瘀，火热损伤冲任脉络并迫血妄行溢于脉外成瘀，即"阴络伤，血内溢"致瘀。若火热煎血成瘀，则可致脉络瘀阻，气血流行不畅，即《血证论》中"血受热则煎熬成块"之谓。其二，因瘀致热，瘀血蕴积体内日久亦可汩而生热化火，以至互为因果，胶结难去。其三，周期性火热伤络留瘀，本为经前、经期冲任经气过旺，化火伤络之瘀尚未消去，又反复行经，一再增添新瘀，致令病变渐有扩大，终成瘀结或癥积难愈。因此，内生火热是本病的始发病因，而周期性经气过旺则是病情反复发作、痛经加重或不孕等迁延不愈的重要病机。其恶性循环即所谓"热附血而愈觉缠绵，血得热而愈形胶固"。故本方以上述辨析立论，宗"必伏其所主，而先其所因"之旨，治以清热解毒，化瘀散结。依法制方，以半枝莲、白花蛇舌草清热解毒，化瘀消肿为君；皂角刺、土鳖虫、莪术化瘀散结为臣；二仙温肾助气化为佐；猪苓利尿而引邪下行为使。"清"使未离经之血安其宅；"化"使已离经者散其滞。共收清热化瘀，软坚散结之功。

先生运用白莲散结汤治疗冲任瘀滞型不孕症，已形成了固有的中西医结合诊治疾病的思辨模式，有其临床辨治特点：认为"邪之所凑，其气必虚"，而肾为妇女之先天，故在冲任瘀滞的基础上，尤重肾虚血瘀，治以温阳化瘀法；且王成荣先生在患者经期时，亦用逐瘀、破瘀、化瘀之品治疗，多可较快缓解症状而少见有致经血增多或经期延长的副作用。

特别注意：①连续服药3个月经周期（经期可停）。②方中仙茅有毒，土鳖虫有小毒，服药前须查血常规和肝肾功，服药 3 月复查；肝肾功异常者禁或慎用。③欲孕患者服药过程应监测BBT，如体温升高 0.3～0.5℃连续达 10 天，可停药观察。确定未孕方可续服。④经前、经期注意休息，避免负重和剧烈运动。一日一剂，熬3次，每次煎沸30分钟，共 300 mL，分3次服。

（六）清化汤

出处：自拟。

组成：黄芩 15 g　　　　小蓟 30 g　　　　白花蛇舌草 30 g（或地榆 20 g）
　　　马齿苋 30 g（或重楼 30 g）　　川牛膝 30 g　　枳壳 12 g　　桃仁 10 g

方解：方中小蓟、马齿苋（或重楼）清热凉血止血为君；黄芩、白花蛇舌草（或地榆）清热凉血，桃仁、川牛膝祛瘀生新为臣；枳壳行气为佐。全方共收凉血化瘀止血之功。

加减：适用于子宫出血期量多、色红、质稠或夹血块证属热瘀者。若兼气虚神疲，加党参30 g、黄芪30 g；兼阴虚见症，酌加生地黄20 g、墨旱莲20 g、阿胶珠12 g；口干者加乌梅10 g。方中"或重楼""或地榆"，皆以某一时段药房缺药或价位升高时择价廉者用之。偏热盛者，可加大蓟、蒲公英、紫花地丁等；偏湿盛者，可加茵陈、石韦等。

主治：异常子宫出血。

PAIMCOIN之AUB（子宫异常出血）按中华医学会妇产科分会妇科内分泌学组《子宫异常出血诊断与治疗指南》[①]表现月经量多，或子宫肌瘤伴见月经量多，证属血热夹瘀者。

按语：王成荣先生认为，经前期（黄体期），经气由阴转阳，阴血下聚冲任胞宫，冲气偏盛而迫血妄行，则可见经前漏下。若热伤冲任或因热致瘀，又可至经后不净。故宜在清热凉血同时，予以化瘀，瘀去血自归经，冲任自固而血止。

一般认为月经过多因气虚、血热、血瘀致冲任不固，经血失于制约所致。究其所以气虚，所以血热或所以血瘀之因，总不外为《金匮要略》归纳之"千般灾难，不越三条"，即后世概括的"六淫外感""七情内伤""金刃、房室、虫兽"此三者不内外因所伤，以及素体阳旺、阴虚，等等。依据经验王成荣先生认为，月经过多总以热与瘀互结为患居多。万全《妇人秘科》云，"经水来太多者，不问肥瘦皆属热也"，认为热虽无形，但若炽盛，可伤津耗液，即所谓"血遇热则煎熬成块"；热邪壅遏，灼伤脉络，迫血旺行致血溢脉外，离经之血亦可为瘀。瘀血内阻，不仅新血不得归经，更可郁久化热。故而由热致瘀，因瘀生热，热瘀互结便是月经过多之主要病因病机。临症常见经多者一般血色鲜红、夹带瘀块，即是热瘀兼见之确证。故治宜清热凉血、化瘀以止血。

（七）滋清汤

出处：《傅青主女科》清经散中加减化裁而来。

组成：生地黄20 g　　　女贞子20 g　　　墨旱莲20 g　　　黄柏15 g

---

① 中华医学会妇科分会妇科内分泌学组.子宫异常出血诊断与治疗指南[J].中华妇产科杂志，2014，49（11）：801-806.

牡丹皮 15 g　　　　茺蔚子 10 g

方解：方中二至、生地黄滋肝肾为主，黄柏、牡丹皮、茺蔚子清热凉血为辅，而收固冲调冲之功。

功用：滋肾凉血，活血化瘀。

加减：经前期可加杜仲、续断以益肾固冲。

主治：AUB-O 月经频发、经期延长、经间期出血。

按语：滋清汤系由《傅青主女科》之清经散合《证治准绳》之二至丸为基础化裁而来，具有清热凉血、滋肾养肝之效，使热去而血宁则经调。王成荣先生按中医辨证施治的原则，根据冲任经脉气血盈虚的阴阳互根且此消彼长而往复循环运行的原理，以及瘀久化热的病机，标本同治而收调经之功。

（八）泻火达衡汤

出处：《寒温条辨》栀子柏皮汤中加减化裁而来。

组成：黄柏 15 g　　　栀子 15 g　　　茵陈 12 g　　　桃仁 10 g

石韦 30 g　　　甘草 10 g

功用：清热利湿，活血化瘀。

方解：本方由《伤寒论》栀子柏皮汤加利湿化瘀之品而成。方以黄柏、栀子清热泻火为君；茵陈、石韦清热利湿，甘草清热解毒，并桃仁活血祛瘀为臣，而阴平阳秘之功。

加减：适用于检测上述抗体呈阳性而无其他临床表现之不孕或自然流产患者。兼月经量少、色淡者，加药味等分的四物汤；兼月经色褐夹瘀者，加莪术或三棱 15 g。服药过程受孕而相关抗体尚未转阴者，可去方中桃仁续服。

主治：AsAb、EmAb、AcAb、AoAb、AZpAb、AhcgAb 等一或几项检出阳性之不孕或流产史患者。

按语：与免疫性不孕有关的抗体，常见的包括 AsAb、AcAb、EmAb、AoAb、AZpAb、hCGAb。女性体内查及这些抗体阳性，临床除造成不孕，也会导致复发性流产等。王成荣先生根据中西医结合的观点，若据四诊颇难着手辨证论治,但他认为中医学关于人体正气的概念,与西医学关于免疫的概念在一定程度或在某些方面有相似之处。若以抗体(+)作为机体"正气"的客观指标之一,正常抗体缺乏既可辨为正气不足,出现异常抗体则可辨为正气过旺,而"气有余便是火"。经言"亢则害,承乃制,制则生化"。

针对为此病机处方用药,收"阴平阳秘,精神乃治"之功,故以"泻火达衡"名方。曹亚芳等采用王成荣先生的自拟处方泻火达衡汤治疗72例免疫性不孕症患者,3~6个月后观察疗效。痊愈:抗体转阴且半年内受孕;有效:虽未受孕,但阳性抗体转阴;无效:阳性抗体仍呈阳性,且未受孕;总有效率:半年内痊愈及有效者。结果:治愈15例,有效48例,无效9例,总有效率87.5%。故可从血分郁热入手,以清热利湿活血为主。[1]

(九)清解阳明汤

出处:自拟。

组成:石膏 15 g　　知母 10 g　　山药 20 g　　银花 20 g
　　　连翘 20 g　　蒲公英 30 g　天葵子 10 g　野菊花 10 g
　　　辛夷 15 g　　黄芩 15 g　　决明子 15 g

方解:方中知母、生石膏、山药易粳米为白虎汤加减,以清阳明经热,并黄芩清泻上焦火热为君;银花、连翘、野菊花、蒲公英、天葵子清热解毒为臣;辛夷花入肺胃通鼻窍散邪,决明子归肝经与大肠经,通便清热,令邪有出路而并为佐使之药。全方共收清解阳明郁热之功。

主治:颜面和/或背胸部痤疮之体实者。

加减:苦寒化燥者,去黄芩加生地黄、玄参各 20~30 g 以滋阴降火,或更佐牡丹皮 15 g、紫草 12 g 凉血活血;大便通畅或稀溏者去决明子;脾胃弱者山药倍量或酌加茯苓 20 g、半夏 12 g。若服药感胃部不适,可去石膏、知母,加半夏 12 g、吴茱萸 10 g、黄连 10 g 或暂停服药,待胃和后试续服。经期可与三川汤合用。经期延长可加小蓟、马齿苋等止血之品。

按语:气有余便是火,火郁成毒则可发疮。然痤疮总属阳邪犯上,而阳明经

---

[1] 曹亚芳,刘普勇,严春玲,等.泻火达衡汤治疗免疫性不孕临床观察[J].西部中医药,2014,27(9):89-91.

荣于面，痤疮乃阳明郁热之象，故宜从阳明郁热辨治。方以五味消毒饮合白虎汤加减而成。《温病条辨》谓"治上焦如羽，非轻不举"，正取其轻清上浮，有利于清解上焦火热之意。

（十）宫复安汤

出处：《太平惠民和剂局方》中失笑散、四物汤加减化裁而来。

组成：川牛膝 30 g　　生蒲黄 30 g　　五灵脂 15 g　　川芎 5 g
　　　当归 5 g　　　　枳壳 12 g　　　白芍 20 g　　　熟地黄 12 g

方解：本方重用川牛膝、生蒲黄以行血逐瘀为君；以五灵脂、川芎、当归、枳壳之行气活血通脉而增强逐瘀之力为臣；取白芍、熟地黄之补血滋阴益肝肾而固冲任为佐，符合《内经·素问·至真要大论》"君二臣四，偶之制也"的制方理论。全方八味药可分为两组：行血逐瘀之君臣药组和补固冲任之佐药组。无论药味多寡，抑或药量轻重，君臣药均显著超过佐药。故本方属攻补兼施，却重在攻瘀而稍兼补益，可谓寓补于攻的治法。

功用：行血逐瘀，益肾固冲。

主治：防治药物流产、人工流产或自然产、剖宫产后恶露不绝。

加减：本方重在预防恶露不绝的发生，应于药物流产、人工流产或自然产、剖宫产后即服。兼气虚神疲加党参 30 g、黄芪 30 g；瘀滞腹痛加益母草 30 g；腰痛加杜仲 15 g、续断 15 g；纳差便溏加山药 30 g、陈皮 10 g。

按语：本方由失笑散与四物汤合方，再加枳壳、牛膝而成。不过《局方》失笑散中蒲黄与五灵脂等量，而本方蒲黄 2 倍于五灵脂；《局方》四物汤诸药等量，本方只川芎与当归用量相等。仅以归、芎等分为方，便是《局方》的芎䓖汤，《本事方》名之佛手散，并谓用于"子死腹中，催生神妙"；《医宗金鉴·妇科心法要诀》亦称佛手散"又名芎归汤，逐瘀血其效如神"。《局方》芎䓖汤用归芎各等分，粗散每服 3 钱，加水 1 盏半煎至 1 盏服。《医宗金鉴》则用川芎 2 两、当归 3 两，为细末，每服 2 钱，水 1 盏、酒 2 分，煎 7 分温服，治产后瘀血内停之恶露不绝。可见用于活血逐瘀，芎、归用量皆轻。

从单味药效看本方配伍：川牛膝，《本草纲目》谓其"生用能去恶血"；《千金要方》中有"治产儿胞衣不出"之牛膝汤；《圣惠方》中有治"产后败血不散，腹胁疼痛方"皆以牛膝为主药。生蒲黄，《神农本草经》有"消瘀血"的记载；《千金要方》之蒲黄散以蒲黄、牛膝各1两为君，大黄、庵闾子、鬼箭羽各半两为臣，桂心3分、生姜半分为佐使药，治产后瘀血内停，"恶露不下，心腹疼痛"；《本草纲目》谓蒲黄"生则能行，熟则能止"。故本方以川牛膝、生蒲黄重用为君。五灵脂，《本草衍义补遗》谓其"能行血止血"；《局方》失笑散即用五灵脂、蒲黄各等分治瘀血内停之"产后心腹痛欲死"以通脉散瘀，谓"服此顿愈"。枳壳，《日华子诸家本草》谓之能"下气""破癥积痃癖"。枳壳为破气散积药，虽归入脾胃经，但"冲脉隶于阳明"故亦能破冲脉之气滞。气为血帅，气行则血行，故有助于活血逐瘀。川芎，《日华子诸家本草》谓能"调众脉，破癥积宿血""消瘀血"；《药品化义》更称其"能横行利窍，使血流气行，为血中之气药""以其性温行血海，能通周身血脉。宿血停滞，女人经水不调，一切胎前产后用之温养"。当归，《药品化义》说其"专入肝助血海，使血流行"；《日华子诸家本草》称其"破恶血，养新血"；《本草经百种录》更称"当归为血家必用之药""为养血之要品"。故本方以此四味为臣药。白芍，《本草正义》谓"补益肝阴，而安靖甲乙之横逆"为养血敛阴之品。熟地黄，《本草纲目》称"填骨髓，长肌肉，生精血，补五脏内伤不足，通血脉"。本方地、芍同用，即在滋阴补血，益肝肾而固冲任，故为佐药。

从药流所致恶露不绝病机分析：尽管《景岳全书》论产后恶露不止的病机有血热、冲任之络有伤、肝脾气虚、气血俱虚、怒火伤肝、风热在肝等之不同，《医宗金鉴》却归纳产后恶露不绝病机为冲任损伤，不能固摄和瘀行不尽，停留腹内，随化随行的虚、实两种。米非司酮伍米索前列醇药流后之恶露不绝，是因于冲任脉络损伤，致血溢脉外而经有留血，瘀阻经脉则血不归经所致。若瘀血不去，则出血难已，且有碍新血之化生，伤损的脉络也不易平复。久之，更可导致冲任失固，统摄无权，甚或转为暴下崩中。故遵《内经·素问·阴阳应象大论》"谨守病机"和《至真要大论》"必伏其所主，先其所因"的宗旨，治以逐瘀为要而兼固冲任。此外，方中五灵脂系啮鼠的干燥粪便，不同版本《药典》亦有未收录者。因此，以不用更好。

（十一）益肾消斑汤

出处：自拟。

组成：淫羊藿 15 g　　仙茅 15 g　　桂枝 10 g　　猪苓 20 g
　　　　泽泻 20 g　　　白茅根 30 g　　皂角刺 10 g　　桃仁 10 g

方解：二仙温补肾阳为君；桂枝入心肺膀胱温通经络，助益气化，合猪苓、泽泻、白茅根渗湿利水为臣；桃仁、皂角刺活血祛瘀散结为佐。全方共奏补肾行水淡斑之功。黄褐斑为中老年妇女常见而烦心求医的常见症。尽管黄为土色，而褐则近黑却为水聚之色。颧骨属肾，其上皮色见斑，不痒不痛，可视为肾气不足，水液不循故道而水气凝聚于兹之象。辨证为肾水上泛或有所据。论治当益肾阳以助气化之源，渗湿利水以助水液尽归于故道，兼佐活血散瘀而达褪色淡斑之目的。

功用：温肾利水，活血化瘀。

主治：黄褐斑。

加减：适用于无其他见症之更年期妇女黄褐斑。斑久色深者，酌加莪术或/和三棱各 15 g。

按语：肾主水，若水之气化失常，水色上泛于则可见色素沉着于面，故辨证为肾水上泛，治宜温肾利水、化瘀消斑，用王成荣先生自拟的益肾消斑汤加减。

女性颜面蝴蝶斑或黄褐斑，虽可由紫外光暴晒、老龄化或其他不明原因致局部皮肤色素代谢异常引发，但也见于妊娠或长期服避孕药者。黄褐斑的褐色可视为黑之色略浅者，黑乃水之色，水色见于颧面部，其本在肾。肾主水，若水之气化失常，或为水色上泛于面之病机，故治疗面斑重在温肾。肾虚气化不利，影响气血运行，经行 1～3 天左侧偏头痛，经血夹块为瘀滞之征。本案用王成荣先生自拟的益肾消斑汤而达益肾阳以助气化之源，渗湿利水以助水液尽归于故道，兼佐以活血散瘀而达褪色淡斑之效，主治颜面部色素沉着之黄褐斑。由于色素斑消退甚难，非长疗程难以见效，对其治疗"谨守病机"非常重要。特别注意定期复查肝、肾功。

（十二）温散汤

出处：《医林改错》少腹逐瘀汤中加减化裁而来。

组成：桂枝 10 g　　高良姜 10 g　　小茴香 10 g　　当归 15 g
　　　川芎 15 g　　白芍 30 g　　　延胡索 15 g　　细辛 10 g

方解：王成荣先生以《医林改错》的少腹逐瘀汤化裁而来，方中桂枝、小茴香、高良姜、细辛散寒通阳，温通冲任为主药；当归、川芎活血散瘀，养血调经为辅；延胡索散结止痛。诸药共凑化瘀散结、温阳散寒、调经止痛之功。

功效：温经散寒，化瘀止痛。

主治：痛经、盆腔瘀血综合征。

按语：细辛因其辛温散寒、通络止痛功效显著而常用于宫寒瘀滞痛经。然细辛有小毒，有"辛不过钱"以免中毒之说。但"辛不过钱"（3 g）乃指散剂内服而非汤剂。据现代药理研究，细辛之主要有效成分甲基丁香酚沸点高于其所含之有毒成分黄樟醚，只要免盖敞开煮沸 30 分钟左右，后者便蒸发去掉而有效之前者仍溶于汤剂之中，故王成荣先生常用细辛 10 g 于煎剂尚未见有不良反应者。

三、用药特色

（一）妊娠用药禁忌

妊娠用药禁忌，主要讨论妊娠禁忌药。妊娠禁忌药专指妇女妊娠期除中断妊娠、引产外，禁忌使用的药物。根据药物对胎儿的损害程度的不同，一般可分为禁用、忌用和慎用三类。

在为数众多的妊娠禁忌药中，不同的药对妊娠的危害程度是有所不同的，因而在临床上也应区别对待。

现代医学认为，许多药物及其代谢产物均可成为致畸原，不过并非每个致畸原都会引起胎儿畸形。畸形不仅可表现在各组织器官的形态和结构上，也可能表现在生理功能和生化反应以及行为活动方面。虽由于妊娠不同阶段胎儿发育的特点，药物的制剂作用也各不相同，但就一般来说，妊娠的前三个月中因受精卵正处于相继分化阶段，各系统尚未完全形成，此时孕妇用药易受影响而致胎儿畸形。

美国食品药品监督管理局（FDA）根据动物实验和临床用药经验对胎儿致畸相关的影响，将药物分为 A、B、C、D、X 五类。

传统中医对于妊娠用药禁忌的临床意义，向来存在不同看法，更多还是遵循"辨证施治"的原则。《内经·素问·六元正纪大论》中说："黄帝问曰：妇人重身，毒之何如？歧伯曰：有故无殒，亦无殒也。帝曰：愿闻其故何谓也？歧伯曰：大积大聚，其可犯也，衰其大半而止，过者死。"

陈自明的《妇人大全良方》记载了 690 多种妊娠禁忌药。而《本草纲目》仅记载了 80 余种妊娠禁忌药。临证要做到合理用药，首先应该对药性了然于胸，并结合现代药理研究。知其禁又要知其所以禁，有是证用是药，则亦无所禁。正如周学霆在《三指禅·胎前全凭脉论》所说，"黄芩安胎者也，乌附伤胎者也，而胎当寒结，黄芩转为伤胎之鸩血，乌附又为安胎之灵丹；白术安胎者也，芒硝伤胎者也，而胎当热结，白术反为伤胎之砒霜，芒硝又为安胎之妙品，"同时指出"无药不可以安胎，无药不可以伤胎，有何一定之方，有何一定之药也"。这也恰恰说明妊娠期用药辨证，施治是关键，识药性是基础，辨证准确，用药精准，"毒药"亦良药。

王成荣先生在早期就有《围产期中医中药的合理应用》（《实用妇产科杂志》，2002 年第 5 期）和《妊娠期服用中药的问题》（《实用妇产科杂志》，1990 年第 6 卷第 4 期）的论文发表，特别强调妊娠用药，尤其是某些活血化瘀药在求嗣妇女中的运用。

在本书求嗣病案部分专门强调，先生遵循传统中医整体观的理论，非常重视女性的生理功能的调理和恢复。因很多年龄偏大或着急或曾经得过可能影响生育的疾病的患者，其介入治疗时机不可能等到 1 或 2 年后明确了"不孕症"的诊断才开始，因其有生育计划，又或（合）其他妇科病症，难免会涉及热、瘀、气滞、夹湿等证，故临床中会适时辨证用药。但应注意如下几点：

1. 辨证选择合理的用药时机

某些妊娠禁忌药的禁忌范围与胎龄有关，并非一律禁止或一律不禁。如陈治提到："七月以后，诸不甚忌，惟忌巴、黄、附子、棱、蓬、轻粉。"[①]《本草正》也记载："八月以后及胎前滞下药方可用枳壳。"周贻观则认为："黄连、黄芩之属本清胎热，若用之太早体虚，是益以虚而堕胎必矣！惟胎至五、六月，胎气渐逼，可斟酌用之。"王成荣先生在临床中强调孕期与药物的禁忌适应证有很大关系，在辨证准确时推崇"衰其大半而止"。

案例1：沈某，32岁，2008年9月19日就诊。主诉：G1P0，33+5周宫内孕，便秘。辨证：气机不畅。治则：理气润肠。

处方：广木香 10 g　　火麻仁 20 g　　芒硝 10 g　　肉苁蓉 20 g
　　　菟丝子 20 g

患者服药3剂，便秘痊愈。

按语：此患者为33周孕妇。王成荣先生的处方中，芒硝为妊娠禁忌药，用于该患者主要基于患者为妊娠晚期，用药轻，时间短。

案例2：刘某，女，22岁。G0P0，月经稀发4年，有生育计划。因月经失调求嗣，前后在王成荣先生处诊治1年，经调后成功怀孕。截取孕前一月用药为例。十二诊（2013年5月30日）：LMP 15/5。LMP前BBT升8天。LMP35天潮，量中，6天净。今d16，BBT未升。常苔，脉平。今TVS见右侧卵泡 1.7 cm×1.5 cm。辨治同四诊。

处方：女贞子 20 g　　菟丝子 20 g　　补骨脂 20 g　　当归 15 g
　　　川芎 15 g　　枳壳 15 g　　川红花 12 g　　川牛膝 30 g

6剂，水煎服，一日一剂，分3次服。医嘱：明起TVS监测排卵，每日1次，至排卵后止；乐育及时。后又2次诊治，6月18日明确怀孕，3月随访外院成功建卡。

按语：从其月经周期看孕周应从5月15日算起，而川牛膝、红花都是《药典》上的"妊娠禁忌药"，而该患者是求嗣备孕患者，能否成功妊娠都还是未知的，从月经周期及卵泡监测看，其用药时机是排卵期，中医属于"阴阳转化

[①] 曾宪斌，聂晶.试论妊娠禁忌药的多样性和辩证性[J].江西中医药，2007，38（1）：22.

期的重阴化阳时",应加强活血行气之功,利于阴阳转化。

现代医学的大量临床数据也有说明孕早期存在"全或无"时机,即在怀孕早期(怀孕 4 周之前),也就是从末次月经第一天开始往后 28 天的时间内,用药或者其他物理影响,对胚胎的影响只有两个结果:一是胚胎接受了全部不利影响,导致自然流产;二是胚胎没有受到不利影响,正常地生长下去。这就是目前国际上公认的怀孕早期"全或无"的理论。

正是基于传统中医理论和现代医学研究,王成荣先生在乐育之时喜用活血行气之药,常收疗效。此案即证。

2. 用药剂量要慎重

有些妊娠禁忌药有中断妊娠的可能,但与所用剂量有关。如宫外孕服用蜈蚣每次 3 条,连用 2 周,如妊娠试验仍为阳性,改为每次 10 条,用药 3~4 天,妊娠试验即转阴性,杀灭胚胎。还有文献记载一孕妇服用麝香约 1.5 g 流产,再服同量麝香后,胎盘亦娩出,但随即肾功能衰竭,经抢救无效死亡。[1]类似情况,也得到动物实验的支持。如蒲黄制剂对豚鼠离体子宫和家兔在位子宫都有兴奋作用:小剂量时,规律性收缩稍增强;大剂量时,呈不规则收缩和痉挛性收缩。[2]

3. 一定要强调煎服法

中药煎服是中药特有的服用方式,经过煎煮,复方中的每一味中药相互作用,中药的有效成分得到更好的发挥,是中药降低毒性的另一个重要手段。

对于妊娠用药禁忌,我们不能仅仅停留在古人的经验基础上,而应该运用现代科学的认识来研究,取其精华,去其糟粕。可以肯定的大胆肯定,应该否定的大胆否定。研究现代药理,总结临床经验,使妊娠用药走向规范化、科学化,以便学有规矩,用有依据。

总之,对于妊娠期的禁忌药的运用原则:首先,对于毒性大,现代药理实验中明确了有堕胎或导致子宫收缩的药应严格禁用;其次,对于历代医家反

---

[1] 高晓山. 中药·药性论[M]. 北京:人民卫生出版社,1992.
[2] 耿群美. 蒲黄的引产作用及一般药理实验[J]. 中西医结合杂志,1985(5):299.

复使用，历代医案中记录无损胎元的妊娠禁忌药也是可以在临床中适时辨证使用的；最后，对于现代药理毒理实验已经证明无损胎元的妊娠禁忌药，也可以辨证（或辨病）使用。

（二）"细辛不过钱"的理解

细辛始载于《神农本草经》，历代本草均有收载，因其根细而味极辛，故名细辛。其药性辛温，既能外散风寒、祛风止痛，又能内祛阴寒，具有温肺化饮、镇咳祛痰的功效，为临床常用之药。其辛温散寒、通络止痛功效显著而常用于妇科宫寒瘀滞痛症。

长期以来，关于细辛用量争议不断。"细辛不过钱"始见于宋代陈承《本草别说》，历届医家对此意见不一。现今大部分药学书籍中均不敢越雷池，甚至《中药学》教材和《中华人民共和国药典》也出于谨慎，将细辛常用量记载为 1~3 g。然而，无论是在历史上还是现实工作中，古今医家在临床应用过程中超量使用者为数不少，故"细辛不过钱"的见解值得商榷。

王成荣先生临证配方时细辛用量亦远远大于 3 g，其常用的剂量为 10 g，但嘱其煎药时敞开煮沸 30 分钟即可。现将王成荣先生对细辛的用量见解分析如下：

现代药理学研究表明，细辛挥发油中的主要成分为甲基丁香油酚、黄樟醚以及细辛酮等，其中甲基丁香酚含量最多，占所有挥发油的 46.9%，为主要有效成分，具有麻醉镇痛解热等作用；黄樟醚为有毒成分，仅占细辛挥发油的 8%，研究表明主要有致动物呼吸中枢麻痹作用。细辛研末冲服 4~5 g 后，就会出现胸闷、恶心、呕吐等毒副作用。这也是"细辛不过钱"的依据。

剂型不同，用量当有别："细辛不过钱"主要指用末，"用末"即今之散剂，而不是用汤剂或其他剂型，即《本草别说》中记载的："细辛，若单用末，不可过半钱匕，多则气闷塞，不通者死。"另细辛若单用，此时亦应注意用量。"单用"，即单味药物使用，而不是配伍应用。查古今方剂，细辛很少单用，多配伍使用且入煎剂。若配伍使用，由于药物间的相互作用，或相互协同或相互拮抗，对药物的用量和疗效都有很大的影响，加之中药计量的源流考中说法，随着计量单位的变革，此时细辛的用量可不受"细辛不过钱"局限。

细辛入汤剂：实验研究表明，细辛挥发油中含量高又是主要有效成分之一的甲基丁香酚随着煎煮时间的增加，其含量下降速度较黄樟醚慢，可以认为黄樟醚的挥发性优于甲基丁香酚，细辛煎煮 30 分钟，煎剂中还保留着一定量的有效成分甲基丁香酚，而毒性成分黄樟醚含量却大大下降，甚至消失。因此，细辛入汤敞开煎煮沸 30 分钟，可不受"辛不过钱"限制。

王成荣先生指出，关于"辛不过钱"的说法系指为末之散剂，如用为吹鼻、冲服止牙痛之类，已成共识。在 20 世纪 80 年代—90 年代的中医杂志上，曾经有过细辛煎剂用量的类似讨论或争论的多篇文章报道。其中个别作者言其煎剂用量达 30 g 以上都未见不良反应而获效甚高者。尽管如此，仍以符合大多数治疗用药应取用最小剂量达到应有疗效，较为安全的用药原则较妥。尤其要汲取长期服含关木通之龙胆泻肝丸致肾衰的严重教训，因细辛亦属马兜铃科植物，故不宜用于长期内服方内，尤其不宜用于患有肾病者或肾功减退者。总之，掌握好适应证和禁忌证，辨证论治内服中药疗法也不例外。

（三）海藻与甘草配伍的认识

海藻与甘草同用属七情中"相反"的配伍禁忌，传统中医认为反药同用会产生剧烈的毒副作用，如《神农本草经》中便明确指出："勿用相恶、相反者。"但从临床实践看，用海藻、甘草者屡见不鲜，且无明显不良反应的报道。王成荣先生治疗附件囊肿、子宫肌瘤等疾病时亦常伍入海藻和甘草，而配方部却常常给患者说海藻与甘草不能同时应用，若医生确实需要如此处方，则必须在此 2 味药下签字负责，这给医生和患者带来麻烦。故此就历代医籍对海藻与甘草的认识和现代药理介绍如下：

海藻味咸性寒，入肝肾，有消痰软坚，利水消肿之功。《神农本草经》曰海藻"主瘿瘤气，颈下核，破散结气，痈肿，癥瘕坚气，腹中上下鸣，下十二水肿"。《本草纲目》曰："海藻，咸能润下，寒能泄热引水，故能消瘿瘤……之湿热，使邪气自小便出也。"

甘草味甘性平，入心、肺、脾、胃，有补脾益气，润肺止咳，缓急止痛，缓和药性之效。《本草图经》曰："甘草能解百毒，为众药之要，孙思邈论云：有人中乌头、巴豆毒，甘草入腹即定。方称大豆解百毒药，尝试不效，乃加甘草为甘豆汤，其验更速。"《用药法象》曰："甘草其性能缓急，而又协和诸药，使之不争，故热药得之缓其热，寒药得之缓其寒，寒热相杂者，用之得其平。"

海藻、甘草相反之说最早见于《神农本草经》："甘草，术、干漆、苦参为使；恶远志；反甘遂、大戟、芫花、海藻。"其中明确指出海藻和甘草不能同用。至李东垣在《珍珠囊补遗药性赋》中将相反药编为"十八反"歌诀，自此甘草反海藻之说对后世影响甚大。但纵观医籍记载，海藻、甘草同用者屡见不鲜，尤以《外科正宗》之"海藻玉壶汤"常见。此方具有化痰软坚、消散瘿瘤之功，海藻为治瘿瘤之专药，甘草能缓急止痛，缓和药性，故海藻、甘草配伍则起到相辅相成的作用。

据现代药理知识可知海藻含碘、钾、甘露醇、褐藻酸等，能治疗缺碘引起的地方性甲状腺肿，暂时抑制甲亢基础代谢率增高，促进病理产物炎性渗出的吸收及抗凝血作用。甘草含甘草甜素（为甘草酸的钙、钾盐）、黄酮类、生物碱、多糖等，有解毒、镇咳、祛痰、抗炎及抗变态反应、缓解胃肠平滑肌痉挛、抑制胃酸分泌、抗癌及类肾上腺皮质激素作用等。甘草酸水解产生的甘草次酸还可抑制豚鼠甲状腺的功能，有降低基础代谢的趋势，从这一点上看海藻配甘草治疗瘿瘤是合理的，并且从二者的化学成分、药理作用、毒副作用上分析，也无相反和禁忌的问题。

综上所述，中药相反的配伍禁忌固然不可轻视，但临床应用时还应具体问题具体分析，若有充分理论根据和应用经验则可放心用。

（四）常用药对

药对是中医临床常用的相对固定的两味药的配伍组合，又称"对药""对子""姐妹药"，四气五味、升降沉浮、归经、有毒无毒等中药药性理论和相辅相成或相反相成的组合原理，构成了药对的配伍基础。药对是中药配伍应用的基本形式，有机地连接单位中药和方剂，是方剂最小的组方单位，具有组成结构简单、配伍取效特点明确、宜于开展科学研究等优势。早在春秋战国时代即有《雷公药对》，《神农本草经》有"药有阴阳配合，子母兄弟"及"七情和合"等配伍理论的记载,北齐徐之才著《药对》,惜已失传。药对兼具方剂的基本主治功能,又体现中医遣方用药的特点。药物两两组合,有"相须""相使"增强药物功效的一面,还有产生新的功效、扩大治疗范围的一面。王成荣先生在临床中强调用药要精,处方一般维持在10味左右,一般不超过16味,故常在经验方中借鉴引入一些有效的药对。

1. 芍药、甘草

芍药甘草汤系《伤寒论》的经典处方之一。白芍味苦微酸,善滋阴养血,又善泄肝胆之热;甘草性微温,其味至甘,益气补中、调和脾胃、缓急止痛。二药相伍,临床适应颇多。综述大家:①取其甘苦化合味近人参,即功近人参,为补肺之品;②取其甘苦化阴,为养阴妙品;③取其甘苦化合,大有益于脾胃,兼能滋补阴分也,并治一切虚劳证者,诚以脾胃健壮,饮食增多,自能运化精微以培养气血也;④取白芍泄肝之热、甘草缓肝之急,二者同用则育阴缓中止痛、调和气血;⑤取芍药滋阴泻热,善利小便,小便利而痰饮自减。白芍味酸、苦,性平,得木气最纯,甘草味甘,泻湿,得土气最全。二药伍用,甘缓相合,甘苦化阴,育阴缓中止痛、补肺健脾养血、清泄肝胆湿热之功益彰。王成荣先生认为:甘苦化合,大有益脾胃,兼能滋补阴分,是以脾胃健壮,饮食增多,自能运化精微以培养气血也。故临床中常二药连用。

2. 川芎、香附

川芎、香附这对药首见于《丹溪心法》。川芎性味辛温,主归肝、胆、心包经,既能行气又能活血,为血中气药;香附味辛、微苦、微甘,归肝、三焦经,具有疏肝行气、调经止痛之功。二药配伍,既可行气疏肝,又可活血调经,共奏理气解郁、活血止痛之功效。

3. 当归、川芎

《删补名医方论》中记载二药配伍为治妇人胎前产后诸疾的验方。《普济本事方》中记载的佛手散由当归、川芎配伍而成。当归、川芎为血分之主药,川芎辛窜,性温而味甘辛,以温能和血,甘能补血,辛能散血也。原方主治产后血虚头痛、胎动下血,并有催生之效。王成荣先生常用此二药配伍以补血行血,增强血液循环流行。

4. 黄芩、白术

二者名"古芩术汤",《丹溪心法》曰"古人用白术黄芩为安胎之圣药"。白术甘苦温,专入脾胃之经,能健脾化湿,用于脾虚而脏气偏寒、湿邪内生、腰脐不利、带脉不举之经病、带下、胎气不安等,阴虚内燥者忌用之。《医学启源》记载:"除湿益燥,和中益气,温中,去脾胃中湿,除胃热,强脾胃,进饮食,止渴,安胎。"《珍珠囊补遗药性赋》曰:"除湿益气,和中补阳,消痰逐水……得枳实,消痞除满,佐黄芩,安胎清热。"黄芩性苦寒,苦能燥湿,寒能清热,即能清中上二焦热,又能清热安胎。其又曰:"凉心治肺中湿热,泻肺火上逆……安胎,养阴退阳。"二药寒温并用,寒而不凉,温而不燥,共奏清热安胎、益气健脾、除湿和中之效。王成荣先生常用之于黄体功能不健所致漏下、经间期出血、不孕、习惯性流产等,为补肾固冲任基础上的辅助用药。

5. 高良姜、香附

二药配伍乃良附丸,首载《良方集腋》。原书云"本方用治诸痛,如因寒而得者……如因怒而得者……如因寒怒兼有者……"妇科痛症多见,其中不乏因寒凝、气滞等所致,本药对亦常为王成荣先生所用。

6. 女贞子、墨旱莲

二药配伍乃二至丸,出自《医便》,具有补益肝肾、滋阴止血之功效,常治肝肾阴虚之血证。

7. 桔梗、甘草

二药配伍乃桔梗汤,出自《伤寒论》。《金匮要略》的排脓汤和排脓散均以桔梗为君药,且桔梗"苦辛而任舟楫",在《日华子本草》中有"养血排脓"之功。王成荣先生取桔梗排脓之效,甘草清热解毒之功,在妇科部分涉及脓血及瘀热的病症中常用此方。

8. 川牛膝、生蒲黄

二者具有行血逐瘀之功。牛膝酸苦降泄归肝肾经,活血通经,祛瘀止痛,为治妇科、伤科瘀阻要药，《本草纲目》谓之"生用则能去恶血",《备急千金要方》中"治产后胞衣不出"之牛膝汤,《太平圣惠方》"治产后败血不散"之胸胁疼痛方皆以牛膝为主药。生蒲黄活血祛瘀尤善止血,性滑善行血,对出血兼有瘀滞尤为适应,《神农本草经》有"消瘀血"的记载;《备急千金要方》之蒲黄散以蒲黄、牛膝各一两为君药,大黄、鬼箭羽各半两为臣药,桂心三分、生姜半分为佐使药,治产后瘀血内停,恶露不下,心腹疼痛;《本草纲目》谓蒲黄"生则能行,熟则能止"。王成荣先生常重用二者为君药治疗药物流产、人工流产或自然分娩、剖宫产后恶露不绝,遵《内经·素问·阴阳应象大论》"谨守病机"和《内经·素问·至真要大论》"必伏其所主,而先其所因"的宗旨,治以逐瘀为要而兼固冲任。

9. 马齿苋、小蓟

二者合用,共奏清热凉血止血之效。《妇人秘科》云:"经水来太多者,不问肥瘦皆属于热也。"热盛可伤津耗液,"血受热则煎熬成块";热邪壅遏,迫血外溢为瘀,瘀血内阻,郁久化热,热瘀互结致月经过多,故以小蓟、马齿苋清热凉血止血为君药。马齿苋酸寒归大肠和肝经,《本草纲目》曰其"散血消肿,利肠滑胎,解毒通淋";小蓟甘凉归心肝经,《本草拾遗》曰:"小蓟破宿血,止新血,暴下血,血痢……"王成荣先生认为月经过多以热瘀互结为患居多,常以二者合用并配伍行气化瘀药物以凉血化瘀止血,用于失调性子宫出血表现为经量多或子宫肌瘤证属血热夹瘀者。

10. 桃仁、鸡血藤

二者具有补血活血化瘀之效,月经的潮止与冲任的通盛虚衰有极为密切的关系,王成荣先生常不拘于传统而据年龄或有无宫腔操作史,辨证分型为冲任不足或冲任虚瘀证。选方用药在滋补肝肾基础上,前者重养血填精,后者兼活血化瘀。桃仁苦平降泄,归心肝血分而破血祛瘀通经,《名医别录》曰:"破症,通血水,止痛。"《珍珠囊补遗药性赋》:"通润大便破蓄血。"鸡血藤苦甘温,归肝肾经,补血活血调经通络,效用颇与当归类似,《纲目拾遗》曰:"妇人经水不调,赤白带下,妇女干血劳及子宫虚冷不受胎。"王成荣先生常用之于漏下和经少,治疗上以固冲任为主,兼养血活血化瘀,体现了"疏其气血,令其条达"的学术思想。

11. 白术、山药

二者同具健脾之功,而治妇科经带诸疾。白术甘苦温,专入脾胃之经,能健脾化湿而利腰脐、举带脉,用于脾虚而脏气偏寒、湿邪内生、腰脐不利、带脉不举之经病、带下、胎气不安等,阴虚内燥者忌用之。《医学启源》记载:"除湿益燥,和中益气,温中,去脾胃中湿,除胃热,强脾胃,进饮食,止渴,安胎。"山药甘平性涩,并入肺脾肾三经,补三脏之气,固任脉之阴,用于气阴两虚、任脉不固之崩、带等疾。《本草纲目》中有"健脾补益、滋精固肾、治诸百病,疗五劳七伤"。《本草求真》:"入滋阴药中宜生用,入补脾肺药宜炒黄用。白术健脾燥湿,山药并治三脏。"《傅青主女科》曰:"夫带下俱是湿症。"王成荣先生认为因肝经湿热下注,脾虚运化失司,肾虚气化不利或不能固涩皆可致带下过多,二药并用燥湿兼补三脏之气以止带固冲任。

12. 益母草、泽兰

王成荣先生认为二药性味皆辛苦,均为妇科理血调经要药。益母草辛散苦泄走心肝血分,性微寒,活血祛瘀通经,宜于血分热滞之月经不调,为妇科经产之要药。如《本草正义》谓:"血热、血滞及胎产艰涩者宜之,若血气素虚兼寒及滑陷不固者皆非所宜。"泽兰苦辛性微温,宜于月经失调而血气偏寒者。《日华子本草》曰:"通九窍,利关脉,养血气,破宿血,消症瘕,产前产后百病,通小肠,长肉生肌,消扑损瘀血,治鼻洪吐血,头风目痛,妇人劳瘦,丈夫面黄。"二药寒温并用,寒而不凉,温而不燥,王成荣先生常用于妇科围绝经期月经不调、子宫肌瘤及更年期综合征等。

13. 川楝子、香附

王成荣先生视二者为疏肝调经要药,常将二药用于经行不调,痛经及胎产诸症,寒而不凉,温而不燥,疏肝解郁又调经止痛,还用于乳腺增生、囊肿等病变。川楝子味苦性寒有小毒,疏肝而能清热,宜于肝经郁热或阴虚郁热而致月经失调,如金铃子散和一贯煎方中之用。《医林纂要》记载"泻心火,坚肾水,清肺金,清肝火。核:治疝,去瘤冷"。《济阴纲目》曰:"楝实,导小肠膀胱之热，因引心胞相火下行，故心腹痛及疝气为要药。"但剂量不宜过大，脾胃虚寒不宜用。香附味辛微苦能降，微甘能和，性平而不寒不热，疏肝解郁散结，又可调经止痛，《本草纲目》曰其"利三焦，解六郁……妇人崩漏带下月候不调，胎前产后百病"，又"参、术则补气，得归、地则补血，得木香则疏滞和中，得檀香则理气醒脾……得三棱、莪术则消磨积块，得艾叶则治血气，暖子宫。乃气病之总司，女科之主帅也"。《本草正义》曰："香附辛味甚烈，香气颇浓，皆以气用事，故专治气结为病。"《本草经疏》谓："凡月事先期者，血热也，法当凉血，禁用此药。"

14. 补骨脂、茺蔚子

补骨脂，性温，味辛、苦，功能补火壮阳，兼收涩之性，为脾肾阳虚、下元不固之要药，《本草经疏》曰："补骨脂，能暖水脏；阴中生阳，壮火益土之要药也。"《日华子本草》曰其"治冷劳，明耳目"。《开宝本草》谓之曰："主五劳七伤，风虚冷，骨髓伤败，肾冷精流及妇人血气堕胎。"《本草纲目》称之"治肾泄，通命门，暖丹田，敛精神"。茺蔚子辛散苦泄，主入血分，善活血祛瘀通经，为妇科经产诸证药。《本草经疏》曰："茺蔚子，为妇人胎产调经之要药。此药补而能行，辛散而兼润者也。"《本草纲目》曰："治风解热，顺气活血，养肝益心，安魂定魄，调女人经脉，崩中带下，产后胎前诸病。久服令人有子。"《神农本草经》曰："明目益精，除水气，久服轻身。"王成荣先生常以二药用于冲任虚瘀证佐药，补肾调肝，活血调经，体现其"疏其血气，令其条达"的宗旨，漏下与经少皆可用，达到"异病同治"的效果。

15. 皂角刺、莪术

二者合用为化瘀散结之效。皂角刺味辛，温，归肝胃经，功专消肿排脓，《本草纲目》曰其可"治痈肿，妒乳，风疠恶疮，胞衣不下，杀虫"。《本草崇原》中说其"去风化痰，败毒攻毒。定小儿惊风发搐，攻痘疮起发，化毒成浆"。莪术苦辛温，入肝脾气分，性峻善削，能破气中之血，兼有消积止痛之功，故可用治气滞血瘀之心腹胁下胀痛、妇女闭经、腹中包块以及跌打损伤胀痛和饮食积滞、胸腹胀满作痛、呕吐酸水等症。王成荣先生认为不孕症辨证应属胞脉瘀阻或下焦瘀结，致精卵难以结合，当行滞祛瘀，瘀之形成与火热之邪关系密切，热瘀互结，互为因果，治宜清热化瘀散结。王成荣先生常以二药并用为佐药共奏化瘀散结之效，用于慢性盆腔炎、子宫内膜异位症或盆腔粘连所致的输卵管功能障碍。

16. 黄芪、当归

黄芪、当归是常见的气血双补药对，史载于金元四大家之一李东垣的《内外伤辨惑论·暑伤胃气论》。黄芪补脾气、益肺气，是气中之要药；当归善补阴血，为血分之要药。在"从阳引阴，从阴引阳"的理论基础上，配伍药量比例得当，则可起到气血双补的功效。王成荣先生常用二药联合治疗气血亏虚型月经过少、月经后期、闭经等病。

17. 吴茱萸、黄连

本药对最早可见于宋代的《太平圣惠方》，妇科应用最多的乃《丹溪心法》之左金丸。黄连性寒味苦，归心、脾、胃、肝、胆、大肠经，其功用可清热燥湿，泻火解毒。吴茱萸性热味辛苦，归肝、脾、胃、肾经，可散寒止痛，降逆止呕，助阳止泻。二药一阴一阳，一寒一热，一苦一辛，相反相成，同归肝、脾、胃经。王成荣先生临床常用之于治疗厥阴腹痛等症。

18. 仙茅、淫羊藿

淫羊藿、仙茅均有补肾阳、强筋骨等功效，两药配伍，相须为用，补肾健骨作用增强。王成荣先生常用本药对加入补肾方剂中加强补肾阳之功效。

19. 桃仁、红花

桃仁、红花配对源自清代吴谦《医宗金鉴》中的桃红四物汤，二药配伍，是活血化瘀之经典常用药对之一。桃仁味苦、甘，性平，归心、肝、大肠经，具有活血祛瘀、润肠通便、止咳平喘之功效，用于经闭痛经、癥瘕痞块、肺痈肠痈、跌扑损伤、肠燥便秘、咳嗽气喘。红花，味辛，性温，归心、肝经，能活血痛经，散瘀止痛，用于经闭、痛经、恶露不行、癥瘕痞块、胸痹心痛、瘀滞腹痛、胸胁刺痛、跌扑损伤、疮疡肿痛。王成荣先生常用本药对增强活血化瘀之疗效，用于瘀血阻滞之月经后期、闭经等症。

20. 半枝莲、白花蛇舌草

白花蛇舌草性甘寒，味微苦；半枝莲，味辛微苦。二者均以全草入药，均具有清热解毒、活血化瘀、消肿软坚等功效。王成荣先生的经验方白莲散结汤应用本药对为君药，取其清热解毒、消肿软坚之功效，常用于治疗盆腔炎性疾病等症。

中药在应用发展的过程中，从单味药到配伍成药对，进而发展为复方应用。药对是介于单味药和复方之间的配伍单元，体现着中药方剂适证化裁、灵活加减的运用特点，既具有复方的特性，又具有单味中药成分相对简单、便于展开现代科学研究等特点，因此药对将中医基础理论、临床病机、中药性味功效有机结合，由博返约，执简驭繁，或相须相使以增效，或相反相逆而建功。起到画龙点睛、事半功倍之疗效，值得推广，可为现代中药临床应用提供新的依据和有效参考。

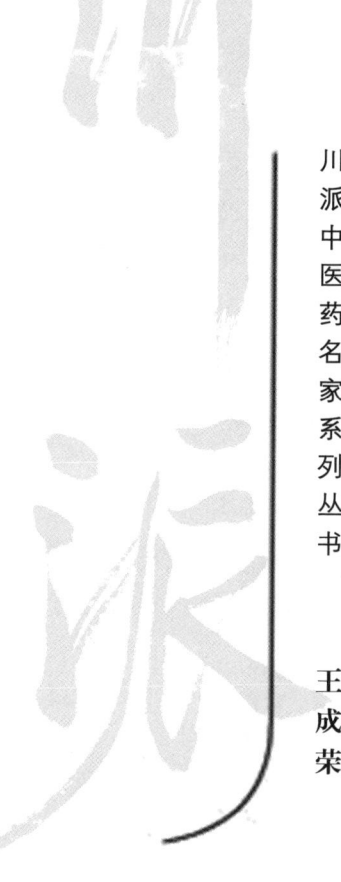

川派中医药名家系列丛书

学术传承

王成荣

一、王成荣先生的学术源流考

（一）从医的经历和背景

王成荣先生（1928—），籍成都市都江堰。幼年体弱多病，皆系中医药治愈。故对医生渐生友好和崇敬，以至萌发学医的愿望。高小毕业前，他在作文中言志"不为良相，愿为良医"，表达了以医为业的志向。1948年高中毕业便顺理成章地考入华西协和大学医学院。

1954年毕业后留校任附属医院妇产科教研组助教、住院医师，开始了从医生涯。王成荣先生在繁忙、紧张的妇产科日复一日的临床与教学工作中，基础理论与专业知识得到强化，临床处理问题和应变能力也得到相应的提高。在老师、上级医师言传身教、潜移默化和自己的勤奋努力下，业务水平提高的同时更培养了刻苦学习、积极工作、敬业乐群的作风与乐观、豁达的生活态度。在这样的环境中工作10年后，于1964年秋奉命调成都中医学院。这段经历让王成荣先生收获颇多，有经验，也有教训，为他日后的发展奠定了良好的现代医学基础。

（二）初次系统学习中医的经历

1955年12月19日原卫生部中医研究院正式成立。1956年7月—1958年7月，时为青年医生的王成荣先生作为四川省首届遴选出来的"西医离职学习中医班"学员参加由卫生部委托成都中医学院举办的首届西医离职学习中医班学习。1958年10月11日，毛泽东主席对原卫生部党组《关于西医学中医离职班情况成绩和经验给中央的报告》作了重要批示，指出："我看如能在一九五八年每个省、市、自治区各办一个七十至八十人的西医离职学习班……这是件大事，不可等闲视之。中国医药学是一个伟大的宝库，应当努力发掘，加以提高。"[①]这一批示让全国掀起"西学中"的热潮，涌现了一大批有坚实现代医学基础又愿意为中医发展和创新做贡献的专家。回顾60余年历史，这批有志者不乏近代中医药行业的佼佼者，为中国中医药振兴作出了不可磨灭的

---

① 秦宇龙．"西学中"挖掘中医药伟大宝库[N]．中国中医药报，2021-03-01．

贡献。为国争光的 2018 年诺贝尔奖得主、青蒿素治疗已耐药的非洲恶性疟疾课题负责人屠呦呦教授便是全国第三批"西学中"学员。

在"西医离职学习中医班"学习期间，王成荣先生系统学习了中医基本理论和内、儿、妇、外、针灸等临床学科知识，研读了《内经知要》《金匮要略》《神农本草经》《伤寒论》《温热经纬》《素问玄机原病式》《医学源流论》等中医经典著作。王成荣先生还清晰地记得很多给他们授课的前辈名师，如张安钦主讲的《内经知要》，周仲夷主讲的《金匮要略》和《医学源流论》，邓绍先主讲的《伤寒论》，凌一癸主讲的《神农本草经》，刘耀三主讲的《内科学》，曾应台主讲的《儿科学》，卓雨农主讲的《妇科学》，单耀堂主讲的《外科学》，李斯炽主讲的《素问玄机原病式》，蒲湘澄主讲的《针灸学》，孔建铭主讲的《中医史》等。在前辈中医名师悉心教授和王成荣先生的端正学习态度下，学习期间和结业典礼时王成荣先生因成绩优异，先后获原卫生部颁发的奖状两张和一枚"发扬祖国医学遗产"金质奖章。系统的规范化学习又为王成荣先生奠定了坚实的中医理论基础。

（三）传统文化对王成荣先生的影响

中医临症思维辨证方式也是一种文化。中医文化泛指中医药所含针、砭、治药工具等物质和精神方面的思维方式、传统习俗、行为规范、生活方式、文学艺术等。中医药文化有两层含义：一是从狭义角度看，中医药学以"天人合一"的朴素唯物观和自然辩证观为指导，形成认识包括养生、防病与诊疗理论体系的传统中医药学，远早于西医，可以自豪地说，其成果是科学的；二是从广义角度看，中医药学一直是我国五千年积淀的丰富文化宝藏的重要内容之一。

通过梳理中医药文化核心价值凝练为"仁、和、精、诚"四个字的过程，阐明四个字的含义，即医心仁，医道和，医术精，医德诚。"仁"是中医学与中医人的出发点，是内心的信仰，表现为医术之仁与医者之仁；"和"是中医药核心价值和思维方式的集中体现，是中医药学的灵魂所在，表现在自然观上是"天人相和"，在社会观上是"人我相和"，在卫生和养生观上是"形神相和"，在治疗观上是"阴阳相和"；"精"是掌握中医药技术的根本要求，表现为学医要"博及医源，精勤不倦"，研医要"惟精惟一，精思妙悟"；"诚"是对中医药从业者伦理道德和行为规范的总体要求，表现为医者发愿必须"心地诚谨，心怀至诚"，医者对待患者必须"真诚恳切，守信戒欺"，医者自我行为必须"诚信求真，慎独自律"。换言之，一切以"己所不欲，勿施于人"为准。

王成荣先生崇尚传统文化，一直践行"仁、和、精、诚"的中医药文化核心价值，强调从理论到实践，再从实践到理论，如此反复以加深认识并从中领悟其精义，达到学以致用目的。常以《礼记·中庸》"博学之，审问之，慎思之，明辨之，笃行之"为指导思想，以"有弗学，学之弗能，弗措也。有弗问，问之弗知，弗措也。有弗思，思之弗得，弗措也。有弗辨，辨之弗明，弗措也。有弗行，行之弗笃，弗措也"和"人一能之己百之，人十能之己千之"作为治学方法。在他的学术思想中，这些思想和方法皆得到了贯彻和体现。

王成荣先生在对传统中医古籍进行研读的过程中常提及《黄帝内经》《金匮要略》和清代中医教材《医宗金鉴·妇科心法要诀》的原文论述。所以在先生的临床实践中，多采用古方，做到古方今用，据理化裁。

（四）现代医学科学对王成荣先生的影响

医学是活人之术，因中医药是传统医药学，发展滞后便是其主要不足之处。因此在保留中医药价值观念的同时，必须用现代医药的科学观念促进中医学的发展和完善。因王成荣先生的学习经历，在其人生观形成之初的重要时期系统地接受了现代医学科学的严格培训与熏陶，所以临诊时他非常重视利用现代医学科学的优势以提高中医临床疗效和医疗质量。中医的"四诊"和西医的体格检查、理化检查等一点不矛盾，王成荣先生认为引用现代先进技术可以完善传统中医"四诊"，能达到人眼、人手等所不能达到的微观范畴，只要我们的中医思维文化不变，就仍是"中医学"。可以说先生在诊疗实践中重新诠释了"衷中参西"的理念，以至影响了一些后学同仁而逐渐形成"衷中参西"流派。

（五）对其影响较大的中医前辈老师

王成荣先生学习并从事中医以后，接触到一些医德高尚、技术精湛的名医大家，对王成荣先生日后的学术造诣颇有影响。略举几位以观先生的学术源流。

卓雨农

卓雨农（1906—1963），出身于中医世家，自幼随父学医，精研内、妇、儿各科，尤以妇科见长，与当地名医陆景庭、王朴诚等齐名。1924 年，参加四川省中医资格考试，名列前茅，当时已颇有名气。后载誉于蓉城 10 余年，有"卓半城"之称。新中国成立前，曾积极参与中医界活动，募捐资助四川国医学院。1951 年，就职于成都市第一人民医院。1957 年调成都中医学院，任附属医院副院长兼妇科教研室主任。著有《中医妇科治疗学》《中医妇科临床手册》《论崩漏》，主编全国中医学院统编教材《中医妇科学讲义》。在学术上强调"天人合一"，重视冲任二脉，总结了调气血、养肝肾、和脾胃的疗妇人诸疾的三法，善借血肉有情之味补人之根本，衷古方为己用，在陶涵清执笔编辑的卓雨农经验《中医妇科治疗学》一书中共录自制方 155 首。王成荣学中医期间既聆听过卓雨农老师讲授的"中医妇科学"，又在实习期间随卓老临症抄方，请教实践中所遇问题，此期约 12 周，对其的用药经验有所传承。

凌一揆

凌一揆（1925—1992），曾为《中华人民共和国药典》编委，成都中医药大学校长。王成荣就读于首届西医离职学习中医班的"中药学"课，全由凌一揆老师讲授。临床实习期间亦曾随凌老师临症约 12 周。对凌老师组方选药重视理法方药统一的辨证论治选方用药的逻辑思维印象颇深而有较好的传承。

吴棹仙

吴棹仙（1892—1976），王成荣先生在学中医理论期间，聆听过吴老师讲授的"内经汇解"，对吴老师关于《内经》内容的娴熟掌握印象极深。约在 1961 年，原川医附院妇产科一剖宫产后高烧不退已昏迷两天的"产褥感染、败血症"患者,因西药治疗无效而寻求中医药帮助。鉴于病情危重,而当时王成荣结束理论学习不久,还缺乏中医临证经验,便请成都中医学院极负盛名、年逾古稀的前辈吴棹仙老师前来会诊。仔细诊视后吴老师处方2剂。1剂药后,深夜3点患者忽然清醒,体温也有下降。次晨大家正为此高兴时,吴老师不请自到。听了病情报告并诊脉后,吴老师叹其为"回光返照",断言"恐过不了当晚"。果如他所料,当晚患者去世。吴老师精湛的脉诊和对预后的准确判断令王成荣折服。而吴老师年事已高却不辞辛劳,自付车费,心系病人的高尚医德更令他钦佩不已,以至成为他日后为医之金鉴。

唐伯渊

唐伯渊(1900—1981),师承清末民初极负盛名的成都名医——沈绍九。新中国成立后曾先后任川西行署卫生厅医政科、四川省卫生厅医疗预防科、四川省卫生厅中医科科员、副科长、科长。后调至成都中医学院,任妇科教研室主任,是川蜀唐氏妇科的代表及创始人。其一生致力于临床,虽名重一时,却淡泊名利,平易近人。唐老师在学术上首重脾胃,不忘肝木,善于通补胃气,喜用甘平芳香微辛之品。专攻杂病。1965年夏,王成荣曾随唐老师带队去山西医学院附院,学习山西省中医研究所所长李汉卿老中医和山西医学院妇产科主任于载畿教授团队的中西医结合治疗宫外孕经验约3周。唐老师严于律己、朴实诚恳的为人处世风范和简洁的用药原则对王成荣先生颇有影响。

(六)从医初期的感悟

王成荣先生从医初期曾得到上级医师及中医前辈的言传身教和细心点拨,但亲身经历的教训对其日后的为医做人更有裨益。所以先生常有感于《伤寒论·序》中所说的"感往昔之沦丧,伤横夭之莫救"的悲天悯人之沉痛,因此从未懈怠。

在先生工作一年后的一个冬天,某周日晚上返院后,习惯性先去产房看需不需要帮忙。恰有一产钳助产的产妇出血不止。值二线班已穿好消毒衣服并戴上手套的教授、教研组副主任和一高年资住院医师均不便从腹部按摩子宫止血，便急令"王成荣快揉子宫"，但子宫收缩很好。经仔细顺时针依次检查宫颈，亦未发现明显裂伤。由于出血过多，产妇很快由烦躁转入中度休克。遂在输血同时用纱条填塞止血。次晨抽出纱条时鲜血仍随之涌出，不得已立即再次填塞。时任教研组主任，曾两度留学英美的妇产科著名专家乐以成教授，了解病情后急令抬手术室。再次抽出纱条，并以娴熟的技巧在出血状态下仅一针缝合便将宫颈动脉环扎，瞬即止血。经再检查发现，出血系由产钳牵拉助产时，致宫颈呈袖套式半环状断裂所致，而常规检查是很难发现的。

某日早上产科病房交班会刚结束，由急诊室直接抬来了一位胎盘不下5+小时的产妇。在建立静脉通道后，值班主治医师指导令有过一次手取胎盘经验的王成荣操作胎盘顺利取出，但产妇突然心脏骤停，虽竭尽全力抢救，仍不幸死亡。事后教研组分析讨论死因，认为产妇转院来时虽未休克，但经一夜分娩已很疲惫，更因几小时胎盘不下和异地搬运的焦虑紧张与饥渴，自难耐受一手入宫腔操作对迷走神经的强度刺激而导致神经性休克死亡。如果不急于处理滞留之胎盘，而先补充热量，纠正脱水或适量输血，待体能稍事恢复后再手术，产妇生命应是可以保全的。之后当事主治医师因此受到医院记大过处分。

这两件事让先生刻骨铭心。前者令王成荣获得了经验：医生除书本知识外，还要有能发现问题、有效解决问题的实际工作能力和决断的魄力与作风。后者给予其教训：必须时刻不忘医生的职责是救死扶伤。任何差错都可能导致无法挽回的严重医疗事故。王成荣深感加强基础理论与专业知识学习和刻苦临床历练对培养审慎分析问题和提高有效解决问题能力的重要性，同时使他对"学无止境"有了更深刻的理解，也成为他日后不断自觉学习的动力。第二件事中的那位主治医师被记过后，依旧对仍是下级医生的王成荣在业务上给予指导帮助并亲切友好如初。她这种甘为下级医生承担过责、严于律己的坦荡胸怀，也为心怀愧疚的王成荣养成不诿过于人的敬业乐群医风树立了学习榜样。

临床中非人所愿的事有时难以预料。距产妇死亡事故约半年后，由于高年资医师分批脱产集中学习，通常教研组只有两名主治医师轮流值守妇科病房、产科病房、待产室、产房和婴儿室的二线班，而所有这些与产科相关病床的日常医疗工作则交由当时还是住院医师的王成荣带领实习医生负责完成。一天晚上10点左右，一产钳产出生几天的男婴，因头顶疖子化脓出现38℃发热。按当时常规，王成荣用空针抽出脓液，然后注青霉素于脓腔，并无菌包扎。但至凌晨2点患儿体温升至39℃，后虽用上当时须经院长签字方能使用的稀缺药金霉素，病儿头顶疖子愈合而体温始终未至正常。2周后患儿由婴儿室转儿科继续治疗，一月后因出现下肢脓肿转小儿外科，之后再转面颌外科。至出院时已是出生近6个月。一年后因金黄色葡萄球菌脑膜炎患儿在他院死亡。因患儿母亲诉求，在一个周三晚全院性常规临床病理讨论会上，院长重提此事，要求医务科召集经治相关科室讨论，给出结论。病案讨论会上，儿科老教授、科主任杜顺德老师认为：本案对金黄色葡萄球菌头皮感染形成的脓肿，采取的处理方法并无过错。但由于新生儿皮肤薄嫩，神经系统发育不健全，如果推注药液速度稍快，则有冲破脓腔外周白细胞筑成的"围墙"而致细菌入血，导致败血症的危险。之后发生的转移性脓肿、金黄色葡萄球菌脑膜炎可能与脓毒败血症有一定关联。老教授强调对新生儿疖肿局部处理，抽脓后应以滴注药液为妥。虽最终确定王成荣没有责任，但此事让他愧疚不已。他深感自己经验不足，知识局限，考虑不周。如果当时能请儿科医生会诊，了解新生儿的解剖、生理、病理特点，也许会是不一样的结果。此事使他进一步懂得学海无涯、术业专攻以及"逆水行舟，非进不可"的哲理，也进一步感受到医生责任之重大，良医绝非自诩能成。

二、成才之道

（一）治学理念

王成荣先生因扎实的文化底蕴和对中国传统文化的理解、运用，非常认同儒家倡导的理论联系实际、学以致用的传统治学理念。他强调从理论到实践，再从实践到理论，倡导"博学、审问、慎思、明辨。"

1. 博　学

博学是基石，能使人获得扎实的基础理论和丰富的专业知识，从而拓展临床思路，提高分析、判别和处理问题及应变的能力。杜诗"读书破万卷，下笔如有神"可诠释"博学"的重要性。对临床医生而言，博学有两层含义：其一，中西医学兼学；其二，重本专业也兼学临床和其他基础学科知识。无论中医学或西医学，亦无论临床或基础医学，在深入学好本专业同时，凡对临证实践有裨益者皆宜学。

临床以获取最佳治疗效果为目标，选择恰当方法有效解决问题则是医生的职责。虽中、西医学分属两种不同思维方式和不同研究方法的理论体系，但就治疗方法的适应证言，两者既有不同也有相同，各有所长。因此，临床如欲扬长避短，获优势互补之效必以博学为基础。

无论中医学脏腑间生理功能抑或西医学组织、器官、系统间生理功能，都绝非各自独立，而是密切关联、相互协作的。临床情况复杂多变，不可能所有病患都典型或单一，难以预料的情况时有发生。兼学他科知识有助拓宽思路，使之考虑周全，以免贻误诊治。以阴道出血为例，除妇科原因外其他系统疾病也可导致，如血液病、甲状腺病、肾脏病。如果缺乏相关知识，不能鉴别，难免因误诊延误治疗。例如：某患，31岁，G3 P1+2，LMP 8/4/2004，PMP 8/3/2009。因月经期长量多10月，发现盆腔囊性占位4月，于2009年4月26日就诊。来诊前曾断续服"宫血宁""生血宁"、中药煎剂治疗，无效。仔细询问病情获知患者尚伴头晕，早晨恶心，夜尿4~5次/日等症状。查体：BP 192/127 mmHg，双下肢膝下凹陷性水肿。查血：RBC 2.38×10^{12}/L、Hb 71g/L、WBC 4.7×10^9/L、PLT 71×10^9/L；ESR 20 mm/h；尿常规：蛋白3+、RBC 3+。27/4 肾功：BUN 39.6↑ mmol/L（1.7~8.3）、Cr 670.5↑ umol/L（53~133）、UA 546.7↑ umol/L（140~380）。CO_2-CP 16（21~29）。4月28日TVS：子宫前位 3.5 cm×4.8 cm×4.8 cm，内膜厚0.7 cm，OL 2.7 cm×2.5 cm囊性占位，内见细光点回声，OR（-）卵泡 0.5 cm×0.5 cm。显然本例系慢性肾小球肾炎，肾功能不全或尿毒症前期，因表现月经异常而就诊于妇科。本案说明：如果此前接诊医生不仅仅局限于生殖系统疾病的考虑，或在治疗无效时细心询问，运用更多的查体和化验检查，可能会早些明确诊断并得到及时针对性治疗，不致延误数月之久。再如：某女，27岁，G2P0+2，LMP 9/9/2008。因月经期长量多2年，阴道不规则出血2月，于2008年11月21日以中医诊断为崩漏，西医诊断为功能失调性子宫出血、重度贫血入院。患者既往月经规律，2年前（2006年2月）过期流产清宫后出现月经量多、经期延长，曾在他院诊断性刮宫但活检结果不详。之后间断服用妈富隆。1年前因月经异常、贫血在他院骨穿，病检排除再生障碍性贫血、白血病等血液系统疾病。2008年7月31日他院B超：子宫前位，前后径3.7 cm，内膜厚约0.9 cm，肌壁回声不均匀，后壁肌层内见一1.6 cm×1.2 cm稍强等弱不均质回声；右卵巢3.4 cm×2.2 cm，内见1.8 cm×1.7 cm无回声，左卵巢2.7 cm×1.5 cm，旁见1.6 cm×1.2 cm无回声。子宫后方见2.0 cm×1.2 cm不规则回声。超声提示：子宫肌瘤、左附件区囊性占位。2008年9月中旬末次月经后出现阴道不规则流血，时多时少，间断服中药。2周前加大剂量再服妈富隆，每日2片，出血未能控制。入院前3天出血增多，他院注射丙酸睾丸酮2天，量稍减。患者重度贫血貌，神差倦乏，颜面及双下肢凹陷性水肿。查血：RBC 1.32 ×10^{12}/L，Hgb 39g/L。尿常规：WBC 1-3/HP，RBC 5-6/HP，上皮细胞5-6/HP，蛋白++。凝血功能检查正常。入院急予诊刮止血：宫腔深8 cm，术中感子宫收缩欠佳，吸刮出组织物约3 g，血凝块10 g，术中失血少。病检：增殖期宫内膜。术后予头孢曲松抗炎、氨甲环酸止血、输红细胞悬液纠正贫血，配合中药圣愈汤补益气血。当日出现少尿，输低分子右旋糖酐后尿量渐增。肝肾功检查：TBA 59.7↑umol/L（0~10）；BUN 36.5↑mmol/L（1.7~8.3）；Cr 767.6↑umol/L（53~133）；UA 638.5↑umol/L（140~380）。诊断：慢性肾炎，肾功能失代偿或尿毒症前期。后转肾病科治疗。本患在此前2年的诊治过程中，如针对其不能完全以月经量多解释的贫血除骨穿外再作详细排查，或许能早些发现病因，而不致一误再误。前面提到的新生儿疖脓发展为转移性脓肿、金黄色葡萄球菌脑膜炎案也与知识局限致经验不足关联。可见，博学对于临床诊断、治疗均大有裨益。

上述案例说明，凡从事临床工作，不分中西，博学都是必要的。以王成荣先生自身为例，在四川医学院就读时他曾系统学习过解剖、生理、生化等医学基础和临床各科共24门西医课程；在成都中医学院西学中班系统学习过内经知要、内经汇讲、伤寒论、金匮要略、温热经纬、素问玄机原病式、医学源流论、中医史、诊断、中药、方剂、针灸及临床各科共15门中医相关课程；在后来的临床工作中，王成荣先生仍坚持联系实际，不断学习，获取新知识以解决诊疗中的问题。书店、图书馆阅览室是他常去的地方,阅读专业书籍、杂志是数十年的习惯。王成荣先生认为科学在发展,学科在进步,技术水平在提高,只有坚持不懈地自觉学习,掌握学科发展动态,汲取新知才能适应医疗工作的需要,才能切实有效解决临床中遇到的复杂问题;只有不断学习才能拓宽临床思路,有助于诊断治疗,避免失误。

2. 审问、慎思、明辨

审问、慎思、明辨是以博学为基础的合乎逻辑发展的治学理念,也是培养缜密临床思辨习惯和严谨诊疗作风的一种科学思维程式。简言之,即善于提出问题,详尽搜集资料,条理化综合归纳信息,客观比较分析,然后得出合理推断。

"审问"是在学习前人经验和理论知识过程中,针对说理不十分清楚或不充分的问题,尤其是某些细微关联,要敢于质疑并加以思考,直至理清意明。古人说"为学患无疑,疑则有进"即是此意。

"审问"不仅意味对知识的学习与运用应加思索,也强调临证思考需要周密,诊治必须审慎。由于有西医学理论知识系统学习的经历,王成荣先生非常强调临床对同病异证和异病同证治疗前的鉴别。即除辨证外须判别疾病病种,做到心中有数。临证应首先"审问"所患何病(审病),西医诊断是什么,其预后、转归如何?其次"审问"表现何证(审证),据证立法、拟方;再则"审问"治疗效果。如果不佳或无效,应详查原因何在,再三排除误诊误治可能。三重"审问"是科学、客观、严谨医疗作风的体现,其重要性不言而喻。

临床因忽视审病,缺乏对同证异病的鉴别,导致误诊误治的教训是深刻的,有时甚至是惨痛的。20世纪60年代王成荣先生在成都中医学院附院工作期间,曾接触到一28岁长期经多漏下并见的未婚病人,住院治疗数月无效。不得已按当时处理规程说服其与未婚夫完婚后方取宫内膜活检,病检证实为子宫内膜结核。改用抗痨治疗,很快经转正常。10余年前,一位30岁左右壮实男性上腹痛8+小时,某院门诊以"胁痛"给中药1剂,未效。次日复诊,另予1剂,仍未效。至夜半加重急诊入他院,拖延至天明方决定手术,但为时已晚。病人因慢性脾破裂死于手术台。本案治前未认真审病,治后无效仍未重视重新再审,以求查明原因,结果导致一误再误。急诊后又未积极诊治,终致误死。前面提到的因结核疾病导致月经异常案例皆说明"审病"在临床的重要性。

"慎思"的重要毋庸置疑。人们常说"开卷了然,闭卷茫然",其原因一是学习或阅读的功夫不够,二是对所学内容缺乏深思,不够理解。《论语》用"学而不思则罔,思而不学则殆"说明"博学"与"慎思"之间的辩证关系。要掌握知识,既须学,也须思,学与思相辅相成。

"明辨"强调对出现两种或两种以上的论述或结论进行真伪、是非、主次、轻重的判别,作出合理的选择取舍。临证对每一病患的鉴别诊断和辨证析理步步不离"慎思"。《伤寒论》之所以被尊为经典,奉为圭臬,就在于全书凸显了从症与脉的异同变化而"明辨"识别病证,并据以处方用药之辨证论治思想。

3. 笃 行

学习的目的在于致用,"笃行"即实践。只有付诸实践才能领悟和掌握所学的理论知识,才能使之转化为学问与技能。陆游在《冬夜读书示子聿》中写道:"古人学问无遗力,少壮工夫老始成。纸上得来终觉浅,绝知此事要躬行。"这首诗正是诗人对治学需要"笃行",需要理论联系实际,需要学以致用以及需要长期努力才能有所收获的感悟。

理论学习需要思索。实践过程更需审问、慎思、明辨。作为临床医生,其工作攸关病人健康、性命。因此,需要在博学的基础上拓展知识,掌握技能,培养审慎、严谨的思辨习惯,勤于临床实践,历练发现问题、解决问题的能力,力求提高诊断和治疗水平,避免失误。

(二)成才要素

中医学是一门实践性很强的科学,以经验医学著称。一名优秀的中医人才的成长方面离不开自己的发奋学习,同时需要理论联系实际,勤于思考,敢于实践。另一方面,师承名师,能加快成长的过程。王成荣先生在长达70余年的教学、科研及临床工作中,倾心于中医人才培养和传承。他认为,一名中医人才的培养,首先要践行中医核心价值观,具有良好的医德,其次是专业方面,而传承思辨体系尤为上者,犹如"授人以渔"也。王成荣先生自身对中医治学之道颇有感触,治学方法与治学目的、治学态度紧密相连,这三者之间是相互影响的,共同组成治学这一有机整体,缺一不可。所以我们从师承分析,以窥探医者成才之道。

1. 在医德上，要以人为本

古人云"医者德也"，医学先辈一向推崇"德为医之本"。患者不仅是医生的服务对象，更是医生的老师，医生的经验是患者以性命相托共同创造的结果，医生的成就中有一半是患者给的。故强调"若为医，先为人""选徒学艺德为先"，把"德为先"作为成才的第一要素。

中医强调整体观，但其必须建立在"以人为本"的基础上。《论语·卫灵公》曰："人能弘道，非道弘人"此道即指人道，亦指天道，乃天人合一之道，天道依赖人的弘扬，人是实行天道的主体。《内经·素问·宝命全形论》提出："人能应四时者，天地为之父母，知万物者，谓之天子。""天覆地载，万物悉备，莫贵于人。"高世栻解释："万物皆在天地覆载之中，惟人超乎万物之上，参天两地，故莫贵焉。"将天地人合而论之，三者相互联系密切影响，其间以人为本。因而医者之天职不仅是治疗疾病，更意味着关注患病之人。《内经·素问·汤液醪醴论》指出："病为本，工为标。"医生治疗应以病人的病情为转移，以病人为核心。《内经·素问·疏五过论》指出诊病要"从容人事，以明经道"，强调"诊有三常：必问贵贱，封君败伤，及欲侯王，故贵脱势"以及"离绝郁结，忧恐喜怒"等社会人事情况，指出不重视了解病人的社会人事状况，会导致诊治疾病的重大过失，其弊端在于"受术不通，人事不明"，提出社会因素如社会生活环境之变迁，社会地位的剧烈变化等是造成情志内伤、影响体质的重要原因。《内经·素问·疏五过论》强调，切脉问名，当合男女，凡诊病必问饮食居处，离绝菀结，忧恐喜怒，问年少长，勇怯之理，方能"审于分部，知病本始"。此亦以人为本思想在诊病中的应用发挥。《内经·灵枢·行针》言"九针于夫子，而行之于百姓，百姓之血气各不同形"，认为人群特点和个体差异的存在，其导致发病趋向、证候类型和预后之不同，治疗宜因人而异。《内经·素问·异法方宜论》据东西南北中五方生活之人，因其地理环境不同，体质特征及常见病多发病有异之规律，"治所以异而病皆愈，如东方之域其病多为痈疡，治宜砭石；西方者其病生于内，治宜毒药；南方者多病挛痹，治宜微针；北方者藏寒生满病，治宜灸法；中央者其病多痿厥寒热，治宜导引按蹻等"。古人的论述均强调辨体论治实施个体化治疗，体现出因人制宜、因体论治的指导思想，其来源于实践并有效地指导着临床，也突出了以人为本的思想。

该点体现了中医文化核心价值观之一的"仁"，"医者仁心""仁心仁术"。

2. 在辨治上，要智圆行方

中医重视整体观，强调辨证施治。受传统中国文化影响，崇尚儒家的"中庸之道""阴阳和""以平为期"，所以在辨证施治要"智圆行方，无过不及"。

《淮南子·主术训》曰："凡人之论，心欲小而志欲大，智欲圆而行欲方，能欲多而事欲鲜。"唐代"医圣"孙思邈在《千金要方》中强调"智圆行方"，其所"不为利回，不为义疚，行之方也。见机而作，不俟终日，智之圆也"即是说：遇事圆活机变，不得拘泥，须有制敌机先的能力；不贪名、不夺利，心中自有坦荡天地。这也就成了后世医家莫不奉行的行为准则。

《论语·雍也》提出："中庸之为德也，其至矣乎。"意指中庸是最高的道德标准。南宋朱熹在《四书集注》云："中者，不偏不倚，无过不及之名。"认为中庸的基本含义是无过不及，并说"中也者，天下之大本也；和也者，天下之达道也"。中医学坚定地固守着"中""和"等传统文化特质，中庸之道的理性精神亦渗透于中医体质理论之中。如《内经》认为，"和"是正常生命活动与健康无病的常态。《内经·素问·生气通天论》曰："凡阴阳之要，阳密乃固，两者不和，若春无秋，若冬无夏，因而和之，是谓圣度。"人体的阴阳和谐协调为正常，其最佳状态之"圣度"为"和"，此状态若被破坏，"两者不和"则产生疾病，故《内经·素问·经脉别论》有"生病起于过用"之论。

在师承学习中深深地体会了智圆行方，无过不及，这也是一般传统中医药核心价值的灵魂，故在此强调。

3. 在医术上，要溯本求源

中医药博大精深，有着几千年的悠久历史，是无数先人经验的结晶，要"勤求古训，溯本求源"，只有勤奋地研读古籍，才能深刻理解中医的理法方药等理论。除了对中医古籍的研读，还应广泛地涉猎其他知识，提高自己的综合素质。

大凡名医都有深厚的文化底蕴和良好的综合素质。《医说》曰："凡为医者，需略通古今。"孙思邈《备急千金要方·卷第一·序例》首列"大医习业第一"说："凡欲为大医，必须谙《素问》《甲乙》《黄帝针经》《明堂流注》、十二经脉、三部九候、五脏六腑、表里孔穴、本草药对、张仲景、王叔和、阮河南、范东阳、张苗、靳邵等诸部经方。又须妙解阴阳禄命，诸家相法，及灼龟五兆，《周易》六壬，并须精熟，如此，乃得为大医。若不尔者，如无目夜游，动致颠殒。次须熟读此方，寻思妙理，留意钻研，始可与言医道者矣。"并指出"涉猎群书"的必要性，即"若不读五经，不知有仁义之道；不读三史，不知古今之事；不读诸子，睹事则不能默而识之；不读《内经》，则不知有慈悲喜舍之德；不读《庄》《老》，不能任真体运，则吉凶拘忌，触涂而生。至于五行休王，七耀天文，并须探赜。若具而学之，则于医道无所滞碍，尽善尽美矣。"做到学习"博及医源，精勤不倦"，行医"精益求精，臻于至善"。

纵观古今有所成就的医药学家，如孙思邈、朱丹溪、李时珍，近代的张锡纯、颜德馨、蔡小荪、朱南孙等都无不具有深厚的文化修养和专业知识。古汉语基础好，熟读中医经典，对中医理论理解深刻，理法方药准确，疗效显著，这也正是中医药教育的特色之一，也是医学生综合素质培养的一个重要目标。

4. 在发展上，要中西互补

古人说过，"智莫大于心悟"，想要增长才华，发挥潜能，就要用心，刻苦钻研，去思考，去探索，去实践。

中医自古就是一门经验总结性的学科，临床疗效是评价中医师的重要指标，因此，临床实践的能力对于中医师的成才尤为关键。而在师承过程中要勤于思考，善于总结，把自己所想、所做的事情，及时记录、汇集、分析、整理，并得出结论。

千百年来实践证明中医是科学的，但科学不能吃老本，科学的本质就是创新。王成荣先生的从医经历，不仅具有扎实的中西医学理论功底和临床经验，还洞悉中医妇科历史发展及古籍经典，也关注西医妇科学发展动态和研究进展。他强调，对中西两种不同医疗体系的临床运用应杜绝盲目，应持取长补短和优势互补的态度，其目的在于提高诊断准确率和临床疗效，避免失误。"以人为本"，一切从病人出发，中西优势互补，这样不仅有利于提高临床疗效，减少医疗资源浪费，降低费用，增加患者依从，也有利于临床经验总结，促进中医妇科学术发展。

只有"善于总结、开拓创新",不断吸收和应用新思想、新技术、新成果,才能把中医学更好地传承下去并发扬光大。

纵观王成荣先生及众多医家的成功之路,可用"书山有路勤为径,学海无涯苦作舟"共勉。

三、学术传承人

(一)传承人简表

表 6-1 王成荣先生的学术传承简表

姓名	单位	职称/职务
董岷	四川省第二中医医院	主任中医师/原科主任
王辉蝶	四川省第二中医医院	主任中医师/原王成荣工作室负责人
陈淑涛	四川省中西医结合医院	主任中医师/科主任
严春玲	四川省第二中医医院	主任中医师
刘普勇	四川省第二中医医院	副任医师/科主任
曹亚芳	四川省第二中医医院	副任中医师/科副主任
叶秀英	重庆市江北区中医院	主任医师(原副院长/党委书记)
唐文富	四川大学华西医院中西医结合科	主任医师/教授
张天娥	成都中医药大学	教授
杨金蓉	成都中医药大学	教授
张天鹰	攀枝花市中西医结合医院	主任中医师/科主任
李传芬	自贡市中医医院	主任中医师/科主任
缪奇祥	邛崃市中医医院	主任中医师
谢慧	成都中医药大学/附属医院	教授/科室副主任
向生霞	四川省中西医结合医院	主任中医师/科主任
刘铭	成都市第一人民医院	主任医师
魏智慧	四川省第二中医医院	副主任医师

续表

姓名	单位	职称/职务
李苹	四川省第二中医医院	主治医师
李天真	四川省第二中医医院	主治医师
鲁智惠	四川省第二中医医院	主治医师
季成琼	四川省第二中医医院	主治医师
缪醇	四川省第二中医医院	主治医师
许凯	石棉县中医医院	主治医师

（二）学术传承人简介

董岷

董岷（1955—），女，山东微山人。主任医师。1980年1月毕业于四川医学院（今华西医科大学）医学系。成都中医药大学西医学习中医班结业。王成荣临床经验、学术思想传承人。1980年3月始师从四川省首届"十大名中医"王成荣先生。曾担任四川省第二中医医院妇科主任20余年。曾任中华医学会四川省妇产科专业委员会委员、中华中医学会妇科专业委员会委员、四川省中西医结合学会妇科专委会委员、四川省医师协会妇产科专业委员会委员；《中国计划生育和妇产科》杂志编委；成都市医疗事故技术鉴定专家库成员；兼任四川大学华西青羊校区教师。在省级以上期刊发表学术论文20余篇，参编专著2部。根据王成荣先生经验方主研"宫复安口服液防治药物流产后子宫出血的研究"荣获四川省中医药管理局2000年度中医药科技进步三等奖。

长期从事中西医结合妇科临床、教学、科研工作。在中西医结合诊疗妇科疾病方面积累了较丰富的临床经验，擅长中西医结合治疗各种原因引起的妇科疾病，如外阴阴道宫颈疾病、HPV感染；子宫内膜炎、子宫内膜异位症；急、慢性下腹疼痛，痛经，盆腔炎性疾病；盆腔包块；月经失调、不孕症；妊娠腹痛、妊娠呕吐、妊娠咳嗽；内分泌失调所致肥胖、面部色斑、更年期综合征等。

王辉㼆

王辉㼆（1957—），女，山西垣曲人。主任医师。1982年毕业于成都中医药大学中医系。王成荣临床经验、学术思想传承人。现为四川省中医药科学院中医研究所、四川省第二中医医院妇科主任医师，四川省首届"十大名中医"王成荣先生首届师承弟子之一，王成荣名老中医工作室建设项目负责人；中华中医药学会妇科专委会委员、四川省中医药学会妇科专业委员会副主任委员、四川省中西医结合妇产科专业委员会副主任委员。

先后主研国家级课题"十一五"国家科技支撑计划"名老中医临床经验及学术思想研究"项目——"王成荣学术思想及临床经验研究"，省级课题"产妇乐防治产后恶露不绝的临床疗效观察""王成荣自拟'白莲散结合剂'治疗火热瘀结型继发性痛经研究""三川合剂的医院制剂研究""湿痒洗剂的医院制剂研究""传承王成荣先生对子宫内膜异位症的临床辨治特点""中医药治疗肝郁型经前期紧张综合征的系统评价"等20余项，发表了《王成荣临床治学方法谈》《王成荣辨治更年期综合征经验》等20篇文章，主编或参编了《王成荣妇科经验集》等论著。

王辉㼆师从王成荣先生的时间最久，在对王成荣先生的文化底蕴的挖掘整理方面取得较大的成果，在临床中特别擅长运用王成荣先生的经验方治疗更年期综合征及月经失调的疾病。

陈淑涛

陈淑涛（1968—），女，山东莒县人。硕士研究生，主任中医师。1991年毕业于成都中医药大学中医系。现为四川省中西医结合医院妇科主任。王成荣临床经验、学术思想传承人；四川省名中医，四川省首批优秀中青年中医师，四川省政府授予四川省第八届学术和技术带头人后备人选；国家中医药管理局"十二五"重点专科建设单位负责人；国家中医药管理局全国名老中医药专家传承工作室——"王成荣传承工作室"核心成员；兼任四川省中医学会妇科专委会副主任委员、四川省中西医结合学会妇科专委会副主任委员、四川省中医药管理局专业技术职称评审与省科技厅科研课题评审专家；成都中医药大学中医妇科学专业硕士、博士毕业答辩委员会委员及论文评审专家。

自2002年起跟随王成荣先生临诊，2007年有幸成为四川省中医药管理局批准的王成荣先生首届师承弟子，通过师承学习，对先生的学术思想和临床经验有较深的领悟，临床诊疗时能将其灵活用之于临床并能取得较好疗效，得到患者的普遍认可。并于2012年经四川省中医药管理局验收考核，合格并准予出师。（川中医药发〔2012〕5号文）。

主持和主研了科技部"十一五"科技支撑计划名老中医项目子课题"王成荣临床经验、学术思想传承研究"及省中管局"川派名医王成荣学术思想整理研究"等10余项国家、省部级及厅局级科研课题，发表论文《王成荣"平调通时"不孕症诊疗模式探讨》等有关王成荣先生经验总结及传承的论文40余篇，参编著作5部，其中2部为教材，执笔《川蜀中医药源流与发展》的"中西医结合学派之王氏中西医结合妇科流派"的撰写，承担《王成荣妇科经验集》的主要编辑工作。

与其他继承人们一起，在全面继承和发扬王成荣先生"衷中参西"妇科学术思想的基础上，重点继承和弘扬了王成荣先生的不孕不育诊疗思想，并总结出一套衷中参西"三期四步"不孕不育诊疗模式，完善和发展了王成荣的妇科学术思想。

在传承王成荣先生的经验和学术思想时，针对不孕症结合自己的临床经验提出了"诊—辨—调—治"辨治方法，经过10余年的临床试验，已经成功帮助300多位不孕不育妇女成功怀孕并生出健康的孩子。同时还把诊治不孕的诊治方法推广运用到妇科的其他疾病中，完善充实了王成荣先生"衷中参西"妇科疾病诊疗模式，并尝试推广运用该模式，已初见成效。

临床中善于运用中医传统的针刺、艾灸疗法，同时在中医没有攻克的疑难病症治疗中积极引入现代医学的手术及物理疗法，提高了疾病的治愈率，缩短了病人的就诊时间，真真正正践行并拓展了"衷中参西"的学术理论，在王成荣流派的传承中起到了承上启下的作用。

严春玲

严春玲（1970— ），女，四川泸县人，毕业于成都中医药大学，硕士，主任中医师，四川省名中医。四川省中医药管理局"中医药学术和技术带头人"，中国民族医药学会妇科专业委员会理事，四川省中医药适宜技术研究会常务理事，四川省中医药学会中医妇科专业委员会常务委员。先后获四川省卫生厅"十佳青年"、四川省卫生系统对口支援工作先进个人、四川省中医药工作先进个人。

2007年被四川省中医药管理局批准为四川省首届"十大名中医"——王成荣学术思想和临床经验传承人，2012年被国家中医药管理局批准为"第五批全国老中医药专家学术经验继承人"。作为王成荣学术思想和临床经验的继承人，对王成荣先生的学术思想和临床经验有深刻领悟，结合长期的临床实践，积累了较丰富的临床经验，善于诊治月经失调、不孕症、复发性流产和子宫内膜异位症等妇科疾病，得到患者普遍认可。关于王成荣先生学术经验的研究，作为课题负责人或主研进行研究的课题有20余项，发表相关论文10余篇。

刘普勇

刘普勇（1969— ），男，四川成都人。产科专业硕士，副主任医师，四川省第二中医医院妇科主任，四川省中医妇科重点专科负责人；王成荣临床经验、学术思想传承人；第五批全国老中医药专家王成荣学术经验继承人；现任四川省中医药发展促进会中西医结合妇科分会副会长兼秘书长，四川省老年医学会妇科专委会常务委员，四川省医师协会委员。

作为四川省首届"十大名中医"王成荣先生的师承弟子，继承并整理了王成荣先生的学术经验，在继承和发扬王成荣"衷中参西"妇科学术思想的基础上，充分发挥自身优势。结合临床不断优化不孕症、月经过少、妇人腹痛等单病种诊疗方案，并从分子水平研究子宫内膜局部病变对妊娠的影响，在治疗上通过中西医结合，提高了疾病的治愈率，缩短了病人的疗程时限，践行并拓展了"衷中参西"的学术理论,在王成荣"衷中参西"妇科学术流派的传承中起到了承上启下的作用。

曹亚芳

曹亚芳(1979—),女,硕士,主任医师,2006年毕业于成都中医药大学,四川省第二中医医院妇科副主任。全国名老中医王成荣学术思想和临床经验传承人,全国名老中医王成荣传承工作室负责人,四川省中医药管理局学术和技术带头人后备人选,王成荣临床经验学术思想传承人。

现任四川省中医药发展促进会中西医结合妇科分会副会长,四川省中医妇科专业医疗质量控制中心副主任,四川省中医治未病专业医疗质量控制中心专家组成员,世界中医药学会中医妇科委员会理事,中华中医药学会妇科分会委员,中华中医药学会妇科分会炎症学组专家组成员,中国中药协会女性生殖药物研究专业委员会委员、四川省中医药学会妇科分会常务委员,四川省医学会妇产科分会委员,四川省中医药适宜推广技术研究会理事。

围绕王成荣先生的学术经验,主研国家课题2项,负责省级科研课题11项,在省级以上期刊发表学术论文10余篇,参编出版《王成荣经验集》1部。

继承并整理总结王成荣先生的学术经验,在全面继承和发扬王成荣"衷中参西"妇科学术思想的基础上,为本科室制定6个单病种(不孕症、月经过少、先兆流产、盆腔炎、痛经、更年期综合征)和3个临床路径(盆腔炎、月经过少、先兆流产),并结合临床疗效及研究进展不断优化。总结王成荣先生诊治不孕不育的诊疗思想,在王成荣先生的指导下对男女同查同治;将王成荣先生学术思想及部分经验方应用于辅助生殖技术的中医药治疗,取得较好疗效。复发性流产的中西医诊治方面,在王成荣先生以肾气不足辨治为主,治以补肾固冲安胎的基础上,结合当前对复发性流产的免疫、凝血等因素的日益重视,针对反复流产病因进行系统筛查,结合免疫抑制剂、低分子肝素钙及阿司匹林应用,使复发性流产的保胎成功率明显提高。

叶秀英

叶秀英（1962—），女。主任中医师，1983年毕业于西南医科大学（原泸州医学院）中医专业本科，曾任重庆市江北区中医院业务副院长、党委书记。重庆市名老中医传承工作室专家，重庆市第四次党代会代表。先后荣获"全国五一劳动奖章""全国最美中医""全国首届杰出女中医师""中国好人榜——敬业奉献好人""重庆市名中医""重庆市优秀党务工作者""重庆市三八红旗手标兵"等荣誉称号，其事迹多次被中国中医药报及市级媒体报道，并载入《共和国的脊梁》《重庆行政公共人物》《杏林守望》等书中。

已在《中医杂志》《中华中医药杂志》等期刊上发表学术论文30余篇，参与国家重大科技专项1项，主持市科卫联合重点课题1项、一般课题2项。兼任中华中医药学会理事会理事、妇科专业委员会委员，重庆市中医药学会副会长、妇科专业委员会副主任委员，中国中医药研究促进会妇产科与辅助生育分会常务委员，世界中医药学会联合会生殖医学专业委员会常务理事、围产医学专业委员会理事会理事，中国民族医药学会国际交流与合作分会常务理事，重庆市养生保健学会副会长、生殖健康管理专业委员会主任委员，《中医临床研究》杂志常务编委，《世界中西医结合杂志》及《实用中医药杂志》编委。

从事中医工作30余年，近10年主要研究不孕不育及女性内分泌疾病。2008年作为重庆市高级访美学者，赴美国明尼苏达州Regions Hospital学习半年；2010—2013年，作为重庆市中医药高级人才培养对象，于2011年8—10月师从王成荣老师。在继承王成荣先生经验的基础上，总结出以时空思维辨治卵泡发育异常及"病、证、期、时"模式诊治不孕症，主张西医辨病，中医辨证，针药并施，一药多用，治养结合，药食并用，夫妻同治。在诊治不孕症、复发性流产、反复体外受精-胚胎移植（试管婴儿）失败、多囊卵巢综合征、卵巢早衰、子宫内膜异位症、盆腔炎性疾病及男性不育等方面取得明显成效。

唐文富

唐文富（1970—），男，四川南充人。医学博士，四川大学华西医院中西医结合科主任医师，四川大学博士生导师、博士后合作导师。1995年7月毕业于成都中医药大学针灸推拿系、获针灸医学学士学位；1999年6月毕业于华西医科大学临床医学院，获中西医结合临床专业硕士学位并留校工作至今；2008年于四川大学华西临床医学院，获医学博士学位。2009年被破格遴选为四川大学博士生导师，并作为成都中医药大学兼职研究生导师。系四川省名中医、四川省学术和技术带头人、四川省中医药管理局学术和技术带头人。

先后担任《世界华人消化杂志》、Evidence-Based Complementary and Alternative Medicine、Medicine、World Journal of Gastroenterology 等SCI源期刊编委。2017年入选国家中医药管理局"百千万"暨第四批国家中医临床优秀人才项目。系国家自然科学基金委员会同行评议专家；现任中国中西医结合实验医学委员会常委、中国民族医药学会脾胃病分会副会长兼胰腺炎专家委员会主任委员、中国中西医结合消化学会委员兼急性胰腺炎专家委员会主任委员、中国医促会中西医结合消化分会常委兼胰腺疾病学组组长、中华中医药学会名医研究会副秘书长、世界中医药联合会消化病分会常务理事、中国中西医结合学会实验医学专委会常委、中国中西医结合基础理论委员会常务委员。牵头撰写《急性胰腺炎中西医结合诊疗共识意见》。创新性建立急性胰腺炎随访手机App，构建急性胰腺炎"互联网+随访"模式，搭建医患沟通的快捷通道，并获2017年亚洲医院管理卓越奖。作为专家团主席，组织华西医院急性胰腺炎MDT团队在全国巡讲，将华西特色的急性胰腺炎中西医结合治疗理念和方法向全国推广，造福四川省、西南乃至全国医生和患者。

主要研究领域是中西医结合治疗急性胰腺炎的基础与临床、方剂药物动力学，享誉全国。临床擅长重症急性胰腺炎、慢性胰腺炎、不全性肠梗阻、急慢性胆囊炎等急腹症的中西医结合治疗和月经不调等各种疾病的平脉辨证中医药治疗。带领个人团队先后获12项国家自然科学基金项目资助，发表文章70余篇，SCI收录近50篇。通过国家第四批中医临床优秀人才研修项目，跟师王成荣教授，重点继承和运用王成荣先生的六步辨证论治方法，结合伤寒六经思想探索月经病的平脉辨证经方治疗，丰富了王成荣先生的学术思想。

张天娥

张天娥（1970—），女，医学博士。教授，研究生导师。第四批全国中医优秀人才入选者（基础），四川省中医药管理局学术和技术带头人，四川省卫生计生委学术技术带头人，四川省学术和技术带头人后备人选。先后主持承担国家级、部省级课题20余项，获得部省级以上科技进步奖5项。2018年拜师王成荣先生，曾跟师四川省名中医、《金匮要略》名家张琦教授学习，受四川省名中医、中医诊断学专家严石林教授指导。临床以西医辨病、中医辨证的思路诊治疾病，擅长运用经方治疗妇科、内科常见疾病。

杨金蓉

杨金蓉（1970—），女。医学博士，成都中医药大学教授，硕士研究生导师，第四批全国中医优秀人才。国家中医药管理局全国名老中药专家传承工作室"李祖伦传承工作室"主要建设人员。中国生物化学与分子生物学学会中医药生物化学与分子生物学分会理事，四川省中医学会会员。1993年毕业于成都中医药大学。长期从事中医、中西结合教学科研及临床工作。临床主攻妇科，擅长月经病、带下病、乳腺疾病等的治疗。

主持或主研国家自然科学基金面上项目等各级科研课题20余项，公开发表学术论文30余篇。获四川省科技进步一等奖1项，重庆市卫生局中医药科技成果三等奖1项。参编著作3部，其中教材2部。

于2018年拜师四川省"十大名中医"王成荣先生，系统学习了王成荣"衷中参西"诊治妇科疾病的学术思想，重点继承了王成荣按阴阳消长规律论分期论治月经病的思想以及"平、调、通、时"的不孕不育诊疗模式和"心肾同治"调治绝经综合征的学术思想。

张天鹰

张天鹰(1974—),女。硕士研究生,教授,主任中医师,攀枝花学院附属医院(现攀枝花市中西医结合医院)中医科主任。全国第四批优秀中医临床人才,四川省首届优秀中医临床人才,四川省拔尖中青年中医师。四川省中医药学会妇科专业委员会副主任委员,四川省中医药发展促进会中西医结合妇科分会副主任委员,四川省中医药发展促进经方临床应用与研究分会常务理事,世界中医药学会联合会妇科分会理事。

1997年7月毕业于成都中医药大学医学系中医专业,2002年在北京中医药大学附属东直门医院妇科进修,2005年6月取得云南中医学院中西医结合临床妇科专业硕士学位。20多年来,主要从事中医妇科临床和教学工作。先后发表文章近20篇,2项科研获得攀枝花市科技进步三等奖。2018年开始师承四川省首届"十大名中医"王成荣先生学习。

李传芬

李传芬(1967—),女。自贡市中医医院治未病中心主任、主任医师。第四批全国中医(临床、基础)优秀人才研修项目培养对象,四川省名中医,四川省中医药工作先进个人,四川省优秀中医临床人才,中华中医药学会全科分会委员,全国中医促进会温病分会常务理事,四川省中医促进会经方研究与发展分会副会长,自贡市医学会老年病专委会副主任委员。从事中西医结合内科工作20余年。擅长治疗呼吸系统疾病,如急慢性支气管炎、咽喉炎、鼻炎、肺炎、肺心病等。

缪奇祥

缪奇祥（1970— ），男。中共党员，主任中医师。四川省名中医，成都市名中医，四川省第二届拔尖中青年中医师，全国第四批中医临床优秀人才，四川省针灸学会临床专委会及针法灸法专委会常委，邛崃市第二、三批名老中医药专家学术经验继承工作指导老师，成都中医学会理事，邛崃市中医学会常务理事，邛崃市中医质量控制专家组组长，邛崃市中医医院治未病科主任。1997年毕业于成都中医药大学针灸本科专业，2007年成都中医药大学中西医结合临床研究生结业。师从著名针灸学家杨介宾教授、医易学专家邹学熹教授。于2018年拜四川省"十大名中医"王成荣教授为师，系统学习王成荣先生的中西医结合治疗妇科病的理论和临床理念，并积极把王成荣先生的治疗妇科疾病的理念运用于针灸治疗妇科病的临床过程中，对运用针药合用治疗妇科疾病如痛经、不孕症、月经疾病等有一定的心得体会。至今已在省级、国家级医学学术期刊发表学术论文30余篇。承担参与四川省中医药管理局课题"川派名家杨介宾教授学术思想及临床经验研究"等科研课题2项。

谢慧

谢慧（1977— ），女。中医五官科学博士，教授，研究生导师，科室/教研室副主任。第十一批中组部"西部之光"访问学者，第四批全国中医临床优秀人才，第四批全国名老中医药专家"师带徒"师承弟子，四川省学术技术带头人后备人选。世界中医联合会耳鼻咽喉科分会副秘书长，中国中西医结合耳鼻喉分会变态反应专家委员会副主任，中国中医药信息学会耳鼻喉分会副主任委员兼秘书长，四川省中医药学会民间诊疗技术专业委员会主任委员，四川省针灸学会针法灸法专业委员会副主任委员等。

主要从事针药结合治疗耳鼻喉科常见、多发疾病，其中在耳鸣耳聋、变应性鼻炎、眩晕、嗓音疾病等的治疗上有独到之处。作为课题负责人主持14项科研课题，获部省级及以上科研获奖5项，出版专著12部，参译专著1部，发表论文50余篇。曾获"第四批全国老中医药专家学术经验继承工作优秀继承人""第六届全国高等中医院校优秀青年""成都市一专多能优秀青年教师"等称号。

向生霞

向生霞（1970—），女。主任中医师。毕业于成都中医药大学，从事中西医结合治疗肿瘤，系四川省名中医，四川省中医药管理局学术和技术带头人，四川省中医药管理局第二届青年拔尖医师，"岐黄工程"全国第四批中医临床优秀人才，四川省中药学会肿瘤专委会副主任委员，四川省抗癌协会传统医学会副主委，世界中医药学会联合会肿瘤精准医学专业委员会常务理事，世界中医药学会联合会消化病专业委员会常务理事，四川省预防医学会肿瘤营养分会常务理事，四川省重大疾病中医肿瘤防治中心负责人，国家中医药管理局"十一五"中医肿瘤专科专病建设和"十二五"重点学科建设负责人。目前主持省级以上在研课题7项，主研11项，参编专著5部，以第一作者发表核心期刊论文20余篇。先后师承国医大师张震教授、中医妇科名家王成荣先生、全国名中医张发荣主任医师、全国著名的温病学家张子文主任医师；临床以西医辨病、中医辨证的思路诊治疾病，擅长运用经方治疗恶性肿瘤的并发症及放化疗副反应，以及内科常见疑难杂症。

刘铭

刘铭（1975—），女，四川绵阳人。博士研究生，成都市第一人民医院主任中医师，毕业于成都中医药大学，参加临床工作25年。第四批全国中医优秀人才，四川省名中医。中国中西医结合学会消化系统疾病专业委员会脾胃治未病与中医外治法专家委员会常务委员、中国民族医药学会脾胃分会常务理事、四川省康复医学会中西医结合分会委员、四川省康复医学会教育分会委员、成都市医学会医疗鉴定专家、成都中医药大学基础医学院硕士答辩委员会委员。先后主持与参与国家级、部省市级课题10余项，公开发表学术论文 30 多篇。

魏智慧

魏智慧（1981—），女，河南民权人，硕士研究生，副主任中医师。2008 年毕业于成都中医药大学中医妇科专业，王成荣临床经验、学术思想传人，现为全国名老中医王成荣名医工作室成员，中华中医药学会生殖医学分会委员，四川省中医妇科专业委员会委员，四川省中医药促进会中西医妇科分会副秘书长。

擅长采用中西医结合方法治疗妇科常见病、多发病，如月经失调、盆腔炎、子宫肌瘤、复发性流产、产后身痛、产后多汗、产后子宫复旧不良、慢性盆腔痛、子宫脱垂、阴道膨出、尿失禁、尿潴留、妇科肿瘤等。

主研科技部"十一五"科技支撑计划名老中医项目子课题"王成荣临床经验、学术思想传承研究"，主持、主研与王成荣学术思想相关国家、省厅局级课题 10 余项，负责四川省科技厅"湿痒洗剂的院内制剂研究""王成荣经验方清化汤治疗月经量多、经期延长的临床研究"课题 2 项，发表论文《王成荣治疗慢性盆腔包块经验撷要》《王成荣治疗排卵障碍性不孕经验撷要》及《清化汤治疗月经量多、经期延长的临床观察》等有关王成荣先生经验总结及传承的论文多篇。与其他传承人一起，在全面继承和发扬王成荣"衷中参西"妇科学术思想的基础上，重点继承和弘扬产后疾病、子宫脱垂、压力性尿失禁、月经病、妇科炎性疾病等诊疗思想，且取得良好临床疗效。

李苹

李苹（1984—），女，四川简阳人。硕士研究生。2009 年毕业于成都中医药大学。四川省第二中医医院妇科主治中医师。王成荣临床、学术思想传承人。曾师承王辉櫼主任中医师，收集整理王成荣临床经验，主研省级、厅级科研项目 4 项，结题 3 项。在中医药核心期刊发表多篇相关论文。参与 2014 年中国中医药出版社出版的《王成荣妇科经验集》编写。现有志于王成荣流派的挖掘及其诊疗模式的推广。

李天真

李天真（1985—），女，河南济源人。硕士研究生，主治中医师。2012年毕业于成都中医药大学中医妇科学专业。现工作于四川省第二中医医院妇科，为全国首届"十大名中医"王成荣传承工作室主要成员，全国名老中医王成荣传承人。四川省中医药学会妇科专业委员会委员，中华中医药学会会员，四川省女医师协会会员。主持及主研省级公益性科研院所基本科研业务费专项资金项目"王成荣经验方滋活汤结合针灸治疗卵泡发育不良性不孕症的临床研究"及四川省中医药管理局青年基金课题"滋活汤治疗卵巢储备功能下降的临床研究"。发表论文《王成荣经验方滋活汤结合针灸治疗卵泡发育不良性不孕症的临床研究》《王成荣治疗卵巢储备功能下降临床经验总结》。

鲁智惠

鲁智惠（1972—），女，四川泸州人，本科毕业，主治医师。2012年毕业于四川大学临床医学系妇科专业。王成荣临床经验、学术思想传承人。四川省中医药发展促进会中西医结合妇科分会理事。参与省部级及厅局级科研课题多项，参编著作1部。

季成琼

季成琼（1978—），女，河南信阳人，主治中医师。毕业于河南中医学院，曾在北京王府中西医结合医院、北京市昌平区天通苑中医医院从事妇科临床工作，2017年5月至今在四川省第二中医医院妇科工作，并定期跟随王成荣先生门诊学习。擅长用中西医结合方法治疗妇科常见病、多发病，如月经紊乱、盆腔炎、阴道炎、子宫肌瘤、卵巢囊肿、更年期综合征、不孕不育等，能熟练操作妇科各种计划生育手术。

缪醇

缪醇（1987—），女，四川新津人，硕士研究生，主治中医师。2013年毕业于成都中医药大学。四川省第二中医医院住院医师。王成荣临床经验、学术思想传承人。曾师承严春林主任医师，收集整理王成荣的临床经验，在中医药核心期刊发表多篇相关论文；参与省级、厅级科研项目研究各1项；参与编写2013年中国中医药出版社出版《跟师学临床——中医临床医案解析》。现有志于王成荣流派的挖掘及其诊疗模式的推广。

许凯

许凯（1969— ），男，四川仪陇人。毕业于成都中医药大学，现就职于石棉县中医医院，任妇科门诊主治医师。石棉县第二批优秀中青年骨干医师，四川省中医药发展促进会中西医结合妇科理事会会员，全国名老中医医药专家传承工作室——王成荣学术思想传承人；在传承工作室指导下发表省内刊物3篇，国内刊物1篇，主研科研课题1项；尤其擅长运用西医辨病和中医辨证两结合的方法来治疗月经病、带下病、胎产病及妇科常见的不孕不育、慢性盆腔疾病，尤其对多囊卵巢综合征的分型诊治，结合王成荣先生"平、调、通、时"理论收到很好的临床疗效。

（三）传承人心得体会

1. 张天娥的师承感言

早在 20 多年前在成都中医药大学读硕士研究生时即听闻王成荣先生的"临床传奇"。当时年轻痴迷于自然科学，对细胞、分子的微观世界充满兴趣，尽管本科读了五年中医书，终究在读研以后就彻底冷落了她，"中医的精髓在于临床"更无从体悟。王成荣先生的事迹也只是停留在别人的传说中。

因缘际遇，2017 年通过选拔考试有幸入选全国第四批中医优秀人才培养对象，当然本人入选的是"基础优才"，在此真是感谢国家中医药管理局当年首次设立了"基础优才"（之前只有"临床优才"），让我这个长期从事中西医结合基础研究的科研工作者有机会跟随临床大家学习，否则我是不可能与王成荣老师结缘的。

自 2018 年 7 月跟师王成荣先生学习，每周一次，说来惭愧，但经常单位或本人工作冲突有些时候又没去，但我清楚地记得第一次跟师的情景。第一次去也是第一次见到王成荣先生本人，为表示尊重，我早早到了工作室，门尚未开，外面已有病人在等候了。我首先在工作室宣传栏看到了王成荣先生的介绍，知道王成荣先生是四川省首届"十大名中医"，1954 年毕业于华西医科大学妇产科学系，曾任我的母校成都中医药大学妇科硕、博士研究生导师，获原卫生部"继承发扬祖国医学遗产"金质奖章，享受国务院特殊津贴。从事中西医结合妇科临床工作 60 余年。看来王成荣先生是个不折不扣的"西学中"了，宣传照片的王成荣先生很是"英武帅气"，50 多岁的样子；开诊前 15 分钟，人群一阵躁动，一位长者在年轻医生的陪同下步履轻盈地走来，我即刻认出是王成荣先生，与照片相比只是年龄要长些，但一头黑发，皮肤干净明亮，让我惊讶 90 多岁可以这样意气风发。王成荣先生一周三次门诊，每次 20 多人的限号，看来身体好才是革命的本钱。

我上前自我介绍，短暂交谈，王成荣先生很是和蔼可亲，似有一种老朋友相识的感觉。由于我们的材料早在跟师前即已发送给王成荣先生，故王成荣先生对我已基本了解，王成荣先生示意我坐他旁边的位子跟诊。通过一段时间的跟师学习，我发现王成荣先生治学严谨，学识渊博，紧跟前沿；医德高尚，严于律己，宽以待人。

王成荣先生是较早的一批"西学中"学者，他临床也处处体现"中西并重"，真正体现"中西结合"为民服务的特点，既重视现代理化检查，又重视舌脉、望闻问切四诊合参；王成荣先生开具的中医处方"小而力专效宏"，每张方不超出10味药，真正体现了中医"简便验廉"的特点；王成荣先生对病人极尽细心，医嘱详尽，从病人的饮食到睡眠到病情的演变及下次复诊的时间一一交代，其间做哪些检查等，正因如此王成荣先生成为四川的"口碑""王牌"，妇科界的一张名片。

王成荣先生在临床间隙对我们讲：中医有"大医精诚"，西医有"希波克拉底誓言"，我们医生要谨记心中，一中一西，其倡导的医学精神本质是相同的；行医做人要遵守"红绿灯原则"，三观（世界观、人生观、价值观）要摆正，与病人换位思考，"己所不欲，勿施于人"，处处显示王成荣先生为人为师的大家风范。

跟师王成荣先生虽然次数不多，但我已立下长期跟诊的决心，力图传承王成荣先生的学术思想，更好地为患者服务。

2. 董岷的师承感言

王成荣先生是我中医临床医学实践中遇到的恩师，值王成荣先生95岁之际，欣闻王成荣先生《川派中医药名家系列丛书·王成荣》出版，作为师承弟子之一，谨为该书发行，发表粗浅感言。

（1）学无师承，终难求益

我学中医是半路出家。20世纪80年代初，我毕业于华西医大医学系。工作伊始，我不喜欢中医，认为"中医不科学"，心中备感失落，甚至打算"跳槽"。王成荣先生知道我的想法后跟我说："你不了解中医，一旦你了解了中医，你会喜欢的。"过了不久，王成荣先生外出开会，我守门诊，来了一个人工流产后腰痛的病人，我那时还不会辨证处方，就按王成荣先生平时给我讲的人流后属于"金刃损伤"的理论，给她开了几副平时王成荣先生开的中药，究竟是否有效我心里没底。没想到一周后病人复诊时居然说腰痛好了，王成荣先生拿着这个病人的门诊病历对我说："中医不是不科学，只要辨证用药准确，是有效果的。"我说："我没有辨证，只是照着葫芦画瓢，给她开了您平时常用的中药。"王成荣先生说:"你这个处方用得恰当。"从此我开始对学习中医产生了兴趣,并走上了中西医结合的道路。

在与王成荣先生接触中,了解到王成荣先生学中医并非出于自身喜好,他的经历颇有点"强扭的瓜也甜"的味道。王成荣先生最早学的是西医,1954年8月毕业于四川医学院。他最喜欢的是病理学,可当时外科和妇产科需要人,他只能在这两个学科中作出选择。他选择了外科,可有一女同学坚决不去妇产科,身为班长的他只得接受组织安排成了一名妇产科的男医生。1956年党中央号召西医学习中医,他本对中医毫无兴趣,却又一次服从组织安排脱产学习中医。但王成荣先生行事,不做便罢,既做之,则喜之,进而钻研之,几十年的苦学与临床相结合,最终让他成了享誉全省的名中医。

(2)心系患者,一代楷模

行医60余载,王成荣先生获得的奖杯奖牌不计其数,但无论是诊室还是家中,王成荣先生从未展示过这些荣誉,在王成荣先生的心中和眼里,占据最多的永远是病人。在患者们的眼中,王成荣先生就是他们的恩人和亲人。每次出诊,总有心怀感激的患者为先生赠送礼物,但老师从未收受过任何馈赠。病人要给他送锦旗,他从来不收,嘱咐病人"不要花那个冤枉钱,将做锦旗的钱买些营养品吃对你更有好处"。"一个真正把病人当作自己的亲人看待好医生"是对王成荣先生最常见的评价。夏天,他将自己的电风扇摆到诊室门口,为候诊的病人送凉降温,而自己手下的处方笺却沾满汗渍。

曾有一女患者,附件区包块手术切除后半年复发,不能再做手术,吃王成荣先生的中药治好了,她先后送了几次礼都被王成荣先生当面拒绝。趁春节之时,她悄悄往王成荣先生门内塞了一张便条,将5斤亲手灌的香肠挂在了门上,当王成荣先生回家看见后,立即回办公室翻查病历,查到这位患者的家庭住址,将5斤香肠按市价折算成钱后,寄了过去。一些重病人来诊不便,王成荣先生就骑着自行车亲自前往病人家中探望,当面下医嘱。

有一女干部,人到中年,事业有成。可是却莫名其妙出现潮热、出汗、失眠等症,严重影响到工作。有一次,其单位在开全员职工大会时,她与其他高层干部坐在主席台上,台下则坐满了职工。正当领导讲到某些不良现象、不点名地批评个别人时,她突然发病,浑身潮热,面部和颈部瞬间通红,顿时引来台下众人猜疑，以为她就是领导口中的"某人"。一向好胜的她非常难堪。但服用王成荣先生的中药一段时间后，她那些奇怪症状全都消失了，又恢复了自信女强人的形象。

王成荣先生尤其擅长治疗不孕不育症。一位女患者结婚10年未孕，眼看家中硝烟四起，是王成荣先生的医术拯救了她和她的一家，在坚持接受王成荣先生的中药治疗后，她竟生了一对龙凤胎！曾有一男子，婚后一年多都无法履行丈夫"义务"，因此不得不与心爱的妻子离婚。没想到离婚后在王成荣先生处治疗了一年多，竟完全康复，与前妻复婚后不久就生下了孩子。像这样的例子，举不胜举，王成荣先生每年都要当几十回"送子娘娘"，他治好的往往不是一个人，而是一个家庭甚至几个家庭。先生身形瘦小、面容清癯，穿着朴素，嘴角常带一抹温和而谦逊的微笑。作为妇产科医生，王成荣先生用中西医结合的手段治愈了众多妇科中的疑难杂症。

王成荣先生生性节俭，平时从不乱花一分钱，他身上带的钱一般只有四个用途：交党费、交工会费、资助病人、捐款。每次单位号召募捐，王成荣先生总是最积极、捐得最多的一个。王成荣先生行事低调，事事尽心却从不居功。面对病人的赞颂，他总是说"也不全是我的功劳，也许你们前面的那些治疗累积了疗效，就好像拔萝卜一样，我恰好就是那个出最后一份力的人……"我们写的论文，他从来都是认真修改，但从来不允许署他的名字；单位发的奖金，他让我们拿大头，自己拿小头，理由是"你们工资低，孩子小，负担重，我的工资比你们都高……"

生活中的王成荣先生则是一个地地道道的"迂夫子"，用其老伴的话来说，"摘了豌豆尖都不晓得丢哪头"。除了看书绘画书法，王成荣先生也再无别的爱好。每次外出活动，同事们打牌的打牌、下棋的下棋，惟有他不紧不慢地摸出书来，独坐一隅，静静翻看，怡然自得。王成荣先生还素有洁癖，每次上班必提前到岗，先将桌椅门窗清洁一遍；下班后则必将地板拖净后才离开。这习惯一直保持了几十年。

行了一辈子医，妙手回春；做了一辈子人，高风亮节。

王成荣先生除悬壶济世，为病员解困外，对中华古诗辞赋更有特殊偏好。从先秦到隋晋辞赋，从唐诗宋词，到明清骈文、歌赋……无不信手拈来。我在跟随王成荣先生的中医实践中，深受中华文化的熏陶。

四、传承与发展

王成荣先生作为四川省首届十大名中医,全国师带徒导师,前前后后培养了众多弟子,他们也在各自的临床工作中传承王成荣先生的学术思想,并围绕王成荣先生的学术经验和自己的临床体会做了很多科学研究。

(一)近10年有关王成荣经验的科研课题

表 6-2 与王成荣临床经验相关的科研课题

题目	课题负责人	项目编号	级别(批准单位)	状态
名老中医临证经验、学术思想传承研究——王成荣临床经验、学术思想研究	王辉蝶	2007BAI0B01-074	"十一五"国家科技支撑计划	已结题
盆腔炎性后遗不孕症传统中医诊疗方案的循证评价与验证	陈淑涛	12ZC1890	四川省科技厅	已结题
重点专科中医药特色制剂联合研发创新平台建设——白莲散结合剂的研发	陈淑涛	14ZC2321	四川省科技厅	已结题
院内制剂研究"王成荣自拟'白莲散结合剂'治疗'火热瘀结型'继发痛经研究"	严春玲	2010-3-299	四川省中医药管理局	已结题
川派中医妇科名家王成荣学术思想整理研究	陈淑涛	2014-D-064	四川省中医药管理局	未结题
王成荣经验方清化汤治疗月经量多、月经延长的临床观察	魏智慧	14-4-413	四川省公益院所	已结题
三川合剂的医院制剂研究	曹亚芳	2009-4-274	四川省省级公益性科研院所基本科研业务费专项资金项目	已结题
湿痒洗剂的医院制剂研究	魏智慧	2010-4-293	四川省省级公益性科研院所基本科研业务费专项资金项目	已结题
王成荣经验方泻火达衡汤治疗免疫性不孕的临床研究	曹亚芳	2011-4-316	四川省省级公益性科研院所基本科研业务费专项资金项目	已结题

续表

题目	课题负责人	项目编号	级别（批准单位）	状态
女性生殖道支原体、衣原体感染的检出方式及抗生素敏感性、中医症状调查归纳的研究	魏智慧	2011-4-326	四川省省级公益性科研院所基本科研业务费专项资金项目	已结题
白莲散结汤治疗子宫内膜异位症的临床研究	李苹	2011-4-329	四川省省级公益性科研院所基本科研业务费专项资金项目	已结题
王成荣经验方泻火达衡汤治疗免疫性不孕或流产的临床研究	曹亚芳	2012-2-358	四川省省级公益性科研院所基本科研业务费专项资金项目	已结题
王成荣经验方滋活汤结合针灸治疗卵泡发育不良性不孕症的临床研究	李天真	2012-2-387	四川省省级公益性科研院所基本科研业务费专项资金项目	已结题
盆腔子宫内膜异位症的中医药治疗方案研究	李苹	14-4-416	四川省省级公益性科研院所基本科研业务费专项资金项目	已结题
泻火达衡汤对 AsAb 阳性大鼠和 AcAb 阳性小鼠抑制作用研究	曹亚芳	15-4-445	四川省省级公益性科研院所基本科研业务费专项资金项目	已结题
滋和汤改善"冲任虚瘀"型月经过少患者子宫内膜容受性的临床研究	曹亚芳	2016Q009	四川省中医药管理局	未结题
王成荣"滋肾泻肝法"治疗更年期综合征的临床研究	李苹	17-4-485	四川省省级公益性科研院所基本科研业务费专项资金项目	未结题
益肾固冲汤治疗早期先兆流产患者及子代安全性研究	缪醇	17-4-481	四川省省级公益性科研院所基本科研业务费专项资金项目	未结题
不明复发性流产患者子宫内膜细胞 TLR4、FOXO4 及 Smads2/3 信号传导通路表达的研究	曹亚芳	2018-4-497	四川省科技厅省级公益性科研院所基本科研业务费专项资金项目	未结题

续表

题目	课题负责人	项目编号	级别（批准单位）	状态
TGF-β1/Smads、PI3K/AKt、MAPK信号通路和p53、p63蛋白在积水输卵管中表达的研究	魏智慧	2018-4-499	四川省科技厅省级公益性科研院所基本科研业务费专项资金项目	未结题
滋活汤治疗卵巢储备功能下降的临床研究	李天真	2018QN044	四川省中医药管理局青年基金	未结题

（二）典型科研课题示例

1. 活血化瘀中药协同腹腔镜治疗盆腔炎性疾病后遗不孕症的系统评价

该研究是四川省科技厅的科技支撑项目（12ZC1890），旨在研究王成荣先生中西结合治疗妇科疾病的临床经验及验方。

该研究借鉴了现代先进的循证研究方法，采用Cochrane系统评价法，检索Cochrane图书馆、MEDLINE、EMBASE、中国期刊全文数据库（CNKI）、万方、维普数据库（VIP）等数据库，收集已公开发表的中医药治疗盆腔炎性后遗不孕症的临床随机对照文献，围绕专家诊疗方案特色，筛选符合条件的文献，通过Jadad量表进行试验方法学评价，采用RevMan软件进行数据统计，荟萃分析，评价中医药治疗盆腔炎性疾病后遗不孕症有效性与安全性。

1 纳入标准

1.1 研究设计类型：

临床随机对照试验（RCT）。

1.2 研究对象类型：

符合女性不孕症诊断标准[①]：正常性生活，男方生殖功能正常，未经避孕一年未妊娠者；经子宫输卵管造影术或腹腔镜下通美兰或B超下输卵管通水，见输卵管阻塞或通而不畅；有手术指征，所有患者经腹腔镜手术治疗后。

[①] 乐杰. 妇产科学[M]. 7版. 北京：人民卫生出版社，2008.

1.3 研究干预措施：

观察组术后采用中药治疗，以活血化瘀为基本治则，用药途径不作限制，包括中药与空白对照、安慰剂及其他药物、疗法的比较，中药加某种治疗与单独使用该种治疗的比较。

1.4 结局指标：

①妊娠率：宫内、异位妊娠；②不良反应发生情况。术后随访期限至少半年。

2 排除标准

2.1 研究对象：

含有先天性生理缺陷或畸形所致不孕者；

含有子宫内膜异位症、子宫腺肌病、子宫肌瘤、盆腔结核所致不孕者；

含有免疫因素、内分泌性如多囊卵巢综合征、排卵障碍等所致不孕者。

2.2 中医治法不以活血化瘀为主。

2.3 组间均衡性较差，缺乏可比性。

3 文献的检索方法

计算机检索 MEDLINE、中国期刊全文数据库(CNKI)、万方、维普数据库(VIP)，截止时间至2014年12月。关于条件的英文主题词为：infertility-female, subfertility-female, oviduct, tubal*；关于干预措施的英文主题词为：Chinese medicine, TCM, medicine-traditional, herbal-medicine, plants-medicinal, laparoscope; laparoscopy; laparoscopic；关于条件的中文主题词为：不孕*，输卵管*，盆腔炎*，盆腔粘连*；关于干预措施的主题词：中药，草药，中医，腹腔镜。

4 文献的方法学质量评估

按照 Cochrane 协作网偏倚风险评价标准[①]，按照以下条目：基线情况、随机分配方法、分配隐藏方案、盲法、结果数据完整性、意向性分析，加以分级，A级：明确肯定；B级：未明确肯定；C级：明确否定。

5 资料提取

两名评价员按照统一的资料提取表格独立提取试验信息，如资料不全，评价员无法做出判断，尽量与原作者通过书信、E-mail 或电话等取得联系。如果两名资料提取者对提取结果有争议，则由第三者评判决定。

---

① 刘鸣. 系统评价、Meta-分析设计与实施方法[M]. 1版. 北京：人民卫生出版社，2011.

6 统计分析方法

本研究采用 Cochrane 协作网提供的 Review Manager（RevMan）5.0 协助完成系统评价的分析计算过程。纳入研究的异质性较小时，作 Meta-分析，否则采用描述性分析；计数资料采用比值比（OR）和 95%CI 为疗效分析统计量；根据可能出现异质性的因素进行亚组分析，包括干预方案的不同，随访时间的不同；当亚组内各研究间有统计学同质性时（$P > 0.1$，$I^2 \leqslant 50\%$），采用固定效应模型对同类研究的各亚组进行 Meta-分析；如纳入研究各亚组间存在统计学异质性（$P \leqslant 0.1$，$I^2 > 50\%$），则采用随机效应模型计算总结果的 OR 值；异质性源于低质研究时，则进行敏感性分析。如亚组内仅有一个研究，则该研究的疗效分析仍采用与 Meta 分析相同的统计量。

7 检索及筛选结果

①随机，所有研究均提到了随机。②基线情况：7 篇均交代清楚（A 级）。③随机方法，4 篇采用随机数字表法（A 级），3 篇不清楚（B 级）。④分配隐藏方案，均未交代（B 级）。⑤盲法，均未交代（B 级）。⑥数据完整性，1 篇交代清楚（A 级），6 篇（B 级）。⑦ITT 分析，均未交代（B 级）。故所有研究质量不高，偏倚风险不确定。具体详见表 6-3。

表 6-3　方法学质量评价表

研究名称	基线相似性	设计类型	随机方法	分配隐藏	盲法	数据完整性	ITT 分析
王璐璐 2011	有	随机	不清楚	不清楚	不清楚	不清楚	不清楚
常玉慧 2013	有	随机	不清楚	不清楚	不清楚	不清楚	不清楚
叶敦敏 2006	有	随机	随机数字表	不清楚	不清楚	不清楚	不清楚
吴媛媛 2012	有	随机	随机数字表	不清楚	不清楚	不清楚	不清楚
李素敏 2013	有	随机	随机数字表	不清楚	不清楚	不清楚	不清楚
赵淑媛 2013	有	随机	不清楚	不清楚	不清楚	不清楚	不清楚
谭迎春 2010	有	随机	随机数字表	不清楚	不清楚	不清楚	不清楚

8 结果比较

8.1 术后 6 月宫内妊娠情况

Study or Subgroup	Experimental Events	Total	Control Events	Total	Weight	Odds Ratio M-H, Fixed, 95% CI	Odds Ratio M-H, Fixed, 95% CI
吴媛媛2012	21	70	7	70	51.9%	3.86 [1.52, 9.81]	
常玉慧2013	13	30	8	30	48.1%	2.10 [0.71, 6.22]	
Total (95% CI)		100		100	100.0%	3.01 [1.50, 6.08]	
Total events	34		15				
Heterogeneity: Chi² = 0.69, df = 1 (P = 0.41); I² = 0%							
Test for overall effect: Z = 3.08 (P = 0.002)							

图 6-1 中药组与对照组术后 6 月宫内妊娠情况比较

共 2 个研究报道，均为中药胃肠给药与空白组比较，异质性检验：$X^2=0.69$，$P=0.41$，$I^2=0\%$，因 $P\geqslant 0.10$，提示具有同质性，故采用固定效应模型计算合并统计量，$OR=3.01$，95%可信区间[1.50，6.08]，统计学显著性检验：$Z=3.08$（$P=0.002$），差异有统计学意义，提示本病术后采用活血化瘀中药治疗的 6 月宫内妊娠率优于单纯手术治疗。具体分析见图 6-1。

8.2 术后 1 年宫内妊娠情况

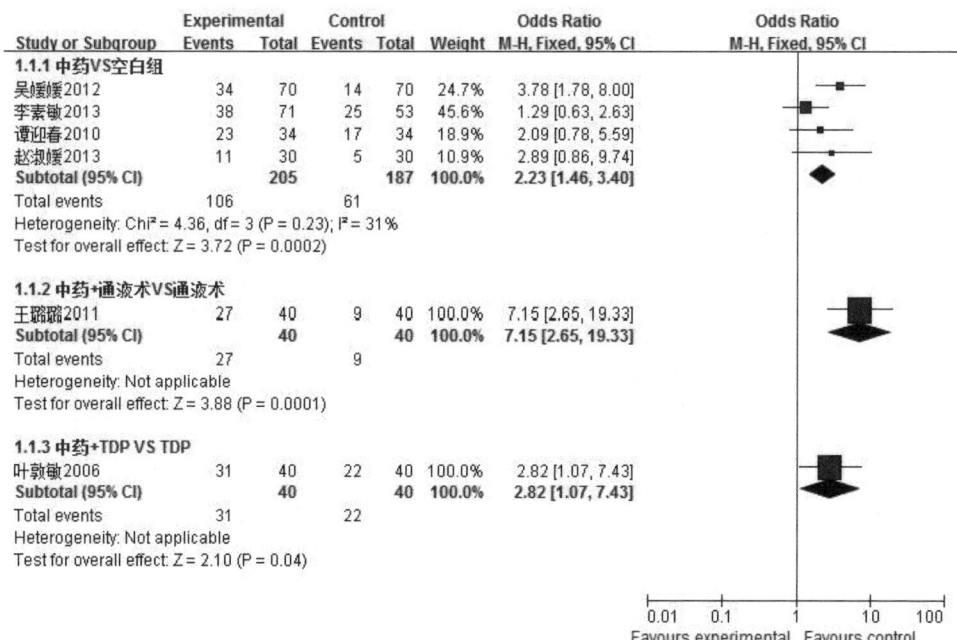

图 6-2 中药组与对照组术后 1 年宫内妊娠情况比较

根据干预措施的不同，亚组分析提示：①中药与空白组比较，共4个研究，异质性检验：$X^2=4.36$，$P=0.23$，$I^2=31\%$，因$P\geqslant0.10$，提示具有同质性，故采用固定效应模型计算合并统计量，OR=2.23，95%可信区间[1.46，3.40]，统计学显著性检验：Z=3.72（P=0.000 2），差异有统计学意义，提示本病术后采用活血化瘀中药治疗的1年内妊娠率优于单纯手术治疗。因纳入研究数少，未行漏斗图分析。②中药+通液术与通液术比较，1个研究，提示中药+通液术优于通液术（P=0.000 1，OR=7.15，95%可信区间[2.65，19.33]）。③中药+TDP与TDP比较，1个研究，提示中药+TDP优于TDP（P=0.04，OR=2.82，95%可信区间[1.07，7.43]）。具体分析见图6-2。

8.3　术后1年异位妊娠情况

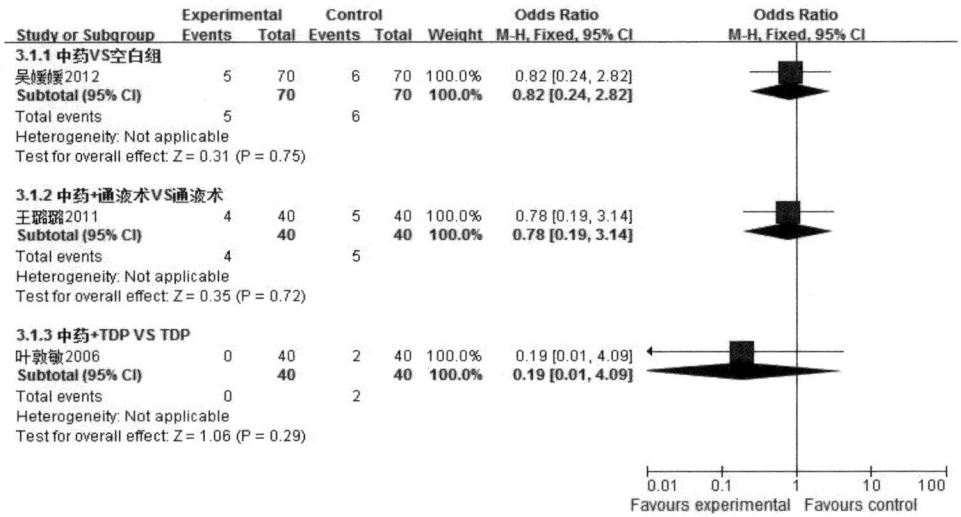

图6-3　中药组与对照组术后1年异位妊娠情况比较

根据干预措施的不同，亚组分析提示：①中药与空白组比较，1个研究，提示两组发生率相当，无显著差异性（P=0.75，OR=0.82，95%可信区间[0.24，2.82]）。②中药+通液术与通液术比较，1个研究，提示两组发生率相当，无显著差异性（P=0.72，OR=0.78，95%可信区间[0.19，3.14]）。③中药+TDP与TDP比较，1个研究，提示两组发生率相当，无显著差异性（P=0.29，OR=0.19，95%可信区间[0.01，4.09]）。具体分析见图6-3。

9 讨论

9.1 有效性及安全性

本研究结果提示，2个研究报道了术后6月内宫内妊娠情况，显示中药组均优于对照组，P均<0.05。6个研究报道了1年内宫内妊娠情况，经亚组分析，显示中药组均优于对照组，P均<0.05。其中，1个研究同时报道了术后6月、1年的宫内妊娠情况。3个研究报道了1年内异位妊娠情况，经亚组分析，显示中药组与对照组发生率相当。药理研究证明[①]，活血化瘀中药能疏通瘀滞，可分解粘连，改善输卵管的纤维化，促进损伤内膜的再生，还能降低毛细血管通透性，减少渗出、水肿，改善局部微循环障碍，有利于功能的恢复，从而提高受孕率。

1个研究报道了不良反应[②]，中药灌肠后肛周水肿及大便次数增多，故中药治疗未见严重不良反应。

9.2 证据水平及应用的局限性

9.2.1 可能存在的偏倚

7个研究中，4个研究描述了具体随机分组方法，为随机数字表法。所有研究分配方案的隐藏不清楚，未设置盲法，难以确定其是否真正做到随机化，分配隐藏不详，存在选择性偏倚可能；所纳入文献均未提供退出、剔除和失访等不完整结果的资料，相关的人数和理由不详，且未作意向性分析，故存在随访偏倚可能；本系统评价所纳入的研究均为已发表的文献，缺乏灰色文献（如会议论文，未发表的资料等），且所有试验均在中国进行，以中文发表，也不排除有阴性结果的试验未能发表的可能，故存在发表偏倚可能。

9.2.2 可能存在异质性的因素

本试验所纳入的文献中，使用的中药均为复方，是在活血化瘀中药基础上加减变换，经配伍组成的一个复杂干预措施。中医药的辨证论治、理法方药难以统一标准，存在辨证差异、药物选择差异、同一药物产地差异、用药剂量差异，临床异质性大，降低了系统评价的可靠性。术者水平、术式、术中情况、各试验治疗及判效时间也存在差异，可能会对结局指标产生一定的

---

① 周瑞求.活血化瘀法治疗输卵管阻塞性不孕症56例[J].光明中医，1997，12（2）：32.
② 吴媛媛.腹腔镜术后道地通管汤联合结肠透析治疗输卵管性不孕症的临床研究[D].广西：广西中医药大学，2012.

影响，导致异质性的产生。

本研究结合中医整体观和辨证论治的特点，纳入了以活血化瘀治法为基本治疗原则的研究文献，以法统方、以方统药，再根据对照的不同的干预措施，设置亚组，尽量减小临床异质性以期望将定性与定量的研究方法相结合分析，切合中医临床。更重要的是把研究重点放在本病的辨证和治法，而不是选药。对于一个疾病的中医临床诊治，辨病机、识证候、立治法，最后再处方药，只要辨证准确，治法对证，选药便可信手拈来，治法的研究更具临床实用性和推广性。将中医传统思维模式"以理统法、以法统方、以方统药"运用到循证中医药研究中，把以活血化瘀中药共有的疗效看作整体对待，评价本病采用活血化瘀治法的临床疗效。

9.3 对今后研究的建议

综上所述，现有评价中药治疗盆腔炎性疾病后遗不孕症的试验尚存在方法学问题，在以后的研究中应进一步完善试验设计方法，包括：①计算样本含量；②正确地随机分组并隐藏随机方案；③尽可能采用盲法；④随访期至少1年，并采用意向治疗分析方法；⑤采用公认的诊断和疗效判定标准，疗效指标应包括对病人有意义的指标，如出生率等；⑥注重不良反应报道和费用—效益的经济学评价；⑦如果做严格的研究还需要将方剂规范化；⑧循证中医药的评价应根据某类中药的功能主治选择目标病证，重视病证结合、以理统法、以法统方、以方统药的评价，既符合中医理论，能为中医界认可，又为中医药临床工作者提供证据。

9.4 结论

现有的临床资料表明，活血化瘀中药协同腹腔镜复通术治疗盆腔炎性疾病后遗不孕症，对于妊娠率的疗效优于单纯手术治疗或手术加用其他西医常规治疗，且未见明显的不良反应；对于异位妊娠的发生率，二者相当。按系统评价的结论分析，所纳入的研究数量少，质量不高，且存在选择性偏倚、实施偏倚、测量性偏倚和混杂性偏倚的可能性，其论证强度较弱，只能作为进一步研究参考，需要更多设计严谨、样本合理的随机、双盲临床对照试验，控制患者的失访和退出并真实报道，进行意向性分析，加强对不良反应的观察和报告等。对其潜在的疗效加以证实。

2. 中药治疗230例盆腔炎性疾病后遗不孕症临床观察

1 一般资料

本研究病例来源于2012年3月—2015年12月期间，在四川省中西医结合医院、四川省第二中医医院、四川省中医院妇科门诊就诊的不孕患者，根据制定的诊断、纳入、排除标准共观察261例，观察期间脱落31例，实际完成观察230例，其中，四川省中西医结合医院139例，四川省第二中医医院83例，四川省中医院8例。

261例试验对象，3例失访，28例中途改变或退出治疗方案，其中6例术后直接建议院外IVF，成功观察230例对象。如表6-4和图6-4、6-5所示230例对象中，年龄23～40岁，平均30.19±3.63，其中≤28岁72例，占31.3%；29～34岁133例，占57.8%；≥35岁25例，占10.9%。病程12～96月，平均24.13±13.78，≤2年160例，占69.6%，>2年70例，占30.4%。原发不孕68例，占29.6%，继发不孕162例，占70.4%。

1.1 230例患者按年龄分：28岁及以下72例，29～34岁133例，35岁及以上25例。

表6-4 试验对象年龄分段统计表

年龄（岁）	≤28	29～34	≥35
例数（例）	72	133	25

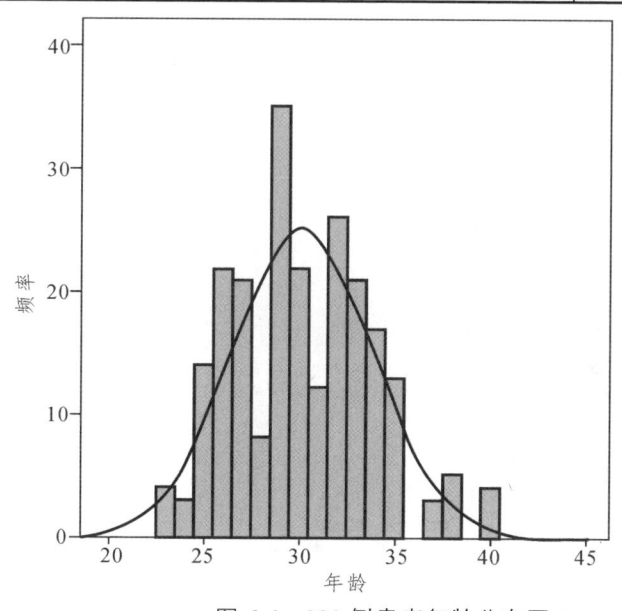

图6-4 230例患者年龄分布图A

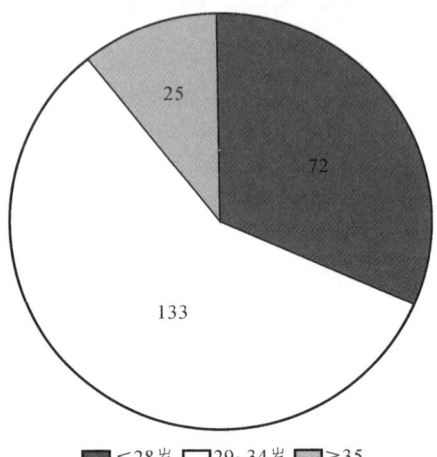

图 6-5 230 例患者年龄分布图 B

1.2 如表 6-5 和图 6-6、6-7 所示，230 例患者，按病程分：病程 ≤ 2 年 160 例，病程 > 2 年 70 例。

表 6-5 实验对象年龄分段统计表

病程（年）	≤2	>2
例数（例）	160	70

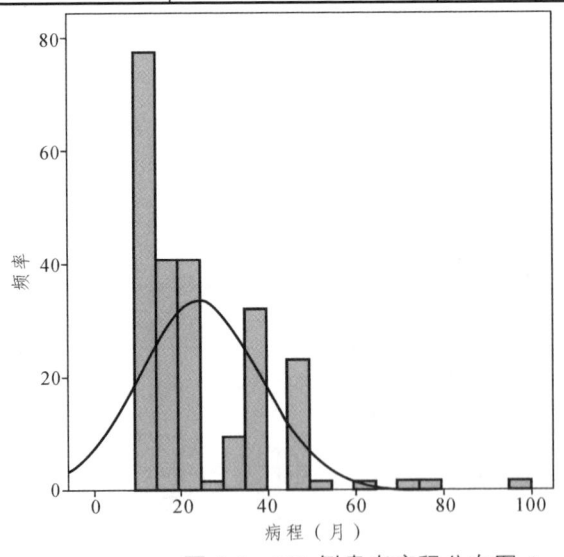

图 6-6 230 例患者病程分布图 A

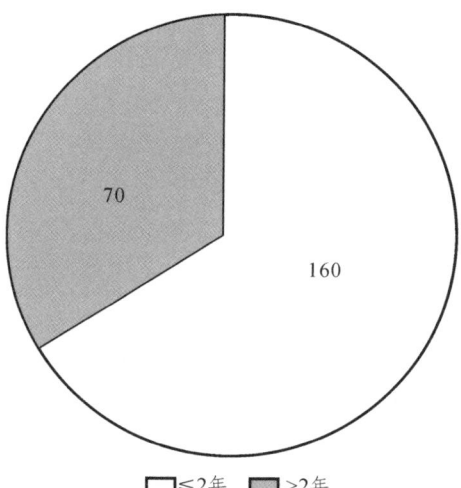

图 6-7　230 例患者病程分布图 B

1.3　如表 6-6、图 6-8 所示，230 例患者，按不孕类别分：原发不孕 68 例，继发不孕 162 例。

表 6-6　实验对象按不孕类别分类统计数案例

不孕类别	原发不孕	继发不孕
例数（例）	68	162

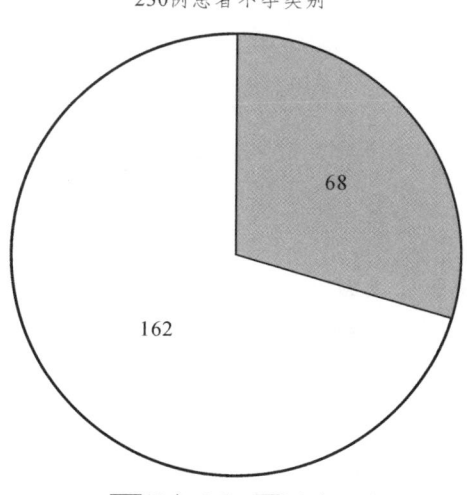

图 6-8　230 例患者不孕类别分布图

1.4 诊断标准

符合不孕症诊断标准；有盆腔炎性疾病病史；妇检：附件区增厚或扪及包块。

1.5 纳入标准

育龄期女性；

符合明确的不孕症诊断标准；

有盆腔炎性疾病病史且未接受规范完整治疗；

男方生殖功能正常。

1.6 排除标准

配偶生殖功能异常者；

含有先天性生理缺陷或畸形所致不孕者；

含有遗传因素所致不孕者；

含有经检查证实子宫内膜异位症、子宫腺肌病、盆腔结核等所致不孕者；

含有免疫因素、内分泌性如：多囊卵巢综合征、排卵障碍等所致不孕者；

含有其他严重功能性或器质性疾病，如恶性肿瘤、严重内科疾病等。

1.7 脱落标准

①出现严重不良事件；

②试验过程中出现严重的合并疾病；

③患者提出退出试验；

④病人随访期间因各种原因失访；

⑤病情恶化或其他因素不宜继续接受本治疗方案；

⑥符合上述五条中任意一者，将从研究中剔除，终止试验。

1.8 诊疗方案

诊断盆腔炎性疾病后遗不孕症患者，先通过中药治疗 3 个疗程（月经周期），未孕者行子宫输卵管造影检查，后继续中药治疗，35 以下者服用 6 个疗程，35 岁及以上者服用 3 个疗程，未孕者行腹腔镜手术，术毕双侧输卵管均不通者，直接建议行 IVF，至少有一侧通畅者，术后继续中药治疗，35 以下者服用 12 个疗程，35 岁及以上者服用 6 个疗程，仍未孕，则建议行 IVF。该诊疗方案共涉及三项诊治方案：A 中药；B 中药+造影+中药；C 中药+造影+中药+腹腔镜手术+中药。

2 妊娠结局

88例妊娠，宫内孕84例（95.5%），其中自然流产8例，宫外孕4例（4.5%），观察期间出生6例，均健康、无缺陷。

妊娠患者临床资料：88例成功妊娠的盆腔炎性疾病后遗不孕症患者中，年龄区间23~36岁，平均29.90±4.057岁，其中28岁及以下33例，占37.5%；29岁至34岁44例，占50%；35岁及以上11例，占12.5%；病程区间12~96月，平均21.55±14.229月；疗程区间1~17月，平均5.08±4.637月，≤2年69例，占78.4%，>2年19例，占21.6%。继发不孕73例，占83.0%，原发不孕15例，占17.0%。（见表6-7和图6-9、6-10）

2.1　88例妊娠患者按年龄分：28岁及以下33例，29~34岁44例，35岁及以上11例。

表6-7　实验对象妊娠数（按年龄划分）

年龄（岁）	≤28	29~34	≥35
妊娠数（例）	33	44	11

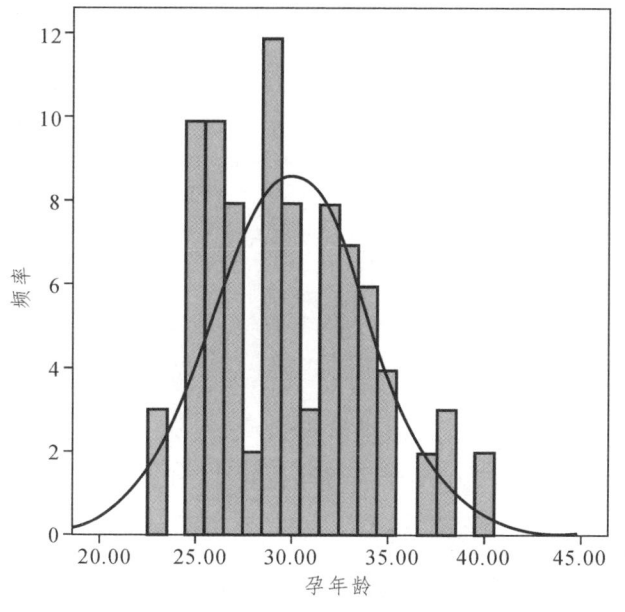

图6-9　88例妊娠患者年龄分布图A

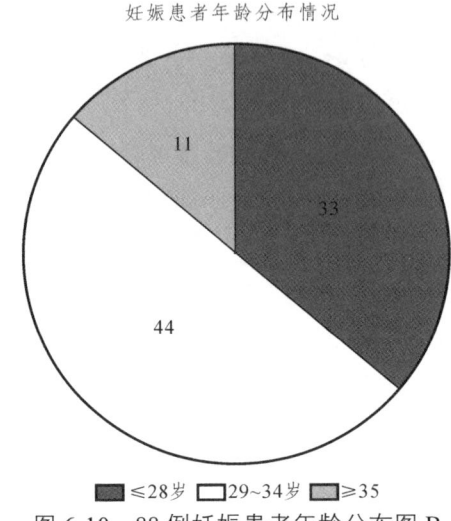

图 6-10　88 例妊娠患者年龄分布图 B

2.2　如表 6-8 和图 6-11、6-12 所示，88 例妊娠患者按病程分：病程≤2 年 69 例，病程＞2 年 19 例。

表 6-8　实验对象妊娠数（按病程分）

病程（年）	≤2	＞2
妊娠数（例）	69	19

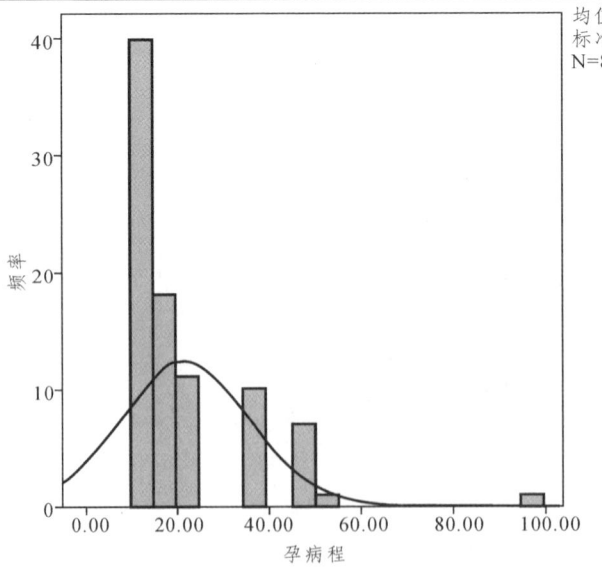

图 6-11　88 例妊娠患者病程分布图 A

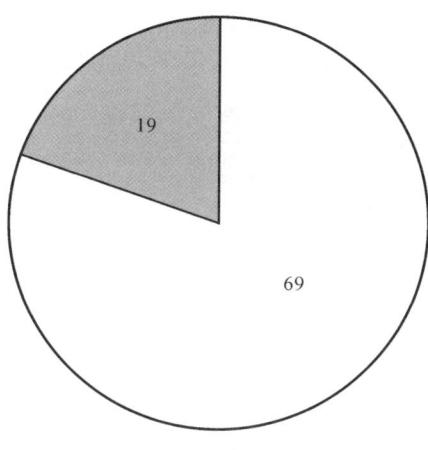

图 6-12　88 例妊娠患者病程分布图 B

2.3　如表 6-9 和图 6-13、6-14 所示，88 例妊娠患者按疗程分：疗程≤3 月 50 例，疗程 4～6 月 13 例，疗程 7～12 月 13 例，疗程＞12 月 12 例。

表 6-9　实验对象妊娠数（按疗程分）

疗程（月）	≤3	4～6	7～12	＞12
妊娠数（例）	50	13	13	12

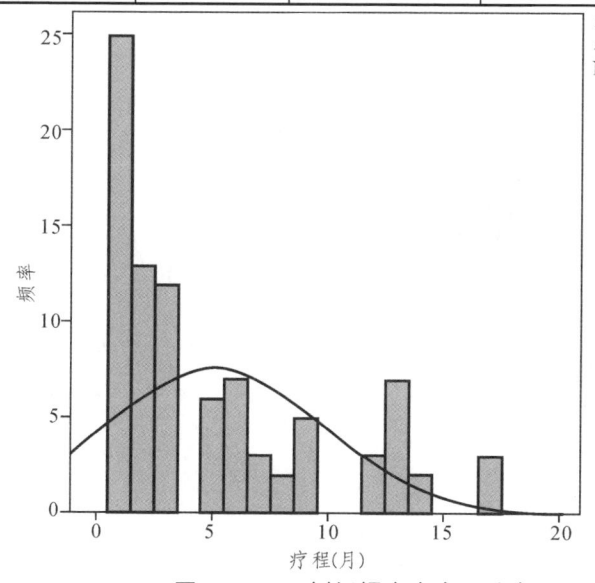

图 6-13　88 例妊娠患者疗程分布图 A

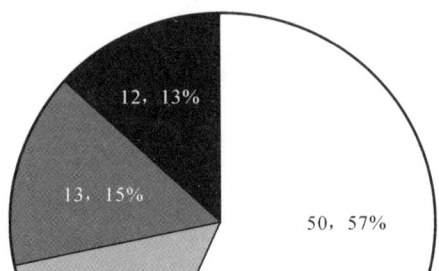

图 6-14　88 例妊娠患者疗程分布图 B

2.4　如表 6-10、图 6-15 所示，88 例妊娠患者治疗方案分布情况：

A 方案：中药 50 例（56.8%）；B 方案：中药+造影+中药=19 例（21.6%）；C 方案：中药+造影+中药+腹腔镜手术+中药 19 例（21.6%）。

6-10　实验对象妊娠数（按诊治方案分）

诊治方案	A	B	C
妊娠数（例）	50	19	19

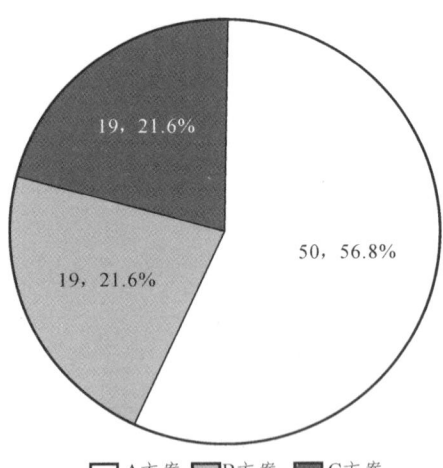

图 6-15　88 例妊娠患者治疗方案分布图

3 未妊娠情况

142例患者未妊娠,年龄区间23~40岁,年龄均数30.37±3.346岁。病程区间12~76月,病程均数25.73±13.295月。继发不孕89例,原发不孕53例。

3.1 如表6-11和图6-16、6-17所示,142例未妊娠患者按年龄分:28岁及以下39例,29~34岁89例,35岁及以上14例。

表6-11 实验对象未妊娠数(按年龄分)

年龄(岁)	≤28	29~34	≥35
未妊娠数(例)	39	89	14

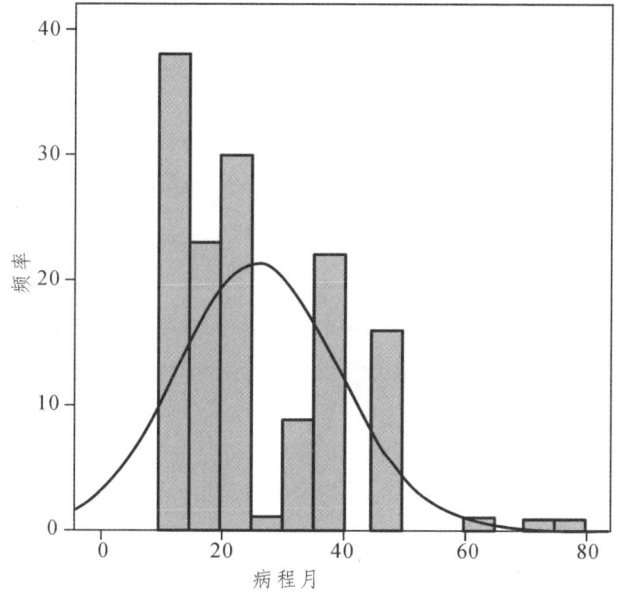

图6-16 142例未妊娠患者年龄分布图A

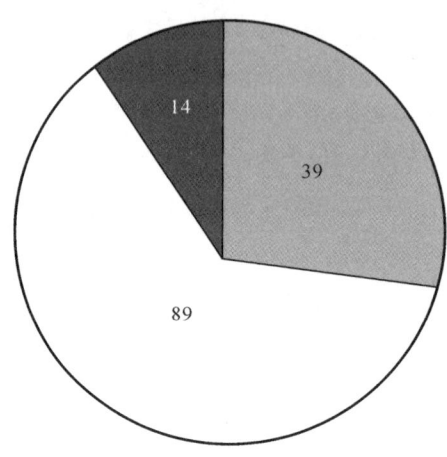

图 6-17　142 例未妊娠患者年龄分布图 B

3.2　如表 6-12 和图 6-18、6-19 所示，142 例未妊娠患者按病程分：病程≤2 年 91 例，病程＞2 年 51 例。

表 6-12　实验对象未妊娠数（按病程分）

病程（年）	≤2	＞2
未妊娠数（例）	91	51

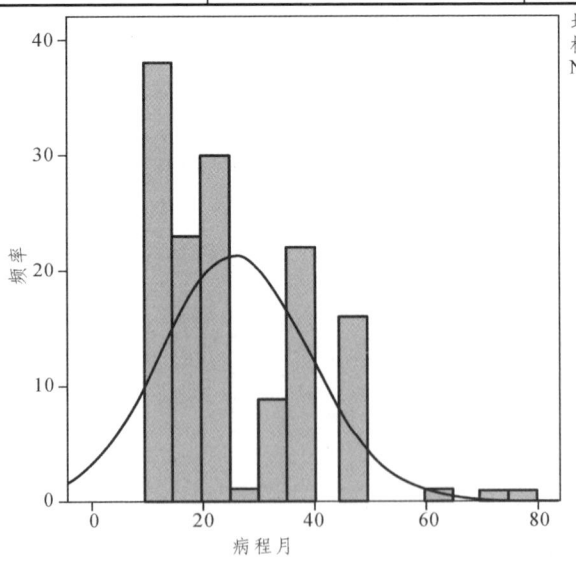

图 6-18　142 例未妊娠患者病程分布图 A

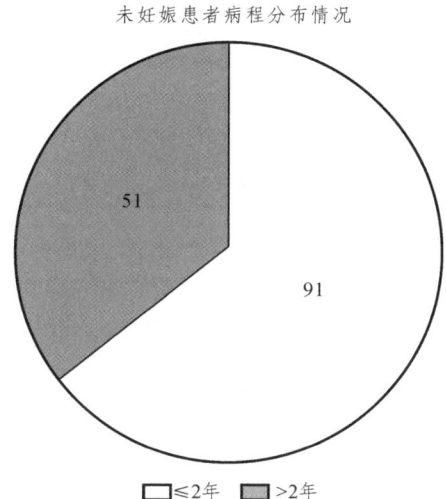

图 6-19　142 例未妊娠患者病程分布图 B

4　妊娠率影响因素分析

4.1　妊娠率与年龄因素：

4.1.1　妊娠与未妊娠患者年龄比较（见表 6-13、6-14）：

表 6-13　组统计量

	妊娠情况	N	均值	标准差	均值的标准误
总年龄	1	88	29.897 7	4.057 18	.432 50
	2	142	30.366 2	3.346 38	.280 82

表 6-14　独立样本检验

		方差方程的 Levene 检验		均值方程的 t 检验						
		F	Sig.	t	df	Sig.（双侧）	均值差值	标准误差值	差分的 95% 置信区间	
									下限	上限
总年龄	假设方差相等	4.353	.038	-.950	228	.343	-.468 47	.493 03	-1.439 94	.503 00
	假设方差不相等			-.908	158.445	.365	-.468 47	.515 67	-1.486 94	.550 00

见表 6-14，方差齐性检验，统计量 $F=4.353$，单侧 $P=0.038<0.05$，可认为两总体方差不齐，用校正 t 检验结果，$t=-0.908$，双侧 $P=0.365>0.05$，不能认为妊娠与未妊娠患者年龄比较差异有统计学意义。

4.1.2 年龄组组间比较妊娠率（见表 6-15、6-16、6-17）：

表 6-15 实验对象年龄组妊娠情况表

年龄（岁）	≤28	29~34	≥35
例数	72	133	25
妊娠数	33	44	11
未妊娠数	39	89	14
妊娠率	45.8%	33.1%	44%

表 6-16 年龄组* 疗效 交叉制表

		疗效（例）		合计	妊娠率
		妊娠	未妊娠		
年龄组	≤28 岁	33	39	72	45.8%
	29~34 岁	44	89	133	33.1%
	≥35 岁	11	14	25	44%
合计		88	142	230	

表 6-17 卡方检验

卡方检验	值	df	渐进 $Sig.$（双侧）
Pearson 卡方	3.606[a]	2	.165
似然比	3.594	2	.166
线性和线性组合	.778	1	.378
有效案例中的 N	230		

注：a. 0 单元格（.0%）的期望计数少于 5。最小期望计数为 9.57。

如图 6-20 所示，经卡方检验，统计量=3.606，双侧 P=0.165，按 $α$=0.05 水准，不能认为三个年龄组治疗后妊娠率有差别。

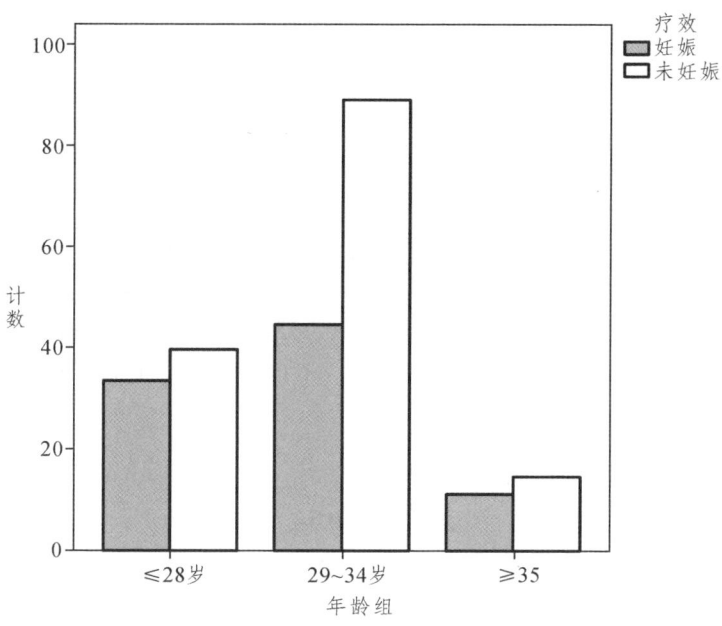

图 6-20　年龄组妊娠率图

4.2　妊娠率与病程因素：

4.2.1　妊娠与未妊娠患者病程比较（见表 6-18、6-19、6-20）：

表 6-18　实验对象妊娠结局（按年龄、病程分）

是否妊娠	例数	年龄	病程
妊娠	88	29.90 ± 4.057	21.55 ± 14.229
未妊娠	142	30.37 ± 3.346	25.73 ± 13.295

表 6-19　组统计量

	妊娠情况	N	均值	标准差	均值的标准误
例数	1	88	21.545 5	14.228 76	1.516 79
	2	142	25.725 4	13.294 88	1.115 68

表 6-20 独立样本检验

方差变量		方差方程的 Levene 检验		均值方程的 t 检验						
		F	Sig.	t	df	Sig.(双侧)	均值差值	标准误差值	差分的95%置信区间	
									下限	上限
例数	假设方差相等	.005	.943	-2.256	228	.025	-4.179 90	1.853 06	-7.831 21	-.528 58
	假设方差不相等			-2.220	175.000	.028	-4.179 90	1.882 92	-7.896 06	-.463 74

见表 6-20，方差齐性检验，统计量 $F=0.005$，单侧 $P=0.943>0.05$，可认为两总体方差齐性，用 $t=-2.256$，双侧 $P=0.025<0.05$，可认为差异有统计学意义，妊娠者病程较未妊娠者病程短。

4.2.2 病程组组间比较妊娠率（见表 6-21、6-22、6-23）：

表 6-21 实验对象妊娠情况（按病程分）

病程（年）	≤2	>2
妊娠数（例）	69	19
未妊娠数	91	51
合计	160	70

表 6-22 病程*疗效交叉制表

计数

病程	疗效		合计	妊娠率
	妊娠	未妊娠		
≤2 年	69	19	88	78.4%
>2 年	91	51	142	64.1%
合计	160	70	230	

表 6-23 卡方检验

卡方检验	值	df	渐进 Sig.（双侧）	精确 Sig.（双侧）	精确 Sig.（单侧）
Pearson 卡方	5.266[a]	1	.022		

续表

	值	df	渐进 Sig.（双侧）	精确 Sig.（双侧）	精确 Sig.（单侧）
连续校正 [b]	4.611	1	.032		
似然比	5.423	1	.020		
Fisher 的精确检验				.027	.015
线性和线性组合	5.243	1	.022		
有效案例中的 N	230				

注：a. 0 单元格（.0%）的期望计数少于 5。最小期望计数为 26.78。

b. 仅对 2×2 表计算。

如图 6-21，病程≤2 年，治疗后妊娠率 78.4%，病程＞2 年，治疗后妊娠率 64.1%。经卡方检验，统计量=5.266，双侧 P=0.022，按 α=0.05 水准，认为两组妊娠率有差别，病程≤2 年患者妊娠率高于病程＞2 年者。

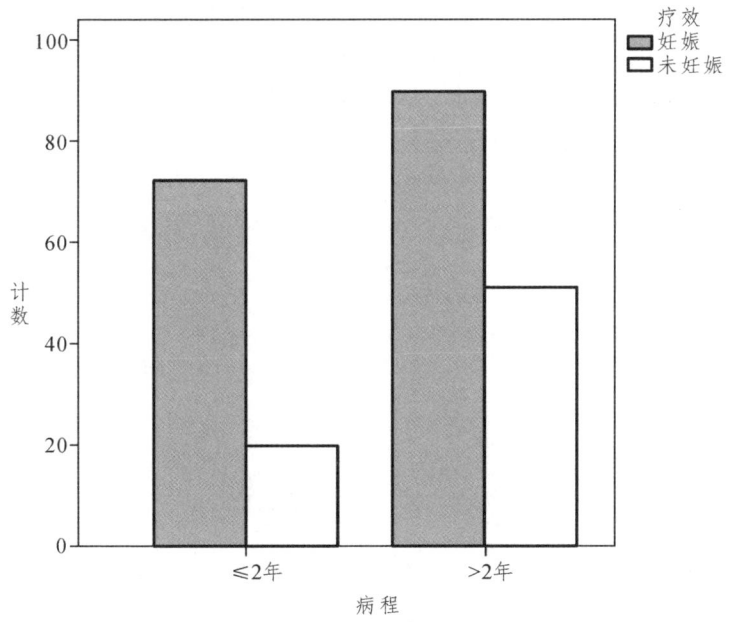

图 6-21 病程组妊娠率图

4.3 妊娠率与不孕类别因素（见表 6-24、6-25 和图 6-22）

完成观察的 230 例不孕症患者中，原发不孕 68 例，妊娠 15 例，妊娠率 22.1%；继发不孕 162 例，妊娠 73 例，妊娠率 45.1%。

表 6-24 实验对象妊娠情况（按不孕类别分）

不孕类别	妊娠	未妊娠	合计	妊娠率
原发不孕	15	53	68	22.1%
继发不孕	73	89	162	45.1%
合计	88	142	230	38.2%

表 6-25 卡方检验

卡方经验	值	df	渐进 Sig.（双侧）	精确 Sig.（双侧）	精确 Sig.（单侧）
Pearson 卡方	10.729	1	.001		
连续校正	9.777	1	.002		
似然比	11.293	1	.001		
Fisher 的精确检验				.001	.001
线性和线性组合	10.682	1	.001		
有效案例中的 N	230				

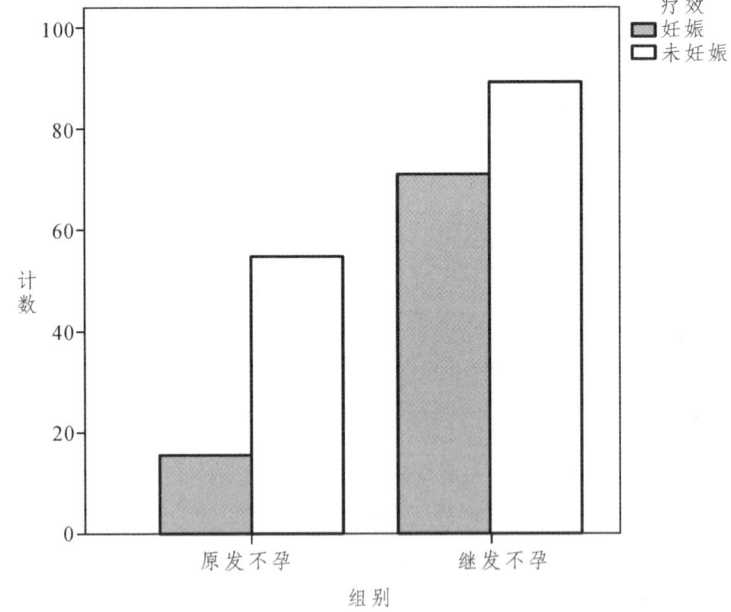

图 6-22 原发不孕与继发不孕治疗后妊娠情况分布图

两者妊娠情况比较,按 $\alpha=0.05$ 水准,经卡方检验,P 值=0.001,$P<0.05$,具有统计学意义,认为继发不孕者妊娠率优于原发不孕者。

5 症状、体征缓解情况

治疗前后自身症状、体征比较(见表6-26、6-27、6-28):

表6-26 治疗前后病情程度分布情况

时期	症状、体征病情程度			
	轻度	中度	重度	合计
治疗前	128	69	33	230
治疗后	185	41	4	230

表6-27 治疗前后体征比较

体征	治疗前				治疗后			
	−	+	++	+++	−	+	++	+++
后穹窿	41	107	77	5	86	106	37	1
子宫	85	88	51	6	130	88	11	1
左附件增厚	78	91	58	3	90	95	43	2
右附件增厚	69	103	53	5	91	102	33	4
左附件压痛	75	93	60	2	106	103	21	0
右附件压痛	64	98	66	2	95	120	14	1
宫骶韧带	56	104	63	7	84	109	34	3

注:−、+、++、+++分别代表病情程度无、轻度、中度、重度。

表6-28 治疗前后症状比较

症状	治疗前				治疗后			
	−	+	++	+++	−	+	++	+++
下腹痛	47	97	76	10	118	80	31	1
腰骶部不适	39	132	52	7	87	109	32	2
性交不适	78	121	28	3	90	117	21	2
阴道分泌物	98	85	36	11	163	61	6	0
情绪	23	99	82	26	61	83	71	15
痛经	42	95	77	16	88	93	46	3

注:−、+、++、+++分别代表病情程度无、轻度、中度、重度。

通过上表可以看出，治疗后有中度或重度症状、体征患者例数明显减少。治疗前后症状、体征总积分比较：治疗前 16.97±8.96，治疗后 11.57±7.43，治疗后症状体征积分较前减少。见表6-29，统计学分析，治疗前后积分比较，经配对 t 检验，相关系数=0.814>0，配对设计成功，配对检验双侧 P=0.00，按 α=0.05 水准，P 值<0.05，治疗前后比较有统计学差异，提示该治疗方案可以改善盆腔炎性疾病后遗症状、体征。

表6-29　治疗前后总积分比较

积分	治疗前	治疗后	相关系数	治疗前后差值	P 值
	16.97±8.98	11.57±7.45	0.814	5.40±5.21	0.00

6　安全性评价

如表6-30所示，完成观察的230例不孕症患者，治疗前后抽血化验血常规、肝功、肾功，对治疗方案安全性进行评价。治疗前后，各化验指标比较，经配对 t 检验，按 α=0.05 水准，P 值均>0.05，治疗前后比较无统计学差异，提示该治疗方案安全性良好。

表6-30　治疗前后安全性指标比较

指标	治疗前	治疗后	治疗前后差值	P 值
白细胞	6.29±1.33	6.27±1.26	0.02±1.80	0.871
红细胞	4.74±0.28	4.72±0.28	0.02±0.35	0.329
血红蛋白	137.72±10.01	136.19±9.57	1.53±12.42	0.064
血小板	220.50±50.61	218.9±51.00	1.65±16.78	0.138
谷丙转氨酶	26.20±8.94	25.63±9.16	0.57±6.85	0.212
谷草转氨酶	27.23±5.98	27.21±6.39	0.03±5.22	0.940
肌酐	75.32±10.77	74.45±10.82	0.87±8.03	0.102
尿素氮	5.27±1.06	5.40±1.24	-0.13±1.25	0.102

注：治疗前后差值=治疗前值-治疗后值。

7　结论

① 妊娠率与年龄无关。考虑纳入研究病例均为育龄期女性，均经过卵巢功能筛查，无其他不孕因素存在。

② 妊娠者病程较未妊娠者病程短，病程≤2年患者妊娠率高于病程>2年者。继发不孕者妊娠率优于原发不孕者。

③ 88例妊娠患者中，疗程区间1~17月，平均5.08±4.637月，疗程6个月内妊娠63例，构成比71.6%，提示该治疗方案中疗程半年内成功率高。

④ 该治疗方案治疗有效，妊娠率为38.2%。同时，可以改善盆腔炎性疾病后遗症状、体征。

⑤ 该治疗方案安全性良好，病人体验好。

⑥ 中医中药病程短，费用少，病人配合度好。

8　讨论

盆腔炎性疾病是常见的女性上生殖道感染性疾病，若未及时处理或处理不及时，可能会发生盆腔炎性疾病后遗症，将严重影响妇女的生殖健康。主要病理改变为组织破坏、广泛粘连、增生或瘢痕形成，导致：①输卵管阻塞、输卵管增粗；②输卵管卵巢粘连形成输卵管卵巢肿块；输卵管积水或输卵管卵巢囊肿。输卵管粘连阻塞可致不孕，盆腔炎性疾病后不孕发生率20%~30%。[1]不孕患者，由于上述病理改变，多需要辅助生殖技术协助受孕。

目前腹腔镜手术疏通阻塞、分离粘连是输卵管阻塞性不孕的主要治疗手段，但术后如何防止输卵管的再粘连、再阻塞及恢复良好的输卵管蠕动、运卵功能，达到妊娠的目的，是一个比手术治疗更重要的问题。手术虽然可以恢复输卵管的外部形态及物理性通畅，但不能迅速恢复盆腔器官因慢性炎症刺激、长期粘连和积液所造成的输卵管功能障碍，如果没有后续治疗，容易再次发生粘连。

名老中医王成荣先生对于此型不孕症的经验，主要在于缓解冲任瘀滞状态，从而使输卵管通畅而达到治疗目的，故其治疗非经期始终以活血化瘀散结为主，方选白莲散结汤加减，方中白花蛇舌草、半枝莲清热解毒，活血化瘀，消肿止痛为君；皂角刺、莪术、土鳖虫化瘀散结为臣；仙茅、淫羊藿辛温壮肾阳助气化为佐，猪苓利水渗湿为使药。全方君二臣三佐二使一，共凑活血化瘀、软坚散结之效，从而使盆腔粘连状态缓解、输卵管通畅。但一味活血恐伤其正，且病久必虚，故经期予以益肾固冲汤加减口服调补肾阴，该方以《医学衷中参西录》的寿胎丸加减化裁而来，菟丝子能补肾，肾旺自能护胎。桑寄生能养血，强筋骨，能使胎气强壮，故《神农本草经》载其能安胎。川续断也

---

[1] 谢幸，苟文丽. 妇产科学[M]. 8版. 北京：人民卫生出版社，2013.

是补肾之药。原方中有阿胶，系驴皮所熬，较滋腻，同时考虑价格较贵，常未用。因"气为血帅"，补气可以生血故临床常用党参。同时加芍药、甘草以取酸甘化阴之功。以上两方均可随证加减而治疗并发症。

现代药理研究也证明，活血化瘀中药能改善盆腔局部的血液循环和组织营养，具有调节合成代谢、促进炎症物质的消散吸收、松解瘢痕粘连的作用，有利于输卵管复通；可促进管腔黏膜上皮的修复与再生，改善输卵管内的受精环境，提高输卵管运送精子、卵子及受精卵的功能。[①]我们通过临床观察及药理学研究，对于重度盆腔粘连患者，单纯中药治疗重度盆腔粘连，疗效不够确切，若配合腹腔镜手术分解盆腔粘连，再通过中药促进盆腔炎症物质消散吸收、预防粘连，修复输卵管黏膜，改善输卵管功能，疗效更加突出。

通过此研究提出了更多的创新，尤其是以下两方面：

一是中西医结合治疗模式。

这是有别于传统中医、西医的治疗模式。未确定西医诊断前，不宜随便服中药。借助现代医学诊疗手段，通过输卵管通液术、子宫输卵管碘油造影术、腹腔镜等检查明确诊断输卵管性病变，采用辨病与辨证结合，可避免单纯的中医药诊治的盲目性，否则难收实效而徒增病家经济负担。治疗中首选中医药治疗，可观察半年到一年时间，有复孕术指征者，可在术前术后按下焦或冲任瘀滞辨证，处白莲散结汤，一日一剂。术后经前7天左右，可改服益肾固冲汤。

术前中医药治疗可改善盆腔环境，减少粘连、淡化瘢痕，降低手术难度，提高手术成功率。术后再配合中医药防粘连、淡化瘢痕、修复组织、恢复输卵管蠕动和运卵功能以促通畅，为术后半年的受孕黄金时段创造条件。当患者妊娠后，再采取中西医结合保胎治疗措施，这样的中西医结合诊治体系可明显减少患者治疗成本，缩短治疗周期，提高妊娠成功率。

二是中医证型、诊疗理念创新。

在传统的不孕症诊疗方法中往往从病位、病因辨证治疗，没有着重考虑冲任失调在女性疾病中的发病机理，而盆腔炎性疾病后遗症的主要并发症即是不孕，落实到中医辨证上就不是一个单纯的病位、病因，而是整个冲任的瘀

[①] 赵俊娟，裴颖. 慢性盆腔炎患者血液流变学指标的变化[J]. 中国血液流变学杂志，2001，11（2）：128-140.

滞。本课题研究就是要通过全面的病案分析、文献分析、互动访谈、临床研究，对王成荣先生提出的冲任瘀滞型不孕进行科学界定，确定该病证的辨治思路。

对冲任瘀滞历代医家主要都是通过治肾、治肝、治脾、治气血、祛邪这几方面来治疗，常用补、固、安、温、清等治法，以达到调理冲任之目的。但冲任与女性特殊的生理功能的关联，决定了冲任在女性不同生理、病理时期的功能不同。王成荣先生在治疗冲任瘀滞型不孕症领域已形成了固有的中西医结合诊治疾病的思辨模式，有自己独特的临床辨治特点：认为"邪之所凑，其气必虚"，而肾为妇女之先天，故在冲任瘀滞的基础上，尤重肾虚血瘀，治以温阳化瘀法，且王成荣先生在患者经期时，亦用逐瘀、破瘀、化瘀之品治疗。

3. 妇人腹痛（盆腔炎性后遗慢性盆腔痛）的中西医诊疗方案

在传承王成荣先生学术经验的临床工作中，为了更好地推广王成荣先生的学术思想及临床经验，通过大量临床有效病例的总结，形成了妇人腹痛（盆腔炎性后遗慢性盆腔痛）的中西医诊疗方案，而且多次在传承会上推广。

1.1 病名

中医：妊娠腹痛（TCD编码：BFR020）

西医：盆腔炎性后遗慢性盆腔痛（ICD-10编码：N73.901）

参照全国高等中医药院校教材《中医妇科学》第7版（张玉珍主编，中国中医药出版社，2002年）和《妇产科学》第7版（乐杰主编，人民卫生出版社，2008年）。

1.2 疾病诊断

1.3 中医诊断标准

盆腔炎（TCD编码：BNP090），指女性上生殖道及其周围组织的炎症。参照全国高等中医药院校教材《中医妇科学》第7版（张玉珍主编，中国中医药出版社，2002年）。

本病临床症状包括下腹疼痛、腰骶部酸胀疼痛，常在劳累、性交后及月经期加重，可伴月经不调、白带增多、低热、疲乏或不孕。根据盆腔慢性炎症体征，结合B超检查、血常规、血沉、阴道分泌物常规检查即可诊断。

1.4 西医诊断标准

女性盆腔炎性疾病（ICD-10 编码：N73.900）是指女性上生殖道及其周围组织的一组感染性疾病，主要包括子宫内膜炎、输卵管炎、输卵管卵巢脓肿、盆腔腹膜炎，参照《妇产科学》第7版（乐杰主编，人民卫生出版社，2008年）；盆腔炎性疾病后遗症（ICD-10 编码：N73.901），指盆腔炎性疾病未得到及时正确治疗发生的一系列后遗症，主要病理改变为组织破坏、广泛粘连、增生及瘢痕形成，临床表现为不孕、异位妊娠、慢性盆腔痛、盆腔炎性疾病反复发作，参照《妇产科学》第7版（乐杰主编，人民卫生出版社，2008年）。本诊疗标准主要针对盆腔炎性疾病后遗慢性盆腔痛，是指非经期的盆腔疼痛持续6月以上，产生功能障碍，需要药物或手术治疗的妇科常见病症，常表现为持续或间歇性、无规律的下腹或腰骶部隐痛、坠胀、钝痛或刺痛，可伴带下增多。

1.4.1 症状

下腹疼痛，腰骶部酸胀疼痛，常在劳累、性交后及月经期加重，可伴月经不调、白带增多、低热、疲乏或不孕。

1.4.2 体征

子宫常呈后倾后屈，活动受限或粘连固定。子宫肌炎时，子宫可有压痛；输卵管炎时，则在子宫一侧或两侧触及增粗的输卵管，或在盆腔一侧或两侧扪及包块，并有压痛；盆腔结缔组织炎时子宫一侧或两侧有片状增厚，压痛，或有宫骶韧带增粗、变硬、触痛。

上述体征至少需同时具备以下2项：子宫活动受限或粘连固定伴有压痛；一侧附件条索状增粗或片状增厚，有压痛。

1.4.3 辅助检查

① 血常规：可有白细胞总数或中性粒细胞轻度增高。

② B超检查：可探及输卵管增粗、积液，或盆腔炎性包块，盆底静脉增粗或迂曲。

③ 血沉检查：可有血沉稍增快或正常。

④ C反应蛋白测定：若有炎性包块形成可有增高。

⑤ 阴道或子宫颈管分泌物涂片检查或培养：可有异常或检出病原菌。

⑥ 血清CA—125测定：若有炎性包块形成可有增高。

⑦ 腹腔镜检查：可见子宫、输卵管粘连病灶或盆腔炎性包块形成。

1.5 鉴别诊断

本病诊断必须排除子宫内膜异位症。

1.6 血瘀型症候诊断（参照《中药新药临床指导原则》中国医药科技出版社，2002年）

主症：①下腹胀痛或刺痛，痛处固定；②腰骶胀痛；③性交不适。

次症：①经期腹痛加重。②经期延长或月经量多。③或见带下量多，色黄质稠或气臭；口腻或纳呆；小便黄；大便溏而不爽或大便干结。④或胸胁、乳房胀痛；见烦躁易怒，时欲太息；食欲欠佳，脘腹胀满。⑤或见形寒肢冷，面色青白；带下量多，色白质稀；小便清长，大便溏而不爽或大便干结。⑥或见月经量多色淡暗；痛连腰骶，腹部结块；疲乏无力，食少纳呆；大便溏泻。

舌脉：舌质红或暗红，或见边尖瘀点或瘀斑或淡，苔黄腻或白腻，脉弦滑或弦数或涩无力。

以上主症具备2项以上，次症2项或以上，结合舌脉辨证。

1.7 中医治疗方案

治法：化瘀止痛。

方：白莲散结汤加减。

药：皂角刺 10 g　　莪术 10 g　　猪苓 20 g　　土鳖虫 10 g
　　半枝莲 20 g　　白花蛇舌草 20 g　　仙茅 15 g　　淫羊藿 15 g

方解：治以清热解毒，化瘀散结。依法制方，以半枝莲、白花蛇舌草清热解毒，化瘀消肿为君；皂角刺、土鳖虫、莪术化瘀散结为臣；仙茅、淫羊藿温肾助气化为佐；猪苓利尿而引邪下行为使。"清"使未离经之血安其宅；"化"使已离经者散其滞。共收清热化瘀，软坚散结之功。

加减：湿盛：加四妙散。

　　　热盛：加银花、紫花地丁、蒲公英以清热解毒。

　　　气滞：加金铃子散。

　　　寒凝：加小茴香、高良姜、细辛。

　　　瘀甚：桂枝以能温通经脉，起和营、通阳、行瘀之功。

1.8 现代技术

盆腔炎急性发作患者有下腹痛、腹胀伴发热的症状，病情严重者可根据病原体选用抗生素，若出现盆腔炎性包块，经保守治疗不能控制病情者，可予手术治疗。

反复发作、持续盆腔疼痛的患者,特别是合并特殊病原体感染者应取培养并药敏,选用敏感抗生素治疗。

输卵管阻塞性不孕或反复出现盆腔包块的患者,经药物治疗效果不理想者需配合手术治疗。

本病在诊断及疗效判定方面必须借助现代医疗检验及检查技术,如B超检查、盆腔包块超声造影、分泌物培养加药敏、血液检测甚至腹腔镜检查。首次检查主要用于明确诊断、判断病情,后续检查主要用于疗效判定以及指导下一步治疗方案。

1.9 疗效判定

参考《2011年22个专业95个病种中医临床诊疗方案》(中国中医药出版社,第1版,2011年6月)。

1.10 评价标准

1.10.1 主要指标疗效标准(缓解盆腔疼痛疗效)

① 临床痊愈:治疗后下腹疼痛或/和腰骶疼痛消失。

② 显效:治疗后下腹疼痛或/和腰骶疼痛明显减轻,疼痛积分降低两个等级。

③ 有效:治疗后下腹疼痛或/和腰骶疼痛有所减轻,疼痛积分降低一个等级。

④ 无效:治疗后下腹疼痛或/和腰骶疼痛无减轻或有加重。

1.10.2 次要指标疗效标准

1.10.3 中医症候疗效标准

中医症候疗效通过症候疗效率进行判定。

$$症候疗效指数 = \frac{治疗前症候积分和 - 治疗后症候积分和}{治疗前症候积分和} \times 100\%$$

① 痊愈:治疗后各症状消失,症候积分值减少≥95%。

② 显效:治疗后各症状明显减轻,症候积分值减少≥70%,<95%。

③ 有效:治疗后各症状有所减轻,症候积分值减少≥30%,<70%。

④ 无效:治疗后各症状无减轻或有加重,症候积分值减少<30%。

1.10.4 局部体征疗效标准

① 临床痊愈:治疗后局部体征消失,积分值减少≥95%。

② 显效:治疗后局部体征明显减轻,积分值减少≥70%,<95%。

③ 有效:治疗后局部体征有所减轻,积分值减少≥30%,<70%。

④ 无效：治疗后局部体征无改善或有加重，积分值减少＜30%。

1.10.5　评价方法

参照《中药新药临床研究指导原则》(2002年版)"中药新药治疗盆腔炎的临床研究指导原则"制定。依据分级量化标准，包括症状及体征分级量化标准，对患者的症状及体征进行评分。采用症状、体征积分法，分临床痊愈、显效、有效、无效4个级别进行疗效评价。

在患者进入路径的不同时间对主观症状下腹痛、腰骶痛、带下情况和局部体征情况进行评价。

① 进入路径当天，按照疾病症状和体征分级量化标准进行病情程度分级。

② 结束路径时，按照疾病主要指标疗效和次要指标疗效标准进行评判。主要疗效指标主要为缓解盆腔疼痛疗效，次要疗效指标包括中医症候疗效和局部体征疗效。

1.10.6　分级量化标准

① 血瘀证症状分级量化标准（见表6-31）。

表6-31　血瘀证症状轻重分级表

主症	0分	2分	4分	6分
下腹胀痛或刺痛	无下腹胀痛	下腹轻微胀痛或刺痛，时作时止	下腹明显胀痛或刺痛，频繁发作	下腹胀痛或刺痛持续，影响工作和生活
腰骶胀痛	无腰骶胀痛	腰骶胀痛	腰骶胀痛明显	腰骶胀痛，较难忍受
性交不适	无	偶有	常有	不能性交
	0分	1分	2分	3分
带下异常	带下量正常	带下量较平时增加1/2以内	带下量较平时增加1/2~1倍	带下量较平时增加1倍以上，需用护垫
	0分	1分	2分	3分
带下异常	带下色、质正常	带下色微黄，质微稠或淡，或偶有臭味	带下色黄，质稠或清稀，或有腥臭	带下色黄如脓，质稠或清稀如水，或有秽臭

续表

主症	0分	2分	4分	6分
烦躁易怒，时欲太息	0分	1分	2分	3分
	无情绪异常	偶感烦躁易怒	烦躁易怒时欲太息，可自控	烦躁易怒，时欲太息，常无法自控
经期腹痛加重	有		无	
经期延长或月经量多	有		无	
口腻或纳呆	有		无	
食欲欠佳	有		无	
脘腹胀满	有		无	
大便溏而不爽或干结	有		无	
小便清长	有		无	
小便黄	有		无	
舌象	舌质红或暗红，或边尖瘀点或苔黄厚腻，记（+）；舌质正常，记（-）			
脉象	脉弦滑或弦数，记（+）；脉平，记（-）			

② 体征分级量化标准——盆腔体征轻重分级（见表6-32）。

表6-32 盆腔体征轻重分级表

		0分：	1分：	2分：	3分：
子宫		子宫活动正常，无压痛	子宫活动轻度受限，稍有压痛	子宫活动受限或粘连固定，压痛	子宫粘连固定，压痛明显
附件增厚包块	左侧	左附件正常	左附件条索状增厚	左附件片状增厚	左附件可扪及包块
	右侧	右附件正常	右附件条索状增厚	右附件片状增厚	右附件可扪及包块
附件压痛	左侧	左附件无压痛	左附件无轻度压痛	左附件明显压痛	左附件疼痛拒按

续表

		0分：	1分：	2分：	3分：
子宫		子宫活动正常，无压痛	子宫活动轻度受限，稍有压痛	子宫活动受限或粘连固定，压痛	子宫粘连固定，压痛明显
附件压痛	右侧	0分：右附件无压痛	1分：右附件无轻度压痛	2分：右附件明显压痛	3分：右附件疼痛拒按
宫骶韧带增粗、触痛		0分：宫骶韧带正常	1分：宫骶韧带增粗、稍有触痛	2分：宫骶韧带增粗、触痛	3分：宫骶韧带明显增粗、触痛明显

③ 病情程度分级标准。

综合上述症状、体征评分，以判定病情程度。

轻度：症状、体征积分和 10～18 分。

中度：症状、体征积分和 19～27 分。

重度：症状、体征积分和 ≥28 分。

4. 白莲散结汤治疗继发痛经的临床观察

痛经为妇科的常见疾病，严重影响妇女身心健康，临床尤以子宫内膜异位症和子宫腺肌病所致继发痛经多见而难愈。白莲散结汤来源于全国老中医药专家学术经验传承指导老师、"发扬祖国医学遗产"金质奖章获得者、妇科名家王成荣，本方具有清热解毒、化瘀散结功效，主要用于治疗子宫内膜异位症、子宫腺肌病。通过前期研究，其在减轻临床症状、改善体征、提高受孕率等方面取得较好疗效。本临床研究旨在观察子宫内膜异位症或子宫腺肌病所致继发痛经患者口服白莲散结汤后痛经改善情况，以总结其治疗继发痛经的临床疗效，现报道如下。

1 资料与方法

1.1 临床资料：2009 年 6 月—2012 年 6 月来我院就诊的 132 例子宫内膜异位症或子宫腺肌病所致继发痛经患者。年龄 21～46 岁，病程最短 5 个月，最长 12 年。

1.2 诊断标准：符合继发痛经诊断标准，同时符合子宫内膜异位症或子宫腺肌病诊断标准。

1.2.1 继发痛经诊断标准[①]：继发痛经指生殖器官有明显的器质性病变者，经妇科检查、B型超声显像、腹腔镜等技术检查有盆腔炎、子宫肌瘤、子宫内膜异位病变而致的痛经。

1.2.2 子宫内膜异位症诊断标准[②]：①渐进性痛经；②经期少腹、腰骶部不适，进行性加剧；③周期性直肠刺激症状，进行性加剧；④后穹隆、子宫骶骨韧带或子宫峡部触痛性结节；⑤附件粘连包块伴有包膜结节感，输卵管通畅；⑥月经前后附件上述肿块有明显大小之变化（未用抗炎治疗）。凡有以上①②③点之一和④⑤⑥点之一，两点共存时可作为临床诊断。

1.2.3 子宫腺肌病诊断标准[③]：①临床表现：经量增多、经期延长和渐进性痛经。②体征：子宫均匀性增大或有局限性结节隆起，质硬而有压痛，经期时压痛尤为显著。③B超提示：子宫腺肌病或腺肌瘤。

1.3 纳入标准：①符合子宫内膜异位症或子宫腺肌病所致继发痛经诊断标准。②年龄为20~50岁。③知情同意的患者。

1.4 排除标准：①妊娠或哺乳期妇女。②合并有心、肝、肾和造血系统等严重疾病者，以及精神病患者。③对本药过敏者。④近3月内曾采用雌、孕激素或达那唑等影响疗效判断者。

1.5 治疗方法和疗程：口服白莲散结汤（药物组成：半枝莲30 g、白花蛇舌草30 g、皂角刺10 g、猪苓20 g、莪术15 g、土鳖虫12 g、仙茅15 g、淫羊藿15 g），100 mL/次，3次/天。从月经前10~14天开始服用，连续服用3个月经周期，经期不停药。若观察期未到3个疗程因怀孕而停止治疗，则观察记录至实际结束点。

1.6 痛经程度评分标准[④]：经前及其前后小腹疼痛5分（基础分），腹痛难忍、坐卧不宁、冷汗淋漓、四肢厥冷、需卧床休息、影响工作学习、用一般止痛措施疼痛暂缓、伴肛门坠胀各1分，腹痛明显、面色苍白、用一般止痛措施不缓解、伴腰部酸痛、伴恶心呕吐0.5分，休克2分，疼痛在1天以内0.5分（每增加1天加0.5分）。重度：积分为13~15分；中度：积分为8~12分；轻度：积

---

① 乐杰. 妇产科学[M]. 7版. 北京：人民卫生出版社，2008.
② 乐杰. 妇产科学[M]. 7版. 北京：人民卫生出版社，2008.
③ 刘鸣. 系统评价、Meta-分析设计与实施方法[M]. 1版. 北京：人民卫生出版社，2011.
④ 中华人民共和国卫生部. 中药新药临床研究指导原则（第一辑）[S]. 1993，263-272.

分为 5~7 分。

1.7 痛经疗效判断标准：

痊愈：服药后积分恢复至 0 分，腹痛及其他症状消失，停药 3 个月经周期未复发者。显效：治疗后积分降至治疗前积分的 1/2 以下，腹痛明显减轻，其余症状好转，不服止痛药能坚持工作。有效：治疗后积分降至治疗前积分的 1/2~3/4，腹痛减轻，其余症状好转，服止痛药能坚持工作。无效：腹痛及其症状无改变者。

2 统计学方法

主要采用重复测量方差分析、线性趋势检验以及配对 T 检验。

3 结果

3.1 临床疗效：总病例为 132 例，其中痊愈 56 例（42.42%），显效 46 例（34.85%），有效 19 例（14.39%），无效 11 例（8.33%），总体有效 121 例（91.67%）。

3.2 病情严重程度和疗效的关系分析：病情程度（分为轻、中、重）和疗效情况见表 6-33，其数据构成为双向有序但属性不同，因此两者之间的关联采用线性趋势检验（Linear-by-Linear association），分析结果表明，随着痛经严重程度增加，疗效呈现下降趋势（X^2 = 11.20，P=0.001）。

3.3 不同疗程的痛经积分变化分析：4 个痛经积分观测点（治疗前和 3 个疗程）之间的积分差异分析采用重复测量方差分析（ANOVA for Repeated measure data）。分析结果表明，4 次重复测量的痛经积分值之间的差异有统计学意义（F=231.110，P=0.000）。治疗前与整个疗程结束后的痛经积分差异通过配对 T 检验（Paired sample T-test）分析，结果表明两组之间的差异有统计学意义（t=17.170，P=0.000）。5 次痛经积分测量均值见表 6-34。

表 6-33 痛经程度和疗效的关系 [例（%）]

程度	例数	疗效分类				
		痊愈	显效	有效	无效	总有效率
轻度	16	14（87.50）	2（12.50）	0（0）	0（0）	16（100）
中度	92	37（40.22）	33（35.87）	13（14.13）	9（9.78）	83（90.22）
重度	24	5（20.83）	11（45.83）	6（25.00）	2（8.33）	22（91.67）
合计	132	56（42.42%）	46（34.85%）	19（14.39%）	11（8.33%）	121（91.67）

表 6-34　五次痛经积分测量均值比较

例数	治疗前	1疗程后	2疗程后	3疗程后	药毕3周期
132	10.78	5.98	4.02	2.75	4.45

3.4　不良反应：治疗过程中未见明显的不良反应，仅6例出现轻度腹泻，4例胃部不适，但所有患者均可克服，无一例停药，不良反应发生率7.58%。

4　讨论

现代医学将痛经分为原发痛经和继发痛经，原发痛经可随年龄的增长或妊娠而缓解、消失；继发痛经不仅多见、疼痛程度较重，且常有渐进性加重趋势，临床尤以子宫内膜异位症（EMT）、子宫腺肌病（ADM）所致的继发痛经常见而难愈。EMT是一种始于细胞水平进而发展为以盆腔疼痛和以不孕为特点的持续性病变，病理组织学虽属良性形态，但具有类似恶性肿瘤的种植、侵蚀及远处转移的行为。ADM指子宫内膜向肌层良性浸润并在其中弥漫性生长，其特征是在子宫肌层中出现了异位的内膜和腺体，伴有其周围的肌层细胞肥大和增生，其临床主要表现为渐进性加重的继发痛经、经量增多、经期延长和不孕。EMT和ADM为妇产科常见的疑难病，两者的病因及发病机制至今尚未完全阐明，临床疗效亦不尽如人意，对患者生活质量和身心健康均有较大影响。

EMT和ADM虽从西医角度出发为不同的独立的疾病，但从中医的角度出发，两者的病理形态及临床症状有相似之处，两者均随卵巢激素变化而发生周期性出血，中医称之为离经之血，离经之血及异位内膜不能排出体外或不能及时被吸收，即为瘀血。可见瘀血是产生EMT、ADM一系列临床症状和体征的关键。EMT、ADM的瘀血本质虽得到公认，但对于瘀阻成因认识不一。王成荣先生在长期的临床实践中，根据其病程长、病情缠绵难愈、复发率高的特点，结合女性特有的月经周期，特质之人易于发生冲任经气过旺，而"气有余便是火"，提出"内生火热是EMT、ADM的始发病因，而周期性经气过旺则是病情反复发作、痛经加重或不孕等迁延不愈的关键所在"[①]。冲任经气过旺，火热内生，损伤脉络并迫血妄行溢于脉外成瘀，而瘀血蕴积体内日久亦可遏郁生热化火，且随周期性冲任经气过旺，化火伤络之瘀尚未消去，又反复行经，一再增添新瘀，致令病变渐有扩大，终成癥积难愈。这

---

① 曹亚芳，王成荣.名老中医王成荣诊治子宫腺肌病经验探析[J]. 四川中医，2022，40（4）：9-12.

种热瘀互患、因果交织、反复难解的病因、病机，表明 EMT、ADM 是临床常见而难治的疾患。

据"火热瘀结"的病因病机，EMT 和 ADM 治疗宜以清热解毒、化瘀散结为主。"清"可使血之未离经者安其宅，"化"可使血已离经者消其瘀。依法制方白莲散结汤。方中半枝莲性味辛、平，有清热解毒、利水消肿之功效；白花蛇舌草性味微苦、甘、寒，有清热解毒、利湿通淋之功效。两药协同共达清热解毒消肿之效，共为君药。《血证论》曰"离经之血，虽清血、鲜血，亦是瘀血……此血在身，不能加于好血，而反阻新血之化机，故凡血证总以祛瘀为要"，故离经之血宜以祛瘀散结为要。方中土鳖虫有破血逐瘀、续筋接骨之功效；莪术有破血行气、消积止痛之功效；皂角刺辛散温通，药力锐利，直达病所。三药协同共达化瘀散结而为臣药。下焦瘀血的消散，有赖肾气之健旺和水道的通调而伍以仙茅、淫羊藿温阳助气化为佐；猪苓利尿而引邪下行为使。

综上所述，白莲散结汤组方精要，全方仅 8 味药，君臣佐使齐全，紧抓瘀血阻滞冲任、胞宫的病机，以及火热致病之因，标本兼顾，共奏清热解毒、化瘀散结之功效。本研究表明白莲散结汤既可有效缓解痛经，又不影响女性内分泌生理，不孕者在治疗中可受孕。其主要副作用是轻度的胃肠反应，患者容易接受，值得推广及进一步研究。

5. 白莲散结汤治疗子宫内膜异位症 30 例临床观察

子宫内膜异位症（EMT）是指具有生长功能的子宫内膜出现在子宫腔被覆黏膜以外的身体其他部位，是激素依赖性疾病。EMT 是一种始于细胞水平而终止于以盆腔疼痛和不孕为特点的持续性病变。迄今为止，关于 EMT 的真正病理生理学机制并未最终阐明。[①]本病虽属良性疾病，但它表现为细胞增生、浸润、复发等恶性行为，使之成为难治之症，为妇科常见疑难病，复发率高，颇难根治，严重影响妇女身心健康。白莲散结汤为四川省首届"十大名中医"王成荣先生经验方。用于治疗子宫内膜异位症已 10 余年，临床疗效突出，现报道如下。

---

① 曹泽毅. 中华妇产科学[M]. 北京：人民卫生出版社，2005.

1 临床资料

1.1 一般资料 全部病例选自四川省第二中医医院2012年1月—2012年12月妇科门诊就诊的子宫内膜异位症患者。共收集60例符合本研究要求的内异症患者，年龄20~45岁。

1.2 诊断标准

参照原卫生部1993年颁发《中医新药临床研究指导原则》执行。诊断标准：①渐进性痛经；②经期少腹、腰骶部不适，进行性加剧；③周期性直肠刺激症状，进行性加剧；④后穹隆、子宫骶骨韧带或子宫峡部触痛性结节；⑤附件粘连包块伴有包膜结节感，输卵管通畅；⑥月经前后附件上述肿块有明显大小之变化（未用抗炎治疗）。凡有以上①②③点之一和④⑤⑥点之一，两点共存时可作为临床诊断。

1.3 子宫内膜异位症的疗效标准

1.3.1 参照《最新国内外疾病诊疗标准》执行：临床痊愈：症状全部消失，盆腔包块等局部体征基本消失，不孕患者在3年内妊娠或生育。显效：症状基本消失，盆腔包块缩小（月经周期的同时期检查对比；B超检查治疗前后同时期的对比），虽局部体征存在，但不孕患者得以受孕。有效：症状减轻，盆腔包块无增大或略缩小（月经周期的同时期检查对比；B超检查治疗前后同时期的对比），停药3月内症状不加重。无效：主要症状无变化或恶化，局部病变有加重趋势。

1.3.2 痛经的疗效判断标准：参照原卫生部1993年颁发《中医新药临床研究指导原则》执行。痊愈：服药后积分恢复至0分，腹痛及其他症状消失，停药3个月经周期未复发者。显效：治疗后积分降至治疗前积分的1/2以下，腹痛明显减轻，其余症状好转，不服止痛药能坚持工作。有效：治疗后积分降至治疗前积分的1/2~3/4，腹痛减轻，其余症状好转，服止痛药能坚持工作。无效：腹痛及其症状无改变者。

2 治疗方法和疗程

口服白莲散结汤（药物组成：半枝莲30 g、白花蛇舌草30 g、皂角刺10 g、猪苓20 g、莪术15 g、土鳖虫12 g、仙茅15 g、淫羊藿15 g），100 mL/次，3次/天。从月经前10~14天开始服用，连续服用3个月经周期，经期停药。丹莪妇康煎膏对照组口服丹莪妇康煎膏（云南滇虹药业有限公司生产）每次 15 g，2 次/d，自月经前第 10 天开始服用，连服 15 d 为 1 疗程。若观察期未到 3 个疗程因怀孕而停止治疗，则观察记录至实际结束点。

3　统计学方法

采用 X^2 检验。

4　治疗结果

白莲散结汤治疗子宫内膜异位症，有明显缓解痛经、调理月经、软化吸收、缩小盆腔包块的作用，使部分不孕患者受孕，治疗中受孕胎儿至分娩未发现畸形等不良表现。白莲散结汤与丹莪妇康煎膏治疗子宫内膜异位症疗效比较见表 6-35。

表 6-35　二组治疗子宫内膜异位症疗效比较（例）

组别	n	治愈	显效	有效	无效
白莲散结汤组	30 例	10	9	8	3
丹莪妇康煎膏组	30 例	8	10	8	4

白莲散结汤组总有效率 90.0%，治愈加显效率 63.3%，对照组总有效率 86.7%，治愈加显效率 60.0%，两组比较差异无显著性意义（$P > 0.05$）。

白莲散结汤与丹莪妇康煎治疗膏痛经程度和疗效的关系比较见表 6-36。

表 6-36　痛经程度和疗效的关系（例）

组别	n	痊愈	显效	有效	无效
白莲散结汤组	30 例	13	9	7	1
丹莪妇康煎膏组	30 例	12	8	8	2

白莲散结汤组总有效率 96.7%，痊愈加显效率 73.3%，对照组总有效率 93.3%，痊愈加显效率 66.7%，两组比较差异无显著性意义（$P > 0.05$）。

5　不良反应

对照组患者中出现不良反应 3 例，其中月经紊乱 2 例，消化道反应 1 例，不良反应发生率为 10.0%；观察组患者中出现胃肠道不适 1 例，无肝功能损害，不良反应发生率为 3.3%；观察组患者不良反应发生率明显低于对照组，组间比较差异有统计学意义（$P < 0.05$）。

6 讨论

王成荣先生根据其数十年的临床经验和中医理论，提出内生火热是EMT的始发病因，"火热瘀结"是导致本病缠绵难愈、反复发作的关键所在，并据此自拟白莲散结汤以清热解毒、化瘀散结治疗。目前对于EMT瘀阻的成因，多认为与气滞、气虚、痰湿、湿热、肾虚等有关，鲜有论及火热。王成荣先生却认为"内生火热"是引起EMT的始发病因，盖因火热内生来源最广：冲气过旺，气有余便是火；六淫、七情郁久也可化火；瘀久不去亦能化火。故火热致"阴络伤，血内溢"，积瘀于冲任脉络所荣之下焦和其中之器官，则为其本，并率先提出"火热瘀结"论点。其"火热瘀结"理论由"冲任经气过旺，火热内生""火热伤络，血溢留瘀""因瘀致热"以及"周期性火热伤络留瘀"组成，当能说明EMT不同于其他瘀血症而难治和易于复发的特点。白莲散结汤方中白花蛇舌草、半枝莲清热解毒、活血化瘀、消肿止痛为君；皂角刺、莪术、土鳖虫化瘀散结为臣；二仙温肾助气化为佐；猪苓利尿而引邪下行为使。"清"使未离经之血安其宅；"化"使已离经者散其滞。共收清热化瘀、软坚散结之功。综上所述，白莲散结汤治疗子宫内膜异位症疗效确切，既可有效缓解痛经，又不影响女性月经，不孕者在治疗中受孕无不良影响；不良反应少，患者容易接受，值得进一步研究、推广。

6. 针药联合干预女子卵巢储备功能下降的临床研究

"卵巢储备功能下降状态"是现代医学中棘手的问题，基于王老经验方"滋和汤"的稳定疗效，我们在传承中设计了"针药联合干预女子卵巢储备功能下降"的研究方案，并运用于临床，取得了圆满结果。

鉴于传统中医药的辨证论治所体现的个体化诊疗方式，因其独特的理论体系、不同的表达方式、个性化的治疗手段和难以完全客观量化的疗效判定，使中医药的研究方法和结果难以被广大医学工作者接受，故本课题研究中借助现代医学检测手段明确诊断本病，根据其发生的病因病机、临床表现等进行辨证论治，再结合现代医学的评价手段、中医证候的评价标准，对其疗效及安全性进行评价，可避免单纯中医诊治的盲目性，可行性及推广性好。此外，通过辨病与辨证结合，明确本病的基本病机，然后针对基本病机，坚持传统中医"望、闻、问、切"的诊断模式，纳入以活血化瘀治法为基本治疗原则的研究文献,以法统方、以方统药,再根据对照的不同的干预措施,设置亚组,尽量减小临床异质性以期望将定性与定量的研究方法相结合分析,切合中医临床。更重要的是本研究重点放在本病的辨证和治法,而不是选药。对于一个疾病的中医临床诊治,辨病机、识证候、立治法,最后再处方药,只要辨证准确,治法对证,选药便可信手拈来,治法的研究更具临床实用性和推广性。将"以理统法、以法统方、以方统药"的中医传统思维模式运用到循证中医药研究中,把以养血填精、补血活血之中药共有的疗效看作整体对待,评价本病采用调理冲任治法的临床疗效。

1 研究方法

1.1 卵巢储备功能下降诊断标准

西医诊断标准(亚临床状态):40岁以前出现月经稀发、闭经或月经量少、排卵功能障碍性不孕,常伴有围绝经期症状(潮热汗出、烦躁易怒、阴道干涩、心悸失眠、胸闷头痛、记忆力减退、腰酸腿痛、血压波动等);基础激素(月经第3~5天,卵泡期)10 IU/L < FSH < 40 IU/L 或 FSH/LH > 3.6;自然周期阴道B超提示双侧卵巢窦卵泡数≤5个。

中医诊断标准(证候):症状表现为近3月或以上出现月经先期、后期或先后不定,经间期出血,月经量少或经闭不行,伴见腰酸腿软、头晕耳鸣、带下稀少、性欲淡漠、烘热汗出、烦躁少寐、神疲乏力、胸闷心悸等。

因该病月经情况变化多样,症状程度轻重不一,若严重者已进展为卵巢早衰,不属于该课题研究范围,故据症状评分量表量化,分值在10~58分区间者纳入。

1.1.1 纳入标准

① 符合本病西医及中医诊断标准者;
② 18岁<年龄≤40岁;
③ 未合并使用其他药物治疗者;
④ 签署知情同意书自愿受试者。

1.1.2 排除标准

① 3个月内应用激素类药物治疗者;
② 双侧卵巢或单侧卵巢切除引起的卵巢功能早衰;

③ 合并有生殖器官器质性病变者;

④ 合并心脑血管、肝、肾和造血系统等的严重原发性疾病、精神病患者等。

1.1.3 剔除（出组）标准

① 试验因故中断，改用其他方法;

② 资料不完善，无法判断其疗效者;

③ 不按照设计方案治疗者。

1.1.4 脱落标准

① 治疗过程中自行退出者;

② 治疗结束后失访者。

1.2 样本含量

通过 PASS 2008 版软件估算每组样本量为 51 例，根据多个样本率比较估算样本含量，本试验需纳入三组病例共计 153 例。另考虑有不超过 10% 的剔除和脱落率，每组 $53 \times (1+10\%) \approx 58$ 例，三组共需样本 174 例。

1.3 试验方法

因该实验设计为药物与埋线两种不同的方法，不是药物与药物的对照，故无法采用盲法对照，故仅采用组间及治疗前后自身对照的方法，将纳入的病例，按随机表随机分为药物组、穴位埋线组和针药结合组，每组各 57 例。

1.3.1 治疗方法

药物组连续服用中药汤剂滋和汤加减（药品统一采用四川新绿药业的颗粒剂），每日一剂，经期停药，连续三月。加减：①若以月经量少为主的，原方去桃仁，加黄芪、桂枝、芍药、甘草，即《医宗金鉴·妇人心法要诀》之黄芪建中汤以补虚之功。②烘热汗出甚者，加黄芩、黄连、黄柏，取《兰室秘藏》之当归六黄汤补虚泻实之功。③失眠较甚者，加元胡、首乌藤。④汗出甚者，加浮小麦或麻黄根。

穴位埋线组 15 天穴位埋线一次，穴位选择天枢（双侧）、足三里（双侧）、关元、子宫（双侧）、三阴交（双侧）连续三月。

针药结合组采用两种方法结合治疗三月。

1.3.2 穴位埋线疗法

1.3.2.1 取穴位置及方法

天枢：腹中部，肚脐旁开 2 寸。

足三里：小腿前外侧，犊鼻下3寸，距胫骨前缘一横指。

关元：肚脐下3寸。

子宫：腹中部，肚脐下4寸，旁开3寸。

三阴交：内踝尖上3寸，胫骨内侧后方。

以上穴位埋线，15天穴位埋线一次，连续三月。

1.3.2.2　穴位埋线操作方法

采用注线法。使用有针芯的专用一次性穴位埋线针，将磁化的蛋白线（即羊肠线）剪成1 cm长度，浸泡于75%的乙醇内备用。患者取俯卧或仰卧位，全身放松。选定背部穴位，用甲紫液做好标记，再用碘酊及乙醇常规严格消毒。取出适当长度的蛋白线，用0.9%的生理盐水冲洗后放入针头内，不用局麻，像注射一样直接快速破皮进入穴位，深约2~3 cm，待患者局部得气后，用针芯推入蛋白线后出针，消毒棉签局部压迫止血并常规消毒后，用无菌创可贴外贴。

1.3.3　观察指标

1.3.3.1　症状与体征观察

采用自制的改良Kupperman症候评分量表（参照《实用妇科内分泌学》，上海医科大学出版社，1997年版第177页）。

1.3.3.2　基础血E_2、FSH、LH水平测定

所有研究对象均在月经第3~5天（卵泡期）抽取血标本6 mL，常规分离出血清。采用美国贝克曼公司提供的药盒及BACKMAN COULTER全自动化学发光仪测定。

1.3.3.3　窦卵泡计数（OVF）

测定所有研究对象均在早卵泡期（停经者时间不限）按常规方法行彩色多普勒阴道超声及腹部超声联合检查，OVF取双侧卵巢测定值的均数。彩色多普勒超声仪由美国通用电气公司生产（型号LOGIQ7，6~8MHz）。

1.3.3.4　安全性检测

中药口服及穴位埋线临床应用于多种疾病，简便易廉，运用广泛且安全有效，具有较高的安全性。为进一步观察该方法的安全性，本课题病例进入课题组前后，常规方法测定患者血生化、血尿常规，查心电图、B超（子宫、

乳房）。

1.3.4 疗效评定

参考国家中医药管理局 1994 年制定的《中医病症诊断疗效标准》《中药新药临床研究指导原则》和《中华妇产科学》中卵巢早衰章节确定疗效标准。采用尼莫地群法，即治疗前后症状体征积分差值与治疗前积分值的比值作为疗效判定值。

① 痊愈：判定值等于 1，月经恢复正常，兼症消失，理化检查结果恢复正常水平。

② 显效：判定值大于 2/3，月经间断来潮，兼症改善，理化检查结果基本恢复正常水平。

③ 有效：判定值在 1/3～2/3 之间，月经偶有来潮或始终未潮，兼症有所改善，理化检查结果有所好转。

④ 无效：判定值小于 1/3，月经始终未潮，兼症依然，理化检查结果基本无改变。

1.4 统计分析

采用 SPSS16.0 软件对该项目研究数据进行统计分析。计量资料，若数据服从正态分布，则以均数±标准差描述，若三组方差齐，对效应指标采用完全随机设计的方差分析（ANOVA），若方差不齐，采用完全随机设计多样本比较的秩和检验（Kruskal-Wallis test）；若不服从正态分布，以中位数和四分位间距进行描述，三组效应指标用完全随机设计多样本比较的秩和检验（Kruskal-Wallis test）。分类计数资料的比较用 X^2 检验；多组等级资料的比较用 Kruskal-Wallis test；假设检验统一使用双侧检验，给出检验统计量及其对应的 P 值，以 P≤0.05 作为有显著性统计学意义的标准，同时报告 PP 分析和 ITT 分析结果。

1.5 技术关键

本课题的技术关键是应用四川省名医经验方滋和汤治疗本病，老专家大量长期地临床运用证实该方对女性以冲任不足为主证的卵巢储备功能下降有明显疗效。同时查阅大量文献，穴位埋线疗法因疗效持久、对穴位产生柔和持续的刺激作用，能显著提高针灸治疗的临床效果，对卵巢储备功能下降（DOS）

也有明显疗效。故本课题采用名医验方与穴位埋线结合治疗 DOS，研究以冲任不足为主证，以滋养肝肾、养血活血为治疗总则；结合现代医学检测手段明确诊断，提炼总结一套"针药联合干预女子卵巢储备功能下降的方案"，并推广运用。研究中按设计要求，统一制定了观察表，并进行了详细、准确、及时记录。临床观察中注意观察不良反应或未预料到的毒副反应，并追踪观察。观察结束后，在保留原始资料的真实性的基础上，通过科学的统计学数据处理，写出总结报告。

1.6 创新性

1.6.1 证型创新

本研究是对名老中医经验方的挖掘与推广运用，故对中医证型提出了"冲任不足证"的创新。

妇女在"五七""六七"之年，经历了经、孕、产、乳等生理过程以后，伤阴耗气致病，女子由"阳明脉衰"至"三阳脉衰于上"，进而"任脉虚，太冲脉衰少，天癸竭"，在女性整个生长发育和生殖生理演变过程中，都离不开冲任气血的变化，用现代医学解释与气血循环的正常运行有关。从生理角度看女子"五七"以后身体气血的自然虚衰，以致血脉瘀滞，所以名医在临床中总结出了冲任不足证，并总结出了验方滋和汤，旨在养血填精，补血活血。方中以女贞子、枸杞子、菟丝子、补骨脂滋养肝肾为主，当归、川芎、鸡血藤、桃仁补血活血为辅，共收滋养和血之功，整个处方用药精练，组方简单，体现了中医用药的"简、便、廉"原则。

1.6.2 理论创新

本研究引入了"上工治未病"新理念，解决了西医亚临床状态的棘手问题。对女性卵巢储备功能下降的理念有所有创新。

早在《内经·素问·四气调神大论》中就有"是故圣人不治已病治未病，不治已乱治未乱，此之谓也"的说法，所以"欲病救萌，防微杜渐；已病早治，防其传变"的治未病思想在很多中医临床中得到了广泛且深入的应用。卵巢储备功能下降在现代医学中不是一个明确的疾病，但它是月经过少、月经稀发、不孕症等疾病的重要病因。该阶段卵巢的改变具有可逆转性，若发展为卵巢早衰，该病理发生后不可逆转。随着环境、压力和食品等不健康因素增多，临床上 DOS 所致的月经紊乱或不孕症患者逐渐增多,因西医学并未将其作为疾病论述,所以针对其治疗,目前没有公知公认的方法。所以在此阶段,可恰当引入现代医学的评价并给予中药干预,解决西医针对女性卵巢储备功能下降的亚临床状态的棘手问题,这也是该课题的特色和创新之一。

1.6.3 方法创新

本课题来源于临床,应用"以方统法、以方统药"的研究方法来总结方案,评价疗效。

因传统中医的独特的理论体系、不同的表达方式、个性化的治疗手段和难以完全客观量化的疗效判定,使中医药的研究方法和结果难以被广大医学工作者接受。本研究通过现代医学检测手段明确诊断本病,根据其发生的病因病机、临床表现等进行辨证论治,再结合现代医学的评价手段、中医证候的评价标准,对其疗效及安全性进行评价,可避免单纯中医诊治的盲目性,可行性及推广性好。此外,我们通过辨病与辨证结合,明确本病的基本病机,然后针对基本病机,采用以方统法、以方统药的中医研究方法,临床实用性强,也利于病案的管理和统计学处理。这符合中医理论,能为中医界认可,便于形成专科专病的诊疗规范,为中医药临床工作者提供证据。

1.6.4 疗法创新

本研究不仅要研究中药经验方滋和汤口服和穴位埋线疗法治疗女性卵巢储备功能下降的疗效,更要探索针药联合疗法结合治疗女性卵巢储备功能下降,并探索出治疗的最佳途径,同时形成诊疗方案,有利于本方法的全面推广。

1.6.5 研究手段创新

借助了循证中医药的研究手段也是本课题的创新点。循证医学作为一门新兴学科,强调医疗决策的制定应将个人的临床经验与当前最佳的临床研究证据以及病人的价值和期望进行完美结合,促进了医疗模式的转变,为临床医生和科研人员提供了新思维和新方法。

2 研究结果及意义

2.1 研究结果

2.1.1 一般资料

本研究最终纳入 165 例 DOS 患者,其中中药组 56 例、穴位埋线组 54 例、针药联合组 55 例。中药组失访 1 例，穴位埋线组自行退出 2 例、加用中药治疗 1 例，针药联合组失访 1 例、加用西药激素 1 例。三组患者基线指标比较，三组患者治疗前一般资料无显著性差异，具有可比性。如下：

2.1.1.1 三组患者年龄比较：组间年龄比较，无显著性差异（P 值均 > 0.05，见表 6-37）。

表 6-37 三组患者年龄比较

组别	例数（n）	年龄范围（岁）	平均年龄（岁）	P 值
中药组	56	21～39	31.63 ± 4.92	0.17
穴位埋线组	54	19～40	32.05 ± 5.07	0.31
针药联合组	55	22～40	32.47 ± 5.23	0.09

2.1.1.2 三组患者病程比较：组间病程比较，无显著性差异（P 值均 > 0.05，见表 6-38）。

表 6-38 三组患者病程比较

组别	例数（n）	病程范围（月）	平均年龄（岁）	P 值
中药组	56	3～24	13.10 ± 9.86	0.41
穴位埋线组	54	3～24	14.83 ± 9.43	0.19
针药联合组	55	3～30	15.02 ± 10.16	0.11

2.1.2 改良 Kupperman 症候评分比较

治疗前后组内比较，三组比较均有显著性差异，三组 P 值均 < 0.05，提示中药组、穴位埋线组及针药联合组均有较好疗效。

治疗前两两比较，P 值均 > 0.05，差异无统计学意义，提示三组之间具有可比性。治疗后两两组间比较，中药组与穴位埋线组比较无统计学差异，提示两组疗效相当，但治疗后中药组症状评分较穴位埋线组更低，提示中药治疗有较穴位埋线疗效更佳的趋势。中药组与针药联合组比较，$P=0.03$，$P < 0.05$，提示针药联合疗效优于中药组。中药组与穴位埋线组比较，$P=0.02$，$P < 0.05$，提示中药组疗效优于穴位埋线。穴位埋线组与针药联合组比较，$P=0.02$，P 值 < 0.05，提示针药联合疗效优于穴位埋线。（详见表 6-39）

表6-39 三组患者治疗前后改良Kupperman症候评分比较

组别	例数（n）	治疗前（分）	治疗后（分）	P值
中药组	56	24.47 ± 9.98	12.79 ± 5.20	0.01
穴位埋线组	54	25.49 ± 10.27	15.26 ± 9.07	0.04
针药联合组	55	23.93 ± 8.62	9.03 ± 4.36	0.02

2.1.3 卵巢激素水平变化

治疗前后组内比较，中药组治疗前后FSH、LH、FSH/LH均有显著性差异（$P<0.05$），提示中药滋和汤可以改善DOS患者FSH、LH、FSH/LH水平；穴位埋线组治疗前后FSH、LH、FSH/LH均有显著性差异（$P<0.05$），提示穴位埋线法可以改善DOS患者FSH、LH、FSH/LH水平；针药联合组治疗前后FSH、LH、FSH/LH均有显著性差异（$P<0.05$），提示中药滋和汤联合穴位埋线可以改善DOS患者FSH、LH、FSH/LH水平。但对于E2水平，三组治疗前后相比，无显著差异（$P>0.05$）。

治疗前后组间比较，两两比较，中药组、穴位埋线组、针药联合组在改善激素FSH、LH、FSH/LH、E2水平均未见明显差异（P值均>0.05）。水平激素水平调节方面，三者相当，但针药联合组略显优势。

详见表6-40~表6-43。

表6-40 三组患者治疗前后FSH值比较

组别	例数（n）	治疗前（mIU/mL）	治疗后（mIU/mL）	P值
中药组	56	16.70 ± 4.59	9.77 ± 5.20	0.03
穴位埋线组	54	17.14 ± 5.01	10.89 ± 4.30	0.02
针药联合组	55	16.30 ± 4.70	8.55 ± 4.13	0.02

表6-41 三组患者治疗前后LH值比较

组别	例数（n）	治疗前（mIU/mL）	治疗后（mIU/mL）	P值
中药组	56	8.27 ± 3.41	12.79 ± 5.20	0.03
穴位埋线组	54	8.93 ± 4.53	7.47 ± 2.14	0.04
针药联合组	55	8.18 ± 3.38	5.98 ± 2.04	0.04

表 6-42　三组患者治疗前后 FSH/LH 值比较

组别	例数（n）	治疗前（mIU/mL）	治疗后（mIU/mL）	P 值
中药组	56	2.81 ± 1.33	1.71 ± 0.65	0.02
穴位埋线组	54	2.79 ± 2.35	1.98 ± 0.40	0.02
针药联合组	55	2.96 ± 1.26	1.68 ± 0.94	0.04

表 6-43　三组患者治疗前后 E2 值比较

组别	例数（n）	治疗前（Pg/mL）	治疗后（Pg/mL）	P 值
中药组	56	25.20 ± 9.05	28.71 ± 10.65	0.64
穴位埋线组	54	27.50 ± 9.38	29.77 ± 9.31	0.36
针药联合组	55	26.2 ± 8.61	30.35 ± 10.46	0.14

2.1.4　窦卵泡计数

治疗前后组内比较，中药组治疗前后窦卵泡计数均有显著性差异（$P<0.05$），提示中药滋和汤可以增加 DOS 患者窦卵泡数量；穴位埋线组治疗前后窦卵泡计数无统计学差异（$P>0.05$），提示穴位埋线不能明显增加窦卵泡数，有使窦卵泡计数增加的趋势；针药联合组治疗前后窦卵泡计数均有显著性差异（$P<0.05$），提示中药滋和汤联合穴位埋线可以增加 DOS 患者窦卵泡数量。

治疗后两两组间比较，均提示针药联合组在改善窦卵泡计数方面，优于单纯中药组、穴位埋线组，差异有统计学意义（$P<0.05$）。

详见表 6-44。

表 6-44　三组患者治疗前后窦卵泡计数比较

组别	例数（n）	治疗前（个）	治疗后（个）	P 值
中药组	56	3.07 ± 1.01	4.69 ± 1.00	0.02
穴位埋线组	54	3.10 ± 1.12	3.76 ± 1.34	0.19
针药联合组	55	3.12 ± 1.04	5.13 ± 1.51	0.01

2.1.5　临床疗效评定

中药组：痊愈 4，显效 23，有效 24，无效 4，总有效率 92.8%。穴位埋线组：

痊愈 1，显效 19，有效 26，无效 8，总有效率 85.2%。针药联合组：痊愈 6，显效 26，有效 20，无效 3，总有效率 94.5%。

治疗后两两组间比较，中药组与针药联合组比较无统计学差异（$P > 0.05$），提示两组疗效相当，但治疗后针药联合组总有效率高于中药组，提示针药联合治疗比单纯中药治疗疗效略显优势。穴位埋线组与针药联合组比较，有显著性差异（$P < 0.05$），提示针药联合疗效优于穴位埋线组。

详见表 6-45。

表 6-45　三组患者疗效比较

组别	例数（n）	痊愈	显效	有效	无效	总有效率
中药组	56	4	23	24	4	92.8%
穴位埋线	54	1	19	26	8	85.2%
针药联合	55	6	26	20	3	94.5%

2.1.6　安全性指标

两组用药期间，中药组有 1 个人出现轻度腹泻，经饮食调理后症状消失，未停药。针药联合组有 2 个人出现不同程度的恶心症状，嘱其饭后服用，经休息后很快缓解。三组患者未出现过敏反应，无腹痛、阴道流血等不良反应。治疗前后检查血常规、尿常规、粪常规、肝功能、肾功能等指标表明无显著性差异。

2.2　结论

① 三组患者治疗前一般资料无显著性差异，具有可比性。

② 在改善 Kupperman 症候评分方面：

中药组、穴位埋线组及针药联合组在改善 Kupperman 症候评分方面均有较好疗效。中药组与穴位埋线组比较，两组疗效相当，但治疗后中药组症状评分较穴位埋线组更低，提示中药治疗较穴位埋线疗效有更佳的趋势。针药联合疗效优于单纯中药治疗或穴位埋线治疗。

③ 在改善卵巢激素水平方面：

中药组、穴位埋线组及针药联合组均可以改善 DOS 患者 FSH、LH、FSH/LH 水平，且三者疗效相当，但针药联合组略显优势。但对于 E2 水平，则未见明显影响。

④ 在改善窦卵泡计数方面：

中药组、针药联合组可以增加窦卵泡计数，单纯穴位埋线治疗未见明显改善。针药联合组在改善窦卵泡计数方面，优于单纯中药组、穴位埋线组。

⑤ 临床疗效：

中药滋和汤治疗、针药联合治疗疗效相当，均优于穴位埋线治疗，且针药联合治疗比单纯中药治疗疗效略显优势。

⑥ 在安全性方面：

中药滋和汤口服、穴位埋线疗法按疗程运用相对安全，无明显毒副作用。可能会出现胃肠道不适，可以通过饭后服药及饮食调养以减少该不良反应，必要时可临时停药观察，余未见明显不良反应。

2.3 意义

2.3.1 传承中医"治未病"的思想的运用

中医强调"治未病"，《内经·素问·四气调神大论》中有"是故圣人不治已病治未病，不治已乱治未乱，此之谓也""防患于未然""无病早防，有病早治""未病先防，既病防变"的说法。历代医家皆重视"治未病"，"治未病"是中医预防思想的高度概括，在疾病的预防和诊治上具有重要的意义。

在卵巢功能衰退的疾病发展过程中，卵巢储备功能下降、卵巢早衰分别是该病的"未病""已病"阶段，DOS 的临床表现可以认为是卵巢功能由正常转至早衰的过渡状态，也是一种亚临床健康状态。中医防治 DOS 属于中医"治未病"范畴，可以认为 DOS 是卵巢早衰的"未病"阶段，卵巢早衰是"已病"阶段。积极治疗卵巢储备功能下降显得尤为重要。结合测定激素、卵巢刺激试验及超声检查（卵巢体积、窦卵泡计数等）来评定卵巢储备功能，能够很大程度地早期检查、早期发现本病，争取在最佳时期治疗。

2.3.2 中药滋和汤联合穴位埋线治病理论价值

《内经·素问·上古天真论》曰："女子七岁，肾气盛，齿更发长；二七而天癸至，任脉通，太冲脉盛，月事以时下……五七，阳明脉衰，面始焦，发始堕；六七，三阳脉衰于上，面皆焦，发始白；七七，任脉虚，太冲脉衰少，天癸竭，地道不通，故形坏而无子也。"这段论述，明确地指出了机体生、长、壮、老、已的自然规律与肾中精气的盛衰有密切关系。这也是中医学理论中最早对女性生殖生理活动的描述。肾与女性卵巢生理功能有着密切的关系，主宰着女性生殖机能的发育、旺盛及衰退，肾对女性卵巢生理功能的实现起着决定性作用。正如《傅青主女科》云"经水出诸肾"，突出强调了肾对于女性月经、生育的重要性。中医对本病的认识首重于肾，立方以补肾调经为基础。近年的药理实验研究也表明，中药补肾法能增强下丘脑—垂体—卵巢轴的功能，通过调节激素水平及相关细胞因子，从而改善卵巢的功能。①②③

此次临床研究所用滋和汤来源于妇科名老中医王成荣。方中女贞子、菟丝子、补骨脂补精血益肝肾为主，当归、川芎、鸡血藤、桃仁活血补血，桂枝温经通络，诸药合用则达滋养活血、通畅冲任脉络之功，调理冲任以补肾。肾气充则卵巢生理功能正常，女性生殖机能旺盛。

穴位埋线疗法是在传统针具和针法基础上建立和发展起来的，因疗效持久，对穴位产生柔和持续的刺激作用，故又称"长效针感疗法"，能显著提高针灸治疗的临床效果。查阅文献，穴位埋线在 DOS 的治疗中研究较少，但在卵巢早衰的应用临床报道较多。有研究显示通过俞募穴埋线及口服中药能显著改善卵巢早衰（POF）患者的激素水平，使 FSH、LH 降低，E_2 升高。④另有动物实验研究穴位埋线可维持卵巢早衰动物体内 E_2、P 在正常水平。⑤也有报道提到，针灸治疗该病，能激活脑内多巴胺系统，调整下丘脑—垂体—卵巢性腺轴的自身功能，使其功能恢复，从而使生殖内分泌系统恢复正常生理的动态平衡。⑥⑦本研究通过穴位埋线疗法有效地降低 DOS 患者的血清 FSH 值，改善患者的月经及更年期症状，是比较有效的治疗 DOS 的方法，值得临床应用推广。

从理论和临床运用都可以看出，中药滋和汤、穴位埋线疗法治疗 DOS，

---

① 李淑萍. 滋肾疏肝法治疗卵巢储备功能下降35例疗效观察[J]. 四川中医，2004，22（12）：62-63.
② 许小凤，谈勇，陈秀玲，等. 补肾活血中药对卵巢储备功能的影响[J]. 江苏中医药，2007，39（2）：18-21.
③ 金红花，夏阳. 益精补冲汤治疗卵巢储备功能低下55例临床观察[J]. 中医杂志，2008，49（9）：790-792.
④ 李芳园. 四二五合汤合俞募穴埋线治疗卵巢早衰的临床观察[D]. 武汉：湖北中医学院，2009.
⑤ 杨阳. 穴位埋线对肾虚型卵巢早衰小鼠血清 E_2 和 P 的影响的研究[D]. 大连：大连医科大学，2010.
⑥ CHERNYSHOV V P, RADYSH T V, GURA I V, etal.Immune disorder sin women with premature ovarian failure in initial period[J].Am JRe-prod Immuno, 2001, 46（3）：220-225.
⑦ 王一峰. 卵巢早衰患者血清抗透明带抗体和肿瘤坏死因子-α，干扰素及白细胞介素-2 的分析[J]. 生殖医学杂志，2002，11（1）：7-10.

都是有效、安全的。二者联合运用有协同促进作用，疗效更佳，相对激素治疗更容易让患者接受和配合，值得临床推广运用。

2.4 经济效益及社会效益

2.4.1 经济效益

DOS 是一种功能下降状态，是一种典型的"未病"阶段，受到现代社会的女性越来越多的重视，有越来越多的女性有干预的诉求，而传统的疗法疗效不佳。本研究发现可以针对 DOS 进行早期干预，而且简便、易于推广，凡是具有中医妇科专业知识的医生都可以在临床轻松采用，取得很好疗效，具有很大的经济效益。同时可开发名医的经验方，也将产生较大的经济效益。

2.4.2 社会效益

因卵巢储备功能下降作为一种亚健康状态，严重威胁着女性的身体健康，导致了很多家庭和社会的不和谐，该研究能够逆转性挽回卵巢正常功能，可改善女性生育功能以及提高辅助生殖技术的成功率，可避免卵巢早衰及其更为严重的继发疾病的发生，提高女性生活质量，为家庭和社会的和谐起到了一定作用，具有良好的社会效益。

7. 女子卵巢储备功能下降的中西医诊疗方案

在前期有效的临床研究基础上，运用循证医学，广泛收集滋肾活血中药治疗卵巢储备功能下降的临床随机对照试验，然后采用循证医学的系统评价手段，对该治法治疗卵巢储备功能下降的有效性及安全性进行评价，为本方治疗本病的研究提供证据支撑，形成较为科学的诊疗方案。

1 病名：国家标准《中医病症诊断疗效标准》（ZY/T.1-94）

1.1 中医诊断

月经量少（TCD 编码：BFY050）、经水早断（TCD 编码：无）、血枯（TCD 编码：无）、月经后期（TCD 编码：BFY020）、月经先后无定期（TCD 编码：BFY030）。

1.2 西医诊断

卵巢储备功能下降（DOS）（ICD 编码：ICD-10，编码：N92.603）。

卵巢储备功能下降是指卵巢产生卵子的能力减弱、卵母细胞质量下降，表现为月经初潮后到 40 岁前出现月经稀发、经量减少，渐至生育能力减退以及闭经。

2 诊断

2.1 疾病诊断

2.1.1 中医诊断标准（证候）

症状表现为月经先期、后期或先后不定，经间期出血，月经量少或经闭不行，腰酸腿软、头晕耳鸣、带下稀少、性欲淡漠、烘热汗出、烦躁少寐、神疲乏力、胸闷心悸等。

因该病月经情况变化多样，症状程度轻重不一，若严重者已进展为卵巢早衰，不属于该课题研究范围，故据症状评分量表量化，分值在 10～58 分区间者纳入。

2.1.2 西医诊断标准

40 岁以前出现月经稀发、闭经或月经量少、排卵功能障碍性不孕，常伴有围绝经期症状（潮热汗出、烦躁易怒、阴道干涩、心悸失眠、胸闷头痛、记忆力减退、腰酸腿痛、血压波动等）；基础激素（月经第 3～5 天，卵泡期）10 IU/L < FSH < 40 IU/L 或 FSH/LH > 3.6；自然周期阴道 B 超提示双侧卵巢窦卵泡数 ≤ 5 个。

2.2 证候诊断：冲任不足证

2.2.1 病机

《圣济总录》曰："女子所以无子者，冲任不足，肾气虚寒也。"若先天肾气不足或后天损伤肾气或肾阴虚精血不足，致天癸不能按时而至，精不化血，冲任血海匮乏。脾气素虚，或饮食不节、劳倦过度等伤脾，脾虚气血生化不足，冲任失养，血海不盈。冲为血海，任主胞胎，气血不足或受损均可致冲任不足。

2.2.2 主症

月经后期、量少、色淡或见月经稀发，甚至闭经。婚久不孕或堕胎后久不孕育。

2.2.3 次症

腰酸腿软，性欲淡薄，小便清长，大便溏。舌质红或淡，苔白，脉沉细。

3 治疗方案

3.1 辨证论治口服中药汤剂

辨证：冲任不足。

治法：滋补肝肾，养血和血。

方：滋和汤。

药：女贞子 20 g　　枸杞子 20 g　　淫羊藿 15 g　　补骨脂 20 g
　　当归 10 g　　　川芎 10 g　　　鸡血藤 30 g　　丹参 10 g

方解：方中女贞子、枸杞子、淫羊藿、补骨脂滋养肝肾为主药，当归、川芎、丹参和血化瘀为辅药，鸡血藤补血和血通络为佐药，共收滋养和血之功。

加减：①若以月经量少为主的，原方去桃仁，加黄芪、桂枝、芍药、甘草，即《医宗金鉴·妇人心法要诀》之黄芪建中汤以补虚之功；②轰热汗出甚者，加黄芩、黄连、黄柏，取《兰室秘藏》之当归六黄汤补虚泻实之功；③失眠较甚者，加元胡、首乌藤；④汗出甚者，加浮小麦或麻黄根。

3.2 特色疗法：穴位埋线

穴位埋线组 15 天穴位埋线一次，穴位选择天枢（双侧）、足三里（双侧）、关元、子宫（双侧）、三阴交（双侧）连续三月。

3.2.1 取穴及位置

天枢：腹中部，肚脐旁开 2 寸。

足三里：小腿前外侧，犊鼻下 3 寸，距胫骨前缘一横指。

关元：肚脐下 3 寸。

子宫：腹中部，肚脐下 4 寸，旁开 3 寸。

三阴交：内踝尖上 3 寸，胫骨内侧后方。

以上穴位埋线，15 天穴位埋线一次，连续三月。

3.2.2 穴位埋线操作方法

采用注线法。使用有针芯的专用一次性穴位埋线针，将磁化的蛋白线（即羊肠线）剪成 1 cm 长度，浸泡于 75% 的乙醇内备用。患者取俯卧或仰卧位，全身放松。选定背部穴位，用甲紫液做好标记，再用碘酊及乙醇常规严格消毒。取出适当长度的蛋白线，用 0.9% 的生理盐水冲洗后放入针头内，不用局麻，像注射一样直接快速破皮进入穴位，深约 2～3 cm，待患者局部得气后，用针芯推入蛋白线后出针，消毒棉签局部压迫止血并常规消毒后，用无菌创可贴外贴。

3.3 西医治疗

西医在治疗上无公认有效的方法，脱氢表现酮是目前唯一提出的能提高卵巢储备功能、治疗 DOS 的药物，但缺乏随机对照研究及大样本循证医学证据。除此以外，虽无激素替代治疗的指征，但西医仍多采用治疗 POF 的激素替代疗法治疗该病，但该方法可能导致宫内膜癌、乳腺癌、子宫肌瘤、脑血管疾病的发生，且停药后复发率较高。

4 卵巢储备功能下降的专科护理方案

卵巢储备功能下降，是指卵巢产生卵子的能力减弱、卵母细胞质量下降，表现为月经初潮后到40岁前出现月经稀发、经量减少，渐至生育能力减退以及闭经。

4.1 护理评估

① 月经初潮年龄、月经周期、经期、经色、经质、痛经史及伴随症状；

② 有无轻度的更年期症状；

③ 患者有无精神刺激、环境、劳累、饮食习惯等诱发疾病；

④ 有无盆腔炎、宫颈病变、阴道感染、贫血等疾病；

⑤ 患者的生活能力、心理社会状况；

⑥ 辨证：冲任不足。

4.2 护理要点

4.2.1 一般护理

① 按中医一般护理常规；

② 慎起居，多休息，少活动；

③ 保持外阴清洁，忌盆浴，勤换内裤和卫生垫。

4.2.2 病情观察，做好护理记录

① 观察阴道出血的量、色、质、气味、神色、血压、呼吸等变化；

② 观察患者的情绪变化。

4.2.3 给药护理

① 服汤药后注意观察服药后月经情况；

② 一般中药制剂宜热服，忌生冷，服药后注意休息和保暖；

③ 避免重体力劳动。

4.2.4 饮食护理

① 饮食以营养丰富，宜消化为宜。忌煎炸、辛辣、活血等食物。

② 多食滋补类食物。

4.2.5 情志护理

对患者多关心体贴，精神护理，消除不良刺激，安心治疗。

4.3 中医辨证施护

4.3.1 冲任不足型

主症：月经后期、量少、色淡或见月经稀发，甚至闭经。婚久不孕或堕胎后久不孕育。

次症：腰酸腿软，性欲淡薄，小便清长，大便溏。

舌脉：舌质红或淡、苔白，脉沉细。

4.3.2 辨证施护

① 月经期注意休息，避免过度劳累，不宜浸渍冷水和游泳；

② 注意患者情绪变化，畅情志；

③ 针灸及埋线治疗后 2~3 小时方可进食，24 小时后方可洗澡；

④ 余结合护理要点。

4.4 健康指导

① 劳逸结合，勿过度疲劳，损失心脾；

② 调节膳食，增加富含蛋白质、铁质与维生素的食物，如肉、蛋、奶和新鲜蔬菜、水果等，有利于机体代谢，并保持饮食有节，起居有常；

③ 调情志，避免过度紧张与精神刺激，尤其对更年期妇女，应避免不良因素的刺激；

④ 注意天气变化而增减衣服，避免过冷过热引起机体内分泌紊乱而致经期延长，出血增多；

⑤ 加强卫生宣教，注意经期和出血期的卫生，做好出血期护理及休息调养，预防感染；

⑥ 适当体育锻炼，以助气血运行，维持妇女的正常生理功能。

5 疗效评价

5.1 疗效标准

同第 478 页中 1.3.4 疗效评定。

5.2 评价方法

① 症状与体征观察，采用自制的改良 Kupperman 症候评分量表（参照《实用妇科内分泌学》，上海医科大学出版社，1997 年版，第 177 页）。

② 基础血 E_2、FSH、LH 水平测定，所有研究对象均在月经第 3~5 天（卵泡期）抽取血标本 6 mL，常规分离出血清。采用美国贝克曼公司提供的药

盒及 BACKMAN COULTER 全自动化学发光仪测定。

③ 窦卵泡计数（OVF），测定所有研究对象均在早卵泡期（停经者时间不限）按常规方法行彩色多普勒阴道超声及腹部超声联合检查，OVF 取双侧卵巢测定值的均数。彩色多普勒超声仪由美国通用电气公司生产（型号 LOGIQ7，6~8MHz）。

6 难点分析

6.1 发病率高

目前该病的病因不甚明了。有研究报道称 DOS 的发生与年龄、婚育状况、宫腔操作次数、心理、吸烟、减肥药服用史、雷公藤服用史、卵巢手术史、腮腺炎病史等诸多因素有关。另有文献报道 DOS 发生认为可能与遗传因素、酶缺乏、促性腺激素及其受体异常、自身免疫损伤、特发性、卵巢破坏性因素（放疗、化疗、手术、感染等）、抑制素异常、卵泡生成障碍、卵细胞储备过少或耗竭过多等有关。此外该症还与社会、心理因素有关，显示出年龄小、文化程度高、脑力劳动者发病率高的特点。据流行病学调查统计，40 岁前女性卵巢早衰发生率为 1%~3%，而 30 岁内卵巢早衰发生率为 0.1%。

6.2 发病时间长

有研究认为本病患者的共同特点为：先出现排卵功能障碍，当长时间不能排卵时，卵巢逐渐萎缩而出现卵巢早衰，这个过程一般需要 1~6 年。如不进行干预则会出现月经失调，甚者提前出现更年期症状，进一步发展则会出现机体机能衰退的全身表现。它使女性生活质量下降，生育功能随之降低，最终导致卵巢早衰的发生。

6.3 西医治疗受限

西医治疗该病多采用激素替代疗法，但该方法可能导致宫内膜癌、乳腺癌、子宫肌瘤、脑血管疾病的发生，且停药后复发率较高。

7 改进思路措施

7.1 中医防治 DOS 属中医"治未病"范畴

《内经·素问》中提出了"圣人不治已病治未病，不治已乱治未乱""恬淡虚无，真气从之，精神内守，病安从来""上工救其萌芽"等中医治病的原则，总结中医"治未病"的思想，可主要概括为 4 个方面：未病养生，防病于先；

欲病救萌,防微杜渐;已病早治,防其传变;瘥后调摄,防其复发。

从中医"治未病"的角度,DOS可认为是卵巢早衰的"未病"及"欲病"阶段,卵巢早衰是"已病"阶段。"早衰"一词早在两千年前的《内经·素问》中提及,"能知七损八益,则两者可调,不知用此,则早衰之节也。年四十,而阴气自半也"。因此,要在女性卵巢储备功能下降阶段积极干预及治疗。

7.2 中医药防治DOS疗效显著

中药治疗该病,辨证以"肾"为根本,以血虚、血瘀为本病发病的主要环节,且与肝脾密切相关,均收到较好的疗效。谢京红等认为,本病以肝肾阴虚、脾肾两虚或兼有瘀证为主证。肝肾阴虚证治以一贯煎合六味地黄汤加减滋补肝肾;脾肾两虚证以四君子汤合右归丸加减健脾补肾。有研究表明,中药具有多系统、多环节的整体调节功能,其作用机制主要有下丘脑—垂体—卵巢轴的调节,单胺类神经递质的释放,卵巢、子宫局部细胞因子的产生,自身免疫抑制等几个方面,其在改善卵巢储备功能、提高卵巢对促性腺激素的反应及子宫内膜的容受性等方面具有优势。

药理学研究认为,补肾中药具有雌激素样作用,能提高垂体对下丘脑的反应,改善内分泌调节功能,改善低雌激素环境,促卵泡发育成熟。同时补肾中药还可以改善机体的免疫功能,参与调整生殖内分泌—免疫调节网络,降低免疫损伤作用而改善卵巢的内分泌功能。

7.3 穴位埋线防治DOS潜力巨大

穴位埋线疗法是在传统针具和针法基础上建立和发展起来的,因疗效持久、对穴位产生柔和持续的刺激作用,故又称"长效针感疗法",能显著提高针灸治疗的临床效果。且穴位埋线作为一种现代针灸的替代疗法,具有其他针刺方法无可比拟的治疗时间短、治疗次数少、疗效巩固的特点,同时,又能够节省患者就诊时间,所以患者易于接受,具有较高的依从性。

穴位埋线在DOS的治疗中研究较少,但在卵巢早衰的应用临床中报道较多。考虑两种疾病病理一致,病情程度不同,故查阅穴位埋线在POF治疗中的应用,显示通过俞募穴埋线及口服中药能显著改善POF患者激素水平,使FSH、LH降低、E2升高。另有动物实验研究穴位埋线可维持卵巢早衰动物体内E2、P在正常水平。也有报道称针灸治疗该病,能激活脑内多巴胺系统,调整下丘脑—垂体—卵巢轴的自身功能，使其功能恢复，从而使生殖内分泌系统恢复正常生理的动态平衡。改良 Kupperman 症状评分量表见表 6-46。

表 6-46 改良 Kupperman 症状评分量表

症状	基本分	程度分				评分
		0 分	1 分	2 分	3 分	
月经周期	4	周期正常	周期紊乱少于 3 月	周期紊乱少于 3~6 月	周期紊乱少于 6 月以上	
经期经量	4	经量正常	经期 2d，经量偏少	经期 1d，经量少	点滴月经或无月经	
潮热汗出	4	无	<3 次/天	3~9 次/天	>9 次/天	
感觉异常	2	无	偶有	症状持续	影响生活	
失眠	2	无	偶有	症状持续	影响生活	
易激动	2	无	偶有	症状持续	影响生活	
泌尿系症状	2	无	偶有	症状持续	影响生活	
性交痛	2	无	偶有	症状持续	影响生活	
抑郁	1	无	偶有	症状持续	影响生活	
眩晕	1	无	偶有	症状持续	影响生活	
疲乏	1	无	偶有	症状持续	影响生活	
骨关节、肌肉痛	1	无	偶有	症状持续	影响生活	
头痛	1	无	偶有	症状持续	影响生活	
心悸	1	无	偶有	症状持续	影响生活	
皮肤蚁走感	1	无	偶有	症状持续	影响生活	

注：症状与体征系数标准：月经周期、经期经量及烘热汗出等三项为主证，系数 4；感觉障碍、失眠等四项次证，系数 2；其他症状与体征（抑郁、头晕等）为兼证，系数 1。

① 症状评分=基本分×程度分；总积分值 0~87 分；

② 评分相加之和为总分；

③ 积分<10 分为正常；10 分<积分≤29 分为轻度；29 分<积分≤58 分为中度；积分>58 分为重度。

8. 清化汤治疗月经量多、经期延长的临床观察

月经过多，又称"经水过多"，指经量较正常明显增多，而周期基本正常，经量一般超过 80 mL，连续两个月经周期。其发病率约占妇科门诊的 10%。[1]若未能及时治疗，轻者影响日常生活，或造成患者心理负担，重者可继发贫血、崩漏、不孕等甚至危及生命，给女性生活质量与身心健康造成巨大的影响。经期延长，又称"月水不断"，指月经周期基本正常，行经时间超过 7 天，甚至淋漓达半月之久，连续出现两个月经周期以上。随着女性避孕药物的滥用、生活作息的颠倒、工作压力的剧增、环境污染的加重，近年来本病的发病率日益增高，已受到国内外医疗界的广泛重视。[2]本研究对清化汤治疗月经量多、经期延长进行临床观察，现将结果报告如下。

1 资料与方法

1.1 一般资料

本研究 60 例患者均为我院 2014 年 1 月—2015 年 6 月门诊病例，年龄在 20 岁至 40 岁之间，其中观察组 30 例，予以口服中药清化汤治疗；对照组 30 例，给予口服氨甲环酸治疗。两组治疗前一般资料差异无统计学意义，$P>0.05$，见表 6-47。

表 6-47 治疗前两组基础资料比较

项目	年龄	病程	中医症状积分	月经量多/经期延长
观察组 $n=30$	35.12 ± 13.28	2.34 ± 1.17	24.57 ± 10.28	17/13
对照组 $n=30$	37.45 ± 17.53	2.08 ± 1.36	23.94 ± 12.37	15/15
P	$P>0.05$	$P>0.05$	$P>0.05$	$P>0.05$

1.2 诊断标准

中医诊断标准参考《中药新药临床研究指导原则》制定。

1.3 中医辨证标准

中医辨证标准主要参考国家技术监督局 GB/T 16751.2—1997《中医临床诊疗

---

[1] 商敏. 青春期功血的诊治进展[J]. 中国医药导刊, 2008, 10（8）: 61.
[2] 王亚鸽, 何贵翔. 经期延长的中西医发病机制及治疗近况[J]. 现代中医药, 2009, 29（2）: 66.

术语·症候部分》（现已废止）以及国家中医药管理局颁布的行业标准《中医病证诊断疗效标准》等。

1.4 治疗方法

把符合条件的患者按患者意愿分为中药治疗组30例，西药治疗组30例。中药治疗组采用清化汤，药物组成为小蓟、马齿苋、黄芩、白花蛇舌草、川牛膝，桃仁、枳壳。一日一剂，100 mL，tid，po。经期第一天开始服用，每月服用7天。连续服药三个月经周期。西药组给予口服氨甲环酸片0.5 g，每日2次，饭后服用。经期第一天开始服用，每月服用7天。两组均填写月经记录表。连续服药三个月经周期。

1.5 疗效判定标准

参照第6版《中医妇科学》和2002年原卫生部颁布的《中药新药临床研究指导原则》评定。月经量计算采用称重法。

痊愈：经量、经期恢复正常，95%≤疗效指数；

显效：经量、经期基本恢复正常，70%≤疗效指数＜95%；

有效：经量减少，经期缩短，30%≤疗效指数＜70%；

无效：经量、经期异常无改善，疗效指数＜30%。

1.6 观察项目

对参与研究人员进行培训。制定统一的观察表，包括个人史、婚育史、既往史、职业、体检内容、随访时间、疗效评估。对研究对象进行宣教并接受其咨询，做到知情同意。填写月经记录表，观察期内使用统一的ABC品牌的卫生巾，将用过的卫生巾存放在密封塑胶袋内，选用弹簧秤作为称量工具，采取每日称重法计算月经量。弹簧秤的规格是0~200 g，误差±2 g。经血重量（g）/1.052=经血体积（mL）。

一般观测指标：①人口学资料：姓名、年龄、既往病史、婚育史及用药史等；②一般体格检查：血压、心率、呼吸等；③安全性检测指标：治疗前后血常规、尿常规、心电图、肝功（ALT）、肾功（BUN、Cr）。

疗效观测指标：症状积分（见表6-48）。

表 6-48 疗效观测指标症状积分统计

月经量多	0分：月经量<80 mL
	2分：80 mL≤月经量<100 mL
	4分：100 mL≤月经量<120 mL
	6分：120 mL≤月经量
经期延长	0分：经期 3~7 天
	2分：经期 8~9 天
	4分：经期 10~12 天
	6分：经期 13~15 天
经色黯红或深红	0分：无　　2分：有
经质黏稠	0分：无　　2分：有
经血夹块	0分：无　　2分：有
心胸烦闷	0分：无　　2分：有
乳房胀闷或刺痛	0分：无　　2分：有
小腹结块痛如针刺	0分：无　　2分：有
小腹胀痛拒按	0分：无　　2分：有
带下量多	0分：无　　2分：有
带下黏稠	0分：无　　2分：有
白带色黄	0分：无　　2分：有
口干	0分：无　　2分：有
口苦	0分：无　　2分：有
面色晦暗	0分：无　　2分：有
情绪焦虑抑郁	0分：无　　2分：有
头晕	0分：无　　2分：有
头痛	0分：无　　2分：有
大便干结	0分：无　　2分：有
小便短黄	0分：无　　2分：有
舌黯或有瘀斑、瘀点，舌苔正常或微黄，脉涩或弦	0分：无　　2分：有

1.7 统计学方法

所有计量资料采用均数±标准差表示（$\bar{x} \pm s$），数据分析采用 SPSS18.0 统计分析软件，计数资料比较采用 x^2 检验，以 $P < 0.05$ 为差异有统计学意义。

2　研究结果

2.1　治疗前后中医证候积分比较

观察组治疗前中医证候积分平均 24.57 ± 10.28，治疗后中医证候积分平均 12.15 ± 6.22，两者差异有统计学意义，$P < 0.05$；对照组治疗前中医证候积分平均 23.94 ± 12.37，治疗后中医证候积分平均 17.86 ± 9.56，两者差异有统计学意义，$P < 0.05$；治疗后观察组与对照组中医证候积分差异有统计学意义，$P < 0.05$。（见表6-49）

表6-49　两组治疗前后中医症候积分对比

项目	治疗前	治疗后	P
观察组	24.57 ± 10.28	12.15 ± 6.22	$P<0.05$
对照组	23.94 ± 12.37	17.86 ± 9.56	$P<0.05$
P	$P>0.05$	$P<0.05$	

2.2　两组疗效比较

观察组痊愈17例，显效6例，有效8例，无效2例；对照组痊愈10例，显效9例，有效8例，无效3例。观察组痊愈率为56.67%，优于对照组痊愈率33.33%，差异有统计学意义，$P<0.05$；观察组有效率93.33%和对照组有效率90.0%比较无统计学差异，$P>0.05$。（见表6-50）

表6-50　两组疗效比较

项目	痊愈（n）	显效（n）	有效（n）	无效（n）	痊愈率（%）	有效率（%）
观察组 n=30	17	6	8	2	56.67	93.33
对照组 n=30	10	9	8	3	33.33	90.0
P					$P<0.05$	$P>0.05$

2.3　两组治疗前后安全性检测指标比较

两组治疗前后血常规、尿常规、心电图、肝功（ALT）、肾功（BUN、Cr）均未见异常。

3 讨论

现代医学没有月经过多、经期延长病名的诊断，而是将其作为某些疾病引起的症状进行诊断治疗，引起月经过多、经期延长的病因，大致可分为：内分泌性（主要包括功能失调性子宫出血、甲状腺、肾上腺功能低下、GnRH分泌紊乱）、器质性病变（主要包括子宫肌瘤、子宫内膜息肉、子宫腺肌症、妇科肿瘤等）、盆腔炎症［医源性因素包括宫内节育器（IUD）、甾体类避孕药；凝血功能紊乱因素包括肾脏、肝脏、血液系统疾病等］。

对于月经过多、经期延长，西医多选用激素类药物调整月经周期或口服消炎药、止血药，甚至采用诊断性刮宫等方法进行止血，虽然止血迅速，但患者依从性差，在使用时有较多的禁忌证，又常反复发作。止血药久服有增加血栓形成的风险。

中医学在治疗月经过多、经期延长时具有疗效明显、适用范围广、禁忌证较少、副作用小、易于患者接受等优势，临床采用中药、中成药治疗该病而疗效明显的报道较多，但是有些方剂重用止血药，一味地、过早地使用收敛止血之品，易致闭门留寇，瘀血不去则新血不生，血不归经而出血不止[①]。

中医学认为，月经过多因气虚、血热、血瘀致冲任不固，经血失于制约所致。依据经验，王成荣先生认为，月经过多临床总以热与瘀互结居多[②]，内热炽盛，可伤津耗液、灼伤脉络，致使血溢脉外，血不归经，离经之血亦可为瘀，瘀血内阻，更可郁久化热。故而由热致瘀，因瘀生热，热瘀互结便是月经过多的主要病因病机。临床常见月经量多、色鲜红、夹血块，即是热瘀兼见之确证。经期延长伴见经血淋漓、色暗有块、多日不净、气味臭秽、腰腹隐痛等。王成荣先生认为热邪滞于胞宫，扰动血海，血海不宁，瘀血不去，新血难安，以致经期延长。故治宜清热凉血、化瘀止血。针对该病子宫内膜应定期脱落，然后内膜修复止血这一月经的生理现象，王成荣先生自拟清化汤方，以小蓟、马齿苋清热、凉血、止血为君；黄芩、白花蛇舌草清热凉血，桃仁、川牛膝祛

---

① 蔡萌，张晓朦，张冰. 收涩类中药饮片安全问题分析与用药警戒思考[J]. 中华中医药杂志，2016，31（6）：2225-2228.
② 王辉鳒，曹亚芳，严春玲，等. 王成荣辨治月经期量异常经验[J]. 辽宁中医杂志，2012，（9）：1697-1699.

瘀生新为臣，助子宫内膜脱落以便内膜修复止血；枳壳行气为佐，枳壳现代药理学研究有收缩子宫之功。全方共收凉血、化瘀、止血之功。①

本研究使用清化汤治疗月经量多、经期延长，痊愈率及中医症状积分改善情况均优于使用氨甲环酸片的对照组。清化汤不仅可止血，还有化瘀、凉血之效，还可更好地改善患者经行腹痛、乳房胀痛、心胸烦闷、白带量多、口干、口苦等中医症状。

9. 王成荣经验方泻火达衡汤治疗免疫性不孕临床观察

王成荣系四川省首届"十大名中医"，中西医结合妇科主任医师、研究员，享受国务院政府特殊津贴专家。王成荣先生从医博采中西之长，在多年临床实践中，逐渐形成自己的诊疗风格和辨证思路。该研究就王成荣先生从血分郁热论治免疫性不孕的经验和辨证思路报道如下。

1 资料与方法

1.1 研究对象

纳入对象选择2011年在本院妇科门诊就诊的、因患免疫性不孕症服泻火达衡汤满3个月的患者96例。年龄20～40岁，平均30.50±4.50岁。其中原发性不孕34例，继发性不孕62例，病程1～8年。

1.2 西医诊断标准②

夫妇同居＞1年，性生活正常，无其他可检出影响怀孕因素之不孕症；经检验证实血中存在AsAb、EmAb、AcAb、AoAb、ZpAb、AhcgAb中≥1项阳性之原发性或继发性不孕者。

1.3 中医症候诊断标准

血分郁热型辨证标准参考《妇科疾病诊断标准》③《实用中医诊断学》④《中医病证诊断疗效标准》⑤，制定诊断标准如下：

---

① 曹亚芳，王辉臁，董岷，等. 王成荣先生治疗经期延长特色撷拾[J]. 中华中医药学刊，2010，(7)：1412-1413.
② 乐杰. 妇产科学[M]. 7版. 北京：人民卫生出版社，2008.
③ 来佩俐. 妇科疾病诊断标准[M]. 北京：科学出版社，2001.
④ 邓铁涛. 实用中医诊断学[M]. 北京：人民卫生出版社，2004.
⑤ 国家中医药管理局. 中医病证诊断疗效标准[S]. 南京：南京大学出版社，1998.

1.3.1 主症

符合不孕症诊断标准。

1.3.2 次症

月经先期或月经过多或经期延长，经血质稠，或有血块，口干发热。渴喜冷饮、心胸烦闷，小便黄赤，大便秘结。舌质红，苔黄或正常，脉滑数或正常。

1.4 排除标准

排除年龄<19岁或>40岁；合并有心血管、肝、肾和造血系统等严重原发性疾病及精神疾病患者；过敏体质或对研究药物过敏者；患有其他免疫性疾病，如风湿病、系统性红斑狼疮等。

1.5 治疗方法

患者每日服用泻火达衡汤。

处方：黄柏 15 g　　　栀子 15 g　　　茵陈 15 g　　　桃仁 10 g
　　　甘草 10 g

一日一剂，煎熬 3 次，每次煎沸 30 分钟，共约 300 mL，分 3 次服。经期不停药，连续服药 3 个月后复查阳性抗体，若复查阳性抗体未转阴，可再服 3 个月。服药过程受孕而相关抗体尚未转阴者，可去方中桃仁续服。治疗期间不服用其他治疗药物。

1.6 疗效评定标准

疗效判断标准参考 1998 年国家中医药管理局发《中医病证诊断疗效标准》中有关妇科不孕症的疗效标准，结合临床拟定。痊愈：抗体转阴且半年内受孕；有效：虽未受孕，但阳性抗体转阴；无效：阳性抗体仍呈阳性，且未受孕；总有效率：半年内痊愈及有效者。

2 结果

抗体转阴且 3~6 月内受孕者 24 例（25.0%），≥1 项抗体转阴而半年内未孕者 69 例（71.88%），总有效率 96.88%。无效 3 例（3.12%），其中 ZpAb 阳性 1 例，AoAb 阳性 2 例，治疗 3 月后仍为阳性。详见表 6-51、表 6-52。

表6-51　1项抗体阳性结果分析（n）

抗体阳性	n	治愈	有效	无效	总有效率（%）
AsAb	43	11	32	0	100.0
AcAb	17	4	13	0	100.0
AoAb	15	3	10	2	86.67
EmAb	1	0	1	0	100.0
ZpAb	3	0	2	1	66.67
AhcgAb	6	2	4	0	100.0

表6-52　1项以上抗体阳性结果分析（n）

抗体阳性	n	治愈	有效	无效	总有效率（%）
AoAb + AsAb	5	2	3	0	100.0
AsAb + AoAb + ZpAb	2	1	1	0	100.0
AsAb + AcAb	1	0	1	0	100.0
EmAb + ZpAb	1	0	1	0	100.0
AoAb + ZpAb	1	0	1	0	100.0
EmAb + AsAb + AcAb	1	1	0	0	100.0

3　讨论

不孕症是涉及全球育龄夫妇的问题，是衡量这个国家和地区生殖健康水平、医疗服务水平、经济水平、文化水平等多个层面实际情况的重要指标。相关研究显示，不孕症的患病率在不同地区之间存在差异，我国各地区不孕症患病率最高为24.3%，最低为0.8%。[1]其中20%左右的不孕症属免疫性不孕[2]，目前免疫性不孕已成为医学研究的热点和难点。国内屈某等采用酶联接免疫吸附剂

---

① 单伟颖，李青，杨坤宝，等.不孕症患病状况的研究进展[J].承德医学院学报，2010，27（1）：73-75.

② 张燕，杨菁，毛宗福.不孕症及其影响因素的流行病学研究概况[J].生殖与避孕，2005，25（9）：570-575.

测定（Enzyme – Linked Immunosorbnent Assay，ELISA）方法检测 626 例不孕女性患者宫颈黏液及血清，结果显示宫颈黏液 AsAb 阳性率为 20.45%，而血清阳性率为 47.26%。[①]洪某等采用 ELISA 方法检测 7584 例不明原因不孕女性患者的血清样本，结果 AsAb 总抗体阳性率为 59.3%，抗子宫内膜抗体（EmAb）的总阳性率为 33.2%，抗心磷脂抗体（AcAb）的总阳性率为 29.3%。AsAb、EmAb、AcAb 检测中，兼有 2 项阳性者占 7.9%，3 项阳性者占 9.2%。[②]

与免疫性不孕有关的抗体包括 AsAb、EmAb、AcAb、AoAb、ZpAb、AhcgAb 等。现代医学认为，本病常见原因是精子和精液本身具有抗原性，若阴道或宫颈上皮有所破损或感染发炎而被吸收后，使人体发生免疫反应，在血清和生殖道（尤其是宫颈和输卵管内）出现 AsAb；或者由女性自身血清中存在有 EmAb 或 ZpAb，使精液凝集、失去活力，或者阻止精子穿透卵子，或者影响受精卵着床，以致造成不孕。[③]EmAb 阳性的不孕妇女往往都患有子宫内膜异位症，这种自身抗体与子宫内膜中的靶抗原结合，在补体参与下，引起子宫内膜免疫损伤，影响孕卵着床，导致不孕。AcAb 可使血管内皮细胞上的磷脂结合，易致血栓形成，使宫内供血供氧低下，引起流产。[④]AoAb 的存在影响卵巢功能，致使卵子的排出、精子的穿入、胚胎的着床、雌激素的产生均受影响从而引起不孕[⑤]。ZpAb 遮盖了位于透明带上的精子受体，使精子不能认识卵子，也就无从与卵子结合；抗体可以稳定透明带表面结构，因而能抵抗精子顶体酶对透明带的溶解作用，使精子穿透不了透明带；如已受精，因透明带结构的稳定，致胚胎被封固在透明带内而无法着床。AhcgAb 是在胚胎发育成长过程中，胎盘合体滋养层细胞大量产生的，是维持妊娠所必需的激素，抗 HCG 抗体可以降低雌二醇和孕酮

[①] 屈萍，武雅莉，刘郁明，等. 不孕（育）症患者精浆、宫颈分泌物中抗精子抗体检测结果[J]. 中国优生与遗传杂志，2009，17（5）：128.

[②] 洪玲珍，倪建萍. 女性不孕不育 7 584 例血清 AsAb、EMAb、AcL 检测分析[J]. 实用医学杂志，2008，24（6）：1046-1047.

[③] 郭勇义，陈冬梅. 十子汤治疗女性免疫性不孕症临床研究[J]. 辽宁中医杂志，2006，33（11）：1432.

[④] 张国静. 中医治疗免疫性不孕 40 例[J]. 现代中医药，2006，26（1）：29.

[⑤] 黄鹂，常笑雪. 抗卵巢抗体在不明原因不孕、流产中的作用[J]. 陕西医学杂志，2005，34（8）：950-951.

水平导致不育。①李氏等研究发现生殖六项抗体对胎停育具有特异性，是与胎停育呈正相关的一个免疫学指标。②中国古代并无免疫性不孕的明确病名，但其当属祖国医学"不孕""无子"范畴。中医学认为免疫性不孕以肾虚为本，湿瘀为标，以肾虚为主，涉及肝、脾，其中以肾阴虚多见、夹瘀夹湿为患。宗氏等总结中医药治疗免疫性不孕进展，总结认为本病以肝肾为主要病位，同时涉及脾肺，以气滞、血瘀、痰湿、热毒为标，治疗主要从补肾健脾、疏肝理气、活血化瘀、清热解毒、平衡阴阳等方面入手，取得较好的疗效。③李氏查阅有关资料，通过临床辨证观察，提出抗子宫内膜抗体阳性免疫性不孕的发生，乃为六淫之邪与气血相搏而瘀阻于内，致天癸、冲任、胞宫功能失调的一种临床表现。④张氏认为免疫性不孕其根本原因在于正虚邪恋，而病机特点则是本虚标实，本虚者，多为肾虚阴亏或气虚阳微；标实者，乃湿热瘀阻或湿浊瘀阻。⑤

现代医学治疗免疫性不孕的方法有隔绝疗法、免疫抑制疗法，西医治疗有一定疗效和适应证，但仍有进一步探讨提高的空间。对于 AsAb 阳性的免疫性不孕的治疗，西医多采用避孕套隔绝疗法或同时服用肾上腺皮质激素；对 AcAb 阳性者，用免疫抑制剂加阿司匹林抗凝疗法，均有一定效果。

中医药是值得探讨和有价值的一种疗法，王成荣先生认为虽然中医古籍并无免疫性不孕的陈述，但可本着中医学关于人体正气的概念，与西医学关于免疫的概念在一定程度或在某些方面有相似之处的认识，抗体作为正气的一项客观指标，应有的抗体缺乏可辨为正气不足，异常的抗体出现则可辨为正气过旺，生殖抗体阳性是免疫功能亢进的表现，抗体阳性便可按"气有余便是火"论治，因病在血分，既可酿成湿热，又可煎熬阴液成瘀，故临床上从血

---

① 刘琦, 姚莉萍, 屠凤娟. 抗 HCG 抗体、雌二醇和孕酮联合检测在女性不孕症中的临床意义[J]. 医学研究杂志, 2007, 36(6): 114-115.
② 李天贺, 逯静茹, 关志宝. 抗生殖免疫抗体与胚胎停止发育的相关性分析[J]. 中国误诊学杂志, 2009, 9(25): 6070-6071.
③ 宗妮, 樊巧玲. 免疫性不孕中医药治疗探析[J]. 辽宁中医药大学学报, 2011, 13(9): 126-128.
④ 李瑾. 固本活血汤治疗抗子宫内膜抗体免疫性不孕[J]. 中国乡村医药杂志, 2005, 12(4): 54.
⑤ 张晓峰. 辨证与辨病结合治疗免疫性不孕46例临床分析[J]. 中国中医药信息杂志, 2006, 13(6): 60.

分郁热入手,而制方以清热为主,兼利湿化瘀。①据法以《伤寒论》栀子柏皮汤为基础,伍入利湿化瘀之品组成的自拟泻火达衡汤。方以黄柏、栀子清热泻火为君,茵陈、石韦清热利湿,甘草清热解毒,并桃仁活血祛瘀为臣。全方体现泻火消瘀而致气血和顺,阴平阳秘之功。一般服药3个月为1个疗程。本方仅由六味药组成,处方精练、价廉,体现了中医简、便、廉、效的特点。

---

① 陈淑涛,王辉砾,严春玲,等.王成荣清血分郁热治疗免疫性不孕[J].四川中医,2010,28(11):8-9.

学术年谱

川派中医药名家系列丛书

王成荣

- 1928 年出生于成都市都江堰市。
- 1932 年受叔爷启蒙识字并接触国学。
- 1935—1941 年，就读于成都广益小学。
- 1941—1947 年，就读于成都市甫澄中学（新中国成立后与树德中学合并）。
- 1948—1954 年，就读于四川医学院（现四川大学华西临床医学院）。
- 1956 年 7 月—1959 年 5 月，被选派到原卫生部委托成都中医学院举办的"首届西医离职学习中医班"带薪学习中医。学习期间，因成绩优异获原卫生部颁发的奖状。
- 1959 年春，结业典礼上获原卫生部颁发的"继承发扬祖国医学遗产"金质奖章和"成绩"奖状。毕业论文：《试论八纲》首刊于《成都中医学院学报》（1959 年第二期，第 17～25 页）；继被《中医杂志》（1959 年第 9 期，第 13 页）、《西医学习中医论文选集》（北京人民卫生出版社，1959 年版，第 94 页）转载。
- 1954 年 9 月—1964 年 9 月，在四川医学院附属医院妇产科教研组、中医教研组任住院医师、助教、主治医师。1964 年春以第一作者身份出席首届全国血液病学术会议大会发言，其文《中医治疗再生障碍性贫血 21 例》发表在《输血及血液病杂志（副刊）》。
- 1964 年 9 月—1979 年 12 月，调成都中医学院附属医院（现成都中医药大学附属医院）任妇科任主治医师、科副主任、讲师。
- 1975 年，在《科研资料汇编》《成都中医学院学报》（1975 年第 71～73 页）发表论文《王渭川老中医治疗慢性盆腔炎医案分析》，被《病案讨论汇编》（人民卫生出版社，1975 年版，第 193 页）转载。
- 1979 年，在《成都中医学院学报》发表论文《中医药治子宫外孕一例》《中医妇科学发展史简论》。
- 1980 年，在四川省中医研究所《内部资料汇编》发表文章《对继承发扬祖国医学遗产问题的几点认识》。
- 1980 年 1 月至退休，调四川省中医研究所（现四川省中医药科学院中医研究所、四川省第二中医医院）工作。
- 1981 年 7 月，晋升为副主任医师、妇科主任。

●1983年，在四川中医研究所《内部资料汇编》发表文章：《〈医宗金鉴〉"男妇两科同一治"疏议》。

●1983年，在《四川中医》发表论文《中医临床科研方法问题探讨》。

●1984年1月，聘为四川省卫生厅医学科学技术评审委员会委员。

●1984年4月，聘为成都计划生育宣传教育分中心特约撰稿人。

●1985年，在四川中医研究所《内部资料汇编》发表文章《中西医结合的诊断标准和疗效判定问题》。

●1985—1986年，任《四川医学》编委。

●1987年1月，聘为四川省中西医结合研究会学术委员会副主任委员。

●1987年1月，聘为云南省中医研究所主持编写的《中医辨病诊疗纲要》编委。

●1987年，在《实用妇产科杂志》发表论文《不孕症的中医治疗》。

●1987年7月，晋升为研究员、主任医师。

●1988年，在《云南中医杂志》发表论文《中医疾病诊疗纂要》。

●1989年，在四川省中医药研究院临床医学研究所《内部资料汇编》发表论文《中医妇科病诊断标准初探》。

●1989年8月，聘为1989年年度四川省科学技术进步奖评审委员会中医、中西医结合专业评审委员会委员。

●1989年10月，获中共四川省直工委颁发的优秀共产党员证书。

●1984—1989年，任中华医学会成都分会妇产科专业委员会委员。

●1986年—1989年，聘为1988年年度四川省科学技术进步奖评审委员会医疗卫生专业评审组委员。

●1990年，在《实用妇产科杂志》发表论文《妊娠期服用中药的问题》。

●1990年，在四川省中医院研究院临床医学研究所《内部资料汇编》发表论文《艾滋病的中医药防治》。

●1981—1991年，任中国中西医结合学会四川省分会常务理事及学术委员会副主任。

●1993年10月，获国务院颁发的政府特殊津贴证书。

●1995年12月，选举为成都市全市性学会、协会、研究会第三届理事会理事。
- 1985—1995 年，任成都中西医结合学会副理事长。
- 1990—1995 年，任成都中医学会理事。
- 1996 年 9 月，聘为《中医药高级丛书·现代中医妇产科学》副主编。
- 1997 年 5 月，聘为四川省中医药研究院专家委员会副主任委员，任期两年。
- 1997 年 12 月，当选成都市青羊区第三届人大代表。
- 1998 年 2 月，获四川省人事厅、卫生厅、中医管理局颁发的首批"四川省名中医"证书。
- 1998 年 7 月，获四川省颁发的全省卫生系统"讲文明、树新风"先进个人证书。
- 1999 年 7 月，获中共四川省中医管理局直属机关优秀党员证书。
- 1999 年 12 月，获中共四川省中医药研究院党委颁发的"院优质服务明星"证书。
- 1981—1999 年，任《中国医学文摘·计划生育和妇产科学》编委。
- 2000 年 9 月，获中共四川省直属机关工作委员会职业道德先进个人证书。
- 2000 年 12 月，获中共四川省中医管理局科技进步三等奖证书。
- 2001 年 11 月，聘为《全国高等中医院校成人教育教材——中医妇科学》审核人，对该书进行审定。
- 2002 年 4 月，获中共四川省中医药研究院中医研究所"党委优质服务明星"证书。
- 2002 年，在《实用妇产科杂志》发表论文《围产期中医中药的合理应用》。
- 2004 年 7 月，获中共四川省直属机关工作委员会颁发的 2002—2003 年度优秀共产党员奖牌。
- 1994—2004 年，任中华医学会四川省分会妇产科专业委员会委员。
- 1989—2005 年，兼成都中医药大学妇科博士生指导小组教师和历届中医妇科硕、博士学位论文答辩委员会主席。
- 2006 年 7 月，获中共四川省中医药管理局直属机关委员会优秀共产党员证书。

- 2006年10月,获四川省省人民政府授予的四川省首届"十大名中医"奖牌。
- 1986—2007年,任《实用妇产科杂志》编委。
- 2008年6月,获中共四川省卫生厅直属机关"优秀共产党员"称号。
- 2012年9月,获中共四川省卫生厅直属机关委员会"优秀党员"称号。
- 2013年7月,获"四川省第三届省直机关道德模范"荣誉称号。
- 2014年1月,获四川省第二中医医院2013年度"干部保健先进工作者"称号。
- 2014年1月,获四川省第二中医医院2013年度最佳敬业奖。
- 2006—2015年,按国家中医药管理局和四川省中医药管理局相关文件规定,已完成"师带徒"传承教学5人。
- 2014—2016年,多次获四川省第二中医医院"优秀道德模范"称号。
- 2017年8月,在第五届"榜样中国·我心目中的名医"大型公益评选活动中,被评为妇产科十大名医。
- 2017年11月,获中华中医药学会"最美中医"荣誉称号。
- 2016—2019年,多次获四川省第二中医医院"老专家奉献奖"。
- 2019年,获"共和国名医"荣誉称号。
- 1982年至今,任《四川中医》编委。
- 2008年至今,任《实用妇产科杂志》学术指导委员会委员。
- 2000年10月退休,至今仍每周门诊工作4个半天。

参考文献

[1] 王辉櫆. 王成荣妇科经验集[M]. 北京：中国中医药出版社，2014.

[2] 杨殿兴，田兴军. 川派中医药源流与发展[M]. 北京：中国中医药出版社，2016.

[3] 胡国华，罗颂平. 全国中医妇科流派名方精粹[M]. 北京：中国中医药出版社，2016.

[4] 贺兴东. 当代名老中医典型医案集（第二辑）·妇科分册[M]. 北京：人民卫生出版社，2014.

[5] 胡国华，罗颂平. 全国中医妇科流派研究[M]. 北京：人民卫生出版社，2012.

[6] 王渭川. 王渭川 60 年妇科治疗经验[M]. 北京：中国中医药出版社，2016.

附录

中英文缩写词对照表

英文缩写	英文全名	中文译名
LMP	Last Menstrual Period	末次月经
PMP	Past Menstrual Period	前次月经（相对末次月经而言）
OTC	Over-the-Counter Medicine	非处方药
DME	Design, Measurement and Evaluation in Clinical Research	临床科研设计、衡量、评价
ESR	Erythrocyte Sedimentation Rate	红细胞沉降率
RBC	Red Blood Cell	红细胞
WBC	White Blood Cell	白细胞
NEU	Neutrophil	中细胞粒细胞
AST	Aspartate Aminotransferase	谷草转氨酶/天门冬氨酸氨基转移酶
ALT	Alanine Aminotransferase	谷丙转氨酶
BBT	Basal Body Temperature	基础体温
OGTT	Oral Glucose Tolerance Test	口服葡萄糖耐量试验
Ins	Insulin Release Test	胰岛素释放试验
HPO	Hypothalamic Pituitary-Ovarianas, HPO Axis	下丘脑-垂体-卵巢轴
E2	Estradiol	雌二醇
P	Progesterone	孕酮
T	Testosterone	睾酮
FSH	Follicle	促卵泡生成素
LH	Luteinizing	促黄体生成激素
PRL	Prolactin	泌乳素
HCG	Human Chorionic Gonadotropin	人绒毛膜促性腺激素
TSH	Thyroid Stimulating Hormone	促甲状腺激素
FT3	Free Triiodothyronine	游离三碘甲状腺原氨酸

续表

英文缩写	英文全名	中文译名
FT4	Free Thyroxine	游离甲状腺素
T3	Triiodothyronine	三碘甲状腺原氨酸
T4	Thyroxine	甲状腺素
EmAb	Endometrial Antibodies	抗子宫内膜抗体
AcAb	Anticardiolipin Antibodies	抗心磷脂抗体
AsAb	Anti-sperm Antibodies	抗精子抗体
AoAb	Anti-ovarian Antibodies	抗卵巢抗体
AZpAb（ZpAb）	Anti Zona Pellucida Antibody	抗卵细胞透明带抗体
AhcgAb	Anti-HCG Antibody	抗HCG抗体
ATA	Anti-Trophoblast Cell Membrane Antibodies	抗滋养层细胞膜抗体
HLA	Human Leukocyte Antigen	人类白细胞抗原
CT	Chlamydia	衣原体
UU	Ureaplasma Urealyticum	解脲支原体
Torch	T（Toxoplasma），O（Others），R（Rubella.Virus），C（Cytomegalo.Virus），H（Herpes.Virus）	一组病原微生物的英文名称缩写，弓形虫（T），其他病原微生物（O），风疹病毒（R），是巨细胞病毒（C），单纯疱疹Ⅰ/Ⅱ型（H）。
DUB	Dysfunctional Uterine Bleeding	功能失调性子宫出血（称功血）
PCOS	Polycystic Ovarian Syndrome	多囊卵巢综合征
ADM	Adenomyosis	子宫腺肌病
CPP	Chronic Pelvic Pain	慢性盆腔痛
G*P*+*	Gravida，Para	孕次、产次（下标为分娩和早产，上标为流产）
HSG	Hysterosalpingography with Iodinated Oil	子宫输卵管碘油造影术
Lapas	Laparoscopic Surgery	腹腔镜手术
ART	Assisted Reproductive Technology	辅助生殖技术
HRT	Hormone Replacement Therapy	激素替代治疗

续表

英文缩写	英文全名	中文译名
PV	Gynaecological Examination	妇科检查
im	Intramuscular Injection	肌肉注射
po	Take Orally	口服
qd	Once Daily	每日一次
BID	Twice Daily	每日两次
TID	Three Times Daily	每日三次
QID	Four Times Daily	每日四次
QOD	Once Every Other Day	隔日一次
LCT	Liquid-Based Cytologic Test	液基细胞学检查系统
TCT	Thinprep Cytologic Test	新柏氏液基细胞学检测
TVS	Transvaginal Ultrasonography	经阴道超声检查
TAS	Trans-Abdominal Ultrasonography	经腹部超声检查

特别说明：G4P1+3，指孕4，顺产1，小产3；G4P①+3：指孕4，剖产1，小产3

后 记

2002年,本人有幸拜在恩师王成荣老先生门下,做先生的助手,负责协助先生妇检、抄方、写病历,整理病案,7年有余。2007年,四川省中医药管理局出台《关于四川省首届十大名中医工作室建设及管理有关工作的通知》,王成荣先生作为十大名医之一,其工作室正式建立,本人则有幸成为先生正式的首届师承弟子,再次拜在先生门下,系统跟师学徒3年。其间,还作为主研参与了国家"十一五"科技支撑计划:名老中医经验、学术思想研究项目——王成荣临床经验、学术思想研究的课题研究,对先生70余年从医经验进行研习和总结,并有幸成为"川派中医药名家系列丛书"之《王成荣》的主编,感慨万分,得以再次对先生的经验和学术思想做进一步的挖掘研究,并将先生的临床经验和学术思想用于临床实践的成果展示给大家,希望广大医者从此书中获益。

前后17个寒暑,耳濡目染,对先生的医德医技,感佩之至。

从医70年,先生德艺双馨,少有人能企及。每次跟先生坐诊,早晨八点,准时开诊,一般都要到中午两点之后才能看完,其间,先生很少喝水,也基本不上厕所,就是午饭,也是两点之后,才回家自用,其执业精神,令人感佩。先生总是教育我们,做医先做人,积医先积德,没有优秀的医品,不会有优秀的医技,只有一颗济世救民之心,才能成为一名合格的医者。先生经常引用唐代名医孙思邈在《备急千金要方》中的"大医精诚"思想教育我们,他说:一个好的医师,必须具备两大素质:一是对医术的"精",一是对病人的"诚",只有"精""诚"兼备,才能成为"大医"。

先生博学多才,皓首穷经,具备深厚的国学功底。先生平时教育我们,出口就是经典。从《黄帝内经》《本草纲目》《伤寒杂病论》《金匮要略》等医学典籍,到《易经》《论语》《中庸》《资治通鉴》《唐诗宋词》等,无不涉及。先生认为,良好的典籍功底和扎实的典籍基础,是理解中医精髓的基本要求,不能理解古人的用意,就不能学好传统中医。对我们的论文、著作,先生总是能引经据典,加以补充、修正,总是能用古人的智慧,对文章进行丰富。先生说:中医,可分为医道和医术两个层面。医术是辨证与施治,是靠日积月累不断积淀而成的,是对《易经》《黄帝内经》《神农本草经》《伤寒杂病论》等医家经典的活学活用。而在医道方面，中医，与其说是一门技术，还不如说是一门哲学。而国学，是传统哲学的集中体现。要学好中医，必须先学好国学，深厚的国学功底，是学好中医的基本素养。先生的成功，就是最好的见证。

先生的医技，也是70年艰苦锤炼而成，所创立的"衷中参西"妇科流派、"平、调、通、时"诊疗模式、"简、便、效、廉"的治疗原则、以"内生火热"为基调的妇科疾病辨证手段等，都是对中医的贡献。在先生的行医经历中，治愈了大量的疑难杂症，尤其是在不孕不育领域具有独到的感悟，让成百上千的不孕不育患者重享为母为父的欢乐。

先生的一丝不苟和淡泊名利也令弟子终生难忘。先生虽年事已高但仍坚持亲自授课，不仅亲自辅导我们这些弟子，在我每年举办的继续教育培训班上，凡邀请先生做学术报告，从来是每请必到。每次报告，先生都亲自备课、做PPT，严格引注，一丝不苟。讲座上他深入浅出，倾囊相授，毫不保留。不仅引经据典，还引用大量的临床案例，讲解精到，深受学员们的好评。每次讲座之后，按照规定，参加培训的老师都有微薄的讲课费，虽然先生是中医大师，但我们的标准跟一般人员没有差别，可尽管如此，先生也坚决拒绝，不接受任何讲课报酬。可是会务组已经预算了费用，而先生就是活雷锋，坚决不受。时至今日，这些讲课费，都还放在那里，不知道如何安排。先生的淡泊名利，的确值得我们这些弟子努力学习。

先生的故事，弟子千言难尽，唯有铭记在心，时时鞭策自己，做一个不辜负先生教诲的合格医生。

这本书，是这些年来对先生医道与医术研究的总结，是先生70年从医经验的一隅，也是先生70年从医经验的冰山之一角。先生学识浩如大海，弟子淘到的仅仅是沧海一粟，希望自己能继续努力，尽可能多地把先生的宝贵经验总结下来，传承下去，既造福于社会，也为中华医学宝库增添一份贡献。

在本书付梓之际，弟子由衷地对先生说一句：谢谢了，先生！

本书在编写过程中得到了四川省中医药管理局的大力支持，也得到了四川省中医药科学院和四川省中西医结合医院领导的关照，特别是国医大师刘敏如先生在耄耋之年毫不犹豫代为亲笔写序，尤其感谢王成荣先生之子王文践先生提供的很多珍贵照片，在书稿资料收集、审读、修改过程中，四川省第二中医医院、四川省中西医结合医院、成都中医药大学妇科同仁（朱鸿秋、路凤阳、李天真、鲁智慧、缪醇、季秀成、朱小玲、黄祖波、彭柳、任亚娟、牟菁、林青、孙青凤、曾中梅、谭兴民）为其付出了辛勤的劳动。在此，特向关心支持本书的出版社和友人致以最诚挚的谢意！

陈叔涛

2019年6月于四川省中西医结合医院